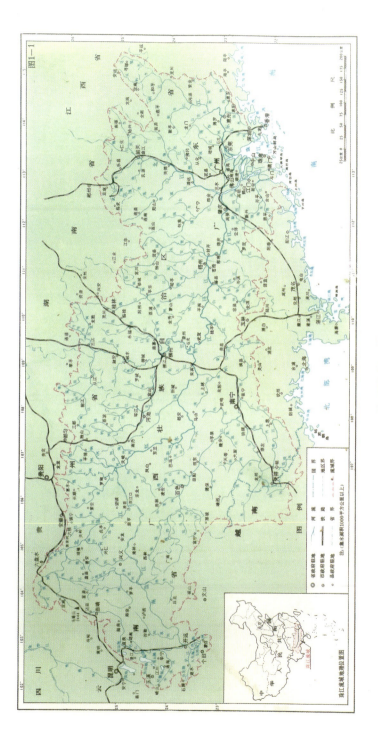

珠江流域地图

利玛窦在肇庆编绘的第一幅中文世界地图《山海舆地全图》

汉代经学家苍梧人陈钦像　肇庆市文广新局提供　清代广东最后一位状元顺德人梁耀枢匾额

广西壮族自治区十二民族女性服饰展示,从左至右分别为:侗族、汉族、彝族、毛南族、壮族、仫佬族、水族、苗族、仡佬族、京族、瑶族、回族/张光延摄

广西十二民族女性服饰　刘硕良主编《广西地域文化要览》

广西那坡县黑衣壮妇女　司徒尚纪摄

瑶族耍歌堂　清远市史志办提供

珠江源　李海东摄

贵州青岩古镇

漓江在阳朔风光　王培忠摄

广西富川风雨桥　司徒尚纪摄

广西梧州龙母太庙　司徒尚纪摄

德庆悦城龙母祖庙　肇庆文广新局提供

南江母亲河　归棹清歌　严国强摄

云浮腰古镇水东村镬耳山墙建筑　腰古镇政府提供

始建于北宋肇庆古城墙　中共肇庆市委宣传部、肇庆市文化广电新闻出版局编《肇庆文化遗产》

中原移民入岭经过南雄珠玑古巷　韶关市史志办提供

建于隋代的广州南海神庙　广东省博物馆提供

广州唐代伊斯兰教先贤宛葛素墓

兴宁客家围龙屋　梅州市文广新局提供

台山端芬镇梅家大院骑楼群

雷州石狗群　雷州市博物馆提供

2010年6月28日,广东省珠江文化研究会成立10周年庆典暨《中国珠江文化史》首发式和颁发"珠江文化星座"牌匾

2011年7月7日,在珠江文化工程15周年座谈会上举行了百种珠江文化著作捐赠广东省立中山图书馆仪式

中国珠江文化简史

ZHONGGUO ZHUJIANG
WENHUA JIANSHI

司徒尚纪 编著

·广州·

版权所有　翻印必究

图书在版编目（CIP）数据

中国珠江文化简史/司徒尚纪编著. —广州：中山大学出版社，2015.5
（珠江文化丛书）
ISBN 978 – 7 – 306 – 05264 – 3

Ⅰ. ①中… Ⅱ. ①司… Ⅲ. ①珠江流域—文化史—研究 Ⅳ. ①K296

中国版本图书馆 CIP 数据核字（2015）第 088337 号

出 版 人：徐　劲
策划编辑：李海东
责任编辑：李海东
封面设计：方楚娟
责任校对：何　凡
责任技编：何雅涛
出版发行：中山大学出版社
电　　话：编辑部 020 – 84111996，84113349，84111997，84110779
　　　　　发行部 020 – 84111998，84111981，84111160
地　　址：广州市新港西路135号
邮　　编：510275　　　传　真：020 – 84036565
网　　址：http://www.zsup.com.cn　　E-mail: zdcbs@mail.sysu.edu.cn
印 刷 者：广州中大印刷有限公司
规　　格：787mm×1092mm　1/16　6 插页　41.25 印张　706 千字
版次印次：2015 年 5 月第 1 版　2015 年 5 月第 1 次印刷
定　　价：196.00 元

如发现本书因印装质量影响阅读，请与出版社发行部联系调换

作 者 简 介

司徒尚纪,广东阳江人,1943年生。1967年中山大学经济地理专业本科毕业,1981年和1986年先后获中山大学理学硕士、北京大学理学博士学位。现为中山大学教授、博士生导师、广东省珠江文化研究会执行会长、广东文史学会副会长、广东省政府参事室特聘参事、广东省作家协会会员。

主要研究历史地理、文化地理、地理学史、城市与区域发展规划,旁及海洋、方志、地名、民族等领域。曾主持多项国家自然科学基金项目,获省部级奖励,享受政府特殊津贴,入选多种中外名人辞典。出版专著、合著或主编各类著作35部,发表论文300多篇,共约1500万字。主要著作有:《海南岛历史上土地开发研究》、《广东文化地理》、《广东历史地图集》、《岭南历史人文地理》、《地理学在广东发展史》、《简明中国地理学史》、《吴尚时》、《珠江传》、《文化禅林》、《中国南海海洋国土》、《中国南海海洋文化》、《广东政区体系》、《中国南海海洋文化史》、《肇庆市地名志》、《中国珠江文化史》、《中国地域文化通览·广东卷》、《雷州文化概论》、《环中国南海文化》、《中国珠江文化简史》等。

内容简介

珠江是中国第三大河流。珠江流域与黄河、长江流域一样，是中国文化的一个主要发祥地。珠江文化在中国文化多元一体、多元互补和多源同归的格局中，占有自己的独特地位。特别是近现代以来，珠江文化在变革中国社会、推动中国历史前进方面，发挥了重大作用和影响。2010年，广东省珠江文化研究会的专家学者撰写、广东教育出版社出版《中国珠江文化史》一书，分上、下册，近300万字，可谓煌煌巨著，获得各方面好评。本书即为该著简编，分十一章，从珠江文化形成发展的自然环境出发，阐述珠江文化发展的历史进程，即史前萌芽，先秦多元文化共存，秦至六朝珠江文化形成，隋唐五代持续发展，宋元汉文化成为流域文化主体，明代繁荣，清代前期珠江传统文化成熟，近代蜕变与新生，现代在曲折中前进，当代上升为时代先进文化，梳理出珠江文化在这些阶段的发展特点、形态、兴衰和起伏规律。本书体大思精，是一部集学术性、现实性、可读性于一体的学术著作，反映了多个学科交叉的研究成果，可供学术机构、高等学校、图书文博、事业企业单位，以及文化界、文化爱好者、干部和青年学生等参考使用。

多学科交叉的立体文化工程

——《珠江文化丛书》总序

黄伟宗①

一个国家、一个民族、一个地域、一个地方的特点,从总体精神上说,实则是文化特点。其特点的形成,是由不同的地理条件(尤其是水的条件)和气候条件,使得人们有不同的生存方式、生产方式与生活方式,而长期造成的不同的精神意识、思维方式、人情风俗和道德观念等。这些属于文化范畴的特征,既决定着又体现于每个国家、每个民族、每个地域、每个地方的政治、经济与文化的实体、措施与形态,以及自然科学、人文科学的研究思想和文学艺术的创作与研究中。正如法国19世纪著名理论家丹纳在《艺术哲学》中所说:"要了解艺术家的趣味和才能,要了解为什么在绘画或戏剧中选择某部门,为什么特别喜爱某种典型,某种色彩,某种感情,就应当到群众中的思想感情和风俗习惯中去探求。由此我们可以定一条规则:要了解一件艺术品,一个艺术家,一群艺术家,就必须正确地设想他们所属的时代的精神和风俗概况。这是艺术最后的解释,也是决定一切的根本原因。"

当今世界已经进入了文化时代,也即是改变了过去只是以政治观点和政治利益去认识和把握一切,代之以从文化意识与方式去认识和把握一切的时代。西方各国现代文化学的兴起,学派林立,形成热潮,蔚然成风;中国的"文化热"也从文艺创作而蔓延于各行各业、各种学科、各个地域、各个地方,以至人们日

---

① 本序作者是广东省人民政府参事室特聘参事、广东省珠江文化研究会会长、广东省海上丝绸之路研究开发项目组组长、广东广府学会会长、中山大学教授,是享受国务院特殊津贴的作家、文艺理论批评家、文化学者,是《珠江文化丛书》、《中国珠江文化史》、《中国禅都文化丛书》、《中国南海文化研究丛书》、《海上丝绸之路研究书系》总主编。

常生活的衣、食、住、行各个方面。其中，水流地域文化研究，如黄河文化、长江文化、黑龙江文化等的研究，正在悄悄兴起，这是一种很值得注意的动向，是一个很有意义、很有前途的文化与学术领域。因为这个领域的研究，将会对每个水流地域总体特征作出科学的解释，找出其历史与现实和将来的契合点，并以多学科的并行和交叉研究论证的方法，将这些契合点科学化、综合化、立体化、实用化，使其可作为决策的依据或出发点，作为具有实用价值的新产品或具有可操作性的方略，以及可转化为生产力的科学理论或文化精品。

广东省珠江文化研究会，正是适应这样的文化时代潮流和需要，于2000年6月28日在广州正式成立的，其宗旨是研究与弘扬珠江文化。因为珠江是中国的第三大河，其水流地域文化覆盖整个华南和南海诸多港湾和群岛，在中华民族历史和现代的文化上有重大贡献和重要地位。按照当今国内外公认的水流地域文化理论，当某种水流地域文化形成之后，除覆盖其本身水域之外，还覆盖其周边地区。由此，珠江文化的覆盖地域，不仅是作为中心的珠江三角洲地区，以及汇合为珠江的西江、东江、北江的各自流域地带，还包括韩江流域的潮汕地区、南渡河流域的雷州半岛，南海诸岛和北部湾、海南岛、香港和澳门；如从水流的源头而言，除西江流经的广西之外，尚有西江的源头云南、贵州，北江的源头湖南，东江的源头江西，韩江的源头福建省等，可见其地域之广，水量丰富，文化组成成分多样而复杂，历史的发展和演变过程又极其曲折坎坷，在新时期的改革开放中的发展又极其迅速。因而以珠江文化作为一个研究领域，不仅是应时之需，而且是天地广阔，前景无限的。

珠江文化有着明显的特点。其一是它的多元性和兼容性。这一特点似乎与珠江是多条江河自西、北、东之流而交汇的水态有关，是多元而后交汇汇聚兼容于一体之中。从历史上说，由土著的百越文化与来自五岭以北的华夏文化、荆楚文化、巴蜀文化、吴越文化，以及来自海外的印度文化、波斯文化、阿拉伯文化、西洋文化的先后结合与交融；从当今的珠江水流地域的文化类型而言，除比较明显的粤文化地区有着广府文化、客家文化、福佬文化和新起的深圳及珠江三角洲地区的移民文化之外，尚有可称之为珠江亚文化的滇云文化、黔贵文化、八桂文化、海湾文化、琼州文化等，都是多元而相容于珠江文化的范畴中。其二是海洋性和开放性。珠江的总体形象，既是交汇型的，又是放射型的，它既像是蜘蛛网般覆盖于整个水流地域,像是多龙争珠般争汇于其交汇中心(广州),而其中心又像是一颗明珠,每条河流又像是道道明珠发射出的光芒那样,向四面八方喷射。特别是珠江有众多出海口,即许多所谓"门",如虎门、崖门、磨刀门等,仅珠江口就有八个门,可见珠江与南海是联成一体的;沿海港湾和港口甚多,也都同珠江水系密切连接,所以,从古至今都是由陆路、沿海与海外的交通与交流枢纽,"海上丝绸之路"最早在此进发,而且数千年一直不衰;大量移民由此散布海外,海外文化也由此最早涌入,所以,海洋文化与开放意识是特别强的。其三是前沿性和变通性。一方面,由于珠江文化水系与海洋密切连接,海港特多,对西方和海外文化接收特快特多,因而前沿性也特强。另一方面,相对而言,珠江文化与作为中国文化中心的中原文化地理距离较远,又有以五岭为代表的崇山峻岭之隔,交通不便,由此受中原文化控制偏少,同时也由于中原文化在这一带与海洋文化及本土文化碰撞的缘故,也就造成了相接于前沿性的变通性。此外尚有其他特点,有待深入研究,在此不一一列举。仅由此即可见,对珠江文化特点的研究,以及将这样的研究成果转化为决策依据、地域建设的方案与行为,转化为科学规划的文化产业,都是大有作为、必有成效的。

本着研究与弘扬珠江文化的宗旨,广东省珠江文化研究会组织了著名的文化学家、文史学家、考古学家、人类学家、语言学家、民俗学家、地理学家、海洋学家、气象学家、建筑学家、生物学家等学科的专家学者,以及著名的作家、编辑家、新闻出版家等,分别组成学术委员会、创作委员会、书画艺术委员会、地域企业文化委员会、影视出版委员会、规划策划委员会和理事会,既分工而又交叉地进行珠江文化的研究和宣传,将其作为一项长期的多学科交叉的立体工程去进行。为此目的,我们依靠和组织各种力量,撰写、编辑、出版《珠江文化丛书》。

2000—2005年出版著作:1.《珠江传》(司徒尚纪著);2.《珠江文化论》(黄伟宗著);3.《开海》(洪三泰、谭元亨、戴胜德著);4.《千年国门》(谭元亨、洪三泰、戴胜德、刘慕白著);5.《中国古代海上丝绸之路诗选》(陈永正编注);6.《广府海韵——珠江文化与海上丝绸之路》(谭元亨著);7.《交融与辉映——中国学者论海上丝绸之路》(黄鹤、秦柯编);8.《东方的发现——外国学者谈海上丝路与中国》(徐肖南、施军、唐笑之编译);9.《广东海上丝绸之路史》（黄启臣等编著）；10.《珠江文化与史地研究》（司徒尚纪著）；11.《祝福珠江》（洪三泰、谭元亨著）；12.《通天之路》（洪三泰主编）；13.长篇小说《女海盗》（洪三泰著）；14.《封开—广信：岭南文化古都论》（谭元亨主编）；13.《岭南状元传及诗文选注》（仇江、曾燕闻、李福标编注）；15.《东方奥斯维辛纪事》（谭元亨著）；16.《日军细菌战：黑色〔波字8604〕》（谭元亨编著）；17.《中国文化史观》（谭元亨著）；19.《客家圣典：一个大迁徙民系的文化史》（谭元亨著）；19.《客家文化之谜》（谭元亨著）；20.《岭南文化艺术》（谭元亨著）；21.《呼唤史识——当代长篇创作的史观研究》（谭元亨著）；22.《广府寻根》（谭元亨著）；23.《南方城市美学意象》（谭元亨著）；23.《世界著名思想家的命运》（谭元亨主编、主笔）；25.《当代思维论》（谭元亨著）；26.《城市建筑美学》（谭元亨著）；27.《海峡两岸客家文学论》（谭元亨著）；28.《古代中外交通史略》（陈伟明、王元林著）。

2005—2006年出版著作：1.《珠江文化系论》（黄伟宗著）；2.《珠江文化的历史定位》（朱崇山编）；3.《海上丝路的研究开发》（周義编）；4.《泛珠三角与珠江文化》（司徒尚纪著）；5.《海上丝路与广东古港》（黄启臣著）；6.《粤语与珠江文化》（罗康宁著）；7.《岭南文化珠江来》（张镇洪著）；8.《珠江诗雨》（洪三泰著）；9.《珠江远眺》（谭元亨著）；10.《珠江流韵》（戴胜德著）；①11.《断裂与重构——东西思维方式比较》（谭元亨著）；12.《顺德人》（谭元亨著）；13.《城市建筑美学》（谭元亨著）；14.《广信：岭南文化古都论》（谭元亨主编）；15.《客商》（谭元亨著）；16.《国家祭祀与海上丝路遗迹——广州南海神庙研究》（王元林著）。

2007—2008年出版著作：1.《宝安百年》（洪三泰、谭元亨、戴胜德著）；2.《良溪——"后珠玑巷"》（黄伟宗、周惠红主编）；3.《南江文化纵横》（张富文著）；4.《郁南：南江文化论坛》（黄伟宗、金繁丰主编）；5.《珠江文踪》（黄伟宗著）；6.《客家图志》（谭元亨著）；7.《顺德乡镇企业史话》（谭元亨著）。

2009—2010年出版著作：1.《海上丝路的辉煌》（黄伟宗、薛桂荣主编）；

---

① 以上10种为《珠江文化丛书》"十家文谭"专辑。"十家"，是以10位学者之所长，从10个学科探析珠江文化之意。当然，珠江文化研究会的专家学者不仅只有这些学科的。

2.《瑶乡乳源文化铭文选》（梁健、邓建华主编）；3.《千年雄州 璀璨文化》（林楚欣、许志新主编）；4.《湛江海上丝绸之路史》（陈立新编著）；5.《西江历史文化之旅》（江门日报等主编）；6.《凤岗：客侨文化论坛》（黄伟宗、朱国和主编）；7.《中国珠江文化史》（上、下册）（黄伟宗、司徒尚纪主编）；8.《黄伟宗文存》（上、中、下册）（黄伟宗著）；9.《创会十年——广东省珠江文化成立十周年庆典文集》（黄伟宗主编）；10.《客家文化史》（上、下）（谭元亨著）；11.《十三行新论》（谭元亨著）；12.《广东客家史》（上、下）（谭元亨著）；13.《客家文化大典》（谭元亨著）；14.《客家经典读本》（谭元亨著）。

2011—2012 年出版著作：1.《客家第一珠玑巷——凤岗第二届客侨文化论坛》（黄伟宗、朱国和主编）；2.《云浮：中国石都文粹》（黄伟宗主编）；3.《封开：广府首府论坛》（黄伟宗、张浩主编）；4.《海上敦煌在阳江》（黄伟宗、谭忠健主编）；5.《雷州文化研究论集》（蔡平主编）；6.《中国凤岗客侨文化系列丛书——凤岗排屋楼》（张永雄主编）；7.《国门十三行》（谭元亨著）；8.《客家与华文文学》（谭元亨著）：9.《肝胆相照——饶彰风与邓文钊》（谭元亨著）；10.《华南两大族群的文化人类学建构》（谭元亨著）；11.《雷区1988：中国市场经济的超前探索者》（谭元亨著）；12.《开洋》（谭元亨著）；13.《岭海名胜记校注》（王元林校注）；14.《内联外接的商贸经济：岭南港口与腹地、海外交通关系研究》（王元林著）。

2013 年出版著作：1.《中国禅都文化丛书》（黄伟宗、吴伟鹏主编），包括 6 分册：《出生圆寂地》（罗康宁著）、《顿悟开承地》（戴胜德著）、《坛经形成地》（郑佩瑗著）、《农禅丛林地》（谭元亨著）、《报恩般若地》（洪三泰著）、《禅意当下地》（冯家广著）；2.《中国南海文化研究丛书》（黄伟宗主编），包括 6 分册：《中国南海海洋文化论》（谭元亨著）、《中国南海海洋文化史》（司徒尚纪著）、《中国南海海洋文化传》（戴胜德著）、《中国南海古人类文化考》（张镇洪、邱立诚著）、《中国南海商贸文化志》（潘义勇著）、《中国南海民俗风情文化辨》（蒋明智著）；3.《广府文化大典》（谭元亨主编，陈其光、郑佩瑗副主编）；4.《广府人——首届世界广府人恳亲大会广府文化论坛论文集》（谭元亨等主编）；5.《广府寻根 祖地珠玑——广东省广府学会成立大会论文集》

（黄伟宗等主编）；6.《广侨文化论——台山中国首届广侨文化论坛文集》（黄伟宗、邝俊杰主编）；7.《十三行习俗与商业禁忌》（谭元亨著）；8.《东莞历史名人》（王元林等主编）。

2014年出版著作：1.《海上丝绸之路研究书系》第一辑"开拓篇"（黄伟宗总主编），包括4分册：《海上丝绸之路的研究开发》（周义主编）、《海上丝绸之路与海洋文化纵横论》（黄伟宗著）、《广东海上丝绸之路史》（黄启臣主编，修订本）、《中国古代海上丝绸之路诗选》（陈永正编注，重版）；2.《海上丝绸之路画集》（谢鼎铭著）；3.《雷州文化概论》（司徒尚纪著）；4.《中国地域文化通览·广东卷》（司徒尚纪主编）；5.《海国商道》（谭元亨著）；6.《十三行习俗与商业禁忌》（谭元亨著）；6.《广府人史纲》（谭元亨著）；7.《城市晨韵》（谭元亨著）；8.《袁崇焕评传》（王元林、梁珊珊著）。

2015年出版著作：《海上丝绸之路研究书系》第二辑"星座篇"（黄伟宗总主编），包括10分册：1.《徐闻古港——海上丝绸之路第一港》（刘正刚著）；2.《南海港群——广东海上丝绸之路古港》（王潞、周鑫著）；3.《海陆古道——海陆丝绸之路对接通道》（王元林著）；4.《海上敦煌——南海Ⅰ号及其他海上文物》（崔勇、肖顺达著）；5.《沧海航灯——岭南宗教信仰文化传播之路》（郑佩瑗著）；6.《十三行——明清300年的曲折外贸之路》（谭元亨著）；7.《侨乡"三楼"——华侨华人之路的丰碑》（司徒尚纪著）；8.《古锦今丝——广东丝绸业的"前世今生"》（刘永连、谢汝校著）；9.《香茶陶珠——特产及其文化交流之路》（冯海波著）；10.《广交会——海上丝绸之路的新生和发展》（陈韩晖、吴哲、黄颖川著）。另有四部新著出版：1.《中国珠江文化简史》（司徒尚纪编著）；2.《珠江粤语与文化探索》（郑佩瑗著）；3.《珠江文化之旅》（谭元亨著）；4.《珠江文痕》（黄伟宗著）。

目　　录

绪论 ………………………………………………………………… (1)
　一、珠江文化的概念 ……………………………………………… (1)
　二、珠江文化的特质和风格 ……………………………………… (3)
　三、珠江文化的历史地位 ………………………………………… (7)

第一章　珠江文化形成发展的自然环境 …………………………… (10)
　第一节　地理区位和格局 ………………………………………… (10)
　　一、地理区位 …………………………………………………… (11)
　　二、地理格局 …………………………………………………… (12)
　第二节　地貌特征 ………………………………………………… (13)
　　一、地貌轮廓 …………………………………………………… (13)
　　二、地貌基本类型及其他 ……………………………………… (14)
　第三节　地质基础 ………………………………………………… (18)
　　一、地层岩性 …………………………………………………… (18)
　　二、地质构造 …………………………………………………… (20)
　　三、活动构造地震带 …………………………………………… (21)
　第四节　气候和水文 ……………………………………………… (22)
　　一、气候特征与文化的关系 …………………………………… (22)
　　二、水文特征与文化的关系 …………………………………… (24)
　第五节　土壤类型 ………………………………………………… (27)
　　一、自然土壤 …………………………………………………… (27)
　　二、耕作土壤 …………………………………………………… (29)
　第六节　生物资源 ………………………………………………… (30)

一、植物资源与农业文明 …………………………………………… (30)
二、动物资源与农业文明 …………………………………………… (31)

第二章 史前时期珠江文化的萌芽 ………………………………………… (33)
 第一节 珠江流域的古人类 ………………………………………………… (33)
  一、元谋人 …………………………………………………………… (33)
  二、封开洞中岩人 …………………………………………………… (34)
  三、马坝人 …………………………………………………………… (34)
  四、柳江人 …………………………………………………………… (35)
 第二节 珠江流域旧石器文化 ……………………………………………… (36)
  一、盘县大洞和路南旧石器遗址 …………………………………… (36)
  二、广西百色遗址 …………………………………………………… (37)
  三、广东英德牛栏洞遗址 …………………………………………… (37)
 第三节 珠江流域新石器文化 ……………………………………………… (38)
  一、桂林甑皮岩遗址 ………………………………………………… (38)
  二、曲江石峡遗址 …………………………………………………… (38)
  三、南海西樵山遗址 ………………………………………………… (39)
  四、贝丘遗址 ………………………………………………………… (40)
  五、沙丘遗址 ………………………………………………………… (40)

第三章 先秦珠江文化多元共存格局的建立 …………………………… (41)
 第一节 百越族出现和土邦小国兴起 …………………………………… (41)
  一、滇人和滇国文化 ………………………………………………… (41)
  二、夜郎国和夜郎文化 ……………………………………………… (42)
  三、骆越和西瓯文化 ………………………………………………… (43)
  四、南越土邦小国和南越文化 ……………………………………… (44)
 第二节 珠江文化内外交流 ………………………………………………… (48)
  一、对内文化交流 …………………………………………………… (48)
  二、对外文化交流 …………………………………………………… (50)

第四章　秦汉至六朝珠江文化形成 ………………………………… (57)
第一节　中原文化下珠江 ……………………………………… (57)
　　一、秦汉进军岭南和西南 …………………………………… (57)
　　二、封建制度建立 …………………………………………… (61)
　　三、中原移民与汉文化南传 ………………………………… (64)
第二节　南越文化辉煌 ………………………………………… (67)
　　一、灵渠工程 ………………………………………………… (68)
　　二、民族艺术 ………………………………………………… (70)
　　三、杨孚及其《异物志》 …………………………………… (75)
　　四、葛洪道家文化 …………………………………………… (77)
　　五、城市建设滥觞 …………………………………………… (79)
第四节　广信文化崛起 ………………………………………… (81)
　　一、二陈经学 ………………………………………………… (82)
　　二、粤语形成 ………………………………………………… (84)
　　三、教育启先河 ……………………………………………… (86)
　　四、佛教传入和牟子《理惑篇》 …………………………… (87)
第四节　黔贵文化成长 ………………………………………… (90)
　　一、贵州汉三贤 ……………………………………………… (90)
　　二、赫章可乐墓葬文化 ……………………………………… (92)
第五节　滇云文化隆盛 ………………………………………… (93)
　　一、独具一格的青铜器艺文化 ……………………………… (93)
　　二、发达的青铜农业 ………………………………………… (94)
第六节　海陆丝绸之路开辟 …………………………………… (95)
　　一、海上丝绸之路 …………………………………………… (95)
　　二、西南丝绸之路 …………………………………………… (98)

第五章　隋唐五代珠江文化持续发展 …………………………… (100)
第一节　汉与俚蛮文化融合 …………………………………… (101)
　　一、汉族南迁 ………………………………………………… (101)

二、汉俚蛮文化融合 …………………………………………… (104)

第二节　古道开凿与中外文化大交流 ………………………………… (109)
　　一、张九龄开大庾岭道 ………………………………………… (109)
　　二、"广州通海夷道"兴盛 ……………………………………… (111)
　　三、桂柳运河开凿 ……………………………………………… (115)

第三节　佛教和伊斯兰教在珠江流域流布 …………………………… (117)
　　一、惠能创立禅宗 ……………………………………………… (118)
　　二、其他高僧大德 ……………………………………………… (120)
　　三、伊斯兰教传入 ……………………………………………… (122)

第四节　流寓人士对珠江文化的贡献 ………………………………… (125)
　　一、韩愈在阳山和潮州 ………………………………………… (125)
　　二、刘禹锡在连州 ……………………………………………… (128)
　　三、李绅和李邕在肇庆 ………………………………………… (129)
　　四、柳宗元在柳州 ……………………………………………… (131)
　　五、李渤在桂林 ………………………………………………… (133)
　　六、牛腾在贵州 ………………………………………………… (134)
　　七、宋之问在岭南 ……………………………………………… (135)

第五节　科举教育与诗风 ……………………………………………… (136)
　　一、南选制下珠江科举人才崭露头角 ………………………… (137)
　　二、诗圣张九龄 ………………………………………………… (140)
　　三、珠江其他诗人群体 ………………………………………… (145)

第六节　茶马古道和器艺 ……………………………………………… (151)
　　一、茶马古道的形成和普洱茶文化 …………………………… (151)
　　二、端砚 ………………………………………………………… (153)
　　三、广绣、蜡染与扎染 ………………………………………… (156)
　　四、贵州银饰 …………………………………………………… (160)

第七节　南诏国的文化成就 …………………………………………… (161)
　　一、土地垦辟和稻作文化 ……………………………………… (161)
　　二、唐文化在南诏的传播 ……………………………………… (164)

第八节　南汉国的文化建树 …………………………………… (169)
　一、招揽人才 ………………………………………………… (169)
　二、海洋商业文化成就 ……………………………………… (170)
　三、广州城市建设 …………………………………………… (171)
　四、南汉国文学成就 ………………………………………… (172)
　五、云门宗创立 ……………………………………………… (174)

第六章　宋元汉文化成为珠江文化的主体 ………………………… (177)
第一节　两宋移民高潮与三大民系文化的形成 ……………… (177)
　一、两宋移民高潮 …………………………………………… (177)
　二、岭南三大民系形成及其文化 …………………………… (179)
第二节　土地垦辟高潮与稻作文化的振兴 …………………… (192)
　一、土地垦辟高潮 …………………………………………… (192)
　二、占城稻种传入 …………………………………………… (196)
　三、农艺技术进步 …………………………………………… (198)
第三节　海洋商业文化走向兴盛 ……………………………… (202)
　一、广州设立市舶司 ………………………………………… (203)
　二、航海及造船技术进步 …………………………………… (204)
　三、海上丝绸之路文化进一步繁荣 ………………………… (207)
　四、江河沿海博贸兴起 ……………………………………… (210)
　五、妈祖崇拜出现 …………………………………………… (216)
第四节　建筑和器艺文化日趋成熟 …………………………… (218)
　一、城市建设与建筑 ………………………………………… (218)
　二、陶瓷器艺 ………………………………………………… (225)
　三、纺织技术 ………………………………………………… (228)
第五节　文教肇兴新局面 ……………………………………… (233)
　一、儒学的发展 ……………………………………………… (233)
　二、流寓人物新文化贡献 …………………………………… (242)
第六节　多元民族文化的风采 ………………………………… (255)

  一、大理国的灿烂文化 …………………………………………… (256)
  二、多彩多姿的少数民族文化 …………………………………… (259)
 第七节　宋元交替的抗争文化 ……………………………………… (263)
  一、崖门之战与文天祥大节 ……………………………………… (263)
  二、愤怒出诗人 …………………………………………………… (267)

第七章　明代珠江文化的繁荣 …………………………………… (270)
 第一节　制度文化的革新 …………………………………………… (270)
  一、政区建置变更 ………………………………………………… (271)
  二、改土归流政策实施 …………………………………………… (277)
 第二节　新作物传入与基塘农业兴起 ……………………………… (279)
  一、新作物传入 …………………………………………………… (279)
  二、基塘农业在珠江三角洲兴起 ………………………………… (285)
 第三节　贸易全球化下珠江商业文化异军突起 …………………… (288)
  一、海上丝绸之路与澳门贸易 …………………………………… (288)
  二、澳票制和定期交易制 ………………………………………… (291)
  三、沿岸城镇商业文化繁荣 ……………………………………… (293)
 第四节　教育和人才大起 …………………………………………… (303)
  一、官办教育 ……………………………………………………… (304)
  二、民间私人教育 ………………………………………………… (309)
  三、澳门的近代化教育 …………………………………………… (318)
 第五节　学术流派崭露头角 ………………………………………… (321)
  一、白沙学派 ……………………………………………………… (322)
  二、甘泉之学 ……………………………………………………… (326)
  三、丘海学说 ……………………………………………………… (329)
 第六节　利玛窦入粤和中西文化交流 ……………………………… (333)
  一、利玛窦在肇庆 ………………………………………………… (333)
  二、利玛窦在韶州 ………………………………………………… (335)
  三、利玛窦入粤的文化意义 ……………………………………… (336)

四、中西文化新交流 ……………………………………………… (338)
　第七节　争妍斗艳的诗坛和戏剧 ………………………………… (340)
　　一、岭南诗歌 ……………………………………………………… (341)
　　二、贵州诗歌 ……………………………………………………… (343)
　　三、地方剧种产生 ………………………………………………… (346)

第八章　清代鸦片战争前珠江传统文化的成熟 …………………… (351)
　第一节　清初移民运动和改土归流高潮 ………………………… (351)
　　一、清初移民运动 ………………………………………………… (352)
　　二、改土归流高潮 ………………………………………………… (353)
　第二节　清前期流域水利事业和经济开发 ……………………… (356)
　　一、水利事业上升 ………………………………………………… (356)
　　二、经济效益 ……………………………………………………… (361)
　　三、城市水利 ……………………………………………………… (365)
　第三节　珠江三角洲商品经济兴盛和社会风尚的异动 ………… (368)
　　一、珠江三角洲商品经济兴盛 …………………………………… (368)
　　二、经世致用思想蔚为社会风气 ………………………………… (375)
　第四节　海上贸易与商帮集团的兴起 …………………………… (378)
　　一、广州帮 ………………………………………………………… (379)
　　二、潮州帮 ………………………………………………………… (384)
　　三、客家帮 ………………………………………………………… (385)
　　四、广东商帮海上丝绸之路精神 ………………………………… (387)
　第五节　地方学术思想成就 ……………………………………… (391)
　　一、史志编纂盛况空前 …………………………………………… (391)
　　二、屈大均其人其书 ……………………………………………… (395)
　　三、梁廷枏《粤海关志》 …………………………………………… (399)
　　四、广东朴学研究初露锋芒 ……………………………………… (400)
　　五、广西学术成就 ………………………………………………… (402)
　　六、贵州学术和沙滩文化 ………………………………………… (404)

七、云南学术和科技 ………………………………………… (405)
八、阮元创办学海堂 ………………………………………… (408)
第六节 文坛花繁果硕 ………………………………………… (412)
一、清初诗坛 ………………………………………………… (412)
二、珠江小说 ………………………………………………… (420)
三、女作家群体 ……………………………………………… (423)

第九章 近代珠江文化的蜕变与新生 ………………………… (427)
第一节 第一次鸦片战争后珠江文化的震动 ………………… (427)
一、西方先进器艺文化和世界史地知识传入 ……………… (427)
二、新式报刊出现 …………………………………………… (432)
三、岭南人观念更新 ………………………………………… (434)
四、洪秀全太平天国农民运动 ……………………………… (437)
第二节 第二次鸦片战争后西方文化传入达到高潮 ………… (441)
一、近代产业兴起 …………………………………………… (441)
二、两广留学运动 …………………………………………… (445)
三、西方宗教文化流布珠江流域 …………………………… (448)
第三节 战后珠江思想文化的辉煌成果 ……………………… (453)
一、郑观应与中国近代改良主义思潮 ……………………… (454)
二、康梁变法维新思想体系 ………………………………… (456)
三、康梁变法维新思想在珠江流域的传播和影响 ………… (461)
四、孙中山建立民主革命理论 ……………………………… (463)
第四节 风云色变的珠江文学艺术 …………………………… (466)
一、珠江三角洲人民反帝斗争的诗作 ……………………… (466)
二、诗界革命 ………………………………………………… (469)
三、小说界革命 ……………………………………………… (476)
四、文界革命 ………………………………………………… (477)
第五节 华侨文化形成及其对珠江文化的贡献 ……………… (479)
一、华侨文化形成 …………………………………………… (479)

二、华侨文化贡献 …………………………………………………… (481)
　　三、华侨文化在海外历史传播 ……………………………………… (483)

第十章　现代珠江文化在曲折中前行 ……………………………………… (486)
第一节　马克思主义与新文化在珠江流域的传播 …………………… (487)
　　一、马克思主义在广东传播 ………………………………………… (487)
　　二、马克思主义在广西传播 ………………………………………… (491)
　　三、新文化运动在云贵地区风起云涌 ……………………………… (492)
第二节　孙中山新三民主义与珠江文化新价值取向 ………………… (495)
　　一、孙中山新三民主义 ……………………………………………… (495)
　　二、孙中山重建广东革命根据地的战略思想 ……………………… (497)
　　三、两校和农民运动讲习所成立 …………………………………… (498)
第三节　五四运动后新文化运动的风潮 ……………………………… (502)
　　一、第一次全国文化人南下广东 …………………………………… (502)
　　二、岭南画派崛起 …………………………………………………… (508)
第四节　各自为政背景下地方文化放异彩 …………………………… (511)
　　一、陈济棠治理下的广东文化 ……………………………………… (512)
　　二、新桂系治下的广西文化 ………………………………………… (519)
　　三、两广中西合璧建筑接踵而起 …………………………………… (521)
　　四、文学艺术创作复苏 ……………………………………………… (522)
　　五、学术研究的建树 ………………………………………………… (526)
第五节　抗战期间救亡文化高涨 ……………………………………… (532)
　　一、救亡文化重镇桂林和香港 ……………………………………… (532)
　　二、抗战中的西南联大 ……………………………………………… (541)
　　三、中山大学在迁徙流离中坚持办学 ……………………………… (545)
　　四、中国音乐双璧及其他 …………………………………………… (547)
第六节　珠江三角洲存在的科学论证和珠江开发 …………………… (550)
　　一、珠江三角洲存在的科学论证 …………………………………… (550)
　　二、近现代珠江治理开发 …………………………………………… (557)

第七节　建国后运动文化中坚挺的脊梁 ················ (565)
　　一、出色的作家群体及其作品 ······················ (566)
　　二、陈寅恪的最后二十年 ·························· (570)
　　三、卓炯"商品万岁论" ·························· (572)
　　四、"文革"高压下的"干校文化" ················ (574)

第十一章　当代珠江文化成为时代先进文化 ·············· (578)
第一节　改革开放政策首在珠江三角洲实施及其效应 ······ (578)
　　一、改革开放成为珠江文化转折点 ·················· (578)
　　二、珠江三角洲文化腾飞 ·························· (583)
　　三、特区文化在江边崛起 ·························· (588)
　　四、珠江三角洲和特区文化新精神 ·················· (594)
第二节　港澳回归和粤港澳文化交流 ···················· (603)
　　一、港澳回归 ···································· (604)
　　二、粤港澳文化交流和互动 ························ (608)
第三节　珠江文化大交流 ······························ (613)
　　一、千万劳工下广东 ······························ (613)
　　二、珠江文化北伐与南传 ·························· (617)
第四节　珠江文学艺术和学术研究花繁果硕 ·············· (621)
　　一、文学艺术创作大观 ···························· (621)
　　二、文化产业勃兴 ································ (625)
　　三、珠江文化学术研究新发现 ······················ (627)

参考文献 ··· (632)

后记 ··· (637)

绪　　论

一、珠江文化的概念

文化的概念很宽泛，对它的解读也见仁见智，难以定于一尊。但不管如何理解，文化必须依赖特定的地理环境而产生，是适应和开发利用当地环境与资源所创造的物质和非物质财富的总和，是为文化的最一般概念。具体的文化内涵，则包括了土地利用、聚落建筑、各种制度、居民精神风貌、行为方式、价值取向、思维方式、审美标准和情趣、习俗风尚、社会心态等众多方面。珠江文化也离不开文化这个内涵和结构。

文化通常以地域或人群、器物等为载体，河流及其流域所承载的文化，是为江河或流域文化，如黄河文化、长江文化、淮河文化、塔里木河文化等。珠江是我国第三大河流，孕育、产生于这条大江大河的文化即为珠江文化。珠江流域是珠江文化涵盖地域范围。但一种文化产生以后，它会对周边地区产生文化辐射，把接受辐射的地区纳入自己涵盖的范围，所以珠江流域附近地区，如岭南沿海一些独流入海河流，包括韩江、榕江、练江、龙江、螺江、漠阳江、鉴江、南流江、钦江、南渡江等的流域，也可以归入珠江文化地区。而从政区角度出发，珠江除主干流经的云南、贵州、广西、广东、香港、澳门等省区以外，还有不少支流的源头在流域邻近省区，包括江西、湖南等。这些省区部分地区也受珠江文化影响，同样可列入珠江文化地域范围，甚至海南岛也属这种情况。实际上，无论按流域还是按政区，它们都属同一个珠江文化区。文化区作为一种区域单元，类似于各种自然区域，如气候、土壤区、动植物区和综合自然地理区等，相互之间没有截然分明的界线，而是存在一个过渡带。文化区之间也一样，所谓区界也是一个过渡带。基于此，文化区也称形式文化区。这与各级政区、选举区、保税区等不同，它们的分界十分严格，界线有各种标志，越界受到限制。从文化功能界定，它们称为功能文化区，与一般形式文化区不同。珠江文化区既为一个形式文化区，不但流域内各省区之间，而且与邻近省区之间同样可以毫无阻碍地进行文化相互交流、相互采借和相互融合，推动文化的创新和进步。

"珠江"一词始于宋代。据南宋方信孺《南海百咏》记载，相传过去有一个波斯商人，偷了他国家一颗价值连城的镇国宝珠逃到广州贩卖，后被国人发现，以重金赎回。在归国途中，宝珠突然起飞，坠入江中，后化为巨石，称海珠石。另有传说，古代有一个阿拉伯珠宝商人到广州做生意，有次泛舟河上，为河岸美景所陶醉，一时忘情，手上宝珠跌落江中，顿时霞光四射，化为一座圆形小岛，后也称海珠石。不管这些传说多么神奇、浪漫，珠江得名都与这块巨石联在一起。但珠江最初是指流溪河由广州白鹅潭到虎门的长70公里的河段。直到1914年在广州设立直隶中央政府的"督办广东治河事宜处"，开始勘测、整治河道，自此人们才逐渐认识到西江、北江、东江和三角洲网河是一个整体，形成了新的珠江水系概念。1937年珠江水利局成立，珠江被普遍认作是这几条河流的总称，并延用至今。

珠江文化的概念，最早提出者是著名历史学家、古文字学家和戏剧作家郭沫若。他1926年来广州，任教于广东大学（中山大学前身），在《我来广东的志望》一文中说："我们要改造中国的局面，非国民革命策源地的广东不能担当；我们要革新中国的文化，也非在国民革命的空气中所酝酿的珠江文化不能为力。"[①] 鉴于时势，珠江文化概念提出以后，长期无人作深入、专门研究，处于空白状态。直到改革开放以后，以中山大学黄伟宗教授为首的一批学者，在广东省珠江文化研究会的旗帜下，才着手对珠江文化进行有计划、有组织、系统性的

[①] 郭沫若：《我来广东的志望》，《革命生活》（旬刊）1926年第5期。

研究，并取得一系列重要成果，为国内外学界所瞩目。但这距离郭沫若首创珠江文化概念，已经有半个多世纪了。

史学大师谭其骧教授说过，"中国文化有地区性，不能不问地区笼统地谈论中国文化"①。前些年，辽宁教育出版社即根据中国文化地域差异，推出一套地域文化丛书，全国被划分为 24 种地域文化。属于珠江文化所及范围的即有滇云文化、黔贵文化、八桂文化、岭南文化和琼州文化等，它们作为珠江文化的亚文化，也是珠江文化的区域文化结构，反映流域内部的文化差异；但它们文化的共同性是第一位的，差异性是第二位的，两者是共性和个性、普遍性和特殊性的关系，以此作为研究的一种框架。此外，主要依据方言和风俗，每种亚文化可分出若干种次亚文化，主要是民系或民族文化。例如岭南文化可分为广府文化、客家文化、潮汕文化、雷州文化、海南文化，以及壮、瑶、苗、畲、黎等少数民族文化。这些子文化都是珠江文化的一种建构，包括在珠江文化概念之内。

二、珠江文化的特质和风格

文化的内涵即为文化特质，其外在表现即为文化风格。两者互为表里，反映一个地域文化的整体格局。珠江文化的内涵丰富多彩，地域特色非常明显。这主要包括如下方面。

第一，珠江文化是一种热带亚热带类型文化。从文化是人类适应环境的一种方式这个意义出发，珠江文化孕育、发生、发展于热带亚热带地理环境，在物质、制度和观念（精神）文化各个层面上都反映了与这种地理环境感应的关系，如种植水稻，住干栏（近世则为骑楼），嗜食水产，以龙、蛇为图腾，流行以水神为主题的风俗、神话传说等。文化人类学者（如华南师范大学地理系曾昭璇教授）曾将我国东半部划为三大文化地理区，即蒙古草原游牧文化区、华夏季风农业文化区及岭南热带海洋文化区，珠江文化区相当于后者。

第二，珠江文化应属海洋文化类型。根据有三：一是珠江是外流河，注入南海，仅出海口在珠江三角洲就有八个，江海相连成一体；二是珠江流域沿海为南

---

① 谭其骧：《中国文化的时代差异和地区差异》，《复旦学报》（社会科学版）1986 年第 6 期。

海海上丝绸之路所经,有众多港口,它们腹地深入流域各地,使内陆、沿海和海外构成一个不可分割的地域体系,不同文化交流、互动即在这个体系内发生;三是珠江文化自古就与海外文化有千丝万缕的联系,深受海外文化影响,并吸收、整合为自己一部分。曾昭璇教授曾说"岭南亲海,热带民风",即海洋性是岭南也是珠江文化特点之一。

第三,珠江文化是一个多元文化体系。三江交会于广州,以及江海连接的地理形势,加上独特的民族、历史进程等因素,珠江文化组成成分非常多样,乃以越族(南越、骆越、闽越等)文化为本底,融合华夏文化、汉文化、荆楚文化、巴蜀文化、吴越文化,以及海外印度文化、波斯文化、阿拉伯文化,还有近世西洋(西方)文化等构成,是一种复合型文化,其多元性甲于其他地域文化。近年著名人文地理学者、北京大学胡兆量教授信告笔者:"广东是世界上历史文化十分复杂,因而也是十分典型的省份,加上海南岛,自成一个历史文化区域,进行深入研究,十分必要。"这也说明了珠江文化的多元特性。

第四,珠江文化是一种开放型文化。黑格尔曰:"水性使人通,山性使人塞"。珠江稠密水网作为交通孔道,沟通海内外,自古以来,物质、人员、信息等交流、互通有无从未中断,即使明清严行海禁,珠江流域沿海各地与海外联系或明或暗仍在进行。所以,长期对外开放在珠江文化各个层面上都留下深刻印记,作物品种、器物、语言、饮食、习俗等无不如此。

第五,珠江文化具有鲜明的兼容性。郦道元《水经注·巨马水》曰:"水德含和,变通在我。"河流的交通作用使不同地域、民族的文化在流域内找到自己的位置,能够相互容忍,自由地发展,并相互交流、整合,形成你中有我、我中有你状态。在珠江文化发展历史上,还没有出现过或很少因文化特质差异而发生重大冲突、对抗事件。在内地看来不可思议、不可接受的事物,在岭南见怪不怪,从明末以后从西方传进"奇技淫巧"到近年改革开放中的各种新鲜事物都无不如此。

第六,珠江文化具有鲜明的重商性。珠江流域远离中原,少受儒家"君子谋道不谋食"教条和重农抑商政策影响,加之临海,广州口岸一直开放,商业贸易得以比较自由地发展,交换的价值、重利的思想深入人心,铸造了珠江文化重商的风格。

六朝时代，广州依靠海上贸易，富甲一方，吸引北方人到广州为官，史称"广州刺史但经城门一过，便得三千万"①。隋唐广东开始使用铜钱，圩市广布。唐李吉甫《元和郡县图志》记远在南天一隅的徐闻也以贸易名重一时，有"欲拔贫，诣徐闻"之谚。宋代与广州有贸易关系的国家和地区达50多个，元代上升到140多个，海上贸易兴盛一时。明代以后，商品经济日益隆盛，在珠江三角洲出现商业化、专业化、集中布局的基塘农业，产品走向海外市场。清代，据屈大均《广东新语·事语》说广东"无官不贾，且又无贾而不官"，"儒从商者为数众多"，"粤中处处有市"，形成一个近乎全民经商的社会热潮。后出现"广州帮"、"潮州帮"等商帮集团和著名的广州十三行，重商发展到高峰。

第七，珠江文化的务实性。珠江流域古代环境恶劣，瘴疠充斥，自然赐予虽然丰富，但要将自然物转变为经济产品，必须经过艰苦劳动，故流域百姓胼手胝足，终年辛劳，不像中原北方有半年农闲。加之珠江流域远离中国政治中心，战乱较少，人们关心但不沉溺于政治，不尚空谈。而明清以来中下游地区发达的商品经济，形成了追求财富的社会风尚。在这些背景下，珠江文化表现出很典型的讲求实用的品格。这不仅反映在当地人在衣食住行方面很注重器物的实用价值，如穿着简单的贯头衣、赤足、杂食、住干栏等，而且体现在他们的思想观念、价值判断、审美情趣和行为方式上。鸦片战争后，缫丝业在珠江三角洲兴起，一大批女工为适应生产需要，争取经济独立，不惜相约独身，终生不嫁，形成一个"自梳女"群体。这种务实性也鲜明地表现在吸收外来文化取向上，战后引入广东的西方文化，主要是应用性质的西洋火器、电报、船舶、冶炼、摄影、西医等器艺和技术，并加以仿造，而对有关西方政治制度、观念、价值等人文社会科学以及理性科学文化成果引入较少，以致渴求西学的康有为不得不跑到上海去购书回广东，从事变法维新的思想准备。这恰如朱谦之先生指出的："北方黄河流域即代表解脱的知识，中部扬子江流域可代表教养的知识，南方珠江流域可代表实用的知识，即科学的文化分布区。"② 珠江文化这种务实性，还充分表现在重实践、实用、实惠、实利，也与珠江文化重商性相联系，处事重时机、讲效率、效果，由此可以带来丰富的物质财富，满足人们生产生活的需要。近世以来广东经

---

① 《南齐书·王琨传》。
② 朱谦之著：《文化哲学》，商务印书馆，1992年，第227页。

济能跻进全国先进地区之列，即离不开这种文化务实性的支持。

第八，珠江文化的创新性。珠江流域对内相对封闭、对外较为开放的地理格局，中原王朝政治、文化影响相对薄弱，但又深得海外文化影响的内外环境，使珠江文化具备许多创新发展的因素和优势。珠江文化的本底主要是百越文化，秦汉以来先后融合中原文化和其他地域文化以及海外文化。到唐宋时期，最有代表性的唐代广东新兴人惠能，将印度佛教革新，使之世俗化、平民化，开一代禅风，实现佛教中国化，是为禅宗顿教，惠能由此被誉为珠江文化哲圣。① 明代，岭南思想文化日趋成熟，形成以陈献章、湛若水为首的"江门学派"。其思想精髓"心学"的核心是"自得"，即在广读诗书基础上通过"静坐"，把书本知识融化到自己的思想中，达到认识事理之目的。"江门学派"突破程朱理学读书格物求理方法，开以自然为宗一代学风，对以圣贤之是非为是非的儒家训条是一种大胆的挑战，也是一个巨大的思想创新。"江门学派"当时在全国思想界影响很大，其代表人物遍布全国各地。近世，洪秀全将基督教组织形式和《圣经》神学理论进行再创造，建立"拜上帝会"，写成《原道救世歌》、《原道醒世训》、《原道觉世训》，奠定了太平天国运动的理论基础。康有为、梁启超继承我国"经世派"的优良传统，突破洋务派"中体西用"的局限，较为系统地引入西方社会政治学说，主张用君主立宪代替封建专制，并在发动戊戌变法中把理论付诸实践，虽然变法失败，但极大地冲击了中国社会，同样是一次文化创新。经康梁以后，孙中山吸收法国、美国资产阶级民主革命思想精华，创立自己的民族、民权、民生三民主义，比康梁变法维新思想又前进一步，代表了近代珠江文化的最高成就，也是珠江文化创新性最成功的范例和对中华民族文化一个最大的贡献。类似的事例不胜枚举，此略。

第九，珠江文化发展到近现代，已成为一种时代先进文化。经过历史长期积淀，珠江文化吸纳海内外文化精华，使自己得到提升，发展为一种时代先进文化，在文化各个层面上充分显示出这种时代特色，从洪秀全到孙中山到现代改革开放，珠江文化都处在全国地域文化前列，在多方面起到领导文化潮流的作用，为近现代中国革命和建设作出重大贡献。所以它作为一种时代先进文化，应受之

---

① 黄伟宗著：《珠江文化系论》，中国评论学术出版社，2005年，第19页。

无愧。

第十，珠江文化是以广州为单中心的文化。三江交会的地理格局和其他社会经济因素，使广州成为一座历经 2000 多年不衰的城市和珠江流域最大的文化中心。其经济和文化地位从来没有动摇，没有第二座城市能够充当全流域文化中心角色。这种单文化中心格局是其他地域文化所没有的。黄河文化中心，在汉唐为长安，在北宋为开封，元明清至今为北京，随时代而转移，没有一个文化中心贯穿整个历史；长江文化中心，当今被认为是上海，但它历史毕竟有限，过去哪座城市是长江文化中心，是南京、武汉，抑或重庆、成都，都有待讨论。但广州作为 2000 多年来珠江文化的中心城市，无可置疑，这对珠江文化发展起了重要作用。

一言以蔽之，珠江文化特色，可用热带、海洋、多元、兼容、开放、重商、务实、创新等文化风格来表示。

三、珠江文化的历史地位

珠江文化在历史发展的长河中，不仅对流域当地社会、经济发展提供文化支持，对我国多元一体文化格局的形成和发展作出重要贡献，而且对世界人类文明和进步也产生深远影响，彰显它崇高的历史地位并以此彪炳人类文化史册。

江河文化是我国文化类型之一，有黄河文化、长江文化、珠江文化、淮河文化、运河文化、辽河文化、塔里木河文化等，组成我国多元一体的文化格局。其中黄河文化、长江文化、珠江文化并称为我国三大流域文化，各有不同的文化内涵和特色。黄河文化产生于中原北方，开始历史早，以旱作农业为主，流域在大多数历史时期处在中国政治中心地位，具有强大的政治能量，辐射全国各地，形成了浓厚的正统性和很强的文化同化能力，长期被视为中华文化的代表，有人喻之为"黄河之水天上来，奔流到海不复回"，显示出其文化特质和风格。长江文化位居中国南方，起源也很早，以稻作为农业文化主流，因流经地区差异大，形成河谷型、山岳型和海洋型等文化形态。长江文化近代以来进步颇快，支撑起中国经济重心，表现出"大江东去，浪淘尽，千古风流人物"般的气派和神韵，在中国文化版图上占有独特的地位。

珠江文化在我国的最南方，形成于热带亚热带和临海环境，因位置偏远，长期受政治影响小，有些地方受影响很微弱，文化受限制少而超脱。从文化起源比较，珠江文化并不比黄河、长江文化迟，至少在伯仲之间。历史地理和文化人类学者曾昭璇先生认为，从新中国成立后考古工作的成就看，珠江流域就不亚于长江流域，且与黄河流域、长江流域一样，成为在中国发现的又一个新石器时代发展中心。珠江文化"对中华文化的贡献，将和黄河流域、长江流域一起成为我国史前的第三个文化中心"①。以后的历史发展也显示，珠江文化以后来居上之势，跻进全国先进文化之列。国学大师季羡林说："中国的北方文化源于黄河流域，南方文化源于长江流域，更南的则产生于珠江流域。""远在长江之南的广东、福建等地在很早的时期也都有了可观的文化。"②恰如梁启超在《世界史上广东之位置》中分析广东与世界文化关系所言那样，"广东非徒重于世界，抑且重于国中矣"。这实际上也代表了珠江文化在中华文化中显要地位。

珠江流域幅员辽阔，少数民族众多，社会经济发展水平差异很大，地域文化和少数民族文化丰富多彩，保留了许多原生态文化形态或遗址遗迹，是一笔非常宝贵文化资源，大有研究和开发利用价值，这是其他地域文化难以相比的。据《珠江志》统计，除汉族以外，珠江流域尚有壮、瑶、苗、彝、侗、布依、毛南、仫佬、仡佬、水、畲、傣、阿昌、普米、崩龙、独龙、基诺、锡伯等34个少数民族，占全国少数民族过半以上。他们在接受外来文化的同时，许多古老文化特色被保持下来，积淀在文化底层。例如多神崇拜、俗重铜鼓、断发文身、吃蛇、走婚、二次葬、悬棺葬等奇风异俗，使用古越语，至今仍保留大量壮侗语族各语支地名。唐宋以后，中原文化大举南下，并发展为主流文化。在这个过程中，汉族也发生文化分化，形成不少族群（民系）及其文化，如在岭南汉族就有广府、潮汕、客家、雷州等族群与文化，使珠江文化成分更加多彩多姿。近世西风东渐，珠江文化又大量吸收西洋文化，最终演变成时代先进文化。这些少数民族文化、族群文化和海外文化等，都是珠江文化构成成分，复杂多样，各有其鲜明的文化特质和风格，展现在中国文化版图上。

---

① 曾昭璇：《珠江文化在我国文化地带中的地位》，《岭南文史》2001年第4期。
② 季羡林：《长江文化研究文库总序》，季羡林、陈昕编选：《长江文化议论集》，湖北教育出版社，2005年。

珠江流域有漫长的海岸线和辽阔的海洋，海洋文化是它最大的一个特质和亮点，也是珠江文化优于其他流域文化所在。特别是近代以来，在西风东渐背景下，珠江文化后来居上，发展成为时代先进文化，推动了其他流域文化发展。余秋雨先生说，外来海洋文明进入中国的时候，"珠江文明起来了，它成了前线，中国第四条河的文明开始发源。这就是中国文明为什么后来表现为北伐的原因。"[①] 余氏所言，珠江文化发源与海外文明进入中国同一时代，这虽不妥，但他指出北伐的原因在于海洋文明的作用，这是值得称道的。实际上，鸦片战争以后，珠江文化的精英分子，包括洪秀全、洪仁玕、郑观应、何启、胡礼垣、容闳、康有为、梁启超、孙中山等，他们思想的实质是中西文化结合的产物，他们掀起的各种运动，对变革中国社会、推动中国历史前进作出的重大贡献，也是珠江文化在近代中国占有崇高地位的标志。

借助于海上丝绸之路和西南丝绸之路，珠江文化自汉代以来，即开始了双向的中外文化交流，一方面是借此不断壮大、提升自己；另一方面也同时将中华文化，包括珠江文化传播到海外，在那里开花结果，促进了当地文明的进步，这是举世公认、有口皆碑的。中国古代海上交往的国家和地区，主要在东南亚、西亚和欧洲，明清时又远达中南美洲。明末以降开始的"西学东渐"，也同时开始"东学西传"，在欧洲掀起"中国热"、"中国风"，广东成了这个潮流的枢纽。入清以后，假道这条海上通道，包括华侨在内，中国传统文化在海外传播达到一个新高潮。中国四书五经、科举制度、古典文学、造园术、中医中药、喝茶风俗、瓷器、水果、器具制作等达到欧美各个角落，它们无论是思想文化还是物质文化都吸收了中华文化成果。珠江文化又是其中最直接、最主要的一个组成部分，显而易见，这是珠江文化对人类文化的一大贡献。

---

① 余秋雨：《中华永不衰败的大河文明》，《中国三峡建设》2007 年第 4 期。

第一章
珠江文化形成发展的自然环境

第一节 地理区位和格局

孙中山先生在《三民主义·民族主义》中指出:"如果中国文化不是外来,乃由本国发生的,则照天然的原则来说,中国文化应该发源于珠江流域,不应该发源于黄河流域。因为珠江流域气候温和,物产丰富,人民很容易谋生,是应该发生文明的。"[①] 孙中山所说的文化发生的自然条件,应该包括地理区位,因为两者是不可分割的。此前,清末维新变法主要人物之一、近代思想家梁启超也高度重视地理区位对社会发展的重要作用,指出当时广东一百多年前无足轻重,近世形势大变,广东成为东西海洋交通一孔道,对中西文化交流作用甚大,"今之广东,依然为世界交通第一等孔道"。地理区位优势的感召,使广东人形成"剽悍、活泼、进取、冒险之性质,于中国民族中,稍现一特色焉"。[②] 这两位中国革命和文化的哲圣的论断,为认识地理区位对珠江文化形成、发展的作用奠定了理论基础。

---

① 《孙中山全集》第九卷,中华书局,1986年,第217页。
② 梁启超:《世界史上广东之位置》,《饮冰室合集·文集之十》,中华书局,1984年,第130页、第87页。

一、地理区位

珠江流域地理位置在我国最南方、我国低纬地带，在东经102°14′—115°53′，北纬21°31′—26°49′之间，地处热带、亚热带，北靠五岭，南临南海，西部为云贵高原，中东部为桂粤中低山丘陵和盆地，东南部为三角洲冲积平原。流域面积约45.37万平方公里，在我国境内为44.21万平方公里，约占全国陆地总面积的4.6%；另有少量面积在越南境内。珠江流域北面以五岭及苗岭与长江流域分界；西南部以乌蒙山脉与红河流域的元江和长江流域的牛栏江为界；南部以云雾山、云开大山、六万大山、十万大山等与两广沿海诸河分界；东部以莲花山脉和武夷山脉与韩江流域分界；东南部为各水系汇入，注入珠江三角洲。全流域在我国跨云南、贵州、广西、广东、湖南、江西以及香港、澳门八省区。地势西北高，东南低，河水依此大势，经虎门、蕉门、洪奇门（沥）、横门、磨刀门、鸡啼门、虎跳门、崖门八大门注入南海，江海相通，浑然一体。

珠江流域大部分濒临我国最大的热带海洋南海的北岸。粤、桂、琼三省区大陆海岸线长达6069.2公里，约占全国大陆海岸线总长的34%；面积在500平方米以上的岛屿，1984年广东（时含海南）为1134个，广西为624个，共1758个，约占全国岛屿总数（6536个）的27%。这使得珠江流域在气候上具有热带海洋性特征，对农业生产极为有利，在此基础上发育了热作文化，对居屋、聚落、服饰、饮食文化也产生重要影响。夏无酷暑，冬无严寒，全年雨水丰沛，成为世界上的绿洲地区，与非洲、阿拉伯北回归线附近每每成为沙漠或干旱地带形成鲜明对照。大自然的这种赐予，又使珠江流域到处绿野盈盈，是一种绿色文化而不是上述地区的沙漠文化。南海作为我国最大的热带海洋，具有丰富的海洋资源和广大的空间，自石器时代以来，珠江流域先民就在海上活动。进入历史时期，开辟了通往东南亚、印度洋乃至世界各大洲的"海上丝绸之路"，珠江流域走上与世界各地区和民族进行文化和经济交流之路。故珠江文化深受海洋和海外文化影响，具有鲜明的海洋文化特质和风格。正如已故中国考古学会理事长苏秉琦教授1975年来广东指导考古工作时指出："岭南与一般的南方有所区别，它既不同于太湖流域，不是吴越文化，也不同于长江流域，不是楚文化，与江西也有个界限。它南连着南洋诸岛、印度支那地区，是陆地一半海岛一半连成一片形成的的一个大区，代表着大半个中国，是真正的南方。从更大范围看，有肩石器从岭南向西经云贵高原直到印度河，欧亚大陆古文化在那里分界，有段石锛则联系着环太平洋地区直到新西兰岛，中国大陆与印度次大陆和环太平洋地区的文化关系都同岭南有关。可见，岭南考古是个大题目，可以越作越大。"① 苏秉琦教授这个高瞻远瞩的精辟见解，对于认识珠江文化特别是岭南文化与海洋的关系，具有非常不寻常的意义。

二、地理格局

珠江水系由西江、北江、东江和三角洲网河组成，因受"华南弧"地质构造控制，珠江水系除了东西走向的西江，还有南北走向的北江和东北—西南走向的东江和流溪河。这些河流最后汇流于珠江三角洲，形成扇形地理格局。一方面，因流域北有南岭横亘，在交通不发达的古代，限制了与中原北方的往来，所以它对内是相对封闭的，形成"山高皇帝远"的政治格局，也少受中原、北方正统文化影响，利于保留较多的土著文化；另一方面，因流域南临大海，故对外是开放的，可以假道海洋，纳四海之新风，使海外文化在这里交流、整合，形成多元融合的文化风格。而就流域对内封闭和对外开放比较而言，后者作用远大于前者，这就在很大程度上决定了珠江文化的实质是海洋性为其主流。珠江水系扇形的地理格局使各支流都绾毂于广州，故广州能成为流域最大的中心城市，一座兼容南北、涵摄中外，具有强大文化凝聚力和辐射力的文化中心，这是其他大河流域所欠缺的。广州由此成为千年不衰的河海港兼备的城市，影响了整个流域文化的发展，并以自己的文化成就，彪炳于珠江流域文化史册。

文化是人类利用自然资源、适应地理环境所创造的物质财富和精神财富的总和，故自然地理环境性质、特点、发展规律及其区域差异，深刻作用于文化的孕育、形成和发展，是一个流域或地区文化赖以存在、延续和可持续发展的基础。珠江作为我国第三大河流，其文化的基础也首在自然地理环境。而珠江流域的自

---

① 苏秉琦：《岭南考古开题——杨式挺〈岭南文物考古论集〉序》，杨式挺著：《岭南文物考古论集》，广东省地图出版社，1998年。

然地理环境，包括地貌、地质、气候、水文、土壤、动植物等，是珠江文化形成发展的重要因素。

今日珠江流域的自然地理环境比较优越，境内气候温湿，雨热同季，地貌多样，植被良好，物种众多，水资源丰富，对人类活动、创造物质文化、发展生产、繁荣经济非常有利，在许多方面胜于其他大江大河。

第二节　地貌特征

一、地貌轮廓

翻开中国地图，不难发现珠江流域平面轮廓近似长方形，中轴线约与北回归线重合，自西向东沿纬向展布。东西跨越经度13°39′，南北跨越纬度5°18′。流域全境在亚热带、热带范围内，这是中国其他大河所欠缺的。在此基础上产生的文化具有强烈的气候地带性特点。

珠江流域周边为分水岭山地环绕，以中山为主，个别高峰在2000米以上，最高为云贵高原上的乌蒙山，主峰海拔2866米。珠江流域地势大体上是西高东低、北高南低。前者造成珠江水系主干西江及其最大支流郁江大体上呈西—东流向，后者造成东、北两江干流以及西江上源南盘江、北盘江及主要一级支流柳江、桂江、贺江等皆自北向南分别流注于珠江三角洲和西江干流。这种纵横交错的水网格局使珠江文化生成环境十分多样，整个流域内文化内涵之丰富、风格之多彩多姿，不亚于其他河流流域。

珠江流域发育在中国地形二级阶梯上，主要地貌由自西至东的云贵高原、广西盆地、珠江三角洲平原三个宏观地貌单元构成。三大地貌单元间均有山地、丘陵作为过渡或分隔，其中广西盆地是流域主体。西江自西向东贯通这三个主要地貌单元，并与北江、东江等在珠江三角洲汇流，形成以西江流域为主体的复合流域即珠江流域。

由于珠江流域地壳基底刚性较差，褶皱、断裂密集，加上气候暖湿，流水、风、气温、生物等各种外营力比较活跃，风化作用强烈，地貌的构造轮廓受到深度的改造，宏观地貌单元以及次一级的地貌单元轮廓线不甚鲜明。故流域各地区容易通达，利于文化交流和整合，使珠江文化特质有更多的趋同性。

二、地貌基本类型及其他

珠江流域按地形的比高划分，有山地、丘陵、平原三种基本类型。这种类型差异成为珠江流域文化区域差异的地理基础。

珠江流域多山，高程在50米以下的低平原仅占全流域面积的5.6%，山地丘陵占94.4%。从这个意义上说，珠江流域文化又可以说是山地文化。

1. 山地

珠江流域山地占流域面积60%以上，以1000～1500米的中山为主，在山文上受地质构造影响明显，大部分山脉呈北东—北东东的华夏走向，以褶皱山脉为主。

北东向山脉以东江地区和桂东南地区的山脉表现最为清晰。其中东江地区有六列北东向的平行岭谷，自西北向东南依次是佛冈—连平之间的青云山、从化新丰谷地、蓝田—岭背之间的九连山、龙门—灯塔盆地、罗浮山、东江中游谷地。桂东南的十万大山、六万大山、云开大山、云雾山等也呈平行岭谷排列。

弧形山脉自西而东横贯流域中北部。其中滇东高原通海以北的山脉处于前弧顶，大致呈东西向展布，流域西侧的梁王山、牛首山大致呈北北东走向，流域西北部的乌蒙山呈北东东走向；流域中部广西弧形山脉规模巨大、表现清晰。西翼北段为都阳山，南段为大明山，呈北西走向。弧顶段为镇龙山（南宁附近）呈东西走向。东翼南段为大瑶山，北段为猫儿山，呈北东走向；粤北弧形山脉规模较小，但表现清晰，自北而南共三列：第一列为蔚岭（西翼）—大庾岭（东翼），第二列为大东山（西翼）—滑石山（东翼），第三列为连山、螺壳山（西翼）—九连山（东翼）。

纬向（东西向）展布山脉，以南岭、苗岭山脉表现最为清晰，其中南岭山地由一系列北东走向为主的褶皱山脉组成，规模巨大。

珠江流域山地形态一般随相对高度变化，相对高度越大越陡峻。此外也受成因和岩性的影响，形成山坡陡峭、山顶平坦或起伏不大的云贵高原的构造山地—山原和石灰岩峰丛山地—洼地等山地地貌形态。这些山地作为文化符号，深刻影响到文化类型、特质和风格。后来生活在当地的居民多以耕山为主，是为山地文化。在山地封闭的环境之下，很多少数民族发展缓慢，长期停滞在低级社会阶段，与江河谷地和三角洲、沿海地区社会经济发展形成强烈反差，成为文化的民族和地区差异的一个重要根源。

在珠江流域众多山脉中，南岭山地对流域自然和人文地理环境影响最大。南岭山地东起武夷山南端，西至八十里大南山，东西绵延600公里，南北宽约200公里，构成长江、珠江两水系分水岭的东段。南岭山地地处海陆变性气团交互要冲，因山地走向杂乱，山势起伏较大，使锋面降水停滞于南岭一带，延长梅雨雨季，增加了流域的降水量，是我国南亚热带与中亚热带天然的分界线，也是南北生物分布的一条重要界线。基于此，南北作物熟制、土地利用、物产、建筑风格、饮食、人类体质、文化特点都有显著差异，所以南岭山地又是一条重要的文化分界线。

2. 丘陵

珠江流域丘陵一般分布于山前地带，或盆地周边和河谷两侧，介于山地和现代河流冲积平原之间，分布面积次于山地，占流域总面积的20%以上，主要分布区为流域的东南部。

丘陵构成为第四纪以前的老地层以及以花岗岩为主的火成岩，丘陵比高多在80米以下，一般所见均有齐顶现象。这些丘陵多被垦辟为梯田，为旱作文化分布区，尤以云、贵、桂和粤北、粤东为常见。

珠江流域丘陵广布，其中有代表性的丘陵区或丘陵类型有：郁江丘陵区——盆地丘陵，右江丘陵区——河谷丘陵、丹霞丘陵和花岗岩丘陵。其中花岗岩在珠江流域分布广泛，流域东部由花岗岩组成的丘陵较多，主要分布在广州北部、东江下游以及西江的德庆一带。该类丘陵形态浑圆，表面发育有更新世以来各个时代的红土风化壳，厚度在10～80米间，表层红土层不透水，表层下结构松软，遇水即崩解，冲沟的发展很快，崩岗后退速度惊人，是珠江流域水土容易流失的地区。该丘陵地区的花岗岩风化壳全部蚀去之后，留下巨大岩块形成"石蛋地貌"，在珠江口外的岛屿以及珠海市、深圳蛇口等地有分布。石蛋大小不一，形状奇特，后被人格化，流传种种异闻传说，成为神仙、鬼神和风俗文化的一个来源。

3. 平原

珠江流域平原面积较小，有海拔较高的中上游山间盆地小块高平原、河谷平原和海拔低的下游三角洲冲积平原。山间盆地小平原广泛分布于流域山地地区。这类平原在云南高原被称为坝子，南盘江流域的沾曲盆地的坝子是云南东部和珠江流域西部最重要的农业生产基地；北江流域则有连州、韶关、英德等较重要的山间盆地平原。发生在这些高平原或盆地的文化，被称为小流域或盆地文化，是珠江文化的一个重要组成部分。河谷平原一般分布于河流中下游，主要有柳江下游、黔江平原以及郁江、浔江平原。珠江流域最重要的平原为西江谷地和珠江三角洲平原。

西江谷地平原。右江（百色以下）—郁江—浔江河段连线，在地质时期随上升而作相应的沉降，形成西江谷地。西江谷地自第四纪以来，发生间歇性上升，郁江等河流随之下切，形成四级河流阶地，沉积了和阶地相对应的河流相沉积地层。现代冲积平原以一级阶地为主体，自百色以下沿河连续分布，其中右江自百色至田东沿线280公里均有较大面积的冲积平原。南宁盆地右江汇流处，冲积平原也较广阔。贵县至平南沿线长约400公里，南北宽40～80公里的谷地大部为冲积平原。梧州以下进入广东河段直至三水思贤滘，为狭义西江，冲积平原虽较窄，但在广东也是一片较大的谷地平原。据研究，中国"那"字地名主要集中在北纬21°—24°之间①，而西江恰在这个地带之内，故西江谷地平原是珠江流域主要的稻作文化区，尤其西江在广西河段地区，历史上向以稻米供应广东，即为其稻作文化发达的一个表现。

珠江三角洲位于流域东南部，面积占珠江流域总面积的5.91%。沉积物平均厚度25米，最大厚度63.6米。三角洲东、北、西三面被山地围绕，南临大海。三角洲以平原为主，其上兀立着160多个由丘陵、台地和残丘组成的丘岛。

---

① 游汝杰：《从语言地理学和历史语言学试论亚洲栽培稻的起源和传布》，《中央民族学院学报》1980年第3期。

一般三角洲为坦荡平原，而珠江三角洲原为珠江口溺谷湾充填而成，湾内岛屿变成山丘，故地貌类型多种多样。以此为基础，不但孕育了稻作文化，而且山地文化也很出名，很多山丘盛产杂粮、水果和其他经济作物，形成水平和垂直地带性文化景观，这是世界其他大江大河口的三角洲无法比拟的。

平原约占三角洲总面积的4/5，可分为冲积平原和网河平原。冲积平原以小片状分布于三角洲北部和东北边缘，由西江、北江和东江等支流冲积而成，表现为宽阔的一级阶地和河漫滩，主要有高要平原、四会平原、清远平原、广花平原和惠阳平原。网河平原为古珠江溺谷湾内河海交互相和海相沉积物堆积而成，地形平坦，河网密布，地面高程0.9～1.7米。

西北江三角洲中部的南海、顺德、中山、番禺等市、区，有大片基水地（桑基、蔗基、果基鱼塘），是珠江流域规模最大的人工地貌，也是经济作物集中产区。在此基础上当地文化兴盛，人才辈出，是全国有名的文化之乡。

4. 岩溶（喀斯特）地貌及其他

珠江流域碳酸盐岩出露面积17.35万平方公里，占流域总面积的39%，主要连片分布于西江和北江流域中上游地区。岩溶是影响流域自然环境的重要因素之一。

珠江流域呈纬向展布，整个流域处于同一气候带，岩溶地貌的区域差异主要为新生代以来地壳活动支配。各个岩溶演化阶段的典型地貌，在珠江流域均有分布。其中，石林、峰林型地貌以路南石林、漓江峰林发育最完美，为世界所罕见；峰丛—洼地地貌，以广西的靖西、德保等地发育完美；孤峰—溶原地貌以柳州、肇庆七星岩发育完美；残丘—溶原地貌以黎塘—宾阳一带发育完美。此外，著名的黄果树瀑布是由落水洞塌落而成的岩溶瀑布，瀑布腰部的水帘洞是一个由石灰华堆积而成的灰华洞。岩溶地区的秀水、奇峰、异洞构成珠江流域十分重要的旅游资源。

珠江流域岩溶洞穴极多，为古人类的繁育、进化提供了极有利的条件，是人类最早的发祥地之一，也是我国远古文明最早的发祥地之一。

珠江流域石灰岩山地，特别是峰丛山地，自然环境险恶，给农业生产和交通事业的发展带来许多困难。粤北阳山石灰岩地区曾被唐代文学家韩愈指为"天下之穷处也",英德则被宋代文学家杨万里称为"未必阳山天下穷,英州穷到骨中空"。石灰岩地区水土流失严重,交通用水仍很困难,人民生活仍比较贫困。由此也影响到当地文化教育发展,是当今文化滞后地区。

5. 火山地貌

珠江流域多个地质时代均有强烈的火山喷发活动,火山碎屑岩和火山熔岩分布也相当广泛,但没有现代活火山。各个地质时期形成的火山锥体,多已被破坏,仅第三纪的火山尚有个别保存较为完整的火山锥形态,其中以广东南海西樵山火山锥保存较为完好。火山口处聚水成湖,跌水成瀑布,"飞流千尺",引人入胜。火山作用在西樵山形成霏细岩、燧石和玛瑙石等上等石材,是我国已知大型古采石场和石器制作场之一,1978年被考古界称为"西樵山文化",后又被誉为"珠江文明的灯塔"。

地质时期,珠江大地也受过天外来客的撞击,但很多痕迹没有保留下来。珠江流域已发现并经证实的唯一的陨石坑地貌,是广东始兴县龙头峰陨石坑,为一锅状盆地,直径3.2公里,深250米,周长10.3公里,面积约8平方公里,具陨石撞击时特有的地貌、地质现象。冲击熔岩的同位素鉴定年龄为1.52亿年,形成时期相当于燕山期。这对研究地球演化、生命变迁、地貌形成、天体运行等有异乎寻常的科学意义,是珠江科技文化研究的一处宝贵资源。

第三节 地质基础

珠江水系形成现在的面貌和格局,并哺育出绵延数千年乃至今日繁荣昌盛的珠江文化,地质背景是不可忽视的起着控制作用的一个基础。珠江本身是地质作用的产物,珠江文化的许多特质和风格也与地质基础相联系。

一、地层岩性

人类创造物质文化成果必须以大地为舞台,而构成大地的岩石性质不同,这些文化成果的特点、分布就不一样，地层岩性在其中起控制作用。珠江流域地层性多样，沉积岩、岩浆岩、变质岩均有分布，而以前两者为主。

1. 沉积岩

流域内沉积地层从前震旦系至第四系均有出露，其中以泥盆、石炭、二叠、三叠等系最为发育，是构成珠江文化最主要的表现形式即物质财富的基础。

其中前寒武系地层距今14亿～5.7亿年间，分布于黔东南—桂北、云南玉溪、澄江一带。这些地层年代甚古，经受变质作用，坚硬、不易风化，形成的地貌险峻，人类活动受到限制，主要在山地底部堆积物上开发，为农耕文化所在区域。

另为寒武系至三叠系地层，距今5.7亿～1.9亿年。沉积环境大部分为浅海，是珠江流域最重要的含煤地层。云贵地区煤矿大部分属这种含煤地层，所产煤炭在全国居重要地位，带动流域能源工业和相关产业发展，是这种地层提供了物质文化基础。

这一阶段早古生界地层是流域主要岩溶地层。云贵高原、广西盆地内外，以及粤西、粤北山地、丘陵等主要由这种地层组成。石灰岩透水性强，地表水大量渗漏，地表干旱，农业灌溉困难，水田农业受到限制。又岩溶地区多洞穴，加之气候湿热，尤利于蛇类栖息生长，故广西蛇类甚多，当地人吃蛇成风，是饮食文化的一个特色。梧州后有全国最大的蛇仓库，主要对广东、港澳输出蛇类，使吃蛇在岭南地区饮食文化中占有独特地位。再有为侏罗系—新生界地层，沉积年代距今1.9亿年，为陆相沉积时期，主要为盆地、湖泊以及山麓堆积等。这些沉积地层，除了产煤，地层经风化后产物沉积于盆地、山麓，土质较肥沃，经人类耕作熟化变成上好农田。云贵高原坝子、两广不少盆地都是农业精华所在，产品出产大宗，是重要耕作文化区域。这一时期地层所形成特殊的丹霞地貌，不仅具有很高的观赏价值，是后来旅游文化发达之区，而且适宜多种特殊经济物生长，著名的南雄烟即产于这种地层。

最后为第四系，主要为河流冲积物，主要分布于河流两岸的阶地和冲积平原，仅在珠江三角洲平原成大片出露，成为沃野千里、城镇连绵、经济文化高峰区。

2. 岩浆岩

岩浆岩集中分布于流域东部,即广西东部和广东境内,亦即常称的岭南地区,岩浆多作北东及东西向展布。岩浆岩成分复杂,容易风化,形成很厚的风化壳,成为土壤母质,有较高肥力,是人工林和多种经济作物的生长地区,旱作和经作文化发达。岩浆作用形成多种有色和黑色金属,是宝贵的矿产资源,云南锡、铜,贵州汞、磷、铝、锑,广西铝、锡、水晶,广东铅、锌、钨、铜等与岩浆岩相关。而岩浆作用后期形成地热即温泉也遍布整个流域,后来被开发为地热电站、温泉浴等,为休闲文化的一个主要项目,遍及许多风景名胜、休闲度假区。

二、地质构造

地质构造制约着山脉、河流走向、地层沉积、褶皱、断裂等活动,形成各种地貌,而地层组合形态和分布关系又影响着外营力对地貌的塑造,所以地貌被认为是地球内力和外力加上岩性差异产生的结果。地质构造既为地球内力作用所生,又在地貌上表现出来,则其对区域文化的影响,既有直接的,也有间接的。在此基础上产生不同的农业土地利用、聚落、城镇选址和建筑风格选择,形成大面积区域文化差异,以及不同地区的人群,其民生、风气、气质等特色各异。

珠江流域地质构造体系分为纬向构造带、经向构造带、山字型构造体系、巨型的多字型体系等。此外,尚有一些其他构造体系。

(1) 南岭纬向构造带。主体在北纬23°30′—26°30′之间,由东西向延展的褶皱断裂和花岗岩体组成。其中以广西大瑶山至广东佛冈一带的规模最大,东西绵延近500公里,是珠江流域突出的纬向构造带。南岭山地又是这一构造带的最集中反映,在自然地理和文化地理上都是一条重要分界线,是长江文化与珠江文化的过渡地带。

(2) 经向构造带。经向构造带呈南北走向,包括川滇、滇东、黔桂、湘桂、粤北五个构造带,自西向东排列。共同特点是地层经过激烈挤压,产生褶皱或断裂,形成一系列以南北走向为主的山脉。云贵高原上垂直地带性特点远大于水平地带性,故文化差异也以垂直方向为主,形成山上、山腰、山麓不同的文化景观。

(3) 山字型构造。流域内自西向东分布着云南、广西、粤北三个巨型山字型构造。其中以广西山字型构造规模最大、发育完美。此外,尚有贵州的普安和桂西德保等一些小型的山字型构造。这些山字型构造线呈南北走向,广西大瑶山、镇龙山、大明山、海洋山、都庞岭,广东乳源瑶山等,都是山字型构造的山脉,山体险峻,陡崖、断层多,峡谷发育,中间有路可通,为南北文化交流孔道。秦代所筑灵渠,即在海洋山通过,中原文化自此进入岭南。

(4) 多字型构造。该构造为北东—南西走向,是我国东部和亚洲濒太平洋地区的盛行构造线方向。这类北东—南西走向的压性构造线,常有互相垂直的北西—南东走向的张性构造线与之伴生组成多字形式,遂称多字型构造。多字型构造地层大部分很古老,从古生代到中生代地层具备,是珠江流域基底构造之一。这种构造分布广泛,遍及全流域,造成谷岭相间的地理格局,交通不便,保留和阻止了某些文化现象及其传播。例如壮语"那"字地名在珠江三角洲、潭江、漠阳江、鉴江流域很常见,却很难越过广东南路与西江分水岭(即信宜高原所在的云雾大山),故云浮境内"那"字地名绝少,显见这些隆起山脉对文化传播起了约束作用。

三、活动构造地震带

珠江流域有些地质构造仍处于活动状态,造成地震等现象,是为活动构造地震带。这种地带对社会经济、文化活动产生重要影响,不能等闲视之。自西而东分布着五个活动构造地震带:

(1) 通海—石屏地震带。位于流域最西边,包括云南玉溪、通海、峨山、建水、石屏等地区,呈北西向展布。自明正统十一年(1446年)至今共记录到4.75级以上地震49次,活动强度和频度均高,其中最大震级为1970年的通海7.75级(震中烈度Ⅹ度)地震。

(2) 东川—宜良地震带。本带北起云南巧家,经东川、嵩明入寻甸、宜良、开远至个旧,即顺南盘江开远以上河段,呈南北向展布。自明弘治十三年

(1500年)以来,本带共计有破坏性地震36次,活动强度较高,频度亦较高。

(3)灵山地震带。本带北起广西平南,南至北海、东兴,自明嘉靖三十七年(1558年)以来记录到破坏性地震4次,其中1936年的灵山地震为6.75级。本带地震有南强北弱的特点。

(4)广州—阳江地震带。北起广东佛冈、清远,南经恩平出流域至阳江、吴川,呈北东向延伸。本带自明洪武五年(1372年)以来共记录到破坏性地震7次,其中6.4级地震1次。

(5)邵武—河源地震带。东起福建邵武、武平,广东惠阳,西界从福建建宁,经江西寻乌至广东龙川、河源、博罗。明正德十五年(1520年)以来,强震主要发生在寻乌和河源等地。

这些地震带所记录的地震,很多都是破坏性的,不但对当地社会经济产生严重影响,而且也深刻作用于当地文化风貌。为了防震减灾,震区过去多采用木构建筑,如西南地区"干栏"建筑广为流行。大型工程建设如水库、堤坝、高层楼房以及其他工程,必须避开这些地带或加上防震工程,增添了新的文化景观。地震在人们心理上产生了强烈震撼。"地牛翻身"等神话传说应运而生,震前有各种预兆,在未被人们科学认识之前,可能被附以某种神灵而受到崇拜。这样在风俗、民间信仰、民间文学等方面,会以不同形式表现地震这个主题,形成物质文化和精神文化景观,成为珠江文化一个重要组成部分。

第四节 气候和水文

一、气候特征与文化的关系

气候是人类生存的一个重要条件,它不仅深刻影响着一个地区农作物培育、生长,动物的驯化等所标志的农业文明的起源与进步,而且对于城镇聚落的选址、布局、建筑形式选择以及人类一切生产、生活,乃至精神文化各个层面都留下它起决定或制约作用的深深痕迹。

珠江流域位于热带、亚热带,气候温和,多年平均气温在14~22℃之间,年际变化不大。上游南盘江的开远多年平均气温19.8℃，北盘江的罗甸多年平均气温19.6℃，是云贵高原区内多年平均气温较高的地区。流域中部广西的多年平均气温为18.8～22.1℃，北江、东江流域和三角洲地区的多年平均气温为20.3～21.8℃。这些气温振幅和地区分布，极有利于喜温作物生长。如两广地区日均温度≥10℃的年积温在6000℃以上，水稻一年可以三熟，珠江流域是我国稻作文化最发达的地区之一。也是同样的缘故，珠江流域终年可以耕作，农民少有农闲，与北方地区农民显著不同，因而他们创造的物质文明也最丰富，很大程度上应归功于太阳的赐予。

流域的多年平均相对湿度在71%～82%之间，相对湿度在春夏季较大，在秋冬季较小。从总体特征看，流域内水气很重，在森林覆盖率很高的古代，形成大面积水汽积聚区，加上动物尸体、植物腐烂发出有害气体，以及蛇虫猛兽混杂其中，形成令中原北方人谈虎色变的所谓"瘴疠"，极不利于人的生活和健康，故古代外地人一般不敢轻入珠江流域。但生活在当地的土著居民，却采取"刀耕火种"方式来辟除瘴气，开垦土地，种植旱稻、薯类和其他杂粮，修建上住人、下居畜的"干栏"建筑，食用槟榔散热取凉，采用敞开式"贯头衣"等服饰，都是适应这种水汽重的气候环境的方式。由此可见，流域在耕作、建筑、饮食、服饰上表现出独有的文化形态，迥异于其他气候带的文化。

流域内年平均风速0.7～2.7米/秒，平均风速的年内变化，一般冬季较大，夏季较小。冬季多为偏北风，夏季多为偏南风，春秋转季风向极不稳定，多数地方全年中静风机会最多。这种风向、风速的地区差异，直接影响着当地的文化景观。建筑多向南开门或窗；沿海风大，尤其台风地区，聚落多筑围墙或防护林，建筑物低矮，甚至使用牡蛎墙体。作物也用矮秆种，如水稻、甘蔗等。

流域的多年平均日照时间为1282～2243小时。年内日照分配最多的是7月、8月，每月180小时左右；最少为2月、3月，每月100小时左右。日照时间长短深刻影响作物光合作用，进而影响作物质量。很多地方的名优特产即得益于此。流域内如云贵烤烟、茶叶，广西肉桂，珠江三角洲水果、曲江马坝油粘和其他地区香米等，这些农业文明特产，无不与日照有关。

二、水文特征与文化的关系

1. 降水

据新编《珠江志》资料,珠江流域多年平均年降水量1470毫米,全流域可分为多雨带、湿润带和半湿润带。年降水量大于1600毫米的多雨带,西起桂南的十万大山、粤西的云开大山、桂东的大瑶山一线,以及雷州半岛以北、南岭以南的广大地区。年平均降水量800～1600毫米的湿润带,包括桂南十万大山、粤西云开大山、桂东大瑶山一线以西地区。年平均降水量最低地区为半湿润带,主要在南盘江的开远、建水、蒙自一带,其年平均降水量为400～800毫米。

珠江流域降水的这些地理分布、季节分布及其组合特征,对农业土地利用、作物安排、城乡选址、建筑形制,乃至人的物质和精神生活等都带来深刻影响,直接营造一个地方的文化风貌,亦即降水差异在很大程度上左右着文化差异。古人有风调雨顺、国泰民安的祈望,所谓"雨顺"即降水多少、时间分配得当,配合作物生长和人类活动,自然带来五谷丰登、民生欢乐、社会安宁。在此基础上,各种喜庆丰收、酬谢神灵的活动应运而生,成为风俗文化的重要组成部分。如流域内多水田,适于青蛙生长活动。青蛙能感知雨水到来,发出阵阵叫声,古越人视之为神,奉为图腾崇拜。于是在桂西红水河一带,流行"蛙婆节",届时举行盛大风俗活动,并衍生出许多与青蛙相关的婚嫁故事,渗入民间的文学主题。相反,在干旱地区,或雨水失时,无法耕稼,求雨又成为一种官民出动的文化现象。其时场面虔诚、浩大,冀求感动上苍,普降甘露。许多地区有雨神庙,即为求雨而设。但在干旱少雨的雷州半岛,却出了个雷神庙(即雷祖祠),当地人祭雷神陈文玉,并由此产生"雷州换鼓"乐俗,以及收藏陨石为神器等社会风气。雷神崇拜成为雷州文化的一个最大特质,其深层根源在于气候干旱而引发出以求雨为目的的一系列以雷为核心的人文风俗,实为人与自然环境感应而形成的文化现象。

2. 径流

降水到达地表的部分是为径流。珠江流域河川水资源总量3360亿立方米,径流系数为0.5，即全流域的降水量约有一半形成河川径流。从这个意义上说，珠江是流量仅次于长江的中国第二大河流。但各水系径流量不一，西江（思贤滘西滘口以上）年径流量2300亿立方米，占全流域年径流量的68.5%；北江（思贤滘北滘口以上）年径流量510亿立方米，占全流域年径流量的15.2%；东江年径流量257亿立方米，占全流域年径流量的7.6%；三角洲网河年径流量293亿立方米，占全流域总径流量的8.7%。根据《珠江志》所列各水系径流量大小排列，西江为珠江水系最大支流，北江次之，三角洲网河又次之，东江最小。[①] 径流量反映集水面积即流域范围差异。江河文化覆盖地区也是以流域相比较的，故而在珠江流域，西江文化、北江文化、三角洲文化、东江文化依次反映它们所托依的面积和人口的相互关系。流量的分野，说到底是文化产生发展的一个地理基础。从这个意义观察流域各江文化的历史、特质和风格，显然是有益的。

　　径流量自东向西溯源减少的格局，顺应了珠江流域地势和降水量分布的形势。东半部径流丰沛，河流常年流水充盈，对农业灌溉、航运、渔业、手工业和各项水力资源开发非常有利，到处充满水乡文化风情。特别是径流量最大的珠江八大口门及北江中下游地区，雨季一片汪洋，当地人称之为"海"，过江曰"过海"，江边曰"海边"、"海皮"，为广府人特有的语言景观。径流量大，泥沙沉积也很旺盛，加速了三角洲发育。特别是明清时期，三角洲前缘不断向海洋方向伸展，露出大片土地。三角洲自宋代以来的围垦活动到明清时期不断加强，大面积的围田、沙田先后出现，为水稻、甘蔗、水果、蚕桑等粮食作物和经济作物占据，三角洲变成著名的鱼米之乡、经济作物之乡，同样也是文化之乡，享誉全国。而流域西半部，径流量虽然相对较少，但河流比降大，落差高，蕴藏着巨大势能。在古代，这些水能被利用来推动水车、水碓，为山区至为触目的文化景观；近现代则被开发为巨大水电站，其生产出强大电能，深刻改变了当地社会经济面貌和人类生活方式，把人类带入电气文明时代。近年黔电东送即为珠江水电文明向中下游传播的佳例。

---

① 水利部珠江水利委员会《珠江志》编纂委员会编：《珠江志》第一卷，广东科技出版社，1994年，第152～153页。

3. 泥沙

珠江是我国七大江河中含沙量最小的河流。据《珠江志》数据，全河多年平均含沙量 0.27 千克/立方米，虽然含沙量较小，但由于年径流量大，全流域多年平均年输沙量达 8872 万吨。含沙量的年内变化显著，汛期 4—9 月含沙量在 0.14～0.53 千克/立方米之间，非汛期含沙量在 0.02～0.07 千克/立方米之间，一般涨水时的含沙量大于退水时的含沙量。输沙量的年际变化与径流的年际变化相应，即丰水年多沙，枯水年少沙。

珠江各水系及各河段的含沙量不尽相同。西江水系上游段（广西象州三江口以上）地面坡度大，植被程度较差，是全流域含沙量最大的河段。西江水系中游段地处广西盆地岩溶发育地区，含沙量有向下游递减的特点。北江和东江的含沙量比西江小，北江石角站和东江博罗站的多年平均含沙量均为 0.13 千克/立方米。珠江流域含沙量最小的站点是广西清水河的邹圩站，多年平均含沙量为 0.067 千克/立方米，其次是桂江的桂林站，多年平均含沙量为 0.092 千克/立方米。

珠江水中泥沙的这种时空变化指的是现代，即便如此，其对流域文化的影响亦多有表现，因水中泥沙来源于水土流失。水土流失虽有其自然基础，但人类砍伐森林、刀耕火种、采矿以及其他创造物质文化的行为与自然过程相叠加，又加剧了水土流失的过程和后果，并在流域文化景观上体现出来。广东西江边上的郁南县，昔日山林茂密，河水清澈，滋润着两岸农田，每获丰收，稻作文化很发达，深为古人赞誉。屈大均《广东新语·木语》说："西宁（即郁南）稻田所以美，以其多水，多水由于多林木也。凡水生于木，有木之所，其水为木所引，则溪涧长流，故《易》曰木上有水，井。"相反，如果过度开垦山林坡地，则容易引起水土流失，举目所见则是另一幅衰微破败的文化图景。北江支流浈江所经地区，如道光《直隶南雄州志》云："顾河底日淤日高，较嘉庆十三四年（1808—1809 年）所见又不侔矣。层叠山胪胥在似土似石之间，色焦质脆，濒流冈阜，少土多童，加以烟植弥繁，雨下沙随，遂使阔深渐成浅狭，诚恐更历年所城下，难复通舟。"[①] 清代后期顺德人温进梧在《度岭后大雨连日舟行畅然》中写道：

---

① 转引自司徒尚纪著：《珠江传》，河北大学出版社，2001 年，第 420 页。

"浈江浅水逢冬涸，寒奋荡舟久不闻。"浈江淤浅成为文人墨客吟咏的话题。在广西，发源于云贵高原、流经广西中部的红水河即因沿途水土流失、河水浑浊而得名，仅凭此一端，即反映了人类活动与地名文化的依存关系。清嘉庆年间（1796—1820年），广西壮族诗人黄体正《入红水河》诗，把红水河的浑浊和荒险写得十分传神。其诗曰："闻道源头浊，崩泥出洞蛮。更无波眼媚，只有石头顽。水落江成隧，天连岸似山。如经武溪恶，添得鬓毛斑。"[1] 自然、人文景观反映在文学作品中，构成流域文化的一个支流，缘起之一即为流域环境变迁，江中水沙不可小看。

第五节 土壤类型

土地是农业生产的必要条件，万物来于土，也归于土。土地利用得当，可永续利用，为农业文化的创造和可持续发展提供永不枯竭的源泉。

珠江流域广泛分布着红壤、砖红壤、砖红壤性红壤、黄壤、石灰土等，一般除按水平地带规律分布以外，还呈垂直地带性，互为经纬。珠江流域土地种类异常丰富，以此为基础创造的农业文明也多姿多彩，在珠江文化史上占有重要地位。

一、自然土壤

自然土壤一般分布于未经开垦的山地、丘陵和荒原中，为人类农业开发奠定物质基础。

一为红壤，是潮湿热带和亚热带的土壤，形成于中亚热带的生物气候条件下，原生植被为亚热带的常绿阔叶林。表土呈灰棕色，肥力较高。

二为砖红壤性红壤，是我国南部亚热带的代表性土壤，分布于流域内的广西南部一带、柳江的柳城县、郁江的横县以下及广东的西部和东南部。土质黏重，

---

[1] 转引自司徒尚纪著：《珠江传》，第421页。

透水性差，土温高，酸度大，肥力较低。

三为砖红壤，其性质与砖红壤性红壤相似，多分布于横县以上郁江流域及桂南一带。

四为黄壤，形成于湿润的亚热带气候条件，原生植被主要是亚热带常绿阔叶林、常绿—落叶阔叶混交林和热带山地湿性常绿林。

以上这四种自然土壤组成红壤系列，适宜发展热带、亚热带经济作物、果树和林木。作物一年可以二熟、三熟乃至四熟，土地生产潜力很大，为流域农业文明提供强大的自然基础。成书于战国时期的《山海经·海内南经》云："西南黑水之间，有都广之野。……爰有膏菽、膏黍、膏稷，百谷自生，冬夏播琴。"这片野生稻分布区至少包括珠江流域。著名水稻专家丁颖认为，岭南应是我国稻作起源的中心地带。另有学者认为云南植物种类多达1.5万种，占全国植物种类的一半，云南稻种有3000多个，应是我国稻种变异的中心。[①] 我国稻作起源于云南的可能性很大，这都与这些自然土壤适于水稻生长有密切联系。在粤北曲江石峡遗址中，更证实有4000年前的人工栽培稻，且分籼稻和粳稻两个品种。后在云南元谋大墩子、滇池官渡、晋宁石寨、剑川海门口等新石器遗址中，也出土了3000多年前的栽培稻化石。而这些栽培稻主要分布在这些自然土壤所在的不同地形上。后西汉刘安《淮南子·说山训》说："稻生于水而不能生于湍濑之流。"即水源丰富而不是水流湍急的沙碛之地都有可能是水稻分布区，这与古越语"那"（水田）字地名分布区相吻合，说明珠江流域的自然土壤孕育了发达的稻作文明。

此外，还有山地草甸土和石灰土。前者的形成受山顶矮林草坡的影响，有机质含量较高，但土层很薄，只分布于海拔1500米以上的山地。这种自然土壤虽不适于农业耕作，但宜牧草生长，是畜牧文化发达之区。云贵高原少数民族有一部分即以畜牧业为生，他们创造的畜牧文化同样为珠江文化增添光彩。后者是发育于石灰岩上的一种岩成土壤，主要分布于云南、贵州的石灰岩地区，广西的桂林、柳州、南宁、百色、河池等地区的石灰岩区域，广东的连州、英德等石灰岩山地，云浮和阳春等地也有少量分布。石灰土区土层薄，含钙多，结构良好，质

[①] 转引自司徒尚纪著：《珠江传》，第55页。

地疏松，肥力高，也是主要农耕区。石灰土区每为特种作物产地，如云贵老烟、茶叶，广西肉桂、香芋等，不少为贡品，驰名京师，近现代则出口港澳和海外，因有很高的文化品位而名扬珠江文化史。

最后，在沿海地带分布有滨海盐土和滨海砂土。珠江出海口和两广沿海即有不少这样的海滩，过去很少利用，现在则有不少被开发为海滨浴场，为休闲旅游胜地，如广西北海和广东阳江闸坡、台山上川岛、电白水东、湛江南三岛等，闲休文化兴盛一时。

二、耕作土壤

自然土壤经人类开垦利用、熟化后即为耕作土壤，可种植各种农作物，是农业文化主要载体。耕作土壤所蕴含的文化内涵，反映了一个地区的农业文化成果和发展水平，对认识一个地区的文化史有非常重要的意义。

1. 旱地土壤

珠江流域内旱地土壤主要有红泥土、黄红泥土、黑泥土、潮沙泥土等。黑泥土由石灰土发育而成，其余多由红壤或黄壤发育而成。这些土壤由自然土耕作熟化而成，是农业文明的产物。

流域西部云贵高原区、广西西部即分布有大片这类土壤，适宜种植薯类、豆类、高粱、小米、甘蔗、玉米、豆类及花生等。一般土层深厚，养分含量较高，作物产量较高，能满足当地需要，部分输往外地，如广西即有这类农产品销往广东，也是一种文化交流。流域东部的旱地土壤多分布于河谷盆地及平原缓低丘地带，是旱作物的主要种植土壤。珠江三角洲的旱地土壤有基水地、黄泥土等类型。基水地主要分布在顺德、中山、南海、东莞、广州等地。基水地所建立的基塘农业是珠江农业文化的奇葩。

2. 水稻土

珠江流域是我国稻作文化的一个摇篮。水稻土即为平原、盆地冲积土经长期耕耘、熟化形成的人工土壤，具有很高的生产力和文化品位。

在流域西部云贵高原区内，水稻土多分布于河谷平原（坝区）内。流域的中部及东部的水稻土一般多由旱地土壤经长期种植水稻而形成。沿河一带的水稻土由河流冲积发育而成。河流下游水田的水稻土大都是泥肉田和潮沙泥田等。发育于小盆地和小河流域的地方文化称为盆地文化或小流域文化。它们的基础即在于耕耘这些水稻土，历史上建立起自给自足的农业经济，保持相对封闭的社会状态和固有的文化特色。珠江三角洲的水稻土以潮泥田、泥肉田和低塱田为主。珠江三角洲自宋代以来，主要依靠开发这些农田，特别是围田，发展为中国一个基本经济区，并奠定了文化肇兴的基础。到明清时期，珠江三角洲出现科甲连绵、人文蒸蒸蔚起的局面，即植根于发达的封建农业经济。

第六节　生物资源

植物从野生经人类驯育为栽培作物的过程或结果，即属农业文化范畴，而这与一个地区的天然植物资源有很大关系。珠江流域在热带、亚热带气候和复杂多样的地形条件下，形成了植物和动物种类繁多、水平和垂直两个方向上分布广泛的特点，为人类培育、发展农业文化提供了丰富资源和有利条件。

一、植物资源与农业文明

珠江流域野生植物基本上按纬度地带性分布，从南到北大致可分为五个类型。一为热带季雨林。珍贵树种如桄木、金丝李、紫檀、格木、擎天树等即分布在这一地带。以这些珍木制作的工艺品，千年不朽，且具有很高的工艺水平，不是作贡品，就是在市场上卖高价，至今仍为千金难得的抢手货。二为亚热带常绿阔叶林，主要由樟科、壳斗科、胡桃科、木兰科、金缕梅科等亚热带树种组成。这些树种也是上等良材，很多古建筑由它们构建，不少至今被列为各级文物保护单位。三为亚热带落叶阔叶林，由壳斗科的栓皮栎、白栎类林为主树种组成，可为经济林或薪炭林。四为亚热带阔叶、针叶混交林，以云南细叶松、马尾松、油杉、栓皮栎、枫香等树种组成，也是重要用材林。五为亚热带针叶林，包括狮头鹅木、马尾松等，为重要木材林和经济林，对建筑文化、器艺文化和化工生产等作用很大。

除了这些高大乔木以外，珠江流域还有很多灌木或草本植物。属药用的即有2800多种，其中盛产天麻、杜仲、黄连、吴萸、云木香等，质地优良，"云贵川广，地道药材"蜚声天下，对祖国中医中药文化事业贡献匪浅。

这些天然植物，经人类培育、驯化成用材林、经济林和果木林，分布在不同高度上，形成垂直分带文化景观。经济林以油茶面积最广，多见于丘陵向阳坡，主要分布在流域北部、西部，当地人也以茶油为日用油，与流域东部常食用花生油不同，形成饮食文化区域差异。油桐分布在桂西、黔东和黔南，桐油出产大宗，过去大量输往广东乃至海外，是珠江流域"以海为商"海洋文化的一部分。

至于热带亚热带果木林，流域向称普遍，包括桃、李、梨、柿、柑橘、香蕉、菠萝、龙眼、荔枝、木瓜、杨桃等，其中不少品种由海外引种，反映自古以来珠江流域即为中外文化交流、融合之地。

二、动物资源与农业文明

野生动物驯化为饲养的禽畜，标志着畜牧业出现，也是农业文明的一种形式。在地质时期，珠江流域是各类动物滋繁的渊薮，其中不少种属遗留至新生代，组成新的动物群落，占领了流域各个角落。

进入历史时期，生活在珠江流域百越族各支系居民，在临河海地区的，过着渔猎生活；在流域内陆的，捕猎各种野兽并驯化为家畜，成为主要生产生活方式之一。按照珠江流域陆地动物生态地理分布，有热带森林—林灌—草地—农田动物群和亚热带林灌—草地—农田动物群，在中国动物地理区划中属东洋界中印亚界华中区和华南区。

华中区包括云贵高原东部、南岭山地以及两广北部丘陵，华南区包括两广南部地区，森林破坏较严重，不利于林栖动物栖息，但在丘陵地带仍有不少兽类。无论是华中区还是华南区动物，包括哺乳纲、鸟纲、兽类、爬行类、两栖类等自秦汉以来即为流域各族人民驯化或捕猎，有些种属成为名产。繁衍至今的如广西巴马香猪、西林水牛、南州黄牛、百色马、隆林山羊等。也有不少大型兽类被驯化,为人类服务,如近年在广东南海官山镇和高要朗塘镇出土的象头骨和胫骭化石,经认定为汉代至唐代遗物。汉代中原野象已经灭绝,不得不从岭南输入,以作为宫廷里的仪仗队。唐段公路《北户录》"象鼻炙"条中记岭南所产象牙制作的笏(手板)质量上乘,不亚于舶来品,炙象鼻滋味类似烤乳猪。至云南一带,据司马迁《史记·大宛列传》所记,在今洱海、滇池之间有"乘象国",曰"滇越",当地不但产象,且以象代步,故名"乘象国"。唐代樊绰《蛮书》(即《云南志》)说云南一些部落"象大如牛,土俗养象以耕田,仍烧其粪"。五代时,岭南为刘䶮政权割据,称南汉国。南汉国拥有一支十几万人的精锐象骑兵,后被赵匡胤军队打败。想见南汉驯象,颇费心力,象为人类服务,贡献匪浅。

鳄鱼在珠江流域非常普遍,记载史不绝于书,除了野生的,也有人类豢养。梧州旧八景中,有一景名"鳄池漾月",故址在今市区广仁路一带。当地还流传长工李上座投师学道,惩办庄园主范文将人丢入鳄鱼池的罪恶,想见养鳄古已有之,非今日才有番禺鳄鱼公园也。

最能反映古代对动物资源驯化、捕猎的事例,莫过于1983年出土的广州象岗山南越王墓动物遗骸。这些动物分属3门7纲20多个属种,其中属于人工饲养的家畜家禽4个种,占总数的20%;陆生野生动物2个种,占10%左右,其余全为水产动物,占70%以上。从个体数量看,最多为水产类,尤以海产贝类为主,各种咸淡水产也不少,具有鲜明的珠江三角洲沿海动物区系特色。特别是禾花雀占很大比例,直到今天仍为广东人嗜食。而家猪、家牛、家鸡出土,足证汉代岭南已有家庭饲养业。而竹鼠应属南方区域动物。研究认为,广州南越王墓出土动物属华南区的闽广沿海亚区,物种组合反映了热带—亚热带的湿热气候。① 当地居民适应这种环境的同时,已广泛采集、驯化、豢养各种水生陆生动物,建立起畜牧业,后世不断对此加以改良,培育出不少名优特禽畜品种,为珠江畜牧文明在全国赢得一席之地。

---

① 曾昭璇、黄伟峰主编:《广东自然地理》,广东人民出版社,2001年,第327~328页。

第二章
史前时期珠江文化的萌芽

没有文字记载人类发展史,是为史前时期;有文字记载以后,是为历史时期。当人类逐渐离开山洞,走向宽广的田野,在改造自然的同时,也发展了自己。从此,珠江文化进入史前时期,这一时期的珠江文化,是以旧石器和新石器文化为标志的,而它们的创造者,即为珠江流域古人类,他们是珠江文化的揭幕人,谱写了珠江文化第一页。

第一节 珠江流域的古人类

马克思主义认为,"有了人,我们就开始有了历史"。即人类的出现与文化的起源是同步的,在珠江流域,这是约170万年前发生的事情。古人类创造了珠江的原始文化,他们一个接一个地推动珠江文化不断地从远古向后来前进。这主要有以下几种古人类。

一、元谋人

据不完全统计,在珠江流域属石器时期的遗址和地点有近千个,其中属旧石器时代的有200多个,最早的首推云南开远县元谋人。元谋人遗址发现于1965年5月,地点在元谋盆地那蚌村一个小山丘。元谋人与北京人一样,属直立人范畴,时代距今约170万年。元谋人地点发现不少文化遗物,包括石制品和炭屑,说明元谋人已懂得用火。研究显示,元谋盆地是古人类的中转站。有论者认为,人类起源于非洲,后从非洲迁出,一支从青藏高原北侧进入我国,另一支从青藏高原南侧进入我国,并认为西江水系可能是我国最早的人类落脚点。1973年在北盘江流域贵州水城县出土水城人牙齿化石,属典型古人(早期智人),体质特征比北京人进步。1990年,在同一流域贵州盘县大洞遗址,出土大批旧石器,称大洞文化,其古人类也属早期智人。1975年在南盘江流域贵州义兴县出土义兴人人骨化石,属晚期智人。云贵高原还有桐梓人、穿洞人等化石,皆属旧石器遗址,说明西江水系上游是人类早期最主要的一个源地。

二、封开洞中岩人

1964年在广东封开县贺江支流渔涝河发现了洞中岩人及其共生大熊猫、剑齿象等20多个种属化石群,年代距今14.8万年。洞中岩人属晚期智人。广东省博物馆研究员杨式挺先生认为,"洞中岩人,是岭南人类历史的揭幕人"①。近年,在封开县境内又先后发现罗沙岩、黄岩洞、螺髻岩、乞儿岩、水石岩等旧石器洞穴。其中黄岩洞出土近千件石器,有砍砸器、刮削器、石钻、石锤等,形式多样,各有其功能。其中有一个盘状器,其形制与东南亚地区苏门答腊式石器相同;另一种手斧式砍砸器也与越南和平文化手斧相近,显示黄岩洞这类旧石器遗址与中南半岛同期文化可能有过某种文化交流。

三、马坝人

1958年6月,在广东曲江马坝狮子岩一个溶洞发现马坝人头骨化石,为一个中年男性个体。眉脊粗厚,眶后部位明显收缩,额骨比顶骨长,表现出和直立

---

① 杨式挺著:《岭南文物考古论集》,广东省地图出版社,1998年,第137页。

人类似的原始性质，但它的颅骨骨壁较薄，颅窟窿较为隆起，脑容量可能较大，又具有智人的进步性质，在分类上可归于早期智人。经测定，距今12.9万年。著名古人类学家吴汝康院士认为，我国早期智人化石多发现于华北，而马坝人作为华南地区唯一的早期智人化石，不但扩大了我国早期智人的分布范围，而且填补了华南人类进化系统上的空白。[1] 另一位古人类学家吴新智院士也指出，马坝人具有中国古人类的一些共同特征，形态上与欧洲古人类明显不同，蒙古人种特征比较明显，是支持我国人种起源属于南方的有力证据。[2] 另有学者比较了马坝人与同时期陕西大荔人的颇多相似之处，认为黄种人种系类型或地域类型的分化趋势是由南向北发展的，自元谋人直立以后，一批又一批先后由南向北迁移，到达黄河流域乃至整个华北。他们作为文化载体把南方文化带到北方，故马坝人对后来中华民族和文化的形成与发展的影响是很深远的。基于此，1988年在马坝人遗址兴建了马坝人博物馆，2001年又公布为全国重点文物保护单位。

四、柳江人

1958年9月，在广西柳江县通天岩一个溶洞中发现一个男性（也有学者认为是女性）人类头盖骨化石，后被称为柳江人，经测定，距今约10万年，属晚期智人类型。其特征与现代蒙古人种相似，是中国乃至整个东亚地区时代较早的晚期智人化石，处在人种分化即将到最后的时期，故柳江人很可能是现代黄种人的直接祖先。另有证据显示，这一时期，世界各个人种间早有文化以及遗传物质的交流，柳江人起了一个承上启下的作用。

由上述从元谋人到柳江人，珠江流域经历了从直立人晚期经早期智人到晚期智人的进化，系统演化关系清楚。古人类体质结构进化也是文化发展的一种表现，说明珠江流域史前文化自成体系，有共同渊源。

---

[1] 吴汝康：《马坝人化石在我国人类发展史上的重要意义》，广东省博物馆等编：《纪念马坝人化石发现三十周年文集》，文物出版社，1988年，第1～2页。
[2] 吴新智：《马坝人在人类进化中的位置》，广东省博物馆等编：《纪念马坝人化石发现三十周年文集》，第3～7页。

第二节　珠江流域旧石器文化

珠江流域有着悠久的人类文化史,从元谋人遗址算起已有170万年,经历了从旧石器到新石器的演变,表现了发展特点和规律。地域上涉及云贵高原、广西盆地、广东丘陵和三角洲平原。据统计,仅华南地区已知80多处旧石器遗址,2/3在西江流域,广西又是其中一个中心。著名古人类学家斐文中在论文《广西是古人类研究的重点地区》中指出:"在人类发生和发展的过去一百万年里,广西这个地方始终是气候暖和、雨水充足,自然界有丰富的食物资源,适宜于原始人人类与人类接近的猿类生息繁殖。""中国可以成为世界上古人类学的中心,广西是中心的中心。"① 目前广西已明确的古人类遗址有13处,属晚期智人阶段,除上述柳江人外,还有黔江来宾县麒麟山人,郁江外缘灵山人,漓江荔埔人,柳州市郊都乐人、九头山人、白莲洞人、甘前人,右江定模洞人,红水河九楞山人,桂林宝积岩人等。在云贵高原,则有上述兴义人、桐梓人、穿洞人,以及广东洞中岩人、马坝人等。他们创造的文化遗址遗存,代表了旧石器时代珠江文化发展水平和分布格局。

一、盘县大洞和路南旧石器遗址

贵州盘县大洞遗址,为早期智人,出土大批古生物化石和工具类石器,包括边刮器、钻具、凹缺器、锯齿刃器、端刮器、雕刻器、手斧、手镐等,被命名为大洞文化,是珠江上游红水河流域旧石器早期文化的代表之一。特别重要的是,在技术方面,锤击法在大洞的打片和加工工具中占重要地位,而且比较先进,这对我国境内旧石器文化的对比研究有特别重要的意义。

云南路南旧石器文化遗址发现于1961年,在巴盘江高阶地上出土一批打制石器,时代与盘县大洞遗址相当。研究者认为,其中"凸边刮削器"、"船底形

---

① 转引自司徒尚纪著:《珠江传》,河北大学出版社,2001年,第43页。

圆头刮削器"是欧洲旧石器常见的石制品。在路南、盘县大洞遗址中也存在这种"西方成分"。这种可对比性，似反映了地域间某种文化交流。

二、广西百色遗址

广西百色旧石器遗址是珠江流域年代最早的文化遗址，位处广西西北部、云南高原东南缘，在长约90公里的百色盆地内。旧石器文化遗址和地点有70多处，最早遗址在右江四级以上阶地，出土人工打制石器和陨石，经测定，距今约70万年，另一说约为80.3万年。其石器类型不多，但地方特色甚浓，尤以砍砸器较多，还有手斧、手镐和尖状器，适用于采砍根茎类植物供人类食用。但最有特色的标志性器物是百色手斧，大部分用砾石制作，少数用石片、石核制作，有三角形、卵形、肾形和矛头形。百色手斧分布很普遍，考古发现在非洲、欧洲南部、中西部、中东和印度半岛存在一个手斧文化圈，而百色手斧与欧洲手斧有许多相似之处。故有学者认为，东西方文化在70万年前已存在交流，珠江流域是一个重要的文化交流通道。

三、广东英德牛栏洞遗址

牛栏洞遗址在广东英德市云岭镇猴子山南麓，属石灰岩洞穴遗址，1996年以来多次发掘，获得大量人工打制石器和少量骨器、蚌器和陶块，以及人类舍弃的动物骨骼、螺壳等。动物和螺壳^{14}C年代测定距今1.8万年左右。遗址中最有意义的是发现水稻硅质体，存在跨度为距今1.2万～0.8万年，属原始型的非粳水稻，时代与湖南道县玉蟾岩遗址基本相同。在文化层中，还出土不少与农业生产有关的工具，如重石、刃部磨光的石刀、骨铲、骨锥、蚌刀、石磨盘、石杵等。牛栏洞所在地理环境适宜水稻生长，故水稻硅质体和农业生产工具的发现，说明稻作文化在英德地区起源，也就是农业文明的开始。因为按照马克思主义的观点，农业出现是文明的最主要的一个标志。考古发现，英德牛栏洞这类遗址，广泛分布在珠江流域大小河流沿岸的阶地或附近的石灰岩洞穴中，从上游到下游都有，包括贵州普定穿洞、六盘水桃花洞，广西柳州白莲洞和大龙潭鲤鱼嘴、桂林庙岩和甑皮岩，广东封开黄岩洞、英德青塘等。由此可见，稻作文化起源在整个珠江流域可能带有普遍意义，即稻作从一开始就是珠江流域一个主要的文化形态。

第三节　珠江流域新石器文化

距今 1 万～0.8 万年，珠江流域进入新石器时期。这时期新石器文化遗址宛若天上繁星，遍及珠江大地。据统计，在云南有 300 多处，广西有 900 多处，广东有 500～600 处，在贵州也不在少数，全流域不下 2000 多处。这些遗址出土的磨制新石器，包括有段石锛、有段石斧、有肩有段石锛等，通称为有段石器，为珠江流域新石器共同的特色，基本上形成一个大系统，构成珠江流域独特风格的史前文化。由于生态环境和人类发展的早晚不一，各流域新石器也有差异，形成地方文化风格。以下各文化遗址即为它们的代表。

一、桂林甑皮岩遗址

甑皮岩遗址发现于 1965 年，文化堆积可分五期，代表了距今 1.2 万～0.7 万年史前文化发展演变过程。出土文物除了比旧石器精细的各类磨光石器以外，还出现原始陶器，各种骨器、蚌器，显示采集和渔猎是当时的主要经济形态。后期普遍出现墓葬死者采用屈肢葬式，模仿人类胎儿在母腹端坐的样子，为宗教意识的表现。在出土动物群化石中，已出现人工驯养的家猪，是畜牧业起源的标志。这些出土器物的形态和文化内涵，显示从旧石器到新石器的转变，珠江史前文化不断走向进步。这个遗址展示的内容，在岭南地区乃至整个珠江流域是最典型的，甚至是唯一的。

二、曲江石峡遗址

位于马坝遗址所在地，属山岗遗址，附近有小河、低洼湿地。在五层文化层堆积物中，出现石器十分丰富，生产工具有镢、铲、锛、凿、镞、钺、网坠等，制作精致，不少为大型农业生产工具。出土各类陶器丰富多彩，有1100多件，有鼎、甗、釜、三足盘、豆、壶、杯、角、罐、瓮、器盖等，按质地又有夹砂陶和泥陶之别，都为生产、生活所需。文物中有品种多样而美丽的装饰品，凡163件，有琮、璧、瑗、环、玦、珠、璜等。制作技术有切割、磨制、雕刻、钻孔、抛光等，非常精细，达到较高的工艺水平。

遗址划出公共墓地，有墓葬数十处，既有一次葬，也有二次葬，陪葬品多少不等，多者达100多件，反映贫富开始分化。

特别重要的是遗址中发现人工培育的炭化了的稻谷，包括籼稻和粳稻两个亚稻，时代距今6000～4200年。在曲江马坝泥岭、翁源坝仔下角坜和东江龙川坪头岭等山岗遗址中，都有与石峡遗址同时代的稻种出土。另外，遗址出土大量陶纺轮和木材加工工具，如石凿、石锤、石棒等，也是手工业出现和发展的有力证明。这些出土器物的组合充分说明，石峡文化为珠江文明的灯塔。

石峡遗址地处南北交通要冲，出土器物出现了从东部沿海和江汉流域引进的釜、釜鼎、贯耳壶、带流把壶等，反映了东西和南北文化交流，使石峡文化更加丰富多彩。与石峡稻作文化同时代的遗址还有云南元谋大墩子、滇池官渡、晋宁石寨、剑川海门口、以及珠江三角洲多个地点等，说明珠江流域各个地区之间的文化交流和影响早就发生，并逐渐形成一个文化体系。

三、南海西樵山遗址

1958年在佛山南海官山镇西樵山上发现西樵山遗址，濒临西江和北江交汇处，属珠江三角洲范围，由18个地点组成大遗址。这些地点大部分是石料开采和加工场，周边低地有41处贝丘遗址，延续时间距今6000～3000年，属新石器时期中晚期。出土以细石器闻名，称细石器文化，尤以双肩石器特别是石斧最有意义，用于砍伐树木，是刀耕火种不可或缺的工具，开始叩打农业文明的大门。西樵山也被誉为"珠江文明的灯塔"[①]。

---

① 曾骐著：《珠江文明的灯塔》，中山大学出版社，1995年，扉页。

西樵山双肩石器在南方分布很广，集中见于两广、海南和云贵高原，可能还传播到台湾岛西海岸，甚至远及中南半岛、印度半岛诸国，包括马来西亚、印度、孟加拉国等，反映珠江文化与环太平洋、南亚古文化的关系非常密切，而且在相互交流发展中作出重要贡献。

四、贝丘遗址

珠江三角洲有八个出海口，形成海陆文化兼具特点。贝丘遗址是古人类居住遗址的一种类型，以文化层中包含大量古人类食剩弃置的贝壳为特征。分布在咸淡水交界的河口、内陆滨湖和临河地带，所含贝类分为海生和淡水两大类。代表性遗址有增城金兰寺、东莞村头、佛山河宕、高明古椰、广州新市葵涌遗址等。堆积层中往往发现文化遗物、鱼骨和兽骨等，有的还有房基、窖穴和墓葬等遗迹。这种遗址反映出渔捞活动在经济生活中占有相当的比重，折射出珠江海洋、江河文化的曙光。

五、沙丘遗址

沙丘遗址广见于两广沿海的沙滩、沙堤或沙洲，出土石器加工工具、渔猎工具和装饰品以及大量陶器，尤以区别于中原地区黑陶和彩陶的几何印纹陶最富有地方特色。主要遗址有深圳咸头岭、大梅沙、台山新村、珠海草堂湾、广州南沙鹿颈村遗址等。贝壳、鱼骨、兽骨在文化层中占大多数，夹杂不少网坠。除了各种贝类，还伴生各种砍砸器、敲砸器、斧、锛、凿、砺石、黑陶和彩陶等。其中东莞村头有古人类居住遗址，河宕遗址有大量纺轮、象牙饰物和夹发器、一次葬二次葬式、拔牙风俗；高明古椰遗址有水稻遗存；东莞蚝岗遗址有古人类遗骸等。这些遗址广泛见于珠江三角洲和沿海河口海岸，说明两广先民逐步离开洞穴，择江河滨水而居，反映五六千年前珠江原始居民已逐步认识海洋和资仰于海洋。这些遗址成为珠江以海为田的海洋农业文化之滥觞。

第三章
先秦珠江文化多元共存格局的建立

史前时代结束，珠江流域的先民在先秦晚期进入从青铜时代到铁器时代的转变，有可能大规模砍伐森林，开垦耕地，耕耘农业出现；河口地区居民向海洋拓殖，珠江文化一开始就带有鲜明的海洋文化特征。而史前古人类经过长期分化、组合，形成众多土邦小国，奠定了后来秦汉帝国政区建置的政治和社会基础。珠江文化由此出现多元文化共存的分布格局，并开始与海内外文化交流，初步形成自己文化的外向性风格。

第一节 百越族出现和土邦小国兴起

"百越"一中最早见于《吕氏春秋·恃君览》："扬汉之南，百越之际。敝凯诸、夫风、余靡之地，缚娄、阳禺、驩兜之国，多无君。"从相关史籍记载看到，从珠江源头到出海口，先秦分布着众多的越人支系，故先秦珠江文化史实为这些百越族的文化史。

一、滇人和滇国文化

距今4000～3000年，在珠江源头新石器时代原始聚落中生活着昆明人，为云南高原最古的土著居民。到先秦时期这些土著演化成泛称为西南夷的多个族群。同时，还有一些外来民族：一是来自黄河上游的氐羌人，后与昆明人（族）和汉人融合为白族；二是百越一支的僰人，后迁到今云南昭通及滇池一带，最后演变为傣族；三是来自长江中游的百濮系族群，经多次融合，后成为南亚语系高棉语族的佤族、德昂族和布朗族。这些外来民族和土著民族不断兼并、融合，到春秋战国时期发展为滇人，建立起强大的奴隶制滇国。20世纪50年代，在滇池边的晋宁石寨山发掘古墓群，发现大批青铜器、铁器、陶器、漆器、玉石等，揭示滇人所立滇国，为云贵高原政治实力强大、经济繁荣、文化发达的方国，据有云南广大地区，其中滇东北珠江源曲靖为云南通中原的主要通道，也是滇国的一个主要基地。司马迁《史记·西南夷列传》说："滇王者，其众数万人，其旁东北有劳浸、靡莫，皆同姓相扶。"可见滇国是先秦云贵高原的一个强大国家，直到汉武帝平西南夷才结束。

滇人没有文字，但出土的大批精美青铜器说明滇国是个高度发展的青铜王国，仅青铜器门类就有五大门100余种，包括：贮贝器（贮放作为货币的海贝，有的产于太平洋和印度洋）；具有多种功能的铜鼓，计有万家坝型和石寨山型，后传播到珠江中下游以及东南亚；各种青铜扣饰也形式多样，甚为精美；青铜农具甚多，含镢、锄、爪镰等，反映锄耕农业水平，以稻作为主；青铜武器也很多。这些青铜器式样别致，工艺精湛，达到高超水平，充分表明滇国的文化特质和风格。汉武帝元封二年（前109年），西汉王朝在滇池一带设立益州郡，大批内地汉人迁来，汉文化渐渐成为主流文化，滇国文化随之被融合或消失。

二、夜郎国和夜郎文化

在贵州南北盘江流域，先秦时存在一个神秘的夜郎国。夜郎其实是一个部族小邦联盟，上限约在公元前4世纪末，下限在汉成帝河平二年（前27年），夜郎王兴为汉使（牂牁郡守）所杀，很快亡国，存在历史300余年。

"夜郎"为古越语，汉语为"人郎"，读成"郎夜人"。其与越（骆）族同源，崇拜竹图腾。常璩《华阳国志·南中志》和南朝范晔《后汉书·南蛮西南夷列传》都有破竹产儿的记载，"民以竹为姓"，这与南方多竹，生产生活离不开竹有关。岭南西周时还有"路人大竹"之说，即骆越向中原进贡大竹为珍品，说明古越人为珠江流域的一个庞大族群。

夜郎国地处交通闭塞山区，对外交流少，见闻不广，故汉武帝遣使至其地，夜郎王问汉使："汉孰与我大？"于是后世有"夜郎自大"这个成语，夜郎自此遐迩闻名。

关于夜郎国的文字记载不多，但相关考古发掘的青铜器却折射了夜郎文化的灿烂的光辉。20 世纪 50 年代中期以来，成批墓葬出土，经考究，夜郎范围大致得以确定，大致在黔西南兴义、安龙、普安、盘县，黔西北的赫章、威宁，黔中以及以西的贵阳、清镇等地。这些墓葬出土的青铜器非常独特，包括兵器、生产工具和铜鼓、铜铃等乐器。墓中死者头部或足部套大型金属器，多为铜釜、铜鼓等，称"套头葬"、"套脚葬"。夜郎社会经济是牧业、农业、手工业相结合，其中手工业达到较高水平，有丝织、打铜、炼铁、制造兵器。夜郎物质文化丰富，精神文化也丰富多彩。夜郎人有自己的婚姻、祭祀等礼仪文化，借助于对星体运行、气候变化、鸟兽活动的观察，制定天文历法，指导各种活动。基于盟长国家结构松散，叛服无常，故夜郎特别重视制度文化建设，制定《治国安邦论》、《夜郎君法规》等，为维护奴隶主专制，以及安定社会、维系人伦等服务。夜郎王族群是现代彝族的古代先民。因为有以上辉煌一时的夜郎文化，故"夜郎自大"也是有一定历史依据的。

三、骆越和西瓯文化

南北盘江流入广西，在黔桂交界汇合后，称为红水河，是珠江水系在广西干流西江的一段，其与柳江交汇后的河段称为黔江，全长 659 公里，流域面积 3.3 万平方公里，相当于一个海南岛。流域内溶洞发育，尤适于古人类生存，考古发现新旧石器遗址甚多。先秦时期这里主要生活着骆越、西瓯族。他们创造了红水河文化，创世纪史诗《布洛陀》即产生于此。按布洛陀被视为远古壮族先民首领，他带领族群开创属于他们的世界。近年经科学考察，认定右江田阳县敢壮山是布洛陀文化圣地，布洛陀因而成为珠江流域人文始祖。作为百越不同支系，骆越、西瓯人时而独立，时而联盟，不断争斗、兼并。秦平岭南，西瓯人与秦军在湘桂走廊有过恶战，曾大败秦军。后历经沧桑，骆越、西瓯人才发展为今日人口众多的壮族。

盘古被认为是开天辟地之神，其传说流传甚广，红水河下游是盘古传说最盛之地。南朝任昉《述异记》有"桂林有盘古祠"记载。其实整个西江地区都不泛关于盘古的传闻，肇庆即有盘古祖庙，香火颇盛。铜鼓同样盛行于骆越、西瓯地区，与滇式铜鼓齐名。桂江、浔江流域即为西瓯人集中地，恭城秧家、平乐银山岭出土有大批精美青铜器。左江还有著名的花山崖壁画，反映先秦骆越、西瓯人的生活和艺术，其许多文化内涵至今仍未弄清。

骆越、西瓯人分布范围实际遍及岭南大部分地区，海南岛、雷州半岛也不例外，在珠江流域内，广西是个集中分布区。骆越人水田农业发达，有"骆田"即落田，一说为利用潮水涨落灌溉田亩。如是，对起土和翻土工具石铲充满崇拜，大石铲尤甚。大新县独山出土一件石铲，长24.7厘米，宽25.3厘米，厚2.4厘米，称为"大石铲"。左江、右江和邕江交汇三角地带石铲最多，称"桂南大石铲"，但实际遍及西江水系，乃至北部湾地区。桂南石铲形体硕大，制作规整，美观精致，达到很高的工艺水平。石铲不仅是农业生产工具，而且后来发展为一种神器，成为供人崇拜、膜拜之物，是当地祈求农业丰收时祭祀的神明。桂南成为石铲崇拜中心，至今仍未失其风俗。

四、南越土邦小国和南越文化

先秦时期，由于岭南与岭北地区的交往非常困难，岭南的历史发展比岭北慢了一步，因此被视为"南蛮"之地和化外之区，甚至还被称为"瘴疠之乡"。考古发现证明，南越族作为中华民族一个古老的族体，是由岭南地区新石器晚期的土著居民发展起来的。其族体形成的时间大约相当于中原地区的西周时期。当时，中原地区已进入奴隶制社会，而岭南仍处于原始社会末期，还没形成国家，只有部落联盟和部落联盟的君长，建立起一些土邦小国，成为岭南民族和族群的基础。据《山海经·海内南经》，这些土邦小国有珠江三角洲地区的驩兜国、东江流域的缚娄国、北江中下游的阳禺国、西江一带的西瓯国、雷州半岛和海南岛的骆越国、粤西的伯虑国，以及以梧州、封开一带为中心的苍梧国等。它们既是地名也是族名，多为水居部落，以渔猎、农耕为主，各有自己的风俗，并为后世所继承。如驩兜国居民身上有双翅，却不会飞，应是捕鱼为生的海滨渔人，那双翅膀可能为蓑衣或披肩巾，在北人看来很像翅膀。近年在博罗横岭山考古发掘300多座西周墓，排列有序，随葬品中有珍贵的青铜甬钟、铜鼎、玉器等，有可能是缚娄国一处重要墓地。这说明这些土邦小国的社会组织已达到比较健全的程度，因而成为秦置郡县的基础。

在南越族形成之同时，青铜文化也应运而生，成为岭南地区相应的一种文化形态。从考古发现的材料判断，大概从春秋战国时期开始，岭南地区已具备冶铜条件，出现了青铜铸造业，其所制作的秦汉以前的青铜器，称为先秦青铜器。到目前为止，仅广东境内发现青铜文化遗址已达300多处，出土青铜器达上千件之多。

广东先秦青铜器不仅出土地点广布，数量较大，而且种类繁多。以种类而言，有炊器、容器、乐器、兵器、工具和杂器等；器物名称有括鼎、鉴、壶、盘、缶、编钟、钲、铎、剑、矛、镞、钺、斧、凿、篾刀、匕首、削和人首柱形器等。广东的青铜文化遗存，上自商末西周，下至春秋战国，前后经历七八百年。

在广东出土的青铜器中，特别令人瞩目的是一种叫铜钺的青铜兵器。铜钺为典型的南越青铜器，地方特色浓厚，又称为越人铜钺。其前面有圆刃或平刃，后面可安装木柄，持以砍伐。在广州西汉南越王墓出土的一件青铜提筒中，有一组船纹，共刻绘四只船，每只船上有人物六人。其中一船中有一人，站在高台上，头戴皮弁，左手执钺，右手倒提一个俘虏的首级作向前望状。这组船纹反映的是越人在海上作战中战胜了敌人凯旋而归的情景，其中的武士所执就是越人铜钺。广东出土的各类青铜器以西江流域最多，包括怀集、封开、广宁、四会、肇庆、罗定、德庆，以及广州、阳春、信宜、清远、从化、增城等。如1976年，在增城石滩天麻山出土三件青铜编钟（最大的一件编钟高50厘米），保存基本完好，年代属于战国时期，从编钟的造型、风格和纹饰来看，应是广州地区自己铸造的。

广东的青铜文化，一是受中原文化的影响而发生的。由于青铜器造型优美，性能坚韧，实用性强，是广东地区的陶器所不能比拟的。所以，青铜器从中原或楚地传入，成为广东上层人士所珍重的宝器，对本地青铜文化的产生起了催化的作用，故广东的一些先秦青铜器明显是仿制中原的。二是到了春秋晚期或战国时期，广东地区的越人掌握了青铜冶铸技术，开始铸造青铜器，但发展缓慢，铸造的青铜器仍然以盘口鼎、靴形钺、柱形器和斧、矛、镞等为多，制造工艺比较粗糙。这反映出当时广东社会经济发展水平不如中原地区，青铜文化更不例外。

自20世纪50年代以来，先后在南粤地区出土了1500件左右先秦时期的青铜器，其中有不少是在广东本地铸造的。因此，从广东出土的青铜器，并结合有关墓葬的葬式和出土实物分析，可知春秋战国时期广东部分地区已进入不发达的奴隶制阶段。

南越先民为适应广东湿热和毒蛇猛兽侵袭的环境而发明了巢居，即将住所营建在树上。晋代张华的《博物志》载："南越巢居，北朔穴居，避寒暑也。"但是，巢居受树木等条件限制，住人有限，于是越族先民又发明了干栏建筑。"干栏"一词系译自古越语。干栏建筑是让住房离地面若干米，人栖其上，用梯子上下，下面围栏可养六畜等，且利于防潮、防兽、防洪等。肇庆高要茅岗遗址发现的干栏木构建筑文化特征与浙江河姆渡遗址所见十分相似。在广东汉墓中曾出土许多干栏建筑的陶制房屋模型。

广东濒临南海，有漫长的海岸线，境内河网交织，越人熟习水性，善于用舟。《淮南子·原道训》载："九嶷之南，陆事寡而水事众，于是民人……短袂攘卷，以便刺舟"。舟楫成为越人生产生活的必要工具。近年在化州、怀集、揭西等地发现多艘汉至魏晋时期的独木舟，这些地方都是南越人传统居住之地。广东汉墓中出土10余只陶船和木船，有货船、渡船、楼船等，是全国汉墓中出土船模最多的地区。一直到明清时期，广东造船技术一直处于全国领先地位，并发展出独特的海洋经济模式，与悠久的南越文化有不可分割的联系。

2009年在广东阳江市大八镇周亨村出土全国鼓身最高的一面铜鼓，鼓面径宽142厘米，鼓身高82厘米。依照铜鼓的造型、纹饰、鼓耳和立蛙等特征，可判断其属于北流型铜鼓，年代为东汉时期。广东各地收藏的铜鼓已达数百面，是中国发现铜鼓数量较多的地区之一。

上古中原的人自己也相信鬼神，而被称为"南蛮之地"的广东，"越人俗信鬼"，更甚，一些迷信风俗亦有异于中原。《汉书·郊祀志》载汉武帝元鼎二年（前115年）春，汉武帝为求长生，在京师建了一座柏梁台，上置铜人托承露盘以承露水，供汉武帝饮用。到了太初元年（前104年）十一月，柏梁台火灾，一位名叫勇之的越巫对汉武帝说："粤俗有火灾，复起屋，必以大，用胜服之。""于是作建章宫，度为千门万户。前殿度高未央。其东则凤阙，高二十余丈。其西则商中，数十里虎圈。"汉武帝接受了越巫勇之的建议，烧了柏梁台后，建一个更加高大的建章宫来胜服火灾。

越人有以鸡卜定吉凶的风习。越国灭亡后，汉武帝在长安立了一个越祝祠，请越巫在京师搞鸡卜来定凶吉。20世纪40年代作为古越人后裔的海南黎族仍保留有鸡卜。在广州象岗南越王墓中，发现南越王用来占卜的甲片。南越王本是汉人，中原商周卜骨的遗风亦由他们带到了广东，可知汉代广东越人亦存在着龟甲占卜习俗。

在许多史籍中，都有百越民族"文身断发"的记载，如《汉书·严助传》："越，方外之地，断发文身之民也。"《汉书·地理志》："今之苍梧、郁林、合浦、交趾、九真、南海、日南，皆粤分也……文身断发，以避蛟龙之害。"断发，又作剪发，意思是剪断头发。《史记》、《汉书》都记载，赵佗曾椎髻（椎髻就是将发束起成椎髻状）箕踞会见汉朝派来的使者陆贾，而陆贾认为赵佗本为汉人，却反天性，弃冠带。实际上是赵佗久居南越地，发式亦顺应了当地的习俗。根据蒙文通先生考证，椎髻不独为南越之俗，西瓯、夜郎以及其他西南夷等均有此俗。汉人认为身体发肤受之父母，不敢毁伤，所以过去男女都留长发，终身不剪，发盘在头上，再戴上帽子、头巾之类。而越民却相反，汉人因此以为奇。

越人在身上刻刺花纹，并涂上颜色，在皮肤上留下永久的标志称为文身。《淮南子·泰族训》："夫刻肌肤，镵皮革，被创流血，至难也，然越为之，以求荣也。"越人把这种血淋淋的文身视为一种荣誉。文身是古代越族一种多功能的文化现象，它包含了部落标志、图腾崇拜和成人礼等，带有神秘色彩。

南越人很早就喜欢吃鱼类及江河湖海的各种蚌蛤蚶螺等贝类，同时，还把蛇、禾虫类等视为美食。中原人对此习感到惊奇，认为不可思议。《淮南子·精神训》载："越人得髯蛇，以为上肴，中国得而弃之无用。"晋代张华《博物志·五方人民》记载："东南之人食水产"，"食水产者，龟蚌蛤螺以为珍味，不觉其腥臊也。"反映出古代越族喜欢吃禾虫和蛇。在南越国的墓中，出土有不少鱼骨、龟足、笠藤壶、青蚶、楔形斧蛤等。这些海鲜食物从新石器时期一直延至今天，仍被岭南人民视为佳肴。

二次葬，南越族的一种丧葬习俗，为复葬葬式之一：人死以后，初葬若干年，再通过正式仪式将棺木或尸骨取出进行二次葬。考古发现证明，中原地区很早就有二次葬俗。如仰韶文化时期就发现这种葬俗。据说古人认为人之血肉属于人间，必须待其腐朽之后再作正式埋葬，死者灵魂才能脱离尸身进入阴间；另一说是为实行氏族或家族合葬的需要。

南越民族还有一些和中原地区不同的特殊风俗，包括拔牙，又称凿牙。即越族青年男女将健康的门齿或犬齿人为地拔除，表示男女青年通过此仪式可成为氏族的正式成员；另一种说法是表示获得婚姻资格。还有一种是服丧拔牙，为悼念死去的亲人。在广东增城金兰寺、佛山河宕等遗址中，一共发现24例遗骨有凿齿的现象，说明凿齿之风起源很早。

另外，南方越人有猎首风俗。在两广地区发现的古代铜鼓和铜提筒上的纹饰中，发现有杀俘猎头的图案。如广州南越王墓东耳室出土的一件铜提筒，外壁有四组船纹，每艘船的船头都倒悬着一具首级。船中间有一戴长羽冠的武士，右手执短剑，左手正按着一个被缚住双手的俘虏，作斩刺状。船后部高台上站一指挥者，左手执钺，右手倒提一个首级。这幅船纹图生动地描写了古代南越人在战争中获得不少俘虏，并正将其猎首献祭的场面。猎首与南越原始宗教的祭祀礼仪密切相连。

第二节　珠江文化内外交流

先秦时期，珠江流域处于原始社会或奴隶社会发展阶段，百越族先民在土著文化的基础上创造了包括新石器文化和青铜文化在内的古代文明，成为百越文化主体，同时吸收其他文化养分，构成这一时期珠江文化的基本形态，这是内外文化交流的产物。

一、对内文化交流

据文献记载，商周以来，岭南的越族便与中原商周王朝，以及长江流域的吴、越、楚等国有日趋频繁的经济文化往来。《逸周书·王会解》中提到南方各国向商朝进贡物产的事。"伊尹受命，于是为四方令曰：……正南瓯邓、桂国、损子、产里、百濮、九菌，请令以珠玑、玳瑁、象齿、文犀、翠羽、菌鹤、短狗为献。"这些方国包括了珠江中下游地区。而青铜器及其铸造技术则是商周时期由中原传入的，百越先民通过模仿、消化、吸收，至战国，青铜器的铸造技术已达到较高水平，出现了许多富有特色的青铜器。雍正《陕西通志》卷四五曰："冇无同"，"冇"恰是粤方言大量用词。又珠江三角洲一带娶媳妇曰"索老婆"，而山西"霍山以北，……要妇曰索妻"①。这是古代北方语言传入广东的见证。这都说明中原文化对广东地区已有相当的影响。

《国语·楚语》说："赫赫楚国，而君临之，抚征南海，训及诸夏，其庞大矣"；又《左传·襄公十三年》也有楚"抚有蛮夷，奄征南海"等类似记载。前382年，楚悼王任用吴起为令尹，"于是南平百越"②。虽然到战国后期，楚国式微，无力顾及岭南，但文化交流和影响也没有中断。广州有"羊城"、"穗城"之称，来源于周夷王时五仙人骑羊衔谷穗降临楚庭这一传说。有人考证五羊传说可能象征楚人五个支系将稻作文化传入广东，这个美丽的神话多少也带有楚文化传入广东的含义。

岭南出土春秋青铜器，除了具有中原风格以外，再有则与楚地风格相同。例如肇庆、罗定出土的编钟，与湖北随县出土的基本一致；肇庆松山战国墓出土的铜壶、足、盘，以及春秋战国墓所出土的青铜剑和部分戈、矛、镞等兵器，来自楚地或受其影响。这类器物大部分发现在西江流域，少数在北江流域，甚至在湛江硇洲岛也发现楚式青铜剑、斧和削刀等。它们正是楚越交通方便地区，无论从器物风格还是地缘上看，都显示岭南青铜文化是在荆楚文化影响下产生和发展起来的。

南越族作为百越一支，其文化特征也受到了其他百越民族的影响，其中吴越文化对南越文化的形成和发展产生了重要影响。

早在新石器时代，岭南与江浙一带已有所联系和接触，在广东马坝石峡文化中发现的一些陶器和玉器与江浙良渚文化极为相似，表明相互间有一定的文化联

---

① 嘉庆《山西通志》卷一〇〇。
② 《史记·孙武吴起列传》。

系。春秋时吴国和越国都成为强国,形成共同文化。由于吴、越北方之各国习俗不同,语言不通,故吴越文化只能向南传播。特别是楚灭越以后,部分越人流入岭南,使传进岭南的吴越文化成分更多,并被融合为南越文化的一部分,时至今日仍斑斑可考。吴越地区流行鸟图腾崇拜,不但有鸟田传说,而且发现春秋战国鸟田图。广东也有类似传说,即所谓"雒田",一种仰潮水灌溉的农田。按《说文》释"雒"为"鵅䳯",即小雁。故"雒田"与"鸟田"都反映两地农耕文化的内涵相似,当是两种文化交流的一种佐证。吴越有过居全国之首的造船业,能制造多种楼船和桥船。越灭亡后,越人漂流海上,先进造船技术传进岭南。后来在广州出土南越国时期楼船模型所反映的高超造船水平,与此不无关系。

吴越语言在广东保留甚多。屈大均《广东新语·文语》曰:"广州语多与吴相趋近。如须同苏,逃同徒,豪同涂,酒同走,毛同无,早同祖,皆有字有音。"广州地区俚语"佬",据南朝顾野王《玉篇》所录"佬"字,当时流行于吴越地区,有人以为广州方言"佬"字,系从吴越转来。《越绝书·吴芮传》曰:"旃航,买仪尘者,越人如江也。"按今日广州方言,舟车停靠曰"埋",如公共汽车停站,曰"埋站"。据罗香林教授考证,"埋即买仪尘之买所转称"①。粤语称美好事物为"攒(盏)",今苏州、宁波等地仍用此字;粤语"噉多"实为吴越语"吤(ge)多"、"吤好";粤语自称"我们"为"伲地","伲"乃吴越古音;吴越语"黄、王"读音不分,两广白话也如此;"江、讲、角、谷、冷、落"等字,吴越音与两广白话差不多;吴越人称小孩为"亚呀",不只广府人,连客家人至今仍这样称呼小孩。②

二、对外文化交流

珠江流域的海陆区位极便于对外文化交流,至迟自先秦时期开始,这种交流就不断发生,揭开珠江文化史重要的一页。

这种对外交流首先出现在珠江三角洲各地出海口,连通北部湾河流,继与东南亚、南太平洋地区发生文化交流。

---

① 罗香林著:《百越源流与文化》,台北中华丛书编审委员会,1978年,第18页。
② 以上参见司徒尚纪主编:《中国地域文化通览·广东卷》,中华书局,2014年,第47~48页。

距今约 1.2 万年，由于受最后一次冰期影响，环境产生很大变化。在华南地区，由于大面积大陆冰川出现，海平面大幅度下降，海水降到 130～145 米以下，大片大陆架出现，半岛和陆块、岛屿与陆块、陆块与陆块等相互连接，变成通道，极大地方便了古人类和动物群的迁移，为人类活动和文化交流提供了更宽广的天地，南海再次成为古人类交往通道。在南海北部，属于这一时期的文化遗址遗存不少，包括广西宾县盖头洞、柳江思多岩、陈家村、崇左矮洞、柳州白莲洞、大龙潭鲤鱼嘴下层、桂林穿山月岩东岩洞、甑皮岩，广东阳春独石仔、封开黄岩洞、罗沙岩上层、英德青塘朱屋岩和云岭牛栏洞等遗址。这些遗址遗存出土石器以大中型者居多，也比较进步，其中阳春独石仔还有七件苏门答腊式石器，显示其来源或受海外石器文化影响。而更加明显的是南亚和东南亚地区也有同类石器文化，如越南和平省的和平文化，马来西亚沙捞越西部的尼阿洞穴遗址，泰国北碧府柿约乡僧侣遗址、泰国西北部的仙人洞遗址等，它们与上述珠江流域同时代石器文化的共同性，说明以南海为通道而发生的自旧石器以来的文化交流始终没有断绝。

对于海南岛三亚落笔洞遗址，可视为从旧石器到新石器的一个过渡时期，它所出土的文化堆积物即与岭南上述遗址性质、风格一致。据此有理由推断，岭南大陆有来自东南亚的石器文化，则海南岛作为交通枢纽，当有南来古人类到来。

新石器时代，南海地理环境发生变化。根据 ^{14}C 测定，南海诸岛大部分岛屿露出水面时间距离现在约 5000 年，这就为这一时期原始人类在海上活动提供了方便，即可以乘独木舟或木筏在岛屿和大陆之间往来。有段石锛是我国南方古越人新石器文化的特型器物，除在中国台湾、菲律宾等地发现以外，在南太平洋的玻利西尼亚群岛、社会群岛，以及北婆罗洲一带均有发现，表示古越人有可能利用南海方便条件航海至这些地区，与那里的人类发生文化接触与交流。最典例的是上述南海西樵山是一个巨人的新石器加工场，其代表性细石器和双肩石器，个仅辐射珠江三角洲、广东南部、广西南部和海南岛、粤东、粤北，可能还渡海进入台湾新竹、基隆、台中、高雄、台东，以及溯西江进入云贵高原，而且还向南传播到海外，包括中南半岛诸国、马来西亚、印度、孟加拉国等国家和地区。西樵山石器文化的创造者和百越先民，以擅长舟楫著称，在南海大陆架出露、海水变浅背景下，完全有可能在海面上使用简单的航海工具，将自己创造的石器文化传到他们所到之处，从而在南太平洋、印度洋很多地区留下海洋文化的印记。在这个过程中，海南岛完全有可能成为南北石器文化交流通道，岛上三亚、东方、乐东、昌江、陵水、定安、通什、琼山、万宁等新石器遗址出土石斧、石锛、有肩石器等即与以上地区风格一致，显示海南岛和岭南其他地区一样，古人类彼此间往来，不仅有中国人类南下，也有东南亚、南太平洋古人类北上，发生南北之间双向文化交流，相信会有南方古人类进入海南和中国大陆。

语言学研究表明，史前时期在西南太平洋地带的三大群岛，即印尼群岛、菲律宾群岛和我国台湾，以及岭南等地区广泛使用"南岛语族"。我国南方百越先民是南岛语族不可分割的组成部分，彼此间有深刻的亲缘关系。而体质人类学研究说明，古华南类型人群与东南亚的印尼人、大洋洲的美拉尼西亚人特征接近。这一研究成果佐证南岛语族在华南的联系，包括台湾海峡西岸、西向岭南、北上江浙都是百越—南岛一体化人群文化的范畴。历史学者吕思勉说："粤者盖今所谓马来人。"历史学者翦伯赞也指出："中国人种的来源不是一元，而是两个系统的人种，即蒙古高原系与南太平洋系。"对于后者，翦伯赞进一步认为，"这另一个系统的人种从南太平洋出发，沿马来半岛的海岸，向北推进，而达到了中国的南部"。"南太平洋系人种之移入中国，似乎经由两条路线，其一支似系由安南溯湄公河与澜沧江或由缅甸伊洛瓦底江以达于云南。这一支人种就是后来所谓西南夷的祖先，亦即今日夷族和苗族的祖先。其另一支则系由安南沿今日之东台湾海岸进入中国之广西、广东、福建东南沿海一带，其前锋甚至到达台湾、琉球乃至日本，这一支人种就是后来百越族之祖先，亦即今日瑶族、僚族及海南岛的黎族、台湾的番族之祖先。"① 而原广东省民族研究所所长刘耀荃先生提出，南洋一带小黑人可能是海南最早的土著居民。② 在黎族血统中带有黑人基因。在对黎族进行体质测量时发现，黎族具有宽鼻、眉骨突起、棕肤色、突颚等特征，但同时黎族又具有圆头、黄棕皮色等蒙古人体质特征，并有蒙古眼，即黑人身体的一些特征出现在黎族身上。③ 这表明海南岛和南洋之间种族往来早就发生，血

---

① 转引自周伟民、唐玲玲著：《中国与马来西亚文化交流史》，海南出版社、南方出版社，2008年，第20～21页。
② 刘耀荃：《海南岛古代历史的若干问题》，《中南民族学院学报》（社会科学版）1986年S1期。
③ 林惠祥：《南洋马来族与华南古民族的关系》，《厦门大学学报》（社会科学版）1958年第1期。

缘交流，才形成黎族以上体质人类学特征，同时出现文化人类学往来。

人类迁移必然伴随着语言的传播。20世纪30年代以来，人类学者林惠祥、凌纯声等先后从民族学、考古学的文化因素比较出发，提出南岛语族华南大陆起源论点，认为华南百越人就是古代马来人，即"原马来人"，华南大陆、东南亚到西南太平洋三大群岛之间的土著文化共同体构成了"亚洲（亚澳）地中海文化"。① 而南海周边地区族群都属这个文化圈，使用南岛语族，他们也包括在南海海洋文化体系中。只是秦汉以后，中原王朝势力不断南下，汉人大量南迁，郡县制推行，汉文化成为岭南地区文化主流，百越—南岛系统土著民族文化被汉藏语族文化取代或覆盖，而退出历史舞台，但不等于终结。其仍以文化积淀方式留存下来，包括岭南在内的我国东南沿海壮侗语族各系和这些地区汉族语言中即有不少这种遗存，如黎、水、侗、壮族的口语和方言即与中国台湾高山族、菲律宾土著、马来语等南岛语言在基本词汇上有很多共性，闽、粤汉语方言和客家方言的构词和语音特征亦与台湾阿美族、排湾族等高山族分支有很多共性。也就是说，由于南方汉语融合了南岛语要素，而与北方汉语有不少差异，成为南方汉语方言甚多的一个重要原因。如中国通常将汉语划分七种方言，岭南就占有粤方言、客家方言、潮汕方言三种，它们的很多用词和构词法都有别于北方汉语。故屈大均《广东新语·文语》说："自阳春至高雷廉琼，地名多曰那某、罗某、多某、扶某、过某、峨某、陀某、打某……地黎称峒名有三字者，如那父爹、陀横大、陀横小之类；有四字者……"这些地区有属粤方言区，也有属闽南方言区。这些地名不能用汉语解读，被认为是古越语残余。古越语今为壮侗语族，下分多个语支，如黎语即为其一支，仅用以表示聚落的地名用词即有抱（含宝、保、报、包）、番、什、毛等。这类地名占了海南黎区地名很大一部分，它们既属壮侗语族，也是南岛语在海南积淀遗存的有力证明。其实，我国不少语言学家通过语言材料比较，早就证实南太平洋岛屿上一些说南岛语的民族与我国百越先民操共同语言，并将今菲律宾语、马来语为代表的南岛语与包括海南黎族在内的侗台语族各语言作比较，发现它们同出一源，即我国南方汉语有不少南岛语成分，仅侗泰语词汇与南岛语有关的词约330个。人类学者容观夐举例说，海南黎语与壮

---

① 参见容观夐著：《容观夐人类学民族学文集》，民族出版社，2003年，第155～157页。

语、傣语、水语等同语族诸语言有不少同源词，但数词都大不一样。例如这几种语言除"一、二"以外，自"三"以上至"十、百、千、万"几乎与中古汉语的数字相近。而黎语却不是这样，其形式上跟印度尼西亚语、台湾高山语比较接近。有些南岛语词只与侗台语的黎语有关，如"马、五、六、十、肺、在"等。民族语言学者解释说，在大批汉人进入岭南以前，黎族先民已漂离海上，因远离大陆，接受汉文化较晚，受影响也少，因而保留了黎族固有的数词，并与印度尼西亚语、台湾高山语形式接近。① 这无疑是南岛语进入岭南的有力凭证，也说明使用南岛语居民是海洋社会族群，南海无疑是这个族群活动的重心。

史前考古的器物也验证南海周边海洋族群文化的共同性。树皮布是有力证据之一。中外人类学家、考古学家在树皮布起源分布上的认识基本上是一致的。东南亚的印度尼西亚、波利尼西亚、美拉尼西亚，以及密克罗尼西亚等许多岛屿原住居民都使用树皮布作为服饰。西方一些原始艺术和民族著作对此多有描述。如中山大学容观夐教授推介詹姆斯·埃奇—帕廷顿和查尔顿·希普同一书名画集《太平洋岛屿原住民的武器、工具、装饰品及衣着选集》即收入制作树皮布用的工具、成品式样等。而考古发掘显示，香港、深圳、珠海、中山出土过制造树皮布用的石拍，台湾台南也出土过有条沟的树皮布打棒。据此有学者认为树皮布起源地可能在中国岭南范围内。② 邓聪先生对树皮布作过田野调查和深入研究，他指出："以环珠江口文化的树皮布石拍，流行于距今5000—6000年前之间，是迄今东亚已知最古老的树皮布文化系统。由珠江口南向中南半岛、越南北部冯原文化有丰富的树皮布资料，年代可能在距今3500～4000年之间。泰国及马来半岛的树皮布文化稍晚，在距今3500年前稍后。菲律宾、台湾等地都有别具特色的树皮布文化，年代迄今所知不超过距今3500年。太平洋岛屿均为树皮布文化繁盛区域，其年代更应在距今3500年之后。"邓聪进而强调，发源于南中国的树皮布技术"自南中国南向经中南半岛、席卷东南亚岛屿后，从海路上跨过太平洋岛屿进入中美洲。树皮布在中美洲更为广泛被用作纸，具有记载文字的功能，对

---

① 参见容观夐著：《容观夐人类学民族学文集》，第155～157页。
② 邓聪：《树皮布——中国对世界衣服系统的伟大贡献》，《中国文物报》2000年11月5日，第3版。

中美洲的历史影响至为深巨"。① 海南黎族即为制作树皮布能手，在现今通什（即五指山市）海南民族博物馆中仍陈列着制作树皮布工艺和式样。又越南也有过繁荣一时的树皮布文化，菲律宾的树皮布又来源于越南，加上上述东南亚地区树皮布，则南海周边都是树皮布分布区，说明至少从史前时期开始，这些岛屿原住民已有树皮布文化往来，不管哪里是其发源地，树皮布制作和传播都是不争的事实。

另一种称为"吹筒"的狩猎武器，也将海南、雷州半岛与东南亚史前文化连在一起。吹筒为一种管状器物，是用竹或木做成的管子，长可2米左右，依靠口吹气体为动力，将带有毒液的箭头从筒中吹出，射杀小动物。其射程可达10多米，毒液来自见血封喉树，至今在海南和雷州半岛、阳江等粤西地区仍可见这种高大乔木。据悉，婆罗洲、马来半岛等地土著小黑人和其他原始居民，曾广泛使用这种武器来猎取小型动物。无独有偶，20世纪20年代，有一外国传教士亨西·伊伯特（Hensi Imbert）曾在雷州半岛发现吹筒。这位传教士在调查报告中说："此外尚有一个证据可以说明广东省从前可能有过小黑人的存在。因为其地到现在尚在使用吹筒。此武器，最常见于婆罗洲的小黑人及马六甲的西蒙（Semang）人中。有一传教士在雷州半岛找到一件甚佳的吹筒标本，长3.97米，吹矢长57—58厘米，矢镞用铁或木。我们所得的吹筒标本乃获自江洪港（按：在今遂溪县）者，其地在Weitchao岛（按：谅为涠洲岛）之对面，在雷州半岛以南110华里，该地居民今日仍以吹筒射鸟及狩猎麝香猫、狐、野猫等小动物。"② 海南岛黎人传统的狩猎武器也是吹筒，所用见血封喉树在黎区甚为常见。笔者2011年到雷州半岛调查，即在遂溪、廉江等地听闻当地尚保留吹筒，唯未见实物。而在中国古籍上，也不乏有关马来西亚等地使用吹筒的记载。宋赵汝适《诸蕃志》曰："穷谷别有种落，号海胆，人形而小，眼圆而黄，虬发露齿，巢于木颠，或三五为群，跧伏榛莽，以暗箭射，人多罹其害。投以瓷碗，则俯拾忻然跳呼而去。"③ 这种暗箭伤人的武器应为吹筒一类器物，与后来西洋传教士所

---

① 邓聪：《史前蒙古人种海洋扩散研究——岭南树皮布文化发现及其意义》，《东南文化》2000年第11期，第14页、第19页。
② 转引自周伟民、唐玲玲著：《中国与马来西亚文化交流史》，第26页。
③ 赵汝适著，杨博文校释：《诸蕃志校释》卷上，《志国·三屿》，中华书局，1996年，第144页。

记和在雷州半岛所见如出一辙，应是古代琼雷与海外居民往来的一种物证，而琼雷与珠江流域是相连的。

实际上，树皮布和吹筒仅是连接海南黎族与东南亚族源关系的媒介之一。早在 20 世纪 30 年代，德国民族学家 H. 史图博曾两次深入海南作田野调查，后著《海南岛民族志》在柏林出版，1964 年由广东民族研究所从日文译成中文（油印本）。该著列举黎族与东南亚、中国台湾民族相同的文化特质近 30 项，包括刀耕火种、收割工具镰刀、柱子仓库、用牛踩耕、脱谷、鸡笼、牛车、木柱房屋、腰布、包阴布、妇女裙子、帽子、木棉和麻布、树皮布、纺织技术、大耳环、大发簪、红色长布、发型、圆形篓子（装黎刀用）、篮子、山刀（黎刀）、口琴、鼻箫、木鼓、造型艺术、文身图案、门口挂水牛角、族外婚等。而这些文化特质与汉人有明显差异，说明海南黎族与东南亚包括印度尼西亚、缅甸、越南、菲律宾、密克罗尼西亚，以及台湾地区民族在史前即有很密切的联系，留下那么多相同的文化特质，也反映这些民族都是海洋民族，并以南海为纽带联结成一个海洋文化共同体或文化圈。而海南岛为珠江文化覆盖范围，也可视作珠江文化与上述地区的联系。

第四章
秦汉至六朝珠江文化形成

秦始皇二十六年（前221年），平定六国，建立起中国历史上第一个中央集权制的封建国家。为了进一步扩大和巩固大一统战果，秦始皇奋其余威，继续用兵，北却匈奴，南平百越，开疆拓土，将岭南并入秦王朝版图。到汉武帝时，在平定南越国后，收复西南夷，珠江流域归入中央王朝疆域。秦汉的历史性进军，也是中原文化第一次有组织的南下，自此开启了汉越文化融合并取得重要成果的新时代。而汉代开辟海上丝绸之路，又为珠江文化注入海外文化元素，使之具有多元、开放的文化风格。故秦汉统一珠江流域，具有划时代的历史意义。

第一节 中原文化下珠江

一、秦汉进军岭南和西南

公元前218年，即秦统一六国后仅隔二年，秦始皇即发兵50万人，以屠睢为统帅，分成五路，挥戈直指岭南。虽然这次战争遭到越人顽强抵抗，秦军

"伏尸流血数十万"①，甚至连屠睢也被西呕（瓯）越人袭杀。战争相持了三年，但秦毕竟是个军事、经济强国，在付出沉重代价以后，终于在前214年赢得这场战争，统一了岭南。当年即在今两广地区设置南海郡、桂林郡和象郡，辖番禺、龙川、博罗、揭阳（一说建于汉）、四会、布山、象林、临尘八县。在云贵高原地区，秦始皇即位前后李冰任蜀郡郡守期间，即开始在今川滇交界的宜宾地区修筑通往滇东北的所谓"五尺道"，因道路宽仅五尺，故名。统一六国后，五尺道续修到今云南曲靖地区，即珠江源头。秦政治势力随而进入云贵高原，时称西南夷地区。《史记·西南夷列传》说："秦时……诸此国颇置吏焉"，即秦始皇向这些地方派遣了官吏。只是由于年代久远，这些政区的建制名称没有保留下来。但可相信，秦代云贵高原基本上已被纳入秦国的政治版图。这样，整个珠江流域在历史上便第一次成为中国疆域的一部分，越人也正式成为中华民族大家庭中的一员。这是珠江流域历史上一个空前的进步。

秦政治残暴，又滥征民力，不得人心，统一岭南后不满七年，就被声势浩大的农民武装起义所推翻。秦灭亡后，南海郡尉赵佗乘机崛起，割据岭南，于前204年建立起半独立状态的南越国，凡五帝九十三年。史称"佗之王，嚣成之"②，任嚣"卒教尉佗成其业"③。赵佗推行民族和睦的文化政策，积极发展经济，使岭南免于秦末汉初的社会动荡，是开拓岭南的第一位功臣。赵佗还积极开拓疆土，除继承秦三郡辖境以外，还以"兵威"和"役属"，即通过财物贿赂的办法，使南越国西部疆界稳定地确定在以夜郎国为首的西南夷东部，包括与夜郎、毋敛、句町等国交界。这些君长国的地望在南、北盘江之间，即红水河上段。南越国与西汉这些附属国的关系进一步加强和密切，对西江上游地区的开发无疑起了很大的作用。南越国长期割据，对汉帝国的统一和政权稳定总是一种隐患和威胁。汉高祖刘邦容忍这种局面，是迫于政权建立之初力量不足而采取的权宜之计。到汉武帝时，汉朝国力已相当强盛，汉武帝乃决定对南越国用兵，以实现统一大业。元鼎五年（前112年）秋，受汉武帝诏命，伏波将军路博德、楼船将军杨仆等率领10万大军，分兵五路进击南越。这场汉越之战打得非常激烈，

---

① 刘安：《淮南子·人间训》。
② 梁廷枏：《南越五主传·先主传》，广东人民出版社，1982年。
③ 屈大均：《广东新语》卷十九，《坟语》。

持续了一年多。汉军终于攻克南越国国都番禺（即广州），南越国宣告灭亡，岭南重归汉王朝版图。汉武帝将其地分置南海、合浦、苍梧、郁林、交趾、九真、日南以及海南岛上儋耳、珠崖等九郡。郡县制稳定保持下来，中央政令可以直接贯彻到岭南地区。而秦灭亡后，西南夷诸国处于保境划疆的自理状态。南越国平定后，汉武帝旋即乘势收复西南夷，于其地建立犍为、牂牁、越巂、益州四郡，其中南、北盘江流域属益州郡和牂牁郡辖地。至此，整个珠江流域都统一到汉帝国疆域内，实现了从秦以后进一步建立和巩固封建制度的伟大转变，也是珠江文化发展的一个新的起点。自此，珠江文化进入了汉越文化全面融合时期，并作为一种地域文化纳入中华民族文化的大体系中。

秦汉进军岭南和收复西南夷，主要以珠江各河道为行军作战路线。沿河关隘、要塞成为兵家必争之地。军事行动过后，在沿河地区设置郡县，修筑城堡，派兵驻守，安顿移民，使这些地区成为岭南开发最早、最先接受汉文化的地区。据诸史记载，秦汉主要沿以下几条水陆交通线进军岭南。

一是横浦道。横浦即今大庾岭，后称梅岭，上有横浦关，后称梅关、台关等，接江西赣江。秦汉一支劲旅逾岭，循浈水下北江南下，直指番禺。此路进军比较顺利，主帅为后来的南越王赵佗，越人没有多少反抗。但也有人认为，赵佗所部可能有一支队伍从江西突入龙江，即东江上游，顺江而下，直至龙川老隆建立军事营寨，在今之龙川佗城设龙川县治所。龙川县第一任县令即为赵佗，龙川也成为赵佗龙兴之地。此后，横浦道成为五岭南北交通孔道。历代文人学士、贬官罪臣逾岭入粤，至此每为南北风物之异、家园情怀、个人际遇，发乎情而成佳作甚多。孙吴将军陆凯远征珠崖（海南岛）经此，感慨而作《赠范晔》（范晔为《后汉书》作者）：

折梅逢驿使，寄与陇头人。

江南无所有，聊赠一枝春。

此为吟咏大庾岭的最早一首诗，已成为千古绝唱。

二是骑田岭道，即桂阳岭道。由湘江支流舂陵水或耒水南下，陆行至骑田岭后兵分两路：一路取道武水，入北江，但沿途有六泷之险，军旅多走避；另一路入连江（又名湟水、洭水），经阳山，至英德入北江，上游形势险要，河流在山峡中穿流，下游江面展阔，利于舟楫往来，为汉越人在粤西北的唯一通航水道。秦汉在这里设洭浦关、阳山关、湟溪关，作为军事战略据点。汉伏波将军路博德即循此道从长沙国前沿阵地连州（时属长沙国）顺流而下北江，攻破广州外围石门防线，缴获越人大批粮食。

三是九嶷山道，即贺江道。九嶷山在湖南宁远县境，相传舜南巡死后葬于此。其南有萌渚岭。沿湘江别源潇水（深水、沱江）谷地越萌渚岭即可入西江水系贺江，抵广东封开东下番禺。秦帅尉屠睢所率西线大军曾驻守九嶷山，与西呕人发生过血战，"三年不解甲弛弩"。屠睢后在西线被西呕人袭杀。1973年长沙马王堆三号汉墓出土的长沙国南部《地形图》所标"封中"地名即指贺江流域；汉使陆贾衔命出使南越，亦买舟贺江抵番禺见赵佗。近年，封开县学者陈乃良经实地勘察，发现在都庞岭和萌渚岭之间为一片低丘，秦始皇在潇水和富江之间修筑了一条约长170公里的"新道"，连接贺江，使之成为进军岭南最重要的水陆交通线。直到唐代开凿大庾岭道，这条交通线才渐渐衰落。

四是越城岭道，接湘桂走廊。秦始皇第一次发兵岭南，在这一带遭西呕人反抗而受阻，即派史禄开凿兴安运河，即灵渠，转输军饷，终于将越人打败。汉武帝平定南越，委命归义侯郑严为戈船将军、田甲为下濑将军，或下贺江，或下漓江，再沿西江直逼番禺。

五是牂牁道。这是一条溯北盘江（牂牁江）通巴蜀的交通要道，后称西南丝绸之路，昔有"牂牁江上雨如丝"诗句，不知为哪位文士之作。汉初，南越国和夜郎国频繁的商业往来即依靠这条河道。鄱阳令唐蒙出使南越，见番禺人食用四川出产的枸酱即为佐证。唐蒙又了解到夜郎国"临牂牁江"，"江广数里，出番禺城下"，"江广百余步，足可行船"。《史记》、《汉书》这些言之凿凿的记载，足见二千多年前珠江上通巴蜀、下接番禺乃至海外的交通已经很发达。夜郎时还拥有精兵十余万。唐蒙于是上书汉武帝，建议联络夜郎伐越。汉武帝采纳了这个建议，派唐蒙结好夜郎侯，征发巴蜀士卒，在秦五尺道基础上，继续"凿石开阁，以通南中，迄于建宁（今云南曲靖），二千余里"[①]。史称这条道路为"南夷道"。到汉武帝平南越，即由驰义侯何遗率领巴蜀罪人及夜郎国军队沿牂

---

① 郦道元：《水经注·江水》。

浈江顺流东下,与其他各路大军会师番禺。不过此前番禺已被攻破,南越国已成为历史烟云。

秦汉历史性的大进军是以南越国结束而载入史册的。赵佗创建南越国,对开发珠江流域功不可没。

二、封建制度建立

先秦珠江流域处在原始社会晚期或不发达奴隶制时期。秦汉进军并将珠江流域并入中央王朝版图,设置郡县,为建立封建政治、军事和文化制度奠定了坚实基础。特别是政区建置,为流域文化交流扫清了道路。列宁在《论"民族文化"自治》中说:"只要各个民族同住在一个国家里,它们在经济上、法律上和生活习惯上便有千丝万缕的联系。"而在同一个流域地区,由于河流"水势使人合,山势使人离"的结果,更加强了政区建置对各个文化要素的交流和结合作用,封建制度也恰恰得益于此,在珠江流域内相继建立起来。

这首先是在珠江流域推行郡县制,实行从中央到地方的垂直管辖,使各项封建制度、法令得以贯彻执行,保障了政治上的集中和统一,从而推动流域经济发展和社会进步。上述秦汉在岭南、西南地区所建郡县,即消除了这些地区土邦小国,包括滇国、夜郎国这样占地广大的奴隶制国家,而代之以中原封建制度,这是一个很大的历史性进步。

六朝时期,虽然国家处于分裂状态,但南方割据政权也颇注意地方开发,在行政建置上继承了前一代的一些制度,使它们对文化发展的历史作用得以继承下来。孙吴时期,交州下辖南海郡、苍梧郡,即以今高要为分界点,今广东西江地区归苍梧郡,绥江、珠江三角洲等归南海郡,今两广区域关系更加深入。西江地区深受先进的苍梧文化影响,著名经学大师陈元、陈钦父子,以及佛学家牟子《理惑篇》即产生于苍梧。又荆州所辖桂阳郡拥有湘南和粤北,地跨长江、珠江流域,后成为湘粤两省结合部,深刻影响当地文化,语言、风俗类多相似。东晋南朝,全国再度陷入大分裂,行政划分又有新特点。东晋时,州作为一级政区,辖境范围广大,山川限制作用被削弱,州内联系加强。今两广大部分为广州所辖,东起福建绥安,西止广西百色、南宁,横跨闽、粤、桂三省区;荆州则含今湖南、湖北、广西东北、广东北江流域，也跨四省区，特别是突入广东韶关、连县，使粤北与两湖、广西三省区联成一体，为前所未有之行政建置，流域文化交流进一步加强。在西江上游西南地区，时置宁州，含牂牁郡、益州郡、朱提郡等，辖今云南、贵州大部，覆盖整个云贵高原，有利于民族文化的交流和融合。南朝宋齐梁陈基本因袭东晋政区划分，州仍作为最高一级政区，辖今大片省区，仅有少数地区辖境有变化，但无改于区域文化的基本格局。如在上游地区，仍置宁州，直到南朝各朝代仍如此。刘宋时宁州共辖15郡81县，含今云贵川广大地区，萧梁因之，至陈而不改。随着建置增加，出现"十羊九牧"现象，但汉人口也随而迁入西南地区，形成宁州大姓统治力量，如据常璩《华阳国志·南中志》载，牂牁郡鳖县有大姓王氏，建宁郡同乐县有大姓爨氏，朱提郡有"大姓朱、鲁、雷、兴、仇、递、高、李，亦有部曲"。大姓的存在增强了汉文化力量，促进了少数民族文化融合；但同时，汉夷杂处，又使汉文化被少数民族包围，甚至"夷化"。无论哪种情况，都使当地文化向趋同方向发展。

除了秦汉推行封建郡县制以外，赵佗割据岭南期间制定的各种制度和政策，也是封建制度在珠江流域立足的主要表现形式。这包括南越国实行分封制，仿效汉室，分封了几个王侯。如苍梧王赵光封地在今梧州市一带，西于王（西瓯）辖境在交趾、九真二郡；高昌侯赵建德，但高昌地望不明。此外，据考古材料，赵佗还封了至少五位王子，其中广西贵县（今贵港市）罗泊湾二号汉墓主人，生前可能分封于桂林郡；广西贺县（今贺州市）金钟一号汉墓主人，为南越王派驻地方官员。郡县制与分封制并行，为西汉政权针对汉初形势而首创的制度，有利于安定社会，发展地方经济。南越国采用类似西汉在中原建置的模式，是起了一定历史作用的。

我国户籍制度始于战国末期，是巩固封建统治的重要措施。秦统一全国，继续实施这项制度。据有关考证，南越国也因袭秦制，实行户籍制度。[1]《交州外域记》称，汉武帝平南越国时，"路将军（即路博德）到合浦，越王令二使者赍牛百头、酒千钟及二郡民户口籍，诣路将军"[2]。交趾、九真二郡是南越国比较落后的地区，尚且推行户籍制，在社会经济相对发达的桂林郡和南海郡，这项制

---

[1] 张荣芳、黄淼章著：《南越国史》，广东人民出版社，1995年，第99页。
[2] 转引自张荣芳、黄淼章著：《南越国史》，第99页。

度当更为完备和普遍，只是至今找到资料甚少，有待进一步论证。至于珠江流域其他地区，尚未有证据说是已推广户籍制度。

秦汉王朝早有完备的军事制度，为巩固封建统治最强大的国家机器。赵佗立南越国，也仿效秦汉，建立起封建军事制度。秦平岭南共有50万大军南下，后大部留下。南越国立，一批越人加入越军，建立起一支强大的武装力量。赵佗曾自夸"带甲百万有余"①。虽然这有夸大嫌疑，但至少说明南越国军队人数不少，有论者认为有数十万。这支军队必然建立各级官佐，据悉有将军、左将军、校尉等。② 基于作战需要，南越国军队也仿效中原军队编制，分出步兵、舟兵、骑兵等。赵佗利用这支军队在阳山关"据险"、"筑城"，屯兵以守，对抗汉中央政府，使汉军难以逾越阳山关。汉朝舟兵即水兵，称"楼船兵"、"楼船卒"、"楼船之士"等。秦攻岭南，动用了舟兵，史称秦始皇"使尉佗、屠雎将楼船士卒平越"③。这些汉军后有一部分加入南越国水军。到汉武帝元鼎五年平南越国，命令"粤人及江淮以南楼船十万师往讨之"④。想见南越国也有一支强劲舟兵与汉军对抗，否则不必需要动用10万舟兵进攻南越。

文献记载和考古发掘表明南越国也拥有一支善射的骑兵，以适应山野作战。《南越五主传·五主传》载："南海人郑严、田甲首归汉，并封归义侯。帝先令选越人善骑射者为'越骑隶'，二人号'越侯兵'。"因为有这支强大的武装力量，南越国得以维持五世93年。

另外，南越国也仿照汉王朝实行预立太子制度，作为延续封建统治的一项保障。1983年广州发掘南越王墓，出土"泰子"龟钮金印、覆斗钮玉印各一枚。有人认为"泰子"即"太子"。这位太子即赵始，曾在打败安阳王的战争中立了功，被立为太子即王储大有可能。故"南越国亦仿汉而立太子"⑤ 的说法得到史学界认同，同为封建制在南越国实行的一个重要见证。

---

① 《汉书·南粤传》。
② 张荣芳、黄淼章著：《南越国史》，第105页。
③ 屈大均：《广东新语》卷十八，《舟语》。
④ 转引自张荣芳、黄淼章著：《南越国史》，第108页。
⑤ 余天炽等著：《古南越国史》，广西人民出版社，1988年，第59页。

三、中原移民与汉文化南传

秦汉进军岭南和西南，同是一次移民行动，中原人自此不断移入珠江流域，有力地促进地区开发，也带来了汉越文化融合和发展，开启了珠江文化历史新篇章。

秦50万大军、汉10万大军南下，本身也可视为一次移民运动，除了军人也有一批随军家属，以及专门组织的移民，并且不止一次。

第一次为秦始皇三十三年（前214年），"发诸尝逋亡人、赘婿、贾人略取陆梁地，为桂林、象郡、南海，以适遣戍"①。第二次为秦始皇三十四年（前213年），"谪治狱吏不直者，筑长城及南越地"②。第三次为秦始皇三十五年（前212年）"益发谪戍边"③，应包括岭南。第四次具体年代不详，由镇守南越赵佗主动请求，"使人上书，求女无夫家者三万人，以为士卒衣补。秦皇帝可其万五千人"④。这已有不少事例验证。秦推行移民实边政策，"秦徙中县（原）之民于南方三郡，使之百越杂处，而龙川有中县之民四家"。其中一家为唐代龙川人韦昌明的祖先，系从陕西中部迁来。⑤ 唐玄宗开元名相张九龄为曲江人，有人认为其为秦代戍卒后裔。

南朝晋室南渡，岭南成了中原各阶层人士避难和落籍之地。我国历史上第一次移民高潮也同是一次中原文化南下高潮，从多方面改变了南越文化的结构和面貌，是岭南本土文化认同汉文化并与之融合的重要历史时期，也是汉文化在岭南传播的第一次转机。

东汉末年，北方动荡不安，战火连绵，政局不稳。相反，岭南远离政治中心，社会相对稳定，不少世族名士南下交州避乱，许多中原人士举族由陆路或海路来到岭南。如汝南名士许靖为避董卓之乱，率家人转徙各地，又由海路到交州

---

① 《史记·秦始皇本纪》。
② 《晋书·地理志》。
③ 罗香林著：《中夏系统中的百越·古代百越分布考》，独立出版社，1943年。转引自张荣芳、黄淼章著：《南越国史》，第40页。
④ 《史记·淮南衡山王列传》。
⑤ 韦昌明：《越井记》，《全唐文》卷八一六。

避难，寓居南海，聚徒讲学。到了晋朝"永嘉之乱"，掀起我国历史上第一次南下移民高潮，中原文化以前所未有规模和速度流布岭南。史称"东晋南朝，衣冠望族，向南而迁，占籍各郡……其流风遗韵，衣冠气习，薰陶渐染，故习渐变，而俗庶几中州。"① 这次移民高潮持续了近300年，南迁的中原人士与岭南土著居民杂居，促进了民族融合，也深刻改变了南越文化成分，中原文化地位大幅度上升，这又与这一时期广置行政区域是分不开的。萧梁时广东设14州39郡146县，达到历史巅峰，虽有滥置现象，但这到底利于中央政令推行，为汉文化向南越边远地区扩展起了积极的保证作用。这些来自中原以"衣冠望族"为主体的人群，具有较高的文化素质，到达岭南后多聚族而居，即"占籍各郡"，在短期内发展为大族，不仅左右当地政治、经济命脉，而且也带来了先进的文化，并逐步融合了当地落后的土著文化，从而成为岭南文化的主流。例如刘宋时雷州半岛徐闻著名大户阮谦之，其祖父晋时举家迁入徐闻，数十年后到阮谦之时，已成为当地豪绅大户，阮氏自然也是封建文化在当地的代表人物。这样的事例在岭南应不在少数。

晋南北朝时期，中原大地动荡不安，成为多种政治力量相互争斗的舞台，而远在南陲的岭南地区却相对稳定。20世纪50年代初，广州郊区发现多座晋代砖室墓，出土的墓砖上有"永嘉世，九州荒，余广州，平且康"，"永嘉世，九州空，余吴土，盛且丰"等铭刻，反映了晋代广州人民安居乐业、经济繁荣的社会状况。这不仅吸引了大批汉族移民，而且有利于岭南经济和社会的发展，对推动岭南文化向更高阶段迈进的作用是不言而喻的。

中原移民到来，同时带来中原文化。赵佗在位期间，借助于推行"和辑百越"，以越制越，以越利越，遵从越人风俗习惯，提倡汉越通婚，实行尊老政策，又兴办学校，积极推广汉语言文字和中原度量衡制度、礼仪葬丧制度，甚至仿汉制纪年等，使汉文化在珠江流域初步传播和扎根生长，并产生明显的汉越文化融合效果。

珠江流域地区主要使用古越语，音义迥异于汉语，与中原交往十分不便，

---

① 道光《广东通志》卷九二。

"重译乃通"①。赵佗"以诗书而化训国俗,以仁义而团结人心"②,并开办学校,使南越国"华风日兴,""学校渐弘"③。汉字在流域得到广泛应用,如广西贵县罗泊湾一号汉墓出土木牍《从器志》,其上书写汉字达 372 个。④ 此外,还有"封泥、匣上墨写的文字"等⑤,其他很多文件、器物都有汉字。另外,在广州南越王墓和南越国宫署御苑遗址,也出土不少文字资料,特别是井内竹简 100 多枚上刻隶书。这对没有自己文字的百越地区而言是一件破天荒的大事,为汉文化传播提供了强大工具,有非同寻常的意义。

当汉文帝第二次派遣陆贾带着《赐南越王赵佗书》出使南越国,赵佗深为感动,当即表示"愿奉明诏,长为藩臣,奉贡职",并写了一篇《报文帝书》,情意殷殷,文辞甚雅。其中说到自己"然夙兴夜寝,寝不安席,食不甘味,目不视靡曼之色,耳不听钟鼓之音者,以不得事汉也"。这是南越国第一次使用汉字向中央王朝呈奉文书,表达了赵佗愿意归汉和对汉文化的眷恋,以致听不到汉乐、看不到汉舞蹈而寝食不安。这篇文章影响甚为深远,经 2000 多年传诵至今,为珠江文化史上一段佳话,故屈大均在《广东新语·文语》中评价"南越文章,以尉佗为始"。

秦始皇统一度量衡、极大地促进了经济、文化发展。赵佗立南越国,即效法秦制,推行统一的度量衡制。上述广西贵县罗泊湾汉墓,出土竹尺、木尺,足部刻有重量的铜鼓、铜桶、铜钟,以及刻有容量单位的铜鼎等,经比较,这些器物度量衡制与中原汉制基本一致,显示珠江流域多数地区已纳入全国统一的制度文化版图,这与建置和移民到来是分不开的。

秦政苛暴,仁义不施,文化专制,统治岭南不满十年便灭亡了。汉兴,吸取秦亡教训,以孝治天下,其中一项举措是实行尊老政策,汉惠帝曾下诏:"民年七十以上若不满十岁有罪当刑者,皆完之"⑥。汉景帝也诏称:"赏赐长老,收恤

---

① 《后汉书·南蛮传》。
② 《大越史记全书·越鉴通考总论》。
③ 嘉靖《广东通志》卷四〇。
④ 广西文物工作队:《广西贵县罗泊湾一号墓发掘简报》,《文物》1978 年第 9 期。
⑤ 蒋廷瑜:《贵县罗泊湾一号汉墓出土的纺织资料》,《广西文物》1987 年第 2 期。
⑥ 《汉书·惠帝纪》。

孤独，以遂群生。"① 具体做法是赐老人鸠杖，受带有鸠首木杖的老人"比六百石，入官府不趋；吏民有敢殴辱者，逆不道，弃市"②。这种尊老政策也执行到岭南，1982年8月在广州市郊瑶台柳园出土一根完好无损的鸠杖，证明南越国遵从了汉王朝尊老政策，对营造良好社会风气作用匪浅。

秦汉时珠江流域不少民族仍停留在族内婚，流行不落夫家等婚俗，不利于民族繁衍。中原移民到来，为汉越血缘交流提供了巨大可能，这不仅在体质人类学，更重要的在文化人类学上有重大意义。赵佗大力提倡汉越通婚，并从王室做起。吕嘉是"越人之雄"，在越人中享有很高威信，南越王任命他为南越国首相。吕氏家族"男尽尚王女，女尽嫁王子弟宗室"。婚姻成了一种政治关系。苍梧王赵光就与吕氏家族联姻。据考证，1983年发掘广州南越王墓出土一枚"右夫人玺"龟钮金印和"赵蓝"印章，其主人应是南越文王配偶，赵蓝可能是越女。第三代南越王婴齐也娶越女为妻，生子赵建德（为南越国最后一位君主）。汉武帝平南越国时赵建德逃亡海上被擒。在王室带领下，汉越通婚在南越国成为时尚，有力地促进了民族和文化融合，产生了积极的社会效应。汉高祖刘邦赞赵佗治越"甚有文理，中县人以故不耗减"，"粤人相攻击之俗益止，俱赖其力"。③ 这种景象，是汉越杂居、民族和睦相处的结果。但其深层根源，又是移民到来，汉越通婚所致，由此，使珠江文化向着民族和文化不断融合的方向发展。

第二节　南越文化辉煌

南越文化是珠江文化的一个主要组成部分，源于先秦，形成于秦汉，兴盛于隋唐，宋元以降与汉文化融为一体，残存部分少数民族文化，主要分布于岭南。在这一时段，南越文化可等同于岭南文化。其辉煌成就既反映在物质文化层面，也体现在精神文化层面，各有自己的特质和风格，奠定了以后岭南文化发展的

---

① 《汉书·景帝纪》。
② 转见张荣芳、黄淼章著：《南越国史》，第104页。
③ 以上见《汉书·高帝纪》。

基础。

一、灵渠工程

秦祚短浅,但多创举,关中郑国渠、蜀中都江堰、广西兴安灵渠,同为秦代三大水利工程,它们所代表的黄河、长江和珠江水利文化,彪炳于中国乃至世界文化史册。

秦始皇统一六国后,旋即挥戈南下,其中取道湘桂走廊的西路大军,遭到土著越人顽强抵抗,战争进入相持阶段。另外,由于秦军劳师远征,运输路线过长,补给困难,于军事不利。秦始皇于是改变策略,首先解决军队给养问题,于秦始皇三十年(前217年),乃派遣监御史史禄(监禄)开凿运河,动用10万秦军和民工打通湘漓二水交通,转输军粮辎重,运河很快凿成。秦军得舟楫之利,赢得这场战争,不但岭南平定,自此归入中国版图,而且运河也在珠江历史上留下最灿烂的一笔,至今仍为岭南人引以自豪和骄傲。这条运河以工程灵巧著称,故名灵渠,唐代以前又称零渠或澪渠;因修筑于广西兴安县境内,所以也称兴安运河;以修筑于秦代,故后世又名秦凿渠。

在五岭最西部的都庞岭和越城岭之间,有一条地势平缓、沟通中原和岭南之间的交通孔道,即湘桂走廊。在这里,湘江北去,漓水南流。湘江支流海洋河在兴安县城附近汇入湘江;而发源于猫儿山的六洞河及其支流黄柏江、川江,汇流后称大溶江,再纳入灵河,称漓江,南流入西江。湘江、漓江两个水系都同时通过湘桂走廊。走廊间散布着一系列小土岭,如太史庙山、始安岭、排楼岭等,统称越城岭,宽约300米,高仅20多米。时人选择在湘江上游河谷开阔的地段海洋河上筑坝、开渠,即为沟通湘漓二水的灵渠。

灵渠运河工程由渠首、南渠和北渠组成。渠首的主体是一座人字形拦河砌石坝:斜向南渠一侧的那一小段长120米,称小天平;斜向北渠一侧的那一大段,长344米,称大天平。大、小天平呈"V"字形突出,外形像犁铧,古代称铧堤,顶端称铧嘴。天平即滚水坝的作用是拦截湘江水流,提高水位约4米,使之注入漓水;另可调节流量,当水流超过南渠、北渠允许流量时,可使水漫坝溢流到湘江故道,在一般情况下大致为三七分水,即自古所谓"三分入漓七分入湘"

之说。至于铧嘴，实为劈分湘江的一堵导水墙，起减缓上游来水冲刷的作用。李冰父子在灵渠以前30年修都江堰时，也曾在岷江中堆石如鱼嘴状，劈分江水，称"分水鱼嘴"，这在当时是一项先进水利技术。灵渠铧嘴与都江堰"分水鱼嘴"的水力学原理是一样的，且皆出现于秦代，应是中原文化传入岭南的佐证。兴安旧有著名的八景之一"铧嘴观澜"。每当山洪暴发，湘江怒涛翻滚，顺天平而下，声若巨雷，直击铧嘴，蔚为壮观；但经铧嘴排流后，水势缓减，平复如故。这种变化，使游人仰止。

南渠位于湘江南岸，全长约34公里，是灵渠的主渠，由人工运河段、半人工运河段和天然运河段三部分构成，以称为秦堤的人工运河段至为险要，全为劈山而成。其中飞来石一段堤防传说多次被洪水冲垮，始皇闻之大怒，将张、刘二位工匠诛杀，后来传李工匠得天神帮助，终于把渠修成。

北渠位于湘江北岸，全长只有3.25公里，是灵渠的配套工程。因为开凿南渠，只解决了引湘入漓问题。但湘江中筑起拦江坝后，湘江船只被阻，无法上溯坝顶进入漓江；漓江的船只溯南渠抵达分水塘以后，也不能跨坝下湘江。而开凿北渠，便使这个问题迎刃而解。漓江的船只溯南渠，通过分水塘北渠而下湘江；湘江的船只也可溯北渠进入分水塘转南渠而下漓江。为了利于船只行驶，延缓坡降，北渠不是直线而是修成"S"形，这样还可减少水流溯源侵蚀作用，保持分水塘稳定。北渠的设计符合现代河流水力学原理，反映灵渠建设已达相当高的水平。

灵渠中还设陡门（斗门），即类似今日船闸作用的建筑物，有多种形状，主要为半圆形的两个墩台，建于渠道浅狭、水流湍急之处，通过塞陡和开陡，可抬高水位，以便舟楫通航。据悉，历史上的陡门，南渠有30座，北渠有4座。现两渠仍保留有14座，已成为研究古代水运工程的珍贵实物。

灵渠流量丰盈，除了航运，还有灌溉之利。古人在堤防还设置了许多涵闸，即渠眼，平时可放水灌田，汛期则泄水排洪，保护渠堤。灵渠两侧沉睡了千万年的土地得以开发为新的粮仓。据查仅秦堤防内旧有涵闸24个，现在已存不多。

灵渠沟通湘漓二水，进而把长江水系和珠江水系联结起来，同时与淮河、黄河、海水等水系构成一个统一的运输网络，使岭南与中原往来更加方便有效。自秦汉以后，灵渠一直在发挥它的政治、军事、经济和文化通道作用，悠悠2000

多年而不衰,对岭南开发的历史功绩,永远不会磨灭。故历代对灵渠整修改建达20多次,记载、吟咏、研究灵渠的历史文献、诗词、论著等不计其数。无论从历史、水利、建筑、园林、艺术哪个角度,灵渠都有无穷无尽的研究价值。就水利一项,正如宋范成大在《桂海虞衡志·湘漓二水》中说:"治水巧妙,莫如灵渠者",这可代表对灵渠的评价。直至1937年湘桂铁路通车,灵渠的水运遂停,但仍有灌溉、生活和工业用水之利。特别是它作为中华文化瑰宝,具有重大旅游价值,1963年已被列为广西壮族自治区重点文物保护单位,成为驰名海内外的名胜古迹和游览胜地。同时,灵渠的开通,还带动了桂林、阳朔等漓江沿线风景旅游资源的开发,使漓江形成一条著名的风景走廊,也是一部最有魅力的历史教科书,以郭沫若的记游诗为代表和总结:

> 秦皇毕竟是雄才,北筑长城南岭开。
> 铧嘴劈湘分半壁,灵渠通粤上三台。
> 江山一统泯畛域,工匠联翩作主裁。
> 传说猪龙深作孽,英雄伟绩费疑猜。①

二、民族艺术

赵佗立南越国后,采取一系列有利于发展生产的措施,使中原地区先进的文化和生产技术在珠江流域迅速传播,其中先进的青铜铸造技术也传播到岭南地区,使南越国青铜冶铸业等手工业得到了空前的发展。与此同时,中原和原楚地的手工业产品和技术的继继南来,也丰富和推动了南越国的物质生活和手工业发展。这包括多种带有浓厚民族和地域特色的器艺传世,昭示了南越国灿烂的器艺文化之光。

岭南为有色金属之乡。先秦时期,已出现青铜冶铸业,但冶铸的青铜器多是比较粗糙和小型的物件。南越王墓出土500余件青铜器和贵县罗泊湾一号墓出土200多件青铜器,据分析,除少数青铜器可能来自中原外,绝大多数应是南越国自行铸造的。不少青铜器具有明显的地方特色,有的还刻有"蕃禺"的铭文和

---

① 以上参见司徒尚纪著:《珠江传》,河北大学出版社,2009年,第75~79页。

"文帝九年乐府工造"等，反映出南越国的青铜铸造达到较高的水平。在南越国的冶铸业中，以青铜器制造占的比重最大，明显受到了中原文化的影响，器型和花纹大多数都和西汉初年中原地区所出相同。这时期南越国青铜器追求实用为主，器型一般比较轻巧、生动和多样化，基本上摆脱了中原地区商代和西周时期的青铜器那种庄严、厚重、古拙的风格；铜器上复杂的花纹和富丽的装饰并不多见，素面的青铜器普遍流行，有铭文的铜器相当少。同时，南越王墓出土的不少铜器，表面还进行过鎏金处理，或镶有宝石金银等。出土的青铜器包括犁、斧、锛、铲等生产工具，鼎、壶、盆等生活用具，娱乐品，兵器及专门为陪葬而制的"冥器"，还有其他杂项，器型多种多样，丰富多彩。

从目前出土的青铜器来看，其来源主要有两种，一种是从中原地区或邻近的楚地输入，一种是本地制造。前者以兵器占最大的比例，如南越王墓出土的铜戈、铜矛、铜剑、铜弩机、铜镞等；还有日常用铜镜、铜带钩、铜牌饰、铜钱、提梁壶、蒜头扁腹壶以及短兽蹄足的铜鼎等。这些铜器的器型和纹饰与中原地区或长沙等地出土的相同。广州螺岗秦墓和南越王墓还分别出土刻有秦代纪年铭文的铜戈，证明这两件铜戈是从中原输入的。另外，两广南越国墓中，出土了大量铜镜。铜镜的铸造工艺、纹饰都和中原秦墓和长沙楚墓及西汉前期墓出土的相同，可以肯定是从与南越毗邻的长沙楚地输入的。

从考古材料看，珠江流域使用铁器的时代较中原地区晚，大概是在战国晚期。韶关始兴白石坪战国晚期窑址中，发现一件铁舌和一件铁斧，是岭南地区出土铁器中年代最早的标本。南越国和整个汉代，岭南地区的铁器主要从原楚地输入，直到南朝时代，岭南才出现冶铁业。近年来，由于珠江流域考古不断发现西汉早期的铁器，包括农业和手工业用具等，种类和数量很大，使人们对这一地区铁器的冶铸有了新的认识，同时显示南越国时期已较为普遍使用铁器。这说明岭南地区迅速进入铁器时代，有利于森林的砍伐、荒地的开垦、水利的兴修和农田的深耕细作。

南越王墓出土的金银器制作精美，工艺比较成熟，其中不少是国内罕见的珍品。如虎头金钩衔玉龙，由一青玉缕雕的玉龙和一个金质虎头带钩组合而成。虎头金钩铸成，器表打磨光滑。钩尾为一虎头，双眉上扬，额顶刻一"王"字。金钩的钮后面有一长方形銎孔，玉龙尾部套在銎孔中，构成金碧辉煌的龙虎斗图像。银器的制作亦很精美。如一件银带钩，钩尾分叉，钩身有七星纹，造型十分别致。这些金银饰品及其他金银工艺品，是在中国传统的金银器制造工艺基础上发展起来的一种新的工艺，代表了南越国金银器工艺的特色和水平，堪称南越的艺术瑰宝。南越国的制陶业发达，它继承和发展了岭南地区新石器时代几何印纹陶的制陶工艺。闻名遐迩的岭南汉陶，即由南越陶器发展而来。因此，南越国时期陶器承前启后，成为岭南地区古代陶瓷业发展的第一个高峰。在南越墓葬和遗址中，几乎都发现有陶器，数量以万计。广州南越王墓共出土陶器991件，是出土陶器最多的一例。

南越制陶业的一个主要内容是烧造砖瓦等建筑材料。1975年，考古工作者在广州中山四路发现南越宫署一段长约20米的砖石走道。走道上面铺有石和砖，两侧砌有大型的印花砖夹边，砖质坚硬，砖面印有几何印纹图案，全为菱形纹。菱形纹排列为横五竖九，寓意"九五之尊"（砖）。部分瓦上还印有"公"、"官"、"卢"等戳印，还有"万岁"残瓦当。南越国的这些建筑遗址表明，早在2000多年前，岭南地区就已用砖瓦造房子，不过主要用于南越宫室建筑，为王室所垄断或专用。

第二代南越王墓出土了一大批丝织品，其数量和品类之多，不亚于著名的长沙马王堆汉墓。更为难得的是，西耳室随葬了一套铜制印花凸版，被认为是至今世界纺织史上最早的一套彩色套印工具，为研究2000多年前的岭南纺织业提供了极为重要的实物资料，从而使南越王国有无纺织业这个问题得到了肯定的回答。从南越王墓出土大量纺织品、印染工具以及罗泊湾出土的织机零件来看，南越国的纺织业已达到一定的水平。

迄今为止，岭南地区发现最早的漆器，是广州萝岗秦墓出土的盘、奁、耳杯等漆器残迹，但无法考证它们是本地制造还是从中原带来。1975年，在广州中山四路出土黑色漆皮十余片，横断面呈椭圆形，为兵器的柲上髹漆残片。其中一块有针刻"丞里口"三字铭文。[①] 从字体上看，与湖北云梦睡虎地十一号墓出土秦简书体相同，应是秦代兵器上的漆柲。

南越国时期，是岭南漆器发展的一个重要时期。迄今为止，南越墓葬中出土

[①] 广州市文物管理处等编：《广州秦汉造船工场遗址试掘》，《文物》1977年第4期。

的漆器,已经超过了1000件。南越国的漆器种类繁多,包括有日常用具、乐器和兵器等。南越王墓还出土有漆画铜盆等。广西罗泊湾一号墓出土漆画铜筒、漆画铜盆等。此外,南越工匠还掌握了竹木工艺制造。南越墓中发现有木瓢、尺、梳、镜、琴瑟、鼓、削、纬刀、绞线棒、六博具等木制品,在罗泊湾一号墓中,出土有竹笛、竹尺、竹篓、竹筐和竹器盖等,反映出南越国竹木器艺亦有一定发展。

在南越国墓葬中,有玻璃珠、璧、耳珰等出土,引起了学者们的注目。近年来,学术界已主张将"料器"、"琉璃"等统称为玻璃。南越王墓中出土了22件平板玻璃、数以万计的小串珠、15件玻璃璧和4件蜻蜓眼式玻璃珠等,极为珍贵。经科学成分分析,南越王墓出土的玻璃,属于铅钡玻璃。广西罗泊湾1号墓出土的管形珠,经鉴定,亦属铅钡玻璃。长期以来,南越文化受楚文化的影响,这些玻璃璧在器型、成分上和长沙、衡阳等地出土的相同,有可能是从长沙输入的。"但平板玻璃、小串珠和玻璃耳珰等则为长沙及中原内地所未见。由此我们初步认为,南越国的玻璃制造业应是在原楚地(主要是长沙)的影响下建立起来的,归王国工官监造。"据专家研究,小平板玻璃制作是先将石英砂等原料在高温中熔化,再浇铸成薄板状,切割成形。这批玻璃是到目前为止中国年代最早的平板玻璃,弥足珍贵。①

在南越国时期墓葬中,曾发现过一批玉器。其中南越王墓出土了各种各类的玉器近244件(套)。其随葬玉器数量之多、品种之多、品种之繁和保存之好,不但在岭南地区汉墓中是空前的,就是在全国已发掘的汉墓中也是前所未见的,堪称"汉玉大观"。② 这分为四大类,即礼仪用玉、丧葬用玉、装饰用玉和器用之玉。不少是以往所未见的,堪称为绝品。其中有部分玉器构图奇特,打破了春秋战国以来玉器讲究对称的格局,成功地运用琢玉技巧,大胆突破,不拘形式,求得作品变化,追求灵活的艺术效果,与中原地区玉器较为规矩的圆形状构图有别,充满了动态和灵气,给人一种清新的感觉。其中动物纹样以高浮雕和镂空双面雕的动物纹为主,做工精绝,不但代表了珠江流域地区汉代的雕玉水平,也代

---

① 广州市文物管理委员会等编:《西汉南越王墓》,文物出版社,1991年,第339~340页。
② 麦英豪:《汉玉大观——象岗南越王墓出土玉器概述》,香港中文大学文物馆编:《南越王墓玉器》,香港中文大学出版社,1991年。

表了汉代玉雕艺术的高峰。

珠江水系流经大片石灰岩地区，尤其是在广西盆地，深切的河阶和洞穴很发育，由此形成的陡壁是古越人绘画、雕刻艺术的广阔天地。其中左江崖壁画分布在桂西南的凭祥、龙州、宁明、崇左、扶绥、大新6个县市境内，绵延左江及其支流平而河、明江和黑水河等沿岸300多公里，是珠江流域一份无比珍贵的器艺文化遗产。

左江崖壁画大约形成于战国到秦汉乃至于隋唐，作者为骆越族人。目前已发现的崖壁画共79个地点、178处，其中龙州县有21个点、39处，宁明县有8个点、29处，崇左县有28个点、67处，扶绥县有23个点、44处，其余散见于左江流域其他县市。所绘画形大多数是人物画像，距离水面20～80米，最高可达120米。画像多为双手高举、两腿斗蹲的蛙类造型，是一种蛙形人像，有正面，有侧面，大小不一，多作舞蹈状。其布局规整，排列密集有序，人物主次分明。人物形体普遍高大，一般为1.20～1.80米，最大的一个正面人像高达2.41米。人物似武士形象，有的头扎幞头，或插雄鸡羽，腰环挂首刀，下跨骏马，像酋长或将领；部分人物造形侧身屈膝，双手一侧上举，作捧物、舞蹈或跳跃状；有的头戴高帽；有的辫发拖地，但体小形卑，属下层人物或妇女；最大的一尊巨人像，头戴虎冠，跃马挎刀，手执箭镞，威风凛凛，岿然独立于像群中央，无疑是一位首领人物。此外，崖壁画中还穿插一些类似铜鼓、铜锣或藤牌之类的圆形物件，以及一些似马、似犬、似狼、似虎的动物形象，林林总总，扑朔迷离，令人捉摸不定。在众多的崖壁画点中，以宁明县明江东畔的花山（又名巴莱山）崖壁画最具代表性。这里密集地分布各种大小不等的赫红色画像1800多个，占左江流域尚可辨认的画像总数4500多个的40%；凡在左江流域各处出现的画像，在花山崖壁画上几乎都可以看到，而花山有一些画像则为其他崖壁画点所欠缺。所以人们也常将左江崖壁画通称为"花山崖壁画"。

一般倾向于认为，这些画像反映唐代以前骆越人以图腾的宗教仪式进行征战、庆功、祭祀、祷告等活动，以祈求神灵保佑，战胜敌人，五谷丰登，六畜兴旺，族群繁衍，具有鲜明的功利意识。这些崖壁画绝大多数绘在临江高崖上，下临不测之渊，工程相当艰巨惊险。

这些无名的作者如何凌空作业？但这就像我国南方许多地区悬棺葬的施工技

术一样，始终未能找出答案。

这些岩壁画有着巨大的历史价值及人类、民族、考古、文化、艺术等研究价值，故近50年来吸引了大批科学文化工作者前来考察研究。但至今对其形成年代、作者族源、绘画内容和含义等仍是见仁见智，诸说并存。这反而给左江崖壁画蒙上一层神秘色彩，更增加了她的魅力。现在，花山崖壁画已列入全国重点文物保护单位。

三、杨孚及其《异物志》

杨孚（生卒年不详），字孝元，东汉时南海郡番禺下渡村（在今广州市海珠区）人。他早年致力攻读经史，有极深的经学功力。东汉章帝二年（77年），以参加朝廷主办的"贤良对策"入选而获授为议郎，成为能参与议政的皇帝近臣。杨孚性格耿直，不攀附权贵，以直言敢谏而著称，屡屡向皇帝提出自己对政事的意见。

汉和帝永元十二年（100年），天下大旱，出现了饥荒，朝廷征求百官意见，议政令得失。杨孚上疏，极力主张要以孝治天下，公卿大夫应身体力行。汉和帝采纳了他的建议，下诏恢复旧礼，命令"臣民均行三年通丧"，从而导致以"孝治"为主要标识的封建礼教延续影响了千余年。他还指出官吏贪污造成的危害，提倡廉政，整顿吏治，考核和选拔官吏要以廉为标准。汉和帝采纳了他的意见，下诏"禁有司假势行邪"，奖励有孝行的臣民，救济孤寡贫老者，这是于社会大有裨益之事。

杨孚在参与政事之余，勤奋治学，颇有成就。著《异物志》，记载了当时岭南动植物的种类、生长及其用途，为后人提供了珍贵的历史资料，并揭露了地方官员利用岭南奇珍异品进行贿赂的现象。

《异物志》又称《南裔异物志》、《交州异物志》，是南海郡人第一部学术著作，也是我国第一部地区性的物产专著，成书于公元2世纪初。书中一一列举岭南的风俗、物产并加以解释。《异物志》因其学术价值在岭南文化史上占有重要的地位。清人曾钊在《异物志》按语中认为："粤人著作见于史志，以议郎为始。"议郎即指杨孚。

《异物志》内容广泛，在当时起了向中原士民介绍岭南风土物产的作用，更为后人提供了汉代岭南植物学、动物学和矿物学的第一手材料。其科学性、准确性至今为人所赞叹。如记载水稻"夏冬二熟，农者一岁再种"。杨孚特别提到岭南甘蔗"远近皆有"，"围数寸，长丈余"，"斩而食之既甘，榨取汁如饴饧，名之曰糖"，证实岭南最迟在东汉时期已经制糖。还记述了荔枝、龙眼、柑橘、椰子、芭蕉等岭南佳果生长的情况。书中所载的芭蕉之茎煮丝为布的纺织技术，可见古代岭南纺织业之发达，可惜今天已经失传。

　　《异物志》最早记载了南人嚼食槟榔的习俗。今知槟榔含生物碱，嚼食者可以增进食欲，减少口干、咽痛、腹泻和肠寄生虫，但有味觉减退、牙齿松动之弊，今已被世界卫生组织列为致口腔癌第一杀手。书中所记载的"瓮人""齿及目甚鲜白，面体异黑若漆，皆光泽，为奴婢，强勤力"。瓮人是由海外贩运进口到岭南的黑奴，隋唐之后称昆仑、昆仑奴或鬼奴，近世称"小黑人"或"矮民"。据近50年的考古新发现，在广州发掘的东汉墓中，经常出土一种托灯陶俑和陶质舞俑，从其深目、高鼻、两颧较高、胡须和体毛发达等体质特征看，这些陶俑似是胡人，来自当时与番禺有海上贸易关系的印度（北部）和西亚。《异物志》中说："儋耳，南方夷，生则镂其颊皮，连耳匡，分为数支，状如鸡肠，累累下垂至肩。"这段记载，第一次将文身的线条体态及所文的身体部位加以描述。书中还记述了扶南国（今柬埔寨）和南海航道的情况，这些对研究汉代海外交通贸易实有重要价值。《异物志》开了记述地区物产专著的先河。其后，有不少类似著作以《异物志》为名，如万震《南州异物志》、朱应《扶南异物志》、刘恂《岭表异物志》等，这些重要的历史文献都引用了该书的有关资料。

　　《异物志》在岭南文学史上也有重要的地位。清人屈大均在《广东新语·诗语》中提出："然则广东之诗，其始于孚乎？"把《异物志》看作岭南诗歌创作之始。很可惜杨孚的《异物志》已在宋代散佚。屈大均著《广东新语》时，殷切希望有人能把它搜辑成帙。南海人曾钊从《齐民要术》、《初学记》、《太平御览》诸书中辑录成两卷本《异物志》，流传至今。杨孚的品德在当时很为世人所推崇。今珠江南岸之所以被称为"河南"，也是缘于杨孚。杨家在珠江南岸的下渡头村，辞官时，河南洛阳的百姓感其恩德，赠送他两株松柏，杨孚将其带回故乡并种植于宅前。这些松柏很奇怪，那年冬天居然"引来"大雪盈树。因而人们尊称他为"南雪先生",把他的居住地称为"河南",并沿用至今。清代陈昙有诗云:"议郎宅前栽松柏,带得嵩阳雪意酣;今日万松山下过,不知南雪是河南。"

唐朝诗人许浑入粤,在广州登越王台怀古赋诗,有"河畔雪飞杨子宅"句。清道光年间(1821—1850年),两广总督阮元在广州河南之漱珠冈建杨议郎祠,以为纪念先贤、提倡文风之所。岭南人士闻名到杨宅、杨祠吊古题咏者甚众。清代有不少学者名流所居园林斋舍取名与杨孚有关,如潘有为之南雪巢、潘有度之南墅、潘正亨之万松山房、张维屏之南雪楼、伍元惠之南雪斋、张锦芳之南雪轩,著名诗人叶衍兰甚至以"南雪"为号,可见岭南文人对杨孚的推崇和向往。杨子流风,遗泽千古至今。

四、葛洪道家文化

道教的核心是"道"。所谓得"道"成仙,可以长生不老。关于道教的形成,学术界多认为以张道陵创立五斗米道为标志。东晋末年,道教发展很快,特别是经过了葛洪、陶弘景等人的光大发扬,完成了原始道教向成熟道教的转变。道教在岭南的传播较为广泛,渗透到了珠江流域各个地区,其中葛洪起了重大的作用。

葛洪(约281—341年),字稚川,自号抱朴子,丹阳句容(今江苏句容县)人。葛洪出身于江南士族,其父悌,曾在吴国做官。葛洪13岁时,其父去世,从此家道中落。但他好学不倦,遍览书籍,以儒学和好"神仙导养之法"知名。后遇西晋"八王之乱",葛洪来到了当时比较安定的广州,在这里他遇见了南海太守鲍靓。

葛洪和鲍靓的独生女鲍姑志同道合,结为夫妻。葛洪承袭了鲍靓之道学,还对医学、药物学进行了多方面的研究,学问大长。

葛洪上任广西勾漏县令时经过广州,为刺史邓岳挽留,给他炼丹的原料,于是葛洪就隐居在广州附近的罗浮山,从事炼丹术,并潜心著述,开创了岭南的道教圣地,罗浮山逐渐成为岭南道教名山。在罗浮山创建的冲虚观内还有葛仙祠,供奉葛洪和鲍姑,祠后有"葛洪炼丹灶"等名胜。

葛洪在罗浮山著书立说，凡13年，笔耕不辍，著述甚丰，有《抱朴子》内篇20卷、《抱朴子》外篇50卷、《金匮药方》100卷、《肘后备方》4卷、《神仙传》10卷、《隐逸传》10卷等。其中《抱朴子》一书为代表性著述，分为内篇和外篇。"内篇"总结了战国以来神仙家的理论，集魏晋时代炼丹术之大成；"外篇"论述人间得失，阐明他的社会政治观点，是政论性的著作。

在《抱朴子·内篇》中葛洪提出概念"玄"，认为它是宇宙的本原，世上一切都是"玄"产生的，即"玄者，自然之始祖，而万物之大宗也"。葛洪把神仙之道概括为"玄道"或"玄一之道"。葛洪详细地介绍了各种长生之道，大体可分为外修与内养两个方面。内养主要是行气保精，外修主要是服用丹药。

葛洪强调要想长生成仙，不能只靠内修外养等方术，还须积善立功，认为"欲求仙者，要当以忠孝和顺仁信为本，若德行不修，而但务方术，皆不得长生也"[1]。他把"不忠不孝"和"诸横夺人财物者"看成重大的罪过和恶事，认为不论是做了恶事，还是"但有恶心而无恶迹者"，都将受到神灵的惩罚，减短寿命。

葛洪还对道教的长生成仙信仰进行了理论上的论证，运用形而上学的方法反复论证神仙的存在和成仙的可能。他把共性与个性、普遍与特殊加以割裂，认为有始必有终，有生必有死，是共性，是普遍的规律；但事物是千差万别的，各有其特殊性，长生不死的神仙与凡人不同，是一般之外的个别，是独立于普遍之外的特殊。同时他又以人们现在认识到的只是有限的东西，而"天地之间，天外之大，其中殊奇，岂遽有限"[2]，人们已经认识的东西比还未认识的东西为少等理由，来论证长生不死的神仙的存在；又说神仙"前哲所记，将近千人"，以此来证明神仙的实际存在。《抱朴子·内篇》不仅是一部重要的承前启后的道教典籍，而且对医学、药物学、化学等的贡献也是十分卓越的。《晋书·葛洪传》称其"博学深洽，江左绝伦；著述篇章，富于班（固）、马（司马迁）"。

葛洪之妻鲍姑也是百姓所尊敬的人。鲍氏医术精湛，尤长于灸法，以治赘瘤与赘疣擅名。在广州有三元宫，即为纪念葛洪和鲍姑而建，今已为重要文物名胜，后人瞻仰不绝。

---

[1] 葛洪：《抱朴子·内篇·论俗》。
[2] 葛洪：《抱朴子·内篇·论仙》。

五、城市建设滥觞

城市是人类文明的产物,从农村到城市就是一次文明的飞跃,所以马克思主义经典作家不止一次指出:"物质劳动和精神劳动的最大一次分工,就是城市和乡村的分离。"[1]"城市是经济、政治和人民的精神生活的中心,是前进的主要动力。"[2] 先秦珠江流域是否出现城市已无从稽考。春秋战国时出现了一些部落联盟式土邦小国,但不是真正意义的国家,城市也无从谈起。秦平岭南,设置政区,其治所即行政中心,为岭南最早建立的城市,不仅发挥其政治、军事、经济等功能,而且城市建筑、形态、布局和社会生活本身就是一种文化形式。秦在岭南所置郡县治所,为珠江流域城市文化之嚆矢。其中番禺县是南海郡的郡治,即今天的广州。首任南海尉任嚣,选中了白云山和珠江之间的山坡和阶地,兴建番禺城,后人称之为"任嚣城"。可见番禺在当时已是有影响的越族人聚居地。番禺一说为古越语,意为盐村,后发展为城市。由于南海郡尉节制岭南三郡,番禺因此成为秦代岭南的政治中心,又是岭南的经济、文化中心。此外,在交通沿线和冲要之地,建立起珠江流域最早一批城市。北江流域有桂阳(连县)、阳山、阴山(阳山县境)、曲江、含洭、浈阳(两县约今英德)、中宿(今清远),东江流域有龙川、博罗、增城,西江流域有封阳、临贺、富川、冯乘、谢沭、猛陵、始安、潭中、桂林、中溜、布山、阿林、增食、雍鸡、临尘、广安、广郁、广信、端溪、高要,南北盘江流域有谈稿、同竝、宛温、镡封、淡指、母单县等,它们均为郡县治所。

据南宋方信孺《南海百咏》转引北宋初郑熊的《番禺杂志》云:"今城东二百步,小城也,始嚣所筑,后呼东城,今为盐仓,即旧番禺县也。"宋代的盐仓在今旧仓巷和仓边路一带,离越秀山较近。任嚣城由于选址得当,2000多年来一直为广州城市中心,从未搬迁,至今未改,这在世界城市发展史上非常罕见。

秦置龙川县,赵佗为首任龙川县令,上任后开始筑城。现广东龙川县佗城镇,即为其所筑的佗城旧址。后人考证城周长约800米。城内有越王井、越王

---

[1] 《马克思恩格斯全集》第三卷,《德意志意识形态》,人民出版社,1960年,第56~57页。
[2] 《列宁全集》第十九卷,人民出版社,1979年,第494页。

庙，以及与赵佗有关的遗址遗迹，如故城旧墓、赵佗故宅、赵佗台、赵佗驽营处、马箭坪、秦时北人后裔任姓住宅旧址等。其中越王井至今涌水不绝，"自汉至今，以为尉佗之遗泽云"①。佗城展示了中原筑城文化风格。

秦置的博罗县大体上相当于今广东省博罗县及其以东一部分地区。其得名一说源于秦始皇所信的"浮来之说"。这虽充满神话色彩，但考古发现先秦县境有缚娄或符娄土邦小国，为立县基础，县治二千余年未变，为广东历史最悠久的县城之一，其蕴含的历史文化有待深入研究。屈大均《广东新语·山语》云："始皇尝使人入海求三神山，未能至，以其一峰渐来，傅于罗山，因以博罗名县。"

秦置揭阳县，因境内有揭阳岭而得名，在今广东省潮汕一带，但县治无考。

秦平定岭南后，随任嚣南下的秦军大都留在当地，镇守岭南三郡郡治县治和边关要塞，屯垦戍边。秦始皇还曾迁徙中原人民来岭南，即"谪戍移民"、"筑道设关"、"与越杂处"等。秦始皇三十四年（前213年）"谪治狱吏不直者，筑长城及南越地"，所谓筑"南越地"，就是"筑城郭宫室也"，因为"中县民初至，必不能处深山丛林，势不能不筑宫室以居，城郭以守"。②秦人在行军沿线所置的城池或关隘，除作为行政中心以外，同样具有城市文化的性质和特点。如在今仁化、乐昌、英德有三座城堡，其中一座叫"万人城"，谅规模不小，还有湟溪、阳山、洭浦三座秦关。这些等级、规模不一的城市或城堡，古时又有都、邑或都邑之称。恰如著名地理学家陈正祥教授在《中国文化地理》一书中所说：都城是"中国文化的特殊产物"、"人文地理的独有景观"，是"行政和文化的象征"；"在人类文化发展中有重要地位，在政治历史上曾起过巨大的作用"。③秦在岭南所置郡县治所或军事城堡，其在岭南的历史文化意义也在于此。

西汉初，中原战乱，龙川县令赵佗乘机拥兵自立，于汉高帝元年（前206年）建立起半独立状态的南越国，定都番禺，称越城或赵佗城。番禺作为皇都，集中反映了南越国灿烂的城市文化。20世纪80年代以来，特别是1995年和1997年，先后在广州中山四路和中山五路之间，发现了东西长约530米，面积

---

① 李吉甫：《元和郡县图志》卷三四。
② 吕思勉：《吕思勉读史札记》。转引自黄伟宗、司徒尚纪主编：《中国珠江文化史》，广东教育出版社，2010年，第439页。
③ 陈正祥著：《中国文化地理》，生活·读书·新知三联书店，1983年，第59页。

达15万平方米的南越国宫署和王宫御花园遗址,再现了广州城市的形制和布局风貌。其中在今中山四路忠佑大街与原儿童公园之间有一片约4000平方米的人工水景遗存,内有石构水池,呈斗状,池壁用石板作密缝冰裂纹铺砌,上有"蕃"等许多石刻文字。池中还保存着叠石柱、八棱石柱、石栏杆、"万岁"瓦当、印纹方砖等大量建筑构件,实为国内罕见。其中铺地砖为秦制宫廷建筑用砖。此外,景区内还有石渠、石池、渠陂、平桥、水闸、水井等。可以想见,这片御花园中,小桥流水、碧波荡漾、锦鳞洄游、绿草如茵、芳林成片,好一派岭南风光。赵佗和他的臣僚、宫女就在这一带游乐。而据考古工作者研究,复原越城四至为:东界当今芳草街附近,北界则在东风路以南。城有东、西、南三门,不设北门。自南门直抵珠江边为南北大道。城南门外有东西横向大道,成为都城与外部联系的"T"字形交通系统。全城周长约5公里。这种以南北大道为中轴线的交通道路格局,是典型的汉族皇都交通模式,以至沿用到民国年间。城内外分布有赵佗五世孙赵建德宅、朝汉台、越王台、越王井(九眼井),亦仿秦宫苑规划兴建。南越国第二代王赵眜陵墓,1983年被发现,出土各类器物1000多件,为建国后广东最大的考古发现,蜚声海内外。越城的制形和布局完全按照周礼《考工记·匠人》营城原则,即"匠人营国,方九里,旁三门,国中九经九纬,经涂九轨。左祖右社,面朝后市,市朝一夫(一夫应得之地)"。这显示中原城市规划和布局原则已传入岭南,番禺即为其中一个最辉煌的范例。

第四节 广信文化崛起

灵渠开通,使漓江、桂江、贺江、西江成为南北和东西往来重要的交通线,三江交汇的水运中心枢纽广信,首先成为岭南最早的学术文化中心,领风骚直到唐初近千年之久。广信即今广东封开、广西梧州一带,汉代置县,据司马彪《续汉书·郡国志》解释,"县名广信者,谓初开粤地,宜广布恩信也"。治今封开县城江口镇,且长期为交趾部、交州和苍梧郡治所,是岭南早期政治中心。由广信溯江西行,可沿左江抵汉交趾的雍鸡,即今中越边境的龙州,进入今越南;西行不远,从今广西藤县溯北流江,经过桂门关(旧称鬼门关)顺南流江至合浦,出北部湾可至海南岛和中南半岛,陆路东南行可至雷州半岛;从广信东南行,在今南江口溯罗定江,再陆行可抵鉴江源头,顺江而下抵吴川、湛江出海下海南岛;自广信顺西江东下可直抵番禺。广信三江交汇、四方辐辏的地理区位和便捷的交通优势,使中原文化、巴蜀文化、吴越文化、荆楚文化等在此交流、融合。当然南越文化和海外文化也经广信向北、向东、向西扩散。南下中原士人在此兴教办学,造就人才,宣扬儒家经典,广信遂成为岭南文化源头,称"广信文化",故过去有"史在苍梧"之说。

一、二陈经学

在这种文化氛围下,广信诞生了一批颇负盛名的经学大师,在中国学术文化史上占有重要地位。著名历史学家、中山大学罗香林教授1947年在论文《世界史上广东学术源流与发展》中曾指出:"各种学术思想的发展,多数在人才聚集的区域。秦和西汉国都均在西安一带。关中为当时国都的外围,人口比较密集,故当时中国的学术思想,都总汇于西安,以至关中各地。此时广东与中原的交通,亦以西安为中心,由西安经汉中沿汉水南下,至洞庭湖,溯湘江而至粤桂交界。中原的学术思想,由此交通孔道,向广东传播。东汉时代,印度佛教,以至海外各国的文化,亦多自越南河内以及广东的徐闻、合浦与番禺等地的港口传入,而扼西江要冲的封川,就是汉代交州刺史的驻地及苍梧郡治的广信。"可是罗氏这一精到见解被湮没了近半个世纪,直到近年才受到重视。罗氏在另一篇论文《中国学术史上广东的位置》中更具体指出:"当时(指两汉到三国)珠江三角洲,虽然也有相当的学术表现,但可以代表广东的学术思想的,还是西江中游的几个学者。……这是广东学风的重要先河,有相当的引导作用。"[①] 他们就是汉代陈钦、陈元父子及牟子、士燮、虞翻等一代经学、佛学大师。

陈钦,字子佚,苍梧广信人,汉代杰出经学家,也是岭南最早研习经学的学者。他学有渊源,自幼习《左氏春秋》,汉成帝(前32—前29年)举茂(秀)才,后师从与刘歆齐名的经学大家黎阳(今河南浚县)贾护,学业大进,卓然

---

① 罗香林:《中国学术史上广东的位置》,《书本》1卷3期,1937年7月。

成家。后至京师，为王莽讲授《左氏春秋》。他的解说与前人有很大不同，别具一格，且有很多创新见解。他针对自董仲舒创立阴阳五行式的"公羊学"后出现对经学烦琐、繁难、破碎而又充满妖妄（迷信）的解释现象，建议删繁就简，在当时的古文经学与今文经学激烈的论战中力争前者的地位，是古文经学的学术带头人。王莽称帝后，陈钦看不惯他的倒行逆施，不愿为其歌功颂德，结果被王莽封为厌难将军，调离京师；后又被王莽怪罪下狱，愤而自杀，死于长安。陈钦著有《陈氏春秋》，惜已佚，未能流传于世。

陈元，陈钦之子，字长孙，继承父业，青年时代在广信潜心研习《左传》，甚为投入，史称他"至不与乡里通"。后以父亲的关系，赴京师为郎。由于他对《左传》考证深入，注疏周详，见解精到，一时名噪京师。史称他"建武二年（26年），与桓谭、杜林、郑兴俱为学者所宗"。在东汉初那场古今文经学论战中，他以大无畏精神，舌战群儒，常以掷地有声之论，屡次把对方驳得哑口无言，深得汉光武帝器重，被诏立为《左传》博士榜首。陈元代表了对《左传》研究的最高水平。陈元还当过幕僚等职，提出过不少利国利民奏议，但多不得皇上采纳，于是告老还乡，继续研究《左传》，授徒讲学，著有《左氏异同》，惜已佚。其子陈坚卿，继承家学，对岭南学术研究建树颇多。范晔《后汉书》有《陈元传》，阮元主修《广东通志》、《广西通志》"儒林传"，将陈钦父子列居首位，评曰："陈元独能以经学振起一时，诚岭南之儒宗也。"又曰："汉时陈君父子，崛起苍梧，传'左氏'绝学，南方诸郡，经学之盛，未有先于粤西者"。20世纪30年代，民族学家徐松石评"岭南经学，实以二陈为始"①。后世两广不少书院祀奉陈氏父子，以激励后学，如梧州传经书院、桂林秀峰书院等。陈钦父子美名流传2000多年。其墓在封开县江口镇东南3公里的野矮岗（今封开县职业中学校园内），当地人称"将军博士墓"，规模宏大，墓门有华表、石人石马等雕刻。20世纪60年代，墓尚在，后失于保护，现已湮没无存，实在可惜！但他们开创的岭南经学研究的先河，恰像他们墓穴面对的西江一样长流不息，永远在滋润着岭南学人的心田。

继"二陈"之后，东汉士燮也是一位声名显赫的经学家。士燮字威彦，祖

---

① 徐松石：《粤江流域人民史》，徐松石著：《徐松石民族学研究著作五种》，广东人民出版社，1993年，第168页。

籍山东汶阳，生于广信，早年游学京师，后任交趾太守 40 余年，形成地方势力。他不但政绩卓著，造福一方，而且广纳南下逃难贤士，多至数百人，经常会聚一起，研讨经学，各抒己见，盛况空前。他本人撰有《春秋经注》、《公羊传注》、《穀梁传注》等，均已散佚。士燮之弟士壹、士䵋、士武在经学方面也有成就，被称为"四士"。此外，北海郡（今山东昌乐）人刘熙，注《孟子》，作《释名》，注《孝经》，亦一鸿儒，也经常往来于苍梧、南海之间，教授生徒多达数百人。南海人黄豪，精通《论语》、《毛诗》，寓居广信，设帐讲经，听众也不少。浙江会稽人虞翻，博通经史，满腹经纶，为《老子》、《论语》、《国语》训注，另著《易律历》、《周易注》等，还是一位易学大师。后虞翻获罪流放交州，在番禺、广信等地讲学十余年，70 岁卒于广州。《三国志》中士燮、虞翻皆有传记。还有苍梧人顿琦、丁密、董正年，番禺人董正、罗威等皆为饱学之士，对经学在岭南的发展都有相当的贡献。

吴大帝黄武五年（226 年）交广分治，即广州从交州分出另置，成为岭南另一政治中心。此后，广信的地位开始削弱，广州的地位则开始上升。到唐代，广州已成为世界性大都会，而广信完全失去了政治和交通优势，沦为普通州郡治，其岭南学术中心的地位随之也转向广州。

二、粤语形成

粤语，又叫广东话、白话，正名称粤方言，是汉语七大方言中语言现象较为复杂、保留古百越音特点和古百越词语较多的一个方言，主要分布于广东中部、西南部和广西的东南部。"百越"乃汉语音译，是中原人对古代南方土著的总称。其构词方法是通名在前，专名在后，意为"越（粤）人"。先秦时期岭南人的交际用语是与中原汉语有很大差异的百越语。而中原流行的是以黄帝为首的华夏部落联盟使用的原始华夏语，到了周朝以后便发展成为中原一带的民族共同语，是我国最早的"普通话"。秦统一岭南，伴随而来的移民大多数来自中原或北方各国。他们成批迁入，到达岭南地区后，带来了原有的文化习俗以及语言，因而成为岭南最早的"雅言"传播者。

中原汉人进入岭南，主要靠水路，除在桂北凿灵渠、开通湘桂走廊以外，秦始皇三十四年又在附近的岭口修筑一条新道,将潇水和贺江联结起来。这样,贺江与漓江就成为南北沟通的两条主要通道,而贺江、漓江与西江交汇之处,也就成为中原移民首先落脚之地。但雅言在岭南传播,始于西汉平南越国之后。汉武帝设交趾刺史部,监察各郡,至东汉撤交趾刺史部设置交州,交趾刺史部和交州都是汉人政权,官方交际必须讲雅言。交趾刺史部和交州的治所大部分时间设在广信,雅言首先在广信使用。这样,广信作为岭南的政治、文化中心,持续了300余年,其对广东话的形成和发展是颇有影响的。东汉时期,一大批文人学者以广信为基地,开展文化活动,设馆客授生徒。其中最突出的是经学家陈元、陈钦和士燮。陈元被誉为"岭海儒宗",晚年回广信办学,成为岭南文化的先驱之一。士燮担任交趾太守40多年,其威望可媲美南越王赵佗,影响甚大。不少中原文人慕名前来依附,他们来往于交趾、广信等地,以讲学为业。这些文人传播中原汉文化所使用的,当然是雅言。土著居民接受汉文化,也学习了雅言。土著居民的语言本来千差万别,互相无法通话,也没有文字,故此除了跟汉人交往时使用雅言之外,部落之间交往也不约而同地借助雅言。这样一来,雅言便成为各土著部落的共同语,就像春秋战国时各诸侯国交往都使用雅言一样,形成双语制,在部落内使用自己的母语,对外交往则使用雅言。在这个历史过程中,两种语言不断交流、采借,大抵到唐代,粤方言基本形成。基于岭南移民和区域开发有自西向东、自北向南,最后汇集于珠江三角洲的空间格局,故西江流域首为粤方言发源地,继及其他地区。

粤语保存着古代雅言的许多因素,可以通过粤语与《切韵》音系的对照证实。《切韵》是我国最早的一部音韵学著作,成书于隋朝初年,所记录的是南朝时期读书人的音系,也就是晚期雅言的音系。以《切韵》音系跟今天汉语七大方言进行对照,发现保存这个音系最多最完整的是粤语。

在粤语的形成中心地广信一带,古代雅言音系的因素保存得较为明显。《切韵》音系中有一套浊塞音声母,在汉语大多数方言中已经消失,在今天的广州话中亦已无存。然而,这套浊塞音声母在广信粤语中完整保存下来。故有论者认为,广信粤语是古代雅言不可多得的活化石,是粤语形成于古广信的见证。今日的西江流域的广东话,与珠江三角洲的广东话语音、语汇比较一致,也可证明这个结论。① 当然，也有人认为粤方言形成于番禺（广州一带），时代在西汉。② 但不管怎样，粤方言的形成，是珠江文化发展史上的一件大事。其高踞全国主要方言之列，岭南文化的特质和风格也主要有赖于此。

三、教育启先河

秦统一岭南后，封建制度与文化在岭南逐步发展。汉武帝平南越后，汉朝政府在岭南地区建学校，倡儒学，倡读"五经"之书，兴礼教，育人才，移风易俗，并建立察举、征辟等制度，广开仕途，收罗人才。西汉后期，岭南出现了陈钦、陈元、士燮等著名的经学家，他们活跃在京师与中原地区，成为全国一流的经学家、学术界的领军人物。番禺人邓宓、浈阳人何丹分别举秀才，进入仕途，一个士大夫阶层初步形成。学者及其著述应时而生，东汉南海人才渐兴，杨孚、陈临、邓盛、徐征、疏源等乡贤在政治上有所作为，董正、罗威、唐颂则以学行知名。

岭南地区何时创办学校不详。但从西汉时已有人举秀才、任官职可知，岭南的一些郡县已有学校庠序之类。东汉初，史载桂阳（今连州）郡设置学校。《后汉书·卫飒传》说：卫飒任桂阳太守，"修庠序之教"。《后汉书·栾巴传》也说，顺帝时桂阳太守栾巴"兴立学校，以奖进之，虽干吏卑末，皆课令习读"。郡县学校的课程当为"五经"等，乡村庠序则以《孝经》为必修课，刺史属官中有"孝经师"可证。从周府君碑碑阴所列名单中看出，这个时期的封建教育是有成效的。周憬任桂阳太守时，充当本地官吏的，有曲江籍士人16名、浈阳籍士人4名、含洭籍士人3名，共占所列官员的72%。③ 这些当为地方官学所培养。

南海郡和苍梧郡有私学。据载，灵帝时，番禺县人董正"耽意术籍。年十五，通《毛诗》、《三礼》、《春秋》"④；南海郡人黄豪，"年十六，能通《论

---

① 叶国泉、罗康宁：《粤语源流考》，《语言研究》1995年第1期。
② 李新魁著：《广东的方言》，广东人民出版社，1994年，第59页。
③ 转见黄伟宗、司徒尚纪主编：《中国珠江文化史》，第525页。
④ 郭棐：《粤大记》卷之二十三。

语》、《毛诗》。弱冠,诣交趾部刺史举茂才,因寓广信,教授门徒"①。董正、黄豪可能是受业于私学和家学,而黄豪后来又是教师。

东汉末年,由于中原战乱,一批学者南来,使私人办学的风气更盛。第一个南来执教于私学的学者是北海郡人刘熙。刘熙在汉献帝建安年间(196—219年)南投岭表,郭棐《粤大记·官迹类》记其"往来苍梧、南海,客授生徒数百人"。他们中既有本地士人,也有外地迁客。例如沛郡人薛综,"少依族人,避地交州,从刘熙学"②;汝南人程秉,"逮事郑玄,后避乱交州,与刘熙考论大义,遂博通五经"③;南阳人许慈,"师事刘熙,善郑氏学"④。这三人后来分别成为东吴的合浦太守、太子太傅和蜀汉的博士官,都得益于刘熙。刘熙一边讲学,一边著述,著作有《谥法注》3卷和《释名》27篇。《释名》把实用品物的得名及其用途加以解释,分类成篇,有一定的学术价值。由于它以同音或近音字释义,又注意到同古音相比较,因而又是一部现存汉语语源学的重要著作。

南北朝时,在纷乱中,桂林作为岭南的一个文化中心也悄然兴起,一些名流雅士到来。山东临沂人颜延之于刘宋武帝永初三年(422年)任始安郡太守,传播儒家文化,在独秀峰下辟"读书岩",赋诗"未若独秀者,峨峨郭邑间",开桂林山水文化先河。在临贺郡(治贺州)也开办了广西境内最早一所官学⑤,开创规范儒学教育。

四、佛教传入和牟子《理惑篇》

岭南是佛教从海上传入我国最早的地区。新中国成立后在两广及浙闽沿海考古发现了一些奇特的胡俑,又称陶僧俑,高鼻深目,颧骨突出,络腮胡子,裸或半裸,跽坐踞坐,头上托钵或以手举钵,一看便可知是南亚或西亚人,人类学家定为欧罗巴人种印度地中海类型。在广西贵港、梧州、合浦等地也出土同样的胡俑。中外学者多认为这是随海舶东来的西亚行僧。初期佛教传播尚未有佛经、佛

---

① 郭棐《粤大记》卷之二十。
② 《三国志·吴书·薛综传》。
③ 《三国志·吴书·程秉传》。
④ 《三国志·蜀书·许慈传》。
⑤ 《宋书·礼志一》。

像等法物，也未建佛塔、佛寺等建筑物，这些胡僧应是最早浮海入岭南的佛教徒，且与这时由徐闻、合浦出发的海上丝绸之路交通史实相符合。① 据萧梁释慧皎《高僧传》，相传东汉灵帝时（170—171年）已有佛教徒来广州的说法。② 东汉末光和年间（178—183年），苍梧牟子经合浦海道入交趾，攻佛学，后撰有《理惑论》37篇，为中国历史上第一部佛学专著，对后世影响很大。苍梧佛教徒不少，交州刺史张津"舍前圣典训，废汉家法律，常著绛帕头，鼓琴焚香，读邪俗道书，云以助化"③。交趾成为佛教传播的一个中心。三国时代，天竺僧人真喜沙门（强梁娄至）来广州，翻译《十二游经》一卷。此时，佛教传播不断扩大，《三国志·吴书·士燮传》载，士燮董督岭南七郡，"出入鸣钟磬，备具威仪，箛箫鼓吹，车骑满道，胡人夹毂梵香者常有数十"。此胡人即海外行僧。西晋武帝时，又有梵僧迦摩罗抵广州，在城中修建广东最早的两座寺院，即三归寺和王仁寺。以后广州因地处出海要道，时有梵僧往来，佛寺繁兴，名僧居士聚集。如东晋安帝隆安时（397—401年），罽宾国（今克什米尔）高僧昙摩耶舍至广州，在城西虞翻旧苑建王园寺，即今光孝寺，并植苹婆诃子树，后人称为"诃林"。又据《南史·扶南国传》载，早在东晋简文帝咸安元年（371年），合浦人董宗之采珠得佛光焰，"交州送台，以施于像"。即晋代合浦已建有佛台，供奉佛像。后道光《广东通志》说，合浦有宋代建的东山寺，其原址为晋代灵觉寺。宋文帝元嘉（424—453年）初天竺僧求那跋摩来南海，后取道始兴入京，改始兴虎市山为灵鹫山（天竺名山）。其时还有西域名僧杯渡来南海，憩屯门山，即今香港青山。梁武帝初，天竺僧智药禅师先到广州，继上曲江曹溪水口，开山立石，建宝林寺，即今南华寺。梁武帝中，禅宗始祖达摩泛海来广州，创建西来庵，其登陆地点曰"西来初地"，后成为广州名胜，保留至今。梁武帝大同元年（535年）佛教传上罗浮山，建南楼寺，此后山上寺院建筑接踵而起，成为岭南佛教的发祥地之一。六朝时代，佛教大兴，在广东各地先后兴建的大小寺院有87所之多④，其中广州城19所，始兴郡11所，罗浮山4所。除了留下的名胜

---

① 广西壮族自治区地方志编纂委员会编：《广西通志·宗教志》，广西人民出版社，1995年，第188页。
② 民国《广东年鉴》第二十五编第六章《社会事业·宗教》。
③ 《后汉书·襄楷传》，注引《江表传》。
④ 据《大藏经·传记部》诸部统计。

古迹和神话传说以外,在物质工艺创作上也增加了新题材。广东南朝墓葬出土的瓷器,器身开始流行与我国传统风格不同的各种莲花纹。例如中山市征集到北周武帝天和六年(571年)佛像砖,铭文曰:"天和六年岁次辛卯六月朔日佛弟子陈岁为父母之中轮转生死造像一区。"① 这反映佛教已渗入世俗社会,拥有一定信众。但这一时期,佛教传入的主要方式是译经,特别是印度佛首先从海路传入交州治广信,广信成为岭南文化中心。佛学家牟子除上述《理惑篇》以外,还兼论大小乘佛经教义,并结合中国传统儒道文化,影响很大。很多佛教语言从梵文译成中文,首先介绍到岭南,再传播到中原北方。如把梵文"Buddha"译为"佛"即出自《理惑篇》。牟子解释:"佛者,谥号也,犹名三皇神、五帝圣也……恍惚变化,分身散体,或存或亡,能小能大,能圆能方,能老能少,能隐能彰……故号为佛也。"到三国时交广分立,广州成为岭南政治中心,天竺僧真喜沙门(强梁娄三)来广州译成《十二游经》一卷。六朝时先后来广州、交州并译经的还有:康僧会(?—280年)译有《安般守意经》;昙摩耶舍译《差摩经》一卷,和昙摩据多合译《舍利弗阿毗昙》22卷;求那跋摩(367—431年)译经甚多,《高僧传》称"凡二十六卷",被称为"三藏法师",谅有一部分经卷在广州译出;佛驮跋陀罗(359—429年)和法显合作翻译《大般泥洹经》6卷、《摩诃僧祇律》40卷等,后又与法业等100余人译出《大方广佛华严经》50卷(后改为60卷,称为"六十华严");求那跋陀罗(394—468年),宋文帝元嘉十二年(435年)浮海来广州,译出《楞伽经》,并开禅训,对后来禅宗的远见卓识起了重要作用;齐高帝建元三年(481年)中天竺名僧昙摩伽陀耶舍在广州朝定寺译出《无量义经》,此经传至京都,广为缮抄流传;西域僧伽跋陀罗于齐武帝永明七年(489年)在广州竹林寺译出《善见律毗婆沙》18卷,并创中国最早的佛历纪年,即公元490年为佛灭后975年,此后如此类推,为中国佛教之大事。陈武帝永定元年(557年)名僧真谛(499—569年)来广州,住今光孝寺。据罗香林考证,真谛在广州译经16种,包括《摄大乘论》3卷、《摄大乘论释》12卷并《义疏》8卷、《金刚般若经》1卷、《俱舍释论》22卷、《佛性论》4卷、《律二十二明了传》1卷并《疏》5卷、《僧涩多律经》若干卷、《广

---

① 中山市博物馆编:《中山历史文物图集》,1991年,第46页。

义法门经》若干卷、《唯识论》1 卷、《中边分别论》1 卷、《无相思尘论》1 卷、《无上依经》若干卷、《金光明经》若干卷、《立世阿毗昙论》10 卷、《大涅盘经论》1 卷、《婆薮盘豆法师传》1 卷。① 广州，尤其是光孝寺成为中国佛经翻译的一个中心。这些佛教经典所包括的丰富的佛学哲理、文学、艺术、绘画、建筑等，也以文字语言形式流布世俗之间，如浮图、三生、正果、涅槃、空门、袈裟、菩提、菩萨、如来、檀越、和尚、沙弥、金刚、弥陀、维那、首座、方丈、住持、罗汉、福田、轮回、居士、皈依、净土、波罗密等，皆为各界使用，渗透到不同领域，对于从物质文化到精神文化的发展作出了积极贡献。

第四节　黔贵文化成长

贵州虽然地处偏远的云贵高原，以儒家文化为代表的汉文化很早便传播到夜郎地区，同时也吸收了少数民族文化，形成了多姿多态的文化形态，比起中原汉文化，更有贵州地方特色。贵州发掘了不少西汉早期的墓葬，出土的铁器、铜器及陶品与中原同期出土的文物型制相同，工艺水平也毫不逊色。汉武帝灭南越国后，汉朝中央政权加强了对夜郎的管辖与开发。贵州地区与中原的交往日益增多，以儒家文化为代表的汉文化也在贵州扎下根来，对贵州文化的发展具有深远的意义。

一、贵州汉三贤

汉朝时期，贵州出了三位大学者，他们分别是我国最早解释词义专著《尔雅》的舍人、黔北及贵州有史记载的第一位作家盛览、贵州的文化先驱尹珍，后世文人称之为"汉三贤"。

舍人，生卒年不详，犍为郡（今遵义一带）人，大约生活在汉景帝、武帝时期。汉武帝时，舍人曾远赴成都郡国学校学习，得名师指点，学问日有长进，

---

① 覃召文著：《岭南禅文化》，广东人民出版社，1996 年，第 4～9 页。

并开始为《尔雅》作注。《尔雅》是中国最早的一部解释词义的书，是中国古代的词典。《尔雅》也是儒家的经典之一，列入十三经之中。其中"尔"是近正的意思；"雅"是"雅言"，是某一时代官方规定的规范语言。《尔雅》文字艰深，必须有注、疏方能阅读。舍人是第一个为《尔雅》作注的人。注成后，舍人赴长安向汉武帝献书，得到赞许，武帝还特赐舍人为待诏（是个顾问性质的闲官）。舍人的《尔雅》注全本已失传，但历魏晋、隋唐至宋，凡为《尔雅》作注疏的都曾大量引用他的释文，作为先秦古义的佐证。舍人对《尔雅》一书作出了很大的贡献，清代经学家郑珍将舍人尊为贵州的"文学鼻祖"。

盛览，字长通，西汉时牂柯郡人。据刘歆《西京杂记》记载：盛览是著名辞赋家司马相如之友。当时司马相如在成都，盛览不顾路途遥远前往拜谒，向他学习赋的作法。司马相如曰："词赋者，合纂组以成文，列锦绣而为质。一经一纬，一宫一商，此赋之迹也。赋家之心，包括宇宙，总览人物，斯乃得文于内，不可得而传。"从赋的组织、音律、内容及作赋人的修养等方面总结了赋这一文学样式的特征及作赋的要点、方法。盛览很受启发，经过勤学苦练，创作了《合组歌》、《列锦赋》等作品，可惜没有流传下来。盛览学归贵州，积极从事教育，传播学术文化，促进了贵州学术文化的交流与发展，被称为"牂柯名士"。

东汉，贵州又出现了一位大学问家尹珍。尹珍（79—162年），字道真，东汉牂柯郡毋敛县（今正安县）人，著名学者、文学家、教育家和书法家。尹珍出生于夜郎边陲，深感本地文化落后，未得入庠序求学，遂在东汉和帝时，跋涉数千里，赴京城洛阳求学，从经学家许慎学习"五经"。许慎是有名的经学家和文字学家，其著作《说文解字》一直流传至今。尹珍学问大进，返回牂柯地区教授生徒，将中原儒家文化传播到边远山区。后来另一位学者应奉（字世叔）出任武陵太守，尹珍又拜应奉为师，学习流行的图谶之学，精通了"天地人"三才之道。尹珍成为饱学之士后，名声渐大，回夜郎地区开办学馆，辛勤培育学子，传播文化，是发展夜郎地区文化的先驱。尹珍因擅长经术，被朝廷以经术选用，历任尚书郎、荆州刺史等职。他还是著名书法家。据唐代张颜远《法书要录》称：南北朝王愔《文学志》一书中，列举了秦汉以来著名书法家一百二十人，其中就有尹珍。尹珍对大西南，特别是对贵州学术文化的发展作出了重大贡献，"凡属牂柯旧县，无不称先师"。清道光二十一年（1841年），遵义府学教授莫与侔在府学宫创立汉三贤祠，奉祀舍人、盛览、尹珍，以他们为地方文教楷模。

二、赫章可乐墓葬文化

赫章县可乐乡位于黔西北，秦汉以前是古夜郎的一个重要城镇。可乐，彝文古籍称为"柯洛倮姆"，意为"中央大城"，史志记作"柯乐"，后演变为"可乐"。20世纪50年代末期以来，在这里发现的战国、秦、汉遗址和墓葬群，数量之多，分布之密集，延续时代之长，在贵州首屈一指。

2000年9—10月，在可乐乡罗德成地东南坡麓，发掘面积约800平方米，清理墓葬108座，几乎都是竖穴土坑墓，出土陶、铜、铁、漆、石、骨、玛瑙、绿松石等各类器物547件。这是贵州夜郎考古发现埋葬方式最复杂、出土随葬品最丰富的一处墓葬群。这次考古发现被评为该年度"全国十大考古新发现"之一。次年6月，国务院批准并公布可乐遗址（古墓群）为全国重点文物保护单位。

这批墓葬分布密集，叠压打破关系复杂，半数以上墓葬相互叠压或相互打破，这在贵州战国秦汉墓葬中尚无先例。这批墓葬最引人注目的是前述夜郎国奇特的"套头葬"和其他几种特殊葬式。这在国内更是极其罕见。赫章273号、274号墓出土的三件夷汉风格的大铜釜，形似中原汉式铜釜，肩部装饰的一件辫索纹耳却是西南地区古代民族所特有的风格。特别是赫章274号墓套在死者头上的铜釜，耳侧铸造的一对老虎形象生动逼真、栩栩如生，铸造技术极为精湛，在贵州省考古中尚未发现过。可乐墓葬还出土了一批具有浓厚地方民族风格的遗物，出土的兵器、手镯、发钗等，数量较以往夜郎考古都丰富。尤其是兵器，种类有铜戈、铜剑、铜柄铁剑、铁戈、铁剑、铁刀等约50件。其中有三种铜戈、四种铜剑、短铜柄铁剑、铁戈均是可乐第一次出土。值得一提的是，胡桃纹无胡铜戈、援中一圆孔无胡铜戈、卷云纹弧形牌首铜剑、蛇头形铜剑、巴蜀式铜剑、改装的巴蜀式铜剑等的出土，是探索贵州夜郎地区青铜文化不同地区之间相互联系的重要资料，也是研究夜郎与滇文化、巴蜀文化关系的一批难得的实物资料。

根据这批墓葬的形制、随葬品和初步时代推断，专家认为罗德成墓地应是战国秦汉时期夜郎民族的一处氏族公共墓地。其文化性质应属青铜时代，社会性质当处于奴隶制阶段。墓葬出土了大量的珍贵文物，有的具有巴蜀文化特征，有的具有夜郎文化特征。但是属于汉族文化较多，属于典型的其他少数民族文化较少，而且器物的文化归属至今尚无法确定，这充分表明古夜郎文化是一种复合文化。

第五节　滇云文化隆盛

云贵高原山川阻隔，秦汉封建统治者难以用武力征服当地少数民族，故只能采取让他们"自治"的办法，使之保留了自己的民族文化。云南也和贵州一样，在赵佗时期继承和发展了独特的地域文化。

一、独具一格的青铜器艺文化

春秋战国时期，云南发现的青铜器数量大增。到了汉代，云南青铜制造已臻于成熟，并开始向铁器时代过渡。从云南出土的青铜器中发现，自春秋战国起云南已存在一种具有独特风格的青铜文化，是云南古文化的辉煌篇章。云南青铜文化分布广泛，遍及楚雄、大姚、姚安、祥云、大理、昆明、晋宁、江川等地，大致可分滇池和洱海两大青铜文化区域，前者属珠江流域范围。

滇池区域青铜器种类繁、数量多，制作工艺精湛，这都是洱海青铜文化所不及的。其代表性器物有梯形铜釜、阔叶形铜锄、无格剑和一字格铜剑、柳叶形铜矛、宽边铜镯和黑格尔Ⅰ型铜鼓等。这些青铜器的器形、纹饰和洱海文化有较大的差别。有的学者认为洱海区域的青铜文化是古代昆明人创造的，而滇池地区的青铜文化是《史记·西南夷列传》所载的"滇人"的文化遗存，又有学者认为是古越人的文化遗存，不管怎样，都是滇云古先民们不断共同创造的结果。洱海青铜文化是对已产生贫富分化、迈向阶级社会边缘的先民社会生活的反映，滇池青铜文化则展示了已跨入阶级社会的古滇池先民们的社会生活状况，他们的耕作、收获、畜牧、狩猎、纺织、战争、商品交换等诸多方式均已打上时代的、地方的、民族的烙印。

滇云文化中青铜器的数量在全部出土器物中的比例之大以及器物的种类之多,为其他地方的青铜文化所少见。从最早的剑川海门口遗址到最晚的滇池区域墓葬,滇云文化青铜器的发展经历了大约1000年之久。在青铜制造工艺上,古老的石范铸造被淘汰,代之而起的是陶模和熔模铸造及失蜡法的广泛采用,使铸件的精密光洁度大大提高。同时对合金配制比例已熟练掌握,可据不同的器物配以不同的合金比例,如加锡20%铸成的剑硬度大,加锡6%制成的镯富有柔韧性而便于佩戴,加锡15%制成的鼓音响效果好。合金比例与中原青铜合金"六齐"之法相近,体现出古代滇云先民在冶金技术上的高度成就。青铜器与玉石、玛瑙等多种原料和工艺综合使用,使得青铜制品更加光彩夺目,富丽堂皇。云南青铜器铸造最突出的成就是失蜡法,不仅能铸成各种复杂的铸件,而且表面光滑、美观。这一技术一直保留到现在。

二、发达的青铜农业

以滇池为中心的滇东在珠江流域范围,其文化与以洱海为中心的滇西文化有较大差异,前者为百越文化系统,后者则为百濮系统,是滇云文化的两大单元。汉武帝开发西南夷的一个主要目的是开通云南与番禺交通,这个目的达到了,其时南越国已灭亡,说明云南与珠江中下游有很悠久的往来历史。然而,基于各种条件约束,滇云文化的特色还是非常鲜明,除了上述成熟发达的青铜文化,其他文化也独显个性,斐然成章。《史记·西南夷列传》载"(庄)跻至滇池,地方三百里,旁平地,肥饶数千里,以兵威定属楚。欲归极,会秦击夺楚巴、黔中郡,道塞不通,因还,以其众王滇,变服,从其俗,以长之。"由此推断滇池一带农业发达,文化不同于楚,庄跻不得不变服,接受当地风俗。这也说明滇池文化有很强的吸引力。在当地出土的青铜器中,农业工具不但数量多,而且种类齐全,可用于砍伐森林、开辟耕地和其他农活。在多处遗址中发现碳化谷物和稻种,青铜器物上出现粮仓图案,想见稻作文化已达一定水平,其中妇女又是主要劳动力。青铜器物上有鱼和捕鱼小船、桨等图案,故滇人的渔业文化也达相当水平。另还有六畜雕像,表示畜牧业伴随农业而发生,故《后汉书·南蛮西南夷列传》载,滇池一带"有盐池田鱼之饶,金银畜产之富"。汉武帝元封元年(前110年),汉王朝在滇池地区"得牛马羊畜三十万"。汉昭帝始元元年(前86年)平定益州叛乱,"获畜产十余万头,富埒中国"。还有在昆明附近出土干栏建筑遗址和铜铸干栏模型,以及粮食进仓画面,为一派发达的农业文明情景。又晋宁石寨山出土青铜贮贝器,器中有作为货币随葬的海贝和五铢钱、半两钱等,显示滇人与东南沿海有商贸往来,商业文化发展起来,甚至开通由四川经云南到印度的贸易之路。在石寨山墓葬中即发现有产于巴基斯坦和伊拉克的蚀花肉红石髓珠、彩色琉璃珠饰等,验证了云南与中亚、西亚的商业往来。

特别有意义的是,石寨山贮贝器上有商贸、战争、人祭、播种、纳贡、图腾崇拜等图案,反映了滇云丰富的社会生活、对艺术的想象与追求、高度发达的表现力和精湛的铸造技巧。仅此一端,足见秦汉时滇云文化已达到很高的发展水平。

第六节 海陆丝绸之路开辟

珠江河口地区有虎门、洪奇沥、横门、磨刀门、崖门等八个出海口,通过南海连接东南亚、印度洋沿边各国乃至非洲、大洋洲等世界各地,北部湾和云贵边缘亦有海陆口岸沟通大西南周围国家和地区。这些海陆交通线自古以来即为我国与周边国家和地区和平、友好、平等往来的强大通道,自19世纪下半叶开始称为海上丝绸之路和陆上丝绸之路,但实际开辟至迟在汉代即已开始,对珠江文化形成、发展和文化风格的构建作用匪浅。只是鸦片战争以后在西方列强的压迫之下,中外商贸往来的性质已经发生质变,海上丝绸之路历史画上了一个句号。

一、海上丝绸之路

汉代,岭南开始了与海外的文化交流。在我国古代文献中关于南海、印度洋上的航路第一个较完整的记录见于班固《汉书·地理志》:

> 自日南障塞、徐闻、合浦船行可五月,有都元国,又船行可四月,有邑

卢没国；又船行可二十余日，有谌离国；步行可十余日，有夫甘都卢国。自夫甘都卢国船行可二月余，有黄支国，民俗略与珠厓相类。其州广大，户口多，多异物，自武帝以来皆献见。有译长，属黄门，与应募者俱入海市明珠、璧流离、奇石异物，赍黄金、杂缯而往。所至国皆禀食为藕，蛮夷贾船，转送致之。亦利交易，剽杀人。又苦逢风波溺死，不者数年来还。大珠至围二寸以下。平帝元始中，王莽辅政，欲耀威德，厚遗黄支王，令遗使献生犀牛。自黄支船行可八月，到皮宗；船行可二月，到日南、象林界云。黄支之南，有已程不国，汉之译使自此还矣。

《汉书·地理志》中提到的汉使所到的国家的名称，史学界多有争论，目前还没有完全准确的考证。但近年来比较多的学者认为，这条海上交通贸易航线大致是从日南（今越南广治附近）、广东徐闻、广西合浦入海，沿着海岸先后到达中南半岛（包含马来半岛）、印度东南海岸、斯里兰卡等地。汉代的海船船体较小，抗海上风浪的能力较差，还不能在深海航行，因此，船队只能沿着北部湾沿岸及中南半岛海岸航行。船队到了马来半岛的克拉地峡东岸后，便舍舟登陆，步行十多天，经过缅甸境内的夫甘都卢国而到达西岸，再西航经孟加拉湾抵达印度东南部。当时的条件下，中国丝绸就是这样辗转流布西方。这条以丝绸贸易为代表的中外文化、经济友好往来的海上通道，即后来闻名中外的海上丝绸之路。

据《汉书·地理志》记载，雷州半岛南端的徐闻是汉代海上丝绸之路的始发港之一。徐闻于西汉武帝元鼎六年（前111年）置县，曾辖雷州全境。但汉代的徐闻港地望长期以来一直存在着争议。近年经过广东省相关市县各级部门长期的考古发掘，在徐闻县西南二桥村附近发现了汉代遗址，村前临大海的三墩港是一处良好的避风港。二桥南端的仕尾岭留有较丰富的汉文化遗存，特别是于1990年5月首次发现的"万岁"瓦当，为典型的汉代遗物。有专家考证认为徐闻县西南二桥村就是汉代的徐闻古港所在地。另外，南流江口的合浦也是这条丝路的一个始发港，附近有上千座汉墓，出土大批舶来品，证明中外海上贸易非常兴旺。沿北部湾海岸即可远航南海、印度洋沿边国家。

西汉以后，通过这条海上丝路的交往愈加频繁。汉安帝永宁元年（120年），"掸国（今缅甸）王雍由调复遣使者诣阙朝贺，献乐及幻人，能变化吐火，自言我海西人。海西即大秦也。掸国西南通大秦"①。从缅甸得大秦（罗马）的幻人（魔术师）转献与东汉王朝一事，也可见中国与西方海上交往之一斑。汉顺帝永建六年（131年）叶谓国（今印度尼西亚）曾派使臣前来中国"贡献"。汉桓帝延熹九年（166年）"大秦王安敦遣使自日南徼外献象牙、犀角、玳瑁，始乃一通焉"②。这是罗马首次经海上和中国进行交往的记载。从东汉西域交通断绝后一段时间，罗马市场上丝织品不减反增的事实，说明这条海上商路在东西方贸易中已占有愈来愈重要的位置。基于当时的造船、航海技术水平，船舶在行驶中，白天只能以沿岸标志来定方位，夜间则以天体星宿作航导，同时，船体小，装载的淡水、粮食等生活必需品有限，客观上需要在一定距离内从途中的港口及时补给。这样，汉帝国与东南亚各地联系紧密的交趾湾沿岸便形成了徐闻、合浦、日南等中外船只往来的古老的港口。而这些港口的陆向腹地多在珠江流域，实际上把珠江流域纳入海上丝绸之路范围，使珠江文化获得更多的海外要素而极富海洋文化风格。

番禺（广州）也是当时岭南的一大港市。《史记·货殖列传》说："番禺亦一都会也。珠玑、犀、玳瑁、果布之凑。"当时全国十九个都会中，番禺是其中之一。《汉书·地理志》则说："粤地……处近海，多犀、象、玳瑁、珠玑、银、铜、果布之凑，中国往商贾者多取富焉。番禺其一都会也。"番禺充当了来自交趾湾各港市海外商品的转运和南海沿海一带的对外贸易功能，是海上丝绸之路始发港之一。

通过海上丝绸之路，中国的瓷器、丝绸、茶叶、典籍等传到了中亚、欧洲、东南亚、南亚甚至非洲，而中华文明也随之流传开去，令世界认识了中国。随着中国政治影响的日益扩大和精美绝伦的丝绸对世界各地具有的极大吸引力，东南亚、南亚、西亚乃至欧洲各国都派使节到中国通好，献礼品以求赏赐丝绸和进行贸易交换，也带来了海外文明，包括佛教、阿拉伯医药、各类作物品种等，使珠江文化更富于多元性和开放性。

---

① 《后汉书·南蛮西南夷传》。
② 《后汉书·西域传》。

二、西南丝绸之路

西南丝绸之路也称南方丝绸之路。早在公元前 4 世纪，秦开五尺道，连接了四川与云南的交通，继而又修建了"蜀身毒道"（"身毒"即印度），即西南的陆上丝绸之路。《史记·西南夷列传》记载："及元狩元年，博望侯张骞使大夏来，言居大夏时见蜀布、邛竹、杖、使问所从来，曰'从东南身毒国，可数千里，得蜀贾人市。'"这说明秦汉以前就有一条从四川经云南往印度的道路，云南、四川出产的丝绸已贩运到印度，转销西亚、非洲和欧洲，印度史书《政事论》和《摩奴法典》也有记载。这条丝路比张骞开拓的西北丝路要早数个世纪。① 秦末天下大乱，五尺道被切断。汉初，唐蒙受汉武帝派遣，结好夜郎侯，在五尺道基础上继续"凿石开阁，以通南中，迄于建宁（曲靖），二千余里"②，史称"南夷道"。汉武帝平南越国，由巴蜀罪人及夜郎国军队组成一路大军，即从此道接牂牁江东下，与其他各路大军会师番禺。南夷道沟通南、北盘江，将云、贵、川、广联成一体。以后，著名汉赋作家司马相如又开通由成都南下，经今四川邛崃、荥经、汉源到西昌的灵关道，也称牦牛道、临邛道。由此道西南转下关、大理，过澜沧江，至保山，称博南山道，再往西南过怒江高黎贡山即入缅甸至印度以远，这就是我国陆上西南丝绸之路。这样一来，整个珠江流域都与这条陆上丝路之路结缘。此道开通，蜀布、铁器、漆器等商品源源外销，外来五色琉璃、料珠、宝石、香料、羊毛制品不断输入中国。云南江川李家山和晋宁石寨山战国到西汉墓即发现过琉璃珠，而我国在 5 世纪初才开始自制琉璃，显见墓中琉璃制品来自印度。东汉时这条丝路进一步发展，境外商品不断涌入，以上墓葬出土不少青铜器贮存的海贝，用作货币，非云南所产，而印度是产地之一。佛教也由此道传入我国。印度古代有新棉裹尸风俗，而云南哀牢人后也有此俗，应为受印度风俗影响所致。滇西傣族、白族后来信奉佛教，也受印、缅等国影响。我国僧人亦有循此道往印度求法的，唐僧慧琳曾提到"从蜀川南出牂牁，往天竺

---

① 参见欧鹍渤著：《滇云文化》，辽宁教育出版社，1998 年，第 34 页。
② 郦道元：《水经注·江水》。

得达"①。此外，音乐、歌舞等也假此道不断相互往来，促进了中外文化交流，且千年不断。抗战时，中国远征军即经中缅公路出境作战，打通了中国西南陆路运输线，对"二战"胜利发挥了历史性作用。而这条公路基本上是按上述陆上丝绸之路选线的。

---

① 慧琳：《一切经音义》卷八一，"牂舸"条。

第五章
隋唐五代珠江文化持续发展

史称"五岭以南,自李唐以前,声名文物,远不逮夫中原"①,其中一个原因是交通梗阻不便。自唐张九龄奉旨开大庾岭新道后,这一状况才有所改观,大庾岭道成为广东北上的主要交通线。另外,唐代广州崛起为世界性贸易巨港,也是"广州通海夷道"的起点,加之自隋开京杭大运河,改善了广东与岭北地区的交通,广州城市腹地更为扩大,促进了物资和人口流动以及中外文化交流,岭南文化被滋润和吸收新养分,在前代积累的基础上,持续但又不平衡地发展起来。以张九龄的诗风、惠能顿教、贬谪文学为代表的唐代"盛世文化"在广东兴起,即如屈大均在《广东新语·文语》中所赞的广东文化"炽于唐"。而珠江流域广大地区,这一时期生活着俚僚蛮瑶等少数民族及其各分支,主要分布在珠江中上游及外围地区,各有自己的民族文化。但在俚僚首领冼夫人努力下,部分少数民族逐步接受汉文化,形成多元文化和而不同、相互融合、相互交流、持续发展的格局。

---

① 梁廷枏:《南汉书》卷九。

第一节 汉与俚蛮文化融合

一、汉族南迁

汉文化之所以广泛传播于珠江流域，主要依靠六朝和唐代动荡时期大规模南迁的汉族移民。

广州市郊出土的晋墓砖铭文："永嘉世，九州荒。余广州，平且康。"说明在中原等地长期战乱的情况下，珠江流域尤其是珠江中下游的广州保持着比较安定的社会环境，从而引发持续三个多世纪的移民潮。不仅中原汉人南迁，长江流域的汉人也南迁。尤其是南梁末年，爆发长达四年之久的侯景之乱，致使建康（今南京）这个繁华都市变成一片废墟，整个长江中下游地区呈现"千里绝烟，人迹罕见，白骨成聚如丘陇"①的残破景象。与此相反，广州"盗贼皆偃，工商竞臻，鬻米商盐，盈街满肆"②，成为避难的理想之地。因此，长江中下游的民众纷纷南下珠江。据有关资料，东汉末年交州（当时未分出广州）总人口还不足200万人，其中南海郡25万人，苍梧郡46万人，合浦郡8万人，九真郡20万人，日南郡10万人，交趾郡大约70万人。而六朝时期迁入的汉族移民达250万人。③

第一次移民高潮过后，人口迁移稳定了一个时期，迁入珠江流域的人数很少，故中唐诗人李涉有"岭外行人少，天涯北客稀"④之句。唐宪宗元和十年（815年）刘禹锡被贬到连州（治今广东连州），于《插田歌》中提到当地有一位"自言上计吏，年幼离帝乡"⑤的人，此人也应该在此时迁入。这包括大批北方军人为防御南诏进入岭南。唐懿宗咸通四年（863年）四月，新任岭南西道

---

① 《南史·侯景传》。
② 《广州刺史欧阳頠德政碑》，《徐孝穆集笺注》卷四，四库全书本。
③ 参见刘希为、刘盘修：《六朝时期岭南地区的开发》，《中国史研究》1991年第1期。
④ 《全唐诗》卷四七七，《鹧鸪词二首》。
⑤ 《全唐诗》卷三五四。

(治邕州，今广西南宁市）节度使康承训率荆、襄、洪、鄂四道兵 1 万人赴镇①；七月，复置安南都护府于行交州（约在今越南北部，确地不详），发山东兵 1 万人戍之，各道援兵源源不断进入岭南②。驻扎在岭南西道的兵力，最大时达到 4 万人。③ 这些军人在此驻屯时间很长，咸通九年（868 年）发生的规模颇大的庞勋起义便是因部分屯军得不到及时轮换而发生的。

  唐末，当北方大乱，远离中原的岭南仍比较宁静，成为北方人避乱的好地方。最大的一次迁移可能是安州（治今湖北安陆县）军人的南迁。唐昭宗乾宁二年（895 年）十二月，安州防御使家晟因与朱温亲信不和，害怕得祸，与指挥使刘士政、兵马监押陈可蟠率兵 3000 人长途袭占桂州。不久家晟被部下杀死，刘士政被朝廷任命为经略使④，谅有部分士兵留下为民。此外，黄巢起义军曾占领广州，在广东活动了一段时间。黄巢后自岭南北撤，仍有一些人流落在岭南，唐昭宗光化年间（898—900 年）占据连州的鲁景仁即是因病留居的黄巢部下。⑤

  岭南在唐末也发生了军阀之间的争夺战。上蔡人刘谦原在封州任刺史，唐昭宗乾宁元年（894 年）刘谦死，子刘隐继任刺史。其后，刘隐出兵占据肇庆、广州，成为两广地区最大的割据势力。刘隐保境安民，礼贤好士，吸引了许多北方士人。"是时，天下已乱，中朝士人在岭外最远，可以避地，多游焉"。唐代在岭南的流官的后代，刘隐"皆招礼之……。皆辟置幕府，待以宾客"⑥。这为南汉国的建立奠定了基础。刘隐的后继者大多继承了这一做法，如其弟刘岩（即刘龑）"多延中国士人置于幕府，出为刺史"⑦。

  基于各种原因，五代时仍有一定数量的北方人民迁入岭南。《送错公、栖公南游》诗说："北京丧乱离丹凤，南国烟花入鹧鸪。明月团圆临桂水，白云重叠起苍梧。威仪本是朝天士，暂向辽荒住得无？"⑧ 从诗文来看，错公、栖公是原居住都城的士人，南迁桂林一带避乱。又周去非《岭外代答》载，钦州有民五

---

① 《资治通鉴》卷二五〇，咸通四年三月。
② 《资治通鉴》卷二五〇，咸通四年七月。
③ 《全唐文》卷八九，僖宗《南郊赦文》。
④ 《资治通鉴》卷二六〇。
⑤ 《资治通鉴》卷二六一。
⑥ 《新五代史·南汉世家·刘隐世家》。
⑦ 《资治通鉴》卷二六八。
⑧ 《全唐诗》卷八四六。

种,"二曰北人,语言平易而杂以南音,本西北流民,自五代之乱,占籍于钦者也"①。据此看来唐末五代也有一些移民迁入岭南。

隋唐时,汉族移民迁入今云南,大致经历了前后两个阶段。

前段为天宝年间(742—755年)唐朝与南诏发生战争前,汉族移民主要分布在姚州(治今姚安县北),来自流落不归的戍兵和逃避封建赋役的汉人。

方国瑜先生认为:"从设置姚州都督府以至撤消,有八十余年,每年遣送五百人,先后有四万有余。在这庞大的数字中,镇戍期满回去的当然有,病死战死的也有,而流落在姚州的也不在少数。"因逃避赋役和犯罪而逃入姚州的汉人在武则天期间便有2000余户,"剑南逋逃,中原亡命"。②

唐玄宗天宝九年(750年),南诏王阁罗凤起兵反唐。

南诏在与唐军的作战中屡屡得胜,唐"前后发二十余万众,去无返者"③。这些唐军大多沦为战俘,成为南诏的奴隶,后也成了当地居民。

安史之乱之后,南诏扩大对唐战争的规模,俘获的唐军将士和掳掠来的汉人日增。这类记载史不绝书,不过像上述战争一样发生在滇西北或川南,已不在珠江流域之内。

唐末,南诏进一步扩大战争规模,除指向四川、贵州以外,兵锋向东推进。唐懿宗咸通元年和四年(860年、863年)"两陷交趾(今越南北部),所杀虏且十五万人"④。五年(864年),又进攻邕州(治今南宁市),"敌至,(唐军统帅康承训)不设备,五道兵八千人皆没"⑤。

"仅据以上所引的史料,至少应有二三十万人迁入。"⑥汉族人口的大量迁入,对云南的经济和文化发展产生重要的促进作用,同时也推动了汉族和当地少数民族的融合,其作用随着时间推移逐渐表现出来。

---

① 周去非:《岭外代答》卷三,《五民》。
② 转引自吴松弟著:《中国移民史》第三卷,福建人民出版社,1997年,第228页。
③ 白居易《新丰折臂翁》自述,《全唐诗》卷四二六。
④ 《资治通鉴》卷二五〇,咸通四年正月庚午。
⑤ 《资治通鉴》卷二五〇,咸通五年三月己亥。
⑥ 吴松弟著:《中国移民史》第三卷,第228页。

二、汉俚蛮文化融合

文化形成与民族融合有不可分割的联系。上述移民壮大了汉人队伍，增加了与当地俚人接触和融合的机会，结果汉文化在珠江流域越来越处于优势地位，汉俚蛮文化界限逐渐消失。特别是经过冼夫人的努力，汉俚文化融合过程在隋唐强大的封建政治经济力量推动下变得更加迅速和广泛，程度也更加深刻。

冼夫人又称冼太夫人，名英，梁武帝普通三年（522年）出生于广东高凉郡一个世代为南越首领的家庭。隋文帝仁寿二年（602年）在海南岛辞世，按家乡俚人的风俗，归葬于故里，一说在广东电白县山兜丁村。冼夫人本是俚人首领，《隋书·谯国夫人传》载："幼贤明，多筹略"，她带头与汉官冯宝结婚，这是一种促进民族团结的政治行为。婚后，她"诫约本宗，使从民礼。每共宝参决辞讼，首领有犯法者，虽是亲属，无所舍纵"。从此"政令有序，人莫敢违"。许多俚人都将冯宝视为自己的首领，对俚人的汉化和岭南社会的长期稳定起了推动作用。冼夫人全力推行民族和睦政策，"由来信义结于本乡"，不但旁郡"怨隙止息"，服从其领导，更令雷州半岛、海南岛的千余洞俚人也纷纷归附于其麾下，粤西地区出现了民族团结的局面。

冼夫人还反对地方割据和分裂活动，维护国家统一。梁武帝太清二年（548年），智挫高州刺史李迁仕，配合陈霸先平定了侯景的叛乱，解救了梁朝的危亡。陈宣帝太建元年（569年），冼夫人与章昭达配合，内外夹攻，击败了广州刺史欧阳纥的反叛，粉碎了其分裂国家的阴谋。

隋文帝开皇九年（589年），隋灭陈，岭南数郡共举冼太夫人为主，尊为"圣母"。冼太夫人在确知陈亡后，召集首领数千人"尽日恸哭"，归顺了隋朝。朝廷感其顾全局、识大义，册封她为"宋康郡夫人"。

隋文帝开皇十年（590年），番禺王仲宣反，"诸州跟叛"，岭南地区出现了动乱的局面。冼太夫人不顾年近古稀之年，率兵平叛，而"所到之处，闻风归顺"。平息叛乱后，冼太夫人护卫隋朝派员巡抚诸州，所到之处，各地首领都来拜谒和受爵，从此岭南地区完全安定。隋文帝对此大为惊异，表其功，册封冼太夫人为"谯国夫人"。每逢年节，冼太夫人都将分别藏放的梁、陈、隋三朝赐物陈列出来训示子孙，要他们像她一样忠国爱民。冼夫人将近八十岁高龄时，还请示朝廷查办了番州（今广州）总管赵讷，并亲持诏旨巡历了十几个州，抚慰因赵讷贪财暴谑而亡叛的俚、僚各族人民，力保了岭南的安定和国家的和平统一。

粤西地区仍处于俚人社会，实行家长式奴隶制。俚人部落中豪强常常互相侵袭，掠夺奴隶（所谓"高凉牲口"），贩运到广州等地出卖，牟取暴利。冼夫人主政后，首先从自身做起，与汉人通婚，并严格要求俚人遵守封建制度，在粤西地区推广汉人的礼俗，改革俚人落后的社会习俗，引进汉文化。冼夫人还积极传播汉族的先进生产经验，她教育百越各部落"尽力农事"，提倡男耕女织。特别是海南岛，自汉初放弃以后，500余年无建置，冼夫人主政后，即请示朝廷，设置崖州，选派官员管理。冼夫人几次到海南视察，引进大陆的先进生产技术，宣扬汉族的文明与进步，教化当地的民众，极大地改变了海南的原始落后局面。史载，自冼夫人"和辑百越"后，俚人社会如道光《广东通志》曰："自是溪洞之间，乐樵苏而不罹锋镝者数十年"，"以礼威信镇于俗，汲引文华，士相与为诗歌，蛮中化之，蕉荔之圩，弦诵日闻"，加速了粤西、海南等地封建经济文化发展的历史进程，为岭南的汉文化发展和社会进步作出了重大贡献。为纪念冼夫人的功绩，后人在海南和广东高州、雷州、化州、廉州、阳江等州县建造了很多庙宇，其中茂名、电白等地一县就有冼庙一二十处，海南岛各地冼庙多达100余座。茂名、电白、海南等地每年都举行几次盛大的纪念冼夫人活动。另外，海外华人建的冼庙也为数不少。据不完全统计，全国各地建立冼夫人庙多达几百座。其中最早也是至今规模最大的是始建于隋朝的高州旧城冼太庙，位于全国最北端的是辽宁省丹东冼太庙，位于全国最南端的是海南三亚崖城冼太庙。1969年马来西亚雪兰莪建成一座规模宏大的冼太庙，并派专人到高州冼太庙引导香火回雪兰莪，借以寄托华侨华人对冼夫人的崇敬之情。

冼夫人的历史功绩和思想文化对国内乃至世界都有很大影响，在岭南地区更是具有特殊的地位，历来都得到很高的评价。自梁陈至明清各朝先后给予册封谥号之外，还有如唐魏徵、宋苏轼、明李东阳、清王士禛等名人为她作记与歌颂。新中国成立后，周恩来总理赞誉冼夫人为"中国巾帼英雄第一人"。

俚人是汉至唐生活在粤西、桂东、桂南一带的居民，其先民是先秦时的西瓯、骆越人及汉代的乌浒、南越人。宋代出现的壮人和黎人，是俚人的后裔。俚人在汉唐屡见于史籍，常与僚并称，生活在岭南长达1000年。他们在开垦岭南大地、维护国家统一、创造岭南古代文明等方面，都作出过积极的贡献。

俚人以部落为单位，居住在村峒里面。俚人的首领称"渠帅"或"都老"，设有君长，各部落有较大的自主权，未经盟约，互不统属。而断发、椎髻、跣足和鸡卜是俚人社会的主要风尚习俗，这其实是南越族的一种遗风。

秦汉在岭南设置郡县后，一些交通和经济条件较好的地区如珠江三角洲等逐步建立了封建制度，越人逐渐汉化。而地处僻远、生产力发展较慢的岭南俚人聚居区，直到隋唐时奴隶制仍然残存。但俚人奴隶制不同于商周时的中原井田制奴隶制，而是一种家长式奴隶制，即没有形成奴隶制国家，其首领是以氏族酋长的面目出现的。酋长是通过民主集会的方式推举出来的氏族首领。宋范成大《桂海虞衡志》有"推其雄长者为酋领，籍其民为壮丁"的说法。

俚族酋长占据广阔的土地，拥有众多的人马。冼夫人孙"（冯）盎所居地方二千里，奴婢万余人"①。获取奴隶的主要途径是劫掠和买卖。《新唐书·孔戣传》说广东"鬻口为货，掠人为奴婢"。《北史·僚传》载，僚人"亲戚比邻，指授相卖……但经被缚者，即服为贱隶，不敢称良矣。至有卖其昆季妻孥尽者，乃自卖。"《梁书·王僧孺传》说：天监初，"（南海）郡常有高凉生口及海舶每岁数至，外国贾人以通货易。"生口即被贩卖的奴隶。

从汉代至隋代，粤西地区的郡县制度还很不健全，甚至徒有其名。《汉书·贾捐之传》说："骆越之人……与禽畜无异，本不足郡县置也。"《广州记》云："诸县自名骆将，铜印青绶，即令之长也。"事实上，粤西还多是俚僚部落首领的世袭领地，朝廷派来的官吏，因是"他乡羁旅"，所以"号令不行"，甚至有的官吏贪虐无道，使"诸俚僚多有亡叛"。② 为了息事绥边，使少数民族顺服，封建王朝选择了一条"树其酋长，使自镇扶"，即以蛮夷治蛮夷的羁縻政策，实为汉俚制度文化的融合。

俚人的祖先很早就掌握了冶铜技术。而其最具代表性的是铜鼓。在战国时期，两广地区的百越人就已广泛地铸造并使用铜鼓了。而作为百越族在两广的主要支裔的俚、僚人，也无疑是铜鼓最早的铸造者和使用者。裴骃的《广州记》

---

① 《资治通鉴》卷一九三，《唐纪九》。
② 《隋史·谯国夫人传》。

说："俚獠（即俚、僚的贬称）铸铜为鼓，唯高大者为贵。"《隋书·地理志》也说："自岭以南，二十余郡……并铸铜为大鼓。"

俚、僚人所铸铜鼓的功能，如《隋书·地理志》说的"欲相攻则鸣此鼓，到者如云"。实际上，其作用远不只用于战争，主要的还有用以报警、祭祀、驱逐猛兽、镇压"邪魔"以至于娱乐等。在我国南方地下出土铜鼓比比皆是，而尤以两广、云、贵为最，仅广东省和广州市博物馆收藏的就有数百面之多。

俚人的制陶技术有着悠久的历史。雷州半岛出土釜、壶、罐、盅、环等汉代陶器，高州还发现汉代陶窑遗址。

俚人纺织业也相当出名。《汉书·地理志》说海南"男子耕农，种禾稻纻麻，女子桑蚕织绩。"俚人纺织品中最出名的是葛布，《广东新语·货语》说："雷人善织葛。其葛产高凉、硇洲，而织于雷。"俚人习于水性，且擅长"伐木为舟"。据考察，早在东汉至魏晋期间，化州长岐一带就有了独木舟的制作工场。

俚人崇拜雷神。其铸造的铜鼓乃雷的象征，铜鼓上的文饰、蹲蛙、羽人都与祀雷有关。青蛙是俚人的图腾。俚人认为雷王是上天的主宰，蛙神则是雷王的使者，能呼风唤雨，格杀妖物，保卫人间和平、安宁与五谷丰登。

俚人的雷崇拜一直在其后裔民族中留存。海南黎族妇女文身的文饰，其主调是雷电纹。方志记载，广东的雷公庙以西江以南的高、雷、钦、廉等地为多，远达海南岛，其中最著名的是雷州雷祖祠。雷州人十分崇敬雷神，家家户户都挂有雷神像；每年六月二十四日，雷州人必供雷鼓以酬雷神。广东各地俚人，在不断南下的先进的汉族文化影响下，大部分逐渐被汉化；另有部分迁入海南岛，与原在岛上的俚人汇合，发展为黎族。

汉俚文化融合，造就了一批掌握汉文化的知识分子。如唐太宗贞观七年（633年），唐太宗从唐高祖在汉未央宫大宴群臣，曾"命突厥颉利可汗起舞，又命南蛮酋长冯智戴咏诗。既而笑曰'胡越一家，自古未有也'"①。此外，生活在珠江流域的蛮、瑶等少数民族，也在一定程度上接受汉文化，朝着多元一体的民族文化方向发展。例如分布在今广西靖西、百色、田阳、田东一带的西原僚，受

---

① 《资治通鉴》卷一九四，《唐纪十》。

汉族方块字影响，创制自己的民族特色土字。生活在今广西北部湾钦州一带的乌浒蛮，其渠帅宁氏家族积极学习汉文化。唐武则天永昌元年（689年）宁悌原考中进士第九名，官至谏议大夫，兼修国史。分布在今罗定江一带的葛僚，出了个惠能和尚，对佛教文化贡献甚大。蛮族种类甚多，有广西、湖南、贵州的五溪蛮，粤北的莫瑶，贵州和广西北部的谢蛮，云南白蛮、乌蛮、磨些蛮，滇西金齿蛮、茫蛮等，都在与汉族接触中受到汉文化感染或启迪，迈开了汉蛮文化融合步伐。当然因所处环境和基础不同，这种步伐快慢不一，有的甚至原地踏步，但不管怎样，它到底是隋唐时期珠江文化出现的新事物，是一个文化的进步。这一雅事历被传为俚人汉化的佳话。

2006年，广东省考古研究所在信宜境内的荔枝（岭子）岗、马岭岗和高州境内的亚公山、牛角山、光山、塘尾岭、屋背岭七座小山上，发现了消失已千年的俚人文化遗址。其中亚公山遗址有小型城寨的大门；东北部多柱洞，应是部落居民的栖息居住之地；南部、西部发现数十个排列有序、修造规整的袋状坑，口小底大，犹如提起来的布袋子，其中一个坑底发现了厚约30厘米的炭化稻米，应是储粮、贮货之地。在马岭岗等遗址，发现了七座船形竖穴土坑墓，对比同期汉人的砖室夯顶墓，这些船形墓显得原始但神秘，具有越人墓的特点。此外，墓坑底部中央挖有腰坑（商周文化因素），内放圜底钵、双耳盆等随葬品，与当时汉人墓有极大不同，是一种颇为奇异的丧葬风俗。另有外观呈鼓形的陶器，初步判断为甑（古代用于蒸食的器皿），但造型却与同期出土的汉人甑迥异。亚公山遗址还首次发掘出内耳釜，可防止篝火烧断吊绳，充分显示了发明者的聪明才智。通过考证，这些遗址的真正主人是粤西土著俚人。[①] 他们生活的地区与冼夫人的主要活动范围相符，当时仍保留较多俚族文化形态，成为汉俚文化融合的基础。[②]

---

① 《粤西俚人古迹考古新发现》，《南方都市报》2008年3月20日。
② 以上参见司徒尚纪主编：《中国地域文化通览·广东卷》，中华书局，2014年，第72～77页。

第二节　古道开凿与中外文化大交流

一、张九龄开大庾岭道

大庾岭是粤赣南北之界岭，岭北为章水之源，汇赣江而入长江；岭东为浈水之源，汇北江而入珠江三角洲。南北界岭分明，风土各异。梅岭位于延绵200多公里的群峰起伏的大庾岭中段，海拔400余米，其东有海拔1076米的油山，其西也有海拔千米以上的山峰数座。梅岭与诸峰比较起来，其山不高，堪称大庾岭山地波峰里的独秀峰。因此，人们历来都把梅岭当大庾岭，以梅岭为大庾岭的主峰。而更为重要的是，大庾岭道是五岭南北文化交流孔道，在岭南文化史上占有独特地位和重大影响，历千年而不衰。

广东古代与中原联系，主要有三条通道：一是从粤北乐昌入湖南宜章。广东沿海的物资不少是沿着北江到韶州，然后循武江经乐昌入湖南、湖北，转运中原各地。二是沿西江上封开入广西梧州，再经漓江、贺江、潇水入湖南转中原各地，这是秦汉时期广东与中原的交通要道。三是沿北江溯浈水达南雄梅关，入江西转中原各地。此道水路长陆路短，比乐昌之路方便，因此梅岭便成为五岭南北广大地区交通枢纽。

梅岭通道开发于秦汉时期，但至唐开元年间已经是"岭东废路，人苦峻极，行经夤缘，数里重林之表；飞梁苴巃，千丈层崖之半。颠跻用惕，渐绝其元。故以载则曾不容轨，以运则负之以背。而海外诸国，日以通商，齿革羽毛之殷，鱼盐蜃蛤之利，上足以备府库之用，下足以赡江淮之求。而越人绵力薄财，夫负妻戴，劳亦久矣"[①]。

与此同时，阿拉伯及其他国家商人也通过海上丝绸之路纷纷前来广州通商贸易，为此，唐高宗显庆六年（661年），唐政府创设市舶使于广州，总管海路邦交外贸，派专官充任。市舶使的职责主要是向前来广州贸易的外国船舶征收关

---

① 张九龄：《开凿大庾岭路序》，罗韬选注：《张九龄诗文选》，广东人民出版社，1994年，第272页。

税，代表王室采购舶来品，管理商人向皇帝进贡的物品，对市舶贸易进行监督和管理，等等。当时，有许多阿拉伯、波斯穆斯林侨民在广州聚居，这些阿拉伯（大食）、波斯商贾被称作"蕃商"、"蕃客"。

这条以广州为起点的海上丝绸之路非常繁荣。据史书记载，当时在广州的蕃商达12万之众，他们聚居之地曰"蕃坊"（约今广州光塔路一带）①。唐政府还兴办番学，教习洋子弟中国文化，出现了"蛮声喧夜市，海邑润朝台"，"常闻岛夷俗，犀象满城邑"的繁荣景象。唐朝广州是对外贸易著名港口，被誉为"东方第一大港"。广州对外贸易的急剧发展，要求能够大量吞吐海内外贸易商品，因而必须有便捷的内陆交通。正好这时韶州曲江人张九龄辞官回乡，了解到秦汉时期开拓的大庾岭路历经数百年的风雨侵蚀，加上长期失修，早已变得面目全非，成为一条崎岖蜿蜒的山间小路，坎坷不平，险阻难行。于是张九龄上书朝廷，提议扩建大庾岭路，获唐玄宗允准。《张九龄年谱简编》曰："玄宗开元六年戊午（718年）四十一岁。春，被召入京，以修大庾岭路之功，拜左补阙。九龄渐以才鉴见推当时。"②张九龄主动请缨，领命开凿，"饮冰载怀，执艺是度，缘磴道，披灌丛，相其山谷之宜，革其坂险之故"。施工之日"岁已农隙，人斯子来"，场面深为感人。经过一段时间奋战，这条长45公里、宽2～4米的石板铺成的大庾岭道终于竣工。张九龄还在两旁植松，以改善公私贩运。正如张九龄所描述，"坦坦而方五轨，阗阗而走四通，转输以之化劳，高深为之失险。于是乎镶耳贯胸之类，殊琛绝赆之人，有宿有息，如京如坻"③。大庾岭通道从此北接赣江上游的章水，南连北江浈水，成为沟通广东和中原的经济文化交流干线。此道开通后，湘桂走廊、西江的交通地位下降，北江成为一条黄金水道，很快改变了粤北和整个广东经济文化形势和分布格局。大宗商品固然依此线北上，南迁远谪的官员、商贾、文人学士、上京赶考的举子、告状平民等也多走这条古道，其繁华情景自可想见，其影响也不言而喻。唐代，韶州出进士9名，居广东各府州之冠。如明代海南学者丘濬所说："兹路既开，然后五岭以南人才出矣，财货

---

① 穆根来等译：《中国印度见闻录》，中华书局，1983年，第96页。
② 张九龄著：《曲江集》，广东人民出版社，1986年，第667页。
③ 张九龄：《开凿大庾岭路序》。

通矣，中原之声教日进矣，遐陬之风俗日变矣。"① 近年，岭下南雄县文联花数年功夫，收集整理出古代吟咏大庾岭的诗词达1000多首，近现代诗词也有数百首。其作者从大名鼎鼎的李德裕、杜审言、宋之问、苏轼、杨万里、辛弃疾、文天祥、丘濬、汤显祖、朱彝尊、屈大均等，下及一般乡贤仕宦。清大学士朱彝尊《雄州歌》二首，展现了这条古道昔日风貌。其一曰：

浈江西下墨江流，来雁孤亭春复秋。
十部梨园歌吹尽，行人虚说小扬州。

而动议、主持开凿大庾岭道的张九龄也由此有功被载入史册，其所撰《大唐开凿大庾岭路碑》至今仍矗立于南雄城外古道旁，岭下张九龄祠香火甚旺，代有重修，令往来官员、商旅、游人驻足仰止。丘濬《寄题张丞相祠》云：

岭海千年第一人，一时功业迥无伦。
江南入相从公始，衮衮诸贤继后尘。

大庾岭道繁华了1200多年，直到1936年粤汉铁路全线通车，粤赣公路也相继兴起，这条通衢大道才失去它的交通意义，但作为一份珍贵的历史文化遗产，永远供游人瞻仰、凭吊。

二、"广州通海夷道"兴盛

隋唐时期，中国海运事业发展进入了鼎盛时期，中国船队从广州出发，经东南亚诸国，再进入印度洋，到达波斯湾，一直远达非洲东岸。这条海路沟通了亚非两大洲的联系，促进了彼此间的友好交往和贸易往来。这条航线全长1.4万公里（现缩短为1万公里），是当时世界上最长的一条航线，唐人称之为"广州通海夷道"，后收入《唐书·地理志》中。唐中后期，随着西南吐蕃的强大和侵扰，以及中亚信奉伊斯兰教的阿拉伯帝国的崛起和东征，沟通中西贸易的陆上丝绸之路被阻塞，西北丝路贸易往来日趋衰落，逐渐被海上丝绸之路所取代。其

---

① 丘濬：《唐丞相张文献公开凿大庾岭碑阴记》，康熙《广东通志·艺文》。

次，唐代中国造船业有了新的发展，所造船舶不仅载重量大大提高，而且坚固性增强，适宜远洋航行，以致一些外商也搭乘中国商船往来贸易。与此相伴生的是，唐代人们对季风、潮汐规律的掌握和对海洋地貌的认识也有了进一步提高。造船航海技术的进步使海上航行的风险性大大降低，从而为中国人利用海上运输方式开展对外贸易提供了可能。再者，唐代中国瓷器制造业有显著发展，且中国瓷器一经出口即受到海外各国人民的欢迎，从而成为中国一项新的出口品种。海上运输与陆上运输相比，具有行驶平稳、载重量大等优势，因而对于瓷器出口贸易而言，前者比后者更为适宜。又加上随着唐代经济的发展，对境外香料的需求不断增加，所需香料产地则主要集中于南海各国及大食等海路交通发达的国家。这都有赖于海上交通贸易，故海上丝绸之路又称陶瓷之路和香料之路。

"广州通海夷道"的畅通更是得益于广州港口航道具有水位深、流量大、不淤浅以及盛行东北季风和西南季风等优良自然条件。这样利用季风风力，可一年往返一次，随风顺流，给广州滨海城市的兴盛和开发以得天独厚的恩惠，当时广州便有"雄蕃夷之宝货，冠吴越之繁华"的赞誉。

据唐代著名地理学家、贞元时宰相贾耽（730—805）所著《海内华夷图》、《古今郡国县道四夷述》和《皇华四达记》等记载，唐代与四邻国家交通者有七条路线，包括陆路五条和海路二条，但主要依赖于南海航线。唐代宗宝应元年（762年），唐代著名学者杜佑的族子杜环在留居阿拉伯国家11年后，于北非摩邻国（约摩洛哥一带）乘中国商船回到广州，走的正是此海道，即贾耽《皇华四达记》所记述的"广州通海夷道"：

> 广州东南海行，二百里至屯门山，乃帆风西行，二日至九州石。又南二日至象石。又西南三日行，至占不劳山，山在环王国东二百里海中。又南二日行至陵山。又一日行，至门毒国。又一日行，至古笪国。又半日行，至奔陀浪洲。又两日行，到军突弄山。又五日行至海峡，蕃人谓之质，南北百里，北岸则罗越国，南岸则佛逝国。佛逝国东水行四五日，到诃陵国，南中洲之最大者。又西出硖，三日至葛葛僧祇国，在佛逝西北隅之别岛，国人多钞暴，乘舶者畏惮之。其北岸则个罗国，个罗西则哥谷罗国。又从葛葛僧祇四五日行，至胜邓洲。又西五日行，至婆露国。又六日行，至婆国伽蓝洲。又北四日行，至师子国，其北海岸距南天竺大岸百里。又西四日行，经没来

国,南天竺之最南境。又西北经十余小国,至婆罗门西境。又西北二日行,至拔㵼国。又十日行,经天竺西境小国五,至提㵼国。其国有弥兰太河,一曰新头河,自北渤昆国来,西流至提㵼国北,入于海。又自提㵼国西二十日行,经小国二十余,至提罗卢和国,一曰罗和异国。国人于海中立华表,夜则置炬其上,使舶人夜行不迷。又西一日行,至乌剌国,乃大食国之弗利剌河,南入于海。小舟溯流,二日至末罗国,大食重镇也。又西北陆行千里,至茂门王所都缚达城。自婆罗门南境,从没来国至乌剌国,皆缘海东岸行。其西岸之西,皆大食国。其西最南谓之三兰国。自三兰国正北二十日行,经小国十余,至设国。又十日行,经小国六七,至萨伊瞿和竭国,当海西岸。又西六七日行,经小国六七,至没巽国。又西北十日行,经小国十余,至拔离謌磨难国。又一日行,至乌剌国,与东岸路合。①

上述史料统计,"广州通海夷道"所经的国家和地区达30多个。其从广州经南海出发,通过印度洋航线,抵达印度洋沿岸诸国,而直达波斯湾,是连接中国和亚非各国之间经济文化交流的纽带,又是继汉代以来延伸了的海上丝绸之路。而且这一航道的西极,不仅是波斯湾,也遥指红海和东非;东行航线还通往日本、琉球以至朝鲜。

据有关史料的不完全统计,有唐一代,来广州贸易的亚、非、欧国家和地区约40个,其中绝大多数是经广州进入中国内地的。唐玄宗天宝九年,鉴真和尚第五次东渡日本受阻,从海南岛北归,途经广州时,见到"江中有婆罗门、波斯、昆仑等舶,不知其数。并载香药珍宝,积聚如山。其舶深六七丈。狮子国、大石(食)国、骨唐国、白蛮(可能指欧洲人)、赤蛮(指阿拉伯人)等往来居住,种类极多"②。唐代宗大历四年(769年),来广州的外国商船"乃四千余舵"③;唐德宗时"日十余艘,载皆犀、象、珠玑,与商贾杂出于境"。阿伯尔肥达(Abulfeda)说:"Khanfu(即广州)为中国最大之商港,富于水果、菜蔬、小麦、大麦、米及甘蔗诸物。"④

---

① 《新唐书·地理志七下》。
② (日)真人元开著:《唐大和上东征传》,汪向荣译,中华书局,2000年,第74页。
③ 《旧唐书·王锷传》。
④ 转引自张星烺编注:《中西交通史料汇编》第三册,中华书局,1930年,第176页。

唐代和以后的南汉以高度开放的气魄，打开国门，发展海上贸易，不但确立了广东在全国贸易中心的地位，而且带来了海洋文化繁荣。唐代不少外国高僧大德来华者，循海路的多在广州上岸，再转往内地，如武后时印度高僧极量、玄宗时天竺密宗大师金刚智等，都来广州弘扬佛法、译经。唐玄宗开元二十六年（738年）潮州建立开元寺，有朝鲜僧人前来礼佛，说明广东与东北亚地区已开始佛教交流。中国僧人也经南海西行求法，远至印度，梁启超先生称之为"留学运动"①，其中学有所成者有义净、慧超、不空等，皆名垂佛教史册。

海外文化，除佛教、伊斯兰教以外，科技和医药文化也以广东为窗口和桥梁传入。唐代广州既为我国最大的对外交通和贸易港市，广州当能造大船。但我国史书对此记载甚少，唯据唐宣宗大中五年（851年）曾东游我国的阿拉伯商人苏莱曼（Sulayman）记载，当时中国商船很大，能抵抗巨大风浪，但逢较浅的海峡或内海比较难进。日本人桑原骘藏在《蒲寿庚考》一书中也认为唐代广东能造大船。这种海舶即航行于"广州通海夷道"上。唐代阿拉伯国家用桄榔纤维缝合木船技术在沿海传播。广东到处有这种植物，"广人采之，以织巾子。其须尤宜咸水浸渍，即粗胀而韧。故人以此缚舶，不用钉线"②。据研究，这种不用钉的造船工艺源于阿拉伯人。又通过外贸，大批"海药"贩到广州，有些移种成功，为"南药"增加不少品种。属水果类传入的即有菠萝蜜③、油橄榄、底称实④（无花果的一种）等。这些海外新品种对扩大土地利用、改变人们饮食结构作用匪浅。有一种"补骨脂"药材来自外舶，后广种于广南，具驱风湿、强筋骨、补心血、延年益气等功效，因曾治愈岭南节度观察使郑絪瘤疾而名噪一时。此外，还传入阿拉伯的天文、数学、历法、音乐、美术、舞蹈、鱼盐、服饰、饮食以及其他风俗等，如当时和后世广州使用香药、斗鸡、蓄养黑奴和蛮婢等风俗即来源于这个外商群体。这样，海上丝绸之路和大庾岭道相互对接和沟通，有效地发挥中外文化交流功能，广州及沿线城市的文化风格变得更为多元、开放和包容，成为岭南文化最大的一个特质。

---

① 梁启超：《千五百年前之中国留学生》，梁启超著：《中国佛教史研究》，三联书店，1988年，第27页。
② 刘恂：《岭表录异》卷中。
③ 屈大均：《广东新语》卷二五，《木语》。
④ 段成式：《酉阳杂俎》前集卷一八，《木篇》。

三、桂柳运河开凿

唐帝国空前强盛，非常注意对边疆地区的开发经营。唐太宗贞观元年（627年）全国划分为十道，岭南道是其中之一，辖今两广、海南及越南北部，覆盖珠江流域大部分地区。岭南道下设广州、桂州、容州、邕州、安南五管，即都督府，作为中央派出的监察机关。其中桂、容、邕三管辖地在今广西。因有灵渠作为南北交通咽喉，时广西地位重于广东。唐太宗时，开辟了一条从桂州到邕州的买马路，改变了过去中原南下只能经今桂林、玉林，从合浦港浮海到越南再至右江上游百色一带的交通线。因为地处云贵高原东侧的百色地区盛产我国著名的"广马"。这种马体形高仅1米左右，吃苦耐劳，善爬耐驮，拉力强，适应性好，最宜于作运输用马。这种马属我国西南品系良马，与作为战马用的蒙古马、新疆的三河马和伊犁马齐名。唐太宗即位不久，即开通了这条西南向的陆路交通线。虽然如此，时作为岭南政治和交通枢纽之一的桂管，统制九州军事，后又设桂管经略使，辖十四州，其地大部分在柳江上游环江、九江、融江及红水河地区。随着社会的发展，买马路满足不了唐政府开发西南边疆、发展经济的需要，而灵渠只解决南北运输问题，桂管所需的物品受到很大限制。唐朝政府在大力疏浚、整治灵渠的同时，积极寻找、开辟新的水上交通线。这就是闻名一时的相思埭。它是继秦修灵渠之后唐代在珠江流域兴建的最大一项运河工程，历史上辉煌过一段时间，后来失于记载而湮没无闻，至今也鲜为人知。

桂柳运河，以位于广西临桂县境内，沟通桂江和柳江而得名，也曾名南陡河、西渠、南渠等。原来柳州东北有一条流入柳江的洛清江，其支流相思江自北向南再转西注入洛清江；漓江南出桂林不远，即为西南流的良丰江。相思江与良丰江的分水岭是一片平缓而宽广的石灰岩孤峰谷地、沼泽低地，稻田池塘遍布。洪水泛滥时，客水贮存于地下或池沼，雨水也顺山坡汇流于此，形成丰沛水源，终年不竭。但实际上两河间并无明显的分水岭，施工容易，土方量也少，为运河开凿提供了非常有利的自然条件。

据《新唐书·地理志》记载，相思埭于唐武则天长寿元年（692年）建于临桂县境。长寿为武则天第七个年号，正是盛唐时期。武则天这位中国历史上唯一的女皇帝，颇注意发展农业，劝农桑，督促地方官员兴修农田水利，相思埭就是她在位时修建的。相思埭运河东起良丰江上的良丰，西至相思江上的大湾，全长16公里。关键工程在分水岭地带筑堰堵水，建分水塘，将沼泽区变成贮水区，提高水位。另设陡门18座，形状与灵渠一样。在东西陡门出口分挖渠道，东接良丰江，西连相思江。这个由分水塘、陡门和东西渠道组成的工程就是相思埭（埭即大坝）。如果不启东陡，分水塘的水便顺渠西流入相思江；反之，则东流入良丰江。水流自东陡或西陡分出以后，如覆水难收，永不回头。陡门建筑物则成了水流似有情人一样相思的标志。也许由于这个缘故，取了"相思埭"这个情意缠绵、秋水伊人般的名字。有人认为，相思埭可能筑有类似灵渠铧嘴一样调节流量的建筑物，惜因年代久远，已无迹可寻。过去从桂林到柳州，须顺漓江下梧州，再溯浔江、黔江上柳州，拐一个大弯，路程既长，也耽误时间。相思埭运河竣工后，两地水上路程缩短约510公里。据李吉甫《元和郡县图志》记载，纵贯广西南北的官道，从桂林到柳州265公里，柳州至严州（今来宾）100公里，严州至宾州（今宾阳）95公里，宾州至邕州（今南宁）123公里，共583公里。相思埭同样缩短了桂林至南宁的里程，这对唐帝国加强控制和开发安南起了重要作用。唐代贵州东南对广西的交通，可经柳江上源都柳江（取道今三都、榕江、从江、融安），而云南取道右江支流剥隘河，越南取道左江上源水口河和平而河，顺郁江，溯黔江，下柳州，假道相思埭出桂林，再过灵渠下湘江，形成较完善的水路交通网，转输军饷、漕粮和各种土特产品。据《元和郡县图志》载："自扬、益、湘南至交、广、闽中等州，公家运漕，私人商旅舳舻相继"，其中"交"指越南北部和中部，"广"指两广，这对巩固云贵地区边防，平息南诏政权对岭南的多次战争，以及开发云贵功不可没。同时，相思埭作为一项水利工程，灌溉两岸农田，对水资源丰富但因渗漏而缺水的石灰岩地区的水稻生产起了保障作用。

可惜宋元历史文献缺乏有关相思埭的记载，致使这称盛一时的运河使用和整治情况一无所知，成为历史悬案。直到明朝末年，广东南海人邝露流落广西，才在所撰《赤雅》一书中记载了相思埭的使用情况。书中说："冬月涸绝不行，予过陡时，水长月明，如层台叠壁，从天而下。"即相思埭除冬天枯水期断航以外，其余季节皆在与灵渠联运而通航无阻，发挥交通、灌溉效益。由此推测，相思埭在宋元和明前期当在使用。清代雍正、乾隆年间相思埭更得到空前重视。原因是清政府正施行"改土归流"政策，激化了与西南少数民族的矛盾，民族纠纷和武力反抗事件此伏彼起。贵州东南苗民的反抗斗争尤为激烈，清政府在贵州古州（今榕江）设总兵实行镇压。位居柳江上游都柳江畔的古州成了军事重镇，需从广西、湖南调集兵力和给养，灵渠和相思埭承担了繁重的运输任务，因而得到巨额拨款以行整治。相思埭几乎进行了重建性的改造。雍正九年（1731 年）的那次大整修，建陡门 20 座，凿去碍航滩石 144 处，开浚河渠如槽形，水得容蓄，长流不竭，成为"下达柳（州）、庆（远）灌田运航之要津"。清杨应琚《广西桂林府南北陡河图》说："水既归流，因时蓄泄。农民灌溉之余，又设鱼梁，令获淤泄之利，民咸役之。"相思埭的综合利用效益十分显著。主持这项工程的云、贵、桂三省总督鄂尔泰后在《重修桂林府东西二陡河记》中对修灵渠和相思埭评曰："于是近渠之田，资灌溉者不下数百顷，水旱无虞。前此荒塍，悉登膏沃。若乃舟楫之便利，惠贾通商，则自灵渠而北，曲赴湖南；自鲢鱼陡而西，直际黔省之古州。"这个评价是中肯的。灵渠和相思埭组成的南联江海、北通中原、经运万里的交通大动脉自此一直在发挥效益。直到 20 世纪 40 年代前后，湘桂和黔桂铁路建成通车，近代公路运输兴起，灵渠才由航运转为供水灌溉，相思埭则成为历史陈迹。

第三节　佛教和伊斯兰教在珠江流域流布

　　隋唐政府大力推崇佛教，大量引入和翻译印度佛经，佛教信众大为增加，宗派不断创立，寺院兴建不减于前，成为重要的建筑艺术和文化空间。佛教不但从海上丝路传入岭南，而且从陆上丝路进入云贵高原，基本覆盖珠江流域，同时涌现出一批以惠能为代表的高僧大德，产生了深远的历史影响。

一、惠能创立禅宗

清初广东一位普通文人李蜚粤有诗云:"岭南本是禅宗地,世世传灯有姓卢。"① 这位姓卢者,即六祖惠能,广东新兴人,祖籍范阳(今北京大兴县),父行瑶,唐初坐贬新州(今新兴)为民。惠能24岁上湖北黄梅,拜弘忍为师。惠能悟性甚深,曾作偈:

菩提本无树,明镜亦非台。

本来无一物,何处惹尘埃。

惠能深得弘忍信任,得传衣钵后逃回广东。唐高宗仪凤元年(676年)惠能在广州光孝寺受戒,一年后北上曲江曹溪宝林寺(今南华寺)任住持30多年,信众如云,弟子中名僧辈出。他们遍布广东各大丛林,虽各成一家,但都渊源于惠能佛学思想。"顿教"作为中外佛教史上的一次革命,影响甚广。

惠能是个文盲,从未进过学校,不可能对那些艰涩古奥的佛理作深入研究,却凭他的理解,领悟佛教真谛。这包括三个方面:一是惠能的思想。即在世界观上,他是一元论者,主张"真如缘起"。他将"真如"视为最高的世界本原,认为宇宙万有都是由"真如"派生的。"真如"也就是"真心",或曰"自性"。"自性"就是精神本体的"真如"。惠能力倡"直指人心","见性成佛",认为这是修道悟禅的根本目的。他在《坛经》中指出:"见自性清净,自修自作法身,自行佛行,自成佛道。"又曰:"心即是地,性即是王,性在王在,性去无王。性在,身心存;性去,身心坏。佛是自性作,莫向身外求。自性迷,佛即众生;自性悟,众生即是佛。"照此看来,自性就是佛性,一切众生皆有佛性,故众生皆可成佛。二是如何成佛,也就是惠能的"解脱论"。人能否成佛,在于能否"见性",即悟得"自性"就是一个大前提。在这个"见性"过程中,修行都要有主观能动性,全靠自己,而不是求诸圣贤。惠能的这一主张包含了清醒的自我意识和强烈的主体精神,稀释了禅宗初祖达摩的宗教色彩,在中国禅宗史上

---

① 转引自覃召文著:《岭南禅文化》,广东人民出版社,1996年,序第1页。

具有重要意义。三即在自悟方法上，惠能强调顿悟，即快速成佛。他在《坛经》中指出："闻其顿教，不假外修，但于自心。令自本性起正见，烦恼尘劳众生，当时尽悟；又如大海，纳于众流，小水大水，合为一体，即是见性。内外不住，来去自由，能除执心，通达无碍，能修此行，即与《般若波罗密经》本无差别。自用智慧观照，不见文字。不思量，性即空寂，思量即是自化。"这段文字，说明通过平日"思量"，长期"自化"，就可以达到真正"顿悟"成佛的目的。当然，惠能也认为，人之根性有利钝之别。利者可顿悟而入，钝者则不妨渐修而进，关键在于坚持体悟，而不必强求利钝，须因人而异，但最终可达成佛目的。这样，由世界观、解脱论到方法论，组成惠能的"顿教"佛学体系，独步于中国乃至世界佛教学坛。惠能顿教学说反映在他的系列著作中。据中山大学冼玉清先生《广东释道著述考》所引，有《金刚经释义》二卷、《六祖大师金刚经口决》一卷、《金刚般若经口诀正义》一卷、《金刚经大义》一卷、《六祖解金刚经》一卷、《注金刚经》一卷、《六祖解心经》一卷、《六祖坛经》二卷、《仰山辨宗论》一卷、《顿教理法经》、《诸寺说法集》等。这些著作多出于后人编撰，其中惠能大弟子法海功不可没。

惠能顿教使佛教中国化、世俗化、平民化、务实化，在中国历史上建立起与老子、孔子、孟子不同的南宗学派。惠能不仅是广东，也是全国性的思想家和哲学家。康有为称惠能和江门陈白沙是广东"能自悟"的二人，且对惠能禅学及其对广东诗学的影响评价更多更高，称"唐宋两代皆六祖派"，"宋士大夫晚节皆依佛"，"宋儒皆从佛、老来"。[①] 著名哲学家汤用彤先生在《隋唐佛教史稿》中称《六祖法宝坛经》"影响巨大，实于达摩禅学有重大发展，为中华佛学之创造者"[②]。毛泽东1956年对中共广东省委领导人讲话中说："惠能在哲学上有很大的贡献，他把主观唯心主义的理论推到最高峰，比英国的贝克莱早一千年。"[③] 正因为如此，惠能成为珠江文化哲圣之一，备受中国人民的推崇和纪念。

惠能顿教，通过他培养的千人弟子，散布海内外，形成所谓"花开五叶"的禅宗法流格局，即河北临济、湖南沩仰、江西曹洞、广东云门、南京法眼五

---

① 康有为著：《康有为全集》第二集，中国人民大学出版社，2007年，第288页、第254页。
② 汤用彤著：《隋唐佛教史稿》，中华书局，1982年，第189页。
③ 黄灿兴主编：《禅宗六祖惠能》，香港银河出版社，2003年，第20页。

宗。法眼宗后来远播于泰国、朝鲜，曹洞宗、临济宗盛行于日本，云门宗及临济宗流布欧美。惠能创立的教理走向世界，成为全人类文化的一部分。

惠能削发受戒的广州光孝寺，建有瘗发塔和六祖殿以为纪念。他讲学的曲江南华寺，唐代盛时往来僧徒达1200多人，代有重构，并供奉六祖真身。惠能圆寂的新兴国恩寺，为广东名刹，唐代已列入"新昌八景"之一（唐新兴一度称新昌）。宋进士邹浩谪新州，作《谒六祖》诗云：

岭外新州是瘴乡，我来佛地荫清凉。
袈裟石上盘云出，淋浴池边带日光。
依树柔柔风袅袅，入山批鵊响锵锵。
朝天隔望长安路，且涤凡心礼法王。

二、其他高僧大德

佛教在广西也大行其道，唐代增建寺院45座，五代增建寺院8座。桂林、柳州、贵港、梧州的寺院，全州知名度最高。鉴真和尚从海南北上，曾到桂林、梧州讲法。桂林西山寺高僧云集，与云南鸡足寺同列为唐代南方五大禅林。贵港南山寺，武则天敕赐佛经5000卷，成为佛教重镇。其时惠能到广西永明（今永福）端岩讲经，扩大禅宗影响。唐肃宗至德元年（756年），湖南释全真（寂照大师）到全州创建净土院，弘扬净土法门，影响后来居上，是广西佛教的重大特点之一。唐中晚期，天竺高僧觉救等人到桂林考察、题刻，留下丰富的文物，桂林佛教得以知名天下。

在云南，唐代南诏国中期以后，佛教始从中原、吐蕃、骠国（缅甸）等传入，反映了云南佛教多元并存的特点。但从骠国传入的小乘佛教影响较小，影响较大的是密宗，来自吐蕃。到大理国时，云南建了不少寺院、佛塔、佛像、台窟，信佛成为风习。元初，郭松年写道："此邦之人，西去天竺为近，其俗多尚浮屠，家无贫富皆有佛堂，人不以老壮，手不释佛珠，一岁之间斋戒几半，绝不茹荤饮酒，至斋毕乃至。沿山寺宇极多，不可殚记。"[①]

---

① 郭松年：《大理行记》。转引自欧鹃渤著：《滇云文化》，辽宁教育出版社，1998年，第130页。

在贵州，以唐武则天垂拱元年（685年）牛腾谪为牂柯建安丞，为佛教入黔标志。贵州以大乘佛教为主，有文字记载的佛寺十余座，僧尼百余人，在黔东地区建有弥勒寺（万山）、鳌山寺（岑巩）、宝相寺（黄平）等。这些寺庙建筑仿内地式样，又不失当地特点，反映了中原文化在贵州的传播。

佛教自东汉从海道传入广东以来，高僧大德代有其人。正如释光鹫《鼎湖山志》卷三所云："五岭巍巍，斯为佛国。曹溪发源，演于（希）迁、（慧）寂；万派千江，皆其涓滴。"由此集结而成的这个高僧群体，既有土生土长的岭南人，也有生长于他乡，但主要活动在岭南的高僧。他们可谓群星灿烂，闪烁在岭南大地夜空。收入《岭南文化百科全书》者即有25人，其中大部分是广东人或落籍广东。除上述惠能以外，特别值得提及的有希迁、大颠、文偃、憨山、栖壑、天然、德清、函昰、大汕、虚云、通海等。正是由于他们的努力和奉献，才使珠江流域禅文化在中国佛教文化乃至中国文化史上占有重要的一席之地。但属唐代的仅有希迁、大颠、文偃、通海等，为其中翘楚。

希迁（700—790年），俗姓陈，世称石头和尚，广东高要人。12岁出家南华寺，拜六祖惠能为师。惠能圆寂后，先后往江西吉州青原山、湖南衡山学师于行思和尚、怀让禅师。唐玄宗天宝初任南岳衡山南寺住持，唐代宗广德二年（764年）驻锡长沙招提寺，一时四方参禅者云集，有高足21人。其主张"即心即佛，心佛众生"，认为"心"造万物，为万物之理，付诸实践，即"触目是道"，发展了禅宗中的"理学"派。在修持方法上，创立"互回"禅法，即不同方法互不相犯，而是相涉融合。此法深得怀让等推崇，使其名重一时。其弟子继承宗风，形成曹洞宗，影响远及日本、朝鲜。圆寂后，唐僖宗谥其"无际大师"。著作有《参同契》、《草庵歌》各一篇。前者为其禅学思想代表作，至今仍为日本曹洞宗弟子必读经典。

大颠（732—824年），俗姓陈（一说姓杨），广东潮阳人。初拜当地海潮古刹惠照和尚为师，后游南岳，参拜石头和尚，悟禅机。唐德宗贞元七年（791年）回潮阳塔口山创建"灵山禅院"。升帐说法30余年，听众如云，得法弟子千余人。灵山禅院也成为岭东著名道场，禅风流布福建。韩愈贬潮，与其有深交。传其圆寂后，骨骸尽化，但舌根犹存，葬地称为"舌冢"，至宋代开塔，舌根已化，唯留古镜一面，更名"舌镜塔"，今为全国重点文化保护单位。据传著作有《般若波罗密多心经释义》、《金刚经释义》,并手抄《金刚经》、《法华经》、《维摩诘经》等多卷部。

文偃(864—949年),俗姓张,浙江嘉兴人,云门宗开山祖。15岁出家,多处投师学道,游访诸山名寺,深得要领。后梁太祖乾化元年(911年)至韶州谒见知圣禅师,后继续法席,开堂设法,听讲僧俗达数千人。南汉高祖乾亨七年(923年)移席乳源云门山,创建梵宇,先后称"光泰禅院"、"证真禅寺"、"大觉禅寺",世称"云门寺"。南汉高祖大有十一年(938年)和中宗乾和元年(943年)入宫为南汉主刘龑和刘晟讲经,大扬禅风。自此名冠广东,闻风前来学禅者不可胜计。其学说世称"云门宗"。其宗风可概括为"涵盖乾坤"、"截断众流"、"随波逐浪",所谓"云门三句",实是一种超越万物、逍遥时空、蔑视权威、打破偶像的门风,但又流于险峻和哲学化,难为大众接受,限制了它的流布。文偃一生弘法66年,弟子上千人,云门寺也成为岭南名刹。文偃著作主要有《云门匡真禅师广录》三卷,为其弟子结撰而成。

海通,生于唐开元初年,贵州人士,本名清莲。12岁出家,师从高僧慧净。24岁辞师,游天下,最终来到嘉州,结茅于乐山三江(大渡河、青衣江和岷江)汇流的凌云山上。他见江流湍急,夏天水涨,常倾覆舟楫,危及生命安全,决心开凿弥勒大佛像,"以镇水势"。从唐玄宗开元元年(713年)至开元十八年(730年),工程进行18年,只完成头、胸部分,他就圆寂了。直到唐德宗贞元十九年(803年)才竣工,历时90年。乐山大佛通体高71米,头高14.7米,是迄今世界上最大的石刻佛像。这一尊大佛像是以海通为代表的贵州高僧为佛教文化艺术作出的巨大贡献。乐山大佛今已成为著名人文景点,常年游人络绎于途。

三、伊斯兰教传入

广东是伊斯兰教传入我国最早的地区之一。据福建泉州《重立清净寺碑》记,隋文帝开皇七年(587年)斡葛素自大食航海抵广州,建礼拜寺于广州,赐号"怀圣"①。自此,伊斯兰教文化开始在岭南传播。作为一个传入中国较晚的

---

① 对怀圣寺建立的时间,很多学者认为是在唐代。

外来宗教，伊斯兰教在广东的社会文化背景下，为自己获得了充分的发展空间。特别是它的宗教生活与家庭生活合而为一，较其他宗教更具持续力量，由此产生的宗教文化景观特别强烈，影响也至为深远，至今仍在广东文化中占有重要的一席之地。

伊斯兰教是一种世界性宗教，当初它是作为一种异质文化传入广东的，但与其他宗教一样，在广东这块土地上和而不同地发展，形成自己的文化景观，在广东的遗迹遗址也不在少数。

怀圣寺是广东穆斯林的活动场所，一说建于唐太宗贞观元年，为伊斯兰教传入我国最早的建筑，由礼拜大殿、看月楼、碑亭和东西长廊等组成，与光塔一起构成一大建筑群。大殿形式类似穹庐，有西域风格，而其顶与看月楼一样，为重檐歇山顶，形式与我国南方干栏式建筑相同，说明它们是结合广东的地理特点兴建的。同一时期兴建的光塔，高36.3米，为圆柱形砖塔，下大上小，光滑无窗，呈砖灰色。教徒礼拜时，每登临塔顶高呼"邦卡"，即召呼教徒作礼拜仪式，"邦"与"光"音近，故有此俗名。塔顶过去饰以金鸡，可测风向和起导航作用。光塔所在之地，唐代还是一片汪洋，建造者就地取材，以蚌、螺壳为原料，掺以糯米建成，亦为中国建筑文化一大贡献，现在广东各地留下用此原料的建筑物不少。再者光塔没有避雷针，千百年来久经风雨侵蚀而岿然独立，专家认为由于它建立在水眼上，得以防避雷击。怀圣寺与光塔珠联璧合所构成的建筑文化景观，不仅为广州建筑文化增添异彩，而且在中西文化交流上起过重要作用。

伊斯兰教讲究艺术，各地清真寺和墓群有不少阿拉伯文雕刻，内容既有宗教经文和祈祷语，也有追述历史记载和年代考证；种类既有石雕铭文或墓志，也有木刻匾额和楹联；风格有的保留阿拉伯传统，有的结合中国书法艺术形式。位于广州解放北路桂花岗的先贤古墓（又称"回回坟"和"响坟"）即为一处伊斯兰教文化荟萃之地。那里环境优雅，一派乡村景观，为穆斯林安息之地，包括高大石牌坊、门廊匾额、墙壁碑碣、墓志铭等，琳琅满目。例如南门高大的石牌坊上端有一祥云圆月图案，上刻圆形阿文奉名词，"奉大仁大慈真主之名"，下刻《古兰经》经文曰："人总是要死的，死后即归召于我。"牌坊两侧还刻有两段圣训："死亡足以发人深省"，"现世足以分晓逝迁"。其中最著名的圆顶墓（宛葛素墓），属摩尔式（即圆顶）风格建筑，还有塔式墓盖等。古墓除中世纪真迹以外，主要是上述近代文化精品。实际上，先贤古墓被视作非常神圣的地方，常有穆斯林朝觐者从很远的地方来朝拜。墓园里还有数十座外国建筑风格墓葬，墓主人来自海外。

在广州阿拉伯人过去聚居的蕃坊，留下许多阿拉伯语地名，也直接或间接反映了伊斯兰教文化景观。据马逢达《广州蕃坊考》①，这些古今地名计有：

古地名	今地名	阿拉伯语含义或称呼
甜水巷	甜水巷	中国山岗
朝天街	朝天路	朝天房
大市街	惠福路	大食街变音
诗书街	诗书路	狮子音译
光塔街	光塔路	大食巷
仙羊街	海珠中路	送别巷音译
仙邻街	仙邻巷	支那（中国）
蓬莱北街	蓬莱北街	真主至大
玛瑙巷	玛瑙巷	大食、波斯人卖珍珠玛瑙之地
擢甲里	擢甲里	小巷
纸行街	纸行路	与大食有关
番巷	（已佚）	光塔街
玳瑁巷	（今无）	装饰物
蒲宜人巷	普宁巷	蒲氏宜（夷）人居地

这些地名皆以光塔路为中心，大抵东起解放路，西迄人民路，南达惠福路和大德路，北止于中山路，覆盖广州老城内，形成伊斯兰教文化地名集群，反映阿拉伯人的信仰、风俗、语言、服饰、商业和建筑文化，给广州历史文化景观留下一道亮丽的风景线。

---

① 转引自曾昭璇著：《广州历史地理》，广东人民出版社，1997年，第235页。

第四节　流寓人士对珠江文化的贡献

在中国历史上，如果缺少了迁徙，可能就没有中原以外的文化兴起，也就没有后来珠江文化的辉煌。古代中原文化在珠江流域的传播，还得益于另一个因素，即贬谪和流寓人士。这些人被贬到南疆蛮荒之地，运用其权力与文化影响力，往往能推动地域文化的发展，甚至影响到一些地方的文化风俗。这种文化名人效应，对珠江文化产生过积极的影响，至今尚未泯灭。这个流寓名人群体足迹遍及珠江大地，唐代代表人物有韩愈、刘禹锡、柳宗元、李渤、牛腾、李绅等。

一、韩愈在阳山和潮州

韩愈（768—824年），字退之，唐代文学家、政治家。河南河阳（今孟县）人。郡望昌黎，世称韩昌黎。晚年任吏部侍郎，又称韩吏部。谥号"文"，又称韩文公。唐德宗贞元八年（792年）登进士第，任节度推官，其后任监察御史、阳山令等职。

韩愈三次来广东。第一次随贬任韶州刺史的兄长韩会而来，那时韩愈年纪还小。唐德宗贞元十九年（803年）夏秋之交，韩愈由国子监四门博士调任监察御史。半年内他两次上书皇帝，先是《论宫市》，后是《论天旱人饥》，都因反对宦官掠夺百姓财物和请朝廷宽免徭役而得罪皇帝，被贬为阳山县令，是为韩愈第二次来广东。远离长安的阳山非常贫困，环境恶劣，瘟疫流行，一片荒凉，韩愈见状喟然长叹"阳山天下之穷处也"。

韩愈自唐德宗贞元二十年（804年）二月中旬来到阳山任所，至贞元二十一年（805年）三、四月间遇赦离任北归，在阳山约一年两个月，为民做了不少实事。一是亲临政务，廉洁从政为民。当时朝廷官佐遭贬到地方，多以清闲为趣，不理地方政务。而韩愈却像新提拔的官吏一样，亲自从事县政建设。他常深入附近的农舍，与老农共饮一碗酒，亲身参与渔民的渔业劳作，探求治理阳山的方略。他的《远览》诗"所乐非吾独，人人共此情。往来三伏里，试酌一泓清"，充分体现了他与民同乐、爱民亲民的贤令襟怀。二是重视农桑，发展经济富民。韩愈把中原先进的农耕技术、农耕工具带到阳山，教人耕织，并重视农田水利的兴建和维修，改良农作物品种，推广先进的间种、套种、一年两熟等农耕技术，大力发展农业生产力，增加农民的经济收入，提高百姓的生活水平。三是宣扬德礼，兴学办校教民。韩愈注重教化，宣传德礼，兴学办校，招生授徒，广东士子慕名请教者大不乏人，在阳山形成一班韩门弟子，南海人区册即为最受韩愈器重的一个。阳山百姓由此知书达理，提高了文化水准和文明程度。四是建章立制，整顿秩序安民。韩愈治理阳山，一方面建章立制，制定乡规民约，整顿县政机构，整治社会秩序，使阳山百姓懂得按制度规约出租赋、奉期约。另一方面，团结当地小吏，打击邪恶势力，抑制豪强，维护百姓利益，使之安居乐业。五是排忧解难，惠及百姓。韩愈整治连江河道，修筑县城街道，解决阳山百姓行船难、行路难、过渡难等问题。

韩愈在阳山的仁政爱民善举作用匪浅，颇见成效，阳山再也不像他初来时那样荒凉穷苦，逐渐成为一个社会秩序正常、百姓生活安定的地方。清光绪三十二年（1906年）广东学使徐琪在《题阳山淇潭志树文社》中写道："阳邑天下之穷处，开化较迟，自韩文公来宰斯土，一洗鸟言夷面之俗，申之以孝悌，泽之以诗书，陶椒渐摩，浸濡鼓舞，而篁竹荒茅之域，骎骎乎变为衣冠文物之邦矣。"高度评价了韩愈令阳治阳的业绩。清人简朝亮《等贤令山》诗，道出阳山人对韩愈的心声："阳山终不穷，天下知韩公。至今贤令山，何人继高风。"韩愈还给阳山留下了丰富的文化遗产。他在阳山写的诗歌有《同冠峡》、《县斋读书》、《县斋有怀》、《答张十一》等二十二首，文有《送区册序》、《燕喜亭记》等六篇，这些诗文为后人研究历史、认识阳山、宣传阳山提供了宝贵的文学资料。韩愈在阳山的遗迹有读书台、钓鱼台、同冠峡、远览、游息洞、贤令山摩崖石刻（打字岩），以及"鸢飞鱼跃"、《千岩表》和《远览》诗石刻等墨迹。这些遗迹遗存蕴含着丰富的思想内涵，具有很高的书法艺术和旅游价值。

唐宪宗元和十四年（819年），唐宪宗迎佛骨入京师，韩愈上《论佛骨表》力谏反对，认为劳民伤财，为此被贬为潮州刺史，此为韩愈第三次来广东。"一封朝奏九重天，夕贬潮州路八千"，韩愈风尘仆仆来到被人们称为蛮夷之地的潮州上任。潮州自古以来，远离中原，僻处岭外，交通不便，形成一个带有封闭性的地理文化圈。韩愈在潮州时间仅八个月，却为百姓做了三件流芳千古的大事：一是驱赶鳄鱼，为民除害；二是兴学重教，传播中原的先进文化；三是注重民生，为民办实事，实行"计庸抵债"，释放奴婢，带领百姓兴修水利，"功不在禹下"。

唐代广东鳄鱼为患，野象横行，潮州尤甚。流经粤东最大的河流当年称鳄溪，民间称为"恶溪"。韩愈亲笔撰写了《祭鳄鱼文》，率领百姓祭鳄、驱赶鳄鱼。史载："初，愈至潮州，问民疾苦，皆曰恶溪有鳄鱼，食民畜产且尽，民以是穷。数日，愈自往视之。令其属秦济以一羊一豚投溪水。"① 当然，凭韩愈的一篇《祭鳄鱼文》不可能根治潮州的鳄鱼之害，但韩愈驱鳄却富有文化意义。作为一个被贬官员，置个人忧愁、不幸于度外，刚上任即"询吏民疾苦"，并诉诸行动。韩愈的行为得到潮州人的肯定和赞扬，驱鳄行动也成为以后潮州人尊韩的一段佳话。

另外，当年的潮州远离京城，文化教育落后。贬到潮州不久，韩愈就写了《潮州请置乡校牒》，他认为，治理社会，"不如以德礼为先，而辅之以政刑也。夫欲用德礼，未有不由学校师弟子者"。韩愈一方面荐举地方俊彦赵德主持州学，另一方面兴办乡校。办学缺资金，韩愈就拿出自己的薪俸兴办州学，请教师，办乡学。现在的潮州地区有好学崇文的风气，追根溯源，应得益于韩愈当年的兴学。苏轼后来指出："始潮人未知学，公命进士赵德为之师，由是潮之士笃于文行，至于今号称易治。"② 南宋乾道年间潮州太守曾造也说，潮州文物之富，始于唐而盛于宋，"爰自昌黎韩公，以儒学兴化，故其风声气习，传之益久而益光大"③。

唐代潮州水利不举，农桑失收，民生困苦。韩愈亲到实地考察，带领当地人开凿金山溪，解决旱涝之苦，民受其惠。溪水潺潺，至今仍滋润两岸农田，似在不断向人们诉说韩愈发展农桑的业绩。昔日潮州，贩卖、质押奴婢现象十分严重，一些地方官借此挑起事端，打击土著民族，从中渔利。韩愈对此深恶痛绝，在查明情况后，采取"计庸"方式，以工钱抵债，释放一批奴婢，潮人称快。

---

① 《新唐书》卷一七六。
② 苏轼：《潮州昌黎伯韩文公庙碑》。该碑位于潮州韩文公祠内。
③ 陈香白辑校：《潮州三阳志辑稿》，中山大学出版社，1989年，第70页。

作为一位儒学大师，韩愈在潮州的业绩和风范赢得了潮州人民的千古崇敬，影响也极为深远。以韩愈的名字命名山川风物，反映潮州人对韩愈的特定的文化心态。潮州最主要的河流叫韩江，最秀美的山被命名为韩山，山上有纪念韩愈的韩文公祠，旁边还有韩山师范学校，市区有昌黎路、昌黎小学"昌黎旧治"、"岭海名邦"石牌坊、"景韩亭"，韩江北堤旁有"祭鳄台"，甚至潮州妇女用的头巾也称"韩公帕"，率而整个潮州赢得江山都姓韩。韩愈倡学广东，被誉为"百世宗师"，受之无愧，对广东文化的建树历久弥坚。

二、刘禹锡在连州

刘禹锡（772—842年），字梦得，河北定县人，唐代著名的文学家，被尊为"诗豪"。唐顺宗永贞元年（805年），刘禹锡因参加王叔文政治革新运动，被贬连州，中途改谪湖南朗州（今常德）司马。九年后回京，又因借题发挥写了《戏赠看花诸君》诗，中有"玄都观里桃千树，尽是刘郎去后栽"之句，影射新贵，于唐宪宗元和十年（815年）二月再贬连州刺史，在任上工作生活了六年。他在连州励精图治，大力发展农业生产，关心民间疾苦，使连州出现了一派欣欣向荣的景象。连州地处石灰岩地区，用水极为困难，刘禹锡教农民以机械汲水灌田，缓解旱情，百姓称快，连州农业生产一片欣欣向荣。其所作《插秧歌》描绘了连州百姓春天插秧的欢快图景：

> 冈头花草齐，燕子东西飞。
> 田塍望如线，白水光参差。
> 农妇白纻裙，农父绿蓑衣。
> 齐唱田中歌，嘤伫如竹枝。
> 但闻怨响音，不辨俚语词。
> 时时一大笑，此必相嘲嗤。
> 水平苗漠漠，烟火生墟落。
> 黄犬往复还，赤鸡鸣且啄。

连州山川灵秀，湟水（连江）萦回，但失于利用，殊为可惜。刘禹锡引入中原和江南造园艺术，引来江水，在城下营建唐代广东第一个名园海阳湖（今已湮）；精心设计了十景，还作《海阳十咏》诗，脍炙人口，连州因此而名声大振。广州、韶州的官员、文人学士纷纷慕名前来游览和仿效，刘禹锡可谓广东园林文化的一位先驱。

连州为汉、瑶等民族聚居之地，民族关系复杂，矛盾很多，打斗事件时有发生。刘禹锡认为应该从教育入手，提高当地文化水平，才是化解民族矛盾的根本。他积极推行学校教育，传播中原文化，开连州一代学风，培养了一批有用之才。唐宪宗元和十二年（817年），连州出了第一个进士刘景，刘禹锡欣然命笔，写下《刘景擢第》，诗云：

> 湘中才子是刘郎，望在长沙住桂阳。
> 昨日鸿都新上第，五陵少年让清光。

此后连州"科第甲全省"，成为广东历史早期的一个文化中心。

刘禹锡到连州，期间曾出现"罕罹呕泄"疫情。刘禹锡心急如焚，向湖南道州的薛景和广西柳州的柳宗元求教药方。薛、柳二人把一些民间的药方寄来，用之十分有效，刘禹锡称为"救命三帖"。刘禹锡还把自己40多年积累的药方，编成医书《传信方》，大受连州群众欢迎。如用芦荟治湿癣、以大蓝汁加雄黄治蜘蛛咬伤、以大豆和生姜治腹胀等甚为有效。这部医书流传到日本和朝鲜等地。刘禹锡以自己的医药知识在"荒蛮"之地的连州燃起了科学之光。

刘禹锡诗风简洁明快，风情俊爽，气势逼人，形式多样，还善于吸取民歌养分，创作"竹枝词"、"杨柳枝词"、"踏歌词"等，为群众喜闻乐见，无愧为一代诗豪。他在连州期间，写下了《莫瑶歌》、《蛮子歌》、《连州腊日观莫瑶猎西山》等诗篇，热情赞美连州山川风物，汉瑶各族人民的劳动和生活，以及他们的勤劳、勇敢、质朴、善良，充满了真挚的感情和撼人的精神力量，在广东文学史上留下了瑰丽篇章。

三、李绅和李邕在肇庆

李绅（780—846年），字公垂，江苏无锡人，从小得到母亲悉心培育。十五岁时，写下"锄禾日当午，汗滴禾下土。谁知盘中餐，粒粒皆辛苦"的著名《悯农》诗，万口流传至今。

李绅于唐宪宗元和元年（806年）中进士，此后仕途多有波折。元和十五年（820年），任翰林学士，未几又卷入"朋党之争"。唐穆宗长庆四年（824年），李绅被贬为端州（今广东肇庆）司马。从此他不再关心仕途，在宦海中沉浮，有时间与大自然拥抱，自我对话。在贬谪期间，李绅写了不少描绘路途艰险的诗文，为唐代诗坛添了异彩。如《江亭》，满纸灰冷，但又极力与命运抗争。诗云：

> 瘴江昏雾连天合，欲作家书更断肠。
> 今日病身悲状候，岂能埋骨向炎荒。

按惯例，贬官一般是不愿带家属的，而李绅却将家眷带到端州。此前，他写下《移家来端州先寄以诗》：

> 菊花开日有人逢，知过衡阳迴雁峰。
> 江树送秋黄叶落，海天迎远碧云重。
> 音书断绝听峦鹊，风水多虞祝媪龙。
> 想见病身浑不识，自磨青镜照衰容。

此举令当时端州人甚为感动。家属到达时，李绅十分高兴，带他们一起游览石室，于此写下《游石室新记》，留下了遗世不朽的墨宝，与唐代另一著名诗人李邕所撰《端州石室记》齐名，成为供后人瞻望的传世名刻。在端州任职期间，李绅除暴安良，兴修水利，减轻民众的劳役赋税，鼓励农业生产，使端州出现前所未有的生机。

端州盛产名砚，初唐李贺有诗云："端州石工巧如神，踏天磨刀割紫云。"有一次李绅乘船到端溪砚坑了解砚石开采情况，但见满目萧条，采砚工只是些老弱病残。李绅询问之下，方知砚工不堪赋税沉重，被迫外出谋生。原来，官府规定每年必须进贡一定数量的端砚给朝廷，但官绅大都另征数十倍于定额的端砚献给各类权贵，以求升官发财，弄得砚业破败不堪，端州百姓叫苦连天。李绅回府后，立即颁下政令，只按定额征收，不得多征一方，百姓奔走相告，一片欢呼。

在肇庆，李绅的政绩在民间广为流传，在今天依然受百姓祭祀。

在唐代贬谪岭南的朝官中，有一位书法家，他留在岭南的唯一书法作品《端州石室记》，成为珠江文化长廊中的瑰宝。他就是李邕。

李邕（678—747年），字泰和，扬州江都人。幼承家学，早有文名。先为李峤、张廷珪并荐拜为左拾遗。因在朝中弹劾奸权、主持正道而被武后贬出京城。唐中宗神龙二年（706年），李邕被贬为南和令，又贬富州（今广西昭平）司户参军。继在宦海中浮沉，先后贬海南、钦州。唐玄宗天宝六年（747年），宰相李林甫蒙蔽玄宗，妄加罪名，将李邕杖杀于北海郡太守任上。

李邕一生三贬岭南，写过不少诗文，都已失传。他在岭南的事迹，史书也无记载。存于后世的仅有石刻《端州石室记》。这是李邕于开元十五年（727年）赴钦州，途经端州时，游览七星岩所撰并书，生动地描述了石室的奇妙景色：

> 魇怪形以万殊，研地势以千变。伏虎奔象，浮梁抗柱。激涛海而洪波沸渭，叠香磜而群峰嵯峨。飞动逼人，屹耸惊视。密微微而三分地道，风萧萧而一变天时。窦乳炼于玉颜，石床列于仙座。隔阂尘境，矫集福庭。寂兮，寥兮，恍兮，惚兮！使营魄九升，嗜欲双遣，体若振羽翼，志若摩云天。①

《端州石室记》是李邕遗下的唯一的正书碑，结构严谨、端庄，用笔圆滑方正、笔函清新、刚劲有力，代表了李邕书风。它发展了欧（阳询）体字平正而险劲的一面，字如其人，倔强得很，彰显作者当年的风采。宋朝书法家米芾评其"举动倔强，礼节生疏"，可谓得其真趣。清朝著名金石学家翁方纲在《粤东金石略》上推此碑为上选之作，认为它"丰容盛鬋，似太真不能为掌上舞"。②

四、柳宗元在柳州

柳宗元（773—819年），唐代哲学家、文学家，字子厚，河东解州（今山西运城西）人，世称柳河东。唐宋古文八大家之一，同韩愈一起提倡古文运动，并称"韩柳"。唐宗德贞元九年（793年）中进士，五年后考取博学宏词科。历

---

① 《全唐文》卷二六二。另见新编《肇庆市志》，广东人民出版社，1996年，第693页。
② 刘伟铿著：《岭南与西江史论稿》，新世纪出版社，1999年，第263页。

任集贤殿正字、蓝田县尉、监察御史里行等。唐顺宗永贞元年（805年）参加王叔文领导的永贞革新运动，任礼部员外郎；失败后被贬为永州司马。十年后奉诏还京，又被贬到偏远的柳州任刺史，因此被称为柳柳州。唐宪宗元和十年（815年）与刘禹锡同贬岭南，两人结伴同行，于衡阳分手。他六月抵达柳州，四年后的元和十四年（819年）病逝于柳州。在柳州四年，他为民善事有四：一是禁止买卖奴婢，规定奴婢可以赎身，不到一年便使1000多名奴婢恢复自由；二是发展农业生产，鼓励农民挖井开荒，广种林木，并亲自在城外种植黄柑200株，在柳江边栽种大量柳树，故有"柳州柳刺史，种柳柳江边。谈笑为故事，推移成昔年。垂荫当覆地，耸干会参天。好作思人树，惭无惠化传"之诗句流传。三是破除陈规陋习，针对当地人有病不求医，请巫师用鸡卜乞求消灾，杀鸡鸭甚至杀牛治病之举，用兴建佛寺、传播教义，遏制滥杀性陋习，整顿社会秩序；四是修缮孔庙，发展教育事业，使"州人莫不兴起从学"。《新唐书》本传："南方为进士者，走数千里从宗元游，经指授者，为文辞皆有法。"清汪森《粤西通载发凡》："其兴文教也……若以粤西论，则宜推柳子厚始。昌黎（即韩愈注）云：'从子厚游，经其指授者，其为文悉有法度可观。'子厚在柳五年，其造就柳士必多……且中唐晚唐又不甚远，即不能亲炙子厚，当亦闻子厚之风而起者。而中间指受，必有其人，独恨世远年湮，无从考其源流耳。"又说："昔人云……柳宗元之文著于柳……斯言良然。顾唐以上无论已，今观子厚……其诗文传于粤西甚夥。"柳宗元在柳州、桂州撰有《柳州东亭记》、《柳州山水近治可游者记》、《柳州上本府状》、《井铭》、《桂州訾家洲亭记》等文。郭沫若对后文中"桂州多灵山，拔地峭竖，林立四野"句十分欣赏，认为比韩愈"江作青罗带，山如碧玉簪"写得好。郭沫若诗云："罗带玉簪笑退之，青山绿水复何奇？何如子厚訾洲记，拔地峰林立四垂。"柳宗元还作有一批诗歌，如《登柳州城楼寄漳汀封连四州》："城上高楼接大荒，海天愁思正茫茫。惊风乱飐芙蓉水，密雨斜侵薜荔墙。岭树重遮千里目，江流曲似九回肠。共来百粤文身地，犹自音书滞一乡。"柳宗元逝世后，柳州人于次年筑柳氏衣冠冢；后三年，建罗池庙（后称柳侯祠）；后来又建柳侯公园、柑香亭以纪念之。柳侯祠有集韩愈文、柳宗元事、苏轼书于一体的三绝碑。

五、李渤在桂林

李渤（772—831年），字浚之，成纪（今甘肃秦安）人。青年时代曾与其兄李涉相继隐居庐山和嵩山。他博学多才，不事科举，励志诗文，有"李万卷"之称。后终于出来从政，历任著作郎、右补阙、谏议大夫、给事中等职。

唐敬宗宝历元年（825年）二月，因上书为蒙冤下狱的鄠县令崔发辩护，得罪唐敬宗，贬为桂州（今广西桂林）刺史兼御史中丞，充桂管都防御观察使。两年后，因病罢归洛阳。唐文宗太和五年（831年），以太子宾客征至京师，同年卒，赠礼部尚书。

李渤在风景秀丽的桂林流连忘返。但是，他感到这里交通不便，影响经济和百姓生活。秦始皇时开凿的灵渠，由于长期失修，已失去大部分功能。李渤见此，便召集人力对灵渠进行一次大修，在人字形的拦河坝顶端修筑铧嘴，使海阳江水按三七比例分别流入南渠与北渠；同时，在渠中设立十八道陡门，随船舶前进而顺序启闭，调整水位，使船只逐级上行或下行通过渠道。李渤又与灵渠两岸的农民约法三章，即夜晚可以用渠水灌田，白天保证行船，为此百姓无不额首称庆。此外，李渤还将荒废的桂林隐山和南溪山开发为风景名胜，为文人雅集、市民休闲的去处。

李渤在桂林期间，根据当地百姓的生活情况，提出"设常平仓"的措施，以"调节粮价，备荒赈恤"。即谷价贱时用高出市面的价格收进，谷价上涨时用低于市面的价格卖出，以稳定谷价。经朝廷允许，常平仓在桂林设立，大大减轻了老百姓的负担，使他们能安居乐业。

李渤在桂林写了四首诗，其中《留别南溪》诗：

> 常叹春泉去不回，我今此去更难来。
> 欲知别后留情处，手种岩花次第开。

又《留别隐山》诗：

> 如云不厌苍梧远，似雁逢春又北归。
> 惟有隐山溪上月，年年相望两依依。

李渤临别时对桂林山水依依不舍的眷念之情，跃然纸上。

六、牛腾在贵州

牛腾，字思远，生卒年不详。唐人称其"即侍中中书令河东侯炎之甥也"，"王勃等四人，皆出其门下"。① 由此来看，他大致生活在唐太宗贞观年间至武周时期（约640—700年）。曾任郏城（今河南郏县）令，不久弃官，专心钻研佛学，对陶潜"五柳先生"的称号十分羡慕，自称"布衣公子"。后出任右卫骑曹参军。他沉默寡言，操行超群，清廉自守，德才过人。河东侯裴炎很器重他，朝中政事都找他商量。武则天光宅元年（684年）裴炎因反对武则天专权而被杀，牛腾受牵连而被贬为牂州建安（今贵州省黄平县西）县丞。

唐代牂州的土著通称为"牂舸蛮"，散为部落而居，无城郭。"无徭役，唯征战之时乃相屯聚"。无文字，"刻木为契"。按习惯法维护社会秩序，"劫盗者三倍还赃，杀人者出牛马三十头乃得赎死，以纳死家"。② 这里的自然条件较好，"多霖雨，稻粟再熟"。隋大业末年，酋长谢龙羽据有其地，拥胜兵3万余人。唐高祖武德三年（620年），他遣使入贡。唐朝于其地建牂州，管辖建安、宾化（今贵州省贵定县西南）、新兴等县，授谢龙羽为牂州刺史，并封"夜郎郡公"。牛腾在建安期间，"大布释教于牂舸"，其本人"口不妄谈，目不妄视，言无伪，行无颇"，使牂舸蛮"渐渍其化"，同时"置道场数处"。③ 自始佛教在建安乃至牂舸上下层社会中产生广泛的影响。

牛腾是在贵州传播佛教的第一人。他以佛教教化牂舸百姓，当地百姓也将牛腾视为大慧大贤之人而加以敬护。三年后，庄州夷僚谋反，进入牂舸，郡中人暗杀长史来响应。建安的豪族大户也起兵相应，将牛腾绑在树下，准备杀害。忽然有人大声说："县丞如此恩惠，你怎么忍心杀他！"挥刀斩了看守的头，将牛腾放在笼子中，让有力气的人背着走，并解救了他的妻子儿女。事平息后，郡司把情况上报。朝廷下诏书召牛腾还归。后掌管数城，都是按日受禄，十分清廉。晚

---

① 李昉：《太平广记·牛肃记闻》。
② 《册府元龟》卷九六〇。
③ 李昉：《太平广记·牛肃记闻》。

年弃官，继续钻研佛学至终身。

七、宋之问在岭南

宋之问（约656—约713年），一名少连，字延清，虢州弘农人。唐高宗上元二年（675年），宋之问进士及第，踏上了仕途，历任分直内教、尚方监丞等职，受武则天重视，成为武则天时期有代表性的台阁诗人。

唐中宗神龙元年（705年）正月，唐中宗登基，作为武后近臣，宋之问因此被贬为泷州（今广东罗定）参军。贬谪对他无疑是一次沉重的打击，但也使他从此接触外面的世界，其诗风有了明显的变化，创作了一些好的作品，令人耳目一新。

初唐的泷州还是葛僚聚居之地。宋之问初入泷江（南江）时，还"泣问文身国，悲看凿齿氓"①，对这个陌生的地方充满恐惧感。然而，当他走进葛僚地区后，在其《过蛮洞》诗中呈现了一幅宛如"世外桃源"的风光：

> 越岭千重合，蛮溪十里斜。
> 竹迷樵子径，萍匝钓人家。
> 林暗交枫叶，园香覆橘花。
> 谁怜在荒外，孤赏足云霞。

由于这是作者亲眼所见的葛僚地区真实景象，证实蛮僚文化并非某些史籍所说的那么蛮荒。唐睿宗景云元年（710年），宋之问因卷入党争，被流钦州，不久改流桂州。唐玄宗先天元年（712年）八月被赐死于徙所。

宋之问流钦州与桂州，其身份是"流人"，要比贬官低得多。在两年的流放期间，他对于仕途已不抱任何奢望，却没有停止诗歌创作，留下大量展现岭南各地山水的诗作。如《度大庾岭》所见："山雨初含霁，江云欲变霞。"《登粤王台》写广州："地湿烟常起，山晴雨半来。冬花采卢橘，夏果摘杨梅。"《经梧州》写："南国无霜霰，连年见物华。青林暗换叶，红蕊续开花。"《始安秋日》

---

① 宋之问：《入泷州江》，《全唐诗》卷五三。

写桂林风光:"卷云山箴箴,碎石水磷磷。"《早入清远峡》不仅描述了北江山水,而且描述了当地风情:

> 猿饮排虚上,禽惊掠水飞。
> 榜童夷唱合,樵女越吟归。

流放钦州之时,途经韶州,宋之问专程前往谒见六祖惠能,躬诣佛法,留下《自衡阳至韶州谒惠能禅师》一诗云:

> 吾师在韶阳,欣此得躬诣。
> 洗虑宾空寂,焚香结精誓。
> 愿以有漏躯,聿熏无生慧。
> 物用益冲旷,心源日闲细。
> 伊我获此途,游道回晚计。
> 宗师信舍法,摈落文史艺。

经过惠能的启迪,他深感自己得到的一切都是对真实的自我情性的掩盖与埋没,表示希望拜在惠能门下,传诵对于一切外在荣辱、得失、祸福、死生等事物的分别计较,亦即"舍法"。宋之问是唯一有幸当面接受惠能教导的唐代著名诗人。由于得到惠能禅学的启迪,他从台阁走向民间,其贬谪期间的诗作一改以往绮错婉媚之风,"所有篇咏,传布远近"①,成为一位大众诗人。

第五节 科举教育与诗风

隋代开科举选士制度,唐代继续执行,为我国教育、人才史上一项重大革新。珠江流域也纳入其中,涌现一个新人才群体,产生了不少优秀诗篇,既能承前,又可启后,影响至为深远。

---

① 《旧唐书·宋之问传》。

一、南选制下珠江科举人才崭露头角

隋朝开科取士，珠江地区地方官学走上正轨。隋文帝开皇十七年（597年），令狐熙任桂州总管，"为建城邑，开设学校，华夷感敬，称为大化"①。直至隋炀帝大业十三年（617年），桂州境内才办起第一所县学——灌阳县学。虽然如此，但许多制度还来不及执行，隋政权就灭亡了。

"唐兴，官学大振，历世之文，能者互出。"② 官学之所以大振，与开科取士制度的成熟有重要关系。唐朝常科有秀才、明经、进士、俊士、明法、明字、明算等50多种，其中明经、进士是主要科目。唐太宗时，又将诗赋列为进士科主要的考试内容。唐高宗上元三年（676年）八月，朝廷考虑到珠江流域到京师路途遥远，同时文化教育水平与北方有较大差异，立"南选"制度，而北方设立的是"北选"制度，史称"置南选使，简补广、交、黔等州官吏"。唐玄宗天宝十二年（753年）七月诏："天下举人，不得充乡赋，皆须补国子学生及郡县学生，然后听举。"③ 即是说，凡参加科举考试的人，必须通过中央或地方官学的培养。天宝十三年（754年）七月又敕："如闻岭南州县，近来颇习文儒，自今已后，其岭南五府管内自身，有辞藻可称者，每至选补时，任令应诸色乡贡，乃委选补使准其考试。有堪及第者具状闻奏，如有情愿赴京者亦听。其前资官并常选人等有词理兼通才堪理务者，亦任北选及授北官。"④ 这些举措，促进了岭南道及黔中道地方官学的发展，各州县相继办起州学与县学，仅唐代广西就有桂州、柳州、容州、象州、永福、北流、岑溪、武缘（今武鸣）、博白、灵山、古县（在今永福）等县学11所。一批批士人通过读书考试进入仕途。

唐太宗贞观七年（633年），广西藤县李尧臣中进士，是岭南道第一个进士。后官至交州刺史，为政清廉勤勉，颇有政绩。唐太宗赐其里门为"登俊"，现在藤州仍有"登俊路"。

---

① 《隋书·令狐熙传》。
② 元稹：《唐检校工部员外郎杜君墓系铭序》，仇兆鳌辑注：《杜诗详注》第五册，中华书局，1979年，第2235页。
③ 《旧唐书·高宗纪》。
④ 王溥：《唐会要·南选》。

开科取士制度，促进了珠江流域学校教育的发展，推动了汉文化在珠江流域的传播。例如武则天永昌元年（689年）进士宁悌原，出身于钦州乌武僚渠帅宁氏家族，少年在郎济山读书，勤奋刻苦。他与张说、张柬之等同举进士，又参加宫廷贤良策试，以成绩优异排名第九，成为僚人第一位进士。岭南道被当时中原人视为"蛮荒之地"，宁悌原更是人们心目中的"南蛮"，竟有这样的才学，实在出乎人们的意料，因此朝廷内外为之惊异。武则天时授职校书郎，后升迁为谏议大夫。唐睿宗景云二年（711年），唐睿宗的两个女儿入道，要为她们建立华丽寺观。宁悌原以先朝为鉴，上书力谏，得到唐睿宗采纳，从而停建寺观。唐玄宗时，以谏议大夫兼修国史，因"直书隐巢事"得罪了唐玄宗，于开元八年（720年）"忤旨去官"。开元十六年（728年）逝世于原籍钦江县，时年64岁。肃宗即位后，嘉其为官正直，乃诏发岭南五府兵给办丧事，葬在大墓山，隆重一时；并立祠于上蒙村，嗣后钦州、灵山皆有宁谏议庙。

开科取士制度，为远离京城的岭南士人展开了一条宽阔的人生道路。唐中宗景龙元年（707年），曲江人张九龄才堪经邦科及第，授秘书省校书郎。唐玄宗先天元年（712年）道侔伊吕科及第，授左拾遗。唐玄宗开元二十二年（734年）任中书令兼修国史，成为辅佐唐玄宗成就开元盛世的名相。在张九龄的影响下，读书仕进在韶州蔚然成风。据有关资料统计，唐代岭南道中进士43名，其中韶州9名，位居各州之冠。①

地处灵渠水路要冲的桂州，也是接受中原文化较早的地区。唐代宗大历年间（766—779年），桂管观察使李昌嵼在独秀峰南麓创建桂林府学。此后，桂林一带办学读书风气日盛。唐宣宗大中四年（850年），阳朔人曹邺进士及第，当即写下《寄阳朔友人》一诗："桂林须产千株桂，未解当天影日开。我到月中收得种，为君移向故园栽。"曹邺折了"月中桂"，希望这能成为撒向故乡的一把"种子"，使今后桂林能够出现更多的人才。

唐代，岭南出了三位状元，其中两位是桂林人。唐宣宗大中五年（851年），封州（今广东封开）人莫宣卿考取制科第一名，成为岭南第一位状元。少年莫宣卿表现出异常的天赋，闻言即悟，手不释卷，过目成诵，7岁就能吟诗。有一

---

① 练铭志等著：《广东民族关系史》，广东人民出版社，2004年，第244～245页。

次与众儿童玩耍，莫宣卿受到欺负和讥笑，愤而在沙中题诗：

> 我本南山凤，岂同凡鸟群！
> 英俊天下有，谁能佐圣君？

乡亲见了，惊叹不已，传颂乡里，称为神童。宣卿稍长，就读于梁明甫先生门下。得名师指导，勤奋学习，才思大进。12岁选秀才，名扬乡里。叔父莫让义帮助他在附近的麒麟山下，搭了一间草棚作书屋，排除干扰，专心攻读。17岁时，他考取制科第一名。唐宣宗李忱十分器重这位南方才子，赐宴并赐诗："南方远地产奇才，突破天荒出草莱。神鲤跳翻三尺浪，皇都惊震一声雷。"莫宣卿中状元后，曾任翰林院编修，赐内阁中书学士。在京十三年间，他目睹官场倾轧，加上母亲不惯京城生活，遂上表请求出任地方官员，以便供养母亲。皇上嘉许其孝道，任命他为台州别驾，不幸未到任便病逝。唐懿宗降旨谥孝肃，其家乡赐名文德。在莫宣卿的家乡封开，有状元墓、状元祠、状元庙、状元坊、状元井等古迹，流传着不少有关他的民间传说。莫宣卿成为当地乃至岭南人民心目中的文化图腾。

唐昭宗乾宁二年（895年），桂林人赵观文成为岭南第二位状元，也在京城及家乡轰动一时。会试间曾生波折，后唐昭宗亲阅试卷，认为赵观文"才藻优赡，义理昭然，深究物体之能，曲尽缘情之妙。所试诗赋，词义精通，皆合本意"，钦定为状元。诗人褚载定写有《贺赵观文重试及第》诗："一枝仙桂两回春，始觉文章可致身。已把色丝要上第，又将彩笔冠群伦。龙泉再淬方知利，火浣重烧转更新。今日街头看御榜，大能荣耀苦心人。"赵观文家乡桥头村边有座山峰，挺拔秀美，形似金钟，原名金钟山，为了纪念赵观文，人们把金钟山改名为飞鸾峰。赵观文与同时代的诗人曹邺、曹唐并称为"桂州三才子"。

唐哀帝天祐三年（906年），桂林人裴说成为岭南第三位状元，其弟裴谐为同科进士。虽然次年唐亡，他在避乱之中病故，没有在政治上发挥作用，却留下了诗作一卷，共51首，收入《全唐诗》。除诗之外，他在书法上也有建树，以行草知名。

随着科举的发展，岭南出现了办学的热潮，尤其是许多贬官逐客，如常衮、韩愈、柳宗元、刘禹锡、王义方等，都将办学兴教视为己任。唐玄宗开元十三年

(725年），刑部郎中毛衷贬为贺州刺史，他在赴任途中经过富川县，看中了一处地方，认为是"奇丽宝土"。任期满后，便在此定居，取名"秀水村"，并为后辈子孙立下了"耕读传家"的祖训。此后，该村读书蔚然成风，仅在宋代，就建有鳌山石窟寺书院、山上书院、对寨山书院和江东书院等四所私塾书院。从唐开元到清光绪1100多年间，先后涌现了26名进士以及27名举人，成为远近闻名的"进士村"。

办学之风不但遍及珠江中下游的岭南道，而且吹到珠江源头与澜沧江流域的南诏。唐玄宗天宝七年（748年）阁逻凤登上南诏王位，就将学习儒家的诗书礼乐作为教化土著民族、促进境内安定的重要措施，亦即是"革之以衣冠，化之以义礼"①。唐德宗贞元十年（794年），南诏王异牟寻与唐朝恢复和好之后，为了提高本地的教育水平，主动派遣贵族子弟轮流到成都就学，前后相沿50年，学成回国的人数至少有好几百，他们都成为传播儒家文化、教育南诏子弟的骨干。后唐宣宗说要节省费用，停止接收南诏学生。南诏上书表示不满："一人有庆，方当万国而来朝；四海为家，岂计十人（学生名额）之有费。"并停止入贡，骚扰边境，以此要求继续派人到成都就学。如此主动倡导儒家文化教育，在中国历史上实在罕见。经过南诏几代统治者的努力，儒家诗书礼乐逐步深入民心，社会面貌发生了明显的变化，正如当时西川节度使牛丛在《报坦绰书》中所说："赐孔子之诗书，颁周公之礼乐，数年之后，蔼有华风，变腥膻蛮貊之邦为馨香礼乐之域。"②

二、诗圣张九龄

唐代，国力强盛，经济繁荣，思想活跃，造就了生气勃勃的时代精神。丰富多彩的唐诗应运而生，成为盛唐气象的一个缩影。珠江地区也是如此，尤其在地处珠江中下游的岭南道，由冼夫人推动的汉俚融合，使原先分散的各个土著部落成为统一的整体；海上丝绸之路的发展，大庾岭路的开凿与灵渠水路的畅通，使这里成为中外经济文化交流的前沿；佛教禅宗的中国化，使文人摆脱了一元论精

---

① 《南诏德化碑》，樊绰撰，向达校注：《蛮书校注》，中华书局，1962年，第324页。
② 《全唐文》卷八二七。

神控制而获得心灵自由。诗赋作为取士的必考科目，大大激发了士人作诗的积极性，当时出自珠江地区的进士，大多数都成为有成就的诗人，一代名相张九龄便是其中最杰出的代表。

张九龄（678—740年），又名博物，字子寿，曲江（今广东韶关市）人。祖籍范阳（今北京西南），曾祖君政任韶州别驾，移居曲江。张九龄"幼聪敏，善属文"，唐中宗景龙元年（707年）才堪经邦科及第，授秘书省校书郎。唐玄宗先天元年（712年）道侔伊吕科及第，授左拾遗。

张九龄在左拾遗任内所做的第一件大事，就是开凿大庾岭路，对促进岭南地区经济文化发展起到了极其重要的作用。他所写的《开凿大庾岭路序》是一篇具有远见卓识的佳作，尤其是文章中对海上丝绸之路的重要作用作了阐述："海外诸国，日以通商，齿革羽毛之殷，鱼盐蜃蛤之利，上足以备府库之用，下足以赡江淮之求。"充分表现出其开放观念、海洋意识和重商主张。唐玄宗开元二十二年（734年），张九龄升任中书令，兼修国史，成为辅助唐玄宗成就开元盛世的名相。

张九龄以自己的创作实践，在诗坛开启了一股清流；又以自己的政治地位选拔扶持了一大批诗坛良才，为唐诗繁荣奠定了基础。清代文学批评家王士祯认为："夺魏晋之风骨，变梁陈之俳优，陈伯玉之力最大，曲江公继之，太白又继之。"[1] 将陈子昂、张九龄、李白作为开创唐诗繁荣局面的三位主将。

张九龄的诗风改革主要有以下三个方面：

一是改变宫廷诗风。张九龄一生大半时间都在仕途渡过，却没有宫廷应制和官场献媚之作。唐玄宗生日，官僚多献奇珍异宝，独他献上《千秋金鉴录》五卷，言前古兴废之道。他的一些诗作也是如此，例如《登古阳云台》，借楚襄王的荒淫来讽咏日趋骄纵腐化的玄宗，可以说是开了讽喻诗的先河：

庭树日衰飒，风霜未云已。
驾言遣忧思，乘兴求相似。
楚国兹故都，兰台有余址。
传闻襄王世，仍立巫山祀。

---

[1] 王士祯：《古诗选·五言诗凡例》。

> 方此全盛时，岂无婵娟子。
> 色荒神女至，魂荡宫观启。
> 蔓草今如积，朝云为谁起。

这种人生态度反映于诗作之中，自然形成一种清淡的风格。

张九龄生于珠江之滨，对水情有独钟。他的清淡风格，在其吟咏溪流、江河、湖海的诗中表现得最为明显。

《西江夜行》将西江夜景与自己的离情融为一体：

> 遥夜人何在？澄潭月里行。
> 悠悠天宇旷，切切故乡情。
> 外物寂无扰，中流澹自清。
> 念归林叶换，愁坐露华生。
> 犹有汀洲鹤，宵分乍一鸣。

"中流澹自清"表现了作者处事淡定、宠辱不惊的品格。在他的诗中，海总是那么平静，那么开阔，那么可亲。《望月怀远》是其代表作：

> 海上生明月，天涯共此时。
> 情人怨遥夜，竟夕起相思。
> 灭烛怜光满，披衣觉露滋。
> 不堪盈手赠，还寝梦佳期。

在诗中，大海成为一轮明月诞生的地方，成为远隔万里的人们共时沟通的依托。这种对大海的独特视角与独特感受，只能出自深受海洋文化熏陶的张九龄之笔下。黄伟宗在《以珠江文化扩大岭南文化的内涵和优势》一文中，就以这两句诗概括珠江文化宽宏、平和、共时的气度和风度，说明其与李白诗"黄河之水天上来，奔流到海不复回"所写黄河文化的庄严、神圣风格，与苏轼词"大江东去，浪淘尽，千古风流人物"所写长江文化的风流、气派神韵，有鲜明的区别和差异。①

---

① 黄伟宗著：《珠江文化系论》，中国评论学术出版社，2005 年，第 17 页。

从上述三个方面来看，张九龄对宫廷台阁诗风从内容到形式进行了全面的改革，从而开创了盛唐诗歌全面繁荣的局面。然而，他本人并没有就诗歌创作发表过什么言论。就连"清淡诗派"也是后人给命名的，张九龄并没有发表过关于"清淡"的主张。他重视实践，而不重视理论概括。这种做法，正反映了珠江文化人的一种作风。

张九龄的诗作中，有不少是致友人或同僚的。这些诗，不同于当时那些充满阿谀的酬唱诗，它们在友情的抒记中展现自己的人生和美学理想，显现出重情重义、高洁清美、才思横溢的灵气。例如他年轻时所作的《读书岩中寄沈郎中》：

素有岩泉僻，全无车马音。
溪流通海曲，洞豁敞轩阴。
石几渔舟傍，沙湾鸥鹭临。
仙禽胡不至，野鹤恒自吟。
虑定时观易，泉深间抚琴。
真有清凉处，不令炎热侵。
寄语吾知己，同来赏此心。

王维是张九龄为相期间亲手选拔的后起之秀，而他与王维的赠答诗中，找不到丝毫"盛气"。例如他晚年写的《答王维》：

荆门怜野雁，湘水断飞鸿。
知己如相忆，南湖一片风。

短短四句，精练宏博，清淡高雅，表现了一种淡如水的君子之交。

二是恢复兴寄传统。"兴寄"本是《诗经》、《楚辞》所创立的中国诗歌的优良传统，后衰亡退出诗坛。为恢复兴寄的传统，张九龄发挥了很大作用。他的《感遇》十二首，以芳草美人的意象，托物言志，抒写自己所信守的高尚品格，成为当时运用兴寄的典范。其一首曰：

兰叶春葳蕤，桂华秋皎洁。
欣欣此生意，自尔为佳节。
谁知林栖者，闻风坐相悦。

> 草木有本心，何求美人折？

张九龄致友人或同僚的唱和诗中，也有不少是托物言志的。例如《和崔黄门寓直夜听蝉之作》：

> 蝉嘶玉树枝，向夕惠风吹。
> 幸入连宵听，应缘饮露知。
> 思深秋欲近，声静夜相宜。
> 不是黄金饰，清香徒尔为。

张九龄写了不少山水诗，都并非单纯吟咏山水，而是表现风清月朗的江山与孤高清莹的襟怀的契合。例如《巫山高》：

> 巫山与天近，烟景常青荧。
> 此中楚王梦，梦得神女灵。
> 神女去已久，云雨空冥冥。
> 唯有巴猿啸，哀音不可听。

三是开创清淡诗派。张九龄是开诗坛新风的一位领军人物，开创清淡诗派，是张九龄对唐诗发展的突出贡献。

这主要体现于他写景抒情的小诗。例如《林亭咏》：

> 穿竹非求丽，幽闲欲寄情。
> 偶怀因壤石，真意在蓬瀛。
> 苔益山文古，池添竹气清。
> 从兹果萧散，无事亦无营。

张九龄的清淡诗风，来源于珠江文化，又影响了珠江文化。屈大均在《广东新语·诗语》中指出："东粤（即广东）诗盛于张曲江公。公为有唐人物第一，诗亦冠绝一时。"并引述丘文庄言："自公生后，五岭以南，山川烨烨有光气。"黄伟宗称他为"可与古代黄河文化诗圣李白和杜甫、古代长江文化诗圣苏轼并列的古代珠江文化诗圣"。①

张九龄开创清淡诗风，同时选拔与扶持了一批诗坛精英，包括王维、孟浩然、储光羲、常建等，从而形成了盛唐诗坛的一个重要流派。他们在清新宁静而生机盎然的山水中，感受到万物生生不息的生之乐趣，精神升华到了空明无滞碍的境界，自然的美与心境的美完全融为一体，创造出如水月镜花般不可凑泊的纯美诗境。

三、珠江其他诗人群体

唐代也是珠江诗歌的一个兴盛时期，除了张九龄还有岭南其他诗人，同样以出色的诗歌创作跻进唐代诗坛，这包括广西"二曹"、广东莫宣卿等一批诗人。

1. 曹邺

曹邺（816—875 年），字邺之，桂林阳朔人。自幼立志仕进，却屡试不中，流寓长安达十年之久，因而有"作诗二十载，阙下名不闻"之叹。唐宣宗大中四年（850 年），他终于考中了进士，曾任天平节度使幕府掌书记。唐懿宗咸通二年至六年间（861—865 年）任太常博士，后以祠部郎中出为洋州刺史，又入朝为吏部郎中。

但曹邺一生主要的成就表现在诗歌创作上。他的诗作内容丰富，刚劲质朴。《全唐诗》收录有曹邺的诗两卷，共 108 首。蒋冕在《曹祠部集·序》中称赞："公忠刚直，能言人之所不敢言。"曹邺用他的诗歌揭露社会的矛盾，抒发自己政治上不得志的郁闷情怀，表达对腐朽官场的不满和对贫苦人民的深切同情。这方面的作品以《官仓鼠》最著名：

> 官仓老鼠大如斗，见人开仓亦不走。
> 健儿无粮百姓饥，谁遣朝朝入君口？

以大老鼠来比喻、讽刺剥削者的写法，早在《诗经·硕鼠》中就有。这首诗突

---

① 黄伟宗著：《珠江文化系论》，第 151 页。

出之处在于末句:"谁遣朝朝入君口?"这一问,意味深长,触到要害。

明代胡震亨《唐音癸签》卷八说:"晚季以五言古诗鸣者,曹邺、刘驾、聂夷中……数家。……就中邺才颖较胜,……"又以《捕鱼谣》为例:

> 天子好征战,百姓不种桑。
> 天子好少年,无人荐冯唐。
> 天子好美女,夫妇不成双。

这样将讽刺的笔锋直接对准天子的,在唐诗中实在少见。不过,曹邺的心始终未忘社稷,在《送进士下第归南海》表现得十分明显:

> 数片红霞映夕阳,揽君衣袂更移筋。
> 行人莫叹碧云晚,上国每年春草芳。
> 雪过蓝关寒气薄,雁回湘浦怨声长。
> 应无惆怅沧波远,十二玉楼非我乡。

此诗意境特别温暖明快,格调格外乐观清新,令人耳目一新,在浩瀚的唐诗大海中实在是别具一格。

其实,曹邺家乡桂林的山水甲天下,无论是仕进之前,还是辞官之后,他都写过一些描绘桂林山水的诗篇,如《题广福岩》、《西郎山》、《东郎山》、《东洲》等,借物抒情,表现自己的抱负。如《东洲》:

> 江城隔水是东洲,浑是金鳌水上浮。
> 万顷碧波分泻去,一洲千古砥中流。

曹邺的故居在阳朔县城北的龙头山和北鹿山两山之交的山麓。他去世后,人们为了纪念他,在其故居旧址上修建过曹公书院、曹公祠堂,后又改为慈光寺。明初才子解缙被贬为广西右参议时,来到桂林阳朔,在曹邺读书岩题诗一首:"阳朔县中城北寺,人传曹邺旧时居。年深寺废无僧住,唯有石岩名读书。"这首诗同曹邺诗书一起刻在曹邺读书岩上,遗址今尚存。

清代王维新在《阳朔道中怀曹邺》一诗中说:"唐代文章原后起,岭西风气实先开。"指出曹邺是岭南西道(今广西)诗风的开创者,对广西的文学发展产生了重大影响。

2. 曹唐

曹唐,字尧宾,生卒年不详。桂林附郭人。《唐诗纪事》载:"初为道士,后为使府从事,咸通中卒。作游仙诗百余篇。"实共存98首。

唐朝皇室奉老子为先祖,因此道教盛行,神仙信仰与黄老思想融而为一,崇尚自然,追求自由人生,成为了士人普遍的追求,"游仙诗"便是这种追求的反映。曹唐写得较多的仙界有"昆仑",如《小游仙诗》之七十七:

> 昆仑山上自鸡啼,羽客争升碧玉梯。
> 因驾五龙看较艺,白鸾功用不如妻。

对曹唐来说,神仙生活是可望而不可即的,他也并不醉心沉溺,知其不可为而求其次,视为现实社会无法满足的一种感观补偿。如《小游仙诗》之八十:

> 玉洞长春风景鲜,丈人私宴就芝田。
> 笙歌暂向花间尽,便是人间一万年。

诗人有时还把长生与富贵的仙界置于壶中,如《小游仙诗》其三:

> 骑龙重过玉溪头,红叶还春碧水流。
> 省得壶中见天地,壶中天地不曾秋。

曹诗的"壶中天地"充满了迷离朦胧的诱人魅力,具有令人目眩的感官想象,壶中虽小同样可成仙境,仍具魅力。他对于偷药成仙的嫦娥也充满同情与羡慕,如《小游仙诗》之三十八:

> 忘却叫人锁后宫,还丹失尽玉壶空。
> 嫦娥若不偷灵药,争得长生在月中?

曹唐有一部分游仙诗描写了人仙之恋和仙仙之恋的内容,在于抒发人世间备受压抑的情感。如《刘阮洞中遇仙子》之三:

> 天和树色霭苍苍,霞重岚深路渺茫。

>　　云实满山无鸟雀，水声沿涧有笙簧。
>　　碧沙洞里乾坤别，红树枝前日月长。
>　　愿得花间有人出，免令仙犬吠刘郎。

诗中其他有关仙仙相恋的游仙诗亦复如此。如《小游仙诗》之九十八：

>　　绛阙夫人下北方，细缫清珮响丁当。
>　　攀花笑入春风里，偷折红桃寄阮郎。

这首诗是用衣着装饰及形态动作烘托仙女的相思怀春心理，活灵活现。一个"偷"字把仙女对阮郎念念不忘的心理刻画得逼真生动，对于身为道士的曹唐当时怀有一种怎样的沉醉心态可想而知。

　　由于晚唐时代氛围的影响、珠江地区文化底蕴的熏陶，以及个人经历等因素的作用，曹唐的游仙诗没有沿着李白、李贺、李商隐的游仙诗道路发展下去，而是另辟旁径，形成以旁观者姿态借游仙表述尘世人生不可获取的心灵慰藉的游仙诗新路，成为唐代珠江诗坛的新篇章。

3. 其他文人

　　冯媛（681—？年），高州良德（今广东高州）人，著名俚帅冼夫人的后裔，冯盎的曾孙女。她自幼喜吟诗作诗，弟冯元一称她为"诗姐"，母亲麦氏昵称她为"诗奴"。武则天圣历初（698年），其父潘州刺史冯君衡因"矫诬"之罪被罢官抄家，她和冯元一被岭南讨击使李千里虏入宫中。冯元一被宦官高延福收养，当了太监，改姓名为高力士。冯媛颇得唐中宗李显喜爱，欲封为才人，她乞身为尼，获准。此后长居感业寺，青灯为伴，诗书为友，濡毫戏墨。其事迹见于《唐诗纪事》。著有《良德闺媛诗集》一卷，已佚，流传一首《春日歌》，格调清新、轻快：

>　　春风入华庭，春雨润帘棂。
>　　春虫鸣野绿，春鸟唱山青。
>　　春亭会故友，春台别离情。
>　　春日春花开，春天人年轻。

陈陶（812？—885？年），字嵩伯，自号三教布衣。《全唐诗》说他"岭南人"，也有说他是剑浦人或者鄱阳人。早年游学长安，善天文历象，尤工诗。举进士不第，遂恣游名山。有诗十卷，已散佚，后人辑有《陈嵩伯诗集》一卷。其最有名的作品是《陇西行》，为万口传唱：

　　誓扫匈奴不顾身，五千貂锦丧胡尘。
　　可怜无定河边骨，犹是春闺梦里人。

陈陶有不少诗是写隐居生活的。如《避世翁》描述的那位隐士，可能就是他自己：

　　海上一蓑笠，终年垂钓丝。
　　沧州有深意，冠盖何由知。
　　直钩不营鱼，蜗室无妻儿。
　　渴饮寒泉水，饥餐紫术芝。
　　鹤发披两肩，高怀如澄陂。
　　尝闻仙老言，云是古鸱夷。
　　石窦阚雷雨，金潭养蛟螭。
　　乘槎上玉津，骑鹿游峨嵋。
　　以人为语默，与世为雄雌。
　　兹焉乃磻溪，豹变应须时。
　　自古隐沦客，无非王者师。

值得注意的是，古代的隐士都隐于山林，这位隐士却隐于海上，因此它可以说是海上隐逸文化的第一篇作品。

　　刘轲（生卒年不详），字希仁，广东曲江人。约唐文宗太和末（835年）前后在世。童年嗜学，著书甚多。曾赴罗浮山、九嶷山学道。贞元中改入月华寺学禅，出家为僧，释名溢纳。后云游天下，并著书立说。唐宪宗元和十二年（817年）上京赴试，蒙白居易以书推荐。翌年登进士第，历任弘文馆学士、史馆修撰，累迁侍御史。时人称其文为"韩愈流亚"。著有文一卷，《新唐书·艺文志》传于世，但多已佚，仅存文数篇于《岭南遗书》。

莫宣卿（834—864？年），字仲节，号片玉，封州人。岭南第一位状元，任翰林院编修，赐内阁中书学士。其科场之作《赋得水怀珠》至今传诵不衰：

> 长川含媚色，波底孕灵珠。
> 素魄生蘋末，圆规照水隅。
> 沧涟冰彩动，荡漾瑞光铺。
> 迥夜星同贯，清秋岸不枯。
> 江妃思在掌，海客亦忘躯。
> 合浦当还日，恩威信已敷。

中山大学教授、岭南文化名家陈永正称之为"试帖诗'赋得体'的力作"，并说："如果作者不是岭南人，也许不会写得这么优美、真切！……全诗结构严密，辞彩绚丽，洵为佳制。莫宣卿自己不也是在长川波底孕育的灵珠么！"[①]

莫休符（生卒年不详），封州人。历任银青光禄大夫、检校左散骑常侍、融州刺史、御史大夫，晚年辞官退居桂林。唐昭宗光化二年（899 年）写成《桂林风土记》，将所见所闻录入书中，是一部有关桂林历史地理和风俗人情最早的风物志。原书三卷，今存一卷，42 个条目。不少条目文笔洗练，可以作为出色的游记作品来欣赏。

裴说（生卒年不详），桂林人。早年窘迫于乱离，奔走于荆棘中。至京城多年，每年均以历年所作五言诗十九首投于各显要门下，然而久不及第，有人讥笑他复行旧卷，毫无新作。裴说却不以为然，解释说："只此十九首苦苦吟来之诗尚无人见识，何需再用他诗？"直至唐哀宗天祐三年（906 年）才中状元，任补阙、礼部员外郎。次年，唐朝灭亡，他携眷南下，回乡避难，死于旅途。《全唐诗》录其诗一卷。其诗讲究苦吟炼意，追求新奇。同时工书法，以行草知名。《怀素台歌》是其较为出色的作品：

> 我呼古人名，鬼神侧耳听：
> 杜甫李白与怀素，文星酒星草书星。
> ……

[①] 陈永正：《岭南第一状元——莫宣卿》，《肇庆学院学报》1998 年第 2 期，第 69～70 页。

> 我来恨不已，争得青天化为一张纸，
> 高声唤起怀素书，搦管研朱点湘水。
> 欲归家，重叹嗟。
> 眼前有，三个字：
> 枯树槎，乌梢蛇，墨老鸦。

《岳阳兵火后题僧舍》写乱离生活，却别有一番情趣：

> 十年兵火真多事，再到禅扉却破颜。
> 唯有两般烧不得，洞庭湖水老僧闲。

第六节　茶马古道和器艺

　　西南丝绸之路后也称茶马古道，到唐代，以茶或以马贸易成为这条交通线主要的商贸往来，由此产生的茶马文化称盛一时，是这一时期珠江中上游地区一种重要的文化形态。

一、茶马古道的形成和普洱茶文化

　　中国茶文化源远流长，珠江地区是其中一个重要的发祥地。陆羽《茶经》首句指出："茶者，南方之嘉木也。"在云南西双版纳勐海县巴达乡，至今依然挺立着树龄1700多年的野生茶树，便是很好的见证。唐代樊绰《蛮书》记载："茶出银生城界诸山，散收无采造法。蒙舍蛮以椒姜桂和烹而饮之。"① 说明蒙舍蛮即南诏有着饮茶的习惯，其中又以普洱茶出名。李石《续博物志》称："普洱古属银生府，则西蕃之用普茶，已自唐时。"② 说明唐代已有茶由云南输入西蕃（西藏）等地，由于普洱是银生府的茶叶集散贸易中心，所以周边地区将这一带出产的茶叶称为"普洱茶"。

---

① 樊绰撰，向达校注：《蛮书校注》卷七，《云南管内物产第七》。
② 阮福：《普洱茶记》。

不过，《蛮书》中所记述蒙舍蛮饮的茶是"无采造法"的。真正意义上的普洱茶，指一种以特殊的后发酵工艺制作出来的独立的茶类。这种后发酵工艺的形成，与茶马古道有着密切关系。

南诏统一六诏之后，与大唐及吐蕃的贸易往来日益频繁，两地边境出现了以茶易马或以马换茶为内容的"茶马互市"，随之而形成西、北、南三条茶马古道。茶马西道始于六大茶山，经思茅、普洱、景谷、恩乐、景东、南涧、弥渡等13个驿站进入下关，再分两路。一路向西北而行，经大理、丽江、中甸（今香格里拉）、迪庆、德钦，到西藏的芒康、昌都、波密、拉萨，而后再经藏南的泽当，后藏的江孜、亚东，然后出境到尼泊尔、印度，总行程万里以上，这是最长也是最崎岖的一条运输线。另一路接西南丝绸之路的永昌道，经永平、保山、腾冲入缅甸，再到印度及欧洲。茶马北道经思茅、普洱、墨江、元江、玉溪、曲靖，然后沿西南丝绸之路石门道，经威宁、昭通、宜宾到成都。这条道最初是以运送皇家的贡茶为主，但在"普洱茶名重京师"之后，它成为六大茶山茶叶流向中原市场的主要通道。茶马南道分为三线：东线由勐腊的易武茶山起，由马帮运至老挝的丰沙里，再到越南，经海路远销南洋；南线由勐海至边境口岸打洛再到缅甸、泰国；西线由勐海至打洛经缅甸到印度、西藏。

茶马古道跋山涉水，险峻曲折，根本无法行驶马车，只能靠马帮用马驮人背的方式来运输，经不起日晒雨淋的绿茶、红茶及乌龙茶是无法适应的。于是，当地人们摸索出一种"后发酵"的特殊制茶技术，将茶叶制成了团、砖、饼等形状之紧压茶，在长期的运输储藏过程中，茶叶不断吸收自然之气而产生后发酵，这样不但解决了运输上的难题，而且创造出一种新的茶类，它具有一种独特的陈香味，既不同于不经过发酵的绿茶，又不同于全发酵的红茶，也不同于半发酵的乌龙茶。人们将这种新的茶类称为普洱茶。

普洱茶是"有生命的茶"。从传统普洱茶工艺中，可以领略到自然、生态、原始的神韵，而且储藏时间越长，其味越香醇，口感越好，价格也随着储存的年份增加一路上升，因而被誉为"可以喝的古董"，形成独特的普洱茶文化。

普洱茶虽然主要靠后发酵，但前期制作同样极为讲究。据阮福《普洱茶记》所引《思茅志稿》的记述："茶产六山，气味随土性而异，生于赤土或土中杂石者最佳，消食散寒解毒。于二月间采蕊极细而白，谓之毛尖，以作贡，贡后方许民间贩卖。采而蒸之，揉为团饼。其叶之少放而犹嫩者，名芽茶；采于三四月者，名小满茶；采于六七月者，名谷花茶；大而圆者，名紧团茶；小而圆者，名女儿茶，女儿茶为妇女所采，于雨前得之，即四两重团茶也；其入商贩之手，而外细内粗者，名改造茶；将揉时预择其内之劲黄而不卷者，名金玉天；其固结而不改者，名疙瘩茶。味极厚难得，种茶之家，芟锄备至，旁生草木，则味劣难售，或与他物同器，则染其气而不堪饮矣。"普洱茶在型制上分为散茶和紧压茶两类，细分有饼茶、砖茶、心型紧茶、沱茶、女儿茶等，各有其炮制方法和风味特色。

值得一提的是普洱茶中的"女儿茶"，它由处女采摘芽茶，揣入胸口怀间，以体温致使茶芽轻微发酵，才取出放到竹篓里，然后制成散茶或各种类型的紧压茶。"女儿茶"由于吸收了处女身体的气息，所以极为珍贵，被视为普洱茶中之极品。

普洱茶文化具有鲜明的平民性，不仅体现于制作工艺，而且体现于饮用习俗。它既得到文人雅士的青睐，成为琴棋书画的伴侣，也受到广大百姓的喜爱，作为劳作之余的享受。世代居住于普洱一带的多个土著民族，不仅祖祖辈辈饮茶，而且以普洱茶敬祖先、敬天地，在各种原始宗教祭祀礼仪活动中发挥着独特的作用。

中国人之所以崇尚茶，不仅在于茶对人们生理健康方面的作用，更在于茶对人们心灵健康方面的作用。普洱茶尤其如此，它具有健、奇、厚、和、真"五德"。所谓健，是养生保健之健，"天行健"生命价值观之健；所谓奇，是产地原料加工及陈香之奇，民族文化背景之奇，变化迷人之奇；所谓厚，是形貌之厚，气韵之厚，涵容不同茶具和口味之厚；所谓和，是性非寒非热之中和，涵容不同文化之和，人与人之和，人与茶之和；所谓真，是天然自然之真，风华万种却性纯而真，由外表大智若愚而内质绚丽多彩而真。普洱茶文化是中国茶文化之瑰宝，也是珠江工艺文化之瑰宝。

二、端砚

在唐代珠江的工艺文化中，最受文人青睐的是端砚。翻开唐诗，吟咏端砚的

篇作不少,李贺的《杨生青花紫石砚歌》为其中的杰作:

> 端州石工巧如神,踏天磨刀割紫云。
> 佣刓抱水含满唇,暗洒苌弘冷血痕。
> 纱帷昼暖墨花春,轻沤漂沫松麝薰。
> 干腻薄重立脚匀,数寸光秋无日昏。
> 圆毫促点声静新,孔砚宽顽何足云。

这首诗,既是端砚精湛工艺和珍贵价值的写照,也是端砚在唐代已经闻名于世的见证。

端砚出产于端州羚羊峡斧柯山端溪水一带,因而又称端溪砚。目前遗留下来的和墓葬出土的古端砚中,就有两件唐代制品:一件是1952年湖南省长沙七零五墓出土的唐端溪箕形砚,砚池底部鼓出,与两足同时着地,为典型唐代器物;另一件是1965年12月25日在广州动物园唐墓出土的端溪箕形砚,长18.9厘米,宽12.6厘米,厚3.3厘米,色紫,造型古雅,线条简练、流畅,显得端庄、古朴、稳重,是一件不可多得的唐代砚工佳制。

屈大均在《广东新语·石语》中,对唐代的端砚作如下记述:

> 唐宋古砚,大率老坑、新坑等十余种,落墨而不发墨,虽有墨痕绣蚀,古色可爱。然不费水不费笔墨,未有如水岩之美者。他若黄坑、锦云、梅花坑、屏风背、宣德岩、朝天岩诸石,率燥湿,渴笔饮墨,久用辄成镜面。惟水岩石停墨不干,墨著笔端即起,积痕细薄,披之尽脱,以姜及浮炭片磨洗宿墨,复坚细浮润如故。墨如云气蒸涌,少研辄满。其体重而轻,质刚而柔,摩之寂寂无纤响,按之若小儿肌肤温软,嫩而不滑,秀而多姿,握之稍久,掌中水滋。盖《笔阵图》所谓浮津耀墨,无价之奇者也。

自古以来,笔、墨、纸、砚被称为"文房四宝",排列最后,但它除了使用价值之外,还具有欣赏价值,且质地坚实,能传之百代,因此有"文房四宝砚为首"之说。唐代是中国传统文化发展的黄金时代,也是名砚辈出的时代。时人将端砚、歙砚、洮砚、红丝砚称为四大名砚,端砚居于首位,又与湖笔、徽墨、宣纸并称为文房四宝之上品。

端砚之所以名贵，首先在其天然品质，包括石质、石色、石品、石眼。

一是石质。由于端砚是磨墨的工具，故判别端砚的价值，首先看它是否发墨；而发墨的关键，在砚石的石质。长期以来，人们积累了一套判别石质的经验，如屈大均的《广东新语·石语》所述："摩之寂寂无纤响，按之若小儿肌肤温软，嫩而不滑，秀而多姿，握之稍久，掌中水滋。盖《笔阵图》所谓浮津耀墨，无价之奇者也。"又如计楠的《端溪砚坑考》所述："石之嫩者，其声清远。嫩如泥者，其声静穆。""惟老者声铿然，不发墨矣。"

二是石色。分辨石色，要以水浸石（最好是沉水观之）。例如拿一块优质老坑砚石湿水之后观察，就会发现它的色泽是以紫蓝色为主要色调，在紫蓝色的基调上可以观察到老坑砚石色彩斑斓、富有变化，纹理清晰、明净、纯洁。而其色彩又好像是从砚石里透出来，而不是浮在表面的。因此给人一种实的而不是虚的，凝重浑厚的而不是单薄轻浮的感觉。

三是石品，就是天然的花纹。端砚之所以名贵，除了有独特的石质和石色之外，还有丰富多彩、变化莫测的花纹。这些花纹在端砚石中是由白、青、蓝、红、褐、绿等颜色组成的各种图案，有的成块状，有的成斑状，有的成花点状，有的成线状。端砚艺人依据这些花纹的大小、形状，分别用与自然界某些物象相似的名称来命名，有蕉叶白、天青、青花、冰纹、金银线、火捺、翡翠、黄龙纹等。

四是石眼。"端砚贵有眼"，即鸟兽眼睛状的"石核"。端砚石眼有翠绿、黄绿、米黄或粉绿色等，大小不一，至为传神。

端砚的整个制作过程，都要巧妙地利用石质、石色、石品、石眼，创造实用价值与观赏价值。这个过程包括采石、维料（材料定级）、设计、雕刻、磨光、配盒等，充分体现了崇尚自然、顺应自然的文化精神。

端砚发展之初，主要供研墨之用，砚形比较简朴，一般不加纹饰，基本上是箕形砚与方形砚。箕指日常生活中使用的畚箕，内凹，唐代的箕形砚就像个畚箕，但有足。古人席地而坐，制砚也要适应之，故其足也较高，以利于用砚时方便挪动及用后洗涤之。到了唐代中叶，桌椅之制作较为普遍，人们改变了席地而坐的生活习惯，端砚乃至文房诸用品自然被置于台上，砚足也就相应地缩短甚至消失了。同时，砚形逐渐多样化，除了箕形，还有八棱形、开方形、方形（石渠砚）等。文人除了将砚作为研墨、泚笔的器具外，还欣赏其石质、石品以及砚形、砚式、雕刻工艺等，因此，自中晚唐起，便出现许多赞美端砚的诗歌及砚铭。例如皮日休的《以紫石砚寄鲁望兼酬见赠》：

样如金麑小能轻，微润将融紫玉英。

陆龟蒙的《袭美以紫石砚见赠以诗迎之》：

霞骨坚来玉自愁，琢成飞燕古钗头。

徐寅的《尚书命题瓦砚》：

远向端溪得，皆因郢匠成。
凿山青霭断，琢石紫花轻。
散墨松香起，濡毫藻句青。

这些诗歌及砚铭，与端砚工艺一起，共同构成了独具特色的珠江端砚文化。

三、广绣、蜡染与扎染

1. 广绣

海陆丝绸之路的开通，使丝绸成为中国输出的主要商品。唐代，在"广州通海夷道"始发地的珠江三角洲，兴起一种民间刺绣工艺，称为"广绣"。

有史记载的第一位广绣工艺大师，是南海女子卢眉娘。其事迹见于晚唐苏鹗的《杜阳杂编》：

唐永贞年，南海贡奇女卢眉娘，年十四岁……眉娘幼而慧悟，工巧无比，能于一尺绢上，绣《法华经》七卷，字之大小，不逾粟粒，而点画分明，细如毛发，其品题章句，无不具矣。更善作飞仙盖，以丝一钩，分为三段、染成五色，结为金盖五重。其中有十洲三岛、天人玉女、台殿麟凤之像，而持幢捧节童子，亦不啻千数。其盖阔一丈，称无三两，煎灵香膏傅之，则坚硬不断。唐顺宗皇帝嘉其工，谓之神姑，因令止于宫中。每日止饮酒二三合。至元和中，宪宗嘉其聪慧而奇巧，遂赐金凤环，以束其腕。眉娘不愿在禁中，遂度为道士，放归南海，仍赐号曰逍遥。①

这里展示了两幅唐代的广绣杰作：一幅在一尺长的绢上绣出七卷《法华经》，另一幅是飞仙盖。卢眉娘的两件杰作出现，令广绣名声大振。广绣逐步形成构图饱满、形象传神、纹理清晰、色泽富丽、针法多样、善于变化的艺术特色而闻名海内外，与湘绣、蜀绣、苏绣并称中国四大绣。

据传说，卢眉娘入道之后，曾和被称为"成都女郎"的卓英英一起到成都去考察养蚕业。卓英英曾写万首绝句传入宫中，在当时很有名气。考察期间，卓英英即席写了一首《锦城春望》：

和风装点锦城春，细雨如丝压玉尘。
漫把诗情访奇景，艳花浓酒属闲人。

卢眉娘随即和了一首：

蚕市初开处处春，九衢明艳起香尘。
世间总有浮华事，争及仙山出世人。

卢眉娘后来回到岭南，在罗浮山白鹤峰下筑庵而居，继续从事刺绣。她绣的一幅《蓬莱别岛图》，将罗浮十八洞天奇景绣于其上。传说这幅刺绣挂于壁上，那景色会随四季的交替而变换。还有一幅《瑞鹤图》，当室外山风骤起时，画内的松枝似在轻摇，发出松涛鹤唳之声。当卢眉娘羽化时，只觉满室馥香，一朵紫云从远处飘逸而来。她绣的一只仙鹤从绢绣画中奋翅而出。卢眉娘跨上仙鹤，伴着紫云，悠然升空，云游海上。

除了卢眉娘之外，在顺德一带，还流传着关于"日娘"的传说。咸丰《顺德县志》记载：

顺德俗，每于岁之八月二十五日，妇女群为日娘成祝，识者笑其不典；盖日而又娘故也。然据故老相传，则别有故实。先是东门外，有某妇名日娘者，素工刺绣，女子从学者多。既死无子，其徒弟相率于其生日致祭，八月

---

① 李昉：《太平广记》卷六六。

二十五日,即其生日,故他县皆无之。因其为女红师,故其祀事一邑也。

由此看来,日娘乃是一位刺绣大师。当时不少妇女跟她学艺,拜她为师。她去世后,妇女们便在她的诞辰农历八月二十五日聚集在一起,以香烛果品到东门外致祭,说是纪念"日娘诞",流传至今。

广绣大致分为两大品类:一是盘金刺绣,二是丝绒刺绣。盘金刺绣以金线为主,辅以彩纷刺绣,金碧辉煌,灿烂夺目,雍容华贵。丝绒刺绣开丝纤细,色彩缤纷,绣出的花鸟尤其精美。

广绣所使用的基本材料有绒、真丝、金线、银线、金绒混合等几大类。金银绣以其独具装饰性为艺术特色,构图饱满匀称,色彩辉煌,更显得作品的富丽华贵。长期以来,广绣以其绣艺精湛、品种繁多、技法善变、色调瑰丽、风格独特而享誉海内外。

2. 蜡染

蜡染(蜡缬)、扎染(绞缬)、夹缬合称"三缬",是我国古代三大印花工艺。除夹缬起源于浙江以外,其余两种都起源于珠江地区。

蜡染古称"蜡缬"、"点蜡幔",布依族称为"读典"或"古典",是贵州谢蛮(苗族、布依族先民)所创造的一种古老而独特的绘染工艺。唐玄宗开元年间,蜡染曾用于军服、宫廷贵族服饰以及室内装饰等。张萱的《虢国夫人游春图》和《捣练图》中,就显示了贵夫人蜡染服饰的华贵;用以掩护作战的蜡染军服,色似草木,便于隐蔽。南宋朱辅的《溪蛮丛笑·点蜡幔》载:"溪蛮爱铜鼓甚于金玉,模其鼓文,以蜡刻板印布入靛缸渍染,名曰点蜡幔。"现珍藏于北京故宫博物院的三色蜡染服饰和日本正仓院的"对树象羊蜡染屏风"均为唐代文物。另在敦煌莫高窟发现的唐代丝织物,也运用蜡染。

绘制蜡染的织品一般都是用民间自织的白色土布,防染剂主要是黄蜡(即蜂蜡),有时也掺和白蜡使用。蜂蜡是蜜蜂腹部蜡腺的分泌物,它不溶于水,但加温后可以融化。人们就是利用它的这一特点,把它作为蜡染的防染剂。所用的染料是贵州生产的蓝靛。贵州盛产蓝草,这是一种蓼科植物,茎高约一米,七月开花,八月收割。把蓝草叶放在坑里发酵便成为蓝靛。贵州乡村市集上都有以蓝靛为染料的染坊,但也有把蓝靛买回家自己用染缸浸染的。制作时用专门设计的蜡刀蘸上熔化的蜡，在白布上绘制出各种图案，然后将它浸入染缸中进行染色。由于蜡质变硬后产生裂缝，染料就会渗入裂缝中，当蜡被加热去掉后，就会在布上显出美丽的图案。

蜡染的魅力主要在于"冰纹"。所谓"冰纹"，是蜡画胚布在不断的翻卷浸染中，蜡迹破裂，染液随着裂缝浸透在白布上，留下了人工难以摹绘的天然花纹，像冰花，像龟纹，妙不可喻。同样的图案的蜡画布料，浸染之后，"冰纹"就似人的指纹一样绝不相同，展现出清新自然的美感。蜡染的"冰纹"，类似瓷釉之"开片"，极具艺术效果。

蜡染图案以写实为基础，风格质朴、天真、粗犷而有力，特别是它的造型不受自然形象细节的约束，进行了大胆的变化和夸张，这种变化和夸张出自天真的想象，含有无穷的魅力。图案纹样十分丰富，有几何形，也有自然形象，一般都来自生活或优美的传说故事，具有浓郁的民族色彩，因此千百年来一直流传不衰。尤其在贵州安顺，不仅拥有大量的蜡染作坊，而且涌现一批知名的蜡染艺人，从而成为远近闻名的蜡染文化之乡。

3. 扎染

扎染又称绞缬，有着悠久的历史。从《南诏中兴国史画卷》中人物的衣着服饰来看，当时白蛮（白族先民）便掌握了印染技术。盛唐年间，扎染在南诏已成为民间时尚，扎染制品也成了向皇宫进献的贡品。唐德宗贞元十六年（800年），南诏舞队到长安献艺，所穿舞衣"裙襦鸟兽草木，文以八彩杂革"即为扎染而成，引起全场瞩目。

扎染工艺分为扎结和染色两部分。它是通过纱、线、绳等工具，对织物进行扎、缝、缚、缀、夹等多种形式组合后进行染色。其目的是对织物扎结部分起到防染作用，使被扎结部分保持原色，而未被扎结部分均匀受染，从而形成深浅不均、层次丰富的色晕和皱印。织物被扎得愈紧、愈牢，防染效果愈好。它既可以染成带有规则纹样的普通扎染织物，又可以染出表现具象图案的复杂构图及多种绚丽色彩的精美工艺品，稚拙古朴、新颖别致。扎染以蓝白二色为主调构成宁静平和的世界，即用青白二色的对比来营造出古朴的意蕴，且青白二色的结合往往给人以"青花瓷"般的淡雅之感，而平和与宽容更体现在扎染的天空中。

扎染的制作方法别具一格，主要步骤有画刷图案、绞扎、浸泡、染布、蒸煮、晒干、拆线、漂洗、碾布等，其中主要有扎花、浸染两道工序，技术关键是绞扎手法和染色技艺。染缸、染棒、晒架、石碾等是扎染的主要工具。扎染技术细致、精湛，为织工艺一绝。

扎染常以当地的山川风物作为创作素材，其图案或苍山彩云，或洱海浪花，或塔荫蝶影，或神话传说，或民族风情，或花鸟鱼虫，妙趣天成，千姿百态。扎染有很高的文化品位，故备受各界欢迎，成为滇云文化的一张名片。

四、贵州银饰

《新唐书·南蛮传下·两爨蛮传》载：唐太宗贞观三年（629年），东谢蛮酋长谢元深入朝，"冠乌熊皮若注旄，以金银络额，被毛帔，韦行縢，著履"，引起朝廷百官的注目。其中"以金银络额"就是银饰。

东谢蛮是苗族及布依等族的先民。在苗族古歌《运金运银》、《打金银柱撑天》、《铸金太阳银月亮》中都有关于银的传说。银饰的使用与巫教习俗有关。他们崇尚银饰，用银饰来通神镇鬼、驱瘟逐邪。青少年男女常佩戴银项圈、银项链、银手镯，让银饰锁住命脉，平安生长。因此，他们不但喜欢银饰，而且以多、大、重为美。苗族先民过着游耕生活，房屋矮小，往往就以银数量的多少来标志财富和地位。尤其是清水江一带节日跳芦笙选偶期间，姑娘一般身戴银饰五六斤以上，盛装银饰重量达十七八斤，为中国各民族之首。有的大银角重两斤多，有的项圈重五十两，一只手镯也有七八两。姑娘如果无银饰就只好在场外观看；再漂亮的姑娘，银饰不齐全或者银饰工艺差，也不能评选为最佳姑娘。

在苗族佩戴的各种银饰中，有银角、银花、银冠、银雀、银帽、银马花等。这些绚丽多彩的银饰，散发着浓郁的乡土气息，隐含着苗族图腾崇拜、社会历史和习俗，表达了苗家人民对幸福吉祥的渴望和光明的祝福，从而产生出支撑苗家人在痛苦中求欢乐、在贫困中求富贵的巨大精神力量。

贵州银饰的各种造型纹样，记载了苗族的社会历史、图腾崇拜和传说，蕴涵了苗族的文化内涵，体现了苗族独立的审美视角和思维方法。其中黔东南苗族头饰普遍佩戴银角,造型源自其祖先蚩尤"头有角"形象。雷山西江一带妇女头饰佩戴的大银角下方围有一排银盘,当地苗语称"玉勾"。"玉勾"纹饰有图腾崇拜的蝴蝶妈妈纹,大银角纹饰有神鸟、蛇龙、蚕龙等。上衣的银衣片和银胸饰錾有各种纹饰和造型,有苗族始祖蝴蝶妈妈与替蝴蝶妈妈孵蛋的宇鸟,有祖先崇拜的人纹与有生命生殖意味的鱼纹、石榴纹,送子的麒麟纹和各种花卉等。这些精湛的、厚重的银饰品,既是富有美丽的显示,也是追求吉祥平安、生活幸福的象征。

贵州银饰以银宝、银币和银锭为材料。银匠艺人有坐地银匠和流动银匠两类,他们制作的银饰品,除了供应当地,还运到外乡出售给其他民族。如银马花、银雀等头饰,就深受侗族、水族喜爱。

第七节　南诏国的文化成就

唐代云南以洱海为中心,包括珠江上游曲靖地区在内所建立的南诏少数民族的地方政权,和与南诏一脉相承的两宋时期的大理国政权,从唐玄宗开元二十六年(738年)册封南诏诏主皮逻阁为"云南王"算起,到元宪宗四年(宋理宗宝祐二年)即1254年灭大理国为止,前后经历516年。云南以白族为主体的地方民族政权,不但对云南政治、经济发展起到重要作用,而且对汉文化在云南的传播作出重要贡献。无论是南诏文化还是大理国文化都在珠江文化史上留下深刻痕迹,《南诏德化碑》即记录南诏和唐朝廷友好关系的历史和功德,留传至今。

一、土地垦辟和稻作文化

唐代云南及其周围地区得到了迅速发展,尤其在南诏统治时期,社会经济出现了全面繁荣的局面,这离不开土地垦辟和稻作文化兴盛。

经过唐初100余年和南诏前期的经营,作为南诏国腹地的洱海地区已是一派"氿塞流潦,高原为稻黍之田;疏决陂池,下隰树园林之业。易贫成富,徙有之无，家饶五亩之桑，国贮九年之廪"① 的繁荣兴旺景象。当时在洱海一带大兴水利，把山坡辟为可种植水稻和旱地作物的耕地，发展交通和商业贸易，使这一地区实现了"家饶五亩之桑"。蚕桑业发展也出现兴旺状态，又推动了交通和商贸的进步。

制度文化的进步是推进生产力发展的一个强大因素。南诏自天宝年间摆脱唐朝的羁绊之后，对洱海地区继续经营，兼之南诏从唐地掠夺来的大量财物和人口主要安置在洱海地区，使这一带农业生产的水平又有更大的提高。以村社为基础的封建领主经济迅速壮大，并在大庄园使用了大量的奴隶从事农业生产。洱海地区遂成为南诏农业最发达的地区。南诏在洱海地区实行的政策是："专于农，无贵贱皆耕，不徭役，人岁输米二斗。一艺者给田二收乃税。"② 即强调农业是立国之本，规定自由民乃至各级贵族均必须参加农业生产。对这一部分生产者，免除徭役，征收轻税。新开垦的土地，耕种一年以后方征税。这一政策对农业生产的发展显然是有利的。

在洱海和其他农业较发达的地区，南诏仿照唐朝的均田制，实行计口授田的制度："上官授与四十双，汉二顷也。上户三十双，汉一顷五十亩。中户下户各有差降。"③ 一双约合汉地5亩，南诏农业发达地区的自由民不会少于3万户。以每户平均授田30双（150亩）计算，通过授田，南诏进行精耕细作的高产农田当不会少于450万亩，这是一个相当可观的数字，是南诏国高度发达稻作文化的标志。

在南诏国腹地以外，稻作农业也达较高水平。据记载："从曲靖州已南，滇池已西，土俗唯业水田。种麻豆黍稷，不过町疃。水田每年一熟。从八月获稻，至十一月十二月之交，便于稻田种大麦，三月四月即熟。收大麦后，还种粳稻。小麦即于冈陵种之，十二月下旬已抽节，如三月小麦与大麦同时收刈。其小麦面软泥少味。""每一佃人佃，疆畛连延或三十里。浇田皆用源泉，水旱无损。收刈已毕，蛮官据佃人家口数目，支给禾稻，其余悉输官。"④ 由上可知，在大理

---

① 《南诏德化碑》，樊绰撰，向达校注：《蛮书校注》，第325页。
② 《新唐书·南蛮传上·南诏传》。
③ 樊绰撰，向达校注：《蛮书校注》卷九，《南蛮条教第九》。
④ 樊绰撰，向达校注：《蛮书校注》卷七，《云南管内物产第七》。

和曲靖以南、滇池以西的农业发达地区，水稻是主要的农作物，至于麻、豆、黍、稷等作物，亦有种植，但所种规模不能与水稻相比。水稻收割之后，有4个月时间还可种一季大麦或小麦，这种麦、蚕豆与水稻轮种的方法，一直延续到现在。现今云南称种水稻为"大春"，水稻收获后再种麦、蚕豆称为"小春"。这种换茬轮种的方式，与云南冬季不甚寒冷的气候相适应，可提高土地的利用率，并增加土壤中的含氮量，从而提高土壤的肥力。这种科学的轮种方法在南诏时已普遍使用。同时，坝区的稻田得到了严格的管理，每一佃区可连绵达30里。看来官吏和贵族拥有的大面积农田，主要是使用大量的奴隶耕作；自耕农则是自耕自食，收获的粮食也输纳官府一部分。山区的梯田亦产量甚高，达到"殊为精好"的程度。农田还得到泉水和陂池良好的灌溉，做到了"水旱无损"。

在农业地区，不仅普遍使用畜力，而且推广了二牛三夫耕作法。其法是："每耕田用三尺犁，格长丈余，两牛相去七八尺，一佃人前牵牛，一佃人持按犁辕，一佃人秉耒。"① 此法提高了工作效率，而且可以深耕，由于牵牛、扶辕和掌握犁田深度均有专人负责，也提高了犁田的质量，表明南诏的农业已进入了精耕细作的阶段。时至今日，在云南剑川、洱源等地，还有农民继续使用这种耕作古法。

除粮食作物以外，农业发达地区还种植各种蔬菜、水果，池塘中喂养各种鱼类，植种菱、芡等水面作物。《蛮书》说蒙舍川"肥沃宜禾稻。又有大池，周回数十里，多鱼及菱芡之属。……邑落人众蔬果水菱之味，则蒙舍为尤殷"②；松外诸蛮地区"菜则葱、韭、蒜、菁，果则桃、梅、李、奈"③。在这些地区，沟渠纵横，农田成片，蔬、果茂盛，农舍点缀其间，俨然一派江南水乡风光。如《蛮书·六睑》言：渠敛赵地区（今昆阳一带）"州中列树夹道为交流，村邑连甍，沟塍弥望。大族有王、杨、李、赵四姓，皆白蛮也"。当是南诏统治下农业地区丰足情形的生动写照。《新唐书·南蛮传下·两爨蛮传》说：居洱海、滇池之间的白水蛮，"其众完富与蜀埒"，可知南诏农业发达地区的生产力水平已接近四川盆地等经济发达地区。

---

① 樊绰撰，向达校注：《蛮书校注》卷七，《云南管内物产第七》。
② 樊绰撰，向达校注：《蛮书校注》卷五，《六睑第五》。
③ 杜佑：《通典·边防三·松外诸蛮》。

应该指出，山区和边远地区的农业生产，其水平虽不能与经济发达区域相比，但较之前代，进步亦十分显著。其重要标志，是不少原来经济落后的地区开始种植水稻和其他粮食作物，这对原本主要是靠采集、狩猎和畜牧为生的当地诸族来说，确实是一个不可低估的进步。居住在山区和半山区的东谢蛮，"其地在黔州之西数百里，南接守宫僚，西连夷子，北至白蛮"①，其居住地约在今贵州东南部。汉晋时，包括今黔东南在内的牂牁郡是"畲山为田，无蚕桑，……寡畜产，虽有僮仆，方诸郡为贫"②。延至唐代，则是"土宜五谷，不以牛耕，但为畲田，每岁易。……皆自营生业，无赋税之事"③。看来，这一地区的东谢蛮虽保留了畲田的习惯，但已栽种五谷，唯牛耕尚不普遍。居于东谢蛮南部，即今贵州南部的西赵蛮，"其风俗物产与东谢同"④。居今贵州西部的牂牁蛮，发展程度较东谢蛮、西赵蛮更高，唐代已是"稻粟再熟"。这反映云贵高原大部分地区，在南诏治理下，农业生产逐步摆脱原始落后状态，跟上整个珠江流域发展水平。⑤

二、唐文化在南诏的传播

南诏国建立以前，即在唐玄宗天宝以前唐朝统治时期，云南地区的文化在原有的土著文化基础上进一步发展，这一时期文化的特点是广泛学习和大量吸收内地文化因素。汉文是云南农业发达地区通用的文字。如立于武则天圣历元年（698 年）的《王仁求碑》⑥，全用汉文写成，行文流畅优美，娴用典故。但为之立碑的王仁求，却是任唐河东州（在今安宁一带）刺史的当地夷族。碑文中还有武则天时使用的武则天自造字，可见唐文化在云南传播之迅速。

南诏政权据有云南之后，大力引入唐文化，云南地区的文化趋于繁荣，并形成了鲜明的地方特色。南诏文化具有明显的仿唐性，拥有这一文化的主体，不是

---

① 《旧唐书·南蛮西南蛮传·东谢蛮传》。
② 常璩：《华阳国志·南中志》。
③ 《旧唐书·南蛮西南蛮传·东谢蛮传》。
④ 《旧唐书·南蛮西南蛮传·西赵蛮传》。
⑤ 以上参见方铁、方慧著：《中国西南边疆开发史》，云南人民出版社，1997 年，第 164～169 页。
⑥ 李昆声编著：《云南文物古迹》，云南人民出版社，1984 年，第 61 页。

迁入云南的汉族,而是汉晋以来在云南僰族融合迁入汉人基础上形成的新的群体白蛮(今白族的前身)。因此,南诏的文化,与东汉至晋代尚未"夷化"前南中大姓的文化,是有明显区别的。

南诏文化的特点,首先是水平较高且内涵丰富。南诏已有以汉字为记音符号的白文,并用白文撰写了地方史籍和其他文献,只可惜这些典籍未能完整地流传下来。南诏国主和清平官用汉文或白文撰写的文学作品,高雅优美,蕴意深远,反映出作者具有很高的文化素养。白蛮清平官杨奇鲲、段义宗等人的诗作,还被收入了《全唐诗》。如其中杨奇鲲七律《途中》(首缺二句)即云:

风里浪花吹更白,雨中山色洗还清。
海鸥聚处窗前见,林狖啼时枕上听。
此际自然无限趣,王程不敢暂留停。

杨奇鲲受南诏王命迎唐安化长公主入诏,途中景色清新优美,但杨不敢贪恋景色久留。诗中对云南边陲山河一往情深,意境高洁,跃然纸上,为唐诗中佳作。

与杨奇鲲出使成都迎接唐安化长公主的,还有另一位诗人段义宗,只是出使时间先后不同。因段义宗不愿朝拜,后削发为僧。他在四川也写了不少好诗,其中《思乡作》为上乘之作:

泸北行人绝,云南信未还。
庭前花不扫,门外柳谁攀。
坐久销银烛,愁多减玉颜。
悬心秋月夜,万里照关山。

作者对云南无限思念,心怀故园之情甚为真切感人。

南诏时期的文化,在文学、建筑、雕塑、音乐、绘画等方面均取得了很高的造诣,堪称中华民族艺术宝库中的瑰宝。其中《南诏奉圣乐》为一出大型歌舞剧,舞蹈演员、奏乐者分别为62人及196人,主要乐器有笛、箫、钹、贝、铎、钲、箜篌、琵琶、鼓等。该剧于唐德宗贞元十六年(800年)"因韦皋以进"到长安演出,场面庄重热烈,震撼了整个朝廷。《新唐书·南蛮传下·骠传》写道:"执羽翟舞,俯伏,以象朝拜;裙襦画鸟兽草木,文以八彩杂华,以象庶物咸遂；羽葆四垂，以象天无不覆；正方布位，以象地无不载；分四列，以象四气；舞为五字，以象五行"。仅凭这段文字，就反映了南诏国丰富而深厚的文化内涵和高超的艺术成就。

南诏文化还具有善于吸收不同文化精华的特色。在南诏的雕塑、绘画、诗歌、传说等作品中，除原有的本地文化和唐朝的影响外，还可看出揉合南亚地区文化和乌蛮（今彝族的前身）等民族文化的痕迹。

南诏文化的另一个特点，是受到了唐朝文化深刻的影响，某些方面还有仿唐的迹象。这是因为南诏与唐朝在政治、经济上在相当长时间内保持了密切的联系。

南诏原为洱海地区诸诏之一，因得到唐朝的支持而崛起。因此，南诏与唐朝的关系极为密切，不仅在唐初是如此，在天宝十年唐诏关系破裂以后，南诏对前期与唐的友好关系也十分怀念。唐诏和好以后，双方的关系又发展到了一个新的阶段。可以说，南诏与唐朝间经济与文化的交流，贯穿了整个唐代。

在南诏统一洱海诸部的过程中，唐对南诏是大力扶植、优渥有加。历代南诏国王都得到唐朝的封赐，阁逻凤以前的若干国王和王族，还曾入朝觐见或充宿卫。对天宝以前的时期，《南诏德化碑》说："（南诏）子弟朝不绝书，进献府无余月。"

南诏对唐朝于己的知遇亦深为感激，并由此树立了以唐为正朔的正统观念，这种观念深刻影响了南诏数代统治者。天宝间，阁逻凤打败了唐军的三次征讨。阁逻凤立德化碑于国门前，"明不得已而叛"，并说："我上世世奉中国，累封赏，后嗣容归之。若唐使者至，可指碑澡祓吾罪也"。[①] 异牟寻继阁逻凤为南诏王，"每叹地卑夷杂，礼义不通，隔越中华，杜绝声教"[②]，兼之吐蕃责赋苛重，岁索兵助防，而唐朝"有礼义，少求责，非若吐蕃愀刻无极也"。遂谋归唐。唐德宗贞元十年（794年），唐诏正式复好。在欢迎唐使袁滋的宴会上，异牟寻出示两面天宝时唐朝赐与凤伽异的银平脱马头盘，又向袁滋介绍唐玄宗所赐乐队尚健在的笛工、歌女二人，表示了对唐诏友好的关系的深情怀念。唐诏和好后，双方友好关系发展到了一个更高的阶段。

---

① 《新唐书·南蛮传上·南诏传上》。
② 樊绰撰，向达校注：《蛮书校注》卷三，《六诏第三》。

由于南诏与唐朝有前后两次近 200 年的友好结盟和唐朝对南诏的竭诚相助，南诏深受唐朝制度和经济文化的影响，这种影响成为南诏发展重要的动力。

南诏的官制和政区设置制度，是在学习唐朝的基础上发展而来。据《新唐书·南蛮传上·南诏传上》，南诏王自称元，"犹朕也，"谓大臣曰昶，"犹卿、尔也"；设清平官决国事轻重，"犹唐宰相也"，又设大军将、员外、酋望等职，"犹试官也"。另置九爽，分管兵、户籍、礼、刑、财用、商贾诸事，"爽，犹言省也"。在南诏王左右设羽仪长八人，"如方内节度使衙官之属"。又设六曹长主外司公务，分主兵、户、客、刑、工、仓六曹，"一如内州府六司所掌之事"。大军将外派领要害城镇亦称节度，与唐朝同。① 地方统治机构，南诏设六节度、二都督为军事统治机构，同时在各地还设置了行政管辖性质的府州郡县，在洱海地区设置的"睑"即相当于唐朝的州。由此可见，南诏的官制，除名称有所不同外，基本上类似于唐朝。南诏在地方上的建置，亦模仿了唐朝军事、行政两大系统并存的特点。这表明南诏的统治制度，大致是以唐朝为圭臬，同时有所增益而成。

南诏深受唐文化的影响，还表现在认真学习唐朝的封建文化方面。

在细奴逻至阁逻凤统治前期的数十年间，有大批南诏贵族子弟至内地学习封建文化。时人说："天子录其勤，合六诏为一，俾附庸成都，名之以国。许子弟入太学，使习华风。"② 异牟寻在给剑南西川节度使韦皋的信中亦说："曾祖有宠先帝。后嗣率蒙袭王，人知礼乐，本唐风化。"③

天宝年间唐诏关系破裂后，南诏仍通过其他途径继续学习内地封建文化。天宝中南诏攻陷嶲州，俘虏了西泸县令郑回。郑回为相州人，天宝中举明经由仕。阁逻凤得知郑回精于儒学，赐名蛮利，"甚爱重之，命教凤伽异"。郑回后又长期担任异牟寻、寻梦凑的家庭教师。郑回执教极为严格，"虽牟寻、梦凑，回得棰挞，故牟寻以下皆严惮之"。在郑回的教育下，异牟寻"颇知书，有才智，善抚其众"。异牟寻继位后，任命郑回为首席清平官司，"事皆咨之，秉政用事"，

---

① 樊绰撰，向达校注：《蛮书校注》卷九，《南蛮条教第九》。
② 牛丛：《责南诏蛮书》，《全唐文》卷八二七。
③ 《新唐书·南蛮传上·南诏传上》。

其余五位清平官"事回卑谨，或有过，回辄挞之"。①

唐德宗贞元十年（794年），通过郑回的帮助，南诏与唐重修旧好，唐诏间的文化交流在规模和深度上又向前发展了一大步。一方面，南诏派遣大量子弟到成都学习内地文化。如是五十年，"群蛮子弟学于成都者殆以千数"，由于来成都学习的南诏子弟人数太多，以致"军府颇厌于禀给"。②另据记载：大批南诏子弟来到成都，"（唐）赐书习读，降使交欢，礼待情深，招延意厚，传周公之礼乐，习孔子之诗书"③。可知儒学文化是南诏子弟学习的重点。

经过贞元以来约50年对内地文化的深入学习，南诏的汉式文化水平明显提高。阁逻凤时树立的德化碑词藻华丽，行文典雅通畅，表明南诏通行汉字，但此碑毕竟是相州人郑回所撰。异牟寻之后，历代南诏君王和清平官大都有相当高的汉文素养，并留下了汉文写就的诗文传世。"读书贯穿百家，有诗名"的杨奇鲲，其上述《途中》诗即为一例。

唐诏文化交流有所发展的另一表现，是双方的交流是多方面的，而且具有双向性的特点。南诏时期佛教兴盛，所兴建的大量佛寺和佛塔，有些就有从内地请来的工匠参加。今昆明市的东寺塔和西寺塔，也是在内地工匠的指导和参与下建成的。南诏所建城镇，其规划、建造风格深受内地的影响，据《蛮书·云南城镇》：天宝中阁罗凤建造的云南城，"城池郭邑皆如汉制"。《蛮书·蛮夷风俗》说："凡人家所居，皆依傍四山。上栋下宇，悉与汉同，唯东西南北，不取周正耳。"内地的丧葬习俗也被白蛮所接受。白蛮死后"三日内埋殡，依汉法为墓。稍富室广栽杉松"。内地的历法和节日也传到云南。南诏节日"粗与汉同，唯不知有寒食清明耳"。《新唐书·南蛮传上·南诏传上》说：南诏"俗以寅为正，四时大抵与中国小差"。

南诏王室一直沿用父子连名制，父王之名，作为其子之姓。如细奴逻子名逻盛，子名盛逻皮。但这一传统传至寻阁劝的儿子丰祐时，丰祐"慕中国，不肯连父名"④。其后的南诏国王世隆亦未与丰祐连名，反映出唐朝文化对南诏的影

---

① 《旧唐书·南蛮西南蛮传·南诏蛮传》。
② 《资治通鉴》卷二四九，《唐纪六十五》。
③ 高骈：《回云南牒》，《全唐文》卷八〇一。
④ 《新唐书·南蛮传中·南诏传下》。

响,已达到相当深入的程度。①

第八节 南汉国的文化建树

五代时期(907—960年),岭南为南汉刘氏政权割据,保持了一个相对安定的社会环境,积极发展海上贸易,建立文官制度,重用人才,营建城市,安置南下移民,振兴农业和器艺,经济实力雄厚,有"小南强"之称,使唐代发展起来的岭南文化受到保护并继续发展下去,故南汉对岭南文化的发展是有相当建树的。

一、招揽人才

南汉主刘氏来自中原②,深知文化对国家政治经济的重要作用,故立国后对人才重视有加,"所招用多中朝名下士"③。他们包括两种人:一为避乱再迁世家,如刘隐对"唐世谪宦子孙遭乱不得返,及因乱避地来岭外者,多留为之用焉"④;二为唐和后梁派到广东的使节、官吏,"遭乱不得还者,皆客岭表"⑤。这样,南汉境内,"名流毕集,分任得宜,岭表获安"⑥。

刘龑称帝后,吸取唐末武夫专权而导致藩镇割据的教训,恢复文官制度,将刘隐延揽的士人安排在国家重要职位上,如中原望族赵光裔为兵部尚书,杨洞潜为兵部侍郎,李殷衡为礼部侍郎,皆同平章事等。《新五代史·刘隐世家附》称,南汉建国后,"为国制度,略有次序,皆用此数人焉"。赵光裔为相二十余年,使南汉"府库充实,政事清明,辑睦四邻,边境无恐"⑦,一派升平景象。

---

① 以上参考方铁、方慧著:《中国西南边疆开发史》,第186~192页。
② 日本学者滕田丰八认为南汉主祖先是波斯人或阿拉伯人。
③ 梁廷枏:《南汉书》卷一。
④ 梁廷枏:《南汉书》卷一。
⑤ 吴任臣撰:《十国春秋》卷五八。
⑥ 梁廷枏:《南汉书》卷九。
⑦ 吴任臣撰:《十国春秋》卷六二。

各州刺史也多为士人,"稗宣政教",使"民受其福",地方吏治得以澄清,不少史籍称南汉地方官施行惠政,维持地方稳定。如祯州(今惠州)刺史简文令"尽心民事",得州(今广西桂平)刺史刘博古"有惠政,民多爱之"。① 南汉为巩固文官制度,积极采取科举考试,选拔人才,为此刘氏父子兴学校,倡教育,置选部,行贡举。南汉立国次年,即举行科举考试,录取进士、明经十余人。以后,科举取士成为一项固定制度,使大批学子有机会入仕。

在比较开明的政治建制和人才延揽制度保障下,南汉得以偏安岭南50多年。南汉在物质文化和城市建设上也颇有成就。如广州地区农作栽培初次出现"葑田"(又称架田或筏田),为利用水面种植水稻而不与其他作物争地的新农艺。它一直到宋元时始流行于江南地区。南汉陶瓷文化在全国居一定地位,在南海官窑遗址已发现广东早期生产的青瓷釉下彩,广州市郊石马出土的青瓷罐为五代时南方青瓷代表。冶铁业也颇具规模,所铸铁索、铁柱每条重数万斤;所铸铁塔和佛像逼真,今存广州光孝寺铁塔,为中国现存铁塔最早最精致者。刘龑大力营建广州都城,称兴王府,扩建"新南城",包括兴修多座宫殿,以及多处离宫别馆和风景园林,后来多成为著名风景区,如荔枝湾、药洲、流花湖等,也是广州古都文化的宝贵历史遗产。

二、海洋商业文化成就

文化传播往往始于商业贸易,而终结于文化融合。南汉刘氏是商贸出身,故在其统治岭南期间,颇注重商业贸易,引进外来文化,特别是利用"广州通海夷道",大做海外生意。刘龑称帝前,曾任清海、靖海节度使,掌握外贸、市舶等地方大权,致力于恢复唐末战乱被破坏了的海上贸易,并献给后梁太祖朱温大批舶来品,如龙脑腰带、珍珠枕、玳瑁、香药等珍奇异宝,"其估数千万"②。称帝后,刘龑先后发兵攻打交州、占城,以图控制海上贸易权,结果"海外皆慑服"③。海上丝绸之路重新恢复,大批番商航海到广州。据报道,1997年,在印

---

① 转引自黄伟宗、司徒尚纪主编:《中国珠江文化史》,广东教育出版社,2010年,第790页。
② 《旧五代史·梁书·太祖纪》。
③ 梁廷枏:《南汉书》卷十一。

度尼西亚印坦海域发现一艘 10 世纪沉船,打捞出不少与南汉有关的珍贵遗物,如金饰、铜、锡块、青铜器、玻璃、陶瓷等。经中外专家考证指出,南汉将行政中心定在广州,积极参与海上贸易,"不但恢复了与南海国家的跨海交流,而且继续使用唐代政府管理舶来品交易的系统"①。这样,外国商民在广州、韶州等地享有居留、贸易自由,受到优待,广州"广聚南海珠玑"②。有不少史料说南汉最后一个皇帝刘鋹容貌酷似番鬼,或者至少可以认为南汉刘氏带有阿拉伯人的血统,又宠幸波斯女子,所以他们较多地引进阿拉伯文化,应为不争的事实。而上述聚于广州的珠玑,除舶来的以外,还有一部分产于北部湾。南汉主为此专设媚川都,有军士二三千人监督疍民采珠。所采珍珠,悉充积内库。宋太祖开宝三年(970 年),宋将潘美攻克广州,刘鋹焚烧库府、宫殿。大火被扑灭后,尚余美珠四十六瓮。这些浸渍了疍民汗水和鲜血的珍珠,也是南汉海洋文化的结晶。

三、广州城市建设

南汉立国后,利用发展经济与对外贸易所得的财富,对兴王府即今广州城内外的越秀、白云两山及今泮塘、小北门、流花桥进行了持续半个世纪的大规模建设。通过宫苑建设,出现了一些具有岭南特色的园林胜景。如在兴王府西凿湖,湖中沙洲遍植花草,并置太湖及三江奇石,名为"药洲"。园内有名石九座,故又称"九曜园"。湖、桥、石、花组成风景绝佳的园林胜地,写下珠江园林文化史精彩的一章。然而,刘氏统治者奢侈成性,所耗费的开支庞大得惊人。单兴王府兴建的宫殿就有45所,其中昭阳殿用金作屋顶,银作地面,木料都用银作饰,殿下设水渠,渠内布满珍珠,又琢水晶琥珀作日月,放在东西两条玉柱上。同时,作离宫千余间,有南宫、大明、昌华、计泉、玩华、秀华、玉清、太微等。"厚自奉养,广务华靡,末年起玉堂珠殿,饰以金碧翠羽"③。后主刘鋹造万政殿,光是装饰一条柱子就用去白银 3000 两,又用白银和云母相间隔包装殿壁。

---

① 杜希德、思鉴:《沉船遗宝:一艘十世纪沉船上的中国银锭》,《唐研究》第十卷,北京大学出版社,2009 年,第 432 页。
② 《旧五代史·刘陟传》。
③ 《旧五代史·刘陟传》。

刘氏使用的溺器皆饰以七宝。刘氏又频频礼佛，建佛塔、迎佛骨、赐寺田，一时成风，单兴王府四面便修建了28所寺庙，再加上兴建的宫殿亭榭就占了大半个府城。大规模的建设加重了百姓的负担。刘龑时，永川团练副使（后迁左仆射）黄损曾上书劝谏："陛下之国，东抵闽粤，西逮荆楚，北阻彭蠡之波，南负沧溟之险，盖举五岭而表之，犀、象、珠、玉、翠、玳、果布之富，甲于天下。所谓金城汤池，用武之地也。今民庶穷落，而工役繁兴，天灾人怨，兵家所忌。苟或不虞，其何恃以为战？且湖、洛未平，荆、吴犷狡，正宜务农息民，以宏圣基，庶遏强敌；乃纵耳目之好，尽生民之膏，兴土木之工，伤朴素之化，供一己逸欲，而失天下心，臣窃以为陛下不取也。"刘龑对着众官说："我殊不喜此老狂。"① 黄损被弃，只好退居永州北沧塘湖上，诗酒自娱。虽然如此，经过扩建新南城，建设园林宾馆，开辟兰湖以通舟楫，辟药洲，广筑楼台群、池苑群、陵墓群、寺庙群等，对扩大城市规模、改善城市环境作出了一定贡献。有些建筑后被发掘出土，验证了刘氏政权经营广州的历史事实，也据此复原其时广州城市风貌。

四、南汉国文学成就

五代十国时期，中原王朝走马灯般更迭，各小王国互相争夺地盘，战乱不断。相比之下，珠江中下游的南汉国由于远离逐鹿之地，加上其统治者对周边各国采取睦邻政策，因此半个世纪内基本保持安定。同时，刘隐、刘龑注意招揽文人，南汉几代皇帝都礼佛，使文学与禅学都有所发展。这包括王定保的笔记体著作《唐摭言》。王定保（870—941年），祖籍山东琅琊，生于南昌，唐昭宗光化三年（900年）进士及第。因避唐末战乱，南游湖湘，旋受唐廷之命，任容管巡官。秩满后，客游广州，被刘隐罗致门下。刘岩称帝后，被任命为宁远节度使。南汉刘龑大有十三年（940年），入为中书侍郎、同平章事，次年卒于任上。所写《唐摭言》共十五卷，每卷分若干标题，每个标题下或作综合论述，或分记若干有关故实。大致前三卷汇录科举制度掌故，其余十二卷按类记叙科举士人言行。记叙详细、生动，但又很少神奇怪异；且次序较有系统，多为选举志所未

---

① 梁廷枏：《南汉书》卷十。

备。所记述大量唐代诗人文士的遗闻佚事，多记正史所不详述者，可以窥见当时文人风貌之一斑；又保存了不少唐人别集所失载的断章零句，可以作为唐诗辑佚的重要依据。《四库全书总目提要》云："是书述有唐一代贡举之制特详，多史志所未及。其一切杂事，亦足以觇名场之风气，验士习之淳浇。法戒兼陈，可为永鉴。"《唐摭言》是南汉国时期最重要的著作，也是珠江文化史上第一部笔记体著作。

南汉诗赋创作也颇有成就，刘䶮白龙元年（925年），梁嵩以一首《赋荔枝诗》撷取了南汉国状元桂冠：

> 露湿胭脂拂眼明，红袍千裹画难成。
> 佳人胜尽盘中味，天意偏叫岭外生。
> 桔柚远惭登贡籍，盐梅应合共和羹。
> 金门若有栽培地，须占人间第一名。

梁嵩（生卒年不详），龚州（今广西平南）人。梁嵩中状元后，封为翰林学士。但他见刘䶮宠信宦官，排斥贤能，任意搜刮民财，过着奢侈荒淫的生活，自己所提那些治国良策根本不起作用，感到南汉王朝并非自己的"栽培地"，于是以回家侍奉年老的母亲为由，辞官回乡，终了一生。

南汉国时期的重要诗赋作家，还有陈拙、黄损与孟宾于，三位都是连州人。

陈拙（生卒年不详），字用拙。唐哀帝天祐元年（904年）进士，授著作郎。假使节南归，投靠刘隐，为其掌书记。刘䶮称帝后，任吏部郎中、知制诰。陈拙工于诗，有诗集八卷，已散佚。他还精通音律，著有《大唐正声琴籍》十卷，载录了琴家对操名的论述，以及古帝王名士善琴者事迹；又以古调缺征音，补新征音谱若干卷，亦不传。《全唐诗续拾》卷五十收有他的佚句两联，可窥见其造诣：

《登临湟楼》：

> 浮世自无闲日月，高楼长有好山川。

《送长沙使君》：

> 人说洞庭波浪险，使君自有济川舟。

黄损（生卒年不详），字益之。少年胸怀大志，在保安静福山筑一室攻读于其间，书室题额为"天衢吟啸"。后梁龙德二年（922年）登进士第，归南汉国，任尚书左仆射。曾献十策，斥责权贵，为朝臣所忌。诗作有《桂香集》，已佚，今存诗四首。《赠剑客》表现胸怀天下的壮志：

> 杯酒会云林，扶邦志亦深。
> 晶莹三尺剑，决烈一生心。
> 见死寻常事，闻冤即往寻。
> 荆轲不了处，扼腕到如今。

《书壁》是晚年归家时所作：

> 一别人间岁月多，归来人事已销磨。
> 惟有门前鉴池水，春风不改旧时波。

孟宾于（生卒年不详），字国仪，从小有大志，勤奋学习，刻苦读书，但一连赴京应试五次都不中。其后，游迹于湘湖之间，作诗一百多篇，结集为《金鳌集》。《怀连上旧居》描述他在连州读书时的生活。虽然当时中原逐鹿、皇朝更迭，这里却是一片和平：

> 闲思连上景难齐，树绕仙乡路绕溪。
> 明月夜舟渔父唱，春风平野鹧鸪啼。
> 城边寄信归云外，花下倾杯到日西。
> 更忆海阳垂钓侣，昔年相遇草萋萋。

五、云门宗创立

在南汉的佛教中，影响最大的，是文偃创立于韶州云门山（今广东乳源）的云门宗。

文偃（864—949年），俗姓张，嘉兴人。自幼随嘉兴空王寺律宗大师志澄学习《四分律》、小乘和大乘中观教典。后辞师外出游方，最后到达韶州曲江灵树寺，被二十年不设首座的如敏任命为首座。如敏圆寂后，文偃继任灵树寺住持。

南汉王曾召文偃入宫，垂问佛法，并赐紫方袍。

文偃继承了惠能"重法轻教"的态度，进一步削弱了宗教色彩，世俗化地加强禅法的理论与推广，彻底地以"自性"代替"佛性"论。《匡真大师碑铭》载："师一作道场三十余载，求法宝者云来四表，得心印者叶散诸山。"今云门寺内的两副对联充分反映了云门文偃的禅法理论：

> 谁云有道有禅？任汝雨宝弥空，总是鬼家活计。
> 这里无棒无喝，不妨拈草作药，坐令天下太平。

另一联乃虚云所撰：

> 两手将山河大地，捏扁搓圆，掏碎了，遍撒虚空，浑无色相。
> 一棒把千古业魔，打死救活，唤醒来，放入微尘，共作道场。

文偃认为，佛法启录示无需太多言辞修饰，最重的要的自悟。人人悟性不同，人人佛性不同，不可妄加断言。正如《人天眼目》所言："云门宗风，孤危耸峻，人难凑泊，非上上根，孰能窥其仿佛哉？"

文偃还是一位诗僧，《全唐诗续拾》卷五十收有他的诗作30首。除了一部分"偈"之外，还有一些表现社会生活的作品。如《北邙行》一开头，便勾勒了一幅战乱中生死别离的悲惨图景：

> 前山后山高峨峨，丧车辚辚日日过。
> 哀歌幽怨满岩谷，闻者潜悲薤露歌。
> 哀歌一声千载别，孝子顺孙徒泣血。
> 世间何物得坚牢，大海须弥竟磨灭。

诗的最后，则回到佛教的生死观：

> 洛阳城里千万人，终为北邙山下尘。
> 沉迷不计归时路，为君孤坐长悲辛。
> 昔日送人哭长道，今为孤坟卧芳草。
> 妖狐穿穴藏子孙，耕夫拔骨寻珠宝。
> 老木萧萧生野风，东西坏冢连晴空。

寒食已过谁享祀，冢畔馀花寂寞红。
日月相催若流矢，贫富贤愚尽如此。
安得同游常乐乡，纵经劫火无生死。

南汉乾和七年（949年），文偃圆寂。南汉大宝六年（963年），后主刘鋹降敕地方官员为文偃开塔，赐文偃"大慈云匡弘明大师"之号。后人将文偃法语编成语录三卷行世，称《云门匡真禅师广录》。

第六章
宋元汉文化成为珠江文化的主体

宋元是岭南经济真正开发的一个承上启下时代,奠定了在全国的经济地位,这使文化与社会经济达到同步发展成为可能。在前代积累的基础上,汉文化发展为岭南文化的主体,而珠江中上游少数民族文化各向分异的方向发展,共同构筑起珠江文化体系,并形成岭南民系文化体系地域组合的基本轮廓。

第一节 两宋移民高潮与三大民系文化的形成

一、两宋移民高潮

人是文化最重要的一个载体。自秦汉以来,岭南汉人虽不断增加,但直到宋元时代,随着中原北方移民大量南迁,在特定历史时空背景下,才形成了广府、客家、潮汕、雷州等民系及其文化,奠定了岭南地域文化的基础。北宋中后期和南宋末年,中原动乱,金人和元人相继南侵,大量中原难民流散到当时相对安定的岭南地区。中原及江南氏族由南雄珠玑巷陆续南迁,主要迁居地为珠江三角洲一带及海外,以操粤方言为其文化特征。这两次中原移民大迁徙,以其范围之广,次数之多,时代延续之长,对岭南社会经济和文化发展影响最为直接和深远。

据王存《元丰九域志》统计，北宋后期在今广东境内户口数中，主户占61%，客户占39%，略高于唐代广东境内总户数，而北宋初广东客户仅占总户数13%。虽然宋代主客户是以土地占有关系划分的，但外来人户绝大多数是没有土地的，由此可知宋代广东户口增加主要是由于岭北人口南迁。这些客民以珠江三角洲、东江和韩江平原、雷州半岛等处最为集中。清初屈大均《广东新语·地语》云："吾广故家望族，其先多从南雄珠玑巷而来。盖祥符（河南开封）有珠玑巷，宋南渡时诸朝臣从驾入岭，至止南雄。不忘枌榆所自，亦号其地为珠玑巷。如汉之新丰，以志故乡之思也。"现今珠江三角洲各县居民，以及他们的族谱、家谱几乎都说自己的远祖来自南雄珠玑巷，实际上这些移民仅是取道或暂居珠玑巷后南下而已。

今广西宋属广南西路大部分，是人口增长最快的地区。北宋神宗元丰三年（1080年）为242109户，到南宋宁宗嘉定十六年（1223年）为528220户，增加了118%。周去非《岭外代答·效用》说广西"四方之奸民萃焉"，即指来自全国的军民和移民。因宋代广西发生侬智高起事，被镇压后，宋兵与家属留居当地人数不少。其他移民也有相当数量。《大明一统志》卷八四引《宜阳志》曰：宜州"莫氏据其要扼，宋赐爵命，遂成市邑，居民颇驯，言语无异中州"。显见他们是中原北方来的移民。同书卷八五引元代地方志说邕州（南宁）："宋狄青平侬贼后，留兵千五百人镇守，皆襄汉子弟。至今邑人皆其种类，故言语类襄汉。"由此得知珠江中上游地区也外来不少军民移民。

在贵州也一样如此，宋以后，不断有山西、江西、湖南、四川等地移民到来，开垦山区，种植五谷，形成聚落。推动贵州农业开发和以著名的贵州"乌蒙马"、"水西马"的交易兴旺发达，加强了与珠江上下游地区的联系。

综合有关史实和研究成果，两宋中原人士的南迁，主要有几点原因：一是逃天灾地劫。宋高宗绍兴元年（1131年），南雄珠玑巷人有过一次33姓、97户的集体南迁行动。其原因是天灾岁荒，加上朝廷兵部严令居民迁移，取土筑寨，驻兵屯田，弄得民不聊生，不得不申请南迁逃命。这批以珠玑村贡生罗贵为首的南迁居民在《赴南雄府告案给引词》中说："贵等历祖辟住珠玑村，各分户籍，在丁应差，有田赋税，别列亏缺，外无违法向恶背良。为因天灾地劫，民不堪命，十存四五，犹虑难周，及今奉旨颁行，风民莫敢不遵。贵等因思处无地堪迁，素闻南方烟瘴地面，田多山少，堪辟住址……"① 这段文字，很清楚地说明了罗贵等人南迁的原因和动机。所谓"九十七人"，实指97户中每户出一人作代表。33姓97户集体迁徙，应该是一支十分庞大的队伍。二是避胡妃之祸。相传胡妃（一说苏妃）为南宋宫女，失宠逃出宫廷，流落南雄，为朝廷追捕，引起珠玑巷居民大逃亡。这个所谓胡妃事件对珠玑巷居民影响很大，各大氏族居民恐祸及身，乃先后相率而逃，大多顺江而下，来到珠江三角洲一带。许多族谱记叙了这段辛酸的往事。《粤东简氏大同谱》云："吾宗各谱有由南雄来者，以其时南雄有胡妃逃至，于是珠玑巷人虑祸及，故相率而迁。……人民畏惧，举族奔逃。时无舟楫，我祖兄弟砍竹为筏，乘流漂泊。"这次南逃不止珠玑巷人，牵动了附近的乡村，同时牵动了保昌（今南雄县）全县。其规模之大，人口之多，为南雄历史上所罕见。三是躲元初战乱。南宋末年，由于元军的大举入侵，特别是宋恭宗德祐二年（1276年）元将吕师夔攻陷南雄、韶州，南雄珠玑巷居民为避元兵，又不得不纷纷往南迁徙。

除了逃避战乱，南下移民还包括经商、从征、戍守、逃荒、贬谪等人口。如广东、广西很多移民来自福建莆田、漳州，多为经商而留居。而当时的琼州、雷州多荒地，成为人多地少的闽人迁移之地。

二、岭南三大民系形成及其文化

两宋移民特点：一是多来自江南，他们比较了解和适应岭南的自然和文化环境。先后南迁的江南氏族，很重视对后代的培养和对中原文化的继承。他们不少是官宦之家，或游宦至此，或致仕隐居，或避乱南迁，具有较高的文化知识水平。南迁珠江三角洲以后，其子孙承其家学，寒窗苦读，获取功名。或终身不仕，亦多讲学，以教育为乐，使中华优秀文化得以在岭南大地广泛传播，并发展成为独具特色的岭南文化。二是有意识集体迁移，聚集而居，形成一股股强大的地方势力。两宋时期，江南已成为人文发达地区。这些从江南来的移民主要分布

---

① 黄慈博著：《珠玑巷民族南迁记》，南雄县地方志编委会印，1985年，第9页。

在珠江三角洲一带，他们带来了文化优势，而且江南文化比中原文化更接近岭南文化，更能融入岭南地区。三是南迁氏族对岭南文化的发展也作出了巨大贡献，主要表现在传播文化和培养人才方面。从宋代到明代，珠江三角洲各氏族功名鼎盛，产生不少杰出文化人士。如崔与之，增城人，其先世汴梁人；李昴英，番禺人，曾祖仙之，自保昌（南雄）迁来；陈献章，新会人，"先世仕宋，自南雄迁新会"；屈大均，番禺人，"南雄珠玑实始迁"。这些南迁移民有的先入为主，有的反客为主，与原住民或早期的移民长期接触，进行语言和其他文化交流，渐渐形成了以方言和地方文化特色为代表的民系。宋元时期，岭南地区基本形成了以汉人为主体的广府、潮汕和客家三大民系，这也是汉文化在岭南的三大主要人群。因此，宋元是岭南也是珠江文化发展史上的一个转折时期。

广府系地区在岭南主要指珠江三角洲和西江地区，以及北江沿线和粤西南漠阳江、鉴江流域、广西东部和西南部等。广府人作为一个民系，历史渊源虽可上溯到秦汉，但真正形成仍在唐宋。

宋代两次人口大迁移，入居地主要在珠江三角洲，据黄慈博《珠玑巷民族南迁记》一书所载两批移民为73姓165族。而据曾昭璇考证，有141姓，遍布28个县市，668个乡镇，其中南海76姓，顺德53姓，广州28姓，花县5姓，从化6姓，中山67姓，珠海10姓，新会92姓，江门8姓，台山20姓，开平32姓，恩平7姓，鹤山57姓，番禺24姓，东莞78姓，增城55姓，龙门10姓，宝安6姓，深圳1姓，博罗11姓，惠阳2姓。[1] 这虽然不可能包括移民的全部，但反映宋代移民在珠江三角洲地区分布概貌。近年有人对珠玑巷移民后裔作了调查，得出结论："珠玑巷移民后裔，约占今广府民系的60％以上，约2000余万人。其中珠江三角洲宋以后成陆的地区，是分布的高密区，约占80％以上，其他的地区，则在40％以上。"[2] 如据民国《新会乡土志》称："综查各谱，其始迁本境之祖，皆唐以后人，至宋度宗咸淳九年（1273年）由南雄珠玑巷迁至者，约占全邑氏族之六七焉。"这样高的外来人口比例对当地族群社会结构有举足轻重的意义，特别是这些移民聚族而居，结成村落。这种以血缘关系组合起来的族

---

[1] 曾昭璇、曾宪珊著：《宋代珠玑巷迁民与珠江三角洲农业发展》，暨南大学出版社，1995年。
[2] 曾祥委、曾汉祥主编：《南雄珠玑巷移民的历史与文化》，暨南大学出版社，1995年，第74～82页。

群，只要有某个共同因素把他们联合起来，即可在地域上连成一片，构成与其他族群相区别的群体。事实上珠江三角洲村落大部分始建于宋，人们都把南雄珠玑巷作为自己祖先的发祥地，在族谱上记载自珠玑巷迁来。珠玑巷由此成为南迁居民情结所在，近年掀起一次又一次寻根问祖热，包括侨居海外的大批广府人为此倾注的极大热情，显示以珠玑巷为纽带的广府系巨大的凝聚力。而宋代作为这个民系形成的关键时期，还可从这个民系迁移时代和地域分布中得到验证（表6.1）。

表6.1 广府系部分移民迁移时代分布　　　　　　　　　　单位：个，%

项目	五代以前		宋代		元代		不明		总计	
	数量	比重	数量	比重	数量	比重	数量	比重	数量	比重
氏族数	8	12.3	49	75.4	1	1.5	7	10.8	65	100.00

资料来源：吴松弟：《中国移民史》第四卷，福建人民出版社，1997年，第177页，略有改动。

这65个氏族中大部分是宋代迁入的，据此似可得到广府系移民主要是宋代迁入这一结论。而这些移民迁出迁入的地区分布，也可从有关实例中看出其格局（表6.2）。

表6.2 广府系部分移民迁移地区分布

项目	迁出地区				迁入地区			
	北方	南方	不明	合计	珠江三角洲	粤北	不明	合计
氏族数	22	30	13	65	14	50	1	65

资料来源：吴松弟：《中国移民史》第四卷，第177页，略有改动。

宋代从南方迁来的移民比北方多，更容易适应岭南地理环境，其中粤北主要指南雄。事实上这些迁民在南雄停留一段时间以后大部分再度南迁，最终多以珠江三角洲为归宿。

秦开灵渠以来，湘桂走廊长期为岭南交通要道，中原移民也大批经此落籍西江地区。唐开大庾岭道后，五岭交通重心东移，但西江水量大，通航条件好，仍不失其交通地位。宋代经湘桂走廊迁入桂东、桂南的岭外移民也不在少数，由此加重了广西的财政负担。静江（今桂林）知府许中上奏朝廷："本路（广南西路）诸州赋入微薄，请禁寄居官毋得居沿边十三郡，见寓止者皆徙之，仍毋给其禄。"① 许中因上言企图禁止并迁走已寓居桂林的移民而被降职一等，想见移民数量相当可观。在桂东南，容县"介桂广间，渡江以来，避地留家者众"②。"靖康岁丙午（1126年）迁博白时，虎未始伤人，村落间独窃人家羊豕……十年之后，北方流寓者日众，风声日益变，加百物涌贵，而虎渐伤人。今则与内地无殊，啖人略不遗毛发"③。博白县因迁民太多，影响到老虎习性，从不伤人到啖人。这些地区后都是广府系居地。

宋代经珠玑巷南下迁民，多为有组织的群体，并得到官府支持、帮助。如番禺市桥《谢氏族谱》记迁民组成"签名团词赴（保昌）县陈告，准立文案文引，乃赴府告准结引，立号编甲，陆续向南而行"。对上述贡生罗贵一行南迁，保昌县、南雄州都给文引，特别指明："凡经关津岸陆，此照通行，毋得停留阻禁"。他们抵达冈州（新会），知县李丛芳批示："准迁移安插广州、冈州、大良都等处，方可准案增立图甲，以定户籍，观辟处以结庐，辟地以种食，合应赋税办役差粮毋违，仍取具供结册，连路引缴赴冈州。"④ 这种集体迁移方式不但利于人口集中和聚落建设，而且对加强居民内聚力、认同感也大有裨益。故后世有"顺德祠堂南海庙"现象，为三角洲地区宗族势力强盛的表现，如迁到番禺市桥的谢氏，"众相开辟基址，共结婚姻，朝夕相见，仍如今日之故乡"⑤。另外，这些迁民多有资财，部分人后入广州、佛山等城镇经商，对珠江三角洲商业文化的建立和繁荣作出贡献，这也是广府文化的一个特质和优势。

唐宋广州作为贸易大港，外商纷至沓来。据《唐大和上东征传》记，唐玄宗天宝年间广州即有"……白蛮（阿拉伯、波斯等国白种人）、赤蛮（南海周边诸国黑种人）等往来居住，种类极多"，仅居住在专设的"蕃坊"里的外侨即达12万人。宋代在广州外侨数量更多，仅广州城外便有"蕃汉数万家"⑥。这样一

---

① 李心传：《建炎以来系年要录》卷六三，绍兴三年三月癸卯。
② 王象之：《舆地纪胜》卷一〇四。
③ 蔡絛：《铁山围丛谈》卷六，中华书局，1983年。
④ 曾昭璇、曾宪珊著：《宋代珠玑巷迁民与珠江三角洲农业发展》，第219～221页。
⑤ 番禺市桥《谢氏族谱》。
⑥ 李焘：《续资治通鉴长编》卷二三七。

个庞大的异族人群,难免与当地人通婚。卢钧任广州刺史曾"强令俾华蛮异处","蕃华不得通婚"①,收到一定效果。到五代蕃汉通婚比唐代多。南汉主刘锯非常宠幸波斯女子,史称波斯女"年破瓜,黑腯而慧艳,……锯嬖之,赐号'媚猪'"②。宋代土蕃通婚禁之不绝。朱彧《萍洲可谈》记那时蕃客不但娶广州女子为妻妾,而且广置田宅,所生混血儿称"土生蕃客"或"五世蕃客"。这个混血人种或群体,使广府系居民注入更多外来基因。

唐代大量移民入岭,使中原汉语对粤方言产生更进一步的影响,特别是一些贬官逐臣、名流学者到来,以及兴教办学等,使粤方言在唐代就日趋成熟。宋代虽依然有大量移民入岭,但在中央王朝强干弱枝政策作用下,粤方言朝着与中原汉语距离越来越大的方向发展,不但不再或很少接受中原汉语,而且大量吸收少数民族语言,以及阿拉伯语等外来语,不断丰富自己的词汇,使之更具方言特色,从而完成了作为方言定型、成熟的过程,成为一种有别于中原汉语的方言。这同是广府系定型成熟的最主要标志。在宋人著作中已清楚地记述在广西钦州即有土人讲的萎语、北人所用语音平直而杂以南音的语言、语音不可晓的俚人土语、福建移民使用的闽语、水上居民使用的疍家语等五种。在广东也有同样情况。苏东坡有诗曰"倦看涩勒暗蛮村",今日粤语称有刺的竹木为"勒",与苏东坡诗义一致。语言学家研究了宋代广州方言,认为广州人很多读音与现代粤语相同,如将"厉"念成"赖"。③粤语与壮语有不可分割的联系,很多壮语用词广见于西江地区。而粤北唐代还是以少数民族语言为主,到宋代成为客家方言地区。至此,宋代由于以一姓一族为单位的人群从岭外大量入居,少数民族汉化或他迁,形成汉移民地域集中分布格局。以地缘为基础的民系代替原先以血缘为基础的氏族,最终导致民系形成,在珠江三角洲和西江地区地域上联成一片的即为广府系。至于"广府"一词,其"府"见《隋书·地理志》,谓南朝梁、陈时"并置都督府";于"府"前冠"广"为唐高祖武德四年(621年)在岭南置广州、桂州、容州、邕州、安南五个都督府,皆隶属于广州都督府或称广州中都府。简称为"广府"则始见于唐代阿拉伯旅游家苏莱曼《东游记》称:"中国商

---

① 《新唐书·卢钧传》。
② 吴兰修:《南汉记》卷五引《清异录》。
③ 李新魁著:《广东的方言》,广东人民出版社,1994年,第62~66页。

埠为阿拉伯人所麇集者,曰广府,其处有回教牧师一人,教堂一所。"穆根来等译《中国印度见闻录》则说"在众多的中国城市中,他(指黄巢)开始向广府(Khanfu,广州)进发。……广府居民起来抵抗黄巢"。伊本·胡尔达兹比赫的《道里邦国志》则称广府曰"汉府(khanfu)"。可见,"广府"始称于唐代,其出现以后,才成为民系名称。

关于客家人,中国史学界历来认为,从中原南迁到闽西、粤东、赣南这块三省相连地区的汉人称为客家人。唐宋时期已有"给客制度",有"客户"之籍,故客家是与当地的土著相对而言。《辞海》(第六版)在"客家"条目载:"相传西晋末永嘉年间(公元4世纪初),黄河流域的一部分汉人因战乱南徙渡江,至唐末(9世纪末)以及南宋末(13世纪末)又大批过江南下至赣、闽以及粤东、粤北等地,被称为'客家',以别于当地原来的居民,后遂相沿而成为这部分汉人的通称。"

客家人祖先进入广东的历史虽然很早,但作为一个民系形成则比较迟,约宋元时代才完成这种转变。这些客家移民,为适应广东山区环境和维系宗法社会秩序等而创建了客家围龙屋,形成了与此相关的客家文化风俗和客家方言。客家方言是在宋元之际才形成的一种新方言,比粤方言和闽南方言的形成要迟得多,成为客家民系形成的主要标志。这在多方面表现出来。

一是外来人口在当地占优势。如果把主、客户理解为入居时间早晚,则两者比例关系反映外来人口对当地人口的强弱。据王存《元丰九域志》北宋元丰初年主客户比例在各州分布,其中广东梅州、惠州和广西融州、浔州的这个比例都在50%以上,表明外来人口在当地占优势,奠定了客户成为一个共同体的人口基础。后来梅州、惠州成为客家人在广东的大本营。宋末元初,进入闽、赣、粤交界地区的汉人更多,大量地方文献和谱牒记载了这个移民盛况。据罗香林《客家源流考》统计,南宋从江西、福建,以及安徽、江苏南迁广东龙川、五华、和平、梅县、大埔、蕉岭、河源、始兴、南雄、兴宁、惠阳、平远、翁源、丰顺、揭阳等地的有魏、曾、徐、谢、饶、丘、华、邓、刘、巫、何、张、温、吴、史、黄、廖、陈等18姓。如《五华魏氏族谱》云:"时值宋末,天下混乱,……我祖兄弟,惊恐流涕,商议只得移别处逃生,……元公至惠州长乐(今五华)为一世开基祖。"《兴宁黄陂曾氏族谱》记:"宋政和壬辰年(1112年)由南丰徙福建宁化石壁下居焉。……因宋元兵扰,不能定居,由宁化徙广东长乐县家焉。现居兴宁、梅县、平远、镇平、五华、龙川、惠州、河源、和平、广州、新宁等县之曾姓,皆为此祖之后。"刘士骥《梅州丘氏创兆堂记》云:"谨按梅州丘氏,……先世由中州迁闽,……少与乡人谢翱善,……复与翱同归闽,道梅州北,今镇平县之文福乡,喜其山水,因卜居焉。"又南雄《南阳堂邓氏联修族谱》曰:"名世之孙升,南宋建炎四年(1130年),以升为散骑郎。……越三世坤钟,避宋季乱,徙居南雄象湖。""王象之所著《舆地纪胜》……于梅州引《图经》有云:(南宋时)郡,土旷民惰,而业农者鲜,悉汀赣侨寓者耕焉;故人不患无田,而田每以工力不给废。……然由其说可知南宋以前,土著之少,而汀赣客民侨寓之多,……故〈太平寰宇记〉载梅州户,主一千二百一,客三百六十七,而〈元丰九域志〉载梅州主五千八百二十四,客六千五百四十八,则是宋初至元丰,不及百年而客户顿增数倍,而较之于主(户),且浮(高)出十之一二矣。"① 1986年南雄县地方志编纂委员会对境内2400多个村落142姓作过来源调查,其中刘、叶、陈、黄、李、张、邓、何、钟、王十大姓族谱记载,他们主要自宋元从福建、湖南等地度岭迁入南雄,再辗转南迁,而留在当地的有八成左右成为客家人。② 道光《直隶南雄州志》云:"稽户口于雄州,昔也往来无定,今也安止不迁。周末越人徙此,晋迁江左,而西北荐绅随以南焉。宋南渡而仕宦之族徙浈水者尤众。是岭表之首,亦远人之所萃也。然仙城鉴海间,自北而来者不少,望南以去者亦多。而今殊不尔矣,烟村鳞栉,考其先世,来自岭北者十之九。"光绪《嘉应州志》也指出:"其后屡经丧乱,主愈弱,客愈强,至元初大抵无虑皆客,元史所载,亦不分主客,疑其时客家之名已成无主之客矣。"③这里特别提到元代"客家"专称已经形成,说明客家作为一个独立民系至少在人口结构上已占压倒优势。

二是主客民族地位变迁。原先与客家先民共存于粤东的畲族在宋元及其后陆续他迁,向闽南、闽东、闽北等地转移。原因除了封建王朝对畲族强化统治、滥

---

① 光绪《嘉应州志》卷七,《方言·案语》。
② 魏家琼:《南雄人口源流初探》,魏家琼著:《史志文存》,广东高等教育出版社,1996年,第53～60页。
③ 光绪《嘉应州志》卷七,《方言·案语》。

征赋税以外，恐与客家先民到来有联系。一方面是客家先民难免与畲人有摩擦或冲突。如兴宁邓氏在《请神文式·请天神文》称"二来斩磺春瘟夏瘟，秋瘟冬瘟，时瘟瘴气，远隔千里，上来隔山，下来隔海；斩磺五姓贼人（即畲族）"[①]，将畲人与瘟疫等量齐观，想见矛盾很尖锐。另一方面是随着客家先民人口增加，对山多田少的山区环境压力日益加重，人地矛盾愈加突出，而畲人以土著身份从事刀耕火种的游耕农业对生态环境造成的破坏也引起外来客家先民的不满。但后来客家先民势力越来越大，而畲族人口单薄，文化又处于劣势，自难继续与客家先民争雄。为了保全自己，畲人只好他迁，这就使得客家先民有可能反客为主，发展为一个独立民系。

三是共同经济模式形成。宋以前，迁居广东的客家先民人数不多，他们虽然也开山辟地，耕耘荒野，但毕竟未能形成自己的经济模式，当地仍广泛流行刀耕火种，即烧畲。宋代以来，大批进入广东山区的客家先民，必须选择适应新地理环境的生产生活方式，包括从平原到山区，从种植小麦、稷为主的旱作转到开垦梯田或盆地水田为主的稻作，从大地主庄园式生产转到以家庭或家族为单位的生产等，可以说是一种热带亚热带山区经济模式，也是一种文化形态。北宋仁宗时，广南路（两广）已有"溪洞人户争论田地"[②]纠纷，这些人户当然也包括山区客家先民和畲、瑶等族人。南宋时，仅梅州、潮州就发生多宗田户诉讼案，其中梅州有一宗案20年仍未能了结，显然是为了争夺土地而产生的官司，想见土地开发规模比较大，否则不会牵动官府。由此推及土地利用已成为客家地区经济活动的中心。

客家先民与畲、瑶族人杂处，也深受他们的影响，在经济生活中注入有益成分，构成自己的经济特色。畲、瑶族人在山岭上遍植"畲米"，客家先民也在山坡和秋地上普遍种植"畲禾"；畲、瑶族人喜种薯蓣（后为番薯）、芋头，并作为主粮，客家先民也同样种植这些作物，后有"半年番薯半年粮"习俗。畲、瑶族人普遍以草木灰为肥料，客家先民也用这些肥料；畲、瑶族人采薪卖炭为一项重要的副业收入，客家先民也同样如此。这说明畲、瑶族经济对客家农耕经济的建立和发展起了借鉴和启示作用。客家梯田农业即为畲、瑶游耕农业的改造和

---

① 转引自罗香林著：《客家研究导论》，上海文艺出版社，1992年影印本，第75页。
② 徐松：《宋会要辑稿·食货一》。

发展，并为客家地区主要的农业景观。故至今粤东北"畲"字地名甚多，即为刀耕火种农业文化遗存。这种梯田农业一经形成便历久不衰，随着客家人迁移流布各地，成为这个民系最显著的经济特色。

四是共同心理素质形成。岭南汉族虽来于岭外，但以入居地环境差异，他们共同的心理素质也仍不同。复旦大学吴松弟博士总结了广府系 211 族迁广东的记载，其中明确由外省迁来的仅 65 族，占总数 30.8%；客家系 209 族迁广东记载中，有 206 族从外省入广，占总数 98.6%。[①] 这说明客家系的地域观念和宗族观念更强更深。这与客家人由中原或江淮转入湿热的岭南山区环境有很大关系。在居住方面，客家人从原来民族和文化比较均一的地区转到多民族多文化杂处的山区，为了避免矛盾、减少冲突、保护自我，往往聚族而居，形成新村落，并采取富有中原特色的建筑形式，即客家大屋或围龙屋。这种群体屋式可容数十户甚至数百户居住，内部有严格的功能分工和布局，充分体现客家人以宗族为核心的社会结构。据报道，这种屋式在梅县松源（何岭）、宝坑、隆文等地已发现建于唐代的遗存遗址，但更多的是建于宋元，兴盛于明清，与客家人南迁历史相符合。在服饰方面，为适应山区环境和艰苦劳动的需要，客家人无论贵贱都放弃了原来的长袍马褂，换上适于农耕的短衣短裤。同样，客家妇女后来也不像其他民系妇女那样普遍缠脚束胸，而一个个天足宽胸，自然健美，承担起家庭、田间等一切繁重劳动，成为客家妇女特有的精神风貌。在教育文化方面，客家先民许多人是中原衣冠望族，来到蛮荒的岭南山区，可供谋生的门路不多，于是发挥自己固有的文化优势，以读书作为求出路的一种手段，故读书求学成为当地一种社会风气。光绪《嘉应州志·礼俗》引南宋王象之《舆地纪胜》云："梅（州）人无植产，恃以为生者，读书一事耳。可见州之士喜读书，自宋已然。"此风一经形成，长盛不衰。乾隆《嘉应州志》说："士喜读书，多舌耕，虽困穷至老不肯辍业。近年应童子试者至万有余人。前制府请改设州治，疏称文风极盛，盖其验也。"梅州地区成为广东文化之乡乃宋代奠定的基础，发达的教育文化也成为客家民系的一个重要文化特色。

五是客家话成为独立的一种方言。客家先民原使用中原语言，东晋南朝以降

[①] 吴松弟著：《中国移民史》第四卷，福建人民出版社，1997 年，第 192 页。

历经社会变动而在不同地区停留，一方面其语言与母语隔离，另一方面又与南方或少数民族语言交流、融合，逐渐脱离母语，发展为另一种方言即客家话，这个过程持续了几百年。但在宋代以前，客家先民入居岭南人数少而分散，在其他民族包围下，他们不可能形成新方言。宋代在广东山区已出现反客为主的人口格局，这个客民集团有人保持原有语言，有人使用带有当地特点的方言。周去非《岭外代答·兵民门》说到钦州居民中"北人，语言平易，而杂以南音。本西北流民，自五代之乱，占籍于钦者也"。这些北人，其中就有一部分是客家先民，他们使用的语言兼具南北语言特点。宋末元初南迁客民主要不是来自早年中原而是江淮、两湖和江西。他们所操语言脱离原来的语言环境，走上独立发展的道路，即一方面保存中原汉语的基本特点，另一方面又发生新的变异，到宋元之际完成了从中原汉语分化的历史过程，成为一种新方言，但时间上比粤方言和福佬方言要晚。所以清人郑昌时比较岭南方言时指出："潮音仅方隅，其依山而居者，则说客话，而目潮音为白话。……而客音去正音为近。"① 明中叶王士性也说广西廉州有"四民，一曰客户，居城廓，解汉音，业商贾"②。这些客民即为客家人。他们所操方言与北方话接近，应为客家话，可知客家话在明之前已经形成，并随着客家人流布四方。自此"宁卖祖宗田，莫忘祖宗言"成为客家人的信条，也是客家人一种强大的内聚力。客家人无论到哪里，方言即为本民系认同，以及和其他民系相区别的一个主要标志。

广东潮汕民系主要由原土著闽越（东越）后裔融合中原人、畲、瑶和后来的闽南人等形成，少数由来自江西、浙江、江苏等地移居广东者与当地土著居民融合而成，是居住在福建漳州和潮汕一带，讲闽南方言的汉族人。据民国《潮州志·民族志稿》中饶宗颐教授说："福老初非潮州土著，大率来自福建，而间接徙自晋豫，与客家同为中原遗族，惟客家播迁于山岳地带，而福老则循海岸线由闽迁粤。"其文化特质既有别于广府民系，更与自称为中原汉族后代的客家民系不同，具有丰富的风俗文化内涵，是广东有地方特色文化的一个重要群落。

唐宋时代，闽潮地区经历了空前的社会变动，民族融合从疏远缓慢走向接近和频繁，闽方言的分化同步发展，潮汕方言基本形成，区域经济特色也初露端

---

① 郑昌时：《韩江闻见录》卷之十，上海古籍出版社，1995年。
② 王士性：《广志绎》卷四。

倪。在多种因素综合作用下，潮汕系于这个时期应运而生。

潮汕与闽南地理上一体以及行政建置的统一，为方便移民往来和文化融合提供了外部条件。地理上一体历来受到注意，这个区位特征使两地在历史上多次同属一个政区。唐太宗贞观三年至十年（629—636年），潮州与福建同属江南道；唐玄宗开元二十一年（733年）潮州隶于福州都督府，翌年潮州与漳州脱离福建，改隶岭南经略使；到唐玄宗天宝元年（742年）漳、潮二州一起割属福建经略使，天宝十年（751年）再归岭南经略使，唐肃宗上元元年（760年）复归福州管辖；唐代宗大历六年（771年）潮州割隶岭南节度使。自此以后，潮州才结束与福建的行政建置关系，稳定地在广东政区范围内存在和发展。但百余年来同在一个行政区下所形成的牢固的社会经济和文化联系，无疑为以后大批闽人到来和闽文化扎根潮汕奠定了坚实的基础。

如果说直到唐中叶"安史之乱"及其后黄巢起义乃至五代十国纷争，入居广东的移民主要集中于粤北、西江地区和珠江三角洲的话，那么到宋代这种状况已有很大改变。有人根据民国《潮州志》和《澄海百家姓》统计，宋元移居潮州地区的家族共62个，其中北宋迁入的有13个，南宋有28个，宋元间有10个，元代有11个，大多数家族来自福建，特别是泉州和兴化军（莆田），仅少数来自江西、浙江和江苏。[1] 来自东南沿海的这些移民，使本来就与之有相当深厚的、共同的文化基础的潮汕文化风貌更与他们的源地趋于一致。宋代潮州已"有广南福建之语。……虽境土有闽、广之异，而风俗无漳、潮之分"[2]。闽地狭人稠，农业上讲究精耕细作。移民的到来改变了潮州地区农业落后状况，奠定了以后"种田如绣花"的集约农业的基础。闽人为求出路，多事工商，这在宋代就很出名。苏东坡指出："惟福建一路，多以海商为业"[3]；欧阳修更形象地说："闽商海贾，风帆浪舶，出入于江涛浩渺、烟云杳霭之间"[4]。潮汕人后来形成善舟亲海的民性，闽人移入是个重要因素。又闽人业儒和敬佛也蔚为风气，所谓"闽学"在宋代形成，并扩布到潮州，好读书成为当地风气。宋孝宗曾问潮人礼

---

[1] 黄挺著：《潮汕文化源流》，广东高等教育出版社，1997年，第60页。
[2] 王象之：《舆地纪胜》卷一〇〇，引余崇龟《贺潮州黄守》。
[3] 苏东坡：《论高丽进奉状》，《苏轼文集》卷三〇，中华书局，1986年。
[4] 欧阳修：《文忠集·在美堂记》，四库本。

部尚书王大宝："潮风俗如何?"大宝对曰："地瘦栽松柏,家贫子读书。"① 此风至今尚然。早在五代王审知治闽时,佛教在闽地大行其道,其本人也笃信佛教,闽地有寺院267座,僧尼3万余众,故有"山路逢人半是僧"的诗句。宋末元初,福州府各县寺院多达1500座以上。② 潮州深得此禅风,宋代寺观建筑大增,遍布州城、民间。现在仍能看到很多捐金奉佛或修造祈福的实物资料。今流行于潮汕和东南亚的大峰祖师崇拜,即为宋元民间笃信释氏的遗风。另外,闽人航海保护神妈祖也在宋代传入潮州,当地最早的妈祖庙建于宋代。陈天资《东里志·疆域志》祠庙记"天后宫……在深澳,宋时番舶建"。另南宋《临汀志》记潮州有一座三圣祀庙,奉祀包括妈祖在内的三位圣妃,为往来汀江、韩江的船工所建。后世潮汕为广东沿海妈祖庙最多地区,清人说这些庙"其创造年代俱无考,大约始于宋元"。③ 妈祖崇拜遂成为潮汕文化的一个重要特质。

在闽人移居潮州的同时,当地少数民族汉化也进入深广程度,加速了潮汕系共同体的形成。隋唐时潮州等州蛮、僚人屡次作乱,为朝廷平息。如唐高宗永徽年间(650—655年)陈政、陈元光父子领兵5600人至潮州镇压,后又遣陈政弟陈敏率军校58姓赴潮支援。平乱后,这些来自河东(今晋南)的官兵驻守漳、潮一带,多数人没有回去,成为当地居民。军事行动过后,蛮、僚被赶入深山。《丁氏古谱》载:"咸亨四年(673年)癸酉,请于朝,移镇漳浦以拒潮寇,阻盘陀诸山为寨。仪凤之初,抚循既熟,复进屯于梁山之外,而凶顽不敌者率引遁丛林邃谷中"④,其地遂为汉人据有。宋代,蛮、僚之称已很少提到,即他们大部分被汉化。少数民族则以"畲"民名称出现,刘克庄《漳州谕畲记》即记载了闽粤赣交界地区畲人的分布和活动状况。由于官府豪强对畲人过于苛暴,引起畲人多次反抗,在宋元政府征剿、招抚、利用政策之下,畲人大部分融入汉族中。到明代,文献中记载闽潮地区畲人活动已大为减少,且限于少数山区,说明汉文化覆盖范围更为扩大和连续,汉文化载体也包括更多的少数民族。

唐宋是谪贬官员罪臣至岭南最多的时代。他们中不乏饱学之士,一些人流落

---

① 《永乐大典》卷五三四三,《潮阳风俗形胜》引《潮阳志》。
② 何锦山著:《闽文化概论》,北京大学出版社,1997年,第53页。
③ 乾隆《潮州府志》卷二五,《天妃庙》。
④ 黄挺著:《潮汕文化源流》,第53页。

潮州，在当地兴教办学，培养人才，改造社会风气，对提高族群整体文化水平和塑造地域文化风格都起了重要作用。计唐宋来潮的除了韩愈，还有常衮、李宗闵、李德裕、杨嗣复、陈尧佐、杨万里、周敦颐、赵鼎、吴潜等，他们既是政治家，也是著名学者，对潮州文化建树良多。宋代潮州即产生不少文人学士，如许申、张夔、刘允、林巽、王大宝、卢侗、吴复古等，即为中原文化在当地传播的结晶。宋代潮州科举入仕也成为社会风气。宋孝宗淳熙元年（1174年）潮州参加考试士子为3000人，到宋宁宗嘉泰四年（1204年）为4000多人，宋理宗绍定元年（1228年）又增至6600人，宋度宗咸淳三年（1267年）竟达1万人以上，[①] 在不到100年时间里增加了两倍多，这自是教育事业发展的结果。故南宋祝穆《方舆胜览·潮州》说，潮人"联名桂籍，自太平兴国始"。宋陈尧佐《送王生及第归潮阳》诗云："休嗟城邑住天荒，已得仙枝耀故乡。从此方舆载人物，海滨邹鲁是潮阳。"潮州教育水平已不亚于发达地区。上书又说潮州"封疆虽隶于炎方，文物不殊于上国"。自此潮州人读书求上进成为一种社会风气，历久弥坚，也是潮汕文化的一大优势。

秦汉时期，吴语经福建进入潮汕地区，开始了潮语发展的萌芽时期。东晋南朝时期，随着吴语和中原汉语影响的增多，潮语逐渐成为汉语方言的一支。但只到唐、宋时期，潮语才从闽语中分化出来，成为潮汕地区文化的一个重要标志。韩愈贬潮州，见当地人乡音很重，深感不便，企图用中原音代替它们，但没有成功。宋《潮州三阳志辑稿》云："或曰韩公出刺之时，以正音为郡人诲，一失其真，遂不复变"[②]，说明潮方言已经定型，难以改变。据语言学者研究，唐宋时潮语即闽南方言，一方面保留闽语许多特点，另一方面又直接接受北方汉语的读音和某些词语，在语言结构方面和现代闽南方言没有多大区别，说明它作为一种独立方言已基本形成。例如，现代潮州话所保持的与说话音有较大差别的"文读音"（与其相对的是"白读音"），即同一个字在同一个人有不同读音，反映不同时代层次。例如"糊"字白读为"kou^5"，文读为"hou^5"，前者为上古音，后者为唐宋中原读音，且保留至今，显示潮州话至迟在宋代已完成从闽语分化的过程。当然，亦有论者认为宋末元初社会变动中大批闽人再度入潮，进一步加强

---

① 陈香白辑校：《潮州三阳志辑稿》卷之一〇，中山大学出版社，1989年。
② 陈香白辑校：《潮州三阳志辑稿》卷之三。

了两地方言的汇合，才最终形成潮州话，并跻进全国主要方言之列。不管怎样，作为潮汕系主要标志的方言在宋代定型是肯定的，亦标示潮汕系作为一个族群也同时形成，以后的变迁，只是它的进一步发展而已。

第二节　土地垦辟高潮与稻作文化的振兴

文明或文化的基础在于开发、利用自然条件与资源。只到宋元时期，人们才对珠江流域的地理环境有了较多的认识，特别是掌握了沿海低地和冲积平原与三角洲平原的特点及规律以后，开始了以土地利用为中心的经济发展高潮，在农业技术上取得巨大进步，创造了前所未有的物质文明，真正使流域大部分地区摆脱蛮荒、落后状态，揭开了珠江农业文明的新篇章。

一、土地垦辟高潮

唐宋时期，广府系作为一个民系已经形成，人口也相应增加，对粮食的需求促进对了土地的进一步开发利用。到宋代开始大规模围垦平原低地的高潮，珠江三角洲和西江、鉴江、漠阳江沿岸成为新的粮仓。土地利用率先在广府系地区成为经济发展的中心，也奠定了广府系地区在珠江流域经济和文化的重心地位。

宋代以降，珠江三角洲淤积范围比前代大为扩大。许多河流迅速淤浅，浮露出大片沙田。例如番禺沙湾以南，顺德甘竹滩以下，中山小榄、大黄圃一带，江门至会城以南，以及东莞石龙、莞城以下地带均先后形成，为农业生产提供了大量后备土地资源。而经过长期生产实践，人们对三角洲和河谷平原的地理环境，尤其是对三角洲冲积规律、水流运动、地形特点等已有深入了解，能因地制宜、因势利导，兴起筑堤围垦、集中开垦平原低地和河滩海滩，发展以粮食生产为中心的土地利用高潮。据载，宋太宗至道二年（996年）珠江三角洲开始修筑堤围。起初是先垦后围，这些土地称为围田；也有不围而造田的，称为沙田；或者先围后垦也称为沙田；还有在浅坦上抛石堵江，种上水草，以促淤积，既是人工围田，也是沙田。这些不同的土地开发方式在初期是个别的，主要在小块土地上开始，所筑堤围被称为私基。以后为了共同利益，发展到联合围垦，这些堤围称为公基。公基进而联合成大围。据统计，在两宋320年间，在今高要、南海、东莞、博罗、三水、顺德、中山、番禺、高明、鹤山、珠海等11个区、市筑堤28条，总长66024.7丈，捍田共24322.4顷。① 这些堤围主要分布在西江、北江和东江干流两岸。实际上还有很多堤围未统计在内，如宋哲宗元祐年间李岩为东莞县令时主持筑堤达12条②。很多村落也建于宋代，为修筑堤围的佐证。如桑园围内有龙首、细阜诸村，建于宋代，为经南雄珠玑巷的迁民所立；番禺沙田区有礼村、植村、市头、罗边、植地庄、穗石、崇德、北约、南约、曾边、柏堂、莘汀、东南、谢氏、韩氏、沙湾、古坝、北海、横江、小龙、罗家、石岗、南浦、大涌口、龙湾、三善、黄阁、深湾等宋村，亦为珠玑巷迁民所立。在东江三角洲平原上，宋村也大量集中，如东莞即有石美、流涌尾、莫屋、樊郑、溶联、李屋、麦屋、朱屋、正丫、大汾、沙溶、八甲、罗屋堂、篁村前、小享、灯笼桥、大树墩村等。迁民中有不少人是有财力者，到达新居地后即着手开垦，经营土地，且颇有成效。如东莞翟氏初来，即"日督家人开池养鱼，藩圃种橘，修畦以艺桑麻，凡可以养生之物，靡不蓄之植之，不数年家益赡饶"③；新会周、谢、黄氏，一来即"筑围造田，开垦种植"；宣统《岭南冼氏宗谱》记当年"是时沿水而居，几同泽国，我族同堂公与同里判区公，合力提倡，兴筑基堤（指罗格围），袤长十余里。堤内沙洲数百顷，遂成沃壤，到今赖之"。这些氏族充分利用地利，开展多种经营，很快致富，支持了三角洲经济开发。

宋代广西，也由于大量移民入居，大兴水利，引进和改良稻种，而使农业出现良好发展势头。宋代经常维修相思埭，前后七次疏浚灵渠，增加船闸总数，利用旱季小流量抬高水位，便于船只航行，节省水资源用于农业灌溉，但更重要的是新修水利工程。《宋史·食货志上》说广西"大抵南渡后水田之利，富于中原，故水利大兴"。据刘硕良主编《中国地域文化通览·广西卷》引用有关史料，仅宋神宗熙宁三年到九年（1070—7076年），修建水利工程达879处，扩大灌溉面积2738顷。许多地区推广自动式翻车、筒车和引流水笕，有效地将河水

---

① 佛山地区编：《珠江三角洲农业志》（二），1976年印，第11页。
② 道光《广东通志》卷一一五，《山川略》。
③ 曾昭璇、曾宪珊著：《宋代珠玑巷迁民与珠江三角洲农业发展》，第230～231页。

提高水位，灌溉田亩，这对山区广大的广西尤有实际价值，有力地促进了水田的开垦和种植。

宋时大理国治下的云贵地区，土地开发和农业也有长足增长。大理国后期随蒙古军征大理的刘秉忠，写诗记沿途所见。其一首诗云："鳞层竹屋倚岩阿，是岁秋成粳稻多。远障屏横开户牖，细泉磴引上坡陀。"梯田引水灌溉随处可见。《云南志略·佚文辑录·诸夷风俗》载李京所见，乌撒路（今贵州威宁）一带"多水田，谓五亩为一双，山水明秀，亚于江南。麻、麦、蔬、果颇同中国"。又说云南南部金齿百夷妇女"尽力农事，勤苦不辍。及产，方得少暇"。水田增加，说明这些地区稻作农业的进步。

元代统治者也颇重视农业，在珠江三角洲主要在宋代堤围基础上加以巩固和扩大，使土地利用向纵深发展。如在南海桑园围之上筑大路围，使原来分散的堤围连接起来，提高工程效益；有的对旧堤加高加厚，如东莞福隆堤、南海罗格围等；再有在围内再筑小堤，以利灌溉。元代共计在11处修筑堤围34条，总长50526丈，捍田2332顷。① 这些新堤围主要集中在珠江三角洲西北缘，即西江和高明河两岸，包括高要羚羊峡附近鸭塘围、西江两岸金溪围、高明和鹤山的秀丽围，三水大路海和溪陵围，高明河北岸的高鹤南岸四围、大沙围、陶筑围，三洲围内小围罗郁围（即罗秀围），以及东江下游博罗龙苏村堤等。

宋元期间，除了围垦，也通过其他办法扩大水田面积。宋代广东转运判官王觉"开辟荒田几及万顷"②，受到朝廷嘉许；著名清官包拯知端州军州事，宋仁宗康定元年（1040年）修跃龙窦，导沥水入西江，目的是排水造田，扩大稻作区分布范围。

在珠江上游云贵地区，元统治者曾清查户口，以掌握确切人口资料，继与进军西南同步，实行屯田和兴修水利。如曾任云南行省平章政事的赛典赤，李京《云南志略·总叙》说他"立州县，均赋役；兴水利，置屯田"，并主持对滇池的大规模治理，后获良田万余顷，民感其德，传颂至今。在广西左、右江流域，女真人乌古孙泽曾任广西两江道宣慰副使，曾在当地招募壮、瑶族丁壮约5000人屯田。《元史》有其传，说他在那里"列营堡以守之。陂水垦田，筑八堨以节

---

① 佛山地区编：《珠江三角洲农业志》（二），1976年印，第12页。
② 《宋史·食货志上》。

潴泄，得稻田若干亩"。他还向屯田的壮、瑶人传授先进农业技术，开垦 500 亩良田。同书称他"岁收谷若干石为军储，边民赖之"。嘉庆《广西通志》卷一六七载，元政府还在广西地区"置屯军于隘口，募兵耕种，且耕且守"。军屯与民屯相互交错和相互学习，促进了农业生产的发展。

大规模的围垦和拓荒产生了巨大的经济效益，奠定了广府系地区成为广东经济最发达地区的基础。以前珠江三角洲居民多"散处高阜"，"岁视旱潦以为丰歉"，① 农业生产没有保证。宋代兴修大量水利工程，使"潮田无恶岁"，成为稳产农田。原来无堤围捍卫，依靠大排大灌的这些潮田，只能种植单季稻，修筑堤围以后，可以种植双季稻。加上宋真宗时占城稻的引进和推广，珠江三角洲与其他稻作区一样，水稻生产发生革命性的变化，粮食产量大增。宋真宗时在广州首置平抑谷价的常平仓，广州成为我国南方最大米市，大量"广米"舶运到闽浙等地。史称"闽中土狭民稠，岁俭则籴于广"②；"广南最系米多去处，常岁商贾转贩，舶交海中"③；"福、兴、漳、泉四郡，全靠广米以给民食"④；淳熙九年（1182 年）正月，"籴广南米赴行在（杭州）"⑤。这些外运的粮食，一部分产于珠江三角洲，一部分产于广西。

只有到了宋代，潮汕地区才能转到以农业土地利用为中心的经济发展新时代，迈出精耕细作农业的第一步。其故在于兴修水利。史称"潮本泽国，盖合赣、循、梅、汀、漳五郡之水注于韩江，千里建瓴，万派归壑"⑥。根据潮汕平原河网水文特点，宋元祐年间潮州知军州事王涤"浚芹菜沟以疏水患，筑梅溪堤以障民田"⑦。按芹菜沟即三利溪，为古代潮州一项著名水利工程。梅溪在韩江下游澄海境内。宋光宗绍熙二年（1191 年）修复海阳十保之堤，即府城南至今澄海界上南堤；宋理宗宝祐元年（1253 年）又对南堤进行一次大修，并修筑涵洞，引流灌溉田亩。这项工程共动员劳力 3 万多人。此外，还有打井、挖渠、

---

① 中国水利学会水利史研究会等编：《桑园围暨珠江三角洲水利史讨论会论文集》，广东科技出版社，1992 年，第 63 页。
② 《宋史·辛弃疾传》。
③ 朱熹：《朱文公集》卷二三。
④ 真德秀：《真文忠公集》卷一五。
⑤ 《宋史·孝宗纪》。
⑥ 林熙春：《重修东津沙衙堤记》，乾隆《潮州府志》卷四一，《艺文》。
⑦ 《永乐大典》卷五三四五。

开运河等水利工程。整个韩江下游堤防体系基本上修建于宋代。陈憺《海阳筑堤记》指出这些水利工程有三大效果："一之曰扰扰奔腾之势合战而退；二之曰鼋鳌鱼鳖之区，屹然山丘；三之曰沮洳化为平土，流民志其本业矣。"① 自此，潮汕平原农业才获得可靠的保证。

雷州半岛也经历了同样的闽南人迁来和开发过程。宋代海康一带大兴水利，东洋万顷滩涂化为良田，"民大获利"②，被称为"雷州粮仓"。王象之《舆地纪胜》载"（雷）州多平田沃壤，又有海道可通闽浙，故居民富实，市井居庐之盛，甲于广右"。农业土地利用也由于新作物的引种而披上一层商品生产色彩。宋元间从海外传进小粒花生，"高、雷、廉、琼多种之。大牛车运之以上船，而货于中国（原）"③，琼雷砂质红土也由此开辟了新的利用途径。

宋代广东土地的开垦利用已形成一整套有效办法，在珠江三角洲出现了沙田、围田等土地类型，以及作物间种、套种、混种、轮作，还有施肥、田间管理等先进工艺，在粤东、粤北等多山丘陵地区则出现大规模的梯田，农作物分布也有很大变化，水稻在广东地区广为种植，经济效益立竿见影。这时占城稻优良品种也相继从越南等国引进，开辟了我国稻作文化发展的一个新里程，广东、广西是其发祥地之一。

二、占城稻种传入

占城稻产于印支半岛，是由占城（今越南中部）人培养出的一种高产、早熟、耐旱的良种稻，北宋初年传入我国福建地区。宋真宗大中祥符四年（1011年），宋真宗因江淮、两浙地区遇旱少水，遣使到福建取占城稻，多达三万斛，分别在长江、淮河以及广东地区推广。乾隆《潮州府志》云："占稻，俗名黄占、白占、赤占、埔占。考宋真宗时以福建田多高仰，闻占城之稻耐旱，遣使求其种，得十石，使民莳之。潮界于闽，故得其种。"④ 出众的优良品性使其成为

---

① 《永乐大典》卷五三四五。
② 屈大均：《广东新语》卷二，《地语》。
③ 檀萃：《滇海虞衡志》卷一一，《志果》。
④ 乾隆《潮州府志》卷三四，《物产》。

广东地区的优良粮食作物,而伴随着广东地理环境不同,又相继驯化出新品种,故占城稻对广东稻作系统产生深远的影响。占城稻在原产地由于耕作粗放,无灌溉设施,任其自然生长,故产量不高。占城稻耐旱、耐涝的特性就是在这种特定的自然环境和粗放的耕作方式中形成的。但传入广东以后,耕作条件改变,特别是在珠江三角洲、韩江三角洲精耕细作初具规模的条件下,它的产量不断提高。据有关研究,元代潮汕地区水稻单产折今为 377 斤/亩,比前期增加 7.7%;至清末又上升到 606 斤/亩,比前期提高 49.3%。① 这虽有多种因素在起作用,但与占城稻的引进不无关系。另外,按照广东南部的热量条件,只要劳力充裕以及其他社会经济条件相配合,水稻一年可以三熟,土地复种指数比一年二熟提高了 50%。这只有引种生长期短的占城稻才成为可能,并由此形成一年三熟制。宋《潮州三阳志辑稿》云:"州地居东南而暖,谷尝再熟。其熟于夏五、六月者曰早禾;冬十月曰晚禾,曰稳禾类是。……若粳与秫即一熟,非膏腴地不可种,独糙、赤米为不择,秋成之后为园。若田半植大、小麦,逾岁而后熟,盖亦于一熟者种耳。"② 按此,则宋代潮汕地区已形成早稻—晚稻二熟制、秋稻—小麦二熟制、秋稻—冬园艺作物二熟制三种耕作制度;在海南岛则一年可三熟,志称海南"冬种夏熟曰大熟。自宋播占城稻,夏种秋收,今有三熟者"③。这样,广东粮食产量大增,大面积稻作区在珠江三角洲、潮汕平原、雷州半岛东海岸洋田出现,呈现"稻田千万顷,……处处尽桑麻"④ 的太平富足景象。故到南宋,地狭人稠的潮州晚稻收后仍有余粮,"贩而之他州曰金城米"⑤。在广西,隋唐以降,由原来的单季稻开始试种双季稻,同时选育出适季优良稻种,这与占城稻引进分不开。经过驯化改良,占城稻由旱谷为主变为水稻为主,渐渐成为籼稻的主要系列品牌,这包括南宋王象之在《舆地纪胜》中称"长腰玉粒"种和范成大在《劳畲耕》诗注中称"箭子"米,以及产于右江流域的"真(珍)珠米"等。尤其是真珠米,粒圆而香滑,为当时十大香米品牌之一,产于田东、靖西的占了两

---

① 黄挺、杜经国:《潮汕地区元明清时期粮食产量探估》,《潮学研究》(3),汕头大学出版社,1995 年,第 124~129 页。
② 陈香白辑校:《潮州三阳志辑稿》卷之八,《土产、土贡》。
③ 正德《琼台志》卷七,《水利》。
④ 陈香白辑校:《潮州三阳图志辑稿》卷之四,《艺文志》,中山大学出版社,1989 年。
⑤ 陈香白辑校:《潮州三阳志辑稿》卷之八,《土产、土贡》。

种,粳糯都有。占城稻引种,宋代广西开始有"三禾",即三稻三熟。周去非《岭外代答》"月禾"条称:"钦州……地暖,故无月不种,无月不收。正二月种者曰早禾,至四月五月收。三月四月种曰晚早禾,至六月七月收。五月六月种曰晚禾,至八月九月收。"这三种三收显著提高了复种指数,增加了土地利用率,也提高了水稻总产量,外运出省。同书"常平"条曰:"田家自给以外,余悉粜去,曾无久远之积。富商以下价籴之,而舳舻衔尾,运之番禺,以罔市利。"宋时,广州也是个米市,大批舶运到闽浙,号曰"广米"。宋代占稻传入南方,有苏东坡在海南写的诗为证:

半园荒草没佳蔬,煮得占禾半是薯。
万事思量都是错,不如还叩仲尼居。

基于占城稻引入产生的巨大的经济和文化效应,故被誉为近千年来我国粮食生产所经历的第一次革命①,也是珠江稻作文化史上一座不朽的丰碑。

三、农艺技术进步

宋元时代,开始了以围垦为中心的土地利用高潮,在农业技术进步各方面都取得很大成就,明显地改变了农业土地利用面貌,创造了前所未有的物质文明。这是珠江流域社会摆脱蛮荒、落后,走向文明与进步的滥觞。大量流民的移入,带来珠江三角洲的大开发,宋代的农业经济得以有划时代的发展。珠江流域稻作文化在全国享有很高声誉。而麦是北方的重要粮食作物,北人南迁,保持面食习惯。宋太宗时,江南、两浙、荆湖、岭南、福建诸州种稻地区的农民,从淮北诸州得到麦种,推广种麦,并种植粟、黍、豆等作物。北方旱作文化在岭南扎根开花,宋代广东小麦种植很普遍,在广东农业文化史上有特殊意义。早在唐朝,岭南曾试种植小麦,由于气候、地理、技术诸多原因而失败。宋朝廷遂"诏岭南诸县令劝民种田种豆及黍、粟、大麦、荞麦,以备水旱"②。郑侠为惠州陈文惠

---

① 何炳棣:《美洲作物的引进、传播及其对中国粮食生产的影响》,《大公报在港复刊三十周年纪念文集》,香港大公报出版,1978年,第681页。
② 徐松:《宋会要辑稿·农田杂录》。

公（即陈尧佐）祠撰文道："南民大率不以种艺为事，若二麦（大麦和荞麦）之类，盖民弗知有也。公始于南津间地，教民种麦，是岁大获，于是惠民种麦者众矣"。陈尧佐在宋英宗治平三年（1066年）任惠州太守，始教惠民种小麦，当年就获得大丰收。三十年后苏轼贬居惠州，已见到惠州至博罗之间"夹道皆美田，麦禾甚茂"，吟出"二年流落蛙鱼乡，朝来喜见麦吐芒"[①]。小麦移种推广成功，意味着旱作技术的进步，说明宋代岭南农业技术发展到一个新水平。但在珠江流域，河谷和三角洲始终是农业技术进步最主要出现的地区，唐代珠江三角洲已开始围垦，但规模小，成效不大。

宋代珠江三角洲广泛而大规模地发展包括修筑堤围、陂塘、沟渠，以及排灌、防洪、去卤等水利工程，保障了农业生产。作为一种新文化景观，可为人类适应和利用自然胜利的标志。如同开发江南一样，珠江三角洲也存在低洼的沼泽地难以处理的问题。移民们通过修筑堤围来排涝，将它改造成围田、圩田高产水稻区，并开辟出沙田、山田、葑田等农田类型。南宋高宗建炎二年（1128年），由于耕牛欠缺，南宋境内普遍使用踏犁，周去非《岭外代答》卷四《风土门》"踏犁"条中，记载他在静江府（今广西桂林）所见踏犁的形制、操作方法，其功效是"踏犁五日，可当牛犁一日"，正与北宋时相同。而且使用相当普遍，在荆棘费锄之地，"甚易为功，此法不可以不存"，"若夫无牛之处，则踏犁之法，胡可废也"。可见南宋孝宗时踏犁已推行到珠江流域。以锻铸铁改进手耕农具，促进耕犁的多用途化。宋元时期传统农具基本完备。据元王祯所撰的《农书》记载，宋元时期全国有105种农具。这批农具除了有一部分是传统使用的旧式农具外，有许多是经过改造的新式农具，如踏犁、筒车、秧马、水磨等。而秧马、水磨这些先进农具也在岭南推广使用。宋哲宗绍圣元年（1094年），苏轼被贬惠州，南行经江西庐陵（今吉安），在庐陵属下的西昌（今泰和），宣德致仕郎曾安止将所作的《禾谱》请他雅正。苏轼看过之后，觉得该书"文既温雅，事亦详实，惜其有所缺，不谙农器也"，向曾安止介绍了秧马发现的经过及其形制，并作《秧马歌》，用以推广秧马。抵惠州后，苏轼又将秧马形制介绍给惠州博罗县令林天和，林建议略加修改，制成"加减秧马"。又介绍给惠州太守，经过推

---

① 苏轼：《游博罗香积寺》，《苏轼诗集》卷二十三。

广,"惠州民皆已使用,甚便之"。以后东江的龙川令翟东玉将上任时也从苏轼处讨得秧马图纸,带往龙川推广。苏轼在《秧马歌》小序曰:"系束藁其首以缚秧。"这"束藁"就是将拔起的秧捆成一小把一小把,说明秧马是拔秧农具,而不是插秧农具。北宋唐庚曾在罗浮看到过秧马,并作诗云:

> 拟向明时受一廛,着鞭尝恐老农先,
> 行藏已问吾家卜,从此驰君四十年。

北宋黄彻也记载了此事,并且确定罗浮的秧马就是苏轼所说的秧马。苏轼不仅是秧马的发现者,也是秧马的推广者。

宋哲宗绍圣二年(1095年),苏轼在惠州游博罗香积寺时,作《游博罗香积寺》诗,序曰:"寺去县七里,夹道皆美田,麦禾甚茂。寺下溪水可作碓磨。若筑塘百步闸而落之,可转两轮举四杵也。以属县令林抃,使督成之。"诗云:

> 要令水力供臼磨,与相地脉增堤防;
> 霏霏落雪看收面,隐隐叠鼓闻春糠。

水磨在岭南推广使用亦由惠州始。这种先进的生产工具水磨,每副每天可磨麦六石,相当于二十个强壮劳动力的工作量。

北宋王安石变法,首重农田水利,成绩显著。农田水利的兴修和建设与农业的关系,南宋陈旉卿曾作了很好的比喻:以"水在地中,犹人之有血脉",谓"夫稼,民之命也;水,稼之命也"。①

水利建设在宋元已广泛而较大规模地发展,包括修筑堤围、陂塘、沟渠以及排灌、防洪、去卤等建筑和设施。它们不仅保障了农业生产,而且作为一种新文化景观,也是人类适应、改造自然的标志。

宋代修筑堤围多限于西江、北江三角洲西北部和东江三角洲东部,主要集中在西江、北江下游和东莞石龙以上,其中高要有长利围、赤顶围、盆塘围、金西围、香山围、竹洞围、腰古围、罗岸围、横洞围,南海有南庄罗格围、西樵山桑园围、东西基、存院围,东莞有东江堤、西湖堤、龙洞堤,三水有榕塞西围、永

---

① 徐松:《宋会要辑稿·食货一》。

安围，顺德有扶宁堤，番禺有黄阁石基，中山有小榄小围、四沙小围等。西江沿岸在海坦和沿海边缘的冲积平原也建有围堤，如东莞南部滨海一带的咸潮堤等。修堤固定了河床，加速了水流，以水攻沙，有利于防止河床淤塞，保持水道畅通。其目的主要是防洪、防潮。但是一些原被潦水浸没的江边、海边之地，也被垦辟为田。新会外海、三江、睦洲和中山小榄、四沙，都是在宋代垦辟，并有居民聚居。

宋元堤围在三角洲顶部地带，大致分布在西江羚羊峡至马口两岸、思贤滘以南至甘竹滩以北的西江北江夹峙地区、高明河西岸和东江田螺峡至石龙两岸，地域范围宽广，显示了当地人民修堤活动的规模。

宋太宗至道二年（996年）修高要县西江榄江堤，改为砌石堤，技术进步踏上一个新台阶。北部在今连州、韶关、南雄，南部在今广州、肇庆、中山，西部在今南宁、桂林，东部在今惠阳、龙川等地均有灌溉工程（多为陂塘兴修）的记载。此外，在三角洲顶部还有其他一些较小的防洪堤。珠江三角洲堤围区大量修建涵闸，实行无坝引水。而丘陵山区实行有坝引水，有木陂、木石陂、堆石陂、砌石陂等类型。北宋年间修筑的南雄县凌陂、连陂等石陂，维修使用历经数百年而不废。山塘平塘之类蓄水工程也有发展。

惠州西湖在宋代前期已筑堤拦湖，后堤毁水涸。宋英宗治平三年（1066年）修复湖堤，阮元《广东通志》载，"广袤十里"，"湖之润溉田数百顷，苇藕蒲鱼之利岁数万，民之取于湖者，其施已丰"，故西湖又曾称为"丰湖"。雷州特侣塘是宋高宗绍兴二十八年（1158年）知雷州军事何庚主持兴建，筑堤蓄水，建闸开渠，引水至雷州西通济桥，汇合西湖塘水灌溉东洋田，当时人称"何公渠"，是广东水利历史上具有一定地位的一项灌溉工程。

元代在对宋朝旧堤作加高培厚的修缮的同时，集中在西江沿岸修建新堤。元代的堤围规模比宋代小，捍田面积一般均在百顷以下，最大者为500顷，最小者仅得7顷。但其技术有所提高。例如西江支流高明河西岸堤围多建有石窦，堤外有石坝，秀丽围内有间基。从河床上下游水位差值考虑，堤围的高度也都比宋代时修的高。由于堤围固定河床，水流加速，泥沙被冲积在堤围以下的南部地区。这就加速了甘竹滩以下的中山市北部平原的浮露。到了元末，处于海中的三江、睦洲、五桂山、大黄圃、潭洲、黄阁等大小岛屿，因泥沙淤积成陆地而与北部的平原基本连在一起了。移民的开发,加速了三角洲的发育。西江、北江三角洲的前缘已推至古井、西安、港口、下河、横档、黄阁一线,东江三角洲的前缘则伸展到漳澎、道滘一线,珠江三角洲的范围大大地扩大了。

与修筑堤围同时,广泛利用水车进行农田灌溉,并已使用轻便的曲辕犁、用于深耕的铁搭和适合南方水田作业的耖、耘荡等农具。精耕细作阶段基本的农业生产技术都已掌握,因而农业生产有了发展。南宋时,粮食不仅能够自给,而且有余粮输往闽浙。蚕桑业在宋代得到较大的发展。北宋末年修的最大的一处堤围就以"桑园"命名,从每年向北宋政府奉纳丝绢可以佐证。园艺方面,广泛利用野生的果树,主要在岭南种植的橙、橘、香蕉、荔枝、龙眼等,在宋元时分别向闽、浙、赣、川、苏等地推移,扩大了种植区域。

从九江、桂洲、沙湾连线以北的南海、顺德、番禺一带,村落日趋稠密,呈现出初步的富庶。芦苞、官窑、金利、青岐等原有居民点更趋繁盛,胥口、三水、大通、扶胥等则已发展成市镇。据元代陈大震修的《南海志》记载,单以南海县统计,长河渡有金利、丹灶、奇石等33处,横水渡有宁口、西岸、官窑等45处。从当时的水上交通看,居民已比较稠密。从广州至紫泥、沙湾、市桥一带地区,成为当时封建官吏聚居和活动频繁之地。外海至新会一带,也渐趋繁荣。珠江三角洲南部原分属南海、番禺、新会、东莞四县的五桂山一带岛洲,也于宋高宗绍兴二十二年(1152年)建置香山县,治所设于石岐。这标志着当地人口有了较大的增殖。数百年来,南迁的北方士民与土著居民一道进行艰苦卓绝的拓殖,将珠江三角洲岛丘林立的海岸带、浅海湾,开辟成适应于海洋经济活动的人文基地。

第三节 海洋商业文化走向兴盛

海上贸易是海洋文化的一个主要内涵。海上贸易不仅发生在沿海,而且穿越海洋腹地,抵达远方港口,是一种最富有商业性、冒险性的行为,因而是海洋文化一个不可或缺的内容。宋元时期,在唐代"广州通海夷道"的基础上,岭南海上贸易盛况空前,与此相关的造船、航海技术等也提供了有力的支持,使岭南海洋商业文化达到前所未有的高度。

一、广州设立市舶司

宋代以来，南方农业经济的发展，使一大部分人力从农业、手工业中分离出来，成为商人，也提供了可供出口的农产品。宋代以来手工业的发展，不但使纺织品、瓷器、日用器皿等出口商品能大批量生产，而且大量廉价手工业产品的出口意味着贸易商品从奢侈品过渡到以大众消费品为主，从而使大规模商品出口成为可能。

宋朝建国后，即从海路展开对外贸易。宋太宗雍熙四年（987年），太宗派遣内侍八人，分四路出发，到南海诸国招徕商人贸易。此后，北宋有几条海上交通线：一是从广州通往今越南、印度尼西亚等地，再由此和大食阿拉伯交通。这是唐朝以来的一条旧路，北宋更加繁盛。二是从明州或杭州起航，通往日本和高丽。因辽国屹立在东北，这条海路成为高丽和宋交通的重要道路。高丽与宋交通的另一条路，是入渤海到登州。但因登州接近辽境，北宋禁止自海道入登州、莱州经商。后来，哲宗以密州板桥镇为贸易港。密州北通高丽，南沿海岸通明州、泉州、广州。京东、河北、河东等路都可经密州板桥镇输入外国商品。南方向朝廷上供物品，也可由广州海运至板桥镇，再陆运到东京，形成内河漕运路线之外的一条海运路线。哲宗时又增开泉州到南海的一路，可抵达阿拉伯各国。北宋与海外诸国的贸易方式，一般是以"朝贡"、"回赐"为名，由北宋和外国贡使进行官方交易。所谓"贡"、"赐"的货物，即可免交商税。另一种方式，是大量的民间贸易来往。在这种背景下，北宋政府在主要港口设市舶司，以便管辖。

市舶司的职责，一为管理舶商。海舶出发前必须到市舶司登记，领取公据或公凭、引目，回航时，必须在原发航港口"住舶"，给予"回引"，才准通行。二为征收舶税，名为"抽解"，也叫作"抽分"。抽解的多少，常有变化。通常是十分抽解一分，也有十分抽二、三、四的。三为收买舶货，名为"博买"，也叫作"抽买"、"和买"、"官市"。太宗时曾规定博买一半。真宗时规定博买十分之三，也常有变化。官府博买以后，剩余的货物才准许卖给商民。四为对抽解、博买所得的舶货进行处理。珠宝及轻便商货搬运入京，其余粗重难以搬运之物在当地出卖。宋朝对某些进口货物，如香药、珠贝、犀角、象牙等，还有禁榷的规定，即全由官卖。北宋通过抽解、博买、官卖，取得巨大利润。市舶收入在仁宗皇祐时（1049—1053年）为53万贯，英宗治平时（1064—1067年）增到63万贯，成为北宋财政收入的一个重要来源。

宋太祖开宝四年（971年）二月灭南汉。六月，设置了第一个海外贸易的一级管理机构广州市舶司。由广州最高长官潘美兼任市舶使，并制定外贸管理规章，是中国海关之始。宋代海外贸易才有了南方的海港。《宋史·食货志》在简略记述了开宝四年置市舶司的情况后称："凡大食、古逻、阇婆、占城、勃泥、麻逸、三佛齐诸蕃并通货易，以金银、缗钱、铅锡、杂色帛、瓷器，市香药、犀象、珊瑚、琥珀、珠琲、镔铁、鼍皮、玳瑁、玛瑙、车渠、水精、蕃布、乌樠、苏木等物。"

北宋中期以前，只有广州、杭州、明州三地设置市舶司，船舶到达其他沿海港口，都要"押赴随近市舶司勘验施行"，显然不能适应海外贸易日益发展的需要。在户部尚书李常的建请下，宋哲宗元祐二年（1087年）十月，首先于福建路泉州增设市舶司。泉州设置市舶司以后，外贸得到迅速发展，到南宋后期成为最大的外贸港口，超越了长期占首位的广州。

宋朝共设立七个市舶司管理海外贸易：广州、杭州、明州、温州、泉州、密州、华亭，积极"招徕远人，阜通货贿"①。高宗绍兴末年，泉、广两舶市即"岁得息钱二百万两"②，超过北宋最高年份一倍以上；更是"东南之利，舶商居其一"③。但不管怎样，宋代外贸仍以广州居首位。朱彧《萍洲可谈》称"崇宁初，三路（广东、福建、两浙）各置提举市舶官，三方唯广最盛"。其他港口可能曾一度压倒广州，但广州独占鳌头地位的总格局基本不变。

二、航海及造船技术进步

从公元9世纪中叶开始，中国船舶开始取代波斯、大食、印度、昆仑等外国

---

① 徐松：《宋会要辑稿·职官》。
② 李心传：《建炎以来朝野杂记·市舶司本息》。
③ 《宋史·食货志》。

海舶，逐渐控制印度洋的海上霸权。面对北方强悍民族的侵袭、围困，宋朝发展出中国航海史上的一个高峰。"蕃舶大如广厦，深涉南海，径数百里，千百人之命，直系于一柂。"① 政府鼓励富豪打造海船，购置货物到海外经商。为了引导商船与官船，还在海岸线上每隔30里建立了价值昂贵的灯塔导航系统。宋高宗更是亲自寻求商人协助组成了一支舰队，这支舰队足以向阿拉伯商人在印度洋上长期掌握的商业霸权挑战。

席龙飞《中国造船史》谓，宋元时期，中国造船业异军突起，所造船舶规模大，数量多。大型中国海舶载重达10000～12000石（500～600吨），海船长达20丈（约66.67米），载600余人，大型木兰舟可搭载500～600人。中型海舶载重2000～4000石（100～200吨），搭载200～300人。② 北宋时期已划时代地将指南针应用于航海，使以往的中国帆船沿岸航行发展为跨洋航行。到了南宋时期，指南针成为中国海舶普遍使用的导航手段。南宋的主要统治区都属于水乡，交通运输多用船只，因此造船业发展很快。所造船有海船、内河船。主要造船基地有临安、建康、平江、扬州、湖州、温州、明州、泉州、广州、潭州、衡州、赣州等。这些地方都设有官办造船工场，能造大型船只。这期间的木帆船，已有桨、橹、锚、舵、帆、水密隔壁等设施，可以在海上远航。

官本船贸易促进了造船业的发展。据伊本·白图泰所写《游记》记载，广州所造海舶体形巨大，"先建造两堵木墙，两墙之间用极大木料衔接。木料用巨钉钉牢，钉长为三腕尺。木墙建造完毕，于墙上制造船的底部，再将两墙推入海内，继续施工"。广州海舶按大小分为艟、舴、货船三类，大艟有12张以上的帆，20棹橹，每橹需15人至30人摇动。通常海舶高达四层，卧室、客厅、货仓、厕所等一应俱全，附有救生艇三只。最大的艟舶役使千人，其中海员600名；战士400名，包括弓箭射手、持盾战士以及发射石油弹的战士。官本船上的水手可携带眷属子女，并在木槽内种植蔬菜、鲜姜。船长犹如一个统领子民的大长官，威风八面。"登岸时射手黑奴手执刀枪前导，并有鼓号演奏。"③

---

① 周去非：《岭外代答》卷六，《器用门》。
② 韩振华：《论郑和下西洋船的尺度》，韩振华著：《航海交通贸易研究》，香港大学亚洲研究中心，2002年，第292页。
③ 伊本·白图泰著：《伊本·白图泰游记》，宁夏人民出版社，2000年，486～487页。

李约瑟的《中国科学技术史》认为中国造船技术对船舶纵向强度重视，对舵柱的选材极其严格，采用当时最先进的榫合钉接法和精工细作的捻缝工艺，保障船体牢固水密。来自中原的造船匠师传播楼船的建造技艺，就地取材，在木板船的基础上仿制楼船和内河船。楼船上装有锚与舵，东吴南海巨舶张挂7张大帆，在广州和古罗马的阿杜利港之间航行，运送丝绸、珠宝、香料、矿物等大宗货物。海船以高级木料用铁钉连接铆牢，具有很强的抗风浪能力。

南宋时，经济重心更向南移，海船的体积更大，一般宋代远洋商务船平均30米长，10米宽，可载百余吨货物、60余名水手；最大的船可载300吨以上的货物，外加五六百人。对比前朝，宋船的设计更显气派，船体更加巍峨，装修更为华美。宋船头小，船底变窄，有如刀锋一般在海上乘风破浪，船身扁宽、体高大，吃水深，面对狂风巨浪仍然能稳若磐石。宋船还设计了密封隔水舱，配备小船救生艇。周去非《岭外代答·器用门》记，航行于南海的民用海船木兰舟，"浮南海而南，舟如巨室，帆若垂天之云，柂长数丈，一舟数百人，中积一年粮，豢豕酿酒其中，置死生于度外。"可见其体积之大。面对茫茫大海、无限航期，宋船上装载美酒、养猪，鲜肉与醇酒成为宋人海上生活的一大乐事。

朱彧的《萍洲可谈》还最早记载了指南针。朱彧之父朱服于宋哲宗绍圣元年至崇宁元年（1094—1102年）任广州高级官员，他跟随其父在广州住过很长时间。书中记录了他在广州时的见闻，不但记载着广州蕃坊、市舶等许多情况，还记载了中国海船上很有经验的水手。他们善于辨别海上方向："舟师识地理，夜则观星，昼则观日，阴晦则观指南针。"表明当时舟师已能掌握在海上确定海船位置的方法。

后赵汝适的《诸蕃志》记载海外各国地理情况，谈到他从泉州去海南岛乘的是海船："舟舶来往，惟以指南针为则。昼夜守视惟谨，毫厘之差，生死系矣。"可知那时指南针在航海中指示方向的作用已经更加重要，比起11世纪时只在阴雨天才用指南针，仅仅作为指示方向的辅助仪器的情况是更进一步了。《诸蕃志》中所说的已不仅是指南针而是罗盘了。若无罗盘上的指向分度便不可能做到"守视惟谨"，"毫厘之差"。① "风雨晦冥时，惟凭针盘而行，乃火长

---

① 赵汝适：《诸蕃志》卷下，《附录》"海南"条。

(船长)掌之,毫厘不敢差误,盖一舟人命所系也。"① 这是全世界航海史上使用指南针的最早记载。当年,广州港外海面上千帆竞过的巨大船舶都配备了指南针导航。宋人糅合了唐人、阿拉伯人的占星术,一起用于远洋航海,并利用发达的天文、地理知识绘制出了初步的航海图。罗盘针应用于航海,说明我国导航技术在宋代居于世界领先地位。指南针应用于航海并不排斥天文导航,二者可配合使用,这更能促进航海天文知识的进步。其后指南针传到阿拉伯再传到欧洲,促成了世界航海时代的到来。

三、海上丝绸之路文化进一步繁荣

宋代,广州海上丝绸之路已发展到空前繁荣的阶段。朝廷实行开放政策,允许私人出海贸易,鼓励外国来中国进行贸易。当时中国与南洋和波斯湾地区有6条定期航线,这些航线都集中在广州,其中最著名的一条航线,唐代叫作"广州通海夷道",宋因之。广州起航,经越南海、印度洋、波斯湾、东非和欧洲,途经100多个国家和地区,全长共14000公里,是当时世界上最长的国际航线,使广州成为驰名世界的东方大港、中国对外贸易第一大港。

成书于南宋后期的《诸蕃志》,记载的南海有53个国家和地区。元代前期成书的大德《南海志》,记录了与广州通商的海外国家和地区有143个,分为大东洋、小东洋、小西洋等几个海域。到元代末年成书的《岛夷志略》,涉及的海外地名达200多个,其中99个国家和地区遍及东南亚和印度洋沿岸,是作者汪大渊亲身所经历。仅在《岛夷志略》中,涉及的海外物产和商品的种类就达352种,反映宋代的海上丝绸之路更加繁华。而唐代贾耽的"广州通海夷道"提及的东亚和印度洋水域只有29个海外国家和地区。

此外,设于广西沿海钦州的博易场也有管理与交趾贸易的职能,"凡交趾生生之具,悉仰于钦,舟楫往来不绝也。……其国富商来博易者,必自其边永安州移牒于钦,谓之小纲。其国遣使来钦,因以博易,谓之大纲"②。海南琼州辖下的琼山、澄迈、临高、文昌、乐会五县,也有市舶之设,当地驻军以市舶税入为

---

① 吴自牧:《梦粱录》卷十二,《江海船舰》。
② 周去非:《岭外代答》卷五,《财计门》。

经费来源。

这样，北起淮南东海，中经杭州湾和福建福漳泉金三角，南到广州湾和琼州海峡的南宋海岸线上，与外洋通航的外贸港口至少有20多个。由于海运的开通，就连江浙、福建、岭南之间的物质交流也已打破陆路阻隔，改由海上交通来进行了。而泉州正处在两浙与广南之间，因而成为当时我国国内海上交通的辐辏之地。到南宋时泉州已超过广州，成为当时世界上的第一大港，与其处在南宋海岸线之中点不无关系。

宋朝廷着力管制海外贸易，但仍给予海上私商一定的发展空间。中国私商网络遍及东亚和印度洋水域，印度以东水域的贸易基本上由中国海商主导。与此同时，中国航海技术的进步也有力地促进了海上丝路的发展。

阿拉伯商人苏莱曼（Suleiman）曾来到东方，并在广州逗留过。回国后他把在东方的见闻辑录成书，名为《东游记》（即《中国印度见闻录》）。根据书中记载，苏莱曼东方之旅走的航线基本与"广州通海夷道"符合：从西拉夫（Shiraf），即尸罗夫，今伊朗波斯湾港口出发，经马斯喀特岬角至阿曼苏哈尔港（Sohar），再往东航行约1个月，抵达今斯里兰卡，途经今印度尼科巴群岛后，再航行数月后抵达中国广州，这条航线共需120天左右。

宋代同非洲东海岸的麻啰抹（今索马里摩加迪沙）、蒙巴萨（今肯尼亚蒙巴萨）、层拔（今坦桑尼亚桑给巴尔）、基尔瓦基西瓦尼（今坦桑尼亚）等国家和地区也发生贸易往来。中国船到达阿拉伯半岛西南端的亚丁港，同非洲只隔着一道曼德海峡，越过海峡沿东非海岸航行，往来极为方便。近一个世纪以来，在摩加迪沙、桑给巴尔及基尔瓦群岛等地，不断发掘出唐宋时代的钱币和瓷器，正是我国和非洲东海岸海上交通的历史见证。

周去非《岭外代答》、赵汝适《诸蕃志》两书均记载，当时与我国贸易往来的国家仍以大食最为重要。而前往大食最便捷的道路，是广州和大食麻离拔国（今沙特阿拉伯的鲁卜哈利沙漠以南至也门民主人民共和国境，是当时大食的重要国家之一）港口佐法尔（今阿曼境）之间的航线。广州自仲冬以后发船，乘北风行，约四十日到兰里（一名兰无里，今苏门答腊西北端的亚齐），博买苏木、白锡、长白藤。住至次冬，再乘东北风六十日顺风方到麻离拔国。《岭外代答》及《诸蕃志》所记，还远及地中海沿岸一些国家和地方，如勿斯里（今埃及)、芦眉(今小亚细亚半岛)、斯加里野(今意大利西西里岛)、木兰皮(今西班牙南部)、茶弼沙(今西北非摩洛哥)、默伽猎(今北非阿尔及利亚)和毗喏耶(今北非突尼斯至利比亚一带)等。这些地方宋时也与中国发生间接的交通和通商关系。

到元代,出口的丝织品有绸、缎、绫、罗、绢、纱、绉、纺等品种,棉纺织品有三十多种,瓷器有青瓷、白瓷、青花瓷等系列的十多种商品,销往海外数十个国家和地区。中国商品成为东亚、西洋贸易的主要商品。广州、泉州港主要是通往东南亚、南亚、西亚、东北非。秀州、明州、杭州、板桥港主要是通向东北亚的日本和朝鲜半岛等地。

最能说明这条海上丝路的是2007年在阳江海域出水的宋代沉船"南海Ⅰ号"。经考古勘探和发掘,出水文物即有江西景德、福建德化、浙江龙泉和福建建窑等日用瓷器、银锭和"政和通宝"、"绍兴通宝"等钱币。尤其内中有一件长170厘米鎏金银腰带,其形制和文饰显示外国特色,因珍贵异常,料为船主所用。初步判断,"南海Ⅰ号"是一艘来自南亚或西亚的货船,在返航途中于阳江海域沉没。这是阳江作为海上丝绸之路,也是中外文化交流之路的有力证据。阳江海岸线漫长,海岛、港湾众多,取道漠阳江,连接西江,继东下番禺广州,西北溯湘桂走廊,上中原,故能成为海上丝绸之路的转运港,中外货物聚集阳江港,继发散各地。海外文化也必然流布阳江,故也是海外文化登陆之地。

元代海上贸易制度基本承袭宋代,积极奖励海外贸易。采取发放公凭船货抽分的制度,"大抵皆因宋旧制而为之法焉"①。这一时期出现了中国海洋发展史上的第一次机遇。中国拥有世界上最好的造船业和航海技术,对海外的认识空前丰富,大规模出口商品的生产基地已经形成,政府重视民间海外贸易。其结果是华商成为中国海外贸易的主角,海外华商网络初步形成,支撑海外华商网络的海外华人聚居地也逐渐出现,中国商人主导了印度洋和东亚的海上贸易。这一海洋发展的态势,丝毫不亚于16世纪前期欧洲人的海外扩张。宋元两代海上丝绸之路大发展的主要标志由"朝贡贸易"转变为"市舶贸易"。自唐代中期陆上丝绸之路中断后,中西交通多由陆路转向海路。海外贸易也由过去以扩大对外政治影响

---

① 《元史·食货志二》"市舶"条。

为目的，转为以扩大财政经济收入为主。在广州，市舶使除收取外商十分之三的货物税外，还通过收买、专卖所得"榷"利，即几"与两税相埒"①。时人描绘广州蕃舶云集，"舶交海中，不知其数"②，为海上丝绸之路最兴旺的港口。

四、江河沿海博贸兴起

宋元时代珠江流域商品经济和流通渐渐达到一个新水平。珠江水系沿线城镇发展为各级商业中心，即城镇体系和市场格局的形成离不开江河沿海博贸的兴起。

广州作为全流域最大的商业中心城市和海上丝绸之路大港，其陆向腹地和海向腹地十分宽广，商业贸易之盛，已见于以广州市舶司成立为标志的中外商贸和文化往来，此略。

宋代，在自然经济居绝对优势的广西，随着农业和手工业的发展，商业贸易也日趋兴繁。其主要标志是中心城市繁荣，而这些城市又都分布在主要交通线上。在湘桂走廊上的桂州（即桂林），得益于便利的交通和作为广南西路首府，而成为商贾云集之地。志称漓江东岸一带"商贾所藏宝物蓄货"屯积，"以有易无，日以千计"。③ 南宋时在城北门修筑"京馆"，专门接待南北客商，一派"士大夫高车驷马，如织往来"的繁忙景象。④ 城内建有"桂林馆"，供宾客商贾住宿。桂州下属义宁、融州开设博易场，商业贸易也颇活跃，其中不少是瑶民。在左右江出口处邕州（今南宁），不少商贾来自江浙，甚至深入少数民族地区。宋政府在邕州开设横山（今田东马镇）、永平（今宁明）、钦州三个博易场，交易马匹、手工业品和海产品，商贾来自云南、交趾等。史称内地商贾"自蜀贩锦至钦，自钦易香至蜀，岁一往返，每博易动数千缗"⑤。两广咽喉梧州更是商贾云集，贸易发达，尤以粮食为著。宋高宗绍兴二十年（1150年），梧州地区

---

① 《旧唐书·王锷传》。
② 李肇：《国史补》卷下。
③ 光绪《临桂县志》卷一六。
④ 光绪《临桂县志》卷二五。
⑤ 周去非：《岭外代答》卷五，《财计门》。

苦旱,知州陈宇购入粮食6万斛,度过难关。① 可见梧州已为商品粮口岸。此外,柳州也是重要的商品集散地。据统计,宋神宗熙宁十年(1077年),广西每年商税在千贯以上的城市有桂、贺、昭、象、梧、藤、横等17州,在3000贯以上的有桂、贺、柳、宜、邕、钦等州,宜州甚至达1.1万多贯,② 从侧面反映了广西商业和城市兴盛之一斑。

广西商业和城镇的兴盛离不开宋代两广所形成的成熟市场。首先,从仁宗时代起,广东就成为行使全国统一货币地区。广东铸钱闻名全国,仁宗皇祐元年(1049年)韶州永通监和建于英宗治平四年(1067年)惠州阜民钱监,在神宗熙宁十年铸钱80万贯和70万贯,在全国居前两位。这大大地促进了广东商品流通,同时也加速了水陆交通线建设,形成以广州为中心的商业运输线。一是通闽浙,乃至山东的广州东线。史称"来自闽、广客船,……转海至镇江府买卖至多"③,粤、闽、浙商业关系由此得到加强。二是广州南线,由广州至琼州,从新会崖门起航,七昼夜可达,连接着海南与华南中心城市广州的商业往来,其中最大的一项是槟榔贸易。"海商贩之,琼管收其征,岁计居什之五。广州税务收槟榔税,岁数万缗。推是,则诸处所收,与人之所取,不可胜计矣。"④ 三是琼州—浙闽线,北宋已经开辟。宋人王象之指出:"琼人以槟榔为命,……,岁过闽广者,不知其几千万也。"⑤ 雷州也有船通闽浙,史称雷州"往东泛海通恩州并淮浙、福建等",其中转运港恩州(今阳江)"颇有广陵、会稽贾人船循海东南而至,故吴越所产之物不乏于斯"。⑥ 在阳江市场上,有大批来自长江三角洲的商品出售。四为琼雷线,过琼州海峡即可。海南粮食不足,需仰给于大陆,"高、化(州)商人不至,海南遂乏牛米"⑦。这些沿海航线把珠江流域东部、南部各省区连成一个商业市场网络。

作为这个流域沿海和内河市场网络节点的众多城市,同样呈等级体系。最高

---

① 汪森:《粤西文载》卷六三。
② 徐松:《宋会要辑稿·商税四》。
③ 徐松:《宋会要辑稿·食货》。
④ 周去非:《岭外代答》卷八,《花木门》。
⑤ 王象之:《舆地纪胜》卷一二四,"琼州"条。
⑥ 李吉甫:《元和郡县图志》,"岭南"条。
⑦ 《宋史·食货志》。

一个等级，也是居这个市场网络之首的是枢纽广州，"舟行陆走，咸至州而辐辏焉"①。城内各类商品堆积，有专业街市，如米市街，大量出口"广米"到闽浙等地及占城。这些粮食是海运过去的，史称"往者海道通行，虎门无阻，闽中白艚、黑艚盗载谷米者，岁以千余艘计"②。到元代，元世祖下令禁止广州粮食出口占城。槟榔作为口果和社交礼物，日消耗甚巨，广州槟榔税每年达几万贯。邻近省区的其他货物也长途贩运到广州。广西钦州所产珍贵木材乌婪，"此柂一双，在钦值钱数百缗，至番禺……价十倍"③。海南紫荆木唐宋时也输往广州，南海神庙广州港码头的木桩即为这种木材，经^{14}C测定为1110±80年，为这种木材输入广州的证据，也有助于说明广州作为华南首位城市的地位。

在广州之下，宋代属次级商业城市有潮州、惠州、韶州、循州、连州、南恩州、雷州、钦州、琼州等。它们既为州治，也是商业重镇，兴盛一时。宋代潮州商业税额与广州一样同属全省最高一级。④潮州"舶通瓯吴及诸蕃国，……以故殷甲邻郡"⑤，由海上商贸而致富。

南恩州，州治在今阳江市江城区，海陆均通广州，又为广州西通高州、化州、雷州的要冲，吴越商人也至此贸易。州中海陵岛，时称螺洲，为南海航线寄碇处，在此以西航线直放大洋，与东南亚相通。近年在阳江海域发现南宋沉船"南海Ⅰ号"，内藏约8万件以瓷器为主的货物，瓷器产于浙江、福建、江西等地，具有阿拉伯文化风格，由此判断，阳江海域航运很兴旺，商业称盛一时。

雷州，宋代为港口，王象之《舆地纪胜》云："（雷）州……有海道可通闽浙，故居民富实，市井居庐之盛，甲于广右"。乐史《太平寰宇记》又曰从雷州"西南泛海一百三十里至儋州岸，不刻里限交趾路"。雷州与海南、越南发生贸易关系，为珠江流域西南的一个出口港。

钦州，产珍木，同为海北及交趾香料集散地。宋范成大《桂海虞衡志》说："沉水香上品出海南黎峒，……其出海北者，生交趾及交人得于海外蕃船，而聚之钦州，谓之钦香"。钦州与四川也经常有贸易往来，商人从四川贩锦至钦州，

---

① 《永乐大典》，"广州府"条。
② 屈大均：《广东新语》卷一四，《食语》。
③ 周去非：《岭外代答》卷六，《器用门》。
④ 徐俊鸣：《宋代广东经济地理初探》，《地理学资料》1960年第7期。
⑤ 《永乐大典》，"潮州府"条。

再从钦州贩香至四川,一年往返一次,交易动辄几千贯。钦州为珠江流域西南出北部湾的要冲。

琼州,即琼山(今海口市),宋代已建海港白沙津,为海南土特产集散港,以牛易香最盛,运到中原"一两之值与白金等"①。沿海还兴起澄迈石矍港(今花场港附近)、三亚崖城港等。这些港市除与广州外,还与福建泉州等港发生频繁贸易往来,商人收购海南的槟榔、盐、铁、牛、米等物销往泉州(半年往返一次),对海上风波也无所畏惧。

在流域内地,宋代因商业而勃兴的城市同样沿水陆交通线摆布,也呈等级格局。广东连江重镇连州,为湖南人入粤要道,贸易甚兴旺,人口之多仅次于广、潮、惠、韶、循等州。史称其"人物富庶,商贾阜通,常有小梁州之号"②,为连江流域的一个经济中心。浈、武二水汇流的韶州,附近盛产铜、矾等矿,人口仅次于广、潮、惠三州,故余靖《新建望京楼记》云"广之旁郡一十五,韶为大",韶州为仅次于广州的一个经济中心。东江重镇循州(今龙川佗城)处在东江与韩江过岭之西方,交通地位很重要。王象之《舆地纪胜》称"循州户四万,岁出租米仅十万石,于番禺都会中为最富饶",这个经济地位谅与其交通地位不无关系。

在其他省区,路治和州、县治一级城镇也有类似广东的空间格局。如元代云南设省后,中庆(昆明)为全省政治、经济中心,而大理、腾冲、丽江、建昌、乌蒙、乌撒、普定、临安、车里等城邑也发展为次级中小城市,经济也很繁华,推动了边疆发展。在广西,元代静江(桂林)、南宁、柳州分别为最高一级经济文化中心,而横州、浔州、钦州、全州、藤州、贵州(县)为次一级经济中心,并被封为元朝诸王、公主、后妃、功臣的食邑③,自然有相当的经济基础。

宋代城乡物资交流,也产生最基层一级的商业圩镇。而"镇"作为基层政区行政建制在宋代形成,宋政府规定"诸镇置于管下人烟繁盛处"④。按宋政府所定标准,一般聚落人口达到百户即为允许建置的最低人口限度,人口在千户左

---

① 王象之:《舆地纪胜》卷一二四,"琼州"条。
② 王象之:《舆地纪胜》,引陈若冲《连山县记》。
③ 《元史·食货三》。
④ 李焘:《续资治通鉴长编》卷三○九。

右的市镇有可能升格为县。自此,建制镇数量在流域地区有一定发展。

四川与珠江上游云贵地区关系密切,故其商品运动和城镇格局在一定程度上反映了珠江上游的区域关系。据王存《元丰九域志》载,四川是设镇密度最大的地区,其中又以成都府、梓州、利州和夔州四路为著,且属集中连续分布地区。梓州路平均一个县辖镇7.27个,属全国最高比例。其中梓州路渠州流江县和果州南允县各辖18个镇,都与这两个地区人口密度大、商业活跃有直接联系。后者主要表现在设置税务和酒务名单上,四川各州所设的镇即属这种情况。有研究显示,宋仁宗天圣元年(1023年),成都府共19个元丰镇,其中11个镇兼设酒务,7个单设酒务;汉州共15个元丰镇,其中13个设酒务;普州32个元丰镇,其中31个设酒务;陵井监14个元丰镇,全部设酒务。① 这说明其手工制造业兴旺和商业繁华,与云贵地区不无商业往来。

这些圩镇分布态势是沿河走向,元丰初这些建制镇沿红水河—黔江、右江—邕江、桂江和北江、三角洲网河地带分布,展示河流交通线对商业城镇分布和区域联系起着巨大的控制作用。据《元丰九域志》载,宋建制镇在广东有15个,广西有8个。广东即南海大通镇,番禺瑞石、并石、猎德、大水、石门、白田、扶胥镇,以及增城足子、曲江濛襄、翁源玉壶、龙川驿步、南雄大宁、朱崖军临川和藤桥等镇。据有论者认为还应加海阳净口、吴川零绿镇,则广东共有17镇。而据上书,广西有兴安太平,永安,平乐临贺,苍梧猛陵、冷石、戎德,迁江州罗目,博白马门等8镇。这些镇皆因交通、产业、市场等原因而兴起,属交通型市镇。其中:

1)大通镇,在今广州芳村区花地大通滘口,为古代通珠江三角洲各地的主要水道之一。广州经此道通佛山,再转中山、顺德及五邑各地。镇以"大通"命名,即为沟通西、北江水道经过之地。其地仍存大通寺街和大通通津。元陈大震《南海志》称设"水铺"于此②,显为交通地位显要而兴起为建制镇。

2)瑞石镇,在今广州市海珠区南,临珠江后航道,亦有水铺之设,明代才衰落,沦为农村。

---

① 郁越祖:《关于宋代建制镇的几个历史地理问题》,《历史地理》第六辑,上海人民出版社,1988年。

② 陈大震:《南海志》卷一〇,兵防。

3）猎德镇，在今广州东部猎德村附近，南临珠江一凹岸，水深风静，可泊大舸，附近又为风静浪小的珠江一分汊航道，出黄埔港。故同治《番禺县志》曰："珠江又东为大沙头，又东至猎德口。猎德汛在县东三十里"，即此处。明代河湾淤浅，不利航泊，猎德才衰落。早在元代其处已不设"水铺"，而设"旱铺"，即猎德已失去水运码头地位。

4）大水镇，在今广州市之东天河一带，临近沙河。因沙河雨季山洪冲下，故名"大水"。以其地近广州城东门，为往来官路所经，交通地位重要，得以成镇。陈大震《南海志》记这里设"大水铺"，属"旱铺"，即陆路交通驿站。

5）石门镇，在今广州西北石门村，自古即为广州北上要冲，也是兵家必争之地。《史记·南越列传》载："元鼎六年（前111年）冬，楼船将军将精卒先陷寻陕，破石门，得越船粟"。宋于此建镇，可知此地水上交通甚为兴旺。陈大震《南海志》记石门设"递铺"而不设"水铺"，想见元代其水运地位已经下降。

6）白田镇，在广州西关珠江东岸丛桂里，为水陆码头所在，宋于此建镇。《新五代史·刘鋹世家》："鋹以海舶十余，悉载珍宝、嫔御，将入海，宦官乐范窃其舟以逃归。师次白田，鋹素衣白马以降。"这也是一个军事重镇。明代已湮，其地为民居。

7）扶胥镇，在广州东部南海神庙东侧庙头村，隋已建南海镇于此，并立县，后县治迁入广州。扶胥早为港口，晋裴渊《广州记》说："广州东百里有村，号曰古斗，自此出海，溟渺无际。"古斗亦称古兜。陈大震《南海志》记宋代扶胥镇还有多个国家海舶往来，为典型的广州外港。明代海岸淤浅，成为沙田，海舶移泊海珠岛琶洲，扶胥遂沦为普通农村。

8）增城足子镇，其地望无考。

以上围绕广州城分布的卫星镇，分担了广州城市的某些功能。这是广州城市规模扩大，商业区进一步外移，城市经济繁荣的结果。

此外，广西平乐临贺镇，为今贺县（贺州市）贺街，在贺江上游两支流交汇处，以水运码头而兴起。属市场型的这类市镇通常位于乡村中心位置，远离交通线和城市，成为小盆地或片村互市中心。广西苍梧孟陵、冷石、戎德和博白马门镇等应为这类市镇。① 无论交通型还是市场型市镇，其基础在于产业。因为只有资源开发和产品制造，才能为前两种市镇提供强大后备基地。在流域内，这类市镇也不在少数。

在今珠江三角洲就有今顺德逢简、四会胥口、开平太平、高要三水、新会小岗及会海、番禺沙湾、香山古镇等。② 据《元丰九域志》载，广南西路共有58镇，除建制镇以外，大部分为商业镇，尤以容州、邕州、浔州、横州、钦州等交通方便地区为多。据周去非《岭外代答·财计门》记，邕州永平寨博易场和钦州博易场还是我国商人和交趾商人通商的国际市镇。这类小市镇分别为交通口岸、手工业基地或物资交流中心。不管哪类小城镇，仅个别在粤北或粤东，多数在珠江三角洲、西江流域，显示珠江流域地区从宋代以来城乡物资交流日趋活跃，并最终占有地区商业优势。

这样，到宋元时代，流域地区一个由区域性经济中心、次级经济中心、小市镇组成的城镇体系初步建立起来，也意味着珠江市场体系在孕育之中，但直到明清时期它才诞生、成熟，形成以珠江流域为一个统一市场，并吸引附近省区参与的区域经济空间格局。

五、妈祖崇拜出现

妈祖又称天妃、天后，是福建、台湾、广东等地最为崇拜的三大海神之一（另两位是祝融和伏波）。传说天妃原名林默娘，福建省莆田县湄洲湾人，生于宋太祖建隆元年（960年）三月二十三日，卒于宋太宗雍熙四年（987年）二月十九日，年仅27岁。林默娘初生时，红光满室，异气氤氲。由于弥月不闻哭声，故名默娘。林默娘幼年时就比其他姐妹聪明颖悟，8岁从塾师启蒙读书，不但能过目成诵，而且能理解文字的义旨。长大后，她决心终生以行善济人为事，矢志不嫁，父母顺从她的意愿。她专心致志地做慈善公益的事业，平素精研医理，为人治病，教人防疫消灾，人们都感颂她。她性清和顺，热心助人。只要能为乡亲

---

① 司徒尚纪著：《岭南历史人文地理——广府、客家、福佬民系比较研究》，中山大学出版社，2001年，第158～160页。

② 司徒尚纪著：《岭南史地论集》，广东省地图出版社，1994年，第78页。

排难解纷,她都乐意去做,还经常引导人们避凶趋吉。人们碰到困难,也都愿意跟她商量,请她帮助。生长在大海之滨的林默娘还洞晓天文气象,熟习水性。湄洲岛与大陆之间的海峡有不少礁石,在这一海域里遇难的渔舟、商船,常得到林默娘的救助,因而人们传说她能"乘席渡海"。她还会预测天气变化,事前告知船户可否出航,所以又传说她能"预知休咎事",称她为"神女"、"龙女"。她在一次营救活动中献身,后被奉为海神。升化以后,有祷辄应。

自北宋徽宗宣和以后,两宋间先后敕封达九次。其封号,南宋光宗绍熙时由"夫人"晋爵为"妃",元世祖时又晋爵为"天妃"。其最长的封号为清咸丰时的"护国庇民妙灵昭应弘仁普济福佑群生诚感咸孚显神赞顺垂慈笃祐安澜利运泽覃海宇恬波宣惠道流衍庆靖洋锡祉恩周德溥卫漕保泰振武绥疆天后之神"。目前世界各地都有天后(妈祖)庙,计有1500多座,其中福建、台湾最多。广东亦有100多座,以沿海各地和雷州半岛为最;以规模而论,始建于宋代的深圳赤湾天后庙最宏大,其次是三水西南天后宫、汕头升平路老妈宫等。

据传,妈祖有随从千里眼、顺风耳,能解救苦难于千里之外。妈祖常穿朱衣,乘云游于岛屿之间。如果海风骤起,船舶遇难,只要口诵妈祖圣号,妈祖就会到场营救。妈祖所救就是"翻覆舟船,损人性命,横被伤杀,无由解脱",乃至"若有行商坐贾,买卖积财,或农工技艺,种作经营,或行兵布阵,……或疾病缠身,无有休息,但能起恭敬心,称吾名者,我即应时孚感,令得所愿遂心,所谋如意"。①

北宋太宗太平兴国五年(980年),莆田大旱,全县百姓都说非妈祖不能救旱。妈祖祈雨,说是壬子日申刻即雨。那日上午晴空无云,申刻一到,突然乌云滚滚,大雨滂沱而下,久旱甘霖,大地生机复甦。宋徽宗宣和五年(1123年),宋朝船队出使高丽,东海遇大风浪,八船沉七,只剩使者所乘之船。忽然船桅顶闪现红光一道,一朱衣女神端坐其上,随即风平浪静,转危为安。使者惊奇,船上一位莆田人告为湄洲神女搭救。宋高宗绍兴二十五年(1155年),兴化一带发生瘟疫,无药可治。妈祖于梦中启示白湖村民,海边有甘泉可以疗愈疫病。村民即前去挖掘并取水饮用,果然灵验。消息传开,远近皆来取水,络绎不绝,染疫

---

① 《太上老君说天妃救苦灵验经》,《正统道藏》。

的人全都得救了,这口井被誉为"圣泉"。

雍熙四年,重阳节的前一天,妈祖对家人说:"我心清净,不愿居凡尘世界。明日重阳佳节,想去登高,先和你们告别。"翌日,妈祖焚香诵经后,告别了众姐妹,直上湄峰高处,峰顶浓云重重,妈祖化作一道白光冲入天空,乘风而去。此后妈祖经常显灵显圣,护国佑民,救人危难。当地百姓感激她,在湄峰建起祠庙,虔诚供奉。

妈祖崇拜出现在宋代,是海上丝绸之路的产物。这虽然是神话传说,但有它的现实根源。这种崇拜反映的是一种平民文化、母爱文化、和平文化、平等文化、自由文化和包容文化,也就是海洋文化和江河文化相结合的文化风格,珠江文化即具有这种文化风格。妈姐崇拜分布遍及整个流域,深处内陆的广西怀集(今属广东)即有天后庙,甚至贵州苗岭山区名城镇远也有规模巨大的天后宫,即为水远兴旺而起。故妈祖崇拜风俗千年不衰,传承至今。

第四节　建筑和器艺文化日趋成熟

宋代,由于封建经济文化的全面发展,导致我国城市规划制度的较大改变。这包括行业街产生,出现按街巷分地段聚居的坊巷制,并在坊巷之内设市买卖商品。这就使得城市规划和布局由封闭式向开放式发展,城市面貌也由此焕然一新。商品经济的活力进一步推动了城市和城镇的产生。在珠江大地也掀起第一次筑城高潮,其数量之多,规模之大,分布之广,风格之异,远远超过了唐代,同时标志着不少城镇建筑文化日益走向定型和成熟,以陶器和纺织为代表的器艺文化面目也焕然一新,在我国器艺史上占有重要一席之地。

一、城市建设与建筑

宋代不断扩建城墙的原因主要是经济发展带来的人口增长,并且为保护商民利益。宋代,广州的海上贸易很发达,经济发展很快,人口也大量增加,朝廷只好扩建城墙,目的是让日益增加的百姓(包括海外客商)能住在市区。由城墙采用烧制的砖为材料、城墙厚度、规模也不难看出，广州当时的经济实力比较雄厚。北宋初年，广州的城墙仍沿用唐、五代时的版筑土城墙。由于唐朝末年战事频发和风雨侵袭，广州城墙早已是残垣断壁，几乎失去防御能力。到宋仁宗时期（1023—1063年），广东战事连绵，由于没有强有力的军队和坚固的城池，宋朝对广东的统治遇到了严重的威胁。由此，朝廷对修筑城池的看法发生变化。宋仁宗景祐四年（1037年），广东地方官员任中师等向朝廷报告广州"城壁摧塌，乞差人夫添修"。朝廷同意派当地士兵对城墙的重要部位进行修整。宋仁宗庆历五年（1045年），朝廷批准知广州魏瓘负责修筑广州治所机关所在的子城。他以五代南汉的旧城为基础修子城，也称中城，位置约在今天的吉祥路、中山四路、小北路、越华路一带。这座修固一新的子城完工后不久便遭遇了一场战火。宋仁宗皇祐四年（1052年），广西部落首领侬智高在广源起兵反宋，并率众攻入广州西城57日，子城以西的繁华商业区被洗劫一空，"独广州子城坚定，民逃于中获生者甚众"。此事让朝廷认识到城墙拱卫广州城的重要性，广州城也由此进入大规模扩建时期：前后修缮达21余次之多，为广州城建史上空前壮举。随着广州经济的发展，人口的增加，原来的子城"仅容府署仓库而已"，城市需要扩建。宋神宗熙宁元年（1068年），曾出知广州的吕居简、王靖等人主持烧砖，在子城东面、南越赵佗城故基上加建城墙，称"东城"，"环七里，赋功五十万"，东到今大东门，西抵今教育路、西湖路一带，南至大南路，北至越华路。

宋神宗熙宁四年（1071年），曾遭侬智高事件破坏的城西地区因商业进一步发展，也急需修城保护。这片由浅海演化而来的地方地势低，不适宜建城。但当时知广州的程师孟让转运使向宗道、转运判官卢大年等人设计城墙图纸，奏报朝廷。神宗即令左藏库副使张节爱带着岭南欠缺的先进技术和建筑材料到广州指挥筑城。西城的面积比子城、东城的总和还大，环十三里，历十月修筑而成，位置约在今北城根、人民路、大德路及子城以西的范围内。扩建后的广州城面积为原来的三倍。

宋代城池在广州城市建设史上占据非常重要的位置，不仅因为它创建了东、中、西三城并存的城墙格局，城池大规模扩张，还在城内修通了城市供水、排水系统六脉渠。六脉渠是用砖石砌筑、上盖石板的大方渠，比照人体经络而命名为"六脉"，不仅由人工筑造，更是巧妙利用自然地势的起伏蜿蜒而成。这些渠道与城市中及周边自有的河涌以及护城濠等一道，构成了广州城市严密的排水网络，起到排水、蓄洪、蓄潮、防旱涝的作用，延至民国时期仍旧是广州城重要的排水渠道。延入城中的南濠、清水濠和内濠兼有通航、排涝、防火功能，东郊辟鹿步溳，是番舶避风港。宋代广州三城功能分别是子城为官衙所在，东城为商业区，西城为蕃汉杂居地，珠江沿岸形成沿江商业区，此格局一直延续到明清。而排除各种阻碍完成修城的程师孟功不可没。他作有《题共乐楼》诗，展现新广州一派繁荣兴旺景象："千门日照珍珠市，万瓦烟生碧玉城。山海是为中国藏，梯航尤见外夷情。"

自20世纪20年代以来，宋城的遗迹、遗物屡有发现。早在1918—1922年，广州市政府为适应交通和经济发展拆城开马路，就发现了不少南宋年号戳记的城砖。1972年7月，在越华路挖下水道时，在西段正对广仁路的位置发现一段南北走向的北宋城墙墙基，墙砖多为青灰色，少数在扁平一面打印"水军修城砖"、"水军广州修城砖"等戳记。据考证，这段墙基是子城墙基，又是子城与西城之间的界墙。直到1995年，宋城墙遗址才再次露面。在中山五路的地铁工地地下2米处，又发现了子城城墙。1996年底，在越华路与仓边路交会处的银山大厦工地又发掘出宋城墙遗址，位于宋代文溪以东，为东城北墙。1998年2—5月，在越华路又惊喜地发掘出唐、宋两代城墙遗址。其中，宋城墙为东西向，为子城北墙。2003年，进行东濠涌改造工程，又在豪贤路到越秀路一段发现宋城墙，这是迄今为止考古挖掘宋城墙规模最大的一次。这段城墙为东城的东墙，从豪贤路到越秀路，全部叠压在今天的路面下，保存得相当完好。

宋代广州东、中、西三城联成一体，奠定了城市的基本空间格局。到元朝蒙古贵族征服中国，曾大毁天下城垣，但广州城没有完全被毁，西城和东城被夷平，中城及附属雁城被保存下来。社会秩序恢复后，元代广州城区比宋代扩大，城市经济重新振兴。元顺帝至正七年（1347年）摩洛哥旅行家伊本·白图泰(Ibn Batuteh)游历了广州，写道："秦克兰城（即广州）久已慕名，故必须亲历其境，方足饱吾所望。……秦克兰城者，世界大城中之一也。市场优美，为世界各大城所不能及。其间最大者，莫过于陶器场。由此，商人转运磁器到中国各省及印度、夜（也）门。"① 在这位旅行家笔下，广州城市景观已非昔日可比，与世界市场联系也更为扩大，城市经济、文化发展也提高到一个新高度，故元代广州《重建怀圣寺之记碑》曰："商舶是脉，南北其风，……珠水溶溶，徒集景从"，即为这座城市生机的写照。除了广州，广东其他州府治所也相继兴起城建高潮，不但彰显营城高超工艺水平，而且也是这些城市生机的写照。在区域经济和文化中地位和作用，其中以城垣保存较完好的肇庆宋城和潮州宋城最有代表性。

肇庆古城位于广东西江中下游，扼两广交通咽喉，历代为兵家必争之地。在宋代以前，肇庆没有城墙。宋仁宗皇祐四年（1052年），侬智高起兵反宋，沿西江挥师连续攻陷邕州（今南宁）、封州（今封开）、康州（今德庆）等州府，直逼端州（今肇庆）。当时的端州知州丁宝臣因无城可守竟仓惶而逃。后来，大将军狄青平定了这场动乱。鉴于这一历史教训，知州江柬之在皇祐五年（1053年）根据依山靠水的原则，修筑土城。城池坐北向南，背靠将军岭，面向西江河，将州衙、县署所在的两个小土岗及南面部分溪塘用城墙围起来，并在城西三台岗建真君堂、三圣堂等道教寺院，开始了官廨与道观为主的府城建设，土城时称"子城"，主要功能是守护府衙。

宋仁宗政和三年（1113年），知州郑敦义在旧城的基础上周密规划，精心设计，改土城为砖城。城墙周长七百四十二丈八尺，厚一丈五尺，高二丈二尺，城有四门，分别是宋崇、镇南、端溪、朝天。整座城墙建有护城河、水门、吊桥、瓮城、城楼、敌台、角楼、敌楼、点将台、马道、垛口、女儿墙以及漆木、擂台撞车、叉竿、飞钩等一系列守城器械和防御设施。城上还有大小炮台二十多座和兵房多间。北城墙西段有披云楼，可俯视城内外，监察敌情。城南东段有文昌阁，望西江南北。由此形成了一个完整的防御体系和作战指挥中心。

实际上，古城墙功能防水患多于御敌，所以从明代开始，便将河堤与城墙相连，发挥御敌和防洪两种作用。肇庆从宋代筑墙以来770多年间，记载西江洪水为患的有104次，联围缺口13次。特别是在1915年，西江河水暴涨，城外一片汪洋泽国，城内却安然无恙。② 可见肇庆古城墙的建造设计非常科学合理，具有

---

① 张星烺编注：《中西交通史料汇编》第二册，中华书局，1977年，第78～79页。
② 肇庆市端州区地方志编委会：《肇庆市志》，广东人民出版社，1996年，第115～119页。

很高的城建文化品位，历千年而不衰，至今仍然为人仰止。

韩江出海口潮州古城建设的年代，有史可考是宋代，主要是依靠商业贸易而兴起的港口城市。据《宋史·外国传·三佛齐传》记，太平兴国五年"是年，潮州言，三佛齐国蕃商李甫诲乘舢船载香料、犀角、象牙至海口，会风势不便，飘船六十日至潮州"。潮州宋代修筑城墙，周长约10里。城内街巷纵横，坊里相接，仅井泉即有36处，街面铺设石板，两旁有排水沟，"砥道轩豁，有中州气象焉"①。还开辟金山、韩山、葫芦山、西湖等风景区，重修开元寺。城外笔架山一带生产大批精美瓷器，主要供外销。近几十年来在东南亚等地不断发现潮古窑制品，显示潮州是一座外向型生产城市。20世纪30年代以来，潮州附近多处出土海舶桅杆、锚钉、船板、船缆、瓷器和铜钱等，保留至今的北宋初"兴国丁丑"（977年）"永兴街"石匾，同样说明它是一座贸易港市。正因为如此，潮州对港口和航道条件依赖也很大，宋代选择通航良好的韩江东溪作为出海航道，并利用澄海的凤岭港作为它的外港。此外，宋代在韩江出海口附近兴起的还有鮀浦港、揭阳港、辟望港等，都属港市型小城镇或聚落，与潮州城市相互促进而获得发展。元代潮州录事司有3358户②，按元代潮州路平均每户7口计算③，则潮州城区有23506人，这是潮州第一个较为可靠的城市人口统计数字。与广府系地区的广州录事司、客家系地区的曲江录事司一样，潮州录事司作为一种城市型政区设置，乃城市经济发展需要所致。

在流域其他省区城镇建设，见于上述江河博贸发展，此略。

宋元是中国古建筑体系一个大转变时期。宋代的经济、文化、手工业等都比前代有较大的发展，科学技术也有很大进步，这就使宋代的建筑水平达到了新的高度。宋代的建筑也一改唐代雄浑的特点，变得纤巧秀丽、注重装饰，出现了各种形式复杂的殿阁楼台，主要以殿堂、寺塔建筑为代表，流行仿木构建筑形式的砖石塔，创造了很多华丽精美的作品。装饰上多用彩绘、雕刻及琉璃砖瓦等，建筑构件开始趋向标准化，并有了建筑总结性著作如《木经》、《营造法式》等。在这个建筑文化体系浸淫下，岭南建筑风格日趋成熟，充分彰显自己的地域

---

① 《永乐大典》卷五三四五，《潮》。
② 陈香白辑校：《潮州三阳志辑稿》卷之三，《田赋志·户口》。
③ 梁方仲著：《中国历代户口·田地·田赋统计》，上海人民出版社，1980年，第192页。

特色。

由于大量中原移民迁入珠江三角洲和粤西地区,还有不少海外蕃人入住广州,中原建筑文化和外来的宗教建筑对广府建筑文化产生了重大影响,使之趋向成熟和多元化、个性化,为珠江流域建筑的一个代表。

广府民居主要分布在珠江三角洲和粤西地区,跟粤东的客家建筑、潮汕建筑有较大的区别。广东气候炎热,风雨常至。为适应这种环境,广府民居多是传统的竹筒屋或直头屋,一般为小天井大进深、布局紧凑的平面形式。符合通风与阴凉的要求是广东建筑的共同特点;其次就是依据自然条件(包括地理区位、气候),体现出的防潮、防晒的特点;再者就是吸取西方建筑精髓,体现了广府民居兼容并蓄的风格。

除此之外,典型的广府民居还有一个很大的特点——镬耳,实为屋两边墙上的挡风墙。这些建筑造型和立面,在珠江三角洲不少宋代村落中可找到它们的遗物遗存,后来的建筑即在此基础上改造传承而成。

广府建筑的大部分村落都是梳式,或者称平面网格布局。即整个村落的形式,是以一个巷子为中轴,民宅在巷子两侧,一个院落套一个院落的三合院。宗祠是整个村落的精神核心,村前有水塘,池边多种大榕树,榕树下空地是仅次于宗祠的村民聚集和重要的民间文化活动和传播场所。

宋代,理学、文学和艺术都有较大的发展。自北宋起,儒学与佛教复兴,道教盛行,三者相互融合。广东地区在这个时期兴建了不少佛塔和寺院,以及其他建筑,标志宗教建筑与民居一样,实现转折性变化。这包括了广州六榕寺及其花塔、光孝寺(大部分兴建于宋代),以及南雄三影塔、河源龟峰塔、阳江北山石塔等,皆为宋代建筑。其中光孝寺占地广阔,殿宇雄伟壮观,林木郁郁葱葱,"光孝菩提"是宋代"羊城八景"之一,成为广州一方名胜和文人雅士经常驻足的地方。

宋代除了朝廷筹办官学,广东地方民间也大量举办学校,出现了一些书院。宋代广东第一个进士古成之,在广州、惠州、河源等地都倡建了"倡南书院",书院旧址早已不存。广州现存著名的书院不少始建于宋,仍可窥见当时建筑风格。如玉岩书院坐落在广州市萝岗区萝岗洞,南宋人钟启初所建,其号玉嵒,于宋宁宗开禧元年(1205年)中进士,官至参议中书省兼知政事,告老还乡后,在萝岗筑萝坑精舍讲学,后改名玉岩书院,是广州历史最早的书院之一。玉岩书院东接萝峰寺,两者连为一体,两组性质不同的院落左右相辅,主次分明,但又不受传统对称手法局限,因山势而高低错落,横向铺开,并以深邃曲折的回廊连贯全体,韵味无穷。西江德庆孔庙(学宫),最早建于宋真宗大中祥符四年(1011年),面积达10000平方米,以南北为中轴线,分左、中、右三大建筑群,集殿、坛、阁、祠、堂、园、庑以及池、桥各式建筑于一身,以"四柱不顶"、"减柱四根"和"出跳最长",堪称南国古代木构建筑的明珠,被古建筑界誉为"古建瑰宝"。

至于宗教建筑,可以肇庆梅庵为代表。其始建于宋太宗至道二年(996年)。据载,六祖惠能回新兴路过此山岗时插梅为记。后智远和尚为纪念先师,于惠能插梅处建庵。梅庵大雄宝殿保存了唐宋结合的建筑特点,以斗拱设计称绝,古法罕见,是广东最古老的木构建筑之一,堪称广东珍贵的北宋遗构,全国罕见。

宋代广东科举大兴,各州府不乏入仕者所建府第,保存至今。潮州许驸马府始建于宋英宗治平年间(1064—1067年),历代虽有维修,但至今仍保留始建年代的平面布局和形制,被誉为"国内罕见的宋代府第建筑"。特别是驸马府全宅木屋架构为近于穿斗之穿插屋架,并立于条状连续石地梁—地袱上。墙体为板筑夯灰和青砖条浆砌,后座正厅东侧两幅墙壁仍保留桃红色的竹编灰壁。整座府第屋面举折平缓,出檐深远,正脊两端从山尖伸出石质鳌尖,垂脊头开嘴甚长,体现了古朴大方、结构严谨的宋代建筑风格。1996年11月,许驸马府被公布为全国重点文物保护单位。

始建于宋代的潮州湘子桥即广济桥,横卧在滚滚的韩江之上,是我国现存四大古桥之一。民谣唱曰:"到广不到潮,枉费走一遭;到潮不到桥,白白走一场"。初为浮桥,由八十六只巨船连接而成,始名"康济桥"。后经多次修筑,明宣德年间更名为广济桥。以其"十八梭船二十四洲"的独特风格闻名于世,被著名桥梁专家茅以升誉为"世界上最早的启闭式桥梁"。每遇洪水或要通船,可解掉系船铁索,移开梭船,变成开闭式浮梁桥。桥墩精巧之处,就在于全部用石块砌成。石块与石块之间不加灰浆,只用卯契合。桥上原有24座望桥,桥面用石板铺架,石条长约10米,厚1米。在没有起重机等设备的古代,再加上韩江上下游水位相差很大,要安装如此巨大的石梁,建桥的艰辛可想而知。湘子桥奇特别致的结构，集梁桥、拱桥、浮桥等形式于一体，凝结了宋代潮州人民的智慧和血汗。

宗族祠堂建筑在宋元时随着人口南迁而接踵而起，惜保存至今的不多。典型的有番禺沙湾镇北村留耕堂，建于宋恭帝德祐元年（1275年），堂名源于"阴德远从宗祖种，心田留与子孙耕"，意即建祠造福后人。留耕堂保留了非常精致的石雕、木雕、砖雕、灰雕，体现了岭南园林精巧的建筑特色，同时借鉴了中原和江南建筑元素，结合岭南地理而建成。这充分反映自宋代以来，岭南文化已更多地吸收其他地域文化成分，整合为自己的一部分，体现了多元包容的文化风格。

属于公共建筑的还有潮州笔架山西麓的韩文公祠，现址始建于宋孝宗淳熙十六年（1189年），在元明清屡经修复。内供韩愈塑像。堂上有对联："辟佛累千言，雪冷蓝关，从此儒风开岭峤；到官才八月，潮平鳄渚，于今香火遍瀛洲。"祠内有历代碑刻36块，其年代最早是苏轼的《潮州昌黎伯韩文公庙碑》。韩祠背依笔峰，面临韩江，环境清幽雅致。其建筑古朴典雅，祠体屋脊高峻，山墙高大，结构轩昂高敞，抬梁与穿斗结合的屋架，粗犷少饰。它不仅是是研究韩愈及地方文史的珍贵资料，而且是宋代广东建筑留下的吉光片羽，展示了那个时代凝固了的音乐旋律，现为全国重点文物保护单位。

二、陶瓷器艺

宋代制瓷技术达到了一个新的高峰，名瓷名窑遍布南北，特别是陆续形成的定窑、钧窑、耀州窑、景德镇窑、越窑、龙泉窑和建窑等八大窑系，以及定、汝、官、哥、钧五大名窑，各具特色，呈现出百花齐放的局面。广窑亦为其中一朵奇葩。

随着对外交通贸易的发展，大量商品特别是陶瓷器销往国外，促进了广东陶瓷业的发展。广东的汕头、梅县、新会、鹤山、高明、佛山、雷州、遂溪等地都发现了建于唐代的烧造陶瓷器的窑址。这些窑址主要分布在珠江三角洲，其中新会官冲窑规模较大，窑炉多为馒头窑；高明县两座龙窑，用迭烧的方法烧造陶瓷。梅县水车两座馒头窑，用匣钵装烧的方法烧造陶瓷，该窑烧造的瓷器釉色晶莹，是唐代岭南瓷器的精品，曾外销东南亚各地。宋代广东瓷业进入一个空前的兴旺期，共计有窑址80多处，年产瓷器达1.3亿件，比唐代增加近22倍。

广东等地宋元时代生产青白瓷和青釉器的瓷窑群发现更多，分布更广。这些窑址的陶瓷器产品在东南亚等地大量出土，品种更为丰富。广东阳江石湾窑模仿钧窑，称"广窑"或"广钧"，釉色青、蓝、灰各种色彩自然混合流动，有特殊的艺术效果。钧窑器物胎骨粗而厚重，器形呈敦厚朴实的风格，富于单纯质朴的魅力。潮州笔架山枫溪瓷器早在北宋时代就已出名。笔架山处韩江东岸，为"潮州水东中窑"①，窑场规模大，分布范围广，"有窑九十九"，俗称"百窑村"②。笔架山瓷窑以烧青白瓷为主，也有烧白釉、青釉的。瓷胎纯净细密，釉层薄而透明，纹饰以划花为主，其次是凸雕和镂孔，十分精美。生产的日用瓷、美术瓷，数量多，品种全，质地精。一件佛像座的四面分别有"潮州水东中窑甲弟子刘用同男刘扶"、"新妇陈氏十五娘共发心塑造释迦牟尼佛永充供养"、"乞保阖家人口平安扶荐亡妣李氏一娘乞超世界"、"治平三年丙午岁次九月一日匠人周明"铭文。③潮州窑出土的高鼻、卷发瓷人头像和短脸、垂耳、身矮的瓷西羊狗，无疑是为适应外国人的需要而生产的外销产品。北宋时潮州已成为宋瓷器的出口基地。笔架山窑址后因战乱迁往枫溪，现通称枫溪瓷。潮州窑普遍使用斜坡式阶级窑，其中10号窑长70多米，可见其生产规模之大。

元代石湾陶业比较萧条，陶塑类仅见水波纹陶坛和陪葬用的牛、马、鸡、狗等小件陶塑，制造较粗糙。粤西的廉江、遂溪、雷州在沿海大量建造龙窑，烧造陶瓷器，亦有"百窑村"之称；烧造的褐彩瓷种类颇多，很有特色，明显受到磁州窑与吉州窑的影响，被称为"雷州窑"，其年代主要是南宋至元代。但粤西地区烧造陶瓷器从胎质、釉色、品种等方面与粤东地区相比有较大的差距，而与东南亚较为接近，生产和销售成本较其他地方为低，受到中下层人士的欢迎，故能长期大规模生产。广州西村窑则介于粤东、粤西之间，窑穴规模较大，尚见残长36.8米的龙窑一座，产品有精、粗两类，共40多个器种，其中以凤首壶和刻花加绘酱釉牡丹纹大盆最具特色，其产品主要供外销，国内罕见。在珠江边的番禺沙边村，西江边的郁南、封开，东江边的惠州等地亦有宋代窑群。广东西村

---

① 饶宗颐著：《潮瓷说略》，日本陶瓷协会《陶说》（日文），1995年版。
② 《永乐大典》"潮州府"条引南宋《三阳志》。
③ 《宋代纪年款》，绿宝石艺术陶瓷馆提供。

窑、广西永福窑还有用氧化铜着色,仿耀州窑青瓷的制作。

龙窑的特点是烧窑时升温快,既适合焙烧坯胎较厚的大件器物,也可以焙烧坯胎薄的小件器物和黏度小的釉瓷器。烧出的瓷器釉色晶莹,透明度高,抗压力强。这类龙窑在佛山、南海、惠州、潮州等地均有发现。惠州宋窑遗址有三栋瓦窑岭、东平窑头山、朱屋村等处,其中城区东平窑头村的宋窑规模最大,达40万平方米。《惠州文物志》载,1976年9月发现的窑址内采集了瓷器、窑具等标本650多件;瓷器有碗、碟、盏、杯、盅、罐、壶、瓶、炉、器盖、瓷枕、小狗、弹丸、吹雀、小葫芦等,不仅种类繁多,造型美观,而且技艺精巧,反映出宋代惠州陶瓷业工艺的发达水平。北宋末年广州商船大量出口瓷器,"舶船深阔各数十丈,商人分占贮货,人得数尺许,下以贮物,夜卧其上。货多陶器,大小相套,无少隙地"[1]。目前在东南亚各地出土发现的宋瓷,大部分都是当年广州的外贸商品。宋瓷的光芒远播海外,在国外,宋瓷的使用成为阶级和身份的象征。据记载,东南亚一些国家在中国陶瓷传入以前,多以植物叶子为食器。宋瓷输入后,他们改变了过去"掬而食之"的饮食习俗,用上了精美实用的瓷器作为食物器皿。近年在阳江发现的"南海Ⅰ号"南宋沉船上捞起了双耳罐、四耳罐、碗、瓶、壶等共70多件南宋至元时期的瓷器,还有一条铜鎏金的腰带,荟萃了宋元瓷业精华。

宋代斗茶之风盛行,带动了黑釉瓷盏的迅速发展,其大量烧造又推动了斗茶习俗的兴盛。尤以广西宋元窑址中出土的黑釉瓷盏数量庞大,不管是严关窑、柳城窑还是全州窑所烧造的,除了柳城窑的禽口盏外,都是器体厚重的束口型瓷盏,黑釉或深或浅,这都是斗茶最合用的器盏。不少瓷窑烧造黑釉瓷盏全赖斗茶之风。广西黑釉瓷盏的烧造地点均为交通便利之地。严关窑址位于珠江与长江连接之交通要冲;柳城窑址位于柳江上游融江江畔,水运便利;全州窑址位于湘桂走廊最北端,是联系广西与长江中游地区的交通要冲。广西这几处瓷窑均为民间瓷窑,采用明火叠烧法烧制瓷器。相比匣钵单烧来讲,叠烧法可批量生产,降低了生产成本,提高了产量。产量的巨大反映了社会需求的旺盛,说明了斗茶习俗的盛行。但明火叠烧所产生的负面后果就是因支钉痕等影响了器物的美观,且因

---

[1] 朱彧:《萍洲可谈》卷二。

叠烧时受火不均,易使器物出现变形等情况,标本大多显得制作粗糙,质量也不高,不可能出口到长江流域。所以这里的黑釉瓷盏主要满足当地中下层人民斗茶的需要。据刘硕良《广西地域文化要览》(2013年)统计,广西宋窑遗址有40多处,分布于桂北、桂西、桂东、桂南和桂中各地,其上釉技术、烧造技术都比前代高出一个台阶。如永福、容县烧出的高温铜丝釉、铜绿釉就倍受欢迎,今日钦州、北海的陶瓷业即为历史传承的产物。

青花瓷发端于宋而成熟于元。元青花瓷大致可以分为三类:枢府型、至正型和元祐型。至正型是当时的出口瓷,一般制作很规整;元祐型较至正型要粗些、小些;枢府型是宫中之物。元代周致中在《异域志》论及佛山南海留下了意大利人的足迹,促进了元青花瓷的发展。元青花瓷是以氧化钴为颜料,用毛笔先在白瓷胎上描绘纹饰,然后上釉,高温烧造而成的一种瓷器。洁白的瓷面透出青色的水墨画般的艺术效果,这是中国绘画技巧与制瓷工艺相结合的结晶。岭南瓷都(潮州、石湾)是当时元青花制造和出口地之一。

三、纺织技术

珠江流域植物资源很丰富,可供敷身的衣料很多。南方少数民族先人的服饰特点是简单凉快,流行"贯头式",以适应岭南气候特点。志记西江新州一带"洗亭冈畔种桑麻";肇庆路"织焦竹、苎、都洛等布";粤北连州路桂阳等出产"苎蕉可为王服,岁贡十笴",质量上乘,成为皇家服饰。明清顺德县的龙江出产著名的丝织品——"玉阶"和"柳叶",成为广东的贡品。①

粤东之揭阳县,属南海郡,秦时亦有戍卒,包括秦始皇所发的1.5万名负责衣补的女子,岭东丝织业应由此时始。宋元时期,棉花向北方推广,养蚕栽桑在岭南兴起,带动了缫丝业发展。乐史《太平寰宇记》"潮州"条说到潮州特产项谓"煮海为盐,稻得再熟,蚕亦五收",说明宋代蚕丝业在潮州曾有一个兴旺期。其蚕丝业不管是来自中原,抑或源于古越,都与常衮、韩愈、杨嗣复等京官来潮之后的倡导有关。只是此后蚕桑业渐次淡出潮州,有农而无桑,蚕不过是乡

---

① 参见许桂香著:《岭南服饰历史文化地理》,民族出版社,2010年,第89~113页。

间孩童手中的玩物。原因之一是潮汕人不喜种桑，只因"桑"、"丧"谐音，"丧"字意味着死人、办丧事，极晦气。而药用需要桑叶、桑枝、桑白等，潮汕人用之无妨，改口相称，桑树叫"相随"，桑叶叫"相随叶"，桑枝叫"相随枝"，桑葚叫"相随子"，桑葚浸酒叫"相随酒"，桑浦山也叫作"深浦山"，以避"桑"音。村前乡后、屋隅道旁也不种桑树，而是种榕（成）树和竹子，叫"前成后竹"。

岭南丝业的发展，带动了极有文化品位的丝绸文化的发展。首先当是刺绣。广东传统的粤绣是中国四大名绣之一，在唐朝已有名气。苏鄂《杜阳杂编》记卢媚娘事迹，说明广东的丝绸刺绣工艺在当时已达到相当高的水平。唐宋的刺绣已向精致化方向发展。在男耕女织的封建社会里，女子都要学女红，掌握刺绣是为"闺绣"。刺绣便成了深宅大院的小姐们消遣、养性和从事精神创造的唯一活动。明代屠隆《考磐余事》指出："宋之闺绣画，山水人物、楼台花鸟，针线细密，不露边缝，其用绒止一二丝，用针如发细者为之，故眉目毕具，绒彩夺目，而丰神宛然，设色开染，较画更佳。女红之巧，十指春风，迥不可及。"这虽指江南，但用于其他刺绣地区也是恰当的。

岭南是我国最早引植棉花的地区之一。棉花原产于印度，古代由南北两道传入我国。南方一路由越南传入滇、桂、闽、粤等珠江流域诸省。周去非的《岭外代答》、王象之的《舆地纪胜》、赵汝适的《诸蕃志》、方勺的《泊宅篇》都有岭南地区产木棉的记载。陶宗仪《南村辍耕录》云"闽广多种木棉，纺绩为布，名曰吉贝"。这木棉即是棉花，非木棉树（其所结木棉并不能织布）。

宋神宗元丰初，陈绎知广州时，其子陈彦辅役使广州军人织造木棉出售，因而获罪，说明在北宋时期，广州便有纺织棉花的工场。元世祖至元二十九年（1292年）受江西行省管辖的广东得中书省命"于课税内折收木棉白布，已后年例必须收纳"[①]。可见广东为产棉区。珠江三角洲的纺织业历史悠久，珠玑巷移民从中原带来了各种各样的基本技术，其中也包括用棉花织布的技术。丝纺织品在珠江三角洲比较发达，与这里的沙田开发有关。宋元时期珠江三角洲的织造工艺和丝麻织物日趋发达，逐步形成了行业性经营，在经营方式上多为亦工亦商。

---

① 《大元圣政国朝典章》卷二六，文海出版社，1980年影印本。

中国古代人民穿着的植物纤维主要为葛和麻,故古无"棉"字。棉布传入内地,为有别于蚕丝的"绵",遂加"木"旁称"木绵"。宋以前中原人以为就是南方木棉树的纤维制成的,故对草棉、树棉、木棉不能区别,统称之为"木绵"。另有梧桐木、桐木、檀木、古终藤、娑罗木等名称,或指树棉或指草棉,还有吉贝、古贝、织贝、劫贝、白叠等名称,为梵语栽培棉或棉布的音译。"闽广多种木绵,树高七八尺,叶如柞,结实如大菱而色青,秋深即开,露白绵茸茸然。土人摘取出壳,以铁杖杆尽黑子,徐以小弓弹令纷起,然后纺绩为布,名曰吉贝。"①"吉贝,树类小桑,萼类芙蓉,絮长半寸许,宛如鹅毳,有子数十。南人取其茸絮,以铁箸碾去其子,即以手握茸就纺,不烦缉绩。以之为布"②。

元代因南方人口骤增,蚕丝生产量有限,不能满足需要。植棉花较育蚕为易,促使闽、广、滇、川的植棉业向北传播。但当时的棉花加工工序和织造技术比较复杂,制棉工具落后,仅有铁杖和小竹弓,效率低,故较难推广。谢枋得有诗《谢刘纯文惠木棉》:"所以木棉利,不畀江东人。"即江南仍重蚕桑,棉纺织业并未推广。直到明代,这种状况才发生变化。

宋代以来,南方农业经济持续发展,从而使大规模商品出口成为可能。纺织业和棉织业的发展是南宋纺织业最重要的成就。到元代,出口的丝织品有绸、缎、绫、罗、绢、纱、绉、纺等品种,棉纺织品有三十多种。

毛织品、苎麻及葛、大麻织物,古代总称为布,是人民大众的衣着原料。两宋时期,麻织品生产遍及珠江流域各地,其中尤以广西最为发达,所产柳布、象布等远近驰名。周去非《岭外代答·服用门》载:"邕州左右江溪峒,地产苎麻,洁白细薄而长,土人择其尤细长者为練子。暑衣之,轻凉离汗者也。汉高祖有天下,令贾人无得衣練,则其可贵,自汉而然。有花纹者,为花練,一端长四丈余,而重止数十钱,卷而入之小竹筒,尚有余地。以染真红,尤易着色。厥价不廉,稍细者,一端十余缗也。"周去非还记载了广西地区的横州(今横县)用浓醋浸野蚕而擘取其丝。"就醋中引之,一虫可得丝长六七尺,光明如煮,成弓、琴之弦",利用天然矿物或植物染料,印染出斑斓多彩的花布。尤其海南岛的妇女"衣裙皆吉贝,五色灿然"。静江(今桂林)用带有碱性的稻草灰煮苎麻

---

① 方勺:《泊宅编》卷中。
② 赵汝适:《诸蕃志》卷下。

纱，织造前再用滑石粉作上浆处理等方法，是这一时期在纺织技术方面值得称道的杰出创造。宋时纺织品印染技术已达到新的高度，凸纹版和镂空版等印花型板的制作非常精巧，印浆配制更为合理，颜色印花工艺更臻完美。夹缬和蜡染技术也有新的发展。蜡染是用蜡刀蘸取蜡液在织物上描绘各种图案花纹，然后经过浸染上色，再用水煮脱蜡质。这种染印花方法可制出多种花色的纺织品。

纺织业未被朝廷垄断，仍是传统形式，产品出自一个个家庭。岭南瑶族人用蜡染制花布，在当时是一项先进技术。方法是用两块镂成细花的木板夹住布匹，然后熔蜡灌入镂痕中，再解开板子，把布投进染缸，着色后捞起，放入清水中煮沸去蜡。蜡染花布色艳美观，叫作"瑶斑布"。① 其销路甚好。西南苗族、瑶族、土家族、侗族、壮族及黎族等少数民族也擅长棉织。如最著名的有诸葛棉，用白色棉纱作经，蓝色棉纱作纬，随机排织，自成花样，多产于贵州青特洞等处。

宋代，海南黎族人民的棉纺技术处于领先地位，其所织的棉布，作为"舶"来的珍品而远销到各大都市中。棉纺织业作为新兴的行业，在元代大有发展。在棉织业的发展中，生于南宋理宗淳祐年间（约1245年）的黄道婆作出了重大的贡献。她原是松江府乌泥泾镇（今上海市徐汇区华泾镇）的一个童养媳，因为受到非人的待遇，随一条海船逃往海南崖州。崖州是黎族聚居区，黎族人民擅长纺织，掌握比较先进的棉纺织生产技术，所生产的棉织品闻名于内地。海南岛产的黎锦是一种用锦彩的色丝，间以鹅毛丝线，织成人物、花鸟形状和诗词字体的纺织品。"或以吴绫越锦，拆取色丝，间以鹅毳之绵，织成人物花鸟诗词，名曰黎锦。浓丽可爱。白者为幛，杂色者为被，曰黎单。四幅相连曰黎幕，亦曰黎幔。以金丝者为上。"② 这些颇负盛名的黎锦、黎幕，就是不同文化融合的产物。

黄道婆在崖州生活了三四十年，向黎族人民学习纺织技术，最后在元成宗元贞年间（1295—1296年）返回了故乡乌泥泾。她在家乡热心传授和推广先进的从去棉籽、弹花、纺花到织布的一整套生产工具，提高了劳动效率和产品质量，促进了棉织业的推广。她在织染技术方面还创造出一套可供遵循的成法，所产的被、褥、带、帨（佩巾）等棉织品图案美丽，鲜艳喜人。在她的影响和带动下，乌泥泾从事纺织的居民愈多，所产"乌泥泾被"名满国中。棉织品的优点是质

---

① 周去非：《岭外代答》卷六，《服用门》。
② 屈大均：《广东新语》卷一五，《货语》。

地柔和，穿着舒服，价格又比丝质品低廉。"人无贫富皆赖之"①，所以很快就发展起来。松江地区在元代逐渐成为棉纺织业的中心，这与黄道婆在纺织技术方面的革新和推广是分不开的。

宋元棉纺织业最发达的地区是雷州（今雷州半岛）、化州（今广东化州）、廉州（今广西合浦）等地。棉纺织有扦子、弹花、纺纱、织布等多种工序，纺织工具有铁杖、弹弓、纺车、织机等。棉布行销两广。黎族织锦还成为向朝廷进贡的珍品，被誉为"东粤棉布之最美者"。元代静江路（今广西桂林）棉织染色业也很兴盛，有各种颜色织成的棉布，运至西南少数民族地区销售。可见，宋元时期，海南和桂东北地区是棉织服饰生产中心，主要对内地发生服饰辐射。

另外，壮锦也是纺织工艺一绝。壮锦作为工艺美术织品，起源于宋代。壮族古代叫俚族、僚族、良族和土族，宋代起改称为僮，故壮锦又称"僮锦"、"绒花被"。壮族人民充分利用植物的纤维，织制出葛布、络布作为衣料，"细者宜暑，柔熟者可御寒"。以棉、麻线作地经、地纬平纹交织，用粗而无拈的真丝作彩纬织入起花，在织物正反面形成对称花纹，并将地组织完全覆盖，增加织物厚度。其色彩对比强烈，纹样多为菱形几何图案，图案生动，结构严谨而富于变化，色彩斑斓，充满热烈，具有浓艳粗犷的艺术风格、开朗的民族格调。壮锦用于制作衣裙、巾被、背包、台布等，产地分布于广西靖西、忻城、宾阳等县。

壮锦的历史可追溯到汉代。北宋元丰年间，吕大防在四川设蜀锦院，四种织锦之中，即有广西锦（即壮锦），为上贡的锦帛之一，可见壮锦之名贵。壮锦当时出产于广西左右江，称为"緂"。当时左右"两江州峒"出产的"緂"，"如中国线罗，上有遍地小方胜纹"。②緂"白质方纹，广幅大緂，似中都之线罗，而佳丽厚重，诚南方之上服也"③。所谓"白质方纹"就是指当时生产的壮锦，其装饰花纹为方格几何纹，其色调为单色。这是早期的壮锦，具备了"厚重"和织有方格纹图案的基本特征。传统沿用的纹样主要有二龙戏珠、回纹、水纹、云纹、花卉、动物等20多种。

壮锦图案的构成多种多样，包括各种花草和动物图像，如蝶恋花、凤穿牡

---

① 丘濬：《大学衍义补》卷二二，四库全书本。
② 范成大：《桂海虞衡志·志器》。
③ 周去非：《岭外代答》卷六，《服用门》。

丹、双龙戏珠、狮子滚球、鲤鱼跳龙门等。凤的图案在壮锦中独占鳌头,"十件壮锦九件凤,活似凤从锦中出"。壮族喜爱凤凰,视为吉祥的象征。"红配绿,看不俗",体现了壮族织锦艺人的民族审美要求,艳丽夺目,经久耐看。壮族多喜重彩,以红、黄、蓝、绿为基本色,其余是补色,对比鲜明强烈。以红为背景,充满热烈、活跃、欢腾的气氛;用绿作烘托,有开朗的情调;如以黄绿配置,则艳丽动人。一幅壮锦,常常用几种颜色甚至是十几种颜色搭配组成,由于配置得当,显得斑斓绚丽,丰富统一,对比和谐,古艳深厚,华而不俗,显示壮族人民热情、爽朗、勇敢、朴实的性格。

第五节 文教肇兴新局面

宋元是中原文化南下的全盛时期,它的成就除了奠定珠江流域物质文化基础以外,还开创了文教肇兴的新局面。自此,封建文化在流域内走上持续发展道路,实现了上承隋唐、下启明清的大转变。

一、儒学的发展

儒学即以孔子学说为代表的儒家学派,是中国封建统治的思想基础。到宋代,儒学发展到主体地位,这又与这一学派代表人物的活动及书院的开设是分不开的。宋孝宗淳熙二年(1175年),大儒张栻任静江(今桂林)知府,经略安抚广南西路,在桂林行仁政,传布儒学。张栻把《论语·尧曰》中的尊"五美"、屏"四恶"亲书在其治事厅壁上,作为自己从政的准则,题为"张栻书论语问政章并跋"。他认为:"学莫先于义利之辨。义者,本心之当为,非有为而为也。有为而为,则皆人欲,非天理。"① 这与朱熹说的"与性善养气之论"同理。桂林虞山有韶音洞,张栻作《韶音洞记》,刻在韶音洞石壁上,阐发了他的理学思想。张栻又请朱熹撰写虞帝庙碑,该碑至今还在桂林虞山南麓。在这篇碑

---

① 张栻:《南轩全集·论语释》卷一。

文中，朱熹也阐发了他的理学思想，强调虞帝的道德思想就是天理。张栻在静江任内，严明法纪，并告示当地的溪峒酋豪不得相互杀掠，以安定边疆。即使在临病之日，仍然手写奏疏谏劝宋孝宗："亲君子远小人，信任防一己之偏，好恶公天下之理。"①

始于北宋的周敦颐、邵雍、程颢，至南宋朱熹、陆九渊等理学家，将儒学发展为"心学"，提出"心即理"之说。认为天理、人理、物理只在人心中，"宇宙便是吾心，吾心即是宇宙"。提倡"存天理，灭人欲"。主张"心"和"理"是永不变的，以证明一切封建的道德教条都是人心所固有的，是永恒不变的。朱熹还认为，人们要了解、认识客观事物，只要悟得本心就可以了。陆九渊号召人们"存心"而"去欲"，反对人民为改善受压迫的处境去同封建统治者进行斗争。"未有天地之先，毕竟也只是理。有此理，便有此天地；若无此理，便亦无天地，无人无物，都无该载了。有理，便有气流行，发育万物。"② 朱熹的"理"就是产生万物的本源，是自然界和人类社会的主宰，"理"也就是"天"。故朱熹直截了当地说"帝是理为主"③，借以宣扬其"三纲五常"的封建思想。所谓三纲五常，即君为臣纲、父为子纲、夫为妻纲，以及仁、义、礼、智、信。朱熹把这些封建伦常说成是天理，是先天就有的，还进而把天理同人性、人欲联系在一起。他认为具有封建的伦常是人的本性，因此人应该是善良的。他号召人们"存天理，弃人欲"，必须放弃"不善"的私欲，服从天理，遵守封建伦理纲常，听命于封建统治。

朱熹等人将儒学发展到理学阶段，把儒学推到了一个闭塞、保守的方向，对儒学进行了扭曲的发展。理学强调个人的道德修养，把理与封建道德联系起来，强调三纲五常，要求存天理，灭人欲，禁锢个性的发展，限制人们正常的生活需求，并逐步具体化、细节化、规范化、生活化。理学实际上是一种新形式的儒学，以儒家学说为中心，兼容佛道两家的哲学理论而被采纳为官方哲学。朱熹运用理学思想阐释儒家经典，被后世封建统治者提到儒学正宗的地位。他的《四书集注》从元代开始至明、清两代，都被指定为科举考试的标准答案。

---

① 《宋史·张栻传》。
② 黎靖德编：《朱子语类》卷一，岳麓书社，1996年，第11页。
③ 黎靖德编：《朱子语类》卷一，第5页。

宋理学兴起之后，大批著名理学家如周敦颐、程颐、程颢等都曾亲自赴岭南宣传理学、心学，因之门派兴起，人才辈出，蔚为时尚。岭南儒风盛炽，屈大均《广东新语·潘序》说"粤东为天南奥区，人文自宋而开"。不少地方官，如广州知府廖德明、德庆知府刘瑜皆于任间大力推广理学。潮阳郑南升、揭阳郭叔云还到福建受业于朱熹，热心宣讲理学，并分别著书《晦庵语录》、《朱子蒙谷宗法》，故他们被称为"南宋一代，潮海之醇儒"。

广东理学家仿效周敦颐、朱熹以注释《四书》、《五经》阐发理学思想。礼部尚书海阳人王大宝，名列潮州八贤，奉行理学，著有《易经论文》等。当时张栻是遵父枢密使张浚命随王大宝问学，后来成为与朱熹、吕祖谦并称的理学三大师，此与王大宝之教诲不无关系。东莞李用，杜门研究理学凡30年，宋理宗嘉其安贫乐道，赐匾"竹隐精舍"，并将其所著《论语解》印发全国。

宋元间，岭南理学著作不下三四十部，为岭南儒学发展作出重大的贡献。岭南理学传统是在岭南文化土壤中生发出来的奇葩。南宋名臣、广东增城的崔与之很好地总结、实践岭南理学传统，他深具珠江岭南文化特征的人生哲学，使他在学术上多有建树，名垂青史。崔与之秉承岭南理学精髓，在学术和政治间成功穿行，获得学术上与政治上的成功。

宋理宗淳祐四年（1244年），广东惠州知州赵汝驭于城西南银岗岭建聚贤堂，祀陈尧佐、苏轼、唐庚等寓贤及古成之、张宋卿、留正等乡贤共十二人，名"十二先生祠"。聚贤堂其实是祭祀式书院，通过定时的祭祀活动慎终追远，以体现对儒家文化道统的尊崇和继承；标榜先贤以激励后学，彰显地方文化底蕴和学术传统。十年后，亦即理宗宝祐二年（1254年），刘克刚任惠州知州，改聚贤堂为丰湖书院。惠州的书院是在南宋之后兴起，与理学的昌盛和流播有极大关系。民国《博罗县志》记载博罗的钓鳌书院就是其中代表。书院创始人罗从彦是著名理学家杨时的高足，又曾"鹜田走洛"，问道于程颐，是宋代理学"道南学派"的代表人物，被后学者称为豫章先生，在思想学术界中有着很高的地位。

由这样一位理学名儒设席罗浮，宣讲周程之学，在当时书院中其起点之高、影响之大，可想而知。罗从彦在钓鳌书院教学的内容和方法与时俱进，把学术研究和教书育人紧密结合起来，并完成理学著作《圣宋遵尧录》，又编撰《议论要语》，作为授课的主要内容，要求学生熟读记诵。《宋史·罗从彦传》引罗从彦语云:"天下之变不起于四方,而起于朝廷。譬如人之伤气:则寒暑易侵;木之伤心,则风雨易折。故内有林甫之奸,则外必有禄山之乱;内有卢杞之奸,则外必有朱泚之叛。"其《论士行》说:"士之立朝,要以正直忠厚为本。正直则朝廷无过失,忠厚则天下无嗟怨。一于正直而不忠厚,则渐入于刻;一于忠厚而不正直,则流入于懦。"① 凡此种种,都是他看透时弊,对政治现实有很强的批判性,可见其教育宗旨是既重视识道求仁,又强调经世致用、知行合一的。罗从彦的教育实践,使宋代理学的文化精髓走出学者的书斋,向下扩散至惠州民间的广大学子之中,为后来岭南理学的兴盛播下了第一批思想种子。

理学自北宋以来不断发展。至南宋,岭南理学家李昴英推崇朱熹以理学的基本理论重新编注的《四书章句集注》,认为"《大学》、《中庸》之微旨,朱夫子发挥备矣",指出治学之道乃在于"由北溪之流,溯紫阳之源,而窥圣涯"。② 他将朱熹、陈淳一派的理学理论树立为正宗的理论。在程朱理学的诸多理论中,李昴英对"天理"、"人欲"之说情有独钟。他认为"人欲一胜,则天理必微",又说:"宜益克己,使人欲净尽,天理混融,以全吾固有之仁。"③ 表面上看来,李昴英关于"天理"、"人欲"之说,与传统理学关于"去人欲,存天理"之说无二。然传统理学,如程朱一派,却是侧重于人自身的修养,李昴英则是侧重于为官必利国利民。于是在"理"、"欲"的问题上,他即表现出政治家特有的价值观。他认为"凡是理所安,人心所同者,皆治之基"④。"理",即"人心所同者",亦就是民心之所向,百姓日用之所求。他把理学家论述得玄之又玄的形而上之"理",具体化为"人心所同者",故此,他认为"所谓天者,天下之公理而已。……每事揆之公理,以求合天心"。⑤

他认为"天"已不再是人类社会的主宰者,而只是人心之所向,强调指出:"天人之际,本无二致"。人心之所同,就是"理",就是"天理";"天理"也即是人心之所向。他对为官的职责赋予"天"的重任,是因为为官者必须处事

---

① 全祖望:《宋元学案·豫章学案》,中华书局,1980年。
② 李昴英:题诸葛钰《北溪〈中庸〉、〈大学〉序》,李昴英撰:《文溪存稿》,杨芷华点校,暨南大学出版社,1994年。下同。
③ 李昴英:《跋录曹吴雍所藏邹南谷书墨》。
④ 李昴英:《端平丙申召除太傅赐金奏札》。
⑤ 李昴英:《淳祐丙午侍右郎官赴阙奏札》。

以公，必须符合天心，即符合民意。他还认为："以吾之心，合天之心，庶可以转祸而福矣。""即一人之心，合千万人之心，庶可以易乱而治矣。"①

李昴英这一见解，表明了他已从空谈"性"、"理"的正统理学窠臼中走了出来，而更多的是以政治家的价值观去看待"天理"与"人欲"。他认为，读圣人书的价值，不徒表现在诵读章句，而主要是在于涵养性情，培养刚正之气，所谓"心正，则笔正矣"。他指出，做到为人端正，心无邪念，不但可以"破众史百氏误，以祛天下后世惑"，更可以"锄恶束奸，恤婺伸枉"。② 显然，其理论的立足点乃在于生民、养民、为民除害这一天下大治的问题。可见他是在理学思维的基础上，以"天理"、"人欲"为基础，探求治国理民之路。

他还提出："政先及物，诚之流行。问无不知，惟诚故精。事至能应，惟诚故明。诚则无欲，冰蘖自清。诚则无营，轩冕甚轻。"③

由于"诚"，无私无欲，一以万民之心为心，以万民之生养为己责，所以能不计较个人的利益，更不惧怕"莫须有"之罪，为民请命，做到以无私无欲之心而存人心所共同之公理。李昴英"去欲存理"的哲学思维，是以社会安定、百姓长养为其归宿，而表现其理论的价值，值得肯定和继承发扬。

古代地方官学，有州、府、县学和书院、私学，还有社学（或称乡学）。宋代已有社学之称，元代诏令全国各地农村每50家组成一社，每社设学校一所。书院是唐、宋时期出现的一种新的教育组织形式和独立的教育制度。它的兴起和发展既带来了教育上的一系列变革，也更加促进了儒学的传播和普及。书院教育历来都受到学者的重视，形成宋代官学、私学和书院三足鼎立之势。

历来的官学都是以培养官家子弟为特定对象的。为了保证教育上的特权，历代朝廷对入学生员都作了严格的身份性的规定，非官员子弟则被排除在官学之外。但书院是民间集资创办而不是官办，向下层社会开放，入学生员不受身份和地域限制，具有平民化教育的特色。儒家"有教无类"的主张得到了实现。有记述范仲淹所办书院还明确规定吸收贫寒子弟入学，并且在经济上给予资助。书院教育在宋代独树一帜。

---

① 李昴英：《嘉熙己亥著作郎奏札》。
② 李昴英：《方帅山判序》。
③ 李昴英：《祭许象州文》。

由于印刷术的发达和普及，宋代教育的发达远远超过前代。书院教育对宋代平民儒家学者阶层的兴起发挥了巨大作用。他们在发展地方教育、传播文化知识、普及儒家思想并由此而开发民智、提高普通劳动民众素质等方面都作出了极其重要的贡献。正因为书院自觉担负了此一重要职能，并造就了一大批平民学者，所以，宋代的学风为之一变，许多硕学鸿儒致力于下层社会教育的勃兴，热心于文化和学术的普及。

宋代大量的通俗童蒙读物及教材多出于名儒之手，著名的有吕祖谦的《少仪外传》、陈淳的《小学诗礼》、王令的《十七史蒙求》、胡寅的《叙千古文》、黄继善的《史学提要》、朱熹的《小学外篇》、方逢辰的《名物蒙求》等，乃至在乡村中，今日仍然广泛流传的如《百家姓》、《千字文》、《三字经》之类的识字课本，都是宋代童蒙所乐读的通俗教材。而《启蒙初诵》实是后来广为普及的《三字经》之先声。《三字经》托名南宋王应麟编，或称广东顺德区适子编，为初识文字之书。其影响甚为深远，以致近年广东还有《新编三字经》出版发行，后扩及全国，兴旺于一时。

宋代开始，文化教育风气逐渐南移，官学兴盛。北宋前期州县学很少。宋真宗咸平四年（1001 年），对诸路州县有学校的赐"九经"。宋真宗景德三年（1006 年）任命平归一为真定府（今河北正定）助教，"仍令常切讲授"；又诏令各州县在孔庙起讲堂讲学。宋真宗大中祥符二年（1009 年）一月，广州"就宜圣庙创立学舍，及于斋厅讲说"，可说是早期州县学的基本形式。

宋仁宗庆历四年（1044 年）仁宗下诏州县立学。广州创州学，在西城番市（今光塔路一带）孔庙办官学（是为广州最早的官办学校），以备科举。学宫初建，办学地点并不稳定，先是经略使田瑜在宋仁宗皇祐二年（1050 年）将官学迁至城东南角；宋神宗熙宁元年（1068 年），张田扩展东城后又迁到国庆寺东。后来，广州知州程师孟和蒋之奇相继扩建城墙，增建官学。宋哲宗绍圣三年（1096 年），广州知府章楶重教育，认为"教化所始莫先于学，人伦之序莫先于教"，大兴学宫。原广府学宫与尼寺为邻，他认为有伤风化，决定再迁。南宋高宗绍兴三年（1133 年），学宫最终迁至城东南的番山附近（今市一宫、孙中山文献馆、广州市第 13 中学一带）。广府学宫规模宏伟，号称"岭南第一儒林"。

到宋孝宗乾道三年（1167 年），经略使龚茂良在学宫内建御书阁，内藏皇帝颁赐的御书供士子借阅,这是有文字记载的广州最早的藏书之所,可以看作广州有官立图书馆的滥觞。到宋理宗时期,这里已建成了颇具规模的番山书院。宋孝宗淳熙四年(1177年),转运使赵斡增建亭、斋和泮池;宋宁宗嘉定五年(1212年),教授许巨川又建观德亭。宋理宗淳祐四年(1244年),经略史方大琮在广府学宫重建飞阁。由宋入元的陈大震所著《元大德南海志》对此记载:"经略方大琮,重建飞阁以益之,迁御书于阁之巅,中塑传道圣贤燕居之像,旁建文、行、忠、信四斋,为番山书院。"因孔子的《论语·述而》有"子从四教,文、行、忠、信",便设此四斋,有尊崇孔子之意。此记述表明,番山书院已具备了讲学、藏书、祭孔三项功能,而此时,广府学宫已具规模。至南宋,岭南全部州学、过半县学创立。宋徽宗时,广州还为长期居留的外侨子弟设立"蕃学"。

岭南书院一是通过江西传入,经韶州波及广东全省;二是从福建入韩江流域。岭南书院以理学教育为本,聘请宿儒名师讲学。南宋时期,岭南的书院得到迅速发展,达到41座。宋时各州均有濂溪书院,以研习理学。广州亦建有濂溪书院,后毁于元。曲江的濂溪书院后改名为相江书院。广州府城的禹山书院、番山书院、萝坑精舍是著名的书院。萝坑精舍在元代改名玉岩书院,其建筑一直保存至今。周敦颐之第七代裔孙周梅叟于淳熙年间任潮州知府,建公元书院,以纪念其祖。

据统计,宋代广东南部各州县共有州县学68所,书院41所,其中以珠江三角洲地区最多。当时南宋顺德、南海、番禺、新会一带几乎是一片文盲聚居的荒蛮僻地。古老的县城番禺在整个宋代也只有一座萝坑精舍,而历史悠久的韶关、惠州、阳江、肇庆等地都各有书院一座,即使是东莞,也只有到了元代才建了三座书院,新会到元朝才出现古冈书院。

据道光《直隶南雄州志·宦绩》、《平林孔氏族谱》记载,宋太祖建隆元年(960年),孔子第四十一代裔孙孔闰见宋室已立,时局安定,乃携家归隐于平林村祖居,不辞劳苦,致力教化,弘扬先祖德业。建隆三年(962年),孔闰倾资在平林村创办孔林书院,亲自登坛讲学。又在陇头买田55亩,以田租收入作书院膏火祭祀之用。孔林书院不仅是南雄州而且是岭南创办最早的一所书院,为南雄乃至岭南的文化教育作出了重大贡献。宋代,南雄耕读之风甚盛,负笈求学者众,人才辈出,与孔林书院是有很大关系的。

北宋"元符元年（1098年）诏天下皆兴学贡士，时雄州应乡试者二千人"①。从北宋仁宗皇祐四年（1052年）至宋度宗咸淳七年（1271年），保昌（南雄）县人口约5万，举进士39名（另有特科64名），韶州府的曲江县23名，乐昌县23名，翁源县4名，英德县2名。可见宋代南雄文化教育在粤北独领风骚。

在南宋度宗咸淳年间（1265—1274年），短短十年间，顺德第一个书院"羊额书院"诞生，又相继建成义斋、鼎斋和九峰3家书院。在宋代，顺德的书院数目居全省之首。到元仁宗延祐年间由解元岑蒙正捐资建有翠岩书院。在南宋末年顺德全县境内，读书之风炽盛。从北宋真宗咸平年间（998—1003年）到宋末（1279年），顺德就有进士22人，甚至走出广东唯一一位顺德籍状元张镇孙。顺德虽是个四不管的小县，能建出广东最多的书院和走出一批正统读书人，可见其文化底蕴深厚。

宋元时期，适应科举制度，大力发展书院教育。岭南北宋第一个考中进士的是河源人古成之，在广州、惠州、河源等地都倡建了倡南书院。至南宋书院益盛。有宋一代的书院，在今广东范围内有40所，海南有2所，香港有1所。英德南山涵晖书院创建于宋真宗景德年间（1004—1007年），是创建较早的书院。孔林书院主体建筑为大成殿，设有夫子厅，内设孔子像。每年州、县官员都要来此祭孔，轿马成行，甚为庄重。但宋代广东的正式书院，以南宋嘉定间之禺山书院、番山书院、相江书院、丰湖书院，以及四会的濂溪书院、博罗的钓鳌书院为最善。据诸史统计，两宋广东有进士575人，而唐代仅32人，增长了17倍，②书院功不可没。

宋端宗景炎元年（1276年），元军金戈铁马踏破临安，赵宋王朝灭亡。蒙古人以武力征服汉民族，却反被博大精深的汉文化所征服。元世祖忽必烈就听从许衡"必行汉法乃可长久"③的献策，确立了尊孔崇儒、重用儒士、在统治集团内部实行汉化教育的文教方针，明令保护宗庙、学校和书院。全国统一后又恢复和发展书院教育，安抚前朝儒士。凡不愿从政者，允许退隐山林，建书院聚徒讲

---

① 道光《直隶南雄州志·学校》。
② 司徒尚纪主编：《中国地域文化通览·广东卷》，中华书局，2014年，第341页。
③ 《元史·许衡传》。

学。奖励出钱捐田创办书院者。并打破了唐宋书院多由民间创办经营的传统,直接由官方兴办,并视同为官学,以利控制。后来又恢复了科举考试制度,承认程朱理学为官学正统,规定以程朱传注为经学考试的依据。这一系列政策的实施,大大促进了元代书院的发展。

在广西,宋代书院和科举成绩也突飞猛进。全省有书院 10 所,即桂林宣成书院、清湘书院、明经书院、太极书院、异乡书院(此四所均在今全州)、龙溪书院(在今宜州)、驾鹤书院(在今柳州)、直仙书院(在今融水)、勾漏书院(在今容县)、江东书院(在今富川),大多数在桂北。有宋一代,广西被取为进士者共 279 人,虽低于全国平均水平,但比唐代有突破性增长。宋代广西还出了三位状元,即永福人王世则、宜山人冯克、富川人毛自知。元代实行高压民族压迫政策,教育式微,广西书院由宋代 10 所减为 3 所,府州县学由 41 所减为 34 所,教学质量大为下降,几无可称道者。

在云贵地区,宋代书院也见端倪。南宋绍兴年间(1131—1162 年),在贵州绍庆府彭水县(今沿河县),曾建有銮塘书院和竹溪书院。元承宋制,对书院大加提倡,并给予保护,元仁宗皇庆年间(1312—1313 年)贵州顺元路儒学教授何成禄创办文明书院,弥补了贵州官学教育的不足。文明书院在今贵阳地区广泛招收学生,扩大教育范围和对象,以程朱理学为主要内容,标志理学教育已从邻近文化发达的巴蜀地区向黔北、黔中腹地推进。

今云南地区宋为大理国范围。大理国也积极发展文化教育事业,段素英在位时,"敕:述《传灯录》,开科取士,定制以僧道读儒书者应举"①。大理国通过科举考试,提倡学习汉文化来选拔人才。这实已从南诏国开始,大理国则更进了一步。大理国统治者还多次设法从内地购求经籍。据《南诏野史》"段智廉"条载,北宋徽宗崇宁二年(1103 年),大理国使高泰运奉表入宋,"求经籍,得六十九家,药书六十三部"。南宋宁宗嘉泰元年(1201 年)大理国再遣人入宋求得《大藏经》,获归。基于大理国"举贤育才",效果很快表现出来。段智祥在位时,史称"时和年丰,称治国焉"②。

---

① 倪蜕撰:《滇云历年传》,景德元年,云南大学出版社,1992 年。
② 参见方铁、方慧著:《中国西南边疆开发史》,云南人民出版社,1997 年,第 235~236 页。

二、流寓人物新文化贡献

宋元珠江流域经济文化仍比中原落后,因而它仍是朝廷贬谪官员之地。其人数之多,涉及地域之广,超过了唐代。不管怎样,他们的到来,像群星殒落夜空一样,照亮了文化荒凉的珠江大地,对流域开疆文化的发展是很有贡献的。其代表人物有苏轼、程师孟、杨万里、刘克庄、秦观等,皆一时之俊彦。

1. 苏轼

苏轼(1037—1101年),字子瞻,号东坡居士,眉山(今四川眉山市)人。苏轼在北宋中期多年的政治斗争和权力倾轧中,无论旧党还是新党上台,他都不讨好。正如他的侍妾朝云说他"一肚皮不合时宜",反映出他的为人品格的一个基本方面。他一生阅历甚广,仕途坎坷,在其自题画像曰"问汝平生功业,黄州、惠州、儋州"。而惠、儋两州皆在岭南。他在儋州得赦北返,有诗句"九死南荒吾不恨,兹游奇绝冠平生",作为南贬生活的总结。他在官场一直受斥。宋哲宗元祐八年(1093年)以"讥斥先朝"入罪,"不得签书公事"。之后屡屡被贬。先转任英州(今广东英德市)知州,自北至南,行程数千里,途中旋被降职,一路三贬。苏轼于宋哲宗绍圣元年(1094年)被贬惠州。守三年,再贬昌化军(儋州)。晚年居此两地达六年之久,唯子苏过、妾朝云随其南谪。宋哲宗元符三年(1100年)宋徽宗继位,大赦天下,才获允内迁。但次年至常州病逝。

宋哲宗绍圣元年九月,苏轼穿越大庾岭,在梅关写下《赠岭上梅》诗云:

梅花开尽百花开,过尽行人君不来。
不趁青梅尝煮酒,要看细雨熟黄梅。

途经南雄谒南华寺。在峡山寺与老和尚谈禅,并留下"天开清远峡,地转凝碧湾"的千古佳句。在广州东郊黄木湾游波罗庙,题写了《浴日亭》,至今碑刻尚存。白云山蒲涧寺的"蒲涧帘泉"是宋代羊城八景之一,苏轼为此写下"千章古木临无地,百尺飞涛泻漏天"佳句。苏轼留意到白云山的地形地势和山泉流向。古代蒲涧的溪水,因水质清冽甘甜,所以称为甘溪,是广州居民食水的主要来源。但广州城内的古井为权势者霸占，大众只好饮用受海潮影响的江水，因此易生病。苏轼到惠州后，听说此事，十分关注，写信给他的朋友广州知州王古，提议在滴水岩下凿一石槽，承蓄百尺飞涛之水，再用五管并排的大竹筒，顺着地势将泉水分引到城内各个小石槽，方便居民就近引水；并推荐罗浮山道士邓守安负责此项工程。这个方法得到采纳后，使广州市民一千年前就受"土自来水"之惠，广州成为我国最早有自来水的城市之一。

苏轼徙惠州后，关心民情，尽心为民。他向罗浮县令推广其在黄州设计的"秧马"，绘出图形，即拔秧船也。在香积寺，他为村民设计利用罗阳溪落差为动力的水碓水磨，应用于舂米、磨米、舂香料。

宋哲宗绍圣三年（1096年）苏轼因妾朝云病逝，悲痛欲绝。苏轼暮年远谪，夫人早逝，唯朝云相随万里来到惠州，朝夕相处。她向苏轼学书法、佛经，成为苏轼的知音，临终时还念着《金刚经》六如偈，逝时才34岁。苏轼含泪把朝云瘗骨湖畔，并于墓上建六如亭以纪念。六如亭今仍在西湖畔，游人不绝。

宋哲宗绍圣二年（1095年）苏轼在惠州第一次吃荔枝，作有《四月十一日初食荔枝》一诗，对荔枝极尽赞美之能事："……垂黄缀紫烟雨里，特与荔枝为先驱。海山仙人绛罗襦，红纱中单白玉肤。不须更待妃子笑，风骨自是倾城姝。……"自此以后，苏轼还多次在诗文中表现了他对荔枝的喜爱之情。《食荔枝二首》中的"日啖荔枝三百颗，不辞长作岭南人"尤为脍炙人口。

离开惠州，苏轼千里投荒海南。因避台风，停舟上岸，曾在鹤山石螺岗滞留几天。后人筑亭于岗上，所在村名也改名为坡山村，以表纪念。至广西藤州，苏轼与其弟苏辙（被贬雷州）不期而遇，一起共赴贬处。先到雷州，兄弟相会之乐苦短，即挥手相别。

宋哲宗绍圣四年（1097年）年逾花甲的苏轼，颠簸两月，终于辗转到了儋州。其环境艰苦出乎想象，"食无肉，病无药，居无室，出无友，冬无炭，夏无寒泉"①。且飓风凛冽，雨雾迷漫，毒蛇出没，瘟疫蔓延。可苏轼并不至于荒死，且逐渐适应，安居下来。他有诗句写道，"海南万里真吾乡"、"我本儋耳人"、"余生欲老海南村"，以表达对这片蛮荒之地、当地平民的感情。当地官员为他

---

① 苏轼：《与程天侔书》。

安排的"官屋"破漏不堪。苏轼只好买地建屋，邻里纷来帮忙，助以工具，在桄榔林中搭起茅屋三间。苏轼得以安身，将茅屋题为"桄榔庵"并写了《桄榔庵记》以志。此地借东坡之名，数间平屋享尽千年"南天名胜"美誉。

苏轼生活恬淡自持，辟园种植，自足饱饴。看到乡民"土人顿顿食薯芋，荐以薰鼠烧蝙蝠"，自责过去"十年京国厌肥羜，日日烝花压红玉"，思想感情上更接近民众。他还学习黎语，着黎装，帮助黎民提高农耕技术，教他们种植棉花，采药治病。当地读书人黎子云、符林、王霄，潮州的吴子野、琼山的姜唐佐等士人慕名相从，聚集在他周围论文讲学。为方便学术交流，士人们集资建屋。苏轼取《汉书·扬雄传》"载酒问学"典故，命名此屋为"载酒堂"。

他更关心教育，让黎族的孩子都能读书。亲手烧烟制墨，筹措纸张，自编经义，深入浅出地授课。虽然他只收了十几个学生，但对蛮荒之地的海南影响甚大，使儋州成为海南的文化教育中心。也正因如此，儋州话杂有浓重的四川口音，有别于海南的方言。人称为"东坡话"。他在海南写的300多篇诗文被辑录为《居儋集》（或名《海外集》）。

黎子云、符林、王霄、姜唐佐诸人在他的教导下成了饱学鸿儒，成为当地一代师表。他北返时，曾赠自用的端砚给姜唐佐，并有诗句"沧海何曾断地脉，白袍端合破天荒"题扇相赠。后姜唐佐果然中了举人，去找苏轼。不料苏轼已逝，其弟苏辙在扇上续题"锦衣他日千人看，始信东坡眼力长"。这已成为海南文化史上一段佳话。宋徽宗大观三年（1109年），海南历史上终于出了第一个进士符确，即为儋州人，从此海南人才辈出。并且也由于苏轼的影响，儋州诗风大盛，联诗作赋成为当地喜庆节日的民间盛事。儋州山歌流传久远，且修辞极有文采，故称"儋州歌不让唐诗好"。儋州建有东坡书院、东坡路、东坡桥、东坡公园、东坡坐石，以及丰富的传说，至今留芳。苏轼访黎子云故事广为流传，并被绘作《东坡笠屐图》。宋哲宗元符三年（1100年），苏轼获赦北归，取道广州，走古道，登梅岭，回望岭南流放地时，又写了《赠岭上老人》一诗，抒发他当时的情感。诗曰：

鹤骨霜髯心已灰，青松合抱手亲栽。
问翁大庾岭头住，曾见南迁几个回。

2. 苏辙

苏轼之弟苏辙（1039—1112年），字子由，也是一位极有成就的文学家。他19岁时兄弟同科及第，榜登进士。他性格鲠亮切直，与其兄被同列为反对新党的"元祐党人"，也在三年之内一贬再贬，贬为雷州安置。在赴雷州途中与贬儋州的苏轼相遇于藤州，结伴而行。兄弟两人在雷州住了月余，游遍海康名胜。在登上城东门楼时，兄弟唱和，写了《东楼》：

> 月从海上涌金盆，直入东楼照病身。
> 久已无心问南北，时能闭目待仪麟。
> 飓风不作三农喜，舶客初来百物新。
> 归去有时无定在，漫随俚俗共欣欣。

道出坦然的心境。苏轼到儋州后，两兄弟保持诗词唱和，自得乐趣。苏辙在《次韵子瞻夜坐》诗写道：

> 南海炎凉身已惯，北方毁誉耳难闻。
> 遥知挂壁瓢无酒，归舶还将一酌分。

对政治上的风浪冷眼相看，兄弟之间息息相通。苏氏兄弟在雷州活动不多，但开启了当地文风，其高风亮节为当地人民敬仰。在雷州的十贤祠中，苏氏兄弟位列其中。

苏辙后又被贬至循州（今广东龙川），乡亲父老对他甚为关怀，节日不忘请他共度佳节，"莫起天涯万里心"，让他把这里当作家乡。而其家乡四川眉山有七旬老人巢谷，闻苏氏兄弟被贬岭南，竟然从眉山徒步数千里，风尘仆仆赶来探望。苏辙为之感动，悲喜交集。他两兄弟在朝为官时，这位老人没一点攀附之意，而他俩远贬岭南，士大夫皆绝来往，亲友也无音讯，唯老人长途跋涉来看望他俩。老人还不顾苏辙的劝阻，继续远涉海南去探苏轼，结果行程未半便病死途中。

此两年间，苏辙两徙谪所，穷困潦倒，只得将视同生命的书籍也托付他人。在循州，更是住所无着，靠不多的积蓄购置破漏茅屋十数间，栽蔬种瓜，自给自足。他不甘休闲，将所见所闻及其经历著成《龙川略志》十卷、《龙川别志》两卷，至今仍有很高的史料价值。他在龙川县城嶅湖白云桥西，倡筑堤坝，蓄水灌田，整治嶅湖，兴修水利，发展农业生产。他为当地人民所作贡献与其兄相同，都留芳于世。

3. 寇準

寇準（961—1023年），字平仲，华州下邽（今陕西渭南北）人。少时不修小节，颇爱飞鹰走狗。在太夫人的严厉管教下，"由是折节从学"[1]，精通《春秋》三传。19岁，举进士，授大理评事，知归州巴东，后徙大名府成安县。初入仕途，寇準就显示出才干，在理政时，不苛取百姓，以恩信为办事的准则，深得民心。寇準也是宋朝极言直谏的名臣。他奉诏言北方边事的利与害，直披肝胆，无所顾忌，深得宋太宗的赏识，被任为枢密院直学士。

宋真宗乾兴元年（1022年），寇準被政敌丁谓构陷，初贬为道州（湖南道县）司马，不久再贬雷州司户参军。他已是62岁的老人了，冒着着炎热的瘴蛮气候，坚持日行百里。他的随从也为之感动，百姓沿途含泪相送。到雷州后，他仍然"暇则诵读，宾至笑语"。寇準还到"雷祖祠"拜会陈文玉后人，并题有诗《留题英灵陈司马宅》：

> 公余策马到英灵，幸有官僚伴使星。
> 人物熙熙风景盛，好将佳会入丹青。

他还写了不少题咏雷州景色的诗篇，如在雷州罗湖（西湖）有感于翠柳间的啼鹃，吟道：

> 曾为深冤无处雪，长年江上哭青春。
> 平林雨歇残阳后，愁然天涯去国人。

罗湖归来，惆怅未尽，又吟诗一首：

> 岭外炎蒸当盛暑，雨余新馆觉微凉。

---

[1] 司马光：《涑水记闻》卷七。

最怜夏木清阴合，时有莺声似故乡。

应天宁寺僧盛邀，在天宁寺西馆暂住，形影相吊，寂寥寒伧，吟道：

　　　　风露凄清西馆静，悄然怀旧一长叹。
　　　　海云稍尽金波冷，半夜无人独凭栏。

　　他还为雷州倡建"真武堂"教书传艺，使雷州乡民的子孙也能读到书。另据嘉靖《广东通志·名宦传》记载：明永乐间，名臣王泰上疏言，"宋寇準于雷州开渠引特侣塘水灌东洋田万顷，胜国（即文天祥）元帅府以兵守闸"。寇準对发展雷州经济也甚有贡献。尽管他平时"宾至笑语"，心里却是充满凄苦的。欧阳修评说道："寇公的祸，完全是以老装作糊涂，不去理会罢了。"①

　　半年后，宋仁宗即位，丁谓被放逐到崖州，被贬得更远。丁谓经雷州时求见寇準，寇準拒绝了，但派人在州境等候，送上一只雷州盛产的黑山羊。当时寇準的家僮本想羞辱他一番，出一出气，寇準不允，把他们关在家中，直到丁谓离境。可见寇準胸襟豁达。此举在雷州传为美谈，后还被写入《宋史·寇準传》，彰显他厚德载物的大家风范。宋仁宗天圣元年（1023年），仁宗下诏，调寇準任衡州司马。但寇準此时已溘然长逝，后归葬洛阳。仁宗追谥忠愍。著作有《寇莱公集》。今雷州西湖有祭祀他的寇公祠，他饮用的水井被百姓称为"莱泉井"，作为纪念。

4. 秦观

　　秦观（1049—1100年），字少游，号淮海居士，江苏高邮人。少年时即表现非凡学识，为苏轼和王安石等赏识。苏轼称其有屈原、宋玉之才，王安石赞其词似鲍照、谢朓清新。宋神宗元丰八年（1085年）中进士，任浙江定海主簿，后得苏轼推荐任太学博士、秘书省正字兼国史馆编修官。秦观与苏轼过从甚密，文字之交甚深，很快被卷入宋朝廷党争之中。他政治上趋于保守，被视为旧党，即元祐党人，屡遭贬谪。宋仁宗绍圣元年（1094年），他被贬为杭州通判，不久被贬处州（浙江丽水）监酒税；未几，再被告发于贬谪途中写佛书，徙湖南郴州，

---

①　李焘：《续资治通鉴长编》卷九六。

编管横州（广西横县）。在郴州秦观写了著名《踏莎行·郴州旅舍》，彪炳于中国文学史册。宋哲宗元符元年（1098年）九月，他被贬官雷州。因为有这位著名诗人的到来，雷州文坛更添异彩。

秦观在雷州一年左右。在此期间，他虽属贬官之人，行动受到约束，但他经常深入民间，了解俚人疾苦，留心当地民情风俗，并坚持写诗填词。如《责雷州》即表达了他此时的际遇：

> 南土四时都热，愁人日夜俱长。
> 安得此身如石，一时忘了家乡。

他的诗作记载了许多珍贵地方史料，至今仍不失其价值。时雷州仍以俚人为主，他们文化落后，有病不求药，而是求神弄鬼，秦观大惑不解，所写《雷阳书事》即反映了这些风俗文化。如其中一首曰：

> 骆越风俗殊，有疾皆勿药。
> 束带趋祀房，瞽史巫纷若。
> 弦歌荐茧栗，奴士洽觞酌。
> 呻吟殊未央，更把鸡骨灼。

又其中一首是写雷州丧俗的，送殡的披麻戴孝，鼓乐齐鸣，甚至还杀猪宰羊。其曰：

> 一笛一腰鼓，鸣声甚悲凉。
> 借问此何为，居人朝送殇。
> 出郭披莽苍，磨刀向猪羊。
> 何须作佳事，鬼去百无殃。

秦观不解当地人何以如此厚葬，人死后还能有什么鬼魂，何必做法事送鬼消殃。这在当时应是一种进步思想，对雷州移风易俗应有积极作用。

宋时雷州，俚僚文化还处处存在，儒家礼教并不能限制人们行为，女子成群结队来到山野间与男子谈情说爱。她们虽然赤足，衣着简朴，但也不乏姣好女子，天涯芳草在雷州。在秦观笔下，雷女形象活灵活现：

> 旧传日南郡，野女出成群。
> 此去尚应远，东门已如云。
> 蛮氓托丝布，相就通殷勤。
> 可怜秋胡子，不遇卓文君。

这些男女青年像《诗经》所描述那样，朴实的小伙子拿着布匹与年青女子交换蚕丝，借此谈情说爱。

秦观特别赞赏她们：

> 粤女市无常，所至辄成区。
> 一日三四迁，处处售虾鱼。

雷州女子是主要劳动力，不但干农活，而且走街串圩，四处做海鲜生意。此诗实为雷州妇女勤劳能干形象的写照。

宋哲宗元符三年（1100年），哲宗驾崩，宋徽宗即位，大赦天下。五月，秦观受命北归。七月起程，八月经广西横州，乘兴游览附近光华亭，兴奋过度，无疾而终。苏轼听到噩耗，非常惋惜地长叹："少游不幸死道路，哀哉！世岂复有斯人乎？"秦观文、诗、词俱佳，被称为"苏门四学士"之一。《宋史·秦观传》评其"长于议论，文丽而思深"。在流放期间，他写了不少语言较为通俗质朴的诗文；在雷州期间，写了《雷阳书事》3首、《海康书事》10首，涉及当地人治病、婚姻、丧葬，以及气候、风土、吏治等，可补史志之不足，后收入《淮海集》传世。

5. 李纲

李纲（1083—1140年），字伯纪，邵武（今属福建）人。宋徽宗政和二年（1112年）中进士。宋钦宗靖康元年（1126年）正月，金兵逼近汴京（开封），李纲力谏劝阻钦宗迁都，并组织、团结军民击退金兵。后主和派占上风，开封被攻破，北宋灭亡。

靖康二年（1127年）五月，康王赵构即帝位于南京应天府，是为宋高宗，改当年为建炎元年，史称南宋。李纲一度为相，但屡遭贬斥，先是贬往鄂州，后又被贬至万安军（今海南万宁）安置。

李纲的贬谪之路从鄂州出发乘船南下，经梧州至德庆的西江面上，江水迷茫，他吟出一首即事诗，以抒发满腹愤懑：

> 苍梧云物晓凄凉，锦石江山一带长。
> 雨涴峰峦添黛翠，风吹草木送天香。
> 渔樵闲话无千古，金鼓喧声震万方。
> 我欲诛茅寄幽僻，却愁烟水日茫茫。

在德庆，不堪舟车劳顿，身心连遭打击，李纲终于病倒了。在德庆养病一年，他写下咏西江、豁然亭、三洲岩、龙母庙、横翠亭等多首诗，以抒发报国无门的悲愤心情。其中《豁然亭》写道：

> 渺渺烟波叠叠山，玉簪罗带自回环。
> 雨余岚翠浓如滴，地险江流巧转弯。
> 蟠蹬回临飞鸟迟，片心聊与白云闲。
> 峤南有此佳山水，画在贤侯几案间。

李纲路经雷州暂住。在雷祖祠，李纲对陈文玉为巨蛋所生的传说早有听闻，写下《雷庙读丁晋公所作碑》："巨卵曾因霹雳开，海邦从此得名雷。只因寇老曾迁此，作记何缘丁令来。"李纲渡琼州海峡到海南，初到异地，觉得"江山风物，与海外不殊。民居皆在槟榔木间，黎人出市交易，蛮衣椎髻，语音兜离，不可晓也"①。他仔细观察当地民俗风情。到了万安军，他见当地人民生活十分困苦，百姓住的都是茅屋，县治才百来户人家，人烟稀少，出入不便，更有台风摄人心魄，瘟疫流行，苦况难言。他想到北方尚处于敌寇铁骑的蹂躏，伤心不已，悲叹报国未竟，已白了头，只盼着平定外侮，国家有兴旺的一日，"却收老眼来观国，尚冀中原早戢戈"②；盼着有朝一日"何时包干戈，礼瑞奠璜璪。斯民安田畴，余谷栖廪庾。四方道路通，舟车走商贾"③。其后，李纲获准移居雷州，度过三年。他无时不关注朝中大事。他在驿馆看到发往前方的檄文，知道战况发

---

① 李纲：《南渡次琼管并序》。
② 李纲：《次琼管营后三日，忽奉德音，恩许自便，感涕之余，赋诗见志二首》之一。
③ 李纲：《建炎行并序》。

岌可危，为此写下《伏读三月六日内禅诏》，题序为"伏读三月六日内禅诏书，及传将士榜檄，慨王室之艰危，悯生灵之涂炭，悼前策之不从，恨奸回之误国，感愤有作，聊以述怀四首"。其二曰：

> 胡骑长驱扰汉疆，庙堂高枕失堤防。
> 关河自昔称天府，淮海于今作战场。
> 退避故知非得计，威灵何以镇殊方？
> 中原夷狄相衰盛，圣哲从来只自强。

雷州白云岩楞严寺有位住持高僧孙琼法师修行极深，李纲心仪已久，曾前往拜访，并游览白云岩。李纲看到湖心明月倒影，波光潋滟，映射到崖壁，明丽动人，于是写下"湖光岩"三个大字，笔力苍劲，题刻于岩壁。白云岩从此易名，题刻保留至今。

宋高宗建炎四年（1130年）李纲接"许恩听还"的诏谕。渡海北归前向孙琼法师告别。孙琼即赶来送行，两人依依不舍。法师恳求他多留几天，而李纲归心似箭。趁法师熟睡，李纲悄悄离开驿馆，留下一些银两、布匹和两首诗《琼师追送至城月驿戏成两绝句以答其意》：

> 衲子来参去不辞，更劳飞锡远追随。
> 赠师银布劳收取，便是襕付嘱别时。
>
> 好往湖光摄此心，有缘终会有知音。
> 梁豁老去孤峰顶，月白风清难更寻。

李纲谪居海南、雷州期间，无法有所作为，但他胸怀磊落，气节不凡，为琼、雷吏民所敬重。海口有"五公祠"，雷州有"十贤祠"，李纲均位列其中，接受后人的礼敬。

宋高宗绍兴元年（1131年），李纲举家迁回了福建老家。绍兴二年（1132年）李纲被召回，但旋又遭贬。宋朝向金投降称臣，岁岁朝供。绍兴九年（1139年）二月，再次起用李纲为湖南路安抚大使兼知潭州，未及赴任，绍兴十年正月病死于福州，终年58岁，宋孝宗淳熙十六年（1189年）谥忠定。著作编有《梁溪集》、《靖康传信录》、《奉迎录》、《建炎时政记》、《建炎进退志》、

《建炎制诏表集》、《宣抚荆广记》、《制置江右录》等。

6. 李光

李光(1078—1159年),字泰发,号转物老人。越州上虞人(今浙江上虞)。宋徽宗崇宁五年(1106年)登进士第。曾因指斥朝中谀佞被贬到广西阳朔。宋高宗即位起用李光为秘书少监,后累官至吏部尚书、参知政事。秦桧在加紧陷害岳飞同时,也连带陷害李光,将其名列要翦灭的五十三家之一。宋高宗绍兴十一年(1141年)以"阴怀怨望"将他定罪,贬藤州(今广西藤县)。三年后再贬琼州。在进发琼州道上,在雷州半岛,一路上闻鹧鸪声声,李光不禁思泪潸潸,吟成一诗:"已过梅岭更南征,渺渺琼山四百程。日暖风和寒食路,行人休听鹧鸪声。"①尽管有病在身,前景险恶,到徐闻,南渡琼海,对着风急浪高、变化莫测的沧海,他写下《渡海三首》,其三曰:

潮回齐唱发船歌,杳渺风帆去若梭。
可是胸中未豪壮,更来沧海看鲸波?

他以轻松的口气描述艰途,以藐视奸人。到琼州,在郡城苏公祠双泉边金粟庵居六年。其子李孟博亦进士,随父南徙,却先父而逝,对他打击极大。但他能达观看待,作诗《秋日题池南壁间》曰:

宇落双泉一病翁,十年忧患扫还空。
荷疏竹密宜秋雨,户窄檐低耐飓风。
尽日抄书北窗下,有时闲步小桥东。
谁知万水千山外,亦与乡居兴味同。

琼州太守郑元寿是个开明的地方官,他浚川筑堤,倡通商贾,建阜通阁,并赋诗送李光过目,李光步其韵奉和《阜通阁》一诗,描述海南商业繁荣景象,"千帆不隔云中树,万货来从徼外舟",抒发了"富国要先除国蠹,利民须急去民蟊"的痛切之情。因此,又被奸佞诬告他讪谤朝政,于绍兴二十年(1150年)

---

① 李光:《雷化多旷野,道傍常闻鹧鸪声》。

复贬昌化军（今海南儋县），他仍不屈不挠。《宋史·李光传》载他在昌化军"论文考史，怡然自适。年逾八十，笔力精健"。海南四大才子之一的王佐写诗赞他："五十三家祸未消，何人海外得逍遥。皇天后土犹堪倚，明月清风不费邀。"宋高宗绍兴二十五年（1155 年）秦桧死，李光内迁彬州。二十八年（1158 年）李光奉召任朝奉大夫，可惜次年在赴临安途中逝于江州（今江西九江）。遗著有《庄简集》18 卷及《读易详说》等传世。

7. 赵鼎

赵鼎（1085—1147 年），字元镇，号得全居士，解州闻喜（今山西闻喜）人。宋徽宗崇宁五年（1106 年）中进士，升迁至洛阳令。金兵入侵，朝廷无心抗敌，屈辱求和。赵鼎力主抗金，恢复中原，极力推荐岳飞率军御敌。岳飞力克金兵，收复襄阳。宋高宗绍兴四年（1134 年）赵鼎委为尚书右仆射，复相位。金人大举入侵，赵鼎建议高宗御驾亲征，韩世忠大破金兵，赵鼎集结人马连连出击，大获全胜。

赵鼎在朝中威信很高，被秦桧视为眼中钉。高宗只信任秦桧，由他把持朝政。于是赵鼎屡遭秦桧迫害，被徙至泉州，免职住兴化军（今福建莆田）。后又徙漳州，再安置于潮州。当地士人纷纷慕名叩见，乃一一谢绝，且三缄其口，不谈国事。赵鼎虽然闭门不出，但还是逃不过奸臣的迫害，被诬告"受贿"，于绍兴十四年（1144 年）被放逐到吉阳军（今海南崖县）

即使如此，秦桧还是不放过他，派人天天监视。赵鼎料自己难逃秦桧魔掌，托人传话儿子赵汾："秦桧一定要杀我，我若不死，祸及全家，我死了家中或得安宁些"。并为自己撰好墓石铭旌："身骑箕尾归天上，气作山河壮本朝"。又留下遗嘱，让儿子求朝廷准许自己归葬故乡。绍兴十七年（1147 年）赵鼎绝食而死。赵鼎传世著作有《得全集》，收入他的表疏、杂诗文二百余篇。今潮州有其故居得全堂，后改得全书院，赵鼎被列入十相祠奉祀。海口五公祠、崖州五贤祠、雷州十贤祠均奉祀赵鼎。

8. 胡铨

胡铨（1102—1180 年），字邦衡，号澹庵。宋高宗建炎二年（1128 年）考进士对策，皇帝名题"治道本天，天道本民"。他洋洋万言直道："今陛下起干戈锋镝间，外乱内讧，而策臣数十系，皆质之天，不听于民"①，一语惊人。宋高宗也认为此话发聋振聩，拟置榜首，有大臣却认为不中听。最终挪移至第五，授抚州军事判官。宋高宗绍兴七年（1137年），职位低微的胡铨上疏痛斥秦桧的卖国行径，请求斩秦桧首级示众，朝野称快。秦桧一党则欲革除胡铨官职，流放昭州（今广西平乐）编管。由于群臣纷纷劝谏，秦桧迫于公论，改令胡铨监广州盐仓。后岳飞遭杀害，主战派备受迫害，秦桧又重提胡铨"饰非横议"之罪，贬之新州（今广东新兴县）管制。胡铨在七夕夜读《离骚》，有感于朝政极端腐败，感慨万分，画了幅《潇湘夜雨图》，题诗曰："一片潇湘落笔端，骚人千古带愁看。不堪秋著枫林港，雨阔烟深夜钓寒。"梅雨不停，眼泪未干，又填阕《如梦令》：

谁念新州人老，几度斜阳芳草。眼前欲晴时，梅雨故来相恼。休恼，休恼，今岁荔枝能好！

他在愁云阴霾中，游览了附近的山水胜迹。在阳春铁坑山，题道"人言兹地恶，我爱碧孱颜"。在阳江望海冈，他对着浩渺烟波，抒发"目断飞云处，终身愧老莱"的感情。在茂名灵湫岩，他题刻"澹庵"二字。

胡铨未忘国事，秦桧亦不忘害他，居然将其要杀害的人列为五十三家，胡铨亦在其中。于是他与朋友饮酒唱酬，乘兴写下《好事近》一阕：

富贵本无心，何事故乡轻别？空使猿惊鹤怨，误薜萝秋月。　　囊锥刚要出头来，不道甚时节！欲驾巾车归去，有豺狼当辙！

这也被秦桧以词泄"谤讪怨望"入罪，于绍兴十八年（1148年）将其移徙到荒僻的吉阳军。胡铨渡海在澄迈驿通潮阁登上海南岛，夜宿临高县买愁村，难以入眠，赋诗《题茉莉轩》：

北往长思闻喜县，南来怕入买愁村。
区区万里天涯路，野草荒烟正断魂。

---

① 《宋史·胡铨传》。

一路上，地方官员对他十分敬重，请他书匾题字。胡铨在烈日下赶路，歇于临高县博顿树荫下，泉水涌出，得以解渴。胡铨为题"澹庵井"，成为海南名古井。在崖州，他教当地汉黎子弟读书。汉人上层人士、黎族酋长将他待为上宾，慕名送子弟来求学。

他在海南传播中原文化，促进黎汉民族团结，与乡亲父老结下深厚的感情。他在琼州邂逅同被流放的李光，写了一首《别琼州和李参政韵》诗：

> 肯悔从前一念差，崖州前定复何嗟！
> 万山行尽逢黎母，双井浑疑似若耶。
> 行止非人十载梦，废兴有命一浮家。
> 此行所得诚多矣，更愿从公泛此槎。

后秦桧死，高宗被迫平反冤案，胡铨才免遭毒手。孝宗继位，胡铨再被召回起用，渐次升至宝文阁侍制，历任国史院编修、权兵部侍郎等职。晚年专心著书，著《澹庵文集》百卷。在岭南，胡铨尚存胜迹多处，阳江有澹庵祠，崖州盛德堂（内置赵鼎和胡铨牌位）、洗兵亭、逸贤祠，临高有茉莉轩、澹庵井，海口五公祠有胡铨之位列。

第六节　多元民族文化的风采

五代十国和两宋时期，主要在今云南、川西南，包括珠江上游地区，以及境外部分地区，为少数民族政权大理国统治范围。从后晋高祖天福二年（937年）到宋理宗宝祐元年（1253年）大理国延续约316年。大理国以封建分封制为主体，但又保留部分部落制为治国政治基础。在积极发展国内经济之同时，保持与宋王朝的互市关系，接受汉文化，发展文化教育事业，培育了以白蛮文化为主流的灿烂的大理国文化之花，盛开在珠江流域上游土地上。与此同时，流域范围内还存在着壮、苗、畲、黎、侗、水、傣、布依、毛南、仫佬、彝、哈尼、纳西、土家、景颇、傈僳、阿昌、基诺、仡佬、佤、德昂、布朗等民族，他们各有自己的民族文化，是珠江文化不可或缺的一个组成部分。

一、大理国的灿烂文化

大理王族自认是汉人的遗裔，大力推行汉族文化，在汉文化的影响下，产生了白文。白文是用汉字写白语，读白音的。清时冯苏著《滇考》谓，大理人以汉字为基础，创造白文（或称"僰文"），流传200多年。南诏时已用于写作，但广泛使用则是大理时期。这时产生了用白文写作的《白史》、《国史》等历史著作和诗歌、曲本、传说等文艺作品。转韵体的白文诗较著名，其结构是每章十联，每联两段，每段四句，前三句七字，后一句五字，每段最后一字押韵。

佛教在南诏时传入云南，至大理时盛行。大理国佛教最盛的时期（1026—1238年），此间13位国王，竟有7位出家当了和尚。大理国大事记载，极少有篡位夺权的事，屡现扶上新人后老国王即"避位为僧"的事。北宋徽宗大观二年（1108年），段正严接替其父文安帝段正淳为大理国第16代皇帝，直至南宋高宗绍兴十七年（1147年）禅位为僧，在位长达39年，是大理国诸帝中在位时间最长的一个。

大理统治者好佛，对佛教在云南的传播有深远影响。段思平岁岁建寺，铸佛万尊。据《南诏野史》载，大理段氏二十二传，竟有八人避位为僧，这在中国历史上是罕见的。在大理，儒家的教条与佛教的道义几乎融而为一。儒生无不崇奉佛法，佛家的师僧也都诵读儒书。有所谓"释儒"或"儒释"，而且任用师僧为官。师僧也通过科举考试取得政治地位。其政权和宗教虽不能说完全合一，但界限几乎泯灭了。

元初，"云南尊王羲之，不知尊孔孟"①。"云南未知尊孔子，祀王逸少为先师"②。儒学传入云南还未普及，未取得"独尊"的地位。

赛典赤·赡思丁对云南最大的贡献之一，就是在任云南平章政事期间"创建孔子庙、明伦堂，购经史、授学田"，竭力扶持和兴办学校教育。元世祖至元十一年（1274年）7月，赛典赤一到大理就访贤问达，首先决定在中庆路和大理路设专门主管学校的官员儒学提督，兴建文庙，供奉孔子，每年春秋举行祭

---

① 李京：《云南志略·诸夷风俗》。
② 《元史·张立道传》。

祀。他认为兴学尊儒是重中之重，因为国家政事、法度纲纪、军旅刑措之事，未尝"不自文学而始"①。

至元二十二年（1285年）春，云南行省参政郝天挺分政大理，将建立庙学的事宜提上日程。在云南行省的行政力量与段氏大理总管的赞同和支持下，大约在至元二十四年（1287年），大理庙学建成。为纪念此事，教官赵傅弼专门撰文《创建大理路儒学碑记》。此后由于大理政权推崇儒学教育，大规模建孔庙，办学校，使得儒家文化前所未有地渗透到云南各地，大理思想文化表现出一种向内地靠近、日益融合的趋势。

大约在至元二十四年至二十五年（1287—1288年），马可·波罗到过云南。他在游记中多次记载了云南地区以黄金进行交易的情况，而且记录了当时的黄金和白银的比价，以及"以贝代钱"、三种货币在大理流通等情况，显见元政权对云南采取了特殊政策。

汉建筑文化深刻影响了大理国建筑形制，元代大理城的宫室和民居建筑依然保留有明显的汉式建筑的风格。"多回檐，如殿制"，"回檐"即是重檐，"殿制"与中原宫室建筑相近似，有如四合院，中轴对称，建筑在台基之上。建在山坡上的太和城"周十有余里"。龙首关"气吞西洱水，势扼点苍山"，享有王明嗣诗《龙首关》所述"万里云南道，壮哉龙首关"的美称。大理的南面门户龙尾关则如郭松年《大理行记》所记"高壁危构，巍然犹存"。元代大理的城市建筑及规模基本延续南诏，并无较大的整饬和扩建。

大理民间文学也不乏精品。作品《孔雀胆》情节曲折，结局悲惨，凄婉动人。故事取材于大理总管段功被梁王杀害的一段史实，描述了他与两位妻子之间那种真切动人的情感。当段功与梁王女儿阿盖公主结婚后，一直居住在鄯阐城梁王的府邸中。长久的分离，使段功那位居住在大理的结发妻子高氏非常怀念。于是，高氏从大理给段功寄去书信，言语之间流露了这位白族女性对丈夫的无限思念和牵挂：

　　风卷残云，九霄冉冉逐。龙池无偶，水云一片绿。寂寞倚屏帏，春雨纷纷促。蜀锦半床闲，鸳鸯独自宿。珊瑚枕冷，泪滴针穿目！好难禁，将军一

---

① 赵子元：《赛平章德政碑》，民国《新纂云南通志》卷九二，《金石考十二》。

去无度！身与影立，影与身独。盼将军，只恐乐极生悲怨鬼哭！

此词如同李清照手笔，哀婉、奇丽、深刻。段功被妻子真切的情感所打动，回到了大理。可是不到一年，他又放心不下居住在梁王府中的阿盖公主。他不顾高氏和众臣的劝阻，执意返回鄯阐城。段功返回梁王府，被梁王及手下人疑为有吞并梁王境土的野心。因此，梁王设计谋害段功。段功之死有各种说法，但是，最为流行的是喝了放有毒性极强的"孔雀胆"的毒酒而死。据说当时阿盖公主将父王的阴谋告诉了段功。可是，段功根本不信，结果被害于梁王府。阿盖公主听到段功的死讯，犹如天塌地陷，痛不欲生。她用锦被包裹好段功的遗体，携之归葬大理。这段民间文学后被郭沫若先生改编为话剧《孔雀胆》上演，影响甚广。

大理国有着灿烂的艺术成就。大理描工张胜温于宋孝宗淳熙六年（1179年）绘的《宋时大理国描工张胜温画梵像》（简称《大理国梵画卷》），画长33米，134开，人物画像637个，素笺本，彩色描金，是专为大理国功极皇帝段智兴而画。画成于宋孝宗淳熙六年（段智兴盛德五年）。画卷画密教菩萨、白族"本主"，又画禅宗列祖，还有高僧异人。画卷无论在构图、素描、造型、用纸、着色等方面，处处体现了中原的风格、敦煌的笔法和印度梵画的影响，有极高的艺术价值。清高宗乾隆皇帝作跋："卷中诸像，相好庄严，傅色涂金，并极精彩"。"笔笔工细生动，金碧灿烂，光彩夺目，天南瑰宝也"，被认为是中国西南边疆的艺术珍品，也是世界佛教图像画中的瑰宝。

大理国的雕刻也十分精致、传神。今昆明古幢公园内的石幢，是大理石雕的仅存硕果。大理古幢通高8.3米，分七层，八角形。石座束腰为盘龙，各层石柱有大小神佛200多尊，最大的天王像高达1米多，最小的座像仅十几厘米，神情姿态各不相同，面部表情严肃而不呆滞，衣冠服饰细致逼真，比例匀称，造型优美，刀痕遒劲，极备精巧，手法有浮雕、高浮雕、半立体雕多种，其精美震惊中外，被誉为"滇中艺术极品"。

此外，壁画和木刻艺术也有极高的艺术价值。大理木雕主要运用于宫廷庙宇、民居建筑的装饰上，如用于格子门、横板、板裙、耍头、吊柱、栏杆等部位。昆明三牌坊、钱南园祠堂、宾川鸡足山等寺庙皆留下剑川木匠的技艺。堂屋的六扇格子门是民居建筑中雕刻艺术最集中的部位。

二、多彩多姿的少数民族文化

宋元时期,珠江中上游地区,在灿烂大理国文化之下,在其所不及地区,或在其疆域内,各个少数民族文化同样多彩多姿,展现了珠江文化万紫千红的画卷。

宋元时期,珠江流域以前一些少数民族,多放弃原有称谓,改用新族名,不少传承至今。另外,这些少数民族的政治和经济形态多进入封建地主或封建领主制,在形成、发展本民族文化之同时,也更多地接受汉文化,汉文化逐渐上升为流域主体文化地位,与下游汉区文化差异渐渐缩小,奠定了流域多元一体的文化格局基础。这些少数民族文化丰富多彩,这里仅举若干人口多、占地大,或更具民族文化特色的少数民族文化加以简介。

(1) 壮族文化。壮族古称越人,源于骆越、俚、俚僚等,宋代始称为僮,新中国成立后改写为"壮"。主要分布在岭南,又以广西为主。宋代壮族多数地区实行封建经济制度,少数地区仍属"羁縻",即保持农奴制,宋以"土官"、元以"土司"实行管治。壮区稻作文化发达,多以壮语"那"字命名水田,大批余粮输往广东。壮族铜鼓铸造技术高超,自古如此,为财富、权力象征,也是法器、乐器。据周去非《岭外代答·乐器门》所记,"俚僚铸铜为鼓,唯以高大为贵。"铜鼓是壮族文化的代表,壮锦则是壮族审美情趣的典范和民族服饰的标志。

(2) 畲族文化。宋代畲族分布于闽、粤、赣交界地区,后有小股畲族进入东江博罗、增城等地。宋元时,畲族仍处原始社会,实行刀耕火种,后多"畲"字地名。不过宋代亦出现梯田,进入耕耘农业阶段,说明畲族文化发展不平衡。畲族好歌,在劳动中借山歌助兴,在婚丧嫁娶中也离不开山歌。但畲族无文字,宋人认为他们"空有歌声未有词",许多山歌未能保留下来。

(3) 苗族文化。苗族渊源很古老,一说为五溪蛮一支,宋元时迁入广西、贵州、云南等地,但发展很不平衡,有实行封建制的,也有实行农奴制的。宋元时苗族重珠饰而非银饰,蜡染工艺水平很高,周去非《岭外代答·服用门》有记。贵州平坝出土宋代苗族棺材装有蜡染衣裙,为苗族这一服饰见证。苗族善歌舞,尤以芦笙舞负盛名,曾被诏入宫廷表演。宋祝穆《广舆胜览》说苗族"每岁孟春,择平地为月场,男吹芦笙,女摇铃,盘旋歌舞,谓之跳月"。苗族流行傩文化,原始、古朴,流传至今。

(4)瑶族文化。《宋史·蛮夷一·西南深峒诸蛮上》已记瑶族遍及岭南地区,元代分布范围有所扩大,分定居的"排瑶"和游耕的"过山瑶"两大分支,其文化形态有区别。宋元时随着汉文化在瑶区传播,已有"熟瑶"和"生瑶"之分。宋朱辅《溪蛮丛笑》"金系带"条说:"砚石出黎溪,……熟瑶亦能砥砺",器艺水平达到熟练程度。包拯知端州(今肇庆),"水蛋山瑶,熟化奔走,恩威并至,岁乃大和"①。今广西富川瑶族自治县在宋宁宗开禧元年(1205年)出了个状元毛自知,其故乡有"状元村"之称,成为美谈,流传至今,被开发为文化旅游景点。

瑶族纺织艺术精湛,所出"瑶斑布"制作的瑶服千姿百态,艳丽可人。瑶族甚重礼义和诚实,自古以来路不拾遗,夜不闭户,热情待客;也很讲究卫生,入夜必用黄桶淋浴。当然,基于多种原因,瑶族自古多禁忌,生产生活言行有诸多限制,但不妨碍族群繁衍和发展,到明代已散布流域大部分省区。

(5)黎族文化。黎族自古以来分布在海南和雷州半岛,实为骆越一支。宋以后,基本上退入五指山区,始称为黎,即山里人之意。雷州半岛则无黎。到宋代,以接受汉文化程度的差异,从五指山腹地到沿海,黎族被分为三类:最里面的深入内陆,保持原始落后的经济文化形态,称为"生黎";其外的第二圈层称"熟黎",基本被汉化,能使用汉语,以耕耘农业为主,列入国家编户,缴纳租税,进入圩场交租,以封建经济文化为主体,尚保持一定的原始社会残余;最外一层即沿海黎族,已完成汉化,称"黎裔汉人",接受汉文化,子弟入学读书,属国家编户,交纳租税,甚至改为汉姓,与岛上汉族没有多少区别。

黎族处海南峒落间,水源充足,稻作农业发达,常有黎米外运,与汉族发生商业交易和文化交流。到元代,"熟黎"分布不断向内推进。但五指山腹地,即使到清代,仍保持经济、文化的原生状态。黎族所居住的"干栏"和船形屋,为适应高温、湿热、多毒虫野兽环境所选择的居屋形式。黎族种棉和纺织技术很

---

① 道光《肇庆府志》卷七。

出名，自汉代以来即有名产"广幅布"、"黎锦"、"黎单"等，上贡中原。黄道婆即向黎族学得一手好技术，带回故乡，使上海一带纺织业发展起来，黎族功不可没。宋代诗人艾可叔写《木棉》诗，对黎族妇女纺织描述绘声绘色。诗云：

> 车转轻雷秋纺雪，弓变半月夜弹云。
> 夜裘卒岁吟翁暖，机杼终年织妇勤。

又黎族文身，自古相传，图案多达几十种，具有礼仪、信仰、祈福、美学等含义，异于其他民族。

（6）侗族文化。侗族，宋文献称"仡伶"或"仡僚"，由骆越发展而来，见于湖南、贵州、广西等地，并以"峒"为行政单位。按"峒"或"垌"为古越语，实为小河流域或山间盆地，适于农耕，其人曰"峒民"。至今侗族村寨仍以洞字命名，贵州黎平县有"五开峒"，还称侗族居地为"九溪十峒"。侗族地区水源条件好，水草丰茂，农牧业发达，牛多，常杀牛祭鬼。银器打造甚精，以黎平县为著；锻造铁刀也十分锋利，以靖州最良。鼓楼、风雨桥等民族建筑宋代已出现。这些建筑，组合以妇女背带桃花图案服饰，别有一番浓厚的侗族地区艺术风情。

（7）水族文化。水族远祖为百越，与其中骆越同源，唐代始称水族，宋代与壮侗一起称为"獠"（僚），分布在广西、贵州等地。宋代曾起事造反，称"抚水蛮"，其地曰"抚水州"。事后大量汉人迁入，融为一体。《宋史》记其"土热，多霖雨，稻粟皆再熟"，农业较发达。但最有特色的是水族先民有自己的文字，称"水书"，形似甲骨文和金文，但只有400多个单字，多用于巫术活动。至今仍在日常生活中使用，但濒于失传，仅少数人尚能吟诵，亟须抢救研究。

（8）布依族文化。与壮族同源，依山傍水而居，分布在贵州，以黄果树、花溪地区较集中，享有"水稻民族"之誉，稻作文化发达。《元史·地理志》称布衣族为"仲家蛮"，有过多次反压迫、反剥削斗争。布依族蜡染技术久负盛名，为当地女子一门绝活。蜡染图案多种多样，五彩缤纷，为各民族看好，自宋代以来传承至今。

（9）毛南族文化。初见周去非《岭外代答》，称"三南"地区，约今广西北部和云南地区。处深山穷谷，开垦梯田，风光秀丽壮观，旱作文化发达。盛行傩文化，毛南人相信万物有灵，人死后灵魂不灭，故媚神驱鬼活动频繁，傩舞风行，甚有民族特色，为国内外人类、民俗学者研究、采风的对象。

（10）仫佬族文化。宋代始从僚、伶族中分化出来，语言属壮侗语族水语支。宋元时分布在广西、贵州的河谷、坝子间，稻作农业发达，也种植经济作物和杂粮，耕作技术类同汉、壮。仫佬族信奉道、佛，是个多神信仰民族。各类节目甚多，以"依饭节"最为隆重，初为纪念宋代反抗外来侵略而牺牲的民族英雄梁、吴姓人（宋理宗于嘉熙四年（1240年）颁旨嘉封两人为官），后成节日。届时庆典十分隆重，上演项目甚多，实为祈求神明保佑、五谷丰登、人畜兴旺。

（11）彝族文化。宋代彝族有属大理国，也有属宋王朝范围，或两者皆不属，处自治状态，其中贵州是大理国时期彝族一个主要的居地。彝族政治制度复杂，宋代有的进入封建制，有的仍实行部落制。实行族内婚，有聘礼，也存在抢婚习俗。范成大《桂海虞衡志》称："西南蕃俗，大抵介别，男夫甚刚，妻女甚洁，夫妇异居，妻所居深藏不见人，夫过其妻，挂剑于门而后入，或期于深山，不亵秽其居，谓否则鬼神祸之。"即采取夫妇异居的走婚制。服饰则椎髻，跣足，不食猪肉。传统工艺品为漆器，制作精美。传承至今的彝族火把节甚为壮观，也是一项群众性风俗活动。

实际上，珠江流域的这些少数民族文化都是多元交融。语言上多可沟通，不仅与汉族，且少数民族之间，多可打交道。大部分是农业民族，以种水稻为主，兼种水果和其他经济作物，饲养家畜，捕捞河湖水产，生产过程和工具也无多少差异。住干栏，纺纱织布工具、方法基本相同，服饰图案、风格相近，都喜穿蓝靛染衣物。

这些少数民族聚族而居，以血缘为纽带形成相应的社会组织，虽名称不一，伦理道德大体相同或相近，如尊老爱幼、崇尚贤能、尊重妇女、勤俭互助、诚实待友，不争名利。宗教信仰复杂，除了佛、道、伊斯兰、基督各教以外，还有名目繁多的原始崇拜，崇奉土地神、山神、树神、水神、谷神等，观念相近，仪式也差别不大。

其文学艺术也颇接近，神话传说甚为流行，传统节日很多，内容丰富，以歌舞欢庆，场面隆重、盛大。且民族间相互影响，形成各民族、各族群友好的文化交流，贯穿各个历史时期，于今也不减其盛。

第七节 宋元交替的抗争文化

珠江水系作为东西和南北通衢，不仅是中原移民和先进文化进入流域的主要通道，而且也是一个古战场。每当改朝换代、天下动荡或战乱之时，交战双方都戮力争夺对水道的控制权，进而控制整个流域。在历史上就发生过多次在珠江江面上的军事对抗，而尤以宋元军队在潭江银洲湖上的大战最为惨烈，在中国军事史乃至世界军事史上写下了可歌可泣的篇章。而以文天祥为首在抗元斗争中表现出的民族气节、岭南诗人抗争精神，在流域文化史上惊天动地泣鬼神，成为抗争文化的一个高峰。

一、崖门之战与文天祥大节

潭江是西江的一条支流，全长248公里。银洲湖即为潭江下游至出海口的河段，长约26公里，平均宽1550米，水深6～8米，可通航600吨位的船只，因形似湖泊，故取了这个响亮的名字。宋代银洲湖附近很多地方尚未成陆，水域面积比现在大得多，有足够大的船只回旋余地，故能成为水上战场。湖里盛产鲤、鲈、鲩、鳊等河鲜。宋代两岸平原已有相当开发，阡陌纵横，村落也较稠密，是鱼米之乡。而在潭江出海口，崖山、汤瓶山对峙，形势十分险要，自古即为粤中海防要地。出了崖门为南海汪洋巨浸，入内为宽阔的银洲湖水域，两岸出产丰富，有充足给养。南宋小朝廷败退至此，企图经营为反攻复国的临时基地，不无道理。

南宋恭帝德祐元年（1275年），元军攻陷宋都临安（杭州），宋恭帝赵㬎及部分臣僚被掳至燕京，但仍有不少臣民追随逃出临安的赵昰、赵昺兄弟作抗元斗争。宋祥兴元年（1278年）六月，被拥立为帝的赵昺小朝廷，被元军从粤东沿海追至新会崖山，退守银洲湖。时宋军尚有17万，民兵30万，淮兵1万余人，战船约2000艘。统帅张世杰在崖山附近为赵昺临时用竹木建造了行宫30间，军营 3000 间，即所谓"行朝草市"。

祥兴二年（1279 年）正月，元军以汉军都元帅张弘范为元帅、李恒为副帅，水陆并进，大举进攻宋军。其中陆路元军攻打宋丞相文天祥在潮阳的大本营（时文天祥已与宋帝赵昺失去联系）。文天祥退至陆丰县五岭坡，被元军俘获，拒绝张弘范的招降，被押至崖山前线。当海船经过珠江口伶仃洋（零丁洋）时，文天祥面对波涛汹涌的江面，感慨万端，写下了千古传诵的《过零丁洋》诗：

> 辛苦遭逢起一经，干戈寥落四周星。
> 山河破碎风飘絮，身世浮沉雨打萍。
> 惶恐滩头说惶恐，零丁洋里叹零丁。
> 人生自古谁无死，留取丹心照汗青。

这首回肠荡气、激励后世无数志士仁人为追求自己的理想而赴汤蹈火的诗作，已成为珠江文化历史上最灿烂的一页。

由张弘范率领的元水军，陆续抵达崖门海面，时拥有战船 500 艘，水陆军士 2 万余人，且多为北方人，不习水战，但战斗力强悍。元军抵达之前，张世杰为了表示背水一战的决心，烧毁崖山上的"行朝草市"，全部人员尽撤至船上，处于被动地位。元军很快占领崖山，切断宋军取水、采樵通道，并封锁潭江出海口，断绝宋军从海上撤离的后路。宋军只能饮海水，啃干粮，呕泻不堪。二月初六，宋元大军在银洲湖决战达到高潮。驻守崖山以北的元军，早上趁退潮机会自北向南顺流而下，攻击宋军北面船寨；午后，海潮回涨，崖门口外元舰又乘潮自南向北驶近宋军。由此形成南北合围形势。宋军腹背受敌，一时炮石、火箭纷飞，鼓声大作，宋军久战力疲，无法抵御元军攻势。而所有战船原先已用绳索相联，情急之下无法分开，恰利于突上船上的元兵开展肉搏战。一艘宋船桅樯倒下，相联船上的桅樯也相继倒下，宋军全面溃败。守护宋帝赵昺的左丞相陆秀夫知大势已去，先驱赶自己妻儿下海，然后背着九岁的赵昺投海殉国。统帅张世杰突破重围，冲出崖门口，找到赵昺母亲杨太后。太后知赵昺死讯，也投海殉国。张世杰带领少数残部，漂流至阳江螺岛，遇上台风，舟覆人亡，后被当地人葬于岛上。后人改螺岛为海陵山，意即海上陵墓，即今海陵岛。战败的宋军、官员、家属等有 10 万人投海或战死，这是事后元军打捞起的尸体数，赵昺的尸体也在内。元军还俘得宋船800多艘以及其他一些战利品。被张弘范押至崖山前线几十个日日夜夜观战、意在让他劝降张世杰的文天祥在返回广州途中，写下《南海》一诗，反映了这场悲壮的血战和他战斗到底的决心：

> 揭来南海上，人死乱如麻。
> 腥浪拍心碎，飙风吹鬓华。
> 一山还一水，无国又无家。
> 男子千年志，吾生未有涯。

银洲湖大战结束，宣告了南宋政权的最后灭亡。

指挥这场最后导致南宋政权覆灭的元军统帅张弘范，原为宋朝将领，后投降元朝。战后，他在崖门海边奇石上刻上"镇国大将军张弘范灭宋于此"十二个大字，为自己投元灭宋表功。这反倒成了他被永远钉在历史耻辱柱上的证据。明广东提学赵瑶针对他的刻石，写了《观崖山奇石》诗，尖锐而辛辣地鞭挞了张弘范的投降行为。诗云：

> 忍夺中华与外夷，乾坤回首重堪悲。
> 镌功奇石张弘范，不是胡儿是汉儿。

明成化二十二年（1486年），张弘范的题字被磨掉，拟改刻"宋丞相陆秀夫死于此"。时新会籍理学家陈献章以为不妥，建议改写为"宋丞相陆秀夫负帝沉此石下"，亦未被采纳。后又有其他方案，终无结果。直到新中国成立后的1963年，剧作家田汉在石上题刻"宋少帝与丞相陆秀夫殉国于此"，才了结了这段历史公案。这处题刻现已成为崖门名胜。董必武在《游崖门》诗中亦有句云："骂名留得张弘范，义士争传陆秀夫。"公道自在人心，这是历史的辩证法。张弘范弄巧反拙，落了个千古骂名。

宋以后，崖山和银洲湖两岸这片古战场，成了没有人烟的鬼蜮世界。但人们并没有忘记这场国家民族兴亡的殊死之战，更缅怀那些精忠报国的民族英雄。明成化年间，根据陈献章的提议，广东当局在崖山兴建了大忠祠，纪念文天祥、陆秀夫和张世杰；到弘治年间又续修了全节庙，正殿称慈元殿，纪念杨太后。陈献章为大忠祠写过祭文，给全节庙写过庙记，并有题咏。他的《崖山慈元殿吊古》

诗云：

> 信国诸臣近有碑，一陵濒海尚堪疑。
> 荒山野水无人到，落日长风送客悲。
> 天地几回人变鬼，风波万里母将儿。
> 萋萋芳草慈元下，邂逅渔樵问旧时。

宋元以后，记载、凭吊崖山之役、亡国之恨的诗文甚多，明人黄淳等将这些诗文编成《崖山志》传世。而南宋臣民反抗外族入侵的悲壮事迹和感人精神，一直在鼓舞着岭南人抵御外侮、捍卫家国的斗争。明末清初抗清英雄顺德人陈邦彦、陈恭尹父子，就写过凭吊崖门、瞻仰银洲湖古战场的诗句。其中陈邦彦在《崖门吊古》组诗中有云：

> 万顷烟波接杳冥，双峰如阙控重溟。
> 草藏宋血还余碧，浪洗胡尘尚带腥。
> 鱼腹有灵迎玉玺，龙髯无地树冬青。
> 中原极目今戎马，凭吊先朝一涕零。

陈恭尹的《崖门谒三忠祠》诗更有名气，诗云：

> 山木萧萧风又吹，两崖波浪至今悲。
> 一声望帝啼荒殿，十载愁人拜古祠。
> 海水有门分上下，江山无地限华夷！
> 停舟我亦艰难日，畏向苍苔读旧碑。

在明末抗清，清后期洪秀全领导的太平天国运动，鸦片战争中两广人民反抗外国势力入侵，以及康有为、梁启超发动戊戌变法，孙中山领导辛亥革命等重大历史事件中，岭南人所做的许多惊天地泣鬼神的壮举，无不与这种忧国伤时、取义成仁的人文精神有关，也是珠江文化崇尚爱国主义，视为国牺牲为最高品德的一种表现。

岁月悠悠，银洲湖上宋元大决战的硝烟已消散了700多年，但"折戟沉沙铁未销"，当地百姓经常在崖山上下、湖边、水下发现刀斧和箭镞等兵器、船只碎片、铜钱以及其他历史文物。近年有传媒报道，银洲湖水下淤泥里埋藏着不少沉船，装载有很多珍宝，甚至可能包括宋帝赵昺投海时腰系的镇国玉玺等。而由于泥沙沉积，当年宽阔的银洲湖水面已大为缩小，大片河床成为陆地，建立起密集的小村庄。不少人呼吁应尽快对银洲湖开展水下考古，让历史文物重见天日，以进一步弄清宋元这段兴亡史，以及许多与此有关的未解之谜。

二、愤怒出诗人

在宋元政权交替之际，在亡国灭种危难之中，像文天祥坚守民族大节一样，在珠江三角洲也涌现出一群忧国忧民之士，产生一批慷慨悲歌之作，反映这个风云色变时期珠江文化的时代精神，其中代表人物有顺德区仕衡和香山（今中山）马南宝。其人其诗，堪为抗争文化范例。

区仕衡（1217—1277年），字邦铨，顺德陈村人。少年时颖异绝人，读书过目不忘，朗朗背诵。宋理宗绍定年间（1228—1233年），随父亲在史局尽读平生未见之书，渐生经世报国之志。其后只身赴京城，但他看到当时军队"恬嬉湖山"，"直把杭州当汴州"，无心复宋，深感失望。当时胡尘未靖，北方各路群雄狼窥虎视，而南宋文官武将仍深迷在灯红酒绿之中，品味着"商女不知亡国恨"的浅斟低唱。区仕衡感叹赋诗《与客西湖上感事》：

湖头双桨藕花新，五嫂鱼羹曲院春。
只道西陵松柏下，繁台宾客更何人。

面对国事日非，来日难测，区仕衡充满惆怅和忧虑。

宋理宗淳祐年间（1241—1252年），区仕衡应举入太学读书，权臣国贼们的指鹿为马、覆手云雨，令他气愤不已。他与刘黻、邹泗等人一起日夕谈"二帝三王之道，内外合一之学"，后来更一起上书请求罢免专权独断、排斥异己的右丞相史嵩之、参政知事李鸣复的职务，皇帝果然撤免了史嵩之等人的职位。后来，区仕衡又率领国子学、太学和四门学等诸生上书朝廷，直斥贾似道私卖公田、滥发纸币、中外朋奸等罪行，集体请求解除贾似道职务。但贾似道大权在握，此举无功而返。区仕衡见报国无门，再加上贾似道横行于朝，于是愤然写下

《萧叶二子夜过》诗：

> 褐衣曾替衮衣愁，肉食谁知藿食忧。
> 斩马尚方无可借，夜深灯下看吴钩。

此时，北方元兵铁骑早已扬起万里征尘，京城临安内一片惊恐，贾似道正忙于跟元兵首领商议投降事宜，还没来得及抽手处置区仕衡。

元兵挥戈南下，宋端宗颁诏天下，征集勤王之师。区仕衡即上书丞相陈宜中献破敌之策，不被采纳。恐陈宜中为贾似道报复自己，他即买舟南下，返回家乡顺德。回到家中，他写下《还家》：

> 刍荛计已非，戆直得全稀。
> 久病畏风露，深居思蕨薇。
> 豹藏宁是隐，鸟倦早知归。
> 但有黔娄妇，犹堪老布衣。

区仕衡在家乡筑九峰书院讲学授徒。他要求弟子将圣贤思想精粹守一躬行，化作日常为人处世的行为。这种不唯上、不唯圣的理性思想，摆脱了当年繁琐的经文注释窠臼，朝着更贴近人性的需求来引导学生领悟圣贤精华，深受学生钟爱，被称为九峰先生。当时岭南书院始兴，顺德已有羊额书院、义斋书院（在乐从）等。

当元军猛扑广州之际，区仕衡已病重难医，拒绝进食，并有诗《书事》言志：

> 南渡衣冠废蒯缑，中原尽载向湖游。
> 胡尘不谓飞滇海，鬼火何因暗鄂州。
> 竟使兵家劳策画，到今国是计恩仇。
> 草茅死未忘哀愤，岂但燕云恨白沟。

表达了其忧愤之情。他在去世前欣慰地说："吾得为宋家完人，幸也！"

另一位不屈诗人马南宝表现也可圈可点。马南宝（1244—1280年），原籍河南开封府汴梁，香山沙涌人（今中山环城）。家饶财，能读书，好义乐施，尤工诗。宋端宗景炎二年（1277年）十月，端宗自潮州之浅湾航海避敌，过邑境，南宝献粟千石以饷军。端宗敕奖之，召拜权工部侍郎。十一月，丞相陈宜中、少傅张世杰、殿前指挥使苏刘义奉帝进驻沙涌，因行动保密，未进邑城，暂宫于南宝家。南宝竭力保卫，严密封锁消息，使元军不闻其事。

宋端宗居马南宝家数日后，闻元军攻陷广州，于是移居珠江口横琴岛仙澳。马南宝与居黄梁都赤坎村之宋室后人赵若举，策动乡人及潮居里民数百，组织义勇军勤王。元将哈喇歹、宣抚使梁雄飞、招讨使王天禄率军追击至横琴岛。宋军大败，退走秀山（今斗门县平沙大虎山村）。约十日后，元将刘深又挥军袭来，宋军再败。元军捉获端宗舅、提举官俞如珪，以为是宋帝，遂收兵。

宋端宗景炎三年（1278年）春，都统凌震收复广州，马南宝赋诗志喜。陈宜中等闻讯即奉帝北上投广州，途至冈州（即今新会）又闻广州再陷。宋端宗惊郁成疾不治，四月驾崩。卫王赵昺继位，改元祥兴，退避厓山（今新会厓南镇附近），派曾渊子为山陵使，护送端宗梓宫至沙涌马南宝家，秘密葬于邑城以南五十里寿星塘（北台梅花水附近）厓山永福，马南宝雇人在寿星塘筑了五处疑冢，以掩元军耳目。马南宝即赴厓山护驾，因病折返。旦夕病中谵语仍不忘此事。宋亡，马南宝悲愤不食。闻帝驾崩，他更是悲痛欲绝，书《哭祥兴帝》（二首）诗：

　　翔龙宫殿已蓬飘，此日伤心万国朝。
　　目击崖门天地改，壮心难与海潮消。

　　黄屋匡扶事已非，遗黎空自泪沾衣。
　　众星耿耿沧溟底，恨不同归一少微。

元军不获帝昺与陈宜中尸体，认为他们尚在人间。后闻陈宜中奉帝昺犹在占城，元世祖至元二十二年（1285年），元世祖忽必烈再诏派兵追捕。马南宝抗元复宋之心未泯，与宋遗将黎德、梁起莘等至横琴岛起兵运粮往迎圣驾。元万户王守写信劝谕梁起莘归降，梁起莘反叛降元。不久，黎德与马南宝讨其叛兵，大败，黎德战死。马南宝被捕，誓不降元，被押至广州杀害。后被乡亲们奉祀为乡贤，致祭至今。

第七章
明代珠江文化的繁荣

明代是珠江流域社会经济发展的一个重要历史时期。在此期间，流域下游和沿海地区已摆脱过去落后状态，跻身全国先进地区行列，也迎来了文化发展的兴旺局面。不但前期上升为珠江文化主体的汉文化进一步成长壮大，而且由于西方文化传入，珠江文化被丰富、充实以新的有用成分，逐步整合成一个多元文化体系，而中上游少数民族文化地区有了不同程度的进步，造就了珠江文化的新格局。

第一节 制度文化的革新

行政建置作为国家政权在其领土上实施行政管理的地域划分，以及由此形成的政区空间体系，都属历史范畴，即每因时代更替而变迁。但这种行政建置的作用力，却深刻影响到区域之间的空间关系。政区设置离合及其持续时间长短，都在区域经济、文化、社会等方面留下深刻痕迹。如列宁在《论"民族文化"自治》中说："只要各个民族同住在一个国家里，它们在经济上、法律上和生活习惯上便有千丝万缕的联系"。在一个政区内，也应如此。而从制度文化而言，这也是区域文化一个重要组成部分，它的作用力强大而久远，在区域文化史上历来被重视。

一、政区建置变更

明代珠江流域及其文化辐射地区，行政建置经历了重大变革，并产生巨大效应，影响至为深远。海南岛和雷州半岛，明代以前长期与广西大部分地区同属一个政区，形成很多文化共同性，尤其是古越族文化遗存甚多，如善铸和使用铜鼓、古越语、风俗等，在两地不乏其例。明洪武二年（1369年）海南岛结束了历史上与广东大陆行政上分离状态，第一次划归广东。自此它作为广东的一个地方行政区，面目大有改观。如果说在此之前，海南岛主要是由于水陆交通与红河下游、广西盆地关系密切（通过湘桂走廊、南北流江），而长期与广西同属一个政区的话，那么唐宋以降随着东南的开发，国内经济重心的转移，徐闻、合浦作为早期的对外交通中心已经逐渐衰落，从广州经海南岛东部海域直下东西二洋成为主要航线，而珠江三角洲经南宋以来的开发，已崛起为华南主要经济区，广州作为它的经济中心与海南岛关系更加密切。海南岛许多优良港湾，成为南海航线上的停泊所和补给站，仅从这点看来，海南岛划归广东比留在广西要合理得多。

朱明王朝为加强集权统治，在行政上也多有调整。元代海南属湖广省，省治武昌，距离遥远，鞭长莫及，如受广州节制要有效得多。广西壮族占地广大，居住集中在其西部，东部则是另一个少数民族——瑶人的根据地，汉人杂居其中，海南中部又为黎族所据。封建时代民族关系紧张，汉统治者对黎族用兵连年，而反抗愈烈。洪武初，广西"诸蛮"又先后起义，反对朱明王朝的斗争风起云涌。光是海南会同、文昌、万州、崖州等地各族人民的反抗斗争就达20次以上，次数是全国最多的地区。[①] 在这种政治形势下，如果壮黎瑶三个少数民族仍留在同一省内，对封建统治将是个巨大威胁。因此采取分而治之的办法，把海南划分出去，也是巩固封建统治的策略之一。加上海南（还有合浦和雷州半岛）划归广东以后，广西变成内陆省，所需鱼盐和进出口物资完全依赖广东，无疑又加强了对广西的控制。此外，由于海南岛和南海诸岛在国防上处于特殊地位，明初倭患

[①] 吴晗著：《朱元璋传》，三联书店，1965年，第155～198页。

较重，壮人又不善水，把琼雷这些国防要害之区划归广东管辖，有利于发挥其优越的军事地理位置的作用。所以在这样历史背景下，海南划入广东是必要而且恰当的。以后的历史也证明，这对海南无论在政治、经济或文化等方面，都起了良好的作用。当然，海南与大陆的关系从来都是互为依存的。但从建置上说，这是海南开发史上一个不可低估的变化。明初，朱元璋就十分注重经略海南，在给守岛将士敕令中称之为"南溟奇甸"，"必遣仁勇者戍守"①，充分肯定了海南的特殊地位和作用。明初，在减少对黎族大规模用兵之同时，也对海南采取了一些减轻赋役的特殊政策，有利于岛上经济文化发展。"前代珠崖郡，于今少窜臣"②。只是到了明代，海南和雷州半岛才基本结束作为官员流放地的历史，而且出现文化兴盛的局面。明初，洪武帝赞海南"习礼乐之教，有华夏之风"③。终明一代，海南有进士62人，举人594人，④被誉为"海外衣冠盛事"，"鼎臣继出，名满神州"⑤。以丘濬、海瑞为代表的一大批著名历史人物的产生，就是汉文化传入海南的结晶，这又是明代海南建置制度革新、发展的一种合乎逻辑的成果。

明代雷州半岛行政上划归广东，不但加强与广东中心城市广州及沿海港口的联系，而且与海南区域的关系进一步紧密和互动，有利于区域文化的发展。明代迁居雷州的闽潮人不减于宋元，宣统《海康县续志·人物志》："李韶绎，……邦塘村人，始祖曰德重，明时由莆田迁海康，遂卜居今村。"地方志上这类记载不少，故雷州城南天后庙联曰："闽海恩波流粤土，雷阳德泽接莆田"，反映闽潮移民带来的区域文化在雷州的空间占用。闽潮方言与雷州土话相结合，约在明代形成属闽南语系的雷州话。明人王士性指出："廉州中国穷处，其俗有四民：一曰客户，居城郭，解汉音，业商贾（指客家人）；二曰东人，杂处乡村，解闽语，业耕种（闽语区移民）；三曰俚人，深居远村，不解汉语，惟耕垦为活（指黎族人）；四曰蜑户，舟居穴处，仅同水族，亦解汉语，以采海为生（指水上居民）。"⑥此处所说廉州包括雷州半岛。清代，雷州话进一步成熟，外地人已听不

---

① 《明太祖文集》卷六，《劳海南卫指挥》。
② 宣统《崖州志》卷二一，《艺文志三·诗》。
③ 《明实录·太祖实录》卷三十二。
④ 符和积等主编：《中国地域文化通览·海南卷》，中华书局，2013年，第120页。
⑤ 顾炎武：《天下群国利病书》卷一〇二，《广东中》。
⑥ 王士性：《广志绎》卷四，《江南诸省》。

懂这种方言，时人说，"高廉雷琼之间，益休离难解。官司听讼，恒任隶役传达。至于吏、礼户库，往往呼此而彼应，即胥役亦不能辨。幸近奉功令，士人应试，皆先习官音，庶臻同文之盛云。"① 表明雷琼方言同属闽南语系已经形成。另外，在同一个政区内，也有利于商业活动，广府、潮州商人即捷足先登。明代吴川梅菉港"生齿盈万"，清代被称为"小佛山"，会馆云集，成为"岭西一大都会"。② 徐闻海安港、遂溪赤坎港（今湛江赤坎）各地商船猬集，徐闻县民生路有广府会馆、潮州会馆、海南会馆、吴川梅菉会馆、芷寮会馆，赤坎有潮州会馆、高州会馆、闽浙会馆、雷阳会馆、广州会馆，雷城有仙城会馆（广州会馆）等，都为跨地域商业兴盛的见证。这是多个经济文化要素整合的结果，但与两地政区同归属于广东疆域不无关系。

州县建置的增加，是一个地区社会经济发展成熟的标志之一。明代广东已跻进全国先进地区的行列，为加强地区的行政管理，以适应日益增加的经济和文化发展要求，增设州县势在必然。屈大均后来指出："昔人谓治广以狭，诚上策也。"③ 这不仅反映了明代广东政区改变的方向，也说明政区建置对区域文化的形成发展具有很大推动力。

在广西，元惠宗至正二十三年（1363 年）设广西行中书省，简称广西省，为广西省建制之始，下设 12 个路、1 个府、1 个司、9 个州，分别统辖各县。据《明史·地理志》，明洪武九年（1376 年），广西行中书省改为广西承宣布政司，下设 11 个府、48 州、50 个县、4 个长官司。这些府州县均在今广西境内，唯怀集县划归广东。全州、灌阳原属湖广省永州府管辖，洪武二十七年（1394 年）划归广西桂林府。由于监察和军事上的需要，景泰三年（1452 年）设置两广总督，总督府先设在梧州，嘉靖四十三年（1564 年）移至肇庆，直到清乾隆十一年（1746 年）才移回广州，在梧州 112 年，在肇庆 182 年，以后又移到惠州、潮州。两广总督初为暂设，后为常设，变为封疆大吏，节制地方事务，这对西江流域、珠江三角洲地区政治、军事和经济发展起到一定的监督、制衡作用。

在贵州，永乐十一年（1413 年）明设贵州布政司，贵州正式设省，彻底结

---

① 张渠：《粤东闻见录》。
② 光绪《梅菉志稿》卷八《杂录》。
③ 屈大均：《广东新语》卷二，《地语》。

束贵州地区过去分属云南、四川、湖广诸省的零乱历史。特别是明万历年间，平定自唐代乾符以来割据四川所属播州700余年的杨氏地方武装集团，并改土归流，播州2府1州8县（约今遵义地区）从四川划入贵州，成为贵州一部分，对稳定珠江上游少数民族地区，加强与四川、云南、广西的政治、经济联系十分重要。特别是贵州建省，对治理好云南作用匪浅。因两者同属云贵高原，政治、经济、文化、民族关系十分相似，云南问题的解决很大一部分离不开贵州。在云南，洪武十五年（1382年）置云南布政司，管辖52个府，另设63州和54县。以后又调整为20个府、43个州、30个县，以及8个宣慰司、4个宣抚司和35处长官司。明初，原属云南布政司的乌撒、乌蒙、镇雄和东川军民府改属四川布政司；建昌卫、越巂卫、盐井卫、会川卫军民指挥使司变归四川行都指挥使司；普安、普定等黔西地区原属云南布政司，后来亦改归贵州布政司统辖。明后期，今中南半岛北部一些地区脱离云南统辖，大体上形成近代云南南部边界状况。

这样，明代，西南地区全境逐渐纳入中央王朝直接统治与管理工作，此前一些政权或化外之地被铲除，或直接转变为直隶中央管辖政区，使整个珠江流域能在统一政区之内实施各项政治、经济和文化政策，推动区域、民族之间各种往来，为流域文化沟通和趋同奠定了强大基础。

明代实行省—府（州）—县三级政制。广东设10府、1个直隶州，下辖77个县，8个散州，县数比元代有所增加，但主要是省内政区变化较大。一是新设置22县，约占全省县总数的30%。它们是顺德、新安（宝安）、三水、龙门、新宁（台山）、从化、高明、开平、恩平、广宁、长乐（五华）、永安（紫金）、和平、饶平、惠来、镇平（蕉岭）、平远、大埔、普宁、澄海、东安（云浮）、西宁（郁南）等。在这些新置县中，除废除元代泷水县另置东安、西宁两县以外，其余均系从原来一县或数县中析出部分地区设置的。例如顺德县即从南海、新会划地方而建。二是这些新县一般是大县化小，特别是把大山区县化小，并在新置县建设县治，以吸引商民，兴办学校，开辟荒土，有利于山区开发。例如嘉靖五年（1526年）从饶平和海阳分置大埔县，对粤东山区开发起到促进作用。大埔作为客家文化的一个重镇，后来就出了不少文化名人，彪炳于客家文化史册。三是新置州县主要分布在珠江三角洲和粤东地区，使政区空间分布进一步趋于平衡。自此，珠江三角洲政区密度继续加大。粤东尤其是潮汕平原州县偏少状况发生根本转变，当地社会经济文化后来居上，成为与珠江三角洲并驾齐驱之区。王士性曾考察粤东，说："潮（潮州府），国初止领县四，海阳、潮阳、揭阳、程乡（今梅州），今增设澄海、饶平、平远、大埔、惠来、普宁六邑，此他郡所无"，"今之潮非昔矣，闾阎殷富，士女繁华，裘马管弦，不减上国"。① 据诸史统计，明代粤东（潮州府）有举人1009人，进士145人，加上察举86人，合计1240人，占全省三类人才总数15.6%，② 仅次于珠江三角洲，故自宋以来就被称为"海滨邹鲁"。而珠江三角洲作为新置县最多的地区，伴随明代商品经济发展，城镇勃兴，村落连绵，人文兴旺，各类科举人才、教育机关和公私著述，其数量之多、学风之盛，甲于全省，尤以南海、番禺、顺德为人文渊薮。在中国行政区经济模式历史背景下，州县大规模设置，无疑也对区域文化振兴起了极大催化作用。明中叶建顺德县，很快兴起为以桑基鱼塘为代表的商品农业生产基地，由此产生巨大的经济效应、生态效应和社会文化效应。顺德人在朝耕夕织、春种秋收之余，尚古风、攻文艺、诵诗书、弹弦歌，蔚为大观，其他州县难望其项背，这与顺德设县有密切关系。

明代流域政区变化最大的一个历史事件是澳门的建置和管理权受到破坏，但澳门又在实际上成为中西文化交流最早的中心，对珠江文化风格的形成产生巨大影响。这也是珠江文化史乃至中国文化史上一个重大的历史事件。

澳门本为珠江口西岸一个半岛，面积不及20平方公里的弹丸之地，始终在广东政区版图之内。秦汉时属番禺县，东晋时属东莞郡宝安县，唐时属南海郡东莞县，南宋置香山县（今中山市），澳门自此一直划归香山县。明中叶以后，欧洲殖民主义者东来，佛朗机（即葡萄牙）人首先看中香港。正德十二年（1517年）爆发中葡屯门之战，葡人失败，转而窥视澳门。嘉靖三十二年（1553年），葡萄牙人借口舟触风涛，请求借地曝晒水渍贡物，并行贿中国官员，取得在澳门的赁居权。以后葡萄牙人不断扩大赁居范围，拓展贸易活动，澳门逐渐发展为一个世界性贸易港口，使中国对澳门主权受到损害，然并未丧失。此后葡萄牙利用中国积弱、西方列强纷纷瓜分中国之机，不断侵夺中国对澳门的主权。1845年葡萄牙女王单方面宣布澳门为自由港，委任澳门总督，构筑军港，封锁在澳门的

---

① 王士性：《广志绎》卷四，《江南诸省》。
② 司徒尚纪著：《广东文化地理》，广东人民出版社，2001年，第400页。

中国海关，驱赶海关官员，拒交地租，强拆香山县派驻澳门县丞衙门，逼走县丞等。直到清光绪十三年（1887年），清政府与葡萄牙政府签订《中葡和好通商条约》，葡萄牙才获得"永驻管理澳门"的特权，最终使澳门成为一个属中国领土却由葡萄牙政府管辖的特殊政治区域。但在以上条约生效之前，澳门一直在广东省行政版图之内，明清政府在澳门派驻各种权力机关和官员，实行多层管理，葡萄牙人只在中国对澳门主权之下实行有限度的内部自治，但不得超越中国对澳门行使主权之上。

在这种特殊的政治体制和国际贸易港背景下，澳门很快发展为中西文化交流中心。不仅葡萄牙人"负老携幼，更相接踵"，而且"诸夷相继通商于粤，皆倚澳夷为东道主"[①]。还在万历年间，澳门"今则高居大厦，不减城市，聚落万头"[②]。中外各色人等聚集或取道澳门出入，澳门很快成为国际公共留居地，汇集了来自不同国度、种族、民族、肤色的人群，其中以中国人最多，葡萄牙人只占一小部分，此外，还有马来人、印度人、非洲黑人、日本人、暹罗人等，遂使澳门成为中西文化接触交流的中心，也是"西学东渐"在中国的第一站。特别是以意大利传教士利玛窦为代表的一大批传教士，即以澳门为基地，首先向广东传入欧洲文艺复兴时代以来的西方科学文化，包括宗教、天文、历法、数学、物理学、西医学、地理学、农学、美术、音乐等，中国文化也通过澳门，主要由这些传教士传入西方，即所谓"中学西传"，包括中国古典经籍、儒家哲学思想、科举制度、数学、语言文字、科学技术、工艺美术、音乐、风俗等，形成中西文化交流双向互动。如天主教传入珠江三角洲地区，诱发许多人入教，"至冬至日为礼拜之期，附近南（海）、番（禺）、东（莞）、顺（德）、新（会）、香（山）各县赴拜者，接踵而至，间有外省之人，惟顺德县紫泥（今属南海）人为最多"[③]。中国精美瓷器传到欧洲，引起很大震动，当地纷纷仿效制造。欧洲有人写诗赞美中国瓷器的工艺美术风格：

---

① 民国《香山县续志》卷六《海防》。
② 王士性：《广志绎》卷四，《江南诸省》。
③ 印光任、张汝霖著：《澳门记略》卷上，《官守篇》，广东高等教育出版社，1988年，第30页。

中华土产有佳瓷，尤物移入众所思。

艺苑能辟新世界，倾城不外亦如斯。①

澳门的这种中西文化交流中心地位一直维持到近现代，备受中外人士高度评价。恰如著名国学大师、北京大学季羡林教授说："在中国五千多年的历史上，文化交流有过几次高潮。最后一次，也是最重要的一次，是西方文化的传入。这一次传入的起点，从时间上来说，是明末清初；从地域上来说，就是澳门。整个清代将近三百年时间，这种传入时断时续，时强时弱，但一直没有断过（中国文化当然也传入西方，这不是我在这里要谈的问题）；五四运动，不管声势多么大，只是这次文化交流的余绪。可惜的是澳门在中西文化交流中这十分重要的地位，注意之者甚少。我说这话，完全是根据历史事实。明末最初传入西方文化者实为葡人，而据点则在澳门。"② 这样看来，澳门对珠江文化的进步和多元、开放、包容等海洋文化风格的形成功不可没。

二、改土归流政策实施

珠江中上游地区少数民族众多，社会经济发展水平不一，文化也颇多相异之处，故历史上对这些地区治理，特别到封建社会后期，多采取土官土司制度，即任用少数民族首领为官，授予其代表封建王朝进行统治的权力，许给其与流官大致相同的政治及生活待遇，在管理制度上也趋于完善和严密。这对巩固边疆、安定少数民族地区社会秩序有正面作用。故《明史·土司传》说："迨有明踵元故事，大为恢拓，分别司郡州县，额以赋役，听我驱调，而法始备矣。然其道在于羁縻。彼大姓相擅，世积威约，而必假我爵禄，宠之名号，乃易为统摄，故奔走惟命。然调遣日繁，急而生变，恃功怙过，侵扰益深，故历朝征发，利害各半。其要在于抚绥得人，恩威兼济，则得其死力而不足为患。"据有关记载，有明一代，在云南先后设置332处土官土司，其中宣慰使11处，宣抚使5处，安抚使7处，长官司37处，土知府15处，御夷府2处，土知州24处，御夷州3处，土

---

① 利奇温著：《十八世纪中国与欧洲文化的接触》，朱杰勤译，商务印书馆，1991年，第27页。
② 转引自黄启臣编著：《澳门通史》，广东教育出版社，1999年，第131～132页。

知县6处和土巡抚74处；在贵州，共设土司228处，其中土指挥使1处，宣慰使4处，安抚使7处，长官120处，土知府2处，土知州1处，土知县2处和土巡检8处；在广西，土司数目时有变动，与平息壮、瑶起事有关，设置土司最多时达344处，其中土指挥1处，土千户5处，土百户11处，长官7处，副长官3处，土千总1处，土营长2处，土知府4处，土知州42处，土州判1处，土知县9处，土主簿1处，土巡检76处，土副巡检144处，土典使2处，土驿丞28处，土吏目5处和土头目2处。① 在海南岛黎族地区，也设土官治理，据道光《广东通志·兵防志》，明永乐年间，全岛设土舍40所，专辖黎兵2704人，也是统治黎族的一种方式。

无可置疑，土司制度有其积极作用，包括加强边疆治理，有利于维护国家统一，有利于边疆少数民族地区稳定和生产力发展，有利于内地主流文化在边疆地区传播（如办学），有利于增加封建国家财政收入，土司武装有利于维护封建统治秩序，等等。但是随着时间推移和社会发展，土司作为一种封建制度，其弊病日渐暴露，消极负面作用远远超过它的积极作用。这包括土司各方实是割据一方，违抗朝命，对朝廷、对地方造成危害；相互之间，也为各自利益相互仇杀，纷争不已；为向朝廷纳贡，土司借此之名，或残酷盘剥百姓，危害边民，罪恶累累，罄行难书。故明朝建立不久，即针对土司制度流弊，开始改土归流，明中期以后加快了改革步伐。到明末清初，西南几省位高势强的土司大体已去其半，州县以下土司亦被改流不少。据《明史·土司传》统计，明代云南改流县以上的土司有26家，而贵州土司从明代数量最多时228家减少到清初170余家。当然，大规模改土归流是清初才走向高潮，此容后述。但明代改土归流为此开了先河，积累了一定经验。从建制文化而言，实施统一政令，这促进了地区、民族间的经济和文化交流，也为清代建立流域统一市场、发展商品经济奠定了必要的政治基础。例如，明理学家王守仁曾赞广西思恩府改流后，迁府治改变了以前"水道不通"、"鱼盐诸货""常多匮绝"的状况，使"商贾日集，诸夷所需仰给于府，朝夕络绎，自然日加亲附归向"。② 入清后，南宁、百色、柳州等地山谷平原地区的壮族，"俗与民（汉人）同"。民族隔阂消除，有利于商贸往来，特别是广

---

① 方铁主编：《西南通史》，中州古籍出版社，2003年，第657页。
② 王守仁：《处置八寨断藤峡以图永安疏》，《王阳明全集》卷十五。

东、湖南商人进入壮区经商甚至定居,桂西南龙州"客商云屯,山货露积"[1],一派繁兴景象。

文化教育也有赖于改土归流而获得开创性发展。少数民族地区在此前,受土官限制,教育难以广泛推行。"土民虽读书,不许应试,恐其出仕而脱籍也。"[2]改土归流后,封建王朝在当地设立书院、社学等文化教育机构,设置"学田",资助困难子弟读书。很多州县过去在改流前"学校无考",改流后大为改观。据统计,清代桂西、桂南51个府州县建立书院达85间,比明代增加了两倍。[3]由此折射这一建制的改变对流域经济文化产生的巨大效应是不言而喻的。

第二节 新作物传入与基塘农业兴起

新作物既是一种新的生产力,也是一种文化形态,它一旦得到适宜的自然和社会经济土壤,就有可能迅速生长、传播,改变土地利用方式和社会经济结构,以至人口的食物结构,甚至引发社会风俗、精神产品的变革。岭南得海外交通之便,历来就是新作物品种首途之区。明代中西交通进入一个新时代,大批新作物纷纷在岭南登陆,不仅深刻改变了岭南的文化景观,而且流布全国,影响极其深远。而这时兴起的基塘农业,又与这股新作物引入潮流相激荡,使珠江文化迈入阔步前进的道路。

一、新作物传入

明代美洲粮食作物和经济作物玉米、番薯、马铃薯、花生(大粒种)、菠萝、南瓜、辣椒、甘蓝等相继传入中国,对中国农业生产和社会经济文化发展起到了重大的促进作用。

玉米为禾本科一年生草本植物,原产于美洲,是美洲本地人的主要粮食作

---

[1] 民国《龙州县志·金石志》。
[2] 赵翼:《檐曝杂记》,瓯北全集本。
[3] 黄现璠等编著:《壮族通史》,广西民族出版社,1988年,第374页。

物。哥伦布发现新大陆后,把玉米带到西班牙。随着世界航海业的发展,玉米逐渐传到世界各地。大约16世纪中期,玉米传入中国,此后在中国各地的流传过程中逐渐有了玉蜀黍、苞米、棒子、玉荬、苞谷、珍珠米等俗称。玉米与中国传统旱地作物粟、黍、小麦等相比,不仅产量高,而且对环境有较强的适应性。所以玉米一经传入即被百姓接受,不但取代了粟等旱地作物的地位,迅速在全国扩展,而且改变了传统粮食作物的种植结构。

根据各省通志和府县志的记载,玉米最早传到中国的广东地区,嘉靖《广东通志·民物志》记作"玉高粱",比万历《云南通志》所记当地已广种玉米要早。万历七年(1579年)广东《龙川县志·物产》所载:"粟、大米、珍珠、小黄",文中"珍珠"即指玉米。万历四十年(1612年)福建《泉州府志·物产·麦之属》:"郁麦,壳薄易脱,故名。晋江出。"此处"郁麦"亦指玉米。以上广东、福建的记载可以作为东南海路入境传播路径存在的证据。根据这些记载,初步推断玉米通过这条路径传入中国大约在16世纪70年代。到明末,它已经传播到河北、山东、河南、陕西、甘肃、江苏、安徽、广东、广西、云南、浙江、福建等省。到了清代中叶,玉米在我国已经传遍20省。玉米引种入广西在明末清初,很快成为广西各民族主要粮食作物,在桂西左、右江流域漫山遍野种植,每年可充一两个月口粮。乾隆《镇安府志》载:"玉米,……向唯天保山野遍种,以其实磨粉,可充一二月粮。"光绪《归顺直隶州志》说:"包粟杂粮前止种一造,今则连种两造,及山头坡脚无不遍种,皆有收成,土人以此充饔餐。"类似记载不胜枚举。

但在珠江三角洲和平原地区,玉米不作为主粮,而是一种口果。到清代广东地方志才较为详细地介绍玉米生态状态,道光《香山县志》曰:"粟米,叶如芦荻,结成花穗,苞生节间,似茭白心,长数寸,松泛不紧,米大如豆,累累密嵌之,嫩白老黄,末垂细须,外裹薄衣,四、五月熟,如苞,炊食。本草小米,亦名粟,与此不同"。玉米性燥、粗生、抗病强、高产,在不宜稻谷和其他旱粮的地区,玉米生长得很好,故在岭南成为粤北、桂西、海南瑶、壮、黎、苗人以及山多田少地区居民的主粮。另外,由于番薯怕冻,只能种在坡下,构成玉米在上、番薯在下的垂直分布的农业分布带,化无用土地为有用,成为岭南土地利用的一个新方向。

广东原生薯类有甘薯，古代叫薯蓣，属单子叶薯蓣科，学名为 *Dioscorea esculenta*（*Lour*）*Burk*，在海南岛土名黎洞薯，在广州地区称大薯，都为薯蓣属参薯种（*Dioscorea alata Linn*）。番薯是明万历年间由海外传进来的，为旋花科牵牛属的一个种，学名是 *Ipomoea batatas*（L.）*Poir*。后世每将甘薯和番薯混为一谈，实误。关于番薯何时何地传入中国，有多种说法，然其得名，首在广东。东莞《凤岗陈氏族谱》说"念来自酋，因名'番薯'云"①。徐光启《农政全书》说番薯"近年有人在海外得此种，海外人亦禁不令出境，此人取薯藤绞入汲水绳中，遂得渡海，因此分播移植，略通闽、广之境也"。清周工亮《闽小记》卷下则载："番薯，万历中闽人得之外国，瘠土砂砾之地，皆可以种，初种于漳郡，渐及泉州，渐及莆（莆田）。"另苏琰《朱蓣疏》、陈世元《金薯传习录》等都有番薯传入福建的记载。福建巡抚金学曾因推广番薯有利于民而受到赞扬，故在福建番薯又称金薯。

在广东也有番薯传入的多种说法。一是由越南传入说。光绪《电白县志》云："相传番薯出交趾，国人严禁，以种入中国者罪死。吴川人林怀兰善医，薄游交州，医其关将有效，因荐医国王之女，病亦良已。一日，赐食番薯，林求食生者，怀半截而出，亟辞，归中国。过关，为关将所诘，林以实对，且求私纵焉。关将曰：'今日之事，我食君禄，纵之不忠，然感先生之德，背之不义。'遂赴水死。林乃归，种遍于粤。"② 广西民国《桂平县志》补充此事，说"番薯，自明万历间由高州（时电白、吴川属高州府）人林怀兰自外洋挟其种回国。今高州有番薯大王庙，以祀怀兰为此事也"③。番薯大王庙又称林公庙，传在今电白县霞洞镇境。二是东莞传入说。同治东莞《凤岗陈氏族谱》云："万历庚辰（1580 年），客有泛舟之安南者，公（指莞人陈益）偕往。比至，酋长延礼宾馆。每宴会，辄飨土产曰薯者，味甚甘。公觊其种，贿于酋奴，获之。……未几，伺间遁归。……壬午（1582 年）夏，乃抵家焉。……公至自安南也，以薯非等闲物，栽植花坞，冤白日，实已蕃滋，掘啖益美。念来自酋，因名'番薯'云。嗣是种播天南，佐粒食，人无阻饥。……公置莲峰公（陈益祖父）墓右税

---

① 《凤岗陈氏族谱》卷七，《家传·素讷公小传》。
② 光绪《电白县志》卷三〇。
③ 民国《桂平县志》卷一九。

地三十五亩，招佃植薯。遗嘱岁祀以薯荐食，历代尊之。"①

不管何种说法，番薯来自海外是不争的事实，也是一次重大的文化输入。闽广作为海上交通门户，也是番薯首途之区。这一是番薯惧湿、怕冻，北方不易生长，而闽广长年可种。二是广东多山，多阳，有大面积热带亚热带土壤、海滨沙土等适宜番薯生长。而稻作受坡度、灌溉限制，多局限于河谷、盆地上。这样，番薯渐次广种于台地、丘陵，以及山地下坡。三是番薯是一种高产救荒作物，能满足贫苦大众需要，在饥荒年份救活大批人口，保护了劳动力。四是番薯作为饲料带动了养猪等家庭副业发展，后世有粮多——猪多——肥多之说，这也离不开番薯。这样，番薯作为一种海洋文化形态，不但很快占有广大地域空间，而且深入人们观念文化中，形成一种新的文化景观。在其传入地之一东莞，"河田面大洋，……其民鱼盐樯事外，所植甘（番）薯、山蔗，动以千顷计"②。吴震方《岭南杂记》载："番薯有数种，……县中处处有之。康熙三十八年（1699年）粤中米价踊贵，赖此生活。"

经过群众驯化培育，番薯名优品种也在一些地区出现。如民国初年番禺"番薯共数十种，大约可分两类：一富于糖质者，生食熟食均可，以牛角红为最佳；一富于小粒者，只宜熟食，以香茅为最佳。香茅一名香水，起沙而香，不亚于炒栗，惟不宜作脯。薯干，宜于作脯者，当推牛角红"③。在广西，番薯也多种多样，品类繁多，不乏优质品种。《贵县志》说红心薯"是薯中佳品，块根不甚大，肉色红而味甜"。《桂平县志》甚至说所产红心薯"有重至百斤以上者，食时随意砍取，随砍随生，大有取之不尽用之不竭之概。质味脆甘。八口之家，得一根可以备饥荒。厚禄等里多此物"④。到晚明番薯已发展到"闽广人以当米谷"的地步。⑤

由于番薯具有以上优势，番薯种植被认为是继宋代推广占城稻之后中国粮食生产的第二次革命。这在过去如此，即使在今天，番薯的地位也未被动摇或取代。番薯是广东农民的主要杂粮，或早晚半饭半薯，也有以薯丝（片）混同稻

---

① 同治《凤岗陈氏族谱》卷一〇。
② 康熙《东莞县志》。转引自佛山地区编：《珠江三角洲农业志》（五），1976年印，第28页。
③ 《南村草堂笔记》。转引自佛山地区编：《珠江三角洲农业志》（五），1976年印，第31页。
④ 以上转引自李炳东、戈德华编著：《广西农业经济史稿》，广西民族出版社，1985年，第159页。
⑤ 道光《香山县志》，转引自佛山地区编：《珠江三角洲农业志》（五）1976年印，第34页。

米煮饭或粥的。这在广大山区或台地地区（如在雷州半岛）已成为一种生活习惯。

番薯由引进之初的单一品种到驯化、培育出多个品种，以及它的多种工副业用途，在风俗饮食中被炮制成多种菜肴等，实是番薯文化内涵的丰富、扩大和创新，折射出岭南海洋文化的灿烂光辉。

烟草原产美洲，后由西方殖民主义者传入东南亚，继传入闽广。有研究者认为，烟草一路由菲律宾传到闽广，然后再传入江、浙、两湖及西南各地。明人张介宾《景岳全书》卷四十八载："此物自古未闻也，近自我明万历时，始出于闽广之间。"另一路自菲律宾先入澳门，再经台湾，于 17 世纪初始进入内地。再有一路自南洋或越南传入广东。志称："粤中有仁（烟）草……其种得之大西洋（此即南洋）。"①《古今图书集成·草木典》"广东高要县"条则载，"烟叶出自交趾，今所在有之"。不管有多种说法，烟草是 16 世纪中后期到 17 世纪初由海外传入中国，广东是首途之区之一②，为海上交通贸易的结果。

烟草音译"淡巴菰"（Tabacco），具有治寒疾、祛瘴的功效，但久食成瘾，于健康不利。故烟草初传入时，为明朝所禁，犯者受刑罚，重者可判死刑。但抽烟当时已成为社会风气，禁者自禁，抽者自抽，这一禁令后形同虚设而被废止。清初烟草风行全国，成为普通百姓的消费品："坐雨闲窗，饭余闲步，可以遣寂除烦；挥尘闲吟，篝灯夜读，可以远辟睡魔；醉筵醒客，夜语蓬窗，可以佐欢解渴。"③ 烟草既有如此高的休闲文化品味，也就为文人所推崇。清康熙文渊阁大学士陈廷敬《咏淡巴菰》（四首）可算是最早赞烟草的诗。其二曰：

> 异种来西域，流传入汉家。
> 醉人无藉酒，款客未输茶。
> 茎合名承露，囊应号辟邪。
> 闲来频吐纳，摄卫比餐霞。④

---

① 赵学敏：《本草纲目拾遗》卷二，《火部·烟草火》。
② 参见颜泽贤、黄世瑞著：《岭南科学技术史》，广东人民出版社，2002 年，第 402～403 页。
③ 蔡家琬：《烟草谱》。转引自颜泽贤、黄世瑞著：《岭南科学技术史》，第 402～403 页。
④ 转引自陈永正编注：《中国古代海上丝绸之路诗选》，广东旅游出版社，2002 年，第 247 页。

烟草既已有广泛群众基础，种植面积很快扩大。明末，广东兵北上，也将烟草带到北方。杨士聪《玉堂荟记》卷下说：烟草"古不经见，辽左有事，调用广兵，乃渐有之，自天启年中始也"。乾隆年间，烟草在广东一些地方已列入货之属，成为商品。这时在广西平南，"种烟之家十居其半，大家种植一、二万株，小家亦不减二、三千，每万株费工人十或七、八，粪二、三百担，麸料粪水在外"①。由这些数字，显见烟草进入商品生产，需集约劳动。到道光时，烟草在广东一些地区成片集中布局。如新会河村等地"种烟者十之七八，种稻者十之二三"②。经作文化景观压倒稻作文化景观，是明中叶以后珠江三角洲新出现的农业文化现象。这不仅是资本主义萌芽的一种表现，而且是海洋文化占用农业土地利用的结果。

明末西风东渐，所传入的海外瓜果、蔬菜、花卉中，不少是观赏植物，多带"洋"或"番"字命名，如"洋山茶"、"番菊"等。洋山茶，瓣大而艳丽，清初诗人为其折服，常有咏者。如清康熙时吏部尚书宋荦《洋山茶》诗云：

> 海舶春风初到时，空帘微雨挹芳姿。
> 从来邢尹多相妒，分付牡丹开小迟。

宋荦又有《番菊》咏曰：

> 小草无名不用栽，栽时先合问根荄。
> 鲜明似剪金鹦卵，气息全输紫麝煤。
> 花自霜前篱下发，种从海外舶中来。
> 盛朝久已图王会，七月江南外外开。③

这两种洋花初时与我国牡丹、黄菊难免争妍斗艳，暗喻中西文化冲撞，后来出现"处处开"的盛况，该是中西文化整合的一种写照。

---

① 李炳东、弋德华编著：《广西农业经济史稿》，第234页。
② 道光《新会县志》卷二，《物产》。
③ 转引自陈永正注编：《中国古代海上丝绸之路诗选》，第236～237页。原书有误，"外外开"当为"处处开"。

二、基塘农业在珠江三角洲兴起

在岭南的自然和人文背景下，围垦河口海岸滩涂、煮（或晒）海制盐、养殖和捕捞水产成为岭南历史上以海为田海洋农业文化的主要内涵，奠定了岭南这一海洋文化特质和风格的基础。

岭南在这一方面历史悠久，自宋代以来即有大规模围垦滩涂之举，珠江三角洲围垦得到大片稳产农田，生产大批"广米"，舶运到闽浙等地销售。明人有诗追忆宋代李岩为官东莞时筑堤围垦的情景：

> 长堤高下望无穷，逼往潮头不敢东。
> 获得咸田千万顷，至今村落庆年丰。①

明代沿海滩涂围垦达到高潮。在珠江三角洲前缘被围垦而得的土地，统称为沙田。这种与海争来的土地不仅是新的粮仓，而且是经济作物的重要基地。明清珠江三角洲发达的商品性农业，包括桑基、蔗基、果基鱼塘等，即建立在沙田开垦基础上。据统计，1934 年广东沙田面积约 250 万亩，占广东全省耕地面积的 10% 左右。沙田产生了巨大的物质财富，这是不言而喻的。这是海洋对珠江三角洲人民的一种赐予。

珠江三角洲蚕桑业虽然历史悠久，但明以前并不为人重视，知名度不高。明中叶以后广州几乎垄断全国外贸，澳门又作为一个国际贸易港崛起，大量生丝通过澳门进入国际市场，从而大大刺激了珠江三角洲蚕桑业发展。同时，在明代围垦低地、防治水患的过程中，珠江三角洲人民创造了挖深为塘、覆土为基这种基塘结合的土地利用方式，包括桑基、蔗基和果基鱼塘等作物组合方式。其中桑基鱼塘能把栽桑、养蚕、养鱼三者有机地结合起来，充分利用它们之间的物质和能量循环，构成一个特殊的人工生态系统，在三角洲地理条件下取得了最佳的经济效益、生态效益和社会效益。故它一旦形成，不是缓慢而是飞速地发展起来，很快取得三角洲土地利用的主导地位。据佛山地区编《珠江三角洲农业志》（三）

---

① 崇祯《东莞县志》卷七。

统计，明万历九年（1581年）珠江三角洲南海、顺德、番禺、新会、三水、高明、新安（今深圳）、东莞等县课税鱼塘约16万亩，约合基塘面积40万亩。其中南海、顺德各约10万亩，成为最早的基塘农业地区；但直到明末清初，仍以果基鱼塘为主，《广东新语·木语》载珠江三角洲"凡矶围堤岸，皆种荔枝、龙眼"，而桑基鱼塘为次。清乾隆二十二年（1757年）到鸦片战争前夕，全国独留广州为唯一的对外通商口岸，外商大量采购生丝。厚利所在，迅速改变了珠江三角洲的土地利用面貌，不但果基鱼塘被桑基鱼塘取代，而且一部分稻田也改作桑基鱼塘。光绪《九江儒林乡志·经政略》指出，南海九江、顺德龙山和龙江等乡"境内有桑塘无稻田"，"民多改业桑鱼，树艺之夫百不得一"，成为纯粹的桑基鱼塘之乡。

据《珠江三角洲农业志》（三）统计，清末珠江三角洲以桑基鱼塘为主的基塘农业区面积已达100万亩。到1925年广东蚕桑业全盛时，全省生丝产量占全国的1/3，主要又集中在珠江三角洲，总面积约150万亩，其中基塘面积约100万亩，鱼塘面积约43万亩。基面有一半种蔗，1/3种桑，其余种果、菜、花卉等。珠江三角洲基塘面积不及广东全省面积1/10，却生产全省一半塘鱼、七成蚕丝、一成半糖蔗，成为生产专业化程度最高、经济总量最大、物质文明程度最高的地区。

桑基鱼塘获得如此巨大的发展和取得多种效益，光绪《高明县志·地理·物产》对此作了总结，指出"近年业蚕之家，将洼田挖深，取泥覆四周为基，中凹下为塘，基六塘四。基种桑，塘畜鱼，桑叶饲蚕，蚕矢（屎）饲鱼，两利俱全，十倍禾稼"。中国第一家机器缫丝厂创始人南海陈启沅在《蚕桑谱·蚕桑总论》中还扩大了蚕桑业的文化内涵，更进一步指出："且蚕桑之物，略无弃材。蚕食余剩之桑，可以养鱼。蚕疴之屎，可以作粪土，固可以培桑，并可以培禾，蔬菜杂粮，无不适用，更可以作风药。已结之茧，退去蚕壳，化成无足之虫，曰蚕梦，若不留作种，煨而食之，味香而美，可作上品之菜。偶有变坏之虫，亦可饲鱼、养畜。更有劣等者，曰僵蚕，可作驱风药。即缫丝之水，均可作粪土以耕植。"这样一个物质和能量良性循环的方式，为桑基鱼塘注入无限的生命力。其次，基高塘低，围基设窦闸控制围内水量蓄泄，既不怕涝也不受旱，雨水多流进塘，干旱从塘汲水，桑基也不受旱。广东虽多暴雨，但塘基上常年生长作物，也可以防止水土流失。另外，塘基上还可以间种花生、黄豆等作物，有的还在基上搭起瓜棚，保持水面清凉，即使盛夏季节水温也不高，适宜鱼类生长。还有，基塘使用有机肥，即使现代也少施化肥和农药，利于保护环境，维持生态平衡。最后，基塘终年可以生产，时间安排合理，农活有轻有重，老弱妇孺都有合适的事干，故劳动力资源得到充分利用，没有一寸荒废土地，没有一段闲置季节，以有限的土地养活更多的人口。屈大均《广东新语·虫语》指出，"计一妇之力，岁可得丝四十余斤"，"计地一亩，月可得叶五百斤，蚕食之得丝四斤。家有十亩之地，以桑以蚕，亦可充八口之食矣"。道光《龙江乡志》总结"顺德地方足食有方……皆仰人家之种桑、养蚕、养猪和养鱼。……鱼、猪、蚕、桑四者齐养"。又由于蚕丝加工需要大量劳动力，可充分吸收当地人工作。据悉，仅缫丝一项，顺德每年可供10万女工就业。有些人为了生计，相约独身，形成一个特殊女性群体"自梳女"，在全国独一无二。所以在桑基鱼塘地区，绝少失业现象，男耕女织，家庭和睦，社会和谐，人们安居乐业，各得其所，一派太平富足景象。这样，蚕基鱼塘这种资源利用组合既有丰厚的经济收入，维持良好生态平衡，也保持社会相对稳定，是一种世界罕有的土地利用方式，乃珠江三角洲人民对人类文明的一项重大贡献。这种土地利用模式可综合如图7.1所示。

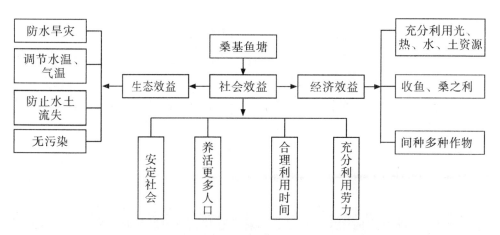

图7.1 桑基鱼塘的土地利用模式和文化效应

有赖于基塘农业，珠江三角洲自明中叶以来，即成为蜚声全国的富庶之区。

基塘景色也别具一格,涌入诗人笔端。清人陶心云《顺德杂事诗》堪为其代表作之一:

> 冰鳞七寸泼嘉鱼,甘竹滩头举纲初。
> 新赋南烹风味好,莼鲈千里转忘渠。
>
> 潮长平田夜水时,秋风吹碎碧玻璃。
> 红红紫紫鱼天变,十万禾虫上市时。

张琳的一首《龙江竹枝词》,则勾画了蚕乡一派繁忙劳动情景和丰收的喜悦,其词曰:

> 剥茧茅寮傍水边,柔桑墙外绿含烟。
> 鱼蚕毕竟收成好,十亩基塘胜种田。

第三节 贸易全球化下珠江商业文化异军突起

地理大发现以后,世界逐渐进入海洋时代,原始资本积累和产业革命完成,同步开始的是贸易全球化时代到来。作为海上丝路之路发祥地和丝路经过最大海区的岭南,商业贸易相继兴起,即使明代长期海禁也未能阻止这一历史发展潮流。以澳门开埠为标志,明代海上丝绸之路盛况空前,各种商业制度的建立和沿海及内河沿线城市群的兴起,标志着珠江流域商业文化异军突起,走在全国流域文化前面。

一、海上丝绸之路与澳门贸易

明代全国大部分时间实行海禁,但对广东却实行对外开放贸易政策。南海海上贸易不但继承前期贸易的对象和地区,而且随着航海、造船技术的进步,特别是以明初郑和七下西洋为标志的和平友好外交关系的拓展,南海海上丝绸之路航线向全球延伸,先后形成经过南海洋面的广东至非洲南端的厄加勒斯角航线、广州—澳门—果阿—欧洲航线、广州—澳门—马尼拉—拉丁美洲航线、广州—澳门—长崎航线、广州—澳门—望加锡—帝汶航线等。同时对外出口贸易港口更多,仅粤东就有柘林、南澳、樟林、白沙港,在珠江口外有外舶停靠港口或码头,如黄佐《广东通志》卷六六载:"……各国夷船,或湾泊新宁(台山)广海、望峒,或新会奇潭,香山浪白、濠镜、十字门,或屯门、虎头门等处海澳,湾泊不一。"其中以浪白、濠镜(今澳门)最为繁盛。来往广州港的中外船舶多停靠于此并启航,故宋应星指出:"闽由海澄开洋,广(东)由香山嶴。"① 明代公私贸易,即"朝贡贸易"或私人贸易,都设法打开传统海外市场,互通有无,用中国传统的农副产品和手工业品交换海外诸国的香料、药材及其他珍宝,以满足社会各阶层人民生活的需要。同时,海上贸易也是生财致富之道。时人提出:"华夷同体,有无相通,实理势之所必然。中国与夷,各擅土产,故贸易难绝。利之所在,人必趋之。"② 在这个潮流下继续发展的广州作为全国最大的外贸基地,"……全盛时,番舶衔尾而至。……豪商大贾,各以其土所宜,相贸得利不赀";广州居民,"人多务贾以时逐,以香、糖、果、箱、铁器、藤、蜡、番椒、苏木、蒲葵诸货,北走豫章、吴、浙,西北走长沙、汉口,其黠者南走澳门。至于红毛、日本、琉球、暹罗斛、吕宋,帆踔二洋,倏忽数千万里,以中国珍丽之物相贸易,获大赢利"。③ 南海上一派繁忙,公私贸易均赖以得益。明万历时,"五方之贾,熙熙水国,刳舻艎,分市东西路,其捆载珍奇,故异物不足述。而所贸金钱,岁无虑数十万,公私并赖"④。广州由此变得十分富足,有曰:"广州富庶天下闻,四时风气长如春。长城百雉白云里,城下一带春江水。少年行乐随处佳,城南南畔更繁华,朱楼十里映杨柳,帘栊上下开户牖。闽姬越女颜如花,蛮歌野曲声咿哑。峨峨大舶映云日,贾客千家万家室。""此濠畔当盛平时,香珠、犀象如山,花鸟如海,番夷辐辏"。⑤ 好一派由海上贸易带来的繁华商业文化景象。

明嘉靖十四年(1535 年)葡萄牙殖民者到达澳门,开展贸易活动。明万历

---

① 宋应星:《天工开物》卷中,《舟车第九》。
② 唐枢:《复胡梅林论处王直》,陈子龙等:《明经世文编》卷二七〇。
③ 屈大均:《广东新语》卷一五,《货语》;卷一四,《食语》。
④ 张燮:《东西洋考》,周起元序。
⑤ 仇巨川:《羊城古钞》卷七,"濠畔朱楼"条。

六年（1578年）葡萄牙正式租借澳门港，"自是诸澳俱废，濠镜独为舶薮矣"①。从嘉靖初到万历末80多年中，澳门进入海外贸易的黄金时代，不仅是葡萄牙人对中国贸易的商港，也是对日本、东南亚诸国、印度乃至美洲贸易的国际性中继港。史称："澳夷，……以澳门为居货之地，以暹罗、苏禄、交趾、吕宋为行货之地耳。今考其输税绝无大西洋土物，虽以鼻烟无用，今亦累岁不来，惟是锡、蜡、胡椒、槟榔、檀木之类，皆由外番各国贩运而来，又得中土之细茶、茯苓、湖丝、糖果之物贩往各番。"②据屈大均《广东新语·货语》所列，明末清初前来澳门贸易的国家和地区有46个，它们"皆以澳门为津市"。时人指出，"夷人金钱甚伙，一往而利数十倍"③；"广属香山为海舶出入襟喉，每一舶至，常持万金，并海外珍异诸物，多有至数万者"④。澳门进出口的货物大部分通过广州向各地集散，所以澳门贸易在很大程度上也就是广州贸易，澳门港也成了广州外港，履行着吞吐功能。虽然广州外港不止一处（如佛山亦为广州一外港），但"广州诸舶口，最是澳门雄"⑤，澳门港具有压倒其他港口的优势，广州船最后得经澳门再放洋。屈大均《广东新语·货语》载《广州竹枝词》云：

洋船争出是官商，十字门开向二洋。

五丝八丝广缎好，银钱堆满十三行。

反映南海贸易给广州带来了巨大的社会经济效益。直到清雍正以后，由于沿海开禁，准予自由航海贸易，以及受各国竞争影响，澳门港不复为广州外港，才丧失往日的繁荣。但不管怎样，澳门在南海贸易史上始终占据十分重要的地位，并深刻影响广东社会经济文化的发展。特别是大量白银输入，对广东商品生产和流通起了巨大的催化作用，如嘉靖以后，"闽、广绝不用钱"⑥，而使用白银，"闽、粤银多从番舶而来"⑦。据统计，1580—1590年间，经澳门每年由印度果阿输入

---

① 万历《广东通志》卷六九，《澳门》。
② 张甄陶：《澳门形势论》，《小方壶舆地丛书》第九帙。
③ 王临亨：《粤剑编》卷三。
④ 周元暐：《泾林续记》，功顺堂丛书。
⑤ 释今种：《澳门诗》，印光任、张汝霖著：《澳门纪略》卷上，《形势篇》，第4页。
⑥ 谢肇淛：《五杂俎》卷一二。
⑦ 屈大均：《广东新语》卷一五，《货语》。

白银约20万两；16世纪17世纪之交，日本输出白银的半数由葡人运走；16世纪最后25年，每年入澳白银有50万～60万两；17世纪头30年代达百万两，有时多至200万～300万两。① 这么多白银的输入和流通，为全国最早在广东推行赋税折银和一条鞭法创造了有利条件，对封建生产关系也是一种内部侵蚀，促进了广东资本主义的出现和生长。明中叶以后，在珠江三角洲形成以桑基鱼塘为主要形式的商品农业，即建立在资本主义萌芽基础上。此外，独留广州一口对外通商，又促进了佛山、石龙、江门、新塘等一大批商业圩镇的产生。佛山作为明中后期全国四大镇之一，一座工商业不亚于广州的城市，其兴起最主要的一个因素是充当了广州外港，与澳门的外贸息息相关。宋元时，广东圩镇甚少，据王存《元丰九域志》载，宋代广东仅有15个建制镇和少数商业圩市。到明代则大幅度上升，据嘉靖《广东通志·圩市》所载已达441个（含海南）。尤以珠江三角洲最为密集，其中广州府有136个，占31%；又以靠近澳门的县份圩市增加最快，如顺德由过去11个增加到36个，东莞由12个增加到29个，南海由19个增加到25个，新会由16个增加到25个。它们主要直接或间接与澳门外贸有关。所以，独留广州为对外通商口岸这一政策，无疑极大地加快了广东商业文化的发展进程，并使之融入更多的海洋文化元素。

二、澳票制和定期交易制

明代葡萄牙人初到澳门，基于文化背景的差异，还不能直接与中国官员打交道，须通过中国商人为中介，开展澳门与广州间贸易。明政府为此参照宋元时舶商出海须领"公据"、"公凭"即许可证的惯例，发给赴澳商人特许证，称为"澳票"。凭着这种澳票，即有资格赴澳门贸易。史称"于六月间，先责令广州府出告示，召告给澳票商人，一一先行给与，候抽分官下澳，各商亲身同往，毋得留难，以设该房贿窜"②。

借助于这种制度，在广州与澳门贸易之间建立起协作机制，即广州主要对国

---

① 全汉升、李龙华：《明中叶后太仓岁入银两的研究》，全汉升：《明代中叶后澳门的海外贸易》，《香港中文大学中国文化研究所学报》五卷一期，1972年。
② 霍与瑕：《霍勉斋集》卷一二，乾隆三十三年（1768年）刻本。

内贸易,澳门对海外贸易,两地相互依赖,构成广东贸易的二元结构。结果是政府不必允许外商来广州,也无须让中国人离开本国,都可收到外贸利益。这种制度和二元结构,为后来广东贸易和中外关系奠定了制度基础。清代十三行建立及其很多活动,即从中获益良多。

在广东商业制度历史上,极富于地方特色的还有始于明代的定期交易制度。澳门自明中叶被葡萄牙人租赁以后,很快发展为一个国际贸易中心,也是广州外港,与广州形成非常紧密的商业往来关系。为便于商货交易,广辟财源,增加外贸税收,从明后期开始,朝廷改变以前不准葡萄牙等国商人到广州贸易的政策,允许外商到广州贸易。这后被称为"交易会",也有称为"年集"、"货市"、"盛大的市集"等。利玛窦曾记载广州交易会概况:"葡萄牙商人已奠定了一年两次集市的习惯,一次是在一月,展销从印度来的船只所携来的货物,另一次是在六月末,销售从日本运来的商品。这些市集不再像从前那样在澳门港或在岛上举行,而是在省城本身之内举行。……这种公开市场的时间一般规定为两个月,但常常加以延长。"这给"福音的信使们深入中国内地提供了最早、唯一的通道"。[①] 通过交易会,中国商品走向世界市场,也为西方传教士进入中国内地开了方便之门。除了葡萄牙人,前来交易的还有各地商人。交易会成为广州最热闹的市场之一。万历十九年(1591年)汤显祖被贬为徐闻典史,曾路过广州,写了多篇与广州、澳门贸易有关的诗篇。其中《南海汇》曰:"时时番鬼笑,色色海人眠。舶上兼灵药,吾生倘自存。"展示外商在广州活动的情景。直到清初广州交易会仍然开放,广州与澳门商贸十分密切,并作为沟通海内外的两个商货中转站继续发挥各自作用。直到后来多次实施海禁和迁海,广州、澳门贸易受到严重打击。后来虽弛禁,且保留广州一口通商,但广州交易会制度毕竟受到影响而慢慢消失。然而,这个制度对后来的商业贸易也不无启示作用。新中国成立后在广州举办一年两度中国出口商品交易会,即为一种定期对外贸易制度,或许就源于明后期中葡在广州定期交易的制度。

---

① 利玛窦、金尼阁著:《利玛窦中国札记》,何高济等译,中华书局,1983年,第144页。

三、沿岸城镇商业文化繁荣

马克思指出:"商业依赖于城市的发展,而城市的发展也要以商业为条件,这是不言而喻的。"① 实际上,城市与商业、文化的发展是一个整体,是不可分割的。明代,珠江流域作为一个统一的市场基本形成,商品东西流向超过南北流向。由珠江水系构成的巨大商业网络遍及流域广大地区。在商品流通作用下,文化交流也乘势而起,首先在河流沿岸城镇出现发达的商业文化,成为流域文化集中之地,继而辐射周边地区,促进流域文化提高到一个新的高度。

按珠江水系格局,大致可以珠江三角洲、西江、北江、东江为骨架,继及周边一些独流入海河流,构成流域沿岸城镇商业文化体系。

首先是流域首位城市广州。据统计,明洪武十三年(1380年)广州城市人口为7.5万人,嘉靖四十一年(1562年)增至30万人。② 明清时各省会馆林立,属省内的有23个,外省的有19个,如四川会馆、云贵会馆、云南会馆、广西会馆、江西会馆、福建会馆、漳州会馆、湄洲会馆等。仅从这些地缘性会馆分布情况,即显示广州经济腹地已超出珠江流域,成为一座全国性商业城市,当然更是一座商业文化重镇。清乾隆三十四年(1769年)英国人威廉·希克写道:"珠江上船舶运行忙碌的情景,就像伦敦桥下泰晤士河。……在外国人眼里,再也没有比排列在珠江上长达几里的帆船更为壮观的了。"③ 这是广州商业繁华的写照,其商业文化之盛自不待言。

明中叶以后崛起的"佛山一埠,为天下之重镇,工艺之目,咸萃于此"④。清初"四方商贸之至粤者,率以是(佛山)为归。……桡楫交击,争沸喧腾,声越四五里,有为郡会(广州)之所不及者"⑤。清初,佛山已为"天下四大聚"之一,即"北则京师,南则佛山,东则苏州,西则汉口"⑥。明清时全国又

---

① 《马克思恩格斯全集》第25卷,人民出版社,1974年版,第371页。
② 陈代光著:《广州城市发展史》,暨南大学出版社,1996年,第174页。
③ 转引自黄启臣、庞新平著:《明清广东商人》,广东经济出版社,2001年,第443页。
④ 彭泽益:《中国近代手工业史资料(1840—1949)》第一卷,三联书店,1957年,第590页。
⑤ 道光《佛山忠义乡志》卷一二。
⑥ 刘献廷著:《广阳杂记》卷四,中华书局,1985年。

有四大镇，即河南朱仙镇、江西景德镇、广东佛山镇和湖北汉口镇。广（州）、佛（山）、陈（村）、（石）龙一起又组成广东四大镇。但佛山又是广州外港，一内一外，相辅相成。各省运来的货物必先集中于佛山，再由行商转购或出口，各省所需中外货品也在此采办。志称"西、北各江货物聚于佛山者，多有贩回省卖与外洋者"①，故佛山又是一个巨大的商品发散中心，在全国商业网络中居重要地位。除珠江流域商贾以外，"秦晋楚豫巴蜀之贩客，络绎偕来"②。清代佛山有除东北以外18省会馆，还有外国商馆，而佛山籍商人也遍布全国各大商埠。广州、佛山一起组成一个以两地为中心，连接珠江流域和东南数省的巨大的经济和文化网络。

溯西江而上，首受广佛辐射而发展的城市为三水县城。明初置三水县时治在河口（抗战时迁至西南）。明嘉靖以后，北江下广州船只经由西南涌，三水"商贾辐辏，帆樯云集"，为一雄镇。故嘉靖《三水县志》称"三水县治，绾毂广州、西南，保界高要、南海，笮路蓝缕。并嘉靖初，台监使者，风樯往还如织，……公私浮费，百倍他邑"，是控扼三江水运之中心。故后为英国人看中，光绪三十三年（1897年）英国与清政府签订《中英续议缅甸条约》，开三水为对外通商口岸，商业称盛一时。在西江广东中游城市肇庆，明清时除为广州以外的政治中心之外，因其"带山控江，袤数千里，据广州之上游，当贺、梧之津要"③，而成为西江水运枢纽。明万历年间意大利传教士利玛窦曾久居肇庆，在《利玛窦中国札记》中记载抵御西江洪水的堤坝岿然屹立，高而坚固的房舍，城内外有很多树木和园林，勾勒出这座城市的片断风貌。明万历四年（1567年）在西江边设黄江厂（税所），征收过往西江船只商品税，为当地一项重要财源。宣统《高要县志》追忆其时"商业之交通，亲朋之酬酢，莫不以肇庆为中心。彼此往来，全恃帆船，以故夹岸下碇，帆樯如织。而舵工舟子之属赖以谋生者辄数千人。肇河水面之繁盛固可念也"，凸显了这座河港城市在西江经济轴线上的中心地位。

西江进入广西为"水上门户"城市梧州，乃浔江、桂江、贺江交汇点，上

---

① 道光《佛山忠义乡志》卷一一。
② 民国《佛山忠义乡志》卷二。
③ 顾祖禹：《读史方舆纪要》，"广东肇庆"条。

达滇黔,下通港澳进出口港市。有研究表明,梧州80%的居民来自广东。①故梧州与广东关系非同寻常。明代两广总督曾驻节梧州,"梧州开府,雄镇一方","舟车之聚,货物充积"。②明成化以来,梧州是广盐在广西囤积之地,设盐厂,抽取盐税。明万历和清康熙年间,梧州驻扎水师,既为商港,也为军港。清初《苍梧县志》称梧州人"人物繁庶,商船群集,地之灵也,神亦附之"③。"梧郡商贾辐辏,东省不逞之徒,每潜入为盗"④。来自广东及沿海各省商人,被当地人称为"客民",他们"专事生息,什一而出,什九而归"⑤。即从事高利贷者不少,利于商业流通。占当地人口多数的外地人,以从商居多,明末梧州"盐商木客,列肆当垆,多以新(会)、顺(德)、南海人"⑥。1976年在梧州市郊塘源林出土有景德瓷,被认为是通过商贸进来的,梧州当曾与江西发生商业往来。⑦直至近世,梧州仍不失为"士商萃集之地,百货出入之枢","商业之盛,实为全桂之冠",因而有"小香港"之誉,是辐射两广交接地带的中心城市。

桂林也是广西境内与梧州齐名的中心城市,不仅为广西省会,拥有政治上的优势,而且拥有广西、湖南、广东等腹地,"城内外商贸云集","辐辏如鳞"⑧,但也是"粤东、江右人居多"⑨。城内有各省会馆10多个,包括广东、江西、湖南、福建、四川会馆等,明人包裕有诗描写桂林的繁荣景象:"如流车马门前度,似栉人家水上围。"道光年间,桂林城外60~70公里范围,农村圩镇集市达30多个⑩,说明桂林商贸异常兴旺,此为历史发展的结果。

有"桂中商埠"之称的柳州,据清末梧州海关代理税务司英国人阿里斯顿《海关报告》称,柳州是"元代和明代兴隆起来的商业城市";乾隆《马平县

---

① 李宁波主编:《沧瀚文谭——中国梧州历史文化研讨会论文集》,中共梧州市委宣传部,2002年,第136页。
② 康熙《苍梧县志》卷一二,王如辰:《重修府学记》。
③ 康熙《苍梧县志》卷一二。
④ 同治《苍梧县志》。转引自覃延欢、廖国一主编:《广西史稿》,广西师范大学出版社,1998年,第129页。
⑤ 嘉庆《广西通志》卷八八。
⑥ 崇祯《苍梧县志》卷二。
⑦ 黄现璠等编著:《壮族通史》,广西民族出版社,1988年,第400页。
⑧ 光绪《临桂县志》卷一六,第400页。
⑨ 李东阳等:《明会典》卷三一。
⑩ 桂林市地方志编纂委员会编:《桂林市志》,中华书局,1997年,第204页。

志·地舆》称柳州"迩则三都、五都,远则古州、通道,凡荷载从戎之士,暨四方宾旅商贾之流,莫不出其途而藏其市,地属冲要,非他邑比"。古州为今贵州榕江县,通道为今湖南通道侗族自治县,显见至迟在清初柳州商业活动已深入湘西、黔东等大西南腹地。而"城厢内外,从戎贸易者,多异省人"。同书记载,柳州城内有粤东会馆、广东会馆、湖南会馆、江西会馆、庐陵会馆、福建会馆等。清代《天后宫碑》记录230个商号,其中广东籍188个,福建籍42个。这些会馆、商号涉及流域大部分地区。梧州辟为对外通商口岸以后,大西南商品东下,广东东来商人多聚于柳州,柳州开通至梧州、南宁航运,有"过载码头"之称。自此柳州"论商务之盛,实驾南宁、浔州而上",发展为一座有相当辐射力的城市。①

桂西南重镇,邕江南宁,"商贾丛集,民物茂康"②,那里"盐槟丝枲之利,陶渔珍错之息,归之客户"③,说明在邕江经商者来自四面八方,拥有巨大吸引力。入清,交通枢纽作用带动南宁商业兴旺,被誉为"小南京"。诗人黄体元《邕江杂咏》道:"大船尾接小船头,北调南腔语不休。照水夜来灯万点,满江红作乱星浮。"④ 从江上商船使用南腔北调,显见南宁是一座融会南北、辐射东西的商业和文化城市。

有论者认为,明代云南已形成与内地统一的市场,并广泛使用白银。清檀萃《茂隆厂记》说:"以银币之济中国者,首创滇之各厂,次则粤海花银。滇昔盛时,外有茂隆,内有乐马,发出银不资"⑤,有力地促进了商业流通和城市发展。省会昆明"乃百货汇聚,人烟辐辏之所也"⑥。

位于云贵高原中央脊部、长江和珠江流域分水岭的贵阳,是湖广从东部溯沅江及其支流入贵阳,或四川从北部乌江河谷、赤水河谷进入贵州各条道路的交汇点,也是湖南斜穿贵州入云南的交通干线。贵阳北经播州(今遵义),也通达四

---

① 参见戴义开:《从圩市到商埠——柳州古代商贸发展史初探》,《广西地方志》1994年第5期,第41~44页。
② 傅维麟:《明书》卷四三。
③ 胡朴安编:《中华全国风俗志》,上海文艺出版社,1988年,卷九。
④ 刘家幸:《南宁——西南通道古今谈》,《广西地方志》1998年第1期,第60页。
⑤ 转引自马曜主编:《云南简史》,云南人民出版社,1983年,第153页。
⑥ 陈鼎著:《滇游记》,商务印书馆,1985年,第2页。

川。所以贵阳的交通地位十分重要。兵家曰:"故议者每以贵阳为滇南之门户,欲得滇南未有不先从事贵阳者。自滇南而东出贵阳,其必争之地也。"① 贵阳自明永乐设贵州省后,很快发展为一个商业中心,聚集着江西、湖广、四川贸易商人,史称"于是江、广、楚、蜀贸易客民,毂击肩摩,籴贱贩贵,相因坌集,置产成家者,今日皆成土著"②,定居贵阳。贵阳城市也得到拓展,"时来谈者,皆谓滇南重地"③,当然也是黔贵文化中心。其他较大的工商业城市有黔中的安顺,黔西南的南隆(今安龙),黔南的都匀、独山,黔东的镇远,黔西的毕节,另有明万历以后兴盛的遵义等,皆为次一级经济中心。其中遵义作为贵州丝绸产销中心,"遵绸之名,竟与吴绫、蜀锦争价于中州,远徼界绝不邻之区,秦晋之商,闽粤之贾,又时以茧成来堞鹭捆载以去,与桑丝相搀杂,为绮、越、纨、缚之属"④。遵义对闽广的商业交往也都甚为兴盛。毕节为"黔滇两省铜运总汇处,市集甚盛"。古州为清代盐运总埠,"源源接运,遂成水陆通衢","广东、广西、湖南、江西贸迁成市;各省俱建会馆,衣冠文物日渐饶庶。今则上、下河街俨然,货物流通,不减内地"。

在区域性中心城市辐射之下,伴随县级政区的增加和城乡交流活跃,在各河段或大小支流交汇地区,明代也同样形成城镇二级体系。在珠江三角洲和西江广东沿岸,明新设顺德、新安(宝安)、龙门、新宁(台山)、从化、高明、开平、恩平、广宁、东安(云浮)、西宁(郁南)等县,涌现新县治,使原来一些小城镇升格,缩小了彼此间的差距,有些发展为繁盛的商业中心。如西江与蓬江交汇的江门,明初仅为一个普通乡间圩市,到成化年间已发展为"千艘如蚁集江门"⑤的港市。清光绪三十年(1904年)江门辟为对外通商口岸,设置海关,经济地位迅速提升,成为珠江三角洲西部商贸中心。

西江上游云贵地区也因内地汉人大量入居和边疆开发进一步推进,相继形成一批城镇。天启《滇志·地理志》称明时云南曲靖府"黾勉耕织,兼事商贾",

---

① 顾祖禹:《读史方舆纪要》卷一二一,《贵州二》。
② 罗绕典辑:《黔南职方纪略》卷一,《贵阳府》。
③ 许缵曾:《滇行纪程续钞》。
④ 道光《遵义府志·农桑》卷一六。
⑤ 李之世:《江门晚渡》。

北胜州"三日为市，咸集城中"；弥渡"百货俱聚"[1]；东川汤丹、宁台等矿区"人烟辐辏，买卖街场，各分市肆"[2]；"路（南）民……得矿苗，呈请开之。远近来者数千人，得矿者十之八九，不数月，而荒巅成市，即名之曰象羊厂"[3]。滇西波龙银厂兴盛后，"商贾云集，比屋列肆，俨一大镇"[4]。在贵州城镇也有类似情况。铜仁、松桃、思南、石阡、镇远、思州（今岑巩）作为府州县驻地，是客商来往必经之地，上通滇、黔、下通（四）川、楚，所贩有盐、茶、桐油、土药、麻布、竹木，仅厘金收入月可达万余金，为当地一大财源。兴义棉布市场兴旺，"滇民之以（棉）花易布者源源而来"[5]，四川、湖北商人也到此采购，兴义成为贵州最大的棉花城镇；锦屏是贵州木材贸易中心，江西、安徽等地商人前来采购；务川、开州、仁怀等分别为专营水银、朱砂、川盐的城镇，具有专业城镇功能。

北江与大庾岭道相接，几乎纵贯广东南北，直到1936年京汉铁路全线通车，其交通作用才有所削弱。明清是这条交通线发展的鼎盛时期，依托这条水道，沿江形成多座城市，越过南岭，接江西赣州、南昌等，构成五岭东部城镇中轴线，与以西江干流为横轴的城镇带构成五岭城镇分布基本框架，发挥了点轴辐射功能，成为轴线地区发展驱动力之一。

北江首位城市韶关，光绪《曲江县志》称其"重关横锁，万壑环趋，当江楚水陆之冲，界岭海毗连之域，……为上游之要害"。元代韶关已设城市型政区"录事司"，为广东仅有的三个录事司之一（另为广州和潮州），历史上向为南北交通枢纽。明嘉靖二十六年（1547年）在韶关武水边设税关，称遇仙桥关，岁收税额3140两。康熙九年（1670年），南雄太平桥税关也移到韶关浈水边，称太平桥关，并兼管遇仙桥关和英德含洭关。同年，三关货税分别为：浈水太平桥关22780两，武水遇仙桥关3392两，连江含洭关7022两，分别占三关总额33194两的69%、10%和21%，可大致反映三关的货运量情况。[6] 浈水过岭通江

---

[1] 陈鼎：《滇游记》。
[2] 吴其濬：《滇南矿厂图略》下卷，道光二十四年刻本。
[3] 张泓：《滇南新语》，中华书局，1985年，第8页。
[4] 周裕：《从征缅甸日记》，借月山房汇钞，影印嘉庆十七年本。
[5] 罗绕曲辑：《黔南职方纪略》卷二。
[6] 徐俊鸣：《韶关城市发展的历史地理背景》，《中山大学学报》（自然科学版）1981年第4期。

西、武水和连江通湖南，这个比例关系说明韶关与江西的联系远大于与湖南的联系。原因是前者与大运河沟通，也是韶关腹地覆盖范围的一种折射。明末，意大利传教士利玛窦长住韶关南华寺，他在日记中指出，韶关"建立在两河（指浈、武二水）中间的平原上。地势如此，所以城镇本身无法扩展，于是他们向两方跨河扩大居民区。西岸人口更稠密，有舟楫把它和岛镇连接起来。镇上大约有五千户人家"①。市场商品相当丰富，志称韶关"舟车辐辏，踵接肩摩，熙熙攘攘，林林总总"②。但由于粤北商品经济欠发达，如邻近仁化县，直到嘉庆年间"人惟力耕，不营他业。趁墟贸易，鸡豚布谷之外，求尺帛寸珠不可得"③；始兴县"男则专力农功，而罔事商贾，有皓首而足迹不履城市者"④，说明韶关辐射仍限于北江沿线，而对交通线以外地区影响很小，这是北江流域城市和经济发展的一个特点。

浈水上游另一个重镇南雄为南北商贾汇集的城市，史称"商贾如云，货物如雨，万足践履，冬无寒土"⑤。利玛窦说："南雄城大小有如佛罗伦萨。……凡从欧洲、印度、马六甲、摩鹿加（今印度尼西亚马古鲁群岛）来的东西都从这里经过。"⑥ 广州、福建、江西等地商贸云集，仅广州商人办的商行就有200多家，并使南雄商业贸易与国内外市场联成一体。明万历六年（1578年）南雄太平桥关抽取的商税、铁课共达43000两，占全国各大关卡总银税的38%，仅次于山东，有"小扬州"之称，不仅在五岭南北，而且在全国有举足轻重的地位。其经济尤与江西有不可分割的联系，志称粤赣边区各种往来，"风气与赣州近，语稍类赣"⑦。南雄至大余、赣州、吉安、樟树乃至南昌等城市的水陆交通线即是一条经济轴线。这些城镇都是等级不一的经济中心。明代江西有四个出名的大镇：景德镇，《天工开物》称景德镇是"工匠来四方，器成天下走"的瓷都，以瓷器生产、贸易闻名；樟树镇（市），百货往来，尤以药材集散著称；赣江入鄱

---

① 利玛窦、金尼阁著：《利玛窦中国札记》，第241页。
② 李海东、司徒尚纪等：《粤北区域经济地理的历史变迁》，《热带地理》2003年第4期，第342页。
③ 嘉庆《仁化县志·风俗》。
④ 乾隆《始兴县志·风俗》。
⑤ 转引自刘琦等著：《论南雄设市与边区经济》，中山大学出版社，1996年，第17页。
⑥ 裴化行著：《利玛窦评传》，管震湖译，商务印书馆，1993年，第150页。
⑦ 光绪《惠州府志》卷四五。

阳湖的吴城镇，以大米、粮食贸易为主，公私浮运，十分繁忙；闽、浙、赣、皖数省交汇点上的河口镇（今属铅山县），纸张、茶叶贸易甚盛，吸引宽广腹地，形成核心边缘辐射格局。

东江所经为商品经济欠发达的粤东客家地区。上游定南水和寻邬水沟通江西，两水交汇后流经龙川佗城，南下惠州、番禺，故佗城作为东江重镇，是一个辐射粤、闽、赣边界地区的经济中心。明嘉靖《龙川县志》评曰："郡据上游，当江赣之冲，为汀漳之障，则固三省咽喉，四州门户，可不谓岩邑哉。"龙川后成为广东省历史文化名城。东江下游首府惠州，历为东江交通枢纽，享有"岭南名都"、"粤东名镇"美称，腹地包括整个东江流域。另外，翻过东江与韩江水系分水岭大帽山的蓝关，进入长乐（五华）、兴宁，与韩江各支流连接，再经大埔石上埗，接福建上杭鄞江、汀江。石上埗是明嘉靖以后通福建的重要关口，称"东关"，志称"凡潮惠仕宦、商贾赴京入闽及江浙，舟止此处转输，络绎不绝"；入清到清中叶，此关仍为"粤闽要隘，各处贸易行舟至此过山"。① 珠江三角洲手工业品及福建、粤东土特产相贸易，多经此路。沿线五华、兴宁、梅州、大埔、长汀、上杭等成为二级商业城镇，把粤东、闽西联在一起。

明代在商品生产和流通推动下，传统生产与消费之间的自然联系进一步被切断，扩大了原料产地和加工场所的地域分离，同时与手工业者和农户、与市场的联系更不可分割。这不仅造就了珠江流域性和区域性中心城市和城镇的建立，而且形成大批基层性商业集镇或圩市，它们星罗棋布于流域各地，构成城镇体系最低的一个层次，也是支持整体城镇体系的基础。

集镇不完全沿河流分布，小盆地或若干个聚落之间，也常常形成一个集镇。据嘉靖《广东通志·圩市》统计，明代广东（含海南）有圩市441个，而清代增加到1194个。据清代省府州志资料汇总，清代圩市比明代增长2.71倍。但地区分布不平衡，商品经济发达的珠江三角洲和西江地区，即明清广州府和肇庆府有205个，占全省46.5%，清代645个，增长2倍多，占全省39.4%，不但圩市增长快，而且分布面广，反映明清时期这一地区城镇化水平提高很快；北江流域（相当于韶州府和南雄府、连州）圩镇，在明代为9个（南雄府缺），虽然清

---

① 嘉靖《大埔县志》卷三，《圩市》。

代有所上升，但不及珠江三角洲和西江地区；东江流域（相当于惠州府），明代圩市为37个，占全省8.4%，清代为188个，增加4倍，占全省11.5%，比例仍较低，属商品经济欠发达地区。

西江广西地区，商品经济发展程度远逊于广东，尤其是对比珠江三角洲圩镇，数量和密度大为下降。据钟文典等研究结果，清末广西圩镇约402个，其中桂东西江沿岸地区，包括苍梧、藤县、平南、桂平、贵县等，有154个，占全省总数38%；桂中南宾阳、上林、武鸣等二级支流交汇地区形成圩镇为108个，占全省总数27%；而占地广大的桂西地区，包括宁明、百色、恩隆、恩阳、靖西、天保、奉议、镇边（今那坡）等，圩镇为140个，占全省总数35%。这些圩镇为不同等级河流交汇所在。但无论桂东、桂中南，还是桂西圩镇密度都比较均匀，每个圩镇服务半径平均为6.2公里，最疏镇为8.8公里，最密镇宁明为4.2公里，差别不十分悬殊，说明各地商品生产水平较低，人们对商品市场依赖在当地得到满足，除了少数较大集散中心和专业市场以外，跨境商业活动较少，亦即腹地不够广阔。有论者认为，广西二级、三级圩镇一般由东而西，次第分布，且多数分布在柳州—南宁一线以东，如平乐、贵县、郁林、柳州、南宁等；此线以西一般为三级以下小圩镇。此线东北向延至桂林，实可把广西分成东西两部分，越往东，越多地接受广东经济辐射，商品经济发展水平高，城镇体系多分布密集，故明清以来广西流行"无（广）东不成市"和"无市不趋（广）东"民谚，显示广东，主要是珠江三角洲、西江流域对广西辐射以及广东对广西的吸引力，堪为珠江中下游商品流动和城镇格局的一个缩影。

云贵地区明清兴起圩镇也很普遍，《滇系·杂载》曰："市肆，岭南谓之墟，齐赵谓之集，蜀谓之亥，滇谓之街子。"同一交易场所，同一时代有不同称谓，说明这种贸易场所已相当多。有些集会集市由风俗活动形成。大理白族三月街，明代"至期，则天下商贾皆来贸易"①，全国"十三省物无不至，滇中诸彝物亦无不至"②。彝族则有"立秋会"、"三月会"、"花街"、"花会"、"山街"，苗族有"踩花山"，壮族有"陇端"等，皆由风俗节庆演变成集会集市。志称这些

---

① 谢肇淛：《滇略》，四库全书本。
② 徐弘祖著、朱惠荣校注：《徐霞客游记校注》，云南人民出版社，1999年，第1019页。

"街期各处错杂,以便贸迁"①。在贵州,商品经济虽未成为主流,但定期贸易的圩市也随着商品流通而逐步出现。如乾隆年间,黔东南都柳江上独山龙场、永丰等圩市,每次趁圩可达数万人。永宁州在乾隆四十二年(1777年)以前圩市只有15个,到道光二十年(1840年)增加到29个。镇远县原有圩市8个,到乾隆年间增加到17个。②较为著名的如金沙县城打鼓、湄潭县城永兴、纳雍县城兔场、遵义鸭溪等。

明代由流域中心城市—县城镇—集镇(圩市)等组成了珠江流域城镇体系,在商品经济驱动下,不仅成为珠江流域统一市场的一个基本构架,而且以自己的辐射能量,把周边一些城镇也纳入这个统一市场中,形成珠江流域市场。首先是闽广沿海,小集镇更是雨后春笋般涌现。在广东沿海潮州、雷州、琼州府,明嘉靖年间圩镇为114个,占全省总数25.9%③;到清代增加到311个,在全省比重虽降为19%,绝对数却增加了1.73倍,且多为港口型圩镇。明代潮汕有柘林、深澳、青澳、长沙尾澳、大埕、云澳、伍塘、东陇、大洲、飞钱、旗岭、大港、辟望、鮀浦、庵埠、海门、靖海等26个港口,清代则上升到33个港口。④海陆丰地区也兴起汕尾、马宫、遮浪、后门、捷胜等多个港口,与潮汕沿海港口联成一线。在雷州半岛有吴川芷寮和梅菉、遂溪赤坎(今湛江)、徐闻海安港等。雷州城附近还有以福建云宵、诏安等命名的港口,港碑现存湛江市博物馆,说明闽商在雷州半岛活动之盛。在海南岛,明末海口港"帆樯之众,森如立竹"⑤。依托港口发展起来的海口城"商贾络绎,烟火稠密"⑥,大批圩市也应运而生。明中叶以前较大圩市有123处⑦,到清中叶发展到310处⑧,且多沿海岸摆布,如临高泗洲、讨滩、新兴,儋州长坡、木棠、归羌、松林、大英等,均可联成一条与海岸平行的弧线,呈带状或环状展开,主要在岛内附近发生贸易关系,但也通

---

① 刘慰三:《滇南志略》,光绪七年钞本。
② 周春元等编著:《贵州古代史》,贵州人民出版社,1982年,第363页。
③ 嘉靖《广东通志》卷二五,《圩市》。
④ 黄挺、杜经国:《潮汕古代商贸港口研究》,《潮学研究》(1),汕头大学出版社,1994年,第54页。
⑤ 《永乐大典》卷五三四三,"琼州府"条。
⑥ 咸丰《琼山县志》卷二九。
⑦ 正德《琼台志》卷一二,《圩市》。
⑧ 道光《琼州府志》卷九,《建置·都市》。

过海口等港与大陆往来，成为珠江流域市场边缘地区的一部分。

在广西北部湾沿海，虽大部分地区不在珠江流域之内，但由于便捷的水陆交通和海陆贸易，明清出现的圩镇也相当可观。该地所在廉州府（时属广东），明代仅有圩镇19个，占广东全省总数4.3%，清代跃为66个，增加了2.5倍，为增长较快的一个地区。在这些圩镇中从商的多为广州帮商人，如南北流江分水岭所在北流县"城市商贸，多南海人"①。作为区域性港市的钦州，"在四川、贵州、云南及广西之一部言之，其经济上受益为不小矣。虽其北亦有南宁以为内河商埠，比之钦州更近腹地，然不能有海港之用。所以直接输出入贸易，仍以钦州为最省俭之积载地也"②。又北海于光绪二年（1876年）开埠，很快发展为一个商业重镇。光绪十八年（1892年）北海有广州帮商行40间，高州人商号8间，以及广西玉林、博白、汕头、贵州等地商号多间，"自北海开埠后，滇、黔、桂三省货物咸出入于此"③。钦州、北海等腹地延伸至云贵川，突破珠江流域市场界限，经济文化辐射到流域之外。

第四节　教育和人才大起

人才是历史发展的产物。珠江流域开发较迟，社会经济滞后，长期被视为化外之地、瘴疠之乡，从未在中国文化史上占据重要地位。但到明代，恰如屈大均《广东新语·事语》说："明兴，才贤大起"，不仅在广东，在全流域大部分地区，都出现了人才鼎盛局面。然而，人才必须依靠教育造就。明代颇注重发展教育，分为官办教育和私人教育两个层面，澳门则出现近代西式教育，这个时期培养了一大批科举和应用人才，在中国教育和人才史上留下了深刻印迹。

---

① 光绪《北流县志》卷九。
② 孙中山：《建国方略之二·实业计划（物质建设）》，《孙中山文粹》上卷，广东人民出版社，1996年，第389页。
③ 刘锦藻：《清续文献通考》。转引自包驰林等：《北海——中国历代对外开放的港口》，《岭南文史》2002年增刊。

一、官办教育

明朝实行科举授官的制度，从朱元璋起一直重视地方官办学校教育，成为明朝政治生活中的一件大事，洪武二年（1369年），朱元璋下令："朕惟治国以教化为先，教化以学校为本。京师虽有太学，而天下学校未兴，宜令郡县皆立学校"①。于是在全国大兴办学之风，中央设立国子监，地方府、州、县、卫所设儒学，乡村设社学、义学。学生名额为府学40人、州学30人、县学20人，由官府提供学生的生活费用。

在这种背景下，珠江流域地区的广东和其他各省普遍建立了学校。据统计，广东设府学10所，州学9所，县学77所；广西设府学10所，州学13所，县学42所，另外在桂林设立武学1所；云南、贵州等省也按朱明王朝的定例建立府、州、县儒学。

按明廷规定，凡学生进入府、州、县儒学读书，必须先进行面试，入学后，对学生的教育均有严格的要求。史载："其所业，自经史外，礼、律、书共为一科，乐、射、算共为一科，以训导分曹掌之，而教授或学正，或教谕，为之提调。经史则教授辈亲董之。自九经、四书、三史、通鉴，旁及庄老韬略。侵晨，学经史、学律；饭后，学书、学礼、学乐、学算；晡后，学射；有余力，或习为诏诰、笺表、碑版、传记之属。其考验时，观其进退揖让之节，听其语言应付之宜，背诵经史，讲明大义，问难律条，试以断决，学书不拘体格，审音以详所习之乐，观射以验巧力，稽数则第其乘除之敏钝。"②

按此规定，学生入学后要专门研读儒家经典中的一部，同时学习礼、射、书、数四科，其内容为："礼"，要求熟读朝廷颁发的经、史、律令、诏诰、礼仪等书；"射"，要求每月初一、十五两次学习射箭；"书"，学习临摹名人书法字帖；"数"，要求精通《九章算术》。学习过程中，由教官主持月考，提学官主持岁考、科考。岁考以六等定成绩，一、二等者有奖励，三等不奖不罚，四等挞

---

① 《明史·选举志》。
② 全祖望：《明初学校贡举事宜记》，《鲒埼亭集》外编卷二二。

责，五等则廪膳生员、增广生员降级，附学生降为青衣，六等除名。①

府、州、县学统称"儒学"，学官设置明清相同，但其任务不是真正教学生读书，只是主持月课季考，学校变为考试、给廪机关。地方官学的学生称"生员"，通过考试取得秀才资格才能入学。入学后称为"童生"。生员分为三等：一等为廪膳生员，简称"廪生"，每年可领取白银二两四钱；二等为增广生员，简称"增生"，不领取廪饩银，但可补廪生缺额；三等为附学生，简称"附生"。廪生、增生有名额限制，府学为40多人，县学视各县实际情况而定，有20人、10人不等。清代学校课程比明代更具体，主要有《御制诗、书、春秋三经传说类纂》、《钦定孝经衍义》、《性理大全》、《御制律学渊源》、《资治通鉴纲目》、《历代名臣奏议》、《文章正宗》、《古文渊鉴》、《十三经》、二十五史等。

明清两代对进入府、州、县学的生员入学要进行入学考试，称为岁试。初时由巡按御史、布按两司及府州县官主考，后专设提学官主考，合格才能入学。小说《儒林外史》中，描写一位名曰周进的提学官在广州上任主持岁试的情形："这周学道……到广州上了任。次日，行香挂牌，先考两场生员。第三场是南海、番禺两县童生。"进而描写应试童范进，从20岁起直至54岁，先后应考20多次却依然落第的情况。

入学后进行的考试称科试，这是府、州、县学在校生员参加乡试的资格考试。科试合格的生员人数较多，经科试合格者，才能参加乡试、会试和殿试的科举考试。

据方志资料统计，明代考取进士者，广东874人，广西212人，云南162人，贵州109人；中式举人者，广东6437人，广西4634人，云南1000人，贵州1145人。清代考取进士者，广东995人，贵州622人；中式举人者，广东5083人，广西3250人，贵州4110人，各省进士和举人分布有很大差别，状元的地域分布更不平衡。这也可以从一个侧面反映出不同省份教育文化的发展情况。

据有关统计，在广东，明代考取进士874人中，广州府有492人，占56.3%；就府属各县来说，南海有149人，番禺85人，顺德98人，东莞81人，

---

① 《明史·选举志》。

新会 41 人，香山 12 人，增城 10 人，从化 6 人，三水 2 人，清远 4 人，连山、连州、新安各 1 人，军籍 1 人，尤以南海、番禺、顺德、东莞为多。如南海县有石头、黎涌、石啃 3 个村，相隔 5 里许，黎涌村有伦文叙中状元，其子以训中榜眼，以谅中解元、进士，以诜中进士，石啃村、石头村则分别有梁储、霍韬中进士，世称"五里四会元"和"父子四元双进士"。而霍韬"举正德九年会试"之后，其子与瑕亦于嘉靖三十八年（1559 年）中进士，任慈溪知县，其政绩"与淳安知县海瑞齐名，时称二廉"。屈大均谈到南海县上述 3 个村的科举盛况时说："海内科名之盛，无出其右。"① 又如南海人邝文，成化进士，从他的父辈到他自己的孙辈及族人，相继登科者 50 余人。

据嘉庆《广西通志》，自顺治十四年至道光二十年（1657—1840 年），广西中式举人 3250 人，其中桂林府 1639 人，柳州府 206 人，平乐府 183 人，梧州府 253 人，浔州府 220 人，郁林府 272 人，南宁府 241 人，思恩府 105 人，庆远府 38 人，泗城府 9 人，太平府 79 人，镇安府 5 人。

贵州明代考取的 109 名进士中，贵州卫、贵州前卫、贵州宣抚司、贵筑长官司、新贵县（均治今贵阳市）26 人，铜仁府（治今铜仁县）7 人，思南府、思南府水德江长官司，思南府朗溪长官司、安化县（治今思南县、德江县、印江县）12 人，普安卫（治今盘县）11 人，普定卫（治今安顺市）8 人，永宁卫（治今四川省叙永县）7 人，镇远府（治今镇远县）、镇远府偏桥卫（治今施秉县）5 人，清平卫（治今凯里市炉山镇）6 人，平溪卫（治今玉屏县平溪）4 人，新添卫（治今贵定县）3 人，石阡府、石阡长官司、石阡葛彰葛商长官司（均治今石阡县）3 人，都匀卫（治今都匀市）3 人，湖广都司五开卫、黎平府永从乡（辖今黎平县、从江县永从乡）3 人，乌撒卫（治今威宁县）2 人，平越卫（治今福泉县）2 人，赤水卫（治今毕节县赤水河）4 人，贵州都司兴隆卫（治今黄平县重安区）1 人，敷勇（治今修文县）1 人，麻哈州（治今麻江县）1 人。清代贵州中式进士者达 622 人，其中贵阳府、新贵县、贵筑县（治今贵阳市）192 人，遵义府 46 人，毕节县（治今毕节市）30 人，修文县 22 人，都匀府 18 人，铜仁府 12 人，安顺府、普定县（治今安顺市）19 人，广顺县（治今

---

① 屈大均：《广东新语》卷九，《事语》。

长顺县）12人，思南府14人，等等。①

在封建社会，进士是进入仕途的阶梯。当时考取进士的优秀人才为官者不少。据史料记载，广东出任内阁首辅者有梁储、何吾驺（崇祯六年入阁，唐王立，授首辅），任阁臣者有方献夫、黄士俊，任各部尚书者有南海霍韬、番禺何维柏、东莞袁崇焕等13人，任提督、巡抚者有东莞罗亨信、南海庞尚鹏、郭尚宾等14人，至于任职都察院、翰林院、詹事府、各部侍郎、给事中和省布政使、知府者更多。许多人在任内因正直清廉、不畏权势、政绩显著而"蜚声宇内"。例如：

霍韬（1487—1540年），嘉靖年间累官职方主事、少詹事兼侍讲学士，吏部左、右侍郎，后充《大明会典》副总裁、南京礼部尚书协掌詹事府事。在任期间，疏言"边军困苦，冗官扰民，赃吏害民，酷吏肆虐，内臣贪暴"②；疏奏厂卫不应干预朝议和私典刑狱，太监不得干政，官吏升迁"不宜困资格"。在南京任内，禁办丧事设宴，惩治娼户市良人女。霍韬还反对海禁，认为中外贸易是"互为利市焉，中国不可拒之以自困。唯佛郎机则贼人之杰也，不可不拒。因拒佛郎机并拒诸番，非策也。为今之计，在诸番之来则受之，在佛郎机则斥之，否则厉兵以防之，示之必诛"③。霍韬的主张，反映出其开明、进步的思想，符合社会经济、政治、文化发展的要求，与那些主张禁海者相较，实胜一筹。

袁崇焕，万历四十七年（1619年）中进士，授邵武知县后，"好谈兵"，常与"老校退卒"谈论东北边塞事，从而知道险要地方的情形，"以边才自许"。天启二年（1622年），擢兵部职方主事，获知驻广宁明军溃败，朝廷拟撤兵扼守山海关时，他便单骑出关内外视察，回京后自请守辽，超擢佥事，监关外军。他采取守而后战的策略，筑宁远城（今辽宁省兴城）为关外重镇，自率军守御，遣将分据锦州、松山、杏山、右屯及大、小凌河，并修城郭，将防卫向前推进200里。天启六年（1626年）正月，后金努尔哈赤统兵13万进围宁远，袁崇焕"清野以待"，激励将士死守，发巨炮攻击，后金军溃败，努尔哈赤受重伤。这次重大胜利极大地鼓舞了明军的士气，从而收复大片土地。明廷升袁崇焕为右佥

---

① 庞思纯著：《明清贵州七百进士》，贵州人民出版社，2005年，第3～4页，第10～11页。
② 过庭训：《本朝分省人物考》卷一一一，天启二年（1662年）刊本。
③ 屈大均：《广东新语》卷一五，《货语》。

都御史，旋授辽东巡抚，加兵部右侍郎，命督关内外。天启七年（1627年），袁崇焕又大败清军，获宁锦大捷。后辞官回乡。思宗即位，擢兵部尚书兼右副都御史，督师蓟、辽，兼督登、莱、天津军务。他在《边中送别》诗里云：

> 五载离家别路悠，送君寒浸宝刀头。
> 欲知肺腑同生死，何用安危问去留。
> 杖策只因图雪耻，横戈原不为封侯。
> 故园亲侣如相问，愧我边尘尚未收。①

此首诗反映了他根本不计较个人的安危得失，率军打仗最根本的是报效国家、为国雪耻的爱国素志。然而，这样一位浩气磅礴的杰出军事家，却被崇祯帝以"莫须有"的罪名而冤杀。《明史·毛文龙列传》说："自崇焕死，边事益无人，明亡征决矣。"梁启超在《袁督师传》里说："若夫以一身之言动、进退、生死，关系国家之安危，民族之隆替者，（岭南）于古未始有之。有之，则袁督师其人也。"

广西全州县的蒋冕兄弟，于成化二十三年（1487年）同登一榜进士，后一起成为明朝尚书，有"兄弟尚书"之美誉。蒋冕还著书《湘皋集》33卷。临桂县的吕调阳，18岁考中举人，后又考取进士，在明廷为官30年之久，深得神宗器重。万历初年任内阁次辅，成为首辅张居正进行改革的得力助手。临桂人屠楷，嘉靖二年（1523年）进士，历任兵部车驾司主事、吏部验封司主事，考功司、稽勋司、文选司郎中，通政司誊黄右通政，南京工部尚书、兵部尚书等职。任官多年，清廉洁身，深受百姓称赞。著有《铨司赘录》、《西隐漫稿》。柳州人徐养正，嘉靖二十年（1541年）进士，历任翰林院庶吉士、户科右给事中、广东肇庆府推官、南京通政司参议、南京户部左侍郎、南京工部尚书等职。为官刚正不阿，敢于上疏弹劾严嵩之子严世藩"窃弄父权、嗜贿张焰、词连仓场"等罪行。著有《蛙鸣集》、《范运吉使》等书。柳州人张翀，嘉靖三十二年（1553年）考取进士，历任刑部主事、吏部主事、大理少卿、右佥都御史等职。为官刚直不阿，敢于上疏弹劾奸臣严嵩。著有《鹤楼集》十二卷、《浑然子》一卷。

---

① 嘉庆《东莞县志》卷四六。

贵州省明代考中进士109名中，具有军籍者32人，官籍者35人，民籍者28人，无籍者15人，分布全省各地。同时，在考取进士者中，有不少家族是屡登科名而一家连续荣膺进士者。例如安平县（今平坝县）的陈恭锡，一家就是一门四进士、父子两翰林的典型。陈恭锡之父陈祥士是明末拔贡，朝考第一，任四川庆符县知县。清兵入关后弃职归里。顺治十五年（1658年），清兵入贵阳，祥士不愿仕清，拟组织武力反清复明。祥士生七子，其第五子陈恭锡为改变明末遗民的身份，参加康熙三十八年（1699年）科考，举贵州乡试第十三名，授直隶丰润县知县。恭锡中举，不仅仅改变了明末遗民身份，而且为其子孙登科进士创造了优越条件。康熙末年至乾隆初年，其子陈法、陈澂兄弟联袂而起，先后考中进士。陈法后入翰林院，后出掌大名道，成为贵州著名的理学家。陈法之子陈庆升，继承家学，努力攻读，于乾隆中考中进士，亦入翰林；陈庆升之子陈若畴亦于嘉庆时登第，考中进士。故陈氏三代"一门四进士，父子两翰林"，成为平坝的佳话。①

二、民间私人教育

明代珠江流域民间私人教育包括三种形式，即半官方的民办社学、义学，遍布城乡私人承办的私塾、家馆，书院。

1. 社学、义学

这是一种半官方性质的地方民办教育，包括义学、社学等各类学校。始建于洪武八年（1375年），此年太祖"诏有司立社学，延师儒以教民间子弟，十六年诏民间立社学，有司不得干预。其经断有过之人，不许为师"②。于是珠江流域的广东、广西、云南、贵州等省的府、州、县纷纷兴办社学，如广东新会县的民办社学达15所之多。清顺治九年（1652年）规定全国"每乡置社学一所，择其文义通晓、行谊谨厚者补充社师，免其差役，置给廪饩养赡"。于是潮汕地区各

---

① 庞思纯著：《明清贵州七百进士》，第3页、第266页。另，明代贵州进士四籍者合计为110人，当属原书疏漏。

② 王圻：《续文献通考·社学》。

县办起社学 34 所。到康熙二十五年（1686 年），清廷以社学多滥为由下诏整饬，自始社学开始式微。随之兴起创办照顾贫穷家庭子弟入学就读的义学。清朝中叶，仅潮汕地区兴办的义学达到 30 多所。

贵州省的社学于正统年间（1436—1449 年）由各府、州、县兴办起来，选择名师教诲蒙童。据史料记载，弘治十七年（1504 年），普定卫在城内东大街、关王庙、南门外、北门及东关各设社学，成清卫于所辖五个千户所各设社学 1 所，平坝卫于卫城东、西、北各街共置社学 6 所，都匀卫于治北及麻哈州各置社学 1 所，安南卫置社学 3 所，新添卫置社学 2 所，平越卫置社学 1 所。① 嘉靖年间（1522—1566 年），普安州共设置社学 18 所。② 万历三十六年（1608 年），遵义县设置社学 14 所，普安州置社学 2 所，桐梓县置社学 22 所，绥阳县建社学 27 所，仁怀县建社学 22 所，共计 87 所。③ 按贵州提学副使沈思充的主旨，每社学设教师两人，一师专教蒙童，一师讲述文义典故。

广西最早兴办的社学是洪武二十八年（1395 年），当时是崇善县知府陈维德率先兴建。到了正统年间（1436—1449 年），庆远府的一些县也建置社学。据史籍不完全统计，从洪武二十八年至崇祯末年（1395—1643 年），广西兴建社学共 232 所，其中壮族聚居地区 95 所，占 41%，其分布是：崇善县 20 所，田州 1 所，养利州 4 所，思明土府 2 所，南宁府 4 所，左州 2 所，武缘 19 所，永康州 1 所，隆安 42 所。

清代从康熙到乾隆年间（1662—1795 年），广西各地相继兴办社学，但比明代逊色多了。据不完全统计，清代广西共办社学 69 所，比明代少多了。与此同时，广西亦兴办义学，从时间上来说，义学兴于康雍时期（1662—1735 年），嘉、道、咸、光时期（1796—1908 年）又出现新高潮。据不完全统计，康雍乾时期（1662—1795 年），广西兴建义学 112 所，至光绪年间（1875—1908 年），共建义学 237 所，其中壮族聚居地区共建 127 所，占总数的 54%。可见广西少数民族教育得到高度重视，不让于其他省区。

元明时期云南省由于官学大兴，私学日减，明史无记载。但到了康雍年间，

---

① 万历《贵州通志·合属志》。
② 嘉靖《普安州志·学校》。
③ 道光《遵义府志·学校》。

社学、义学也兴起来。康熙五年（1666年），富民县创建义学。康熙八年（1669年），姚州兴置义学。雍正元年（1723年），云南各州县设立社学、义学。雍正三年（1725年），"议准威远地方建立义学，先令熟番子弟来学，日与汉童相处，宣讲《圣谕广训》。俟熟习后，再令诵习诗书，以六年为期，如果教导有成，熟师准作贡生。三年无成，该生发还，别择文行兼优之士。应需经书日用，该督抚照例办给。俟熟番学业有成，令往教诲生番子弟。再俟熟习通晓之后，准其报名应试"①。到了乾隆年间（1736—1795年），云南布政使陈宏谋令通省乡村创立义学，其时学馆林立，极盛。据不完全统计，清代云南共办置义学583所（云南义学称馆），呈后来居上发展势头，超越许多省区，为后来云南基础教育奠定了深厚的基础。

上述社学和义学到明中叶以后，就逐渐式微了，已有不少贫家子弟不愿读社学、义学的情况。于是一种民间的私人教育形式私塾、家馆开始兴起，并逐步发展成为民间普及教育的主要形式。

2. 私塾、家馆

这是通过私人聘请教师进行教育的一种方式。朱元璋建立明朝初年，有一批元朝遗民不愿意与明朝政府合作，不肯出仕为官，而安于乡间平静生活，其中有相当一部分人靠教书为生。

据暨南大学袁钟仁教授的研究，明清广东私塾和家馆教育分为两种形式：第一种是初级班蒙童教育，第二种是讲解的高级班教育。

初级班蒙童教育的目标是教学生识字认字，教学方法是整天诵读，死记硬背，每日还要练习写字一两张纸，之后是默写。使用的教科书主要有《三字经》、《百家姓》、《千字文》、《千家诗》、《孝经》、《大学》、《中庸》、《论语》、《孟子》等，由浅入深，次第学习。

广东讲解班是高级班，称为家馆，其中又分为"大馆"和"小馆"。小馆由一至三四位士子开办，收费较高；大馆程度更高，学生年龄也较大，学费更高，但可为远途学生提供住宿。教师多是有名的学者或一些不愿做官的名人。例如明

---

① 《清朝文献通考》卷七十，《学校考八》。

朝陈献章（1428—1500 年），在新会县白沙乡办高级私塾，讲学几十年，世称白沙先生，培养了一批有名的学者，如湛若水、梁储、林光、张诩等。湛若水后来曾任南京礼、吏、兵部尚书，并在所到之处，聚徒讲学，弟子遍各省。到了清朝，这种私人办的高级大馆更流行。如广东南海县九江乡的朱次琦，曾任山西襄陵知县，不久辞官回乡，在礼山草堂讲学 20 多年，世称九江先生。其学生有简朝亮、康有为等，都很有作为。

贵州省明清时期在民间也兴起创办私塾之风，其中有一家独办的，也有邻里数家合资共办的，其实都是一种民办的社学。贵州受山岭重叠障碍，人们分散居住在山间高地，官办社学无法普及，所以私塾十分盛行，故王守仁特赋"村村兴社学，处处有书声"之诗予以赞扬。

3. 书院教育

明清时期书院在珠江流域蓬勃发展，成为流域教育文化的十分的重要内容，而且影响深远。钱穆先生对书院给予了极高的评价：

> 宋、元、明、清四代的书院制度，则是一种私立学校而代替着佛寺严肃讲学之风的。书院的开始，多在名山胜地，由社会私人捐资修筑，最重要的是藏书堂，其次是学员之宿舍，每一书院，常供奉着某几个前代名儒的神位与画像，为之年时举行祀典。可见书院规模，本来是颇仿佛寺而产生的。稍后则几于通都大邑均有书院。有的亦由政府大吏提倡成立，或由政府拨款维持。但书院教育的超政治而独立的自由讲学之风格，是始终保持的。在那时期里，政府仍有公立学校，国立大学与地方州县学均有。尤其如宋、明两代，常常采取私家书院规则，模仿改进。但从大体说来，一般教育权始终在书院方面，始终在私家讲学的手里。我们可以说，自宋以下一千年的中国，是平民学者私家讲学的中国，教育权既不属之政府官吏，亦不属之宗教僧侣了。[①]

钱穆在这里说的书院，绝非前述那种私塾的文化识字教育，而是属于高层次的教

---

① 钱穆著：《中国文化史导论》，广西师范大学出版社，2004 年，第 189 页。

育,亦可以说是一种带有一定学术性的儒家教育。书院的教学并不像官办私塾那样严格,实际上是学者们的学术讲座。明末的书院还发展成为政治舆论的中心。明清时代书院发展之普及和影响之巨大,胜超宋元两代,出现了繁荣昌盛的局面。在此将有关明清时期全国及珠江流域各省书院数统计如表7.1。

表7.1 明清时期珠江流域书院统计（以现行省区为单位） 单位：所、%

地域	明代书院		清代书院	
	数量	占全国比例	数量	占全国比例
全国	1699	100.0	3878	100.0
广东	156	9.2	342	8.8
广西	71	4.2	183	4.7
云南	66	3.9	229	5.9
贵州	27	1.6	141	3.6
海南	17	1.0	39	1.0
港、澳	1		26	0.7
6省区小计	338	19.9	960	24.7

资料来源：根据邓洪波《中国书院史》（中国出版社、东方出版中心,2004年）第266页、第409页的数字统计制作。

从表7.1可以看出,明清时期珠江流域六省和港澳两区的书院,总数约占全国书院总数的23.3%,分别是明代占19.9%和清代占24.7%。这说明珠江流域的书院教育跑在全国前列,属于中国教育文化发达地区之一。其中明代以广东、广西为最发达地区,清代以广东、云南为最发达地区。从书院的地域分布看,明代以广东书院最发达,共156所,居珠江流域六省区首位,也居全国各省区的第二位；清代,这个相对地位没有变化,广东省仍居第二位,有342所,仅在四川之后。现将这时期各省书院简述如下。

广东在明代也新建不少书院,计有正德年间（1506—1521年）建8所,嘉靖年间（1522—1566年）建78所,隆庆年间（1567—1572年）建4所,万历年间（1573—1620年）建43所,天启年间（1621—1627年）建1所,崇祯年间（1628—1644年）建16所。这些书院,除了在经济较发达的广州、潮州和次发达的惠州、嘉应州、高州、南雄州、罗定州、廉州、钦州（现属广西）、雷州等府之外，在比较偏僻落后的地区如儋州、崖县等（现属海南）亦有设立。书院以广州为多，有20多间。①明代广东最积极创办书院者首推增城县人湛若水，他所到之处"必建书院以祀献章"②。他一生创办了40多所书院，其中在广州办有天官书院、小禺书院、上塘书院、蒲涧书院等，在南海县西樵山、增城、惠州、曲江、英德等地也相继创办书院，共招收学生3900人，学有所成者不下390人。湛若水所办书院，许多设在越秀山、白云山、西樵山、罗浮山等环境清幽的地方，以便使学生远离尘嚣，清心寡欲，刻苦攻读。明代广东书院数量虽然高居全国第二，但由于嘉靖十六年（1537年）二月御史游居敬上疏，斥责湛若水"倡其邪学，广收无赖，私创书院"之罪，因而嘉靖下令拆毁全国书院。嘉靖十七年（1538年），吏部尚书许慧又上书诉责书院之弊；万历七年（1579年），首辅张居正痛恨私人书院讲学，于是书院被毁无数。史载："万历中，时宰忌讲学，毁及院舍，有司奉行，急若风火，而儒绅飒然丧气。嗟嗟！此岂值江陵之煽焰哉？予时督蜀学，凡大益、夔龙等书院，皆不许所司拆卸片瓦，今岿然无恙也。何吾粤独流祸烈若是哉？"③天启五年（1625年），太监魏忠贤又下令焚毁全国书院，并将书院塾师均指为东林党而加以迫害。广东书院四度被毁，从此一蹶不振。到了清康熙年间（1662—1772年）取消书院禁令之后，广东又陆续创办书院，并形成高潮。据统计，有清一代，广东共创办书院415间（另一说是342间），其中官办者258所，私人办153所，计广州府有152所，肇庆府43所，潮州府42所，共237所，占全省书院总数的54.7%，可见书院分布极不平衡，经济欠发达的府、州、县创办书院较少。难怪广东学政徐琪在给朝廷的奏折中实说："文风自以广州、肇庆两府为最优，而广州又以南海、番禺、东莞、顺德、香山、新会数县为尤胜；肇庆则高要、四会、开平、鹤山数县为佳，新兴、阳春则稍次之。"④

明代，广西全省共建立书院71所（一说68所），除修复宋元旧书院4所外，

---

① 刘伯骥著：《广东书院制度沿革》，（台北）国立编译馆中华丛书编审委员会，1978年。
② 《明史·湛若水传》。
③ 郭棐编撰、王元林校注：《岭海名胜记校注》，三秦出版社，2012年，第626～627页。
④ 转引自袁钟仁著：《岭南文化》，辽宁教育出版社，1998年，第149页。

新建 64 所，分布在南宁、桂林、郁林、柳州、梧州等地，其中以王守仁在南宁创办的敷文书院为最有名。嘉靖七年（1528 年），两广总督王守仁到广西镇压农民起义，在邕州城（今南宁市）北门街口处创办敷文书院。据方志记载，此是有相当规模的书院："建有正厅、东西廊房、后厅。日集诸生，讲学其中。后人因立公像于后厅，春秋祀之，名为文成公祠。"① 在王守仁的推动下，广西于嘉靖年间创办新书院 23 所。这些书院有若干数量的学田，租给农民佃种，收租谷充书院经费之用。书院山长由广西巡抚聘任。书院学生要通过入学考试，凡考试名列 1～50 名者，每人每月发给膏火银 2 两；名列 51～60 名者，发膏火银 1.5 两；名列 60～80 名者，发膏火银 1 两。广西书院制定日常考试奖励制度，共分师课与官课两种。所谓师课，是书院塾师出题考试，成绩定为超级、特级和乙级三等，按等级发给奖金，超级、特级发银 2～3 两，乙级发银 1 两；官课由地方官出题，考试后亦按成绩的等级发给奖金。

到了清朝，广西亦大办书院，广收生员入学。先是重修南宋创建的桂林宣成书院，雍正年间增设秀峰书院，道光年间再增设桂山、榕湖书院，成为桂林四大书院，还设立蒙泉、爱日、培风和兑泽四所小书院。除此之外，又在各府州县先后设立许多书院，如桂林府兴安设立漓江、文笔书院，全州设立清湘书院；柳州府设立柳江、象州书院；庆远府设立庆远书院；泗城府设立云峰书院；西林县设立毓秀书院；平乐府设立道乡书院，富川设立富江书院，贺县设立临江书院；梧州府设立传经、鼓岩两书院；岑溪设立藜经书院；浔州府设立浔阳书院，桂平县设立思美书院，平南县设立武城书院，武宣县设立城南书院；南宁府有蔚南、正谊书院，新宁州有吉阳书院，横州有淮海书院；太平府有丽江书院，崇善有桂香书院；永康州有康山书院，宁明州有宁江书院，龙州有暨南书院；镇安府有秀阳书院，郁林州有紫泉书院；博白有环玉书院，北流有抱朴书院，陆川有三峰书院，兴业有石南书院；等等。

云南的书院自明弘治六年（1488 年）在永昌府建立秀峰书院后，陆续建立起来。据统计，弘治年间建 5 所，正德年间建 5 所，嘉靖年间建 24 所，隆庆年间建 12 所，万历年间建 13 所，天启年间建 1 所，崇祯年间建 2 所，不记年代的

---

① 莫炳奎纂：《邕宁县志·学校》，1937 年刻本。

4所，共66所。按地区分布为：大理府15所，云南府13所，临安府9所，楚雄府7所，曲靖府5所，澄江府3所，丽江府3所，永昌府5所，各直隶厅、州共5所，省会昆明1所。

清初，云南书院发展缓慢。顺治年间云南仅建书院2所。康熙时鼓励兴建书院，并直接拨款支持，官吏还亲自为云南育材书院书写匾额以示关怀，又"御赐图书"供书院学子研读。康熙年间云南共兴建书院39所，雍正年间建29所，乾隆年间建37所，嘉庆年间建13所，道光年间建12所，咸丰年间建2所，同治年间建8所，光绪年间建27所，只记明清时代所建（不记年号）的57所。清代，云南共新建书院229所，达到鼎盛。书院分布为：大理府29所，云南府16所，临安府25所，各直隶厅、州41所，曲靖府19所，永昌府6所，澄江府16所（不明建院年代的8所），楚雄府16所（不明建院年代的5所），丽江府7所，昭通府10所，开化府8所，各盐井共10所（不明建院年代的3所），东川府2所，普洱府6所（不明建院年代的1所），顺宁府13所（不明建院年代的6所），广南府4所，省会昆明1所。

贵州的书院始于洪武、永乐年间新添卫（今贵定县）指挥使叶凤翱在卫城办魁山书院。到嘉靖、万历（1522—1620年）达到鼎盛，共建书院20多所。弘治初，卫人周瑛在兴隆卫建草庭书院；三年，程番府知府汪藻在定番城建中峰书院；十六年（1503年），贵州按察司副使毛科在贵阳、铜仁分别兴建文明书院和铜江书院。正德初年，王守仁被贬发贵州龙场驿（今修文），创办龙岗书院。正嘉年间，黎平府何志清等人在南泉山天香阁创办天香书院。嘉靖七年（1528年），平越卫佥事朱佩在卫城创办石壁书院；十四年（1535年），巡抚王杏在贵阳城东办明阳书院；十五年（1536年），王溥在编桥卫办南山书院；二十一年（1542年），贵州提学副使蒋信在省城办正学书院；嘉靖年间，刑部主事张翀被贬贵州都匀时创建鹤楼书院，另一贬官陈邦敷在平越卫建中峰书院，镇远知府黄希英建紫阳书院，兴隆卫建月潭书院。隆庆年间，石阡知府郑维京建明德书院，思南府田稔、推官伍次和郡人李渭在府城建立为仁书院。万历年间，施秉知县张月建兴文书院，提学副使徐秉正建南皋书院，思南府同知周以跃建大中书院，兵备道陈性学在毕节建青螺书院。①

贵阳的书院受王阳明（王守仁）心学的影响较深，除了王守仁亲手创办龙岗书院外，还有以"阳明"命名的阳明书院。许多学院都讲阳明心学。正德元年（1506年），王守仁（时任兵部主事）因忤宦官刘瑾被贬贵州，于是他利用龙岗书院讲"致良知"和"知行合一"学说，从学者30多人，著名者有陈宗鲁、汤伯元、叶子苍等。他讲学的方式十分灵活，生员可以自由发问，他根据自己的见解随时解答，充分展开辩论，师生相互切磋，《龙场生问答》一文便是当年王守仁与生员讨论的记录。为了给书院树立新风，王守仁定下了《教条示龙场诸生》："诸生相从于此，甚盛，恐无能为助也。以四事相规，聊以答诸生之意。一曰立志，二曰勤学，三曰改过，四曰责善。"从这里可以窥见王守仁的教育思想。"立志"就是要求学生树立远大理想，他说："志不立，如无舵之舟，无衔之马，漂荡奔逸，终亦何所底乎？"故必先立志而后才能笃行。"勤学"要在"勤确谦抑"、"勤学好问"上下功夫，"称人之善，而咎己之失；从人之长，而明己之短"。"改过"乃"致良知"的要诀，"不贵于无过，而贵于能改过"，只要能改过者便可成为"大贤"。"责善"是"知行合一"的最终目标，教师对学生应"忠告而善道之"，学生对教师应"直不至于犯，而婉不至于隐"，"教学相长"，方可责善。总之，龙岗书院开启了贵州自由讲学之风，颇具独立思考、个性解放的特色，这在当时国内各书院中是十分突出的。

贵阳文明书院是贵州最早建立的书院之一。文明书院规模宏大，徐节在《新建文明书院记》中说："选聪俊幼生及儒学生员之有志者二百余人，库五经教读六人，分斋教诲。"② 正德四年（1509年），席书任贵州提学副使，因慕王守仁的思想、才学和为人，特聘请他来书院，亦仿龙岗书院的教学方法，"为师者知其所以教，为弟子者知其所以学"。嘉靖十四年（1535年），巡抚王杏又建阳明书院，旨在弘扬阳明心学，"倡明良知之旨以立教"。嘉靖十八年（1539年），王学弟子蒋信调任贵州提学副使，以为王学"直契吾儒之正脉"，遂建正学书院，亲自临院讲学，听者莫不鼓舞。都匀的两所书院也是贵州当时传播王学的中心。张翀建"读书堂"，认为"人之有堂所以安身也，堂之有书所以明心

---

① 郭子章：《黔记·学校志》，明崇祯刻本。
② 嘉靖《贵州通志·新建文明书院记》。

也"。在他的启迪下,都匀士人努力读书,后建立鹤楼书院。邹元标在都匀六年,聚徒传播阳明心学,陈尚象、金显风、吴铣等人皆从其学,后来以邹元标的号"南皋"命名书院。文明书院、阳明书院、正学书院、鹤楼书院、南皋书院皆继承和发扬了龙岗书院的精神。

书院的经费,一部分是由学官拨给,大部分是靠地方官绅及民众捐赠。一般购置学田,收取租谷养学。例如南皋书院,有学田28亩,后又由都匀府续置12亩;阳明书院有学田5份,每年可收取租银若干两。书院平时的开支主要是两项:一项是教师的酬金("束脩"),另一项是学生的津贴("膏火")。

到清雍正十一年(1733年)诏令各省创办书院之后,贵州更是大举兴办书院。雍正十三年(1735年)贵州巡抚元展成首先建立贵山书院(在阳明书院原址重修)。乾隆年间全省先后建书院20多所,嘉庆年间又建10多所,道光年间再建20多所。这些书院分布在全省各府州县中,计有:贵阳府13所,安顺府11所,遵义府14所,镇庭府11所,思南府5所,黎平府20所,平越直隶州7所,都匀府18所。其中以贵山书院为最大的书院,共有学生一两百人,许多博学名师在此主讲。如研究治水颇深的陈法就在此主讲20年之久,为贵州培养了不少人才。如被誉为滇黔以状元及第夺魁第一人的赵以炯就是在此院读书成才的。

综上所述可以看到,明清时期珠江流域的书院在全国占有举足轻重的地位。到了晚清,随着光绪二十七年(1901年)光绪谕旨"着各省所有书院,于省城均改设大学堂,各府、厅、直隶州均设中学堂,各州、县改设小学堂"下达后,珠江流域各省的书院逐渐先后停办或改为学堂,进入近代教育时期。

三、澳门的近代化教育

澳门开埠(1553年)之前属香山县的一个小渔村,其居民的教育主要是私塾及社学。相传明代澳门有更馆社学,现沙梨头的土地庙就是其遗址。明末清初,在前山一带建有凤山、凤池书院。乾隆四十三年(1778年)和嘉庆六年(1801年),望厦村的赵元骆、赵元篬父子先后考取举人。足见明清时期,澳门居民的教育与广东内地是相同的。

自从葡萄牙人于明嘉靖三十二年（1553年）进入和以后租居澳门开始，至清道光二十年（1840年）的近三百年期间，天主教耶稣会士纷纷随商船来澳门传教，加上葡萄牙等外国人在澳门长期定居而需要对他们的子弟进行文化教育，故由澳门教会创设学校，对儿童进行启蒙文化教育。于是1579年在大炮台山开设一所小学，称圣保禄公学，教授儿童学习文化。1579年已有150个学生入学。1582年公学搬到今澳门大三巴牌坊处办学，学生增到200人。此外，还有一些传教士来公学学习汉语和拉丁文。公学的经费由政府支持。从1574年起，葡萄牙国王从马六甲税收中拿出1000 cruzados资助公学办学。1578年起，葡萄牙商人每年从获自中国的1600担生丝出口中抽取50担，给耶稣会士运往日本出售，赚取数千金币作为办学的开支。

　　后来，随着罗明坚和利玛窦于1583年进入广东肇庆、韶州、南雄用汉语传教成功，耶稣总会规定凡入华传教的耶稣会士，一律要在澳门学习中国语言文字和中国的礼仪风俗。这样，耶稣会东方视察员兼副主教范礼安（Alexandre Valignani）向罗马耶稣会总会长建议和请求，在澳门创办一间大学，专门培训进入中国内地以至日本等东方国家传教的耶稣会士，以便进一步开展传教活动。经批准，果阿耶稣会会长鲁得拉斯（Antonnius de luadros）于1594年12月1日委托方济各·贝勒兹（Francois Perez）、代宰拉（Emmanuel Teixeira）和平托（F. Andre Pinto）三人，将原来只有小学程度的圣保禄公学扩大和升格为大学，名曰圣保禄学院（Colegio de SaoPaulo），并正式注册成立，首任院长是孟三德（Eduardus de Sande）。在学院任教的均是有名的学者，如教数学的艾儒略（Julius Aleni）、毕方济（Franciscus Sambiasi）、邬若望（Jeannes Uremon），教哲学的孟儒望（Joannes Monteiro）、安文思（Gabriei de Magalhaes），教神学的王丰肃（Alfonso Vagnoni）、李若望（Joannes Pereira）、阳玛诺（Emmanual Diaz Junior）等，还有教授中文的中国教师。这就是澳门第一所正式的大学，也是中国以至远东国家的第一所西式教育的大学。它比日本东京大学的创办（1877年）早283年，比中国内地最早创办的近代大学上海圣约翰大学（1879年）早285年。学院根据在中国传教的需要，参考葡萄牙科英布拉（Coimbra）大学的教学程序设计课程，设置有中文、拉丁文、哲学、神学、数学、天文学、物理学、医学、音乐、修辞等课程。其中中文课程是最重要的必修课，人人要学，学时最多。因为它是在中国以至远东进行传教必需的沟通工具,不但学生要学,而且连一些教授也要学。例如艾儒略,既是数学教授,又是在学院学习中文的学生,故其名字也列入该院毕业生名册之中。

圣保禄学院招生的对象主要是欧洲的耶稣会士,其次是中、日的修生。1600年左右,在这规模宏大的圣保禄学院中,所居住的耶稣会士约有60、80或80以上之人数。据统计,曾在学院攻读毕业而入华传教的欧洲耶稣会士有200人左右,其中有年代可考者122人,占毕业人数的60%,占1553—1770年入华传教的467名会士的26%。圣保禄学院招收的中国学生有30多人,这些学生经过培养教育,毕业后同样派往珠江流域乃至中国其他地区传教。

圣保禄学院的创办,使澳门成为亚洲文化中心,许多欧洲国家的青年均慕名而来学习,促进了欧亚之间的文化交流,澳门成为文化名城。同时,圣保禄学院成为珠江流域以至整个中国的一所外国人在澳门创办的欧洲近代化的高等学府,对中国近代教育产生深远影响。可以说,它是珠江流域教育文化史的奇葩。

随着澳门商业的发展和基于传教事业的需要,1727年,澳门创办了第二所大学——圣若瑟修院。该院建立时称圣保禄分院,俗称"三巴仔学院",与圣保禄学院的俗称"大三巴学院"相对应。圣保禄学院着重培养东来传教的西方传教士,注重汉语及中国文化教育;圣若瑟修院则注重培训中国的教士,神学是一门重要课程,课程有神学、科技、数理、拉丁语等科目,尤重科技一科,从而成为澳门科技教育的开端。由于圣约瑟修院是培训中国的教士,亦是双语教育,所以在推进中西文化交流方面起了承上启下的重要作用。当时在此最有成就的教师是葡人江沙维(P. J. A. Goncalves,1781—1841年)。他1813年6月28日抵达圣约瑟修院任教,并在此度过余生,先后任英语、汉语、音乐教师。他在汉语方面造诣极深,先后编撰了中葡、葡中、中拉、拉中字典,著有《汉字文法》、《拉丁文法》、《汉语语言》等教科书,被欧洲人誉为"汉语大师"。他于1831年编撰的《拉丁中华合璧字典》,1922年在北京第5次印刷,直到1936年法国人编撰《中法字典》时仍以此为蓝本。他在澳门逝世时,人们为他写墓碑曰:"为葡国争光的人,为澳门争光的人。"第二位出色的教师是江沙维的学生玛吉士(J. M. Marques,1810—1867年),是土生葡人,双语造诣亦极高。他撰写的《外国地理备考》一书于1847年出版后,深受中国读者欢迎,影响很大。该书大部分内容被林则徐委托魏源编写的《海国图志》采用，对中国人开眼看世界以至日本的明治维新运动都产生了巨大的影响。

道光十九年（1839年），基督新教传教士、美国耶鲁大学毕业生塞缪·布朗（Samael Robbin Brown）在澳门办起了第一所西式小学——马礼逊学堂。开始只招收学生6人，年龄11～16岁，免收学费，提供食宿和必要衣物，全部在学校寄宿。学生学习时间从早上6时到晚上9时，半天读中文，半天读英文，一天有4小时在户外场地运动娱乐。中文课程包括"四书"、《诗经》、《书经》、《易经》等，英文课程有天文、地理、算术、代数、几何、生理、化学、历史、作文、音乐、美术等。中文课程由华人教师任教。马礼逊学堂所开的中文课程与中国传统私塾、官学课程一样，但增加了外国课程，使学生增长知识，开阔视野。该小学共开办了10年（1839—1850年），共招收学生52人，除中途退学及开除者外，真正培养的学生32人。其中最有名者是容闳、黄宽和黄胜。容闳原来在郭实腊夫人办的小学转来，黄宽和黄胜则先后于1840年3月13日和1841年1月1日入学。1847年，容闳等3人随布朗去美国读书，成为中国最早的留美学生。他们到美国后，布朗介绍他们入孟松学校（Monson Academy）读中学。之后容闳考入耶鲁大学，毕业后回国到上海开办工厂，成为中国创办民族工业的先驱和推动以后留美运动的积极分子。黄宽考取苏格兰爱丁堡大学医科，1857年毕业回国，在广州金利坪仁济医院当医生，成为广州第一名真正的西医生。黄胜到美国后因病提前于1848年回国，1864年在上海广方言馆教授英语。

澳门这两所大学和马礼逊学堂的创办，对于珠江流域近代教育产生深远的影响是无可置疑的。

第五节　学术流派崭露头角

学派是一种学术源流或派别，有自己的学术特色和风格，因而能够立于学术之林，占有一定位置。珠江文化发展到明代，无论在学术渊源、学术思想和研究方法上都形成了自己的特色，即不仅在学术观念上产生成熟的思想理论，卓然独立于学坛，而且特别强调经世致用，走出书斋，为社会服务，涌现出以陈献章、丘濬、海瑞为代表的一批时代文化精英。他们以自己的思想和言行,对推动中华文化发展贡献良多,也在珠江文化史上树立了一堵丰碑,后人仰止。

一、白沙学派

陈献章作为明代一代教育家,培养了一大批有用之才,在珠江教育史上树立了一座不朽的丰碑。而陈献章在珠江文化史上的突出贡献,在于他创立了江门学派,构建了独具理论特色的江门心学思想体系,实现了明代文化由理学向心学的转向。陈献章这种突出的历史功绩,同样彪炳于中国思想文化史册。

明太祖朱元璋推翻了元朝的统治后,建立了高度统一的中央专制集权国家。在政治上,明王朝实行皇帝独揽大权的中央集权统治;在文化上,实行文化专制政策,奉程朱理学为正宗,将其抬到了至高无上的地位,思想界、学术界唯程朱理学是从。朱熹传注的《论语》、《孟子》、《大学》、《中庸》(即四书)取代并超过了孔子删定的《六经》,成了当时读书人的必读书和谋取个人功名利禄的工具。这种唯程朱理学是尊的学术氛围,导致整个明初文化陷入僵化的困境之中。陈献章对这种现状深有体会,并为此而深深地忧虑:"此学寥寥,世间无人整顿得起,士习日见颓靡,殊可忧也。"[①] 正是这种文化忧患意识,促使陈献章创立江门学派,其主要内容和创新包括两个方面。

一是"自得之学"的自我取向。黄宗羲在《明儒学案·师说》中对陈献章思想内容和理论特色作了经典式的概述:"先生学宗自然,而要归于自得,自得故资深逢源,……可谓独开门户,超然不凡。""独开门户"是指其偏离程朱理学的正宗地位,另辟蹊径,以其非正宗性的思想特色在学术旨趣、价值取向等方面突破、超越程朱理学。

理学与心学是宋明理学的不同学术派别,它们都以理或心为本体,建立道德本体论的宇宙论哲学体系。在基本价值取向上,它们注重精神的价值、道德的价值,强调理性对感性的调控和节制,因而在基本的价值观念上表现了大致的一致性。但是,由于它们建立道德本体哲学体系所遵循的思想路线的差异性,从而使

---

① 《与胡金宪提学》,《陈献章集》,中华书局,1987年,第153页。

理学与心学在具体的价值指向上体现了惊人的异向性。理学直接从理出发，经过心把理变成人的道德本性，从而使宇宙本体与道德本体即理与心合一。而心学直接从心出发，把心上升为宇宙本体，从而使道德本体与宇宙本体、心与理合一。在这里，因为理是内在于心的，因而心与理的关系，其主导方面在心不在理。这样，心与理的合一是内在的自觉的合一，心与理分而为二的可能性就消失了。就其价值取向而言，心的内在性、自觉性决定了道德本位在心，突出的是个体伦理。心与理合一就是个体伦理与群体伦理的统一。

明初程朱理学成为正统思想而独尊，天理被抬到了至高无上的地位，而以天理为本位的社会群体伦理越来越外在化、工具化。一方面，社会群体伦理与个体伦理的关系越来越疏离，与感性的世俗现实生活的距离越来越遥远；另一方面，由于天理的工具化、功利化，天理也就成为少数人谋取个人名利的手段。这样一来，天理的理性精神光辉、教化作用，以及天理对感性的调控、节制功能被削弱了；社会群体伦理对个体伦理的示范、启迪作用失灵了。随之而来的当然是社会秩序的混乱、社会心态的失衡和社会伦理的滑坡。江门心学的建立，从理论上解决了社会群体伦理与个体伦理的矛盾，挽救了社会道德危机。

江门心学把道德本体确立在自我一心的位置上，其实质就是突出自我的个体价值。陈献章强调，在确立自我的主体地位以后，由自我出发，有选择性地选取包括前人的语言文字在内的所有外在的东西，使它们与自我相契合，决不能以它们为主体，使自我受它们的影响、蒙蔽，成为它们的附庸。这就是江门心学的法门。以此为基础，江门心学的主题就是在任何时候、任何场合下必须树立主体的自我形象，高扬主体的自我价值。这样，自我在宇宙中居于至高无上的地位，成为宇宙中最有价值、最可宝贵的东西。"宇宙内更有何事，天自信天，地自信地，吾自信吾；自动自静，自阖自辟，自舒自卷"。[①] 自我与天地并立而为三，是天地万物的主宰而不被天地万物主宰，当然也不被社会群体伦理秩序所压抑。相反，宇宙中万事万物以自我为中心，万事万物的价值因我而显现。"天地我立，万化我出，而宇宙在我矣。……得此霸柄入手，更有何事？往古来今，四方上下，都一齐穿纽，一齐收拾，随时随处，无不是这个充塞。"[②] 不管天地万物

[①] 《与林时矩》，《陈献章集》，第242页。
[②] 《与林郡博》，《陈献章集》，第217页。

如何变化，自我在宇宙中的中心地位不会动摇，自我的个体价值也不会失落。"天地之始，吾之始也，而吾之道无所增；天地之终，吾之终也，而吾之道无所损。天地之大，且不我逃，而我不增损，则举天地间物既归于我，而不足增损于我矣。"① 自我价值在江门心学中得到高扬。在自我与天地万物、心与理的关系中，自我、心始终处于主导的方面，天地万物、理始终处于从属的方面。从价值指向层面考察，江门心学思想体系中，自我的个体价值、自我的个体伦理处于主导方面，社会的群体价值、社会的群体伦理处于从属方面。心与理合，不是以理为主，心合于理，而是以心为主，理合于心。在江门心学中，道德本位由天理转向了心，由社会群体转向了个体。理学向心学转向了，整个明代文化发生了转化。这是江门心学的突出贡献，也是它的真正价值所在。

江门心学突出主体的自我价值，又体现为主体的立诚、立志。所谓诚是指天道与人道、天与人的合一，也是理与心的合一（而与"诚"相对的为"伪"）。陈献章把"诚"与"伪"作为划分君子与小人的标准，认为君子确立心的主体地位，就能成就治国平天下的大业，小人被各种外在的世俗规范所干扰，连身家性命都保不住，原因在于君子从心出发，实现心与理的合一。这样，"诚"就由外在的东西转换成了内心的东西，只要"诚"变成了主体的内在精神，以自我为主体，世界上没有什么事情是做不了的。

与立诚相联系，江门心学十分注重自我的立志。陈献章认为自我立志是个体自立、自贵，实现个体价值的紧要之处。"甚矣，人不可无志也。"② 他认为人生志向的可贵之处在个人道德的完善、人格的高尚，而不在其社会地位的显赫。一个人如果位过其德，这是不正常的现象，因而也不能长久保持。因此，个人在宇宙中应该珍惜自身的价值，不应为了个人名利地位而患得患失、频于奔波。"人一身与天地参立，岂可不知自贵重，日与逐逐者伍耶？"③

为了实现人生的志向，陈献章首先从惜时的角度进行了阐述。他认为人生是有限的，人应该充分把握有限的年华，及时确立人生的志向，不应蹉跎岁月，虚度年华。"呜乎，人所得光阴能几，生不知爱惜，漫浪虚掷，卒之与物无异。

---

① 《论前辈言铢视轩冕尘视金玉》，《陈献章集》，第55页。
② 《丁知县庙记》，《陈献章集》，第35页。
③ 《与董子仁》，《陈献章集》，第229页。

……彼文章、功业、气节,世未尝乏人,在人立志大小。岁月固不待人也。"①其次,陈献章认为,要实现人生的志向,还应该排除阻碍人生志向实现的各种干扰。"夫人生几何,徒以难得之岁月,供身外无益之求。弊弊焉,终其身而不知悔,惜哉!"② 这是说,人如果将宝贵的时间用于与人生价值毫无补益的世俗追求,不仅不能实现人生的价值,反而会因消费时光而带来无穷的惋惜和悔恨。

二是"自然为宗"的人生真谛。"自然为宗"作为人生哲学的起点和基本要求,是排除一切人为的外在的东西对人的束缚和干扰,使人按照自己的自然本性而无拘无束地生活。在陈献章看来,一切人为的安排都是妨碍人的个性自由的障碍,应当给予彻底扫除。人生应该像自然界中的日月、星辰运行那样自由自在,毫无牵滞。个人的进退取舍、言行举止都应自然而然,不为人为的世俗成规陋习所左右和支配,也不受个人自身的聪明才智所指使。"道本自然,人不可以智力与,才欲自然,便不自然。"③ 陈献章认为,自然完全是人的本真状态的流露和表现,它没有任何人的故意做作的痕迹。同时,"自然"是处理人生事务的准则,陈献章把它应用到自己的诗文创作中,以自然指导自己的诗文创作。文章的体制、创作的形式可以多样化、个性化,不应拘守人为的固定模式。进一步说,人生的出处进退也应不拘格式,同样以自然、不着安排为主旨。

陈献章强调自然为宗、不着安排的人生哲学,其真谛就是提倡个性自由、人格独立,其表现形式就是"忘己"、"无欲"。"以自然为宗,以忘己为大,以无欲为至"。"忘己"就是超越一己私欲的束缚,"无欲"就是消除私欲的羁绊。在陈献章看来,不论是外在的天理,还是外在的私欲,都是束缚个体自由的桎梏,是人生无形的累赘。陈献章《观物》诗曰:

  一痕春水一条烟,化化生生各自然。
  七尺形躯非我有,两间寒暑任推迁。④

陈献章认为,宇宙间的万事万物都自然而然地生化和消灭,每个人都应该超越七

---

① 《漫笔示李世卿湛民泽》,《陈献章集》,第80页。
② 《与张廷实主事》,《陈献章集》,第169页。
③ 黄宗羲:《明儒学案师说陈白沙案语》,《陈献章集》,第864页。
④ 《陈献章集》,第683页。

尺形体的束缚，与自然生化、流转的宇宙为一体，不被外在的人为的事物所纠缠，不受包括人类以往创作的各种书籍在内的传统知识的摆布。任何人学习的目的是为了确立自我的价值，外在知识的学习有助于自我价值的实现，应该接受外在的知识；但如果外在知识成为自我价值实现的障碍，则应彻底抛弃、否定它。

江门心学"自然为宗"的人性哲学立足现实的世俗生活，崇尚隐儒式的生活方式。这是以道家人生哲学为范式，主张回归自然，与麋鹿为群，与禽鸟为伍，逍遥自在，无拘无束。"游目高原外，披怀深树间。禽鸟鸣我后，鹿豕游我前。冷冷玉台风，漠漠圣池烟。闲持一觞酒，欢饮忘华颠。逍遥复逍遥，白云如我闲。"① 在这种既入世而又超世、既远离尘世而又立足尘世的生活中，陈献章种田、养花、钓鱼、游山、吟诗、弹琴、访友、戏孙等，既体现道家的人生风范，又享受儒家的人世天伦之乐。这使他在现实的艰难人生中看到了人生的未来，并对人生未来充满了无限的憧憬和希望：

> 灯残四壁漏痕斜，老屋回风落细沙。
> 乾坤更有晴明日，为报家人莫怨嗟。②

诗里闪烁着陈献章人生哲学的光辉，鼓励人们不断进取、不断追求。

陈献章创立江门学派，形成独具理论特色的江门心学思想体系，为广东文化作出了突出的贡献，在中国哲学史上产生了深远的影响。明黄宗羲《明儒学案·白沙学案》称："有明之学，至白沙始入精微"。《明史·儒林列传》则说："学术之分，则自陈献章、王守仁始"。近人认为陈献章上承宋儒理学，下启明儒心学先河，为一代开山大师，以致时人曰："天下莫不知有白沙先生。"其著述有《白沙子全集》九卷。今人辑有《陈献章集》传世中。江门有陈白沙祠，为广东省文物保护单位。

二、甘泉之学

江门学派不是一个人，而是一个学术群体，从陈献章游学者，代有其人。湛

---

① 《和陶归田园（三首）》之一，《陈献章集》，第292页。
② 《五月二十七夜飓风作，屋漏》，《陈献章集》，第554页。

若水（1466—1560年），字元明，号甘泉，广东省增城县甘泉都人，学者称他为甘泉先生。弘治五年（1492年）举于乡，六年会试不中。他本无意于仕途，但从母命而入南京国子监读书，弘治十八年（1505年）考取进士。正德元年（1506年）在京师，认识王守仁之后仕途通顺，升任南京礼部尚书。转任吏部、兵部尚书，嘉靖十九年（1540年）退休，三十九年（1560年）卒。湛若水生前所到之处，必创立书院以奉祀其师陈献章，以示怀念。他到处讲学，亦培养了大批弟子，并在明中叶逐渐形成一个学派，因为黄宗羲撰写《明儒学案》时，为他专撰一卷，即《明儒学案》卷七十七《甘泉学案一》，称"甘泉之学"，在理学界称之为"广宗"、"广派"，与以王守仁为代表的"浙宗"齐名于明代学坛，在京师有相当的影响。史载："时王守仁在吏部讲学，若水与相应和。"① "时阳明王公在吏部，相与倡道京师。场屋所取士，修撰吕柟、主事王崇辈和之。道价日著，学者称甘泉先生。"②

湛若水仕途顺利，有机会畅游赵燕，讲学齐鲁，浸润并吸收中原文化精华，使得其学术思想博大精深。因为他身居高位，在各处建立书院30多间，招收弟子"三千九百余"，对传播陈献章的"心学"作出了巨大贡献。晚年致力讲学著述，著作甚丰，主要有《心性图说》、《樵语》、《古本小学》、《四书训测》、《圣学格物通》等。他因此成为明中叶与王守仁齐名的两大学者，"一时学者遂分王、湛之学"③。

湛若水和王守仁同为心学思想，但他与王守仁的心学有所区别。史载："若水初与守仁同讲学，后各立宗旨，守仁以致良知为宗，若水以随处体验天理为宗。守仁言若水之学为求之于外，若水亦谓守仁格物之说不可信者四。又曰：'阳明与吾言心不同。阳明所谓心，指方寸而言。吾之所谓心者，体万物而不遗者也，故以吾之说为外。'"④

湛、王的学术思想虽有不同，而且各自坚持自己的见解，甚至互相商榷驳难，但王守仁对湛若水仍然佩服和尊敬，对他的心学见解给予高度评价。王阳明

---

① 《明史·湛若水传》。
② 李贽：《续藏书·尚书湛公》，中华书局，1974年。
③ 《明史·湛若水传》。
④ 《明史·湛若水传》。

是个"目空千古"的人，但对与他意见不同的湛若水却大加称赞。此无他故，就因为甘泉能坚持为学务求自得的精神。阳明身后，几个主要弟子如邹守益、欧阳德等曾从学于若水，使王、湛两家门人"递相出入"，而"王氏之外，名湛氏学者，至今不绝"。① 这就开创了明中叶个人讲学，学者可以自由择师，学术互相切磋，人际间互相往来的新风尚。这是难能可贵的。

湛若水发展了其师陈献章的心学思想，但在具体的为学和修养方法上有一定的区别。例如陈献章的心学修养方法是主静，所谓"静坐中养出端倪"，湛若水则对此表示怀疑，而主张动静、心事合一。他批评一味追求静，实际上是受到禅学的影响："古之论学未有以静为言者，以静为言者皆禅也。"② 他还将陈献章主张修养的目的即"浩然自得"，演变为认识天理的方法，即"勿忘勿助"。有学者从湛、陈两人不同的社会生活经历中，找寻造成他们学术主张差异的原因："陈、湛二人有修养或为学方法上的差异，是因为他们具有不同的生活经历，因而具有不同的修养经验和理论需要所造成的。陈献章生平仕路塞塞，乃一蛰居学者，故多追求个人的精神超脱，而湛若水则宦海半生，为一代学官，当然每思索贯彻封建伦理道德。"③此一结论无疑是正确的。陈、湛二人生活环境和所处的时代不同。陈献章所处的成化、弘治时期（1465—1505年），与湛若水所处的正德、嘉靖时期（1506—1566年）的社会风气发生了较为明显的变化，面对不同的社会条件，学者们的思想必然是相异的了。

湛若水比陈献章进一步明确界定心学的含义，说："何谓心学？万事万物莫非心也。"④"心也，性也，天也，一体而无二者也。"⑤

所谓"万事万物莫非心"，即是说心便是一切；既然"万事万物莫非心"，那么关键在于怎样为学或修养自身了。因此人必须立志，必须煎销习心，去体认天理。湛若水认为自己的学术主旨就是"体认天理"，而且进一步强调要"随处体认天理"。从这里可以看出，湛若水的心学思想与其说是继承宋儒心学，不如说是更多地接近陆九渊的心学。尽管他自己并未承认这一点，但事实确是如此。

---

① 《明儒学案》卷三十七，《甘泉学案一》。
② 湛若水：《甘泉先生文集·答余督学》。
③ 侯外庐主编：《宋明理学史》，第七章，上海人民出版社，1984年。
④ 湛若水：《甘泉先生文集·泗州西学讲章》。
⑤ 湛若水：《甘泉先生文集·天泉书堂讲章》。

陈献章门下高足，除了最著名的湛若水之外，还有南海何维柏（1510—1587年）、东莞林光（1439—1519年）、番禺张诩（1455—1514年）。他们之后，甘泉学派追随者代不乏人，包括增城人张潮（生卒不详）、东莞人钟景星（1478—1551年）、南海人郭棐（？—1600年）、澄海人唐伯元（1540—1598年）、德庆人许孚远（1535—1604年）等，皆一时之俊彦，在珠江文化史上都留有深刻痕迹。

三、丘海学说

在明代思想家中，丘濬和海瑞是两个重要人物。他们同为海南人，对经济、政治颇多卓越见解，甚为后人称道。

丘濬（1420—1495年），字仲深，号深庵，因谥号文庄，后人称之丘文庄公；因系琼山县下田村人，后人又称之丘琼山。景泰五年（1454年）考中进士，选翰林院庶吉士，累任官侍读、翰林院学士、国子监祭酒、礼部侍郎、礼部尚书、户部尚书，至于文渊阁大学士、武英殿大学士，入阁为宰相，一生为官40年之久。他的学术思想是务实，所以多在经济方面独有创见。特别对商品、市场、货币等经济问题，他都作过一些带规律性的探索，具有唯物论反映论的因素。

丘濬首先提出食货为民生之本的思想。他认为要解决民生问题，最重要的是发展农业生产。而要解决民生问题，首先又要抑制土地兼并的弊病。于是他提出"配丁限田法"，即规定："一丁惟许占田一顷，余数不许过五十亩。"[1] 丘濬的限田法虽然难以推行，但这种主张是可取的。明初曾有规定："凡民田五亩至十亩者，栽桑、麻、木棉各半；十亩以上倍之。"[2]

在当时战乱之后，为了尽快恢复生产，以解决民食问题，这种规定是适宜的。但这种不因地制宜的措施显然对生产有不利的因素。所以丘濬提出，应该将土地分为丘陵、川泽、原隰、坟衍等不同种类来安排农耕生产，国家才能根据土地和物产的实际情况来征收赋税。而农民由于有相当程度的种植自由，又可以考

---

[1] 丘濬：《大学衍义补》卷一四。
[2] 《明史·食货志》。

虑到经济实惠效益来进行生产，才能调动自身生产积极性和发掘土地的潜力。

丘濬主张发展手工业和商业经济。他说："民之于食货，有此者无彼"是不行的。在生产领域中，一定要同时发展农业和手工业生产，才能满足生活上的需要，也只有这样才得进行交换："人各持其所有于市之中而相交易焉，以其所有，易其所无，各求得其所欲，而后退。则人无不足之用。"①

丘濬从交换的价值观念出发，对商业交换的市场功能作了充分的肯定。他认为，货币不是从来就存在的，而是经济发展到相当的阶段才产生。最初是"日中市，使民交易，以通其有无"，此是"以物易物"阶段。后来随着交换的不断扩大，在市场上不一定能遇到双方彼此愿意交换的东西，就是说"物不常有，故有货币之设焉"②。因为货币可以储存商品价值，所以即使在市场一时交换不到自己需要的东西，但可以先卖给人家而换取货币，来时再根据自己的生活需要买进东西。所以，他认为货币的价值一定与交换物价值相等，才能长久维持，"必物与币两相当值而无轻重悬绝之偏，然后可以久行而无弊"。这种对货币本质的认识是很深刻的，符合后来的政治经济学原理。

丘濬还提出用劳动多少来确定商品的价值，认为"世间之物虽生于天地，然皆必资以人力而后能成其用。其体有大小，精粗，其功力有深浅，其价有多少"③。这完全符合劳动决定价值的理论，是正确的。丘濬提出当政者必须重视民生问题，说："食货者，生民之本也。"④ 就是说物质条件是保障人民生活的根本，所以当政者必须重视民生问题。民生为本，这是大多数的政治家、思想家所认同的；但如何才能巩固这个基本，做起来并不十分容易。丘濬认为，首先要满足人民的物质生活条件。这恰恰是从经济学方面立论的富国富民思想的发挥。

丘濬一生博览群书，精于著述，著作甚丰。其代表作有《大学衍义补》160卷，还有《世史正纲》、《宋元通鉴纲目》、《大明一统志》、《琼台会稿》、《五伦舍备》、《投笔记》、《举鼎记》、《罗囊记》等。

海瑞（1514—1587年），祖籍广东番禺，生于广东琼山县（今海南省），字

---

① 丘濬：《大学衍义补》卷二五。
② 丘濬：《世史正纲》卷一〇。
③ 丘濬：《大学衍义补》卷二七。
④ 丘濬：《大学衍义补》卷二五。

汝贤,一字国开,自号刚峰,回族。嘉靖二十八年(1549年)举人。初任南平教谕,后升任浙江淳安、江西兴国知县。嘉靖四十五年(1566年)任户部主事,上疏批评世宗迷信道教、不理朝政等事,被捕入狱。世宗死后获释。隆庆三年(1569年)任应天巡抚,积极推行一条鞭法,曾令徐阶等退田。后因张居正、高拱排挤,革职闲居16年之久。万历十三年(1585年)再复出,先后任南京吏部右侍郎、南京右佥都御史,力主严惩贪官污吏。海瑞是明代有名的清官,被人们誉为"海青天"、"南包公"。海瑞的学术思想概括起来主要包括以下三个方面①:

第一,发展陆、王心学思想。他服膺陆九渊、王阳明的心学思想。专门撰写《学问之道无他,求其放心而已矣》专论,指出仁德是先天所赋予的,只是因为后天受到物欲的蒙蔽而丧失了,但只要主观努力就可以保障仁德。这一点与陆、王心学的"心即理"同理,实质亦是强调"存理去欲"。然而,海瑞不是在口头上认同陆、王心学,而是落实到致用的实践中。他在《借山亭记》一文中指出:"天下有望治之人心,不见有行治之官吏。民之疾苦,尚先日也。"这是说,即使天下人心思治,但若没有能执行治国政策的官吏,那么百姓的疾苦仍然无法得到解决。所以海瑞主张"有其心不背于用",即以心为体,以行为用,这与他的学以致用思想是吻合的。海瑞长期在地方担任县令等职,对民间的疾苦非常熟悉。因此他始终把解决百姓的物质生活当作首要任务来抓。明中叶以后,由于贫富不均加剧,人的精神道德日益滑坡,社会危机不断加深。而要解决贫苦百姓的物质生活问题,首先要使他们有田可耕,其次是减轻赋役负担。他发挥孔子富而后教和孟子无恒产则无恒心的思想,实际上是承认物质生活制约精神意识这一哲学上的基本原理。可见,海瑞既服膺陆、王心学,又强调物质的作用,这是对陆、王心学的发展,也是海瑞思想上矛盾两重性的反映,即既强调发挥主观动性的作用,又十分重视客观的调研工作。他在基层工作期间,总是以实地调查的事实为依据,尽职尽责、求真务实。这表明海瑞的思想已经突破了陆、王心学的藩篱,在逐渐向唯物论方向转移。

第二,倡导人治与法治相结合的治国思想。他在《治黎策》中清楚地表述

---

① 参见李锦全著:《海瑞评传》,南京大学出版社,2007年。

了自己关于"人法兼资"的思想,说:"天下之事,图之固贵于有其法,而尤在于得其人。何谓法?经画而条理之,卓有成绩可考者,法之谓也。何谓人?所以经画而条理之,卓以成绩自许者,人之谓也。得其人而不得其法,则事必不能行;得其法而不得其人,则法必不能济。人法兼资,而天下之治成。"此引文说的"法",是指已经规定了的规章制度;"人"是这些规章制度的制定者和执行者。只有人而没有法作依据,则事情一定不会办好;有了法而没有合适的人,则法也一定无法执行。因此,只有人治和法治相结合,天下才能治理好。海瑞所讲的"人"应该是道德高尚的人,符合儒家"为政以德"的思想。

海瑞自己在为官期间,始终坚持"人法兼资"的思想和实践,无论是在南平任教谕,还是在淳安、兴国任知县,甚至后来出任应天巡抚以及最后在南京复出,始终都在调查研究的基础上,制定出明确的规章制度并张榜公布,而且自己带头严格遵守。由此也可以看出,海瑞主张"人法兼资"的要义,主要还是落实到为官之道上;为官之道的第一要义就是为政清廉,这是海瑞治理国家思想的核心所在。

第三,提倡学以致用、德才兼备的用人思想。海瑞认为"朝廷养士,本为安民"。但要培养合格的人才,教师肩负着不可推卸的责任。他们在日常生活与工作中的言行,对生员乃至社会都有重要的影响,"凡一言一动足为士子楷法"。他在《赠钟从吾晋灌阳掌教序》一文中说:教师通过身教言教,"教成十人,为国家造十方之福,教成百人,为国家造百方之福"。明太祖时在《明会典》中立下尊师之规矩,教师在学校的明伦堂拜见前来考察的官员,只要作揖就可以了,用不着跪拜。海瑞在南平教谕任上,见上司不下跪,就是将这一内在的思想外化为实际的行动。海瑞以身作则、言行一致、表里如一,为社会上尊师重道树立了榜样。

海瑞的教育思想是把尊师重道放在首位。明中叶以后,教师由于既没有威严的权势,又没有丰厚的俸禄,社会世俗对教师越来越轻视,而任职者又往往与社会"同流合辙",这也是造成社会风气日下不可忽视的一个因素。海瑞强调通过全社会发扬尊师重道的精神,来塑造德才兼备的人才思想,从而带动社会风气的转变。他在《赠黄村赵先生升靖安大尹序》一文中明确指出,只要全社会能形成尊师重道的风气,天下就能得到正道,一旦社会盛行"师严立而善人多"的局面。则会收到"正朝廷治天下"的效果。如何才能尊师重道呢？海瑞在任南平教谕期间颁布的《教约》，对师生的言行均有明确的规范，要求师生按照儒家倡导的"仁义道德之言"，培养"浩然之气"。教师不能只挂着"空名"，必须为"诸弟子范"，要"有志于圣贤之学"，在教学中做到身教和言教兼行才能得到生员的信服。这是海瑞人才思想的集中反映。

海瑞主张教师在教育过程中，务必将道德教育摆在首位，造就德才兼备的管理人才。南平《教约》中有"圣门之学在知行。德行属行，讲学属知。……真实读书者，肯弃身于小人之归乎！是故知行非有二道也"。也就是说，一个重视知识的读书人，决不能轻视自己的品德修养，把自己归附到小人的队伍中，而应该做一个德行和知识统一的人。① 这些见解至今仍不失其意义。

第六节 利玛窦入粤和中西文化交流

16世纪欧洲殖民主义东来之前，影响珠江海洋文化的主要是印度文化、波斯文化、阿拉伯文化以及东南亚各国文化等海外文化，此后，它们才渐渐被欧洲文化取代。在这两种海外文化地位的转变时期，被后人誉为"沟通中西文化第一人"的利玛窦，入粤传教12年，将文艺复兴以后的西方科技文化首先传入广东，继而又扩散到其他省区，珠江海洋文化自此被注入新的养分和活力，为后来发展为时代先进文化奠定了历史基础。从这个意义上说，利玛窦是个划时代的人物。

一、利玛窦在肇庆

利玛窦（Matteo Ricci，1552—1610年），意大利人，按中国古代传统取号西江，又号西泰，青年时代攻读神学和自然科学，学识渊博，笃信耶稣，决心献身传教事业。明万历十年（1582年），利玛窦奉教会之命由印度来到早已为葡萄牙人租占的澳门。在澳门他接受了中国文化的各种训练，做了充分准备。翌年

---

① 参见刘正刚著：《刚正不屈的清官海瑞》，广东人民出版社，2006年，第164～174页。

（1583年）九月，利玛窦随同另一位传教士罗明坚（Michel Ruggieri）从澳门来到广州，住进专为外国人来华居住的江边怀远驿。他们送给当地官员一幅世界地图和一些西方新式器物，使广州人耳目一新。时明朝政府实行闭关政策，利玛窦深感在广州传教有许多困难，继而选择当时的两广总督驻地，政治、经济和军事重镇——西江下游的肇庆作为传教落脚点。

在肇庆，利玛窦受到知府王泮的礼遇和支持，传教活动得以开展。万历十三年（1585年），利玛窦在西江河边的崇禧塔附近兴建了我国第一座天主教堂——仙花寺。教堂落成以后，利玛窦在内开辟了一个图书仪器室，展出精致的西文图书、天文仪器、世界地图和各种西洋物品，并使用粤语讲解，使上自官员士绅、下逮平民百姓的参观者大开眼界，深为诧异。人们对这些精致美观的图书大为赞叹："其纸如美妇之肌，不知何物也。"画册中欧洲城市的宫殿、拱门、桥梁、庙宇等建筑造型和景观更使许多人大为倾倒，想不到遥远的西方还有如此高度的物质文明。教堂门首悬挂的齿轮式自鸣钟，可自动报时，与当时我国"铜壶滴漏"式计时器不大相同，人们引以为奇；那些见所未见、闻所未闻的天球仪、地球仪、光谱仪、象限仪、浑天仪等天文仪器，更使人赞叹不已；利玛窦亲自演示和讲解天体运行、日蚀月蚀等原理，则使人无不折服。特别是当场用象限仪测量崇禧塔的高度、井深和路长被验证无误时，人们甚至称他为"伟大的天文学家"。教堂中厅悬挂的西文世界地图，是最早传入我国的世界地图，与我国过去的地图完全不同。中国自称为中央之国，在自编的各种舆图中都把自己放在中心位置，而周围的国家和海岛加起来还不及中国一个省，既非投影所制，也无经纬度，很不精确。而利玛窦带来的这幅世界地图把地球五大洲、子午线、赤道、经纬度和五带等都标示出来，在参观者眼前展开的是一个从来没有见过的世界，人们第一次看到世界是如此之大，国家是如此之多，中国仅占世界东方的一角。这在当时引起很大反响，相信者固然不乏其人，而怀疑者也并不少，无知者则说他信口雌黄、邪说惑众。后来利玛窦应王泮的要求，将这幅地图译制成中文世界地图，并迎合中国人的自大心态，把中国放在地图中央，取名《山海舆地全图》，此即世界上第一幅中文世界地图，在我国和世界地图史上具有重大意义。这是一件非常珍贵的历史文物，难怪《明史》说它："域中大地尽矣。"利玛窦在肇庆演示、解释天体运行规律，实际上已把地球是圆球体之说传入中国，动摇了中国自古以来流行的"天圆地方"说,即认为"天员(圆)如张盖,地方如棋局",大地静止不动,日月星辰则在天空上随天旋转,这种天地观长期禁锢了人们的思想。有人指出明初郑和远航的壮举未能导致地理大发现,而比他晚60多年的哥伦布却实现了,这其中一个很重要的原因就是中国传统的狭隘天地观限制了郑和的远航不是环球航行,以及中国古代世界地图不发达。所以到清乾隆时地理学者刘继庄指出:"地圆之说,直到利氏东来始知之。"[①] 这个评价是中肯的。

利玛窦在肇庆传教布道,发展教徒80多人,这些人成为我国最早的天主教徒。与此同时,他还做了一些沟通中西文化的事。如他和罗明坚合编了我国第一部中西文字典——《葡华字典》,首创了用拉丁字母注汉字语音。新中国成立之初,中国文字改革委员会曾介绍过利玛窦的这一贡献,指出:这是中国第一个拉丁字母的拼音方案。利玛窦和罗明坚还合译出《天主十诫》和《天主实录》等,这些都是在中国出版的最早一批天主教教义书籍。利玛窦前后在肇庆传教六年,经常往来于澳门和肇庆之间,使肇庆成为继澳门之后西方文化在内地传播最早的基地。

二、利玛窦在韶州

万历十七年(1589年),由于当地一些士绅的反对,利玛窦离开肇庆,取道北江到韶州传教。途经英德时,利玛窦应县官邀请游览了北江名胜碧落洞。在官兵的护送下,利玛窦到了韶州,住进广东名刹南华寺。他在韶州建立起内地第二所天主教堂,在那里传教也有六年之久。在传教之余,利玛窦将我国儒家经典"四书"译成拉丁文,使我国传统文化传播到欧洲,在他的其他著作中还向外国人介绍了广东特产龙眼、荔枝以及柑橘等水果。

此期间利玛窦也往返肇庆,在肇庆拜会了被贬谪徐闻的著名剧作家汤显祖,并向他介绍了许多前所未闻的事物,对汤显祖以后的戏剧创作产生了很重要的影响。两人交谈甚欢,汤显祖曾写诗二首以记其事,题为《端州逢西域两生破佛立义,偶成二首》。其二云:

---

① 刘献廷:《广阳杂记》卷四,中华书局,1985年。

> 二子西来迹已奇，黄金作使更何疑。
>
> 自言天竺原无佛，说与莲花教主知。

利玛窦在汤显祖面前颂扬天主，贬斥佛教，使汤显祖大为意外，因而赋诗。此诗流传甚广，已收录入近版《肇庆市志》。在韶州，利玛窦还收留了原南京礼部尚书之子瞿太素为徒。此人原是个败家子，不务正业，醉心于炼丹之术，追求长生不老。利玛窦晓之以理，使他放弃愚蠢念头，成为忠实教徒，并刻苦学习西方天文、数学，自己制作精巧的科学仪器，这也是西方数学系统传入我国之始。利玛窦还经常出现在韶州至南雄的交通要道上，并在大庾岭下的南雄布道，发展了一批教徒。这些教徒很多都是外省籍的，因为南雄是南北商贾汇集的城市。后来法国传教士裴化行在《利玛窦评传》中引述利氏的记载："南雄城大小有如佛罗伦萨，它的主要部分位于北江和一条可通舟楫的支流之间。关厢有二，各以石桥、木桥与城相连；凡从欧洲、印度、马六甲、摩鹿加来的东西都从这里经过……每日两次开桥放船通过。"利玛窦在南雄时受到了政府官员的尊重和信众的拥戴。同书还说："官员们率全家人——甚至带上所有的邻居，伫候神父光临，街上挤满了人，许多人迎面跑过来掀起轿帘，看洋人下轿。"洋教狂热很快席卷这座州城。上书引利氏自言："我承认，原没有料到在中国立刻就目睹了我在此曾默想过的场面。宾客络绎不绝来到大厅，好（多）老人已在大厅里安置神坛，上面悬挂着救世主和圣母画像。我竟日（也就是，长达七八个小时）坐在那里宣讲我们信仰的真理，有时讲到将近子夜，也没有时间做圣事。……许多听众通宵待在房子里，我在黎明时分说弥撒。"[①] 这场面与他初到肇庆时的遭遇显然不同，传教获得了成功。

三、利玛窦入粤的文化意义

利玛窦在韶州传教六年后，决心把宣扬天主福音的工作打入京城。万历二十二年（1595年）他离开广东取道大庾岭道北上。在北京，利玛窦结识了一大批士大夫，做了许多如上述传播西方文化的工作，并亲自测量了北京、南京、大

---

① 裴化行著：《利玛窦评传》，第150～151页。

同、广州、杭州、西安、太原、济南等城市的经纬度,其结果与现在测值相差无几。利玛窦的工作受到朝野许多有识之士的赞扬。明末思想家李贽怀着十分钦佩的心情,为之作诗《赠利西泰》曰:

> 逍遥下北溟,迤俪向南征。
> 刹利标名姓,仙山纪水程。
> 回头十万里,举目九重城。
> 观国之光未,中天日正明。

利玛窦来华,其目的虽在于通过传播西方科技文化知识来传教,但实际上却在世界的两半部,在东西方文明之间架起一座桥梁。他所沟通的东西方文明涉及自然科学、技术科学和人文科学等重大领域,较之以往东西方贸易所伴随的文化交流,其作用和影响要巨大和深远得多。因为后者主要是物产交流,相比起利玛窦所带来的文艺复兴以来更具科技含量的西方文化自然要大为逊色。从这个意义上说,利玛窦的历史地位不容置疑。而首得西方科技文化风气之先的广东也就成了东西方文化的结合部以及交融、整合和内外传播的中心。明末清初,广州先于内地最早仿制西洋钟表,时有"广钟"之称。北京故宫博物院现存钟表,即有不少是广州制造的。被称为"广彩"的广东陶瓷工艺也吸收西洋画法,形成独特风格。到道光年间阮元修《广东通志》,即介绍了自鸣钟、风琴、玻璃镜、千里镜等西洋精巧器物,以及西方"设奇器科取人"的考试方法。自此,南海海洋文化开始了在对外交流过程中不断兼收并蓄、吸纳一切能为我所用的异质文化来培植和壮大自己的蓬勃发展的历史。而利玛窦的贡献,恰如英国科技史专家李约瑟评价的:"在文化交流史上,看来没有一件事足以和十七世纪时耶稣会教士那样一批欧洲人的入华相比,因为他们充满了宗教热情,同时又精通那些随欧洲文艺复兴和资本主义兴起而发展起来的科学。""总之,耶稣会传教士们的贡献虽说内容错综复杂,但却具有一种较高的投机性质。即使说他们把欧洲的科学和数学带到中国只是为了达到传教的目的,但由于当时中西两大文明仍互相隔绝,这种交流作为两大文明之间文化联系的最高范例,仍然是永垂不朽的。"[①] 历史

---

① 李约瑟著:《中国科学技术史》第四卷第二分册,科学出版社,1975年,第640~641页、第693~694页。

已经证明，李约瑟的这个诊断是客观、公正的。明太仆少卿李日华《赠利玛窦》诗曰：

> 云海荡朝日，乘流信彩霞。
> 西来九万里，东泛一孤槎。
> 浮世常如寄，幽栖即是家。
> 那堪作归梦，春色任天涯。①

对利氏赞美之辞跃然纸上。这也是珠江海洋文化史上最可圈可点的一页。

四、中西文化新交流

利玛窦入粤，打开了中西文化交流大门。而这个交流的基地，就是澳门。

澳门中西文化荟萃，具有很高的文化势能，形成向外传播之势。这包括西学东渐和东学西传双向运动，在当时世界也是罕见的。经澳门传入中国内地的主要有数学，如由利玛窦口授、徐光启译的欧几里得《几何原本》(1606年)，与徐光启合译《测量法义》(1607年)，由利氏口授、李之藻译《同文算指》(1613年)以及二人合著《测量异同》(1613年)等书，在中国数学发展史上是为"西方数学传入中国之始"②。另由艾略儒口授、瞿式耜笔录《几何要法》(1613年)，邓玉涵著《大测》，穆尼阁著《比例对数》、《天步真原》，杜德美著《周经密率》等，对中国近代数学发展起了巨大推动作用。《几何原本》一书内容至今仍在中学使用。另利玛窦还传入西方天文学、历法学、地理学、地图学等。西医学和西药学也以澳门为嚆矢，传入内地。1569年，卡内罗在澳门开设中国第一所西医院，分内外两科和化验，甚有疗效。此后西式医院在澳门相继兴起，还办起专门性的眼科医院，免费为患者治疗，据悉五六年间有6000名病人受惠。同时，英国医生琴纳于1781—1800年向中国介绍牛痘接种法，以防止天花。1805年，英国医生皮尔逊在澳门试种牛痘获得成功，并著《牛痘奇书》，后被译成中文出版。此后，种牛痘医术传入广州等地，首先在广州十三行接种，30年

---

① 印光任、张汝霖著：《澳门纪略》上卷。
② 钱宝琮主编：《中国数学史》，科学出版社，1964年，第230页。

间，累计有100万儿童接种，效果甚佳，很快推广至全国，深受中国百姓欢迎和赞扬。南海诗人伍秉镛写诗为证，高度评价这"医术盖世之功"，其中曰：

> 人事补天天无功，天心牖人人乐从。
> 牛痘自种始夷域，传来粤海今成风。
> 等此批却导大窍，化尽险厄调鸿蒙。
> 爷娘未省喫惶恐，保尔赤子硕且丰。①

此外，物理学和工程物理学、水利学、建筑学和建筑技术等自然科学基础理论和应用技术也假道澳门传入内地，对中国科技进步功不可没。

澳门同样是西方人文社会科学向内地传播的基地，这包括语言学、音韵学、哲学和伦理学，以及美术、音乐等，有些先在澳门流行，继而流布内地。当然，这些西方科技和人文社会科学是伴随耶稣教士一起传来的，仅是达到传教目的的一种手段。但无论如何，这对开启封闭、保守背景下中国人的眼界，扩展他们的视野，以及初步应用于实践，贡献匪浅。

中西文化交流是双向、互动的，在西风东渐之同时，也开始东学西传，经澳门由耶稣会士传入欧洲的中国文化同样是发轫于明末的一个时代潮流，中国南海则是最主要的通道。这包括了中国儒家哲理、中国重农经济思想、中国语言文学和古典文学、中医学和中药学、中国数学、中国工艺美术、中国绘画和建筑艺术、中国风俗等。据粗略统计，16—18世纪耶稣会士翻译中国典籍及他们所撰汉学著作共82种，涵盖多个学科领域，比较重要的有《四书》、《五经》、《大学》、《中庸》、《论语》、《诗经》、《六经》、《孝经》、《幼学》、《赵氏孤儿》、《易经》、《皇舆全览图》、《中国通史》、《中华帝国志》、《中国植物志》、《满法字典》、《孔子传》、《历代名贤传》等。② 这些中国文化对西方国家产生深远影响，至今仍未泯灭。儒家学说传入德国，引起德国近代古典哲学的振荡。德国古典哲学家莱布尼兹是儒家学说的真正引入者，也由此成为这个学派的创始人。1697年他在《中国近事》一书中指出，"欧洲文化的特长在于数学的、思辨的科学，就是在军事方面，中国也不如欧洲；但在实践哲学方面，欧洲人就大不如中

---

① 伍秉镛：《渊六墨妙诗钞》下卷。
② 黄启臣著：《澳门通史》，广东教育出版社，1999年，第137～139页。

国人了"①。中国重农思想则促进了法国和英国古典政治经济学的形成。法国重农学科创始人魁斯奈研究了从澳门传入的中国经籍,研究了伏羲、尧、舜和孔子思想,吸取他们的自然秩序、自然法则思想精髓,1758年写成《经济表》,1767年著《中国的专制制度》和《自然法则》等书,提倡以农为本,只有农业才能增加财富,要求政府改变轻视农业、妨碍农业的政策。英国古典政治经济学家亚当·斯密吸收了孔子"天然自由"、司马迁"自由经济"的思想精华,写成《国富论》,成为政治经济学经典名著,至今仍不失其意义。明末清初,中国才子佳人小说《好逑传》被在澳门、广州做生意的英国商人魏金森译成英文,在欧洲引起极大反响,后又出版法文、德文、荷兰文本和编译本达20多种。著名诗人歌德高度评价:"中国人有千万部这样的小说,他们开始创作的时候,我们的祖先还在树林里生活呢!"② 中医学和中药学传入欧洲,不但为当地人用于治病,而且为科研提供宝贵材料,达尔文著《人类的由来》、《动物和植物在家养下的变异》多处引用李时珍的《本草纲目》。中国瓷器、造园艺术、漆器为欧洲人青睐,广州油漆家具被运到英国,登上大雅之堂。中国茶叶运到欧洲,诱发欧洲人饮茶成风,尤以英国人为甚。连坐轿这种风俗,也由澳门传入欧洲,法国人竞相仿效,成为时尚。诸如此类,说明中西之间,从物质文化到非物质文化各个层面和领域,在明末以后都以澳门为中心发生频繁交流和相互效应,使弹丸之地的澳门为举世瞩目而载入中西文化交流史册。这在珠江文化史上更具有特殊的地位。

第七节　争妍斗艳的诗坛和戏剧

　　屈大均《广东新语·文语》说:"粤俗好歌,凡有吉庆,必唱歌以为欢乐。"这显示诗歌在珠江流域不少地方有久远而深厚的历史渊源。在民歌的基础上,到明代,随着珠江流域地区商品货币经济的发展,文学艺术也呈现出空前的繁荣,颇具时代和地域特色。

---

① 黄启臣著:《澳门通史》,第133页。
② 沈福伟著:《中西文化交流史》,上海人民出版社,1985年,第469页。

一、岭南诗歌

明代岭南诗坛异军突起,诗人辈出,诗作繁多,经久不衰。元末明初,被推为"岭南明诗之首"的孙蕡(1337—1393年),广东南海县平步堡(今顺德区乐从镇平步村)人。洪武三年(1370年)中举,旋后考取进士,授工部织染局使,后历任虹县主簿、翰林院典籍、平原县主簿、苏州经历等职。洪武二十六年(1393年),因受凉国公蓝玉案株连被处死。他才华横溢,曾参加编辑《洪武正韵》。《明史·孙蕡传》称赞他"诗文援笔立就,词采烂然"。他写的诗作以七言古体诗为优,有"不让唐人"之称誉。诗意既"气象雄浑",又"清圆流丽",被誉为"岭南诗派之始"。他与王佐、赵介、李德、黄哲五诗人结广东最早的诗社——"南园诗社",建有"抗风轩"(在今广州市文德路中山图书馆),以文会友。孙蕡是"南园五子"之首,人们称他"西庵先生"。他一生诗作甚丰,陈暹所辑《南园五先生诗》5卷中录其100多首;其学生黎贞辑有《西庵集》9卷。其诗中流传最广者是《广州歌》:

> 广州富庶天下闻,四时风气长如春。
> 长城百雉白云里,城下一带春江水。
> 少年行乐随处佳,城南南畔更繁华。
> 朱帘十里映杨柳,帘栊上下开户牖。
> 闽姬越女颜如花,蛮歌野曲声咿哑。
> 岢峨大舶映云日,贾客千家万家室。
> 春风列屋艳神仙,夜月满江闻管弦。
> 良辰吉日天气好,翡翠明珠照烟岛。
> 乱鸣鼍鼓竞龙舟,争赌金钗斗百草。
> 游冶流连望所归,千门灯火烂相辉。
> 游人过处锦成阵,公子醉时花满堤。
> 扶留叶青蚬灰白,盆钉槟榔邀上客。
> 丹荔枇杷火齐山,素馨茉莉天香国。
> 别来风物不堪论,寥落秋花对酒樽。

回首旧游歌舞地,西风斜日淡黄昏。①

这首诗生动形象地描绘了明末广州风物繁盛、商贾如云、男歌女舞、城市富庶的太平盛世景象,活灵活现,气象万千,常为后人所引用咏诵,流传深远。

黄佐与丘濬、陈献章为明代广东三大学者。黄佐通经籍、工诗词,《四库全书总目提要》称他为"明人之中,学问最有根底"。其写诗雄伟奇丽,壮浪恣肆,时称为"粤中韩愈"。《粤东诗海》称:"其诗体貌雄阔,思意深醇,旗鼓振发,群英竞从。一时词人,如南园后五先生,皆出其门,粤诗大著。"② 朱彝尊评说曰:"盖岭南诗派,文裕(黄佐谥号)实为领袖,不可泯也"③。足见黄佐在岭南诗坛的重要地位。黄佐一生著述甚丰,计有《论学书》、《乐曲》、《广东通志》等260多卷和诗文集《泰泉集》60卷等。

明嘉靖年间(1522—1566年)岭南诗派名声更盛。诗人欧大任、吴旦、梁有誉、黎民表、李时行(是为"南园后五先生")在广州"抗风轩"聚会,重建南园诗社,重振南园诗社风雅。因五人均曾师从黄佐,故他们的诗深受黄佐影响,风格刚健雄直,注重反映社会现实。清人檀萃评价:"岭南称诗,曲江而后,莫盛于南园。南园前后十先生,而后五先生为尤盛。"④

下面引欧大任诗《镇海楼》,可见一斑:

一望河山感慨中,苍苍平楚入长空。
石门北去通秦塞,肆水南来绕汉宫。
虚槛松声沉暝壑,极天秋色远征鸿。
朔南尽是尧封地,愁听樵苏说霸功。

欧大任的诗气格沉雄,得到北方诗人王世贞、李攀龙和文徵明等人的赞赏而酬唱交往。王世贞称他为"广五子"之一。这就说明广东南园后五子已在中原发生了影响,其成就超过前五先生。

万历八年(1580年),大学士赵志皋贬谪羊诚,在广州城西浮丘建立浮丘

---

① 《南园前五先生诗·南园后五先生诗》,中山大学出版社,1990年,第48~49页。
② 温汝能纂辑:《粤东诗海》,中山大学出版社,1999年,例言。
③ 朱彝尊:《静志居诗话》卷十一,中华书局,1990年,第297页。
④ 《南园前五先生诗·南园后五先生诗》,檀萃序,第171页。

社,作为文人雅士吟咏诗歌之所。不久,光禄寺卿王学曾等人正式成立浮丘诗社,以继承南园诗风为号召,成为广州诗人墨客雅聚赋诗之所。

明末天启、崇祯年间(1621—1644年),政乱国危,许多广东诗人投身于拯救民族危亡的活动,并在浴血奋战中谱写出激昂高亢的诗篇,涌现一大批优秀的爱国诗人。他们以诗言志,留下了许多思想性、艺术性堪称高超的诗作。如陈子壮、黎遂球、欧必元、区怀瑞、陈子升、黄圣年、欧主遇、黎邦瑊、徐荣、僧通岸、黄季恒、区怀年等12位诗人重组南园诗社,世称"南园十二子",成为岭南诗坛的杰才。其中有当时被誉为"粤中屈原"的南海县诗人邝露、"粤中李白"的番禺诗人黎遂球和"粤中杜甫"的顺德诗人陈邦彦,合称为"岭南前三家",意与清初"岭南三大家"相区别。这三位诗人都为抗清斗争献出了生命。所以他们创作的诗歌有不少是表达了忠贞明朝的悲壮心声,慷慨苍凉,使岭南诗歌那种雄直雅健的诗风又烘染上一层血染的风采,极为悲壮感人。以上从"南园五子"到"南园十二子"的明代诗歌的发展过程,陈遇夫在《岭南诗见序》曾作过简要的概括:

> 有明三百年,吾粤诗最盛,比于中州,殆有过之而无不及者。其体大率亦三变:明初南园五先生倡之,轻圆妍美,西庵(孙蕡)为首;嘉靖七子连旗鼓于中原,梁公(梁有誉)与焉,所尚高丽庄重,名馆阁体;驯至启、祯,政乱国危,奇伟非常之士出,抚时感事,悲歌当泣,黎、邝诸君发为慷慨哀伤之音,而明祚亦遂终矣。

这说明从明初至明末,广东诗社延续270多年,对广东的诗歌产生了深远的影响。清初屈大均等的"西园诗社"和清末梁鼎芬等的"后南园诗社"都与明代的社诗有继承关系。

二、贵州诗歌

贵州省的诗歌始于明,正如莫友芝所说:"黔自明始有诗。萌芽于宣、正,条衍于景、成以来，而桐豫于隆、万。"① 贵州宣德、正统时期（1426—1449年）的诗人不多，只有宋昂、宋昱、詹英、林晟和王训等几个人。

王训，字继善，号寓庵，贵州卫人，举人出身，任贵阳宣慰司儒学训导，后升任教授。他是贵州第一个有诗集传世的诗人，《明史·艺文志》和《千顷堂书目》都收录有王训的《寓庵文集》三十卷。王训的诗，写山水的有《南庵》、《朝阳洞》、《真趣亭》、《无边风月楼》；抒情怀的有《客夜五首》，意境苍凉雄郁，清新可读。"百战休提马上劳，烽尘久不到征袍"、"入帘剪剪春三月，到枕娟娟夜半天"等名句，颇得诗的真谛。

宋昂、宋昱昆仲也是早期的代表人物。他们从小受家学熏陶，数十年间迭为唱酬，遂成篇帙。后来宋昂之子宋炫将其刊刻成书，取名为《联芳类稿》。宋昂，字从顺，号省斋，正统七年（1442年）袭贵州宣慰司同知职，廉俭自恃，益崇儒业，多行惠政，现仅存《送杨知事》、《送赵逊敏东归》等诗。宋昱，字如晦，号宜庵，现仅存《送汪公子还嘉禾》诗。清代著名学者朱彝尊编《明诗综》，特选了宋氏兄弟诗作，并在《静志居诗话》中作了较高评价："昂、昱兄弟俱能文"。宋昂诗有云："采药难寻蓬岛路，垂纶却忆鉴湖船"；"疏砧残月孤村夕，衰草斜阳两岸秋"；"风静洞庭高浪远，月明扬子暮潮寒"。宋昱诗有云："野戍清秋闻鼓角，烟村日出露松杉"；"数声啼鸟凭欹枕，满地斜阳深闭门"；"卧听笙歌来别岸，起看鸥鸟浴前汀"。

景泰、成化年间（1450—1487年）后，贵州诗坛进入"略具涂轨"时代，涌现一批诗人，计有黄绂、易贵、周瑛、田秋、越英、徐节、范季修、汤㫤、蒋宗鲁、李佑、孙应鳌、马廷锡、李渭等。以孙应鳌的成就最高，有《学孔精舍诗稿》传世，共收录诗歌九百余首。孙诗内容广泛深厚，风格多样，众体兼长，在思想性和艺术性方面有较高造诣。其五言乐府，"沉雄森秀，直逼魏晋而无何、李、王、李太似之嫌"；其七言及近体，"舒和苍润，品亦在初盛唐间，尤讲学家所未有"。② 反映社会现实，揭露黑暗，是孙诗的重要内容之一。忧国忧民之心在他所写的《海上行》、《病中闻京师警》、《南游得宝剑上有赤符作〈赤符曲〉》、《秋兴》、《荒城谣》、《无麦谣》等诗中，一一流露。《海上行》描写了

---

① 莫友芝：《雪鸿堂诗搜逸序》，谢三秀著：《雪鸿堂诗搜逸》，贵阳文通书局，1936年。
② 莫友芝：《黔诗纪略》卷五，贵州人民出版社，1993年，第184页。

东南沿海受倭寇侵扰,山河惨遭践踏而统治者昏庸无能的情景:"君不见江之南、江之北,白日惨烈无颜色。又不见浙之东、浙之西,颠风凄切增悲啼"等句,表达了作者忧国伤时、心急如焚的情怀,充满深厚的爱国主义思想和民族激情。孙应鳌关心民间疾苦,他在《无麦谣》中写道:"边取军需仓收租,十人催促九人捕。麦苗不生稻不种,子弃父母妻弃夫。"这些诗句,深刻地刻画了荒城的残破,苛政猛于虎的惨状,具有进步意义。孙应鳌还写了许多登临、怀古、吟咏祖国大好山河的诗歌。例如《华山诗》八首,从不同角度描绘了华山的雄伟险峻、峰回路转、云烟雨雾、茂林兰荪的万千景象。诸如"谷转晴晦分,溪回峦岫别"、"孤嶂激幽籁,万树披寒光"、"云薄散烟姿,山深发泉响"、"山上茂松柏,溪边饶兰荪"等诗句,都能脍炙人口。他的诗有较高的思想境界和艺术水平,在国内有一定影响。对孙应鳌的诗,后人多有评述,莫友芝在《黔诗纪略》中说:"先生以儒术经世,为贵州开省以来人物冠。即以词章论,亦未有媲于先生者也。"

隆庆、万历年间(1567—1620)以后,贵州诗坛繁荣起迭,这一时期的诗人均已走出家门,驰骋中原,写出了许多忧国忧民、揭露弊端、向往光明的好诗。其代表人物有邱禾实、潘润民、谢三秀、越其杰、杨文骢、吴中蕃等,尤以谢、杨成就最高。

谢三秀(生卒年不详),字君采,又字元瑞,贵阳人。自幼"天才卓越,博览群书,早有令誉。为诸生时,巡抚郭子章、副使韩光曙,皆深器之"。但他命运坎坷,屡试不第,仅为县学教谕,不到三年即弃职,远游吴越,有《雪鸿堂诗集》和《远条堂诗集》传世,收诗千余首。谢三秀生于天末荒郊之地,又处在明末乱世之中,饱经忧患,文才横溢,拔帜先登,被誉为"天末才子"。莫友芝极为称赞谢三秀的诗,他在《黔诗纪略》中写道:"贵州自成祖开省,迄于神宗,阅二百年,人才之兴媲上国而能专精风雅,隽永冲融,驰骋中原,卓然一队,虽前之文恭,后之龙友、滋大,未有先于君采者也。"①

---

① 莫友芝:《黔诗纪略》卷十四,贵州人民出版社,1993年,第543页。

三、地方剧种产生

明清时期珠江流域地区的戏剧种类繁多,据统计,仅广东、广西两省就有大小剧种 27 种之多,其中被称为"岭南四大剧种"的粤剧、潮剧、汉剧、琼剧已流行全省。此外还有广西的桂剧、云南的滇剧、广东雷剧、贵州的昆曲等,都甚为流行,为民众喜闻乐见。

粤剧,是广东、广西地区流行最广、影响最大的剧种,其流行地区遍及广东、广西、海南、上海、台湾、香港、澳门和东南亚、大洋洲、美洲等粤籍华侨华人聚居的地区。

粤剧是明代广东艺人学习从外地传入的昆、弋、汉、徽、秦、湘等外地戏种的戏曲唱腔,加以粤语而歌并融入本地歌谣、小曲而逐渐形成的剧种。据地方志记载,明成化年间(1465—1487 年),广东各地已有乡俗子以演戏谋生,嘉靖《广东通志初稿·风俗》记载已有"二月,城市中多演戏为乐,谚云'正灯二戏'"。在当时工商业发达的广州、佛山等地客商云集,每逢神诞节日,各省戏种的戏班来演戏者更加繁盛,本地戏班也开始酝酿组建,此即为粤剧之发源。此时,在佛山首先成立戏行会馆,称"琼花会馆",因为会馆恭奉戏行祖师华光,故亦称"华光会馆",是佛山戏班教习学艺的场所。万历十年(1582 年),广州太平门外城西十八甫亦建立琼花会馆。清乾隆、道光年间(1736—1850 年),有江西、湖南、江苏和安徽等地约 100 个外省的戏班来广东演戏。乾隆二十四年(1759 年)在广州成立粤剧外江梨园会馆,于是本地班向外江班学习,汲取声腔以及表演艺术养料,逐步形成演唱梆子腔为主的演唱艺术风格。至咸丰四年(1854 年),本地艺人李文茂以梨园子弟为骨干,组织红巾军起义反清。后清廷严禁本地班演戏,艺人只好转投外江班或冒称京戏登场,并于光绪十五年(1889 年)在广州成立八和会馆。此时本地班吸收了二黄唱腔,能以梆子、二黄腔为主,兼用大腔(即地方化的弋阳腔、昆腔)演出《江湖十八本》、《新江湖十八本》、《大排场十八本》等众多剧目,表演脚色分为武生、正生、小生、小武、总生、公卿、正旦、花旦、净、丑十大行当,武打技艺由少林武功演化而成的南派武功,形成了粤剧的鲜明地方风格。但当时演出是以戏棚官话为主,夹用粤语和唱、道白。直到光绪末年，才开始用白话演唱，成为百分之百的粤剧，而流行于讲粤语的地区。也就在此时才正式称为"粤剧"，又称"广东大戏"。粤剧的剧目，早期有《二度梅》、《一捧雪》、《四进士》、《三官堂》、《六月雪》、《五登科》等所谓《江湖十八本》；同治年间（1862—1874年）又推出《西河会》、《黄花山》等《新江湖十八本》；光绪中年，又出现侧重唱功的《黛玉葬花》、《士林祭塔》等《大排场十八本》剧目。

潮剧，亦称"潮州戏"，因用潮州方言演唱而得名，流行于粤东、闽南、香港、台湾以及东南亚各国潮州华侨华人聚居地区。潮剧是从宋元的南戏演变而成，明中叶已经成熟，当时称为"潮腔"或"潮调"。嘉靖四十五年（1566年）重新刻印的《班曲荔镜戏文》和后来的《摘锦潮调金花女大全》两个剧目就是标志。潮剧也是吸收了弋阳腔、昆山腔、西秦戏和外江戏的长处，与潮州本地民间音乐的长处融合，使之成为唱腔、歌舞、说唱、表演更加丰富多彩的剧种。例如，潮剧的三步进、三步退的舞台走步，据说取自水上居民的舞蹈；潮丑侧身跳跃的手法和腿法，则仿自民间的纸影戏。潮剧的音乐是将南戏、弋阳腔、昆腔、梆子、二黄及当地民间音乐如潮州大锣鼓、潮阳笛套锣鼓、庙堂佛事音乐等乐曲组合而成，构成潮州本地特色的音乐，悦耳可听。潮剧的传统剧目有1300多个[①]，多数是取材于民间故事。这些剧目可以分为两大类：第一类是源自南戏、传奇，诸如《拜月记》、《琵琶记》；第二类是源于潮州地区的时事或传说，诸如《苏六娘》、《荔镜记》、《陈三五娘》。潮剧最独特之处，是它的声腔的主要形式是帮腔，又称帮声，即当演员唱到最精彩的唱段或在某唱词的句末时，由后台的众演员帮和唱，以衬托前台演员的唱腔，从而渲染舞台气氛，使其声调柔曼清扬，达到抒发情感、深化人物性格的效果，这是别的剧种没有的。

汉剧，原名称"外江戏"或"兴梅汉戏"，用客家话演唱，流行于广东东部、北部和江西南部、福建西南部的操客家方言地区以及东南亚国家的客家华侨华人聚居地区。它是雍正、乾隆年间（1723—1795年）徽剧传入广东之后才形成的剧种。汉剧的表演程式基本上与京剧、祁剧、湘剧、湖北汉剧相同，但加入广东客家人的风格和特点。汉剧的主要声腔是西皮、二黄，兼有昆曲等多种声

---

① 袁钟仁著：《岭南文化》，第214页。

腔，形成了一种高昂雄壮、朴实淳厚的唱腔风格；伴奏乐器采用广东汉剧特有的头弦、号头和大苏锣，使之构成独特的伴奏效果。汉剧最具特色的是其脸谱有100多种，以黑、红、白三色为主，角色行当十分齐全，计有生、旦、丑、公、婆、净（红、乌净）等六行七当。"生"，有文小生、武小生、短打小生、娃娃生；"旦"，有青衣、正旦、花旦、武旦、彩旦；"丑"，有官袍丑、短衣丑、童子丑、女丑、武丑；"公"，有乌须老生、白须老生、掺白老生、武老生；"婆"，有丑婆、贫婆、富贵婆。汉剧的传统剧目有800多个，如《齐王求将》、《昭君出塞》、《花灯案》、《红书宝剑》、《百里奚认妻》等。

琼剧，又名"海南戏"，是海南省的大剧种。因为出自海南省琼州（今琼山县）而得名，用海南方言演唱，流行于海南岛、雷州半岛部分地区和东南亚海南华侨华人聚居地区。明朝中叶开始，随着广东大陆与海南岛的贸易发达，潮汕地区的高腔潮剧也传入海南岛，同本地的语言、音乐结合起来，同时又受到粤剧的较多影响，而逐步融合演变成琼剧。起初演唱时语言比较混杂，到乾隆年间（1736—1795年）后，一律改用海南话演唱，成为海南自己的特有剧种。琼剧所用的乐器，开始时仅有锣、鼓、笛三种，十分简陋，称为"锣鼓吹打"，后来逐渐增加二胡、二弦、月琴、三弦、秦琴、柳胡、长短管等，再加上西洋乐器，共有30多种，但仍然以二胡、二弦、竹胡、大喉管、大小唢呐、短管为主要乐器。琼剧的行当，初时只有生、旦、净、丑四种，同治、光绪年间（1862—1908年）才发展成为生、旦、净、末、丑、杂六大行。然后再细分，"生"，有正生、贴生、小孩生；"旦"，有正旦、花旦、贴旦、彩旦、妈旦、夫人旦、正武、贴武、三武、武旦、号马旦；"净"，有大净、二净；"末"，有文杂仔、武杂仔；"丑"，有文丑、武丑；杂脚又称"杂经头"，即万能老倌，为各行当病事假时的总贴角色。琼剧唱腔原为曲牌联套体，有滚唱和帮腔，后来逐渐改为以板式变化体为主。传统剧目有《三上公堂》、《张文秀》等。

广东除了上述四大剧种之外，还有不少小型的地方剧种，诸如珠江三角洲的"大棚戏"，雷州半岛的"雷剧"、"白戏"和"贵儿戏"，韶州的"花鼓戏"、"采茶戏"，粤东沿海一带的海丰、陆丰的"正字戏"、"白字戏"和"西秦戏"，等等，亦都为民众喜闻乐见。

桂剧，又称"桂戏"或"桂班戏"，流行于广西桂林、柳州、河池、南宁、贺州等地区操"官话"的城乡和湖南南部地区。明代,桂林已发展成为"如流车马门前庭,似栉人家水上围"的南北交通要冲和繁荣城市,于是为市民喜闻乐见的桂剧得以产生。乾隆年间(1726—1795年),湖南的"祁阳班"戏剧转入桂林并落籍于此。"祁阳班"既接受徽班的声腔和演技,又接受桂林地方方言以及民间艺术的长处而逐渐地方化,形成桂剧。它的唱腔、台词和场面以至剧目,与湘剧大同小异、关系密切,但亦吸收昆曲、汉剧和徽剧的长处,丰富自己的曲调和唱腔,达到了唱声婉转柔和、圆润动听,动作十分细腻的地步。到了咸丰年间(1851—1861年),桂剧就开始形成科班。桂剧伴奏有文场、武场之分,以管弦乐器伴奏的称文场,以打击乐器伴奏的称武场。在桂剧广为流传之后,桂林人爱清唱桂剧中流行的一些小曲,久而久之就演变成以清唱为主并伴以二胡、秦琴、三弦等管弦乐器的曲艺,桂林人称之为"文场"。乾隆、嘉庆年间(1736—1820年),文场就流行于桂林街巷之间,深受民众欢迎和赞赏。其传统剧目有《木兰从军》、《拾玉镯》、《西厢记》、《梁红玉》等"大小本杂八百出"。

滇剧,根据《中国戏曲志·云南卷》记载,其产生较迟,是道光年间(1821—850年)前后形成的。道光初年,昆明有祥泰、福如、寿华和联升四个戏班。祥泰班在乾隆五十三年(1788年)以前就已来昆明。据1924年罗养儒著《滇戏琐谈》载,"道光壬午年(1822年)萃田氏手抄的工尺谱,内有襄阳、二黄、过板等调",还发现《打鼓骂曹》、《火焚绵山》的抄本,证实"滇中歌场上即有皮黄调"。道光二十二年(1842年),昆明各班重修老郎宫时,碑文中出现"挂新班"、"挂旧班"等名称,表明各班正在改组合并。其中福如班、寿华班合为福寿班。班主王福寿系"唱做冠绝一时"的著名须生,其养子小福寿为当家旦角,还有雷发春、名净罗四花脸等均名重一时。同时在《碑记》中捐功德者已有戏班组织和行当划分,如管事、箱主、小旦、正旦、老旦、生脚、末外、花脸、代学生和场面、管箱、台杂、伙房等称谓,一直为演戏班所沿用。而福寿班从道光中到宣统末年在昆明演出,世称滇戏老班,且老郎宫历代房产契纸均为滇戏班所掌握继承,故滇剧形成于道光年间可信。滇剧形成以后,以昆明为中心,逐步向四面扩展,流行云南各地。滇剧的行当为生、旦、净、丑四大类,每类中又分若干小类型。如生行分文武老生、红生、须生、文小生、武小生等,旦行分闺门旦、正旦(青衣)、刀马旦、摇旦(丑旦)、老旦,净行分大花脸

（唱工花脸、文武花脸、粉脸）、二花脸（文二花脸、武二花脸、草鞋花脸、二柄柄）、娃娃花脸，丑行分袍带丑、襟襟丑、褶子丑、老丑丑等。

贵州省流行的昆曲约于明代后期传入。清康熙、乾隆间已在贵阳流行。正如乾隆进士赵翼诗云："一曲琵琶哀调急，虎贲重戚蔡中郎。"

秦腔大致亦是明末清初传入贵州，康熙年间（1662—1722年）已颇盛行。诗云：

> 板凳条条坐绿鬟，娘娘庙看豫升班。
> 今朝比似咋朝好，《烤火》连场演下山。①

所谓秦腔亦即花戏。贵阳的演员认真向外地学习，努力提高演技。如秦腔著名表演艺术家魏长生独创"梳水头、踹高跷"等技艺，从四川传入贵州。贵州学政洪亮吉观看表演后，写了这样的诗句："笙歌小部雍容甚"，"束素腰纤点屐高"。可见黔中艺人的唱做功夫皆佳，且能踩跷。乾隆时，贵阳有位叫杨宝儿的艺人到北京献艺，吴太初所著《燕兰小谱》在诗前注云："杨宝儿，贵州贵阳人，素靥娇憨，有柔媚昵人之态。"黔中艺人，能与京师及各地名伶并驾齐驱，可见其演艺水平不低。

江西弋阳腔，是楚调（汉剧）的前身。可能在明初随屯军传入贵州，明嘉靖年间（1522—1566年），著名戏曲家魏良辅所著《南词引正》中说："自徽州、江西、福建俱作弋阳腔。永乐间，云、贵二省皆作之，会唱者颇入耳。"清代，弋阳、秦腔等花部乱弹在黔中依然流行。乾隆四十五年（1780年）伊龄阿的奏折中说："昆腔之外，尚有石牌腔、秦腔、弋阳腔、楚腔等项，江、广、闽、浙、川、云、贵等省，皆所盛行。"于此可见昆腔与珠江流域的云南、广东、广西的戏剧关系也甚为密切。

---

① 李宗昉：《黔记》引《贵阳竹枝词》。清刻本。

第八章
清代鸦片战争前珠江传统文化的成熟

入清以来,珠江流域在经历明末清初社会大变动的基础上,一方面是大规模移民运动和扩大改土归流;另一方面主要在中下游,特别在珠江三角洲地区,继承明代资本主义萌芽和西风东渐的文化成果,重新踏上继续发展的道路。特别是商品经济的振兴,推动了岭南社会风气的异动,反映在文化上,即为重商观念占上风,珠江水利事业发展,修志蔚为风气,朴学和书院教育异军突起,文坛花繁果实。由这些封建文化和西方文化相结合而成的文化特点和风格显示珠江传统文化已经定型成熟,作为一种地域文化类型,出现在中国地域文化之林。

第一节 清初移民运动和改土归流高潮

明末清初社会大变动,也伴随着大规模人口迁移,主要迁往西南地区,汉文化借此进一步深入珠江中上游地区,加速了民族文化的融合;随着清政权的巩固,改土归流扩大实施,加强了边疆地区治理,都有利于流域文化的交流、采借和水平提高。

一、清初移民运动

清代是历史上汉人迁入西南地区人数最多的时代。这与清朝社会治乱密切相关。清兵入关以后,受到明王廷残余势力的有力抵抗,大批遗民追随明朝王室残余势力流转大西南,实际上也是一支移民大军,有力地推动了汉文化在珠江中上游地区传播。顺治三年(1646年)明桂王朱由榔在肇庆即位,是为南明永历帝。第二年肇庆被清军攻破,永历帝先后败走广西、贵州、云南,最后流亡缅甸,为缅人俘获,移交清廷,为吴三桂绞杀于昆明。永历帝流转西南的过程,实际上也是一次大规模移民运动。史载永历帝从昆明动身往滇西,"从之南者数十万人"[①]。据清人邓凯的《求野录》记载,"驾遂发滇,官兵男妇马步从者数十万人,从古乘舆奔播,未有若此之众者",这支勤王军民队伍,多为汉人,中途不断减员,到达缅甸时仅剩646人。大部分人员流落西南少数民族地区。清初在滇西中缅边境地区开采波龙银的桂家,即为永历帝追随者的后裔。清初,抗清农民起义军李定国部,在云南德宏、西双版纳地区作战三四年之久,后有不少汉人残部留在当地,先后融合于傣、佤、拉祜等少数民族中,成为汉文化传播者。据调查,现在佤族中,李姓人特别多,即为李定国部军人后裔。[②]

在贵州,明末人口达200万,各地人口稀少,田地荒芜严重。清廷多次下令招民垦种,加上改土归流,大量汉人入黔。到乾隆三十一年(1766年),全省人口达515.1万人,百余年间增加了约1.6倍。而贵州田亩,顺治十八年(1661年)为107.4万亩,到乾隆三十一年已上升到267.3万亩,也有1.5倍的增长。[③] 这同时伴随着汉文化深入和扩大的过程。

在广西,外省移民主要来自广东、两湖和江西。《桂平县志》说:"江口圩又名湟江圩,旧为瑶人贸易场,乾隆间迁今地。清世瑶人远遁,外籍日众,圩渐繁盛。"[④] 边境的庆远府,至道光初年,"其蛮溪山峒","皆为楚、粤、黔、闽

---

① 三余氏:《南明野史》第三卷,《永历皇帝记》,涵芬楼藏本。
② 参见方铁、方慧著:《中国西南边疆开发史》,云南人民出版社,1997年,第390页。
③ 顾久主编:《中国地域文化通览·贵州卷》,中华书局,2013年,第169页。
④ 转引自方铁、方慧著:《中国西南边疆开发史》,第391页。

人垦耕"。① 据统计,从乾隆十八年(1753年)到乾隆五十一年(1786年),广西人口增加250多万人,到嘉庆十七年(1812年)又增加100多万人。② 这无疑与外地人口入居有关。移民带来了新的文化观念、生产技术和经验,有力地带动当地经济振兴。例如玉米自明末传入贵州,到清中叶,已广为种植,成为黔人主粮之一。清人郑珍曾写《玉蜀黍歌》对此高度赞扬:"只今弥望满山谷,长梢巨干平坡陀",特别欣赏其易食味美:"落釜登盘即充腹,不烦碓磨箕筵筹。有时儿女据觚叫,雪花如指旋沙鬲。"贵州多山,地理环境复杂多样,汉人到来,与少数民族一起,因地制宜开发利用山区,创造出多元化稻作文化。黔东南、黔南为苗、侗、布依等族所居,宜糯稻,产量虽低,但质量高,油质多,口味香,用途广,为当地名产。而黔北、黔中主要为流人居地,普遍种植小麦。外来汉人得以发挥他们原有的经验和特长,小麦种植不但种类多,且各有特色。至高寒山区则种苦荞,一般山区种红稗等。都各尽地力,各得其所,形成贵州多元化饮食文化,在全国占重要地位。这除了贵州的自然条件多样性外,也与移民来自四面八方分不开。

二、改土归流高潮

明朝改土归流已取得一定成就,但很不彻底。清代,对边疆少数民族地区治理进一步加强,也要求荡涤一切阻碍社会经济发展的羁绊,同时巩固边防,实现内地和边疆一体化,故清廷对改土归流非常重视,雍正、乾隆不止一次发布诏令,有关封疆大吏也不断上奏,推进这一治边大政。而从制度文化而言,这是一项涉及政治统一、民族平等、区域协调发展的重大举措,对珠江流域经济流动、文化交流具有重要意义。故清代改土归流达到历史高潮,效果也至为显著。

清雍正朝的改土归流大致可分为三个阶段。③ 第一阶段在雍正四年(1726年)以前,主要对一些罪恶昭著的土司进行改流,包括云南丽江土府和威远土州、广西上林、安隆、永顺三个长官司和龙州土州。第二阶段在雍正四年至九年

---

① 道光《庆远府志》卷三,《地理志·风俗》。
② 参见方铁、方慧著:《中国西南边疆开发史》,第391页。
③ 参见方铁主编:《西南通史》,中州古籍出版社,2003年,第733~734页。

（1731年），主要地区在贵州和云南，旁及广西，改土达到高潮。《清史稿·土司一·湖广》说："于是自四年至九年，蛮悉改流，苗亦归化。"首先在贵州，康熙中叶已对黔东北红苗进行"开辟"，使之归入版籍，即国家统一编户。雍正四年以后，这一"开辟"推进到今贵阳西南惠水、长顺布依族、苗族地区，接着向黔东南黎平、都匀以及黔东北镇远地区的清水江、雷公山的"生苗"地区推进。雍正八年（1730年）以后，进剿古州（榕江）和定旦地区的苗族，开通了都柳江航运。其间又多次用兵，平定土司统治地区，包括广顺、定番、镇宁"生苗"680寨，镇宁、永宁、永丰与安顺"生苗"1398寨，"地方千余里，直抵粤界"①。从雍正六年到雍正十一年（1728—1733年），在大规模反复清剿后，清廷先后设置八寨、丹江、清江、古州、都江和台拱六厅，被称为"新辟苗疆"，实现改土归流。

在云南地区，雍正四年开始由改土归流的策划和主持者鄂尔泰通过革除和用兵等方式，将东川土目、乌蒙土府、镇雄土府、镇沅府、赭乐长官司、威远州和广南府等尽行改流，以澜沧江外地区归车里土司管辖，澜沧江内地区全部改流，并升普洱为府，移沅江协副将驻普洱，又在思茅、橄榄坝各设官驻兵，以扼缅甸、老挝门户，从而大大加强了边境防务和安全。

第三阶段发生在雍正九年以后，改流的范围转移到湖广、四川和广西。在广西，此前在康熙五年（1666年）已对上林长官司和安隆长官司进行改流，并分别建置西林县和西隆县；康熙二十八年（1689年），又改流永康州的原土司和思明土司。雍正五年（1727年），改流泗城府土司，并将红水河以北的泗城府辖地划归贵州。雍正七年，将东兰土州改流，后称东兰州，同时对下龙土司进行改流。雍正十年（1732年）在奉议土州改设流官，十一年又先后改流思明土府和恩城州土官。

通过从雍正四年开始近10年的西南地区改土归流，基本达到预计目的。据统计，清初云南有土司210处，改流后仅剩22处。贵州原有土司170余处，改流后大量废除。但贵州情况特殊，后又在偏远及分散增设不少土弁和土目，结果清末仍有各级土司259处，其中大部分是中低级土司。广西土司经改流后仅剩

---

① 《清史稿·土司四·贵州》。

43 处，除两江田州土司稍大外，其余土司皆弱小不足为道。这些少数土司尚未改流，在云南有车里宣慰使，耿马等 5 处宣慰使，遮放等 2 处副宣慰使，芒市等 3 处安抚使，纳楼等 3 处副长官司、蒙化等 4 处土府和镇康等 4 处土州，主要分布在滇南、滇西南边远地区。在贵州未改的有中曹等 62 处长官司和西堡等 3 处副长官司。在广西则有忠州等 26 处土州、罗阳等 4 处土县，以及迁隆峒等 3 处长官司，它们亦位处桂西偏僻之处，且大部分为低级土司或土官。

改土归流实际是一次重大的政治改革，且基本上是成功的，达到了预期效果。首先，打击了土司和地方割据势力，加强了中央政府在西南的统治，打破了土司自我封闭局面，有利于封建国家的统一和巩固。此前土司势力猖獗，危害社会治安和生产发展，祸及民生，是地区发展的重大障碍。魏源《圣武记·雍正西南夷改流记》指出："土蛮不耕作，专劫杀为生，边民世受其荼毒；疆吏屡请改隶，而枢臣动诿勘报，弥年无成划"。改土归流，使土司受到沉重打击，消除了少数民族地区动乱的一个根源。自此"蛮悉改流，苗亦归化，间有叛逆，旋即平定，其间如雍正朝古州苗疆之荡平"。雍正八年（1730 年），清廷对思明土府实行武力改流，收缴军器 2 万余件，史称清军"巡边所至，迎扈千里，三省边防皆定"[1]。

其次，通过改土归流，清廷从土司地方割据势力手中夺回大量土地，为安排外来移民，开垦耕地，发展偏僻地区交通和其他各项公共事业，提供了有利条件，有利于增加当地财政收入，发展经济，改善民生。清廷在改流后，也于其地屯兵开垦，以生产粮食和赋税为主要任务。如雍正七年在贵州古州、清江等地改流，设置"苗疆六厅"，在当地驻军屯田，迁入百姓，并承诺"永不征赋"，数年后颇获收成。清廷"去兵之名，收农之实"，取得一定经济效果。另据魏源《圣武记·雍正西南夷政流记》，镇远清水江下通湖广，上达黔、粤，在清水江、丹江一带改流后，清廷于当地设军营控制江路，"令兵役雇苗船百余，赴湖南市盐布粮货，往返倡道，民、夷大忭，估客云集"。在古州地区，"乃遍勘上下江，浚滩险，置斥堠，通饷运"。同时开通连接都江、清水江的丹江水路，"于是楚、粤商艘直抵镇城外，古州大定"。清廷又在云贵交界之处的平越、安顺新开 16

---

[1] 《清史稿·土司传四·贵州传》。

条驿道,疏浚柳州至桂林的河道,"垦辟污莱,焚烈山林,久荒之土,亩收数倍,古州、丹江禾长八尺,穗五六歧,豆大如栗"。滇、黔相邻地区改流,极大地方便了两地交通,史载"雍正四年用兵至八年功成,开通滇黔路八百余里"。①这对开启两省区风气,促进经济文化交流,作用匪浅。②

第二节 清前期流域水利事业和经济开发

按照经济史专家冀朝鼎的看法,中国封建国家的统一与分裂、历代王朝的兴衰,都与基本经济区相关,而经济区的建立和发展离不开水利事业。珠江三角洲经历史开发,到南宋时期才成为一个次等基本经济区。③经元明的发展,入清后珠江三角洲跻进全国经济先进地区,作为珠江流域的经济龙头,带动全流域的发展。与此同步发生的,是流域水利事业的上升。它作为珠江文化的一部分,在清前期在流域各省区都有不同程度的发展,为扩大稻作生产、保障江河运输和提高手工业生产水平,都提供了强有力的支持。

一、水利事业上升

明朝为恢复被破坏的经济,巩固新兴王朝的统治,采取了多种措施发展农业生产,大兴水利是其中一个重要举措。清承明制,也将水利放在医治战乱创伤、安定社会、发展经济的头等重要位置上。明洪武年间,"壅漕绝溉"多时的灵渠得到两次重大修整,包括疏浚、筑堤、设闸等,不但恢复了通航,并可"溉田万顷"。此后明永乐、成化、万历各朝,清康熙、雍正、乾隆、嘉庆、道光、光绪各朝都对灵渠进行过规模不等的整修工程,使其一直发挥南北交通咽喉和农田灌溉功能。如康熙五十二年(1713年)广西巡抚陈之龙对灵渠"旧存陡门十四皆修整,其已废二十一陡门酌复其八"。雍正九年(1731年),广西巡抚金鉷重

---

① 《清世宗实录》卷六四。
② 参见方铁主编:《西南通史》,第735~736页。
③ 冀朝鼎著:《中国历史上的基本经济区与水利事业的发展》,前言附图。

修陡门,"凡陡门十有八,蓄水之堰三十有七,颓者完之"。乾隆十九年(1754年),两广总督杨应琚又重修灵渠,其上奏称:"粤西兴安县陡河,俗名北陡,为转运楚米流通商货之要津,久未修浚,坝身坍塌,河流渐致浅涸,舟楫难能,临桂县陡河,俗名南陡,下达柳庆,溉田运铅,亦关紧要。近日陡坝倾颓。且有陡门相离太远,并需酌添闸坝之处,均请动项兴修。"①"使淤者浚之,缺者补之,毁败者重修之。"② 灵渠得以有效地继续发挥它的功能。据《灵堤四贤祠碑》描述,经乾隆十九年那次大修后,渠上"舳舻衔尾,商旅欢呼,楚越之血脉长通";嘉庆年间,甚至出现了运"铜船一百五号,三日全行出陡"的繁忙景象。③ 年久失修的广西临桂相思埭运河,清雍正、乾隆两朝也进行了两度大修。前次分相思水经东西两陡门,东流入漓江,西流至大弯通苏桥河,再会永福江至获州。原只鲤鱼一陡,增建"陡二十四座,开浚河如石槽形,长流不竭,农商俱赖"④。对后次,如广西巡抚宋邦绥所奏:"粤西临桂、兴安所属南北二十八陡河,为通商利农之要津。今又修复星桥、灵山、牛路三陡,请每陡设夫二名,并给蓄水器具银两。"⑤ 这使两运河的运输和灌溉作用达到历史上的全盛时期,清广西首府桂林可经此直航柳州,更便捷地与桂西北、黔东南以水路沟通,大大缩短了南下桂江绕道梧州再溯浔江、柳江的路程。桂江在明代也称府江,虽然历为南北交通要道,但也不是坦途。两岸悬崖峭壁林立,水流湍急,有大小石滩三百六十处,险象丛生。谚云:"盘有一斗米,莫溯藤峡水;囊有一百钱,莫上府江船。"桂江与黔江大藤峡同为商旅畏途。明万历年间,前后四次对桂江进行整治,包括对河床凿石毁滩,两岸开辟可通车马的官道,架设桥梁,设铺亭和摆渡等,自此桂江来往舟楫可昼夜不舍。清代桂江也有过多次修浚,以光绪十四年(1888年)那次工程最大,仅阳朔至梧州三百五十公里江面就开凿险滩七十五处。至此,桂江航运才更为畅顺。明初任广西布政司参议的解缙《桂水歌》中"三峡沧溟正往还"的那种险恶景象已不复见,取而代之的是清阳朔人徐廷诤《螺绕漓江》诗所展现的一幅轻快、繁忙的江景:

---

① 《清高宗实录》卷四七七。
② 转引自黄观璠等编著:《壮族通史》,广西民族出版社,1998年,第384页。
③ 参见司徒尚纪著:《珠江传》,河北大学出版社,2009年,第188页。
④ 转引自黄观璠等编著:《壮族通史》,第385页。
⑤ 《清高宗实录》卷七四五。

青髻层层滴翠鬟，回纹难辨几重湾。
鱼游高岸朝泉水，螺绕长堤作峇山。
崖覆蛟庵成佛阁，渡修马颈接儒关。
年年神诞多祈禳，一路舟车如市圜。①

除桂江以外，西江在广西境内的一些主要河段也进行过不同程度的修浚。郁江上游著名的货物集散地乌蛮滩（又名伏波滩）也被多次疏浚，以改变航道险恶状态；使大宗粮食得以源源不断地输入广东。黔江中游著名的大藤峡在明正德、嘉靖时就做过疏浚，后称永通峡，也大大促进了航运的改善，清代继续发挥航运功能保障西江在广西畅通无阻。

西江上源南、北盘江的航运历来梗阻不便，清代也开通了两粤水运或水陆联运，使西江流域连成一体。清乾隆十年（1745 年），南盘江在云南曲靖一带长约 10 公里的河段得到开凿，改善了通航条件。道光七年（1827 年），曲靖知府蒋文正动用民众 3 万多人疏浚沾益至陆良 60 多公里的河道，使之与中下游航运进一步畅通。北盘江中上游山高水险，流量枯洪悬殊，也难以通航。明清时经过疏浚，使得下游百层至与红水河相交的双江口约 80 公里河段以及双江口至南盘江下游的八渡约 80 公里可以通航。双江口以下红水河可直航至梧州，此后，广西通贵州的主要水路可通行 100 吨位的木船，这对两省边境交流作用甚大。

北江航运在明清达到鼎盛时期。鸦片战争前，明清政府规定北江为"贡使通道"，即外国货物抵广州后，北上韶关，再沿连江过南风坳，下春陵水入湘江，抵湖南湘潭再分发至内地；而各地丝茶等出口物品也先在湘潭装箱，南下广州再放洋。这是我国最早一位留美学生容闳《西学东渐记》所载的交通路线。后来范文澜在《中国近代史》中说，沿途运输、旅店、商贩等业以及依附为生者不下百万。鸦片战争后，我国商业中心转移到上海，这条交通线便一蹶不振，不少以此为生的人骤然失业，生活无着，其中很多人参加了太平天国运动，如首领杨秀清、萧朝贵等人。至于浈水大庾岭道，明清时仍雄居各水陆交通线之首。清乾隆南雄人李应麟的《官路马嘶》诗展现了这条古道川流不息的繁忙景象：

---

① 以上参见司徒尚纪著：《珠江传》，第 189 页。

> 公途迢递岂嵯峨，过客熙攘镇日多。
> 端的为名兼为利，萧萧斑马疾山河。

韶关以下的英德城南10公里，北江与连江交汇处以南河段收缩为浈阳峡。峡长5公里，最窄处宽仅80米。两岸连山高耸，壁削森然。洪水季节浊浪滔滔，枯水时期则风平浪静，清澈如镜。浈阳峡形势虽然险恶，但仍是北上韶关、南下广州的必经之道。明清两代在其西岸多次修建栈道，改善了陆行，但不能代替水运。即使到近世粤汉铁路建成通车，浈阳峡还是帆上船下，异常繁忙。而其奇险壮观，历来为船家惊叹、墨客吟哦，两岸绝壁上留"凿山通道"、"天生云路"等石刻多处。明诗人汪广洋被贬谪南下，作《下贞阳峡》诗云：

> 洒面凉风吹酒醒，野猿长啸树冥冥。
> 短篷已过贞阳峡，两岸云山不断青。

珠江各主要干流通航和连成网络，且通过珠江三角洲各口岸与海上交通衔接，中外文化得以进一步融合和传播，珠江文化由此更具有多元性风格。

明至清中叶，珠江流域的全面开发有赖于农田灌溉事业发展的有力支持。据《嘉庆一统志》统计，明至清中叶在南盘江水系所修筑的坝闸堤堰工程共37项，使江河溪涧、天然湖泊和地下水资源得到开发利用，云南数百个坝子约占全省半数耕地得以灌溉。较大的坝闸工程有明天启年间沾益州（今曲靖县）的天生坝，渠长十余公里，泄水闸、渡槽、跌水、桥梁等设备俱全，灌田3000多亩，至清末仍发挥效益；在今陆良县白石江中的陆凉新坝，重筑于清雍正年间，为明清时南盘江规模最大的拦河坝工程，采用石砌或木石结构筑坝，技术先进，22个村寨田亩受益。此外，尚有明万历二十二年（1594年）广西府（今泸西县）修水惠坝；万历四十三年（1615年）修的弥勒州（今弥勒县）构甸坝，灌田达3万余亩；明隆庆五年（1571年）修河阳县（今澄江县）西岩龙家坝，成为澄江一景。

在北盘江滇东南、黔南、桂西北等地区，境内山高谷深，地形破碎，田块狭小，分布零星，又为壮、瑶、苗等少数民族所居，主要以修筑堤坝、引渠、池塘、凿泉、提水等方式开发那里丰富的地表和地下水资源，把许多荒山旷野变为膏腴富饶之地，培育出多姿多彩的农业文化。

西江在广西各干流地区，各种水利工程也遍地开花。据清雍正年间《古今图书集成·职方典》所载，时广西境内53个州县有陂塘、渠圳、井泉等工程987项，以桂林府、平乐府、浔州府、南宁府、思恩府等水利至为发达。如桂林府兴安县陆川江的观陂灌田4.5万亩，阳朔西北的神陂灌田达数十万亩。桂林府西北的龙胜县是闻名遐迩的"龙脊梯田"所在，梯田占地达4平方公里，始建于元而完成于清，高差500米，层层叠叠，如龙盘旋，气势磅礴，蔚为大观，为珠江儿女坚忍不拔精神的象征，今已成为旅游胜景。为了提水，这些水利工程有时也需水车等工具配合。明代广西已普遍使用水车。桂西北那地土州（今南丹县）有龙泉沟，水源丰沛，人们在此筑陂架车，汲水灌田，嘉庆《广西通志·水利》称"一州水利大半赖此"。南宁府隆安县绿水江上架设的灌田水车数以百计。明人龙瑄诗《平乐府》中的"车筒昼夜翻江水，刀具春秋种石田"，道出了人类为适应山区生态环境而采取的灌溉农业文化形式和景观。西江流域岩溶地区十分广大，尤其是红水河、柳江、桂江、左江、右江和南盘江水系，地下水异常丰富，明清时各地修筑的陂塘，很多是储留泉水而成。清雍正年间，广西各州县即有井泉灌溉工程180多处，它们所产生的灌田、航运、动力等经济效益，备受人们礼赞。南宁府有著名的董泉，前人赋《咏董泉》、《思甘泉水》诗，极尽对大自然造化感激之情。前一首诗曰：

> 石隙鸣泉泻，深秋玉髓流。
> 精灵涵太始，澄澈浚源头。
> 山涧施千顷，余波沃九州。
> 生民望龙雨，早晚此中求。

珠江水系在广东各河流明清时期灌溉工程之盛，远远地超过了前代。西江下游即今肇庆地区，明洪武至嘉靖末年（1368—1566年）近200年修建的主要灌溉工程160多项，至清嘉庆末年（1820年）又发展到309项，每项工程灌田面积为几百亩至几千亩，大者可达万亩。德庆、新兴、郁南等州县即有不少这类陂塘工程。北江水系所在山区广布，陂塘灌田历史悠久，明代又有长足发展。据嘉靖《广东通志·水利》记载，粤北南雄、始兴等14个县即有各类灌溉工程314项，受益面积32万亩，到清道光时已发展到671项，受益面积57.85万亩。特别是小工程星罗棋布,尤适于耕地分散的山区,效果十分显著。如始修于北宋时的南雄凌陂,历元至明清都在发挥灌溉作用,但与浈水航运有矛盾,结果当事双方闹上广东巡抚衙门。康熙三十八年(1699年)立《凌陂水利纠纷碑记》于今南雄市全安镇陂头村,内称"惟保昌(南雄)县凌陂一座,灌溉粮田甚巨,农民赋食攸关"。谅这类事件不止凌陂一例,想见陂塘对山区农业具有多么不寻常的意义。

东江中上游支流也很多,有类似北江中上游环境的特点。其中支流新丰江灌区在南宋时就筑成,并开始发挥效益。史载,明代沿江在今新丰县开大小灌渠50多处,使用水车取水,使农业生产有可靠保障,东江沿岸一连串河谷盆地遂成为新的粮仓。如龙川佗城东江两岸,在清潘好骧《龙台晚眺》诗中,即有"烟村断续桑麻雨,陇亩高低禾黍风"的丰收景致,这离不开水利事业的支持。

必须追述的是,明末以后,西江水系源流得到清查,并据以开发水资源,发展航运和灌溉事业,明代杰出的地理学家和旅行家徐霞客功不可没。明崇祯十年(1637年)和十一年(1638年)徐霞客对西江中上游各水系进行实地考察,后写出《盘江考》一文,论述了南盘江是西江的正源,指出南盘江发源于云南沾益州交水炎方驿附近,纠正了《明一统志》以为云南富源和盘县之间的小洞岭东之水出火烧铺北流者为北盘江、岭之西出明月所南流者为南盘江的错误。他还正确地指出北盘江自黔西流经今晴隆,下今红水河,出罗木渡,下迁江的流向,同时也纠正了过去一些地方志误将北盘江视为右江上游的错误。这些见解都为以后的科学考察所证实。徐霞客还对广西、云南、贵州的岩溶地形作过详尽深入的考察研究,为地下水资源开发利用提供了科学依据。这些后被收入《徐霞客游记》这部煌煌巨著,其科学成果也是珠江文化史上最辉煌的一页。[①]

二、经济效益

水利事业作为一种科技文化,它的成果有力地支持了经济发展,这在清代有相当突出的表现。在广东以珠江三角洲沙田地区为代表,通过围垦增加耕地面

---

① 参见司徒尚纪著:《珠江传》,第191~195页。

积，为解决当地居民生活出路问题发挥了重大作用。据统计，明末清初，广州府的耕地面积大约 936 万亩，到嘉庆二十三年（1817 年）扩大到 1088 万亩，增加 152 万亩，增长为 16.2%。嘉庆十七年（1812 年），广东民田约为 3203.5 万亩，广州府约占 33.9%，而广州府的面积只占全省很小比例。显见，这段时间广东全省耕地面积的增加，主要来自广州府，而广州府又主要由于珠江三角洲沙田的开发。乾隆五十年（1785 年）广东巡抚孙士毅在《请开垦沿海沙田疏》中指出："向来滨海居民，见有涨出沙地，名曰沙坦，开垦成田，栽种禾稻，实为天地自然之美利，海民借以资生者甚众。""粤（广）东沿海州县，田少人稠，产谷不敷民食，请允许沿海无碍水道的沙坦给民承垦升科。"① 乾隆皇帝批准了这个奏折，珠江三角洲沙田围垦进入高潮，一直处于上升态势，甚至到清末。目前尚无关于珠江三角洲沙田面积确切的统计数字，一种说法当在 300 万亩以上，约占广东全省耕地面积的 10% 左右。而同时期广东人口增长甚快，乾隆五十二年（1781 年）为 1600 多万人，嘉庆末年突破 2000 万人，咸同年间（1855—1874 年）逼近 3000 万，平均每年增加 10 万人。② 这样一来，人口对土地造成巨大压力，必须通过扩大耕地来养活日益增多的人口。珠江三角洲沙田成为扩大耕地、解决民食的重要途径。于是，沙田开发，一方面有助于解决不断增加人口的粮食问题；另一方面，为开垦沙田需要大批劳动力，吸引广东其他地区，甚至福建人口迁来珠江三角洲。显然，沙田开发在解决这两方面问题是起了积极作用的。但归根结底，还是围垦作为一项水利事业的巨大贡献。

在广西，西江和运河的整治带来交通畅顺，极大地方便了商品流通和人员来往，活跃城乡，促进商品经济发展。特别是广西首府桂林，有赖于相思埭的航运作用达到历史全盛时期。桂林经这条运河可直航柳州，便捷地与桂西北、黔东南用水路沟通，极大地缩短了绕道梧州的水运路程。史赞这条运河"下达柳（柳州府）庆（庆远府），溉田运铅，亦关紧要"③。雍正与乾隆年间，"王师赴黔征苗，粮饷戈甲，飞输挽运，起桂林经柳州者，胥是河通焉"④。尤其是商业往来，

---

① 《清高宗实录》卷一二五一。
② 谭棣华著：《清代珠江三角洲的沙田》，广东人民出版社，1993 年，第 222～223 页。
③ 《清高宗实录》四七七。
④ 金鉷：《临桂陡河碑记》，金鉷：《广西通志》卷一一六。

"若乃舟楫之便利，惠贾通商，则自灵渠而北，曲赴湖南，自（相思埭）鲢鱼陡而西，直际黔省之古州"①。这极大地加强了桂林中心城市地位。黔东南外运商货可顺都柳江、融江，经洛清江过相思埭，入桂江抵达桂林，或南下梧州达广州。故这条水运交通线对深处内陆的贵州特别重要。至于桂西北的思恩、庆远二府的铅锌矿，也取道龙江过相思埭运至桂林。至于府江即桂江，经明代以来多次整治，"虽林立兔翔不可尽去，而船舻无糜溃之患矣；虽阳朔苍梧之境难以越阻，而险在（平）乐（府）者尽平"②。光绪十四年（1888年）作了最大一次疏浚，"凿广西江面险滩，由苍梧迄阳朔七百余里，其开险滩三十五"③，湘桂走廊自此畅通无阻，成为南北交通大动脉，再配合西江其他干支流，如浔江、右江上游驮娘江、融江、郁江、黔江等的整治，形成西江干支流在广西的水运网络，有效地促进了广西商品生产和流动，特别是与广东不可分割的区域关系，出现广西"无市不趋（广）东"和"无（广）东不成市"现象。

清代广西境内大量泉井等水利工程的兴建，使丰富的地表水和地下水得到利用，对多山和岩溶地形发育的广西农业生产非常重要，大片土地也得到灌溉，广西粮食生产增加，不断供应缺粮的广东，缓和了广东由于经济作物发展和城市人口膨胀引起的缺粮问题。"广西所产谷，除本地食用尚有余。（广）东省即有收亦不敷岁食，向来资商贩运。"④据苍梧县《重建粤东会馆碑记》载，广西"中岁谷入辄有余，转输络绎于戎（墟），为东省赖。"苍梧戎圩为广西最大的粮食市场，为运往广东粮食转运站，每日有二三十万斤稻谷交易,⑤顺流运往佛山等地。

清代贵州，农业呈大发展状态，离不开水利作用，官府也对此重视、提倡、奖励和支持。乾隆五年（1740年），清廷要求贵州地方官员："查黔地多山，泉源皆由引注，必善为经理，斯沃壤不至坐弃。……凡贫民不能修筑堰，及有渠堰而久废者，令各业主通力合作，计灌田之多寡，分别奖赏。如渠堰甚大，准借司

---

① 鄂尔泰：《重修桂林府东西二陡河记》，金鉷：《广西通志》卷一一六。
② 翁汝进：《开辟府江险滩碑文》，《古今图书集成》卷一四二八《平乐府·艺文一之七》。
③ 《清史稿·河渠四》。
④ 《清高宗实录》卷五八一。
⑤ 广西壮族自治区通志馆编：《太平天国革命在广西调查资料汇编》，广西壮族自治区人民出版社，1962年，第19页。

库银修筑；其水源稍远，必由邻人及邻邑地内开渠者，官为断价置买。"① 贵州农田水利以堰（坝）塘、渠为主，广泛使用引灌器具，技术水平大有提高。据统计，经过改土归流、大规模垦荒和大兴水利，贵州耕地面积逐年增加。顺治十八年（1661年）全省在册田亩约为107.4万亩，乾隆三十一年（1766年）约为267.3万亩，嘉庆时在册田地计270.3万亩，另有屯田6.4万亩，共计达267.7万亩，② 比顺治时增加1.5倍。这使贵州粮食生产有较大增长，遵义、贵阳、安都、都匀、独山等府州县粮食自给有余。省城贵阳用粮全由邻近定番、广顺供给。都匀每年所征之米，除自用以外，还有数千石远往古州、都江、下江等地。石阡府虽有歉岁，但无馑民，粮食仍可自足。

在云南，清初同样大兴水利，大规模垦荒。《清实录》记道光之前，云南多次修浚昆明海口，使"膏腴田地渐次涸出"。乾隆八年（1743年）云南巡抚张允随上奏："安宁州界内，有无水荒瘠田地一万三千余亩。若于高处筑坝开渠，引水灌溉，即可尽变膏腴。"③ 著名的澄江抚仙湖，下游有清水河、浑水河，乾隆四十六年（1781年），石坝被冲决，沙石填塞，两河不能宣泄入湖，以致湖水逆流为害。官府组织人力整治石坝，使抚仙湖恢复旧观，无泛滥之患，收灌溉之利。举凡开河、培堤、砌闸、筑坝等水利工程，上至朝廷，下到地方官员，都予以重视。乾隆皇帝曾说，"水利所关农功綦重。云南跬步皆山，不通舟楫，田号雷鸣，民无积蓄，一遇荒歉，米价腾贵，较他省过数倍。是水利一事，尤不可不亟讲也。"④ 云贵总督鄂尔泰曾上奏请求在云南设专管水利官员，奏曰："通省有水利之处，凡同知、通判、州同、州判、经历、吏目、县丞、典史等官，请加水利职衔，以资分办。"⑤ 这个请求获得朝廷同意，后大规模实施，收到一定效果。据载乾隆十三年（1748年），朝廷规定各省常平仓储粮额，云南为70万石，贵州为50万石，四川为100万石，广西为20万石，乾隆三十一年（1766年）各省报告存粮，四川为185万石，广西为183万石，云南和贵州均为80万石。⑥ 这

---

① 《清高宗实录》卷一三〇。
② 顾久主编：《中国地域文化通览·贵州卷》，第170页。
③ 《清高宗实录》卷二〇二。
④ 《清高宗实录》卷四〇。
⑤ 《清世宗实录》卷一一七。
⑥ 《清史稿·食货二》。

些存粮数量，在一定程度上反映云南农业生产的发展及其在珠江流域经济的地位。

三、城市水利

明清珠江水系沿线城市人口不断增加，城区规模扩大，功能日趋复杂，尤其商业活动频繁，城市之间往来日益增多。这不但要求城际交通不断加强，而且城市内部的水利工程也要提升，以满足城市发展的需要。城市水利作为城市基础设施服务设施的一个主体已被提到重要地位，成为珠江水利文化一个不可或缺的部分。

明代，珠江沿线城市已有不少水利工程之举。例如明代广州将宋元时中、东、西三城合一，不但城区扩大，而且开凿新东濠，将原来各自入江的西濠、南濠、清水濠浚深、扩宽且连通，使"四濠汇而为一"，流入珠江，成为明老城南的护城濠。明嘉靖末年，城区向南扩筑新城后，这条护城濠变成为横贯新老城之间的内濠，清代称之为玉带河。志称"濠受内城六脉渠水，自永安门东水关穴城而入，至太平门四水关穴城而出，达于珠江"，"长二千三百五十六丈五尺，广二丈有奇"，① 构成濠渠相通、沟通珠江的城市排水、运输系统。入清，广州城市人口激增，鸦片战争前已达百万，民居稠密，商业、手工业繁荣。为保障城市经济发展和民生，地方政府非常重视广州城市的排水和运输，从清初到道光九年（1829年），先后九次修浚玉带濠，"南濠复通舟楫"，"富贾巨商，列肆枋居"，从归德门、正南门、文明门外由西水关到东水关，"舟楫运货……络绎不绝"，② 玉带濠在清中叶未淤成渠以前，仍有交通之利。清嘉庆年间曾由政府主持三次疏浚六脉渠和玉带河，公私出动，完善了广州排水系统，使"城中无水患"，维持"六脉皆通海，青山半入城"的良好城市生态环境。广州城市水利工程发挥着广州航运、排水、景观轴线功能，一直到清末。

桂林长期作为广西首府，唐宋时号为"西南会府"，以山水秀丽驰名。明代是静江王府、广西布政使司、提刑按察司、都指挥使司和桂林府驻地。清代广西

---

① 道光《南海县志》卷九，《建置志》。
② 道光《南海县志》卷九，《建置志》。

巡抚署、桂林府和临桂县治都在桂林城内。这样一个临河倚山的政治、军事重镇，常受洪水威胁，故城市水利建设备受重视。明洪武八年（1375年），桂林城向南拓展，将宋代旧城外护城河纳入城内，并在新筑南城外重开一条护城河，在其河口下游阳江河上筑拦河坝，名曰西坝，将阳江河水位提高，导入新凿护城河，在象鼻山与漓江会合。西坝用大石砌筑，异常坚固，起到分洪作用，又有效地保护城濠，避免城池失险，于军事不利。

桂林城内水域面积大，扩城后宋代护城河纳入城中，经多次挖深拓宽，成为城内湖，称阳塘，上建阳桥，将阳塘分成东西两片，东曰杉湖，西曰莲荡（后改称榕湖），碧波荡漾。清代以其为基础，营造诸般园林胜景，吸引文人学士雅集，名噪桂林城内外。"桂林山水甲天下"，除以天然风光取胜，还有擅于利用天然山水造景，成为桂林城市水利建设一大特色。桂林城外河涌纵横，历代多修桥以利交通，但桥形各异，别具风彩。宋代所建为浮桥，欠安全，明代改建为以50艘木船连接的铁索浮桥，既牢固、稳定，又风格独特，为漓江一景。城东小东江和灵剑江纵贯，昔时在两江汇流处建花桥，但不牢固，屡建屡毁。明嘉靖十九年（1540年）改建成11孔石拱桥，其中4孔为水桥，7孔为旱桥，既增强排洪能力，又降低桥面坡度，历经百余年洪水冲刷而完好无损。到清康熙年间才重修，易名天柱桥，以彰显其坚固耐用，堪为桂林城市水利的一个典范。

西江历史文化名城肇庆，背山面水，水深壁陡，岩溶地形发育，西江三峡环绕城西、城南和城东，构成山水有机结合的城市格局。宋代选址于西江阶地筑城，常受洪水威胁，故筑堤为要务。历代重修城墙20多次，有效地保护了这座城市。明万历年间，意大利传教士利玛窦久居肇庆，他在《利玛窦中国札记》中，写到抵御西江洪水的堤坝岿然屹立，高而坚固的房舍，城内外有很多树木和园林。特别是星湖，实为西江故道，地形上称"旱峡"，为沼泽低地和串状小湖，曾称"沥湖"，直到1955年，经整治才成为水面广达5.6平方公里的星湖。经修堤、植柳等人工配景，与七星岩喀斯特地形相组合，成为一座山脉、湖泊、河流浑然一体的山水名城，有"桂林之山"、"杭州之水"美称，堪为城市水利建设之翘楚。

东江重镇惠州，城市水利以西湖为中心，涉及城防、供水、灌溉、排水、防洪和园林、水产养殖等多种功能的城市水利系统，它们的建设和组合促进了惠州城市经济发展和文化兴盛。

惠州坐落在东江及其支流西枝江交会处，历为东江流域政治中心。以地近珠江，昔为海水所达，地下水味咸，不宜打井，居民饮用东江水。明初扩建惠州城垣，把城西湖泊一部分纳入城内，称西湖，又曰鹅湖，以出产丰富，又有丰湖之称。西湖经过扩容，湖水被引入百官池，经过停蓄澄清，任由城内百姓汲取饮用。继开挖渠道至钟楼关，将城内污水排入江中。如是，惠州城内供水工程使民受益，大获百姓称赞。

惠州地势低洼，常受洪水威胁，筑堤不可或缺。宋代修筑了平湖北面的平湖堤，即拱北堤，堤上建桥、置闸，以时蓄泄。平湖南面建南堤，苏轼贬惠州时对此作出贡献，故又曰苏堤。明清时对已有的堤闸不断维修加固，又开辟鹅湖，修筑钟楼堤，设置水闸，使鹅湖水可蓄可泄。又修筑主次干渠，形成纵横交错的排水系统，及时处理城中积水。在一般情况下，西湖水可通过几处堤坝水闸排出，但遇上东江和西枝江交涨大洪水，外江顶托而西湖水涨排放不及，则会造成洪水入城成灾。光绪《惠州府志·郡事》载顺治十三年（1656年）"夏五月大水，淹至府头门外，舟从水口城垛出入西湖，十字街俱可行舟"。类似记载不少，故防洪为惠州城市水利头等大事。

惠州西湖对城市经济繁荣、人口增长起了积极的推动作用，但也由此引起环境污染、用地紧张、人与湖水争地等现象。明末以降，甚至有侵占湖边地栽种作物、临湖搭建房屋等现象。入清后有增无已，甚至有人将堤基挖穿泄水筑田，耕垦到湖底。志称，鹅湖自"乾嘉以来，积废不治"[1]，面临淤涸危险。这引起官府高度重视，不但多次主持浚湖和修堤事宜，而且制定严禁侵湖的法规和管理制度。如道光二十九年（1849年）惠州府、惠阳县当局举行了浚治鹅湖工程，得到全城居民支持和踊跃参加，取得预期效果。竣工后又制定管理制度，严令："自今，邻池之民，毋涸水源，毋决石岸，毋弃秽屑于池中。有一于此，罚无贷。钟楼道士率坊役督察之。启闭不时，惟道士坊役之责。修闸之资，取之新桥之月息，归善县主其役。"[2] 这一严密的管理制度堪为城市水利楷模。

---

[1] 邓承修：《奏请浚湖疏》。转引自珠江水利委员会《珠江水利简史》编纂委员会编著：《珠江水利简史》，中山大学出版社，2004年，第229页。

[2] 汪国霖：《浚鹅湖记略》。转引自《珠江水利简史》，第230页。

第三节　珠江三角洲商品经济兴盛和社会风尚的异动

明中叶以来出现的资本主义萌芽,在清初社会安定以后进一步生长,商品经济潮流冲击珠江三角洲和沿海地区各个角落,由此产生的文化效应,以社会风尚的异动至为昭著。

一、珠江三角洲商品经济兴盛

清初基于稳定沿海社会秩序、廓清敌对势力的需要,清廷曾实行"迁海"政策,岭南社会备受其害。迨统一台湾,平息三藩之乱,清康熙二十四年(1685年)解除海禁,开海贸易。但到清乾隆二十二年(1757年)封闭闽、浙、江三个海关,仅保留粤海关"一口通商"。因此,广东独擅外贸之利,且由设在广州的十三行经营,是为承揽中西贸易的最大机构。这种状况一直持续到鸦片战争结束。在这个背景下,广东商贸十分兴旺,为外贸服务的商品农业、手工业基地接踵而起,扩大了商品流通,形成一个近乎全民性的经商热潮,席卷珠江三角洲和沿海各地。屈大均《广东新语·事语》说广东"无官不贾,且又无贾而不官","民之贾十三,而官之贾十七";"官之贾日富,而官之贾日多。遍于山海之间,或坐或行,近而广之十郡,远而东西二洋,无不有也"。同书《食语》又说"广州望县,人多务贾与时逐",以致"粤中处处有市"。追求财富成为人们普遍的目标,对财神的崇拜远远超过对观音菩萨、弥勒佛、太上老君等的崇拜,赵公明元帅被堂而皇之请进广东百姓家居正堂中,占有最显赫的位置,尤以珠江三角洲地区为甚。新春舞狮,有采青风俗,所采的实为一棵生菜,寓意生财。这反映人们对摆脱贫困、发财致富的企求,已渗透到社会生活的各个角落。近年有论者对140个广府人、105个潮汕人、143个客家人作心理问卷调查,在"重利轻义"项目中,相应的分值广府人为1.43,潮汕人为0.28,客家人为0.43,显示广府人比其他两个民系更看重功利。[①] 这与广府人重商的社会风尚有直接关

---

① 黄淑娉主编:《广东族群与区域文化研究》,广东高等教育出版社,1999年,第501~504页。

系，恰是这种历史沉积下来的商品生产观念，一遇适宜的环境，就会形成今日这种功利泛滥的社会潮流。

珠江三角洲商品经济之兴盛，广东四大镇的出现是一个重要标志。广东四大镇起源虽然很早，但作为一个城镇系列被提出来却是清以后的事情。

广州作为四大镇之首无须多述，而与之毗邻的佛山的兴起和发展，不但与广州相得益彰，而且其影响所及，远在三角洲以外，在整个流域居重要历史地位。

佛山在宋代是个圩市，元代在《南海志》中列为"佛山渡"，但到明代却迅速崛起为蜚声海内外的巨镇。景泰年间，佛山已发展到"民庐栉比，屋瓦鳞次，几三千余家"①，市区划分为24铺，标志着佛山从圩市向城市过渡。明中叶到清初是它的发展阶段，佛山冶铁不论冶炼技术、原料来源，还是产品销售等都不断提高和扩大，声名大震。而独具地方特色和民族风格的陶瓷业也异军突起，享有"石湾瓦、甲天下"②之称。明末，佛山"生齿日繁，四方之舟车日以辐辏"③，为一个真正的"大都会"④。清初到鸦片战争前为佛山的繁荣阶段。手工业全面发展，冶铁工人达两三万人，产品打进国内外市场；附近石湾发展为综合性陶瓷基地，产品远销东南亚各地。佛山纺织业大规模兴起，丝织品大量出口海外。所谓"佛山一埠，为天下之重镇，工艺之目，咸萃于此"⑤。在此基础上，佛山商业繁荣兴旺，甚至一度超过广州。康熙初，佛山"四方商贾之至粤者，率以是为归。……桡楫交击，争沸喧腾，声越四五里，有为郡会（广州）之所不及者"，还有大量洋货在此集散，"货贝华夷"。⑥佛山城区也不断扩展，从乾隆时25铺增加到道光时27铺，从3圩6市发展到4圩11市，码头津渡从11个发展到28个，⑦还不算专业和私人码头。乾隆时佛山"鳞次而居者三万余家，……

---

① 《佛山真武祖庙灵应记》，广东省社会科学院历史研究所中国古代研究室等编：《明清佛山碑刻文献经济资料》，广东人民出版社，1987年，第3页。
② 朱彝尊：《明诗综》卷一〇〇，《杂谣歌辞·广州谣》。
③ 《重修灵应祠记》，《明清佛山碑刻文献经济资料》，第15页。
④ 《修通济桥纪略》，《明清佛山碑刻文献经济资料》，第8页。
⑤ 彭泽益编：《中国近代手工业史资料（1840—1949）》第一卷，生活·读书·新知三联书店，1957年，第590页。
⑥ 道光《佛山忠义乡志》卷一二、卷一一。
⑦ 参见乾隆、道光《佛山忠义乡志》卷一，《分镇》。

举镇数十万人"①,跻身"天下四大聚"之列。

至于佛山与广州的关系,此后便省佛并称,皆为三角洲和岭南地区经济轴心,只是劳动地域分工不同。如果说广州是外贸中心的话,那么佛山就是加工业和商业中心,也是广州外港。一内一外,相辅相成。各省运来货物必先集中于佛山,再由广州行商到此转购或出口,各省所需中外货物也在此置办,所以佛山又是一个巨大的发散中心。乾隆时,佛山已是"商车洋客,百货交驰"②之地;道光时"西、北各江货物聚于佛山者,多有贩回省卖与外洋者"③。甚至"广东谷以佛山镇报价为准"④,佛山已执全省商业牛耳。佛山籍商人遍布广州、汉口、梧州及西江、北江沿岸县城,坐商行贾,比比皆是。佛山与广州一起,组成一个以两地为中心,连接东南数省,沟通中外的巨大贸易网络。

顺德陈村为珠江三角洲古镇,附近是盛产粮食的沙田区,沟通三角洲各地的陈村水道流经这里。嘉靖时陈村"诸奇卉果,流俎天下"⑤,清乾隆以后更趋繁荣,与三角洲各城镇往来颇多,甚至广宁"懋迁货物,如绸缎、布匹,以及山珍海错与各色服食之需,皆从省会、佛山、西南、陈村各埠运至"⑥,陈村是省佛外围一个较大的集散中心。

东莞石龙位处东江水陆交通要冲,明万历始开墟。清康熙三十二年(1693年)置石龙汛,交通地位日益上升。入清以来,石龙外来人口增长很快,人数远远超过当地居民,商业和手工业迅速发展,并因其"交通广(州)、惠(州),商贾如云,而渔盐之利,蕉、荔、橘、柚之饶,亦为东南诸邑之冠"⑦。石龙与广州、莞城、惠州、增城,新塘、太平等地有长行渡船往来,为三角洲东部重要的辐射中心。

明清时珠江三角洲商品经济的发展,同时切断了原料产地与加工场所、传统生产与消费之间的自然联系,造成它们的地域分离,为商业发展提供了活动条

---

① 乾隆《佛山忠义乡志》卷三。
② 乾隆《佛山忠义乡志》卷一。
③ 道光《佛山忠义乡志》卷一一。
④ 道光《佛山忠义乡志》卷一一。
⑤ 嘉靖《弇州山人稿》。转引自佛山地区编:《珠江三角洲农业志》(六),1976年印,第73页。
⑥ 道光《广宁县志》卷一二。
⑦ 乾隆《广州府志·东莞图记》。

件，各级商业中心由此应运而生。此外，卷入商品生产的手工业者和农户，他们与市场的关系，已经不是过去那种偶然、稀少的关系，而是一种普遍、大量、经常发生的关系，他们的利益已同市场这一经济网络紧密不可分割，故作为这一网络最基本成员的圩市的大量产生和繁荣也就势所必然。

据不完全的文献资料统计，明嘉靖年间（1522—1566 年）珠江三角洲 16 县有 175 个圩市。[①] 到清代，圩市数量急剧增长，雍正乾隆年间（1723—1795 年）已达 570 个[②]，比明嘉靖增加了 2.3 倍；圩市平均服务人口和服务面积也相应加大。

根据计算结果，珠江三角洲圩市分布网络，大致以省佛为中心从密到疏向四周延伸。最密的番禺、南海、顺德、新会等地，嘉靖年间圩市平均服务半径约为 5.3 公里；而稀疏的新宁、归善、清远等三角洲边缘地区，圩市平均服务半径达 40 公里，比前者竟大 6.5 倍。到清代雍正乾隆年间，以上两种地区圩市平均服务半径分别为 2.8 公里和 9 公里，两者差异明显缩小。边缘地区城镇化过程加快，核心地区圩市越来越密集，显示省佛地区作为一个巨大城镇群体已经形成，并向周围多向辐射。每个圩市的服务人口与它的服务半径成反比，圩市稠密地区呈下降趋势，而边缘地区圩市服务人口一般都比较多。但不管怎样，商品经济发展程度是圩市分布最重要的条件。例如南海圩市，嘉靖时平均服务半径为 4.6 公里，平均服务人口 6019 人；雍正到乾隆时，平均服务半径下降为 2.9 公里，平均服务人口为 6076 人。而地处三角洲边缘的恩平县，相应为 8.5 公里、1490 人和 6 公里、905 人。两县如此悬殊。除了南海人口密度、交通条件优于恩平以外，更重要的在于它是三角洲商品化程度最高的地区。[③] 这样的事例，以顺德龙山至为典型。在这个乡 62.33 平方公里、10 万人口范围内，嘉庆四年（1799 年）就有大岗、螺岗、涌尾 3 圩，苏埠、三合、旺村、仙塘、小圃、岗贝、海口、沙流、凤塘市和其他 3 个桑市，共 3 圩 15 市。[④] 其平均服务半径为 1.1 公里，平均服务人口为 6667 人。这种圩市高度集中现象，原因在于清初以来龙山

---

① 嘉靖《广东通志》卷二五。
② 据雍正《广东通志》和雍正、乾隆珠江三角洲各县志圩市统计。
③ 郑天祥等著：《以穗港澳为中心的珠江三角洲经济地理网络》，中山大学学报编辑部 1991 年，第 63 页。
④ 李龙潜著：《明清广东社会经济研究》，上海古籍出版社，2006 年，第 76 页。

是著名的专业性桑基鱼塘区,包括桑种、桑苗、鱼苗、粮食、蚕丝、日用百货等供求在内的全部经济活动都有赖于市场,否则其专业化分工就不可能实现。当时流行的一首竹枝词反映了这种情况:"呼郎早趁大岗圩,妾理蚕缫已满车。记问洋船曾到几,近来丝价竟何如?"① 在这里,海外市场网络已成为龙山这类商品经济发达地区生产分布的机制之一。

社会经济发展的需要决定圩市的功能,圩市功能的发挥则是珠江三角洲经济运行的重要条件。但历史早期的圩市,功能都是共同和单一的。到明清时,在三角洲已出现雏型圩市、普通圩市、专业圩市和市镇四种类型的圩市,各自发挥不同的功能。

雏型圩市规模小,以物易物为主,是自然经济的产物,明清时仅残存于珠江三角洲边缘或交通闭塞地区。但从圩市起源来说,多数圩市都以它为起点。只是明中叶以后,由于商品经济在珠江三角洲普遍抬头,它们或者衰落被遗弃,或者被合并到其他圩市,也有的向其他类型圩市转变。

普通圩市是商品经济兴起的产物。它数量最大,分布最广,遍及珠江三角洲各个角落。地方志上所列圩市,如果不特别说明它的性质则是指普通圩市。这种圩市最大的特点是集散商品,即一方面收购当地产品,供应外地市场,另一方面把从外地运来的商品销售给当地居民,起着承上启下的作用,是商品流通网络中最基本的环节,故又称基本圩市。

专业圩市是商品生产地域分异的伴生物,是指那些专门从事某种商品交易的圩市。它是为满足小生产者销售其某种产品而设置的。只在商品经济发达地区,才会出现这种圩市,一般说来还是入清以后的事情。其中以顺德、南海、番禺、新会等专业性商品农业区分布较多,计有桑市、蚕市、丝市、鱼苗市、海鲜市、塘鱼市、猪圩、牛圩、鸡鸭圩、布圩等。例如顺德水藤堡丝圩、江村堡蚕圩、香山小榄茧市、番禺新造牛圩、黄陂猪仔圩、市桥和蔡边布圩、大塘果圩、南村乌榄圩、钟村和南村花生市等。佛山是专业性圩市最集中的地区,计有桑市、茧市、蚕种市等。它们还随着这些地区商品农业和手工业的发展而不断增加。如道光十五年(1835年)南海县专业圩市只有17个,到同治十三年(1874年)已

---

① 张臣:《竹枝词》,嘉庆《龙山乡志》卷十二。

达32个，宣统二年（1910年）再上升到56个。① 专业圩市增加速度又比其他圩市要快，其中以蚕、桑、丝、鱼等专业圩市为甚。例如南海县道光十五年17个专业圩市中，有12个桑市和丝市。在桑基鱼塘最集中的顺德，"县属各乡，均有桑市，不能悉数"，清末仅蚕、桑市就达48个，② 充分显示顺德蚕桑业之盛。

城镇为圩市发展的高级形式，规模大，商品种类多，流通频繁，并有一定的手工业，有些内部还有小圩市。清代珠江三角洲除四大镇以外，还有不少城镇兴起，如江门、大良、小榄、市桥、沙湾、隆庆、三洲、长沙等。它们分别成为三角洲各级地方性经济中心，对其他圩市具有一定的支配作用，吸引和推动周围地区经济发展。

当然。随着条件的改变，这些圩市的功能也经常变化，继而重新分化或组合，向新的圩市类型转变。例如南海紫洞圩，道光年间分化为紫洞旧圩和紫洞新圩，"旧圩百货咸集，新圩唯市土布"③。从普通圩市分化出专业圩市，这种变化在明清后期更为明显，对珠江三角洲经济网络的地域分工是有促进作用的。

圩市散布在广大城乡之间，除上述功能外，还是交流信息、买卖劳动力，开展各种服务乃至社交、娱乐的场所。在大经济中心辐射不及之地，圩市却能发挥其特有功能，所以圩市数量增加，功能复杂化，使珠江三角洲经济网络更具活力，成为明清时期珠江三角洲经济发展的特色之一。

珠江三角洲除依靠西、北、东江水运保持对外经济联系以外，还有大量长行渡、横水渡，构成深入广大城乡的水运网络。据有关地方志统计，三角洲15个县，康熙到道光年间（1662—1850年）有长行渡500条，横水渡485条。它们从各县治或重要圩镇出发，抵达广、佛、陈、龙等水运枢纽。例如潭江、西江水系有江门至广州、佛山、香山、石龙、西南、古镇，古劳至广州、江门、甘竹滩；西江水系有西南至肇庆、英德、广州、佛山、鹤山、东莞、新会、陈村、石龙、四会，青岐至广州、佛山、圣潭、胥江、河塾至佛山，白坭至广州，肇庆至广州、佛山、梧州等，四会至广州、佛山、西南；珠江水系有香山（石岐）至广、佛、陈、龙、澳门、顺德、江门、会城，佛山至沙头、九江、澳门、香港，

---

① 据道光、同治、宣统《南海县志·建置志·圩市》统计。
② 民国《顺德县续志》卷三。
③ 道光《南海县志·建置志·圩市》。

九江至官窑、广州，沙头至江门、陈村，里水至佛山等；东江水系有增城至广州、佛山、石龙、新塘，莞城至广州、石龙、太平、南头，石龙至西乡，松岗至石龙等。珠江三角洲陆路交通配置也受到重视。崇祯年间在佛山、南海一些官绅倡议下，修筑了从广州城西度珠江经大通、神安、佛山、黄鼎通顺德、新会、香山、三水的陆路。此后各地还有不少修桥铺路之举，进一步发展了广佛与珠江三角洲各县的陆路交通。

这个内外水陆交通网络的建立，极大地方便了珠江流域各省区的商贾前来从事各项经济活动。据记载，在广佛开店的外地商人，大体上"顺德之人居其三，新会之人居其二，番禺及各县各府、外省之人居其二，南海之人居其二"①；此外还有东莞、香山、江门、恩平、潮州、嘉应州、兴宁、清远、南雄、韶州、乐昌等地商人。他们的经营一方面有助于充实广佛等城镇的商业资本，另一方面又扩大了珠江三角洲与省内各地的商业往来，故顺德蚕丝，新会葵扇及其他葵制品，番禺等地荔枝干，南雄烟叶、竹，兴宁土布，英德、清远花生油等土特产得以源源不断地输入广佛等城镇，造成它们的经济繁荣。如"自明以迄清，广州、南雄、韶州、惠州、罗定、连州、怀集之铁，均输于佛山"②，佛山以此成为闻名全国的钢铁之城。而广佛手工业品又不断输到上述地区。

这个网络的对外辐射不限于广东省内，而直接或间接到达国内重要的工商业城市。这主要是通过广佛商人组成的粤商在国内的活动来实现的。据研究，清代北京有粤商各府县会馆26个，苏州8个，天津、汉口各3个，福州、厦门、芜湖、成都各2个，其他如营口、芝罘、怀宁、常德、重庆、九江、宁波、台南、梧州、桂林、昆明、皋兰、扬州各一个。③ 粤商活动地域之广，人数之多，反映了珠江三角洲对外经济辐射能力之强。当然，被吸引到广佛等珠江三角洲城镇经商的外省商人也很多。例如侨居佛山的就有山陕、江浙、江西、福建、河南、湖广等地商人，他们在佛山修建地域性会馆，如莲峰会馆、山陕会馆、楚南会馆、楚北会馆、琼花会馆，还有本省商人建的潮蓝行会馆、南邑道祖庙等，比比相望。尤以山陕会馆商人最为活跃、资金也最雄厚，《重修山陕会馆捐签碑》上

---

① 龙廷槐：《敬学轩文集》卷二，《初与邱滋畬书》。
② 阮元：《两广盐法志》卷三五，《铁志》。
③ 何炳棣著：《中国会馆史论》，台湾学生书局印行，1966年。

说:"然佛镇辐辏之地,百货贸迁,尤为我等云集之区。"① 江西"客粤谋生者,人数殷繁。其间腰缠万贯,衣锦荣归者固不乏人"②。福建长汀、连城两县纸商亦颇具雄资,莲峰会馆即为他们所建。会馆中有许多属手工业会馆,包括冶铁、铸造、织造、成衣、泥水等;更有大批商业性会馆,如西货、布匹、绸缎、油糖、颜料、药材等。这些具有共同经济利益的联合体,是网络运行的组织者,在生产和流通领域中发挥主导作用。如明中叶佛山人霍与瑕说:"两广铁货所都,七省需焉。每岁浙、直、湖、湘客人腰缠过梅岭者数十万,皆置铁货而北。"③其他行业莫不如此。人口和劳动力的地域转移促进商品经济活跃、城镇繁荣、贸易市场扩大,提供了更多的就业机会。在商品生产中被迫离开土地的部分农民和小手工业者,相继进入城镇谋生,由此导致人口和劳动力分布的变化。明末清初珠江三角洲"人多务贾与时逐。……农者以拙业力苦利微,辄弃末耜而从之",造成"游食者众也"的局面。"又广州望县……天下游食奇民,日以辐辏。"④乾隆年间"四方之贫民亦萃于斯",以致"徒手而求食者则什九也"⑤;甚至如四会县,"道光之初,俗渐奢华,富者日贫,贫者益不给,遂相率往佛山、省城以图生计"⑥。明末清初屈大均已指出广东人口"生之者十三,食之者十七"⑦,主要是说珠江三角洲地区。这种人口向城镇集中的现象,一方面促使城镇规模不断扩大,另一方面加强了对交通、商业、贸易、信息网络的依赖,并不断提出新的需求,成为珠江三角洲经济结构和功能得到调整和改进的机制之一。

二、经世致用思想蔚为社会风气

清前期商品生产发展,一方面带来了巨大的物质财富,使生产者和经营者看到商品流动产生经济利益,这是最直接、最实际的生产效应;另一方面,商品生

---

① 《明清佛山碑刻文献经济资料》,第126页。
② 《禅镇江西义庄官示抄刻碑记》,《明清佛山碑刻文献经济资料》,第154页。
③ 霍与瑕:《上吴自湖翁大司马书》,《霍勉斋集》卷之二。
④ 屈大均:《广东新语》卷一四,《食语》。
⑤ 乾隆《佛山忠义乡志》卷六。
⑥ 光绪《四会县志》卷一,《风俗》。
⑦ 屈大均:《广东新语》卷一四,《食语》。

产和流通要求突破一切束缚其发展的羁绊，到达利润最大化地区，故商品生产具有强烈的外向性和扩张性，使不同地区、不同人群都被卷入商品生产潮流。经世致用思想由此兴起，即主张从当前的实际出发探讨社会问题，反对一味死钻故纸堆、脱离实际的学风和社会思潮，成为这一时期思想文化的一个显著特征。其代表人物是明中叶琼山（时属广东）人丘濬。他提出财用为立国之本，食货为生民之本，得民为君之本，即所谓通经致用、济世安民的政治经济思想。至明末清初，经世致用代表人物是番禺人屈大均及其《广东新语》。按屈大均为百科全书式学者，又是著名诗人，一生奔走在反清复明的荆棘途中，晚年撰成《广东新语》共28卷，内容非常丰富，包罗甚广，容后详述。但其中最有时代先进性的就是经世致用思想。屈大均非常注意资源收集及其开发利用，尽量介绍，以为经济生产服务。他最能结合实际，提出兴水利、造福于民的是在新兴和阳春之间开凿运河，以获取防洪、航运之利。其在《水语》"开浚河头小河"条中提出："新兴河头，有渠形在林阜中，可以疏凿，使水南行三十里许，直接阳春黄泥湾，以通高、雷、廉三郡舟楫，免车牛挽运之苦，谷米各货往来既便，则东粤（即广东）全省之利也，此宜亟行。"这种真知灼见应是来自实地调查，这与他那个时代开始走出书斋、研究社会实际问题的学风抬头是分不开的。关于这点，南有屈大均，北有刘献廷。刘献廷曾批评"今之学者，率知古而不知今，纵使博极群书，亦只算半个学者"，并指出："学者识古今之成败是非，以开拓其心胸，为他日经济天下之具也。"① 时人全祖望在《刘继庄传》中说："继庄之学，主张经世。"但此风在北方恐不及南方之盛，这自是广东得地利人和、商旅周流天下，社会风气开放所致。

到清中后期，即鸦片战争前后，经世致用思想又充分表现在朱次琦和陈澧身上。

朱次琦（1807—1881年），字稚圭，南海九江镇人，学者称他为九江先生。陈澧（1810—1882年），字兰甫，落籍为番禺人，因数十年读书处叫东塾，故世称东塾先生。二人年岁相近，都出生在清嘉庆中期，可以说赶上所谓康乾盛世的尾巴。但清朝的国势此时已逐渐走向下坡。鸦片战争爆发时，他们都是刚过30

---

① 刘献廷：《广阳杂记》卷三、卷四。

岁的中青年，却有着比较强烈的爱国思想。他们作为成名的学者，享誉在咸丰、同治年间，所研究的内容和范围，主要是以儒家经学为核心的中国传统思想文化。他们提倡经世致用学风，发扬了我国古代学术的优秀传统，并对此进行总结和改造，从而寻求新的出路。朱次琦40岁时代理山西襄陵知县，在当地兴水利、除狼患、擒匪盗，促进民族经济、文化交往，深受百姓钦佩。他们的思想成为中国古代儒学走向近代社会的中介，在学术传授和人才培养方面作出了贡献。

陈澧治学，主张破除汉学与宋学的争端。他说："窃冀后之君子，祛门户之偏见，诵先儒之遗言，有益于身，有用于世，是区区之志也。"他是以考据训诂为手段，以明义理为目的，而归结于经世致用。因此他对经世的解释，认为是"惟求有益于身，有用于世，有功于古人，有裨于后人，此之谓经学也"。由于他治学着眼于效益和实用，所以对自然科学和技术也很重视。对如何抵御外来侵略，了解世界大势的现实问题尤其关心。如他读了魏源指导撰编的《海国图志》后大加赞赏："魏君可谓有志之士矣！非毅然以振国威、安边境为己任，何其编录之周详，议论之激切如此哉？"他还称赞"其书罗列荒远之国，指掌形势，可谓奇书。其所论则以调客兵不如练土兵，及裁兵并粮、水师将弁用舵工炮手出身诸条为最善，切实可行，真有用之言也"。不过他对魏源此书亦非都随声附和，如其中涉及几项战略战术思想，他也提出商榷意见。如指出魏源设想"以夷改夷"只是构想；"调水师不如水勇"也不妥，应立足于建立正规水师，水勇为辅；"采海口不如采内河，亦不尽然"，应从实际出发，"守必据险"，即海口、内河均可守。表明他读书是落实在致用上。

朱次琦与陈澧相似，也是反对脱离实际的学问。他说："读书者何也？读书以明理、明理以处事。先以自治其身心，随而应天下国家之用"。对他经世致用的学风，他的学生康有为说："先生壁立万仞，而其学平实敦大，皆出躬行之余。以末世俗污，特重气节，而主济人经世，不为无用之空谈高论。"这个评价当然是对的。康有为19岁从学于朱次琦，到25岁在《苏村卧病写怀》诗中有句："世界开新逢进化，贤师受道愧传薪"，"南望九江北京国，拊心辜负总酸辛"。康有为后来搞维新变法，以适应这个进化开新的世界。这也说明朱次琦的思想是起到了继往开来的作用的。

经世致用思想在广东不断发展，这与粤督阮元的大力提倡、支持是分不开的。阮元既为清廷封疆大吏，又是著名学者，嘉道年间任两广总督时，主持修纂广东历史上卷帙最大的一部《广东通志》（简称阮通志）。其内容除省志常有条目以外，特设《舆地略》、《山川略》、《关隘略》、《经政置》、《建置略》、《前事略》等，都事关国计民生，极富实用价值。例如对广东水利、灾害、围垦诸事备述其详，仅珠江三角洲桑园围一项，即有其建设历史、溃决次数、灾情、修葺、经费、日常管理等，为后人研究珠江水利史和防灾减灾提供重要参考。故阮通志充分反映的经世致用学风比清初更胜一等，折射出这一时期广东学人不尚空谈、转向务实的时代精神。

第四节　海上贸易与商帮集团的兴起

明清时朝廷基本上实行"时开时禁"的对外贸易政策，但对广东却有例外，允许中外商人在广东开展贸易，为广东商人作为一个族群的产生提供了独特机遇。史称海禁既开，广东"富家巨室，争造货船"[1]；"遍于山海之间……远而东西二洋"[2]，"一年之中，千舸往回"[3]；"就粤而论，借外来洋船以资生计者，约计数十万人"[4]。其中广州人叶振德，清康熙二十六年（1687年）"往洋贸易"；广东船主李韬士，清康熙五十五年（1716年）去日本经商；番禺人潘振承，清乾隆年间（1736—1795年）"往吕宋贸易"；南海商人简照南，创办一家轮船公司，往暹罗、日本、安南、欧美各大商埠贸易；台山商人甘泽农，清道光年间（1821—1850年）"经商美洲"：这些海商，成为粤商集团的先驱和佼佼者。此外，明清时期广东人口数量日渐上升，到清末已达2800万人，而耕地日益减少，同期全省人均耕地不足1.3亩。人多地少，生态环境承受不了巨大的人口压力，迫使部分人口或远走他乡，或下海经商，参与广东商帮集团，故志称："土田少，人竞经商于吴、于越、于荆、于闽、于豫章，各称资本多寡以争锱铢利益，

---

[1] 吴震方：《岭南杂记》，1936年版。
[2] 屈大均：《广东新语》卷一〇，《事语》。
[3] 李士桢：《议复粤东增豁税饷疏》，《抚粤政略》卷一。
[4] 《庆复折》，故宫博物院编：《史料旬刊》第3册，北京图书馆出版社，2008年。

至长治甲民名为贩川生者,则足迹几遍天下矣。"①

另外,不容忽视的是,广东人在长期对外开放环境中,形成了强烈的商品意识。作为一种集体精神,这在明清商品经济日益发展的潮流中又提升到一个新高度,即下海经商已成为一种普遍的社会风气,形成"逐番舶之利,不务本业"的信条,选择"以商致富"之路。地方官员也深受这种逐利风气感染,甚至提出重商主张。明代广东巡抚林富上书朝廷,指出开海通商贸易有"足供御用"、"悉充军饷"、"救济广西"、"民可自肥"等四大好处。②广东总兵俞大猷也深感"市舶之利甚广"③。在这种强烈的商品意识和氛围之下,广东到处出现"多务贾以时逐(利)"社会现象,连雍正皇帝也慨叹:"广东本土之人,惟知贪射重利,……以致民富而米少。"④ 海上贸易是获重利渊薮,商人趋之若鹜逐为时尚。

按照在海外从事商贸活动的海商地缘关系差异,通常把这些海商划分为广州帮、潮州帮和客家帮。由于他们族群归属不同,经营商品范围和地域各异,虽然在同样的历史时空之下,但在他们身上表现出的海洋文化风格同样有异,也由此彰显出岭南地域文化的差异。

一、广州帮

广州帮是指籍为广州府地区的商人,是明清时期远近闻名的地缘性商人集团。明代广州府相当于今珠江三角洲绝大部分地区。居民使用粤方言(又称广州话或白话),故广州帮商人也是讲粤方言的。有资料显示,在广州、佛山等地经商的商人中,有60%属广州帮。史称"省会、佛山、石湾三镇客商,顺德之人居其三,新会之人居其二,番禺及各县各府、外省之人居其二,南海之人居其二"⑤。据黄启臣先生统计,明清时期有姓名、籍贯、经营地点可考的广州帮商人有358人(户),主要分布在南海、佛山、顺德、番禺、香山、新会、高鹤

---

① 民国《新修大埔县志·人群志》。
② 严从简:《殊域周咨录》卷九。
③ 俞大猷:《正气堂集》卷九。
④ 光绪《广州府志》卷二,《广州典二》。
⑤ 龙廷槐:《敬学轩文集》卷二,《初与邱滋畲书》。

（高明、鹤山）和广州市，占广州帮商人总数76.65%。① 这只是广州帮商人的一小部分。此外，还有广东沿海使用粤方言的商人也属这个范围，如恩平、阳江、肇庆、惠州、湛江、海康、徐闻、遂溪以及韶关、南雄、乐昌等内陆地区也有为数不少的广州帮商人。再还有山西、陕西、湖广、江西、广西等地商人在广州地区经商者，年深日久，在当地设会馆，甚至埋骨于此，这些外省人也是广州帮商人的一部分。

广州帮商人形成于珠江三角洲和广东沿海，水陆交通便捷，除充分利用北、西、东江和沿海航线与内地做生意以外，同时也利用南海交通，角逐海外市场。诸史、家乘、族谱、方志等资料记载，广州帮商人活跃的国家和地区有越南、柬埔寨、泰国、印度尼西亚、毛里求斯、夏威夷、马来西亚、新加坡、美国、日本、欧洲、澳洲、朝鲜、大溪地以及港澳等，足迹几遍全世界，均需取道南海、东海、黄海、横渡太平洋、印度洋等海域，抵达他们经商之地。而且在一个陌生国度里，还要适应、熟悉当地自然、社会文化环境，这需要坚韧的心理素质，包容忍让地对待海外异质文化；为了融入当地社会，还要克服语言、习俗、法律、生活习惯等障碍，成为生活的坚强者。广州帮商人在这些方面表现的文化风格容后一并阐述。

在广州帮商人中，最有代表性的应首推十三行商人。按清初以来，随着海上贸易发展，到广州的外商不断增多，许多国家开始在广州设立商馆，包括英国、法国、荷兰、丹麦、瑞典、美国、西班牙、俄罗斯、普鲁士等，都在今广州西关一带租地建屋，作为外国驻华贸易的管理机构，具有外交和经商功能，但以经商为主要宗旨和基本活动。外国商馆又称十三行夷馆、十三洋行。入清以来，每个时期商馆数量不一，但维持在十三家左右，故名十三行夷馆。据美国人亨特所著《广州"番鬼录"》所载，十三行夷馆的中文译名分别是黄旗行、大吕宋行、高公行、东生行、广源行、宝顺行、孖鹰行、瑞行、隆顺行、丰泰行、宝和行、集义行、义和行等，相应于丹麦、西班牙、法、美、瑞典、英、荷兰等夷馆。② 十三行夷馆旧址在今广州文化公园附近，第二次鸦片战争间被火烧毁，光绪年间才重建开业。但因沙面兴起，英占香港，十三行夷馆日渐式微，结束了它们的历

---

① 黄启臣、庞新平著：《明清广东商人》，广东经济出版社，2001年，第143页。
② （美）亨特著：《广州"番鬼"录》，广东人民出版社，1993年，第16页注。

史作用。十三行夷馆各有自己的民族特色,是欧洲文化在广州的一道风景线,因而被写入中外著作中。江西人乐钧(1766—1814年)《岭南乐府·十三行》诗云:

> 粤东十三家洋行,家家金珠论斗量。
> 楼阑粉白旗竿长,楼窗悬镜望重洋。

这完全是明清海上贸易在广州的产物。另外,鸦片战争前在广州还有一些印度巴斯商人,随英国东印度公司在广州从事棉花、鸦片等贸易,与十三行关系密切。这些巴斯人信仰印度祆教(火祆教、拜火教),在广州长洲岛至今还保存巴斯人墓地,俗称无声塔。按其教义,教徒死后实行天葬,但广州无此条件,后变通为土葬。这为广州风俗接纳,由此也看出珠江文化兼融性之一斑。

为加强对外贸管理,清康熙二十五年(1686年),清政府将国内贸易和国外贸易分离,从事对外贸易的商人也从牙行中分离出来,单独设立"洋货行"(后简称为洋行),专营对外贸易。广东十三行即为这样的洋行。其商人称为"行商"或"洋商"。自此,广州洋行商人开始形成一个新兴的商业集团,行商制度便成为清政府控制外贸的一项重要制度。由于得到官府的认可,代表清政府主持外贸业务,故十三行商具有半官半商双重身份,后被统称为"官商"。基于此,十三行商的商号中,多以"官"字冠后,如"潘启官"、"伍浩官"等,昭示了十三行的半官方性质。

这个新兴的商业集团,是广州帮商人的精英分子,其中著名商人家族有南海颜亮洲、伍国莹、番禺潘启、梁经国,新会卢观恒,广州冯柏燎等。这些商人家族的活动在一定程度上反映了广州帮的海洋文化风格。兹以下列三家商行为例。

南海颜亮洲创立泰和行,以"开诚布公,为远人所信爱"①。泰和行主要与英国东印度公司做生意,承保该公司来广州贸易的商船最多,计有500吨左右的"莱瑟姆号"、"伦敦邮船号"、"曼斯菲尔德勋爵号"、"伦敦号"、"海马号"和750～850吨的"莫尔斯号"、"皇家亨利号"、"皇家夏绿蒂号"、"诺思勋爵号"等,在行商中拥有雄厚经济实力。泰和行实行家族式管理模式,举凡内外业务,

---

① (南海)《颜氏家谱》。转引自黄启臣、庞新平著:《明清广东商人》,第252页。

均由颜姓兄弟负责，分工明确，运行得井井有条，同时以宽广襟怀欢迎省城大小官吏，广结社会名流，力争各界支持，结果生意火红40余年，与其经营管理得法不无关系。

番禺潘启创立同文行，在十三行商中也举足轻重。有论著称潘启"少有志，知书；长怀远略，习商贾；……通外国语言文字，至吕宋、瑞典贩运丝茶，往返数次"[1]。因潘启精通外语，方便与外商沟通，商务发展蒸蒸日上，主要与英国东印度公司开展丝、杂、毛织品等贸易，获利甚巨。后在广州河南购地建置园林豪宅，旧为广州名胜。潘氏家族经商取胜之道，首在务实进取，讲究信用，赢得广阔发展空间。例如退赔英国东印度公司购买质量低下废茶或运输致损废茶的损失，保障商号信誉。这一举措，不但为英方满意，而且为其他商号效法，得益的是整个广州帮。次在经营者具有良好素质、卓绝才干、非凡能力、长远目光。同文行首创者三次渡海到小吕宋，非但要战狂风、斗恶浪，历尽海洋旅途之苦，而且向西班牙人学习贸易经验，吸收西方先进经商知识，同时调查、收集市场信息，树立起营利观念、信息观念、诚信意识、市场意识、竞争意识、效率意识等，这些近乎近现代商业发展需求的理念，都在潘启身上有不同表现，从而有效地保障同文行运作。再有是勤奋好学，深谙外语，接受新生事物，信息量广。据悉，潘启通英语、西班牙语、葡萄牙语，可以直接与外商交谈，甚有利于双方贸易，有谓"夷人到粤必见潘启官"[2]。后来《潘启传略》称："当时海舶初通，洋商以公精西语，兼真诚，极为钦重，是以同文洋行商务冠于一时。"[3] 于是其他洋行商人相继仿效，掀起学习外语热潮。商人把英语融入粤语中，并用粤语注音英语，如"man"（男人）注音"曼"，"soup"（汤）注音"苏披"，"today"（今日）注音"土地"等，这些夹杂了粤方言、方便商业活动的"广东英语"应运而生。这被认为是一种创新，也是后来在上海流行的"洋泾滨"英语的先声。又潘启在与外商的频繁接触中，发现英国东印度公司伦敦董事部使用汇票进行贸易结算具有节省时间、提高效率、资金流转迅速、安全兑现等优点，于是引入同文馆经营中，表现了他的超前意识。这对当时只知以白银为支付手段的内地

---

[1] 梁嘉彬著：《广东十三行考》，广东人民出版社，1999年，第260页。
[2] 张维屏：《艺谈录》下。
[3] 转引自梁嘉彬著：《广东十三行考》，第261页。

商人是不可想象的,这可视作十三行商人较早接受西方新鲜事物的一个案例,折射出广东海洋商业文化的光辉。

南海商人伍国莹创立怡和行,对英国东印度公司进行毛织品和茶叶贸易,贸易额年年直线上升,经三代人苦心经营,发了大财,成为世界历史上千年五十巨富和中国六巨富的富豪之一。其成功之处在于"多财善贾,总中外贸易事,手握贽利枢机者数十年"①,即总揽、利用善于经商的卓绝人才。外商也评论其拥有大量的资本及高度的才智,因而在全体行商中,居于卓越的地位。用现代管理学话语来说,就是人才战略制胜。其次,伍氏集团深得清政府支持,与地方政府建立密切关系,通过各种途径,向清政府捐助而获得丰厚回报。志称"计伍氏先后所助不下千万(两),捐输为海内冠"②。充分利用行政力量推动商业经营,从制度文化层面而言,这也是一个成功之道。再次,伍氏集团除经营茶叶等以外,还投资于美国保险业。③史载:"名崇曜者,富益盛。适旗昌洋行之西人乏资,即以巨万畀之,得利数倍。西人将计所盈以与之,伍既巨富,不欲多得,乃曰:'姑留汝所。'西人乃为置上海地及檀香山铁路,而岁计其人以相畀。"④又有载:"又有买卖生理在美利坚国,每年收息银二十余万两。"⑤这都开创了19世纪中叶中国商人在美国及其他国家投资企业的附股经营的先河。这无疑是吸收海外先进商业文化在广州推广的有益尝试。

除了这些十三行商人以外,广州帮其他商人出海成功者也不少。如南海县商人聂烟波,据《聂氏家谱》载,在明正统七年(1442年)即出海经商,大赚其钱:"公嗜航海,巨船装运雷阳之粟,冲风冒雨,历涉大洋,海途险阻,备尝艰苦,皆赖乃祖乃宗之福庇,安稳无虞,由是基业大进,峥嵘阀阅,大振家产。于是田园倍增,手扩租业无算,以为子孙修久之计,不可羡欤"。这类商人经商所得一部分用于购买土地,而不完全用于扩大商业资本,也反映在封建生产方式背景下,土地资本仍占商人资本流向的一部分。这种时代的局限,恰是资本主义萌

---

① 宣统《南海县志》卷一,《伍崇曜传》。
② 光绪《广州府志》卷一二九,《伍崇曜传》。
③ F. R. Dulles, *The Old China Trade*, Boston, 1930, p.129. 转引自黄启臣、庞新平著:《明清广东商人》,第282页。
④ 徐珂:《清稗类钞》第5册,中华书局,1984年,第2332页。
⑤ 《筹办夷务始末》(咸丰朝)第26卷,中华书局,1979年,第973页。

芽时期在珠江三角洲的一种表现。

二、潮州帮

潮州帮商人是仅次于广州帮的广东第二大地缘性商人集团，指籍贯为清代潮州府的商人。有人认为，潮州帮商人作为一个群体形成较晚，主要是清康熙以后开海贸易才开始形成。此前潮州商主要是海盗商人集团，依靠走私贸易为生，甚至与明朝武装对抗，且与福建漳、泉海盗商人共同构成我国东南沿海海盗商人主体。为了便于识别和管理，康熙时清政府规定："出海边船按次编号，船头桅杆油饰标记"，广东船油以红色，故广东商人称之为红头船时代，这也是潮州帮形成的时代和标志。《潮州会馆碑记》说清乾隆年间潮州帮商人地缘来历，"首海阳（潮安），次澄海，次潮阳，次饶平，次惠来，次普宁，次揭阳"①。潮州商人乘坐自己修造的红头船，每年"春夏之交，南风盛发，扬帆北上。经闽省，出烽火、流江，翱翔乎宁波、上海，然后穷尽山花岛，过黑水大洋、游奕登、莱关东、天津间，不过旬有五日耳。秋冬以后，北风劲烈，顺流南下碣石、大鹏、香山、崖山、高、雷、琼崖，三日可历遍也"。这是潮州帮在我国沿海一带的商贸活动状况。至海外，则"占城、暹罗，一苇可航；噶罗巴、吕宋、琉球，如在几席；东洋日本，不难扼其吭而捣其穴"。②即东南亚地区是潮州帮主要的活动范围。而据黄启臣在《明清广东商人》一书所列62家潮州帮商人表格，其在海外经商国家和地区有日本长崎、马来西亚、印度尼西亚、泰国、新加坡、越南、柬埔寨以及港澳地区等，涉及52家，占62家潮州帮的84%。③可见，潮州帮以海外贸易为主，似比广州帮更为突出。志称潮州帮既善于经商，又独具冒险、开拓精神。其云："潮人善经商，婆空之子只身出洋，皮枕毡衾以外无长物，受雇数年，稍稍谋独立之业，再越数年，几无一不作海外巨商矣。尤不可及者，为商业冒险进行之精神，其赢而入者，一遇眼光所达之点，辄悉投其资于中。万一失

---

① 《潮州会馆碑记》，江苏省博物馆编：《江苏省明清以来碑刻资料选集》，生活·读书·新知三联书店，1959年，第340页。
② 蓝鼎元：《潮州海防图说》，《皇朝经世文编》卷八三。
③ 黄启臣、庞新平著：《明清广东商人》，第146～150页。

败,犹足自立,一旦胜利,信蓰其赢,而商业上之挥斥乃益雄。"① 这种冒险精神带来了潮邑商业繁荣,也反映在当地歌谣中。如清乾隆澄海《樟林游火帝歌》有云:

澄海管落樟林乡,乡中宽阔实非常。
……
第五就是洽兴街,洋华交易在外畔。
第六顺兴多洋行,也有当铺甲糖房。②

樟林港为清康熙二十三年(1684年)开海后兴起的港口,为粤东通洋总汇和枢纽,大批红头船从这里放洋和近航停泊,呈现一派对外贸易的繁荣景象。1971年和1972年分别在澄海东里南洲和东里和洲林出土过30～40米长的红头船,使用泰国楠木制成,属远洋商船。上面歌谣中的洽兴街,建于清嘉庆七年(1802年),两边尽是两层楼货栈。其中"安平栈"仍然留下当年建栈碑记,展示当年潮人从事外贸的繁华情景:"驾双桅船,挟私货,百十为群,往来东西洋"③。这样的双桅船明代在潮州府注册的至少有145艘,组成海上贸易船队,浩浩荡荡,直航海外。外国人Charles Gutgalf曾这样记述道光年间暹罗与中国海上贸易船队:"船只共约八十艘。……通常系在暹罗修造,载重约二百九十至三百吨,由广东省东部的潮州人驾驶。这些帆船大部分归曼谷的华侨或暹罗的贵族所有。前者派遣自己的亲戚,常常是女婿,到船上做货物管理员;后者所派定的货物管理员,由其戚属们担保。"④ 潮州帮商人有强烈的乡土观念,无论驾船人员还是管理人员,都任用潮州人,显然为适应海洋艰苦生活环境和在异地发展,要求潮州人具备坚强的内聚力,这在广东商帮中是很突出的文化素质。

三、客家帮

客家帮商人是指明潮州府和清嘉应直隶州属下的大埔、程乡(梅县)、平

---

① 徐珂:《清稗类钞》第5册,中华书局,1984年,第2333页。
② 《樟林游火帝歌》,《潮学研究》第1辑,汕头大学出版社,1993年,第105～106页。
③ 乾隆《潮州府志》,《风俗》及《艺文·备倭论》。
④ 聂宝璋编:《中国近代航运史资料》第一辑,上海人民出版社,1983年,第56页。

远、镇平（蕉岭）、长乐（五华）、兴宁等县的商人群体，其中又以大埔、程乡的商人居多。因这些地区操客家方言，故称之为客家帮商人。与其他商帮人数难以统计一样，客家帮商人数量也一样如此。据黄启臣《明清广东商人》一书整理，明清部分有姓名、籍贯、经商地点的客家帮有48家，人数当比广州帮、潮州帮少，而且形成时间较晚，主要是入清以后形成的。但客家帮一经形成就很活跃，"经商于吴、于越、于荆、于闽、于豫章，……足迹几遍天下"①。这是大埔客家商状况。兴宁客家商则"多贸易于川、广、湖湘间"②。但客家商也像客家人一样，飘洋过海，从事商贸活动，范围包括印度尼西亚、马来西亚、檀香山、新加坡以及香港等。光绪《嘉应州志·礼俗》说："自海禁大开，民之趋南洋者如鹜。"清末，仅梅县松口一堡在"南洋各埠谋生者不下数万人"③。如梅县"李步南，字九香。自海禁大开，中外通商，步南即往南洋，致巨富"④。后来他还在当地做了许多公益事业，为乡人称赞。类似的事例不胜枚举。从这个意义上说，客家人虽是山居族群，但也具海洋文化品格。

广东地缘商人集团在外地经商，必须依靠会馆，以便联络乡情，互通信息，团结互助，保护同乡利益，为同乡谋福祉等。在北京、天津、上海、江苏、广西、四川以及国内其他省区，广东会馆星罗棋布，对广东商业贸易作用匪浅。而在海外，广东会馆也不在少数。据统计，清代广东会馆以亚洲数量最多，但美洲广东会馆后来居上，在19世纪进入建馆高潮，在澳洲、欧洲及非洲广东会馆兴起于19世纪中叶以后，数量也较少，这都与这些地区开发先后、开发程度，以及华侨迁移等紧密相关。但会馆设立初衷，与海上贸易关系最大，后来才扩展会馆其他功能。广东会馆在新加坡、马来西亚地区共有76所。若按方言划分，其中，属广州帮商人的有35所，为中山、番禺、广州、南海、台山、顺德、新会、开平、恩平、鹤山、肇庆、惠州、东莞、宝安、增城、龙门、三水等商人所建，分布在槟城、新加坡、吉隆坡、关丹、安顺、太平等地，占广东会馆总数46%；属潮州帮商人（含操海南方言者）的有17所，占广东会馆总数22%，主要是潮

---

① 乾隆《大埔县志》卷一〇，《民俗》。
② 嘉庆《兴宁县志》卷一一，《风俗》。
③ 温仲和：《求在我斋集》。
④ 光绪：《嘉应州志·礼俗》。

州、琼州籍商人所建,分布在马六甲、槟城、古晋、太平、新山、关丹、巴生、安顿等;其余24所为客家帮会馆,为嘉应州(梅县)、惠州、大埔、增城、龙门、丰顺、永安(福建)等商人所建。其中在马来西亚槟城建立的嘉应会馆为广东人在海外最早的一处会馆,成立时间是1801年,为客家帮商人所建。① 实际上,虽说这些会馆有很强的地缘特别是族群关系,但很多会馆是以广东各府属各县为对象联合组织的,如1805年在马六甲成立的惠州会馆,使用"海山公司"名称活动,由龙川、河源、紫金、和平等县商人组成。这种地域性联合组织有利于商人相互沟通和相互帮助。1805年广府系香山人在槟城建立香山邑(即中山会馆),为以单一县为单位联合的会馆,同样具有很强的凝聚力。

四、广东商帮海上丝绸之路精神

广东无论哪个商帮集团,他们在海外的贸易对象,不是新兴资本主义国家,就是这些国家在世界各地的殖民地,都有很成熟的商业技巧和商业制度,同时也会带有欺诈、奸骗等行为,所以要对付这些对象,必须采取行之有效的一整套经商办法,才能使自己立于不败之地。广东商帮在这方面的所作所为,充分表现出其海上丝绸之路文化精神,并以此区别于国内其他帮派商人。

粤商在海外经济活动中,很善于观察、把握商情以及时调整自己的营销策略和商品结构,力争赢利,表现出善于变通的文化风格。

16世纪以后,粤闽商人进一步掌握了东南亚地区海上贸易主动权,表现了更高的市场意识。未上岸之前,他们先派人探听商品行情,获取执照,得到法律保护,运给当地别国商人未曾用过或未曾运售过的商品,如水银、火药、胡椒、肉桂、丁香、糖、铁、锡、铜、纹丝、丝织品、面粉等,而这些商品很多产于沿海地区。这样就能掌握贸易主动权,把生意做活。有人评曰:"为了完成商业交易,他们几乎是无城不到,与西方那种更加系统而规范化的贸易形式相比较,传统的亚洲社会的轻漫随意显为优胜。"② 粤海商因注重市场信息调查,及时买进

---

① 参见刘正刚著:《广东会馆论稿》,上海古籍出版社,2006年,第344~361页。
② (泰)沙拉信·威拉蓬:《清代中暹贸易关系》。转引自陈伟明著:《从中国走向世界:十六世纪中叶至二十世纪初的粤闽海商》,中国华侨出版社,2003年,第207页。

卖出，每获厚利。另外，粤海商在海上贸易中，还很注意利用季节差，囤积居奇，从中弁利。日本学者指出："中国商人为了确保其生丝能以高价在日本市场上出售，在四、五月驶往长崎的春船上装载少量丝货，等生丝价格以较高价格议定后，再在以后夏船和秋船中装载大量的生丝进入长崎港，便得以高价出售。"①这些粤海商的经商技巧，无不说明他们因天时、地利、人和而改变自己的经商理念、策略、对策，使之立于不败之地，显然这是长期商品生产和流通所认识、积累经验的文化成果。

郦道元《水经注·巨马水》有曰："水德含和，变通在我"。在水文化孕育下的粤商，在海外贸易活动中，很注意互助合作，既在平时以个人商业活动为主，又在必要时实行群体合作，集中资金，以降低风险，在市场竞争中取胜。有了包容性，就能合作经营，依靠各方优势，合成更大的团体优势，以压倒对方。如粤闽海商在爪哇一带活动，"如果货船的货物太多，以至个人的财力难以承受，几个中国商人便会共同合伙，买下所有货物，然后按个人投资份额分配利润。在爪哇，这种货币市场是公开的，没有欧洲商人援助。这样，那些中国商人便能以较少的风险从事商业活动。"②借助于这些合作，粤商集团资本像滚雪球一样，越滚越大，继而左右当地商业市场，自己也在这个过程中发展为强大的商业集团。

粤商合作经营模式也以外商为对象。特别是清中后期，与外商的合作经营更加常见。这以粤商在澳门经营至为典型。瑞典人龙思泰指出："1831年，澳门的整个航运业，有商船16艘，合计5331英国吨；1834年，有15艘，合计4158吨。船主中的大部分人缺乏足够的手段使他们的商船装上合适的货物，也支付不了长途航海的收费和开销。因此不少商船都让中国的冒险家入伙，装载货物前往新加坡、巴达维亚、马六甲、槟榔屿（Pulopenang）、加尔各答、孟买、达曼（Damaun）、毛里求斯等地。这种方式给双方带来便利，因为尽管用葡萄牙人的船装货运费较高，却比中国帆船安全。中国和澳门的商人也用英国船装载中国物

---

① （日）山胁梯二郎译：《长崎荷兰商馆日记》第二辑。转引自陈伟明著：《从中国走向世界：十六世纪中叶至二十世纪初的粤闽海商》，第211页。

② T. S. Raffles, *The History of Java*, Vol 1, Oxford university Press, 1978, p. 204. 转引自陈伟明著：《从中国走向世界：十六世纪中叶至二十世纪初的粤闽海商》，第211页。

产到上述各地。"① 显见，粤商很善于扬长避短，寻找合作伙伴，以求得贸易利益最大化。

追逐利润是粤商海上贸易的最大目的。为此，粤商一切从实际出发，注重实行产销一条龙经营方式，在有条件的国家和地区建立有关商品生产基地，直接加工出口，减少中间环节，降低成本，增加收入，走的是一条务实发展的商业道路。这恰恰也是珠江文化的风格。有的粤商尽量利用在海外停留时间，增加贸易机会。史称："海洋所适之处，风信皆有定期，内地各省往返，固属甚便，即外洋诸番一年一度，亦习以为常。间有货物被番拖欠，以致风信偶逾耽延隔岁者，谓之压冬，然不过两年即可回棹。乃近年以来，竟有内地外洋诸舡，往往借口失风，经久不回，私往各番贸易，在今日不过图取利益，而日久弊生。"② 另外，粤商出海常附带一些专业技术人员，方便在海外就地加工、销售商品。16世纪后期，前往吕宋的粤商，除各种货物以外，"还有大批在广州码头搭船的低级水手和工人。手工艺者中有理发匠、裁缝、鞋匠、石匠、漆匠、织布匠、铁匠和熟练的银匠。西班牙人同巴达维亚的荷兰人一样，离不开华人的服务"③。这些来自广东的手工业者大部分为山区剩余劳动力，在海外找到出路，对缓解那些地区的人口压力作用匪浅。直接在海外建立农业生产基地，为外贸提供重要货源，也不失为最务实的经营方式。

粤商在海外市场上能站住脚，不断拓展业务和扩大市场占有份额，讲究诚信、交易公正、以信誉取人也是他们的文化优势，从而能在波谲云诡的商海中赢得胜利。美国人卡迪评价17世纪"华人中有许多可信赖的商人。他们从广州和福建沿海其他港口来到这里，从事兴旺发达的帆船贸易。他们总是坚持将全部可以到手的西班牙里亚尔带回中国，欧洲人完全相信他们，把货赊给他们"④。粤商也很尊重当地人的风俗习惯，树立自己良好的商业形象，从而使交易顺利展开。如在菲律宾一些地区，"当外国人来到他们的村落之一，他们不许上岸，必须留在他们停泊在河流中央（或海上）的船上，并鸣锣报告他们的到来。随即

---

① （瑞典）龙思泰著：《早期澳门史》，吴义雄等译，东方出版社，1997年，第154页。
② 《明清史料》庚编第六本，中华书局，1987年，第1471页。
③ （美）约翰·F·卡迪著：《东南亚历史发展》，上海译文出版社，1988年，第301页。
④ （美）约翰·F·卡迪著：《东南亚历史发展》，第262页。

番商驶轻舟接近商船，带来棉花、黄蜡、异布（指蕉布、竹布等——译者）、椰子、洋葱、精致的席子和各种供出售交换的货物（以换取中国人的货物）。在对货物的价格发生误解的情况下，有必要召来当地商人的首领，让他亲临现场，安排使各方满意的价目表"①。这样双方在价格上达到共识，完成一次又一次的交易。

为取得当地人信任，粤商很热心公益事业，深为当地人欢迎，有利于双方贸易。英人凯特指出，在印度尼西亚地区，"一般说来，华籍商人比当地商人高出一筹，因为他们天生有一种经商的资质和其他方面的才能。欧洲商人在中介贸易方面也不能与他们匹配，因为还有其他一些有关因素在起作用。例如，华籍商人比较熟悉当地情况，了解当地人的需要，与当地生产者和消费者有较密切的关系，生活俭朴以及生活水平较低等"②。这以客家商帮的罗方伯最有代表性。清谢清高口述、杨炳南笔录的《海录》记在印尼昆甸地区，"乾隆中，有粤人罗方伯者，贸易于此。其人豪侠，善技击，颇得众心。是时尝有土著窃发，商贾不安其生，方伯屡率众平之。又鳄鱼暴虐，为害居民，王不能制。方伯为坛于海旁，陈列牺牲，取韩昌黎祭文宣读而焚之，鳄鱼遁去。华夷敬畏，尊为客长"。

这些海商文化精神，是明清时期粤商在海外贸易经营中，在历尽坎坷、屡经风雨之同时形成的。这些文化品格一方面说明粤商具有开拓创业的精神、意志和毅力，能够在异国他乡困难的条件下，自我调适，自我保护，自我斗争，自我生存发展，从而开创出一片新商业天地，使海外贸易成为南海沿海地区经济的一根生命线；另一方面，因为他们具备这些文化品格，故能在海外复杂多变的贸易竞争中，长期保持优势，并依靠这种优势，在鸦片战争以后，在东南亚沦为西方列强殖民地以后，仍能保持自己在东南亚的经济地位，继续发挥对当地经济发展的促进作用，这不能不归结于粤商在明清时形成的海上丝绸之路文化对经济的作用力。

---

① （菲）欧·马·阿利普：《华人在马尼拉》，《中外关系史译丛》第一辑，上海译文出版社，1984年，第96~97页。
② （英）W. J. 凯特著：《荷属东印度华人的经济地位》，厦门大学出版社，1988年，第62页。

第五节 地方学术思想成就

清代珠江流域政治统一，商品经济发展，文化交流加强，地方文化建设也受到空前重视，在地方志修纂、学术研究和公私著述等方面都呈现新气象，硕果累累，极大地充实了珠江文化内涵，提升了它的品位，有些成就崭露头角于全国学坛。

一、史志编纂盛况空前

方志有存史、教化、资政功能，故历受政府重视。中国地方志始自两汉之地记，此后从未中断，历隋唐宋元明清，其中以康熙、乾隆、光绪三朝编纂最多，各有1000多种，可谓洋洋大观。广东入清以后也达到修志鼎盛时期，不仅有官修志书，也有以个别人名义编修类似志书的著作流传，构成这一时期一项基本文化建设工程，其所取得的成就远远地超过了前代。

据广东省地方史志编纂委员会编《广东省志·总序》统计，广东（含海南）志书，宋代可考者有101种，元代有14种，明代有224种，清代有441多种，民国时期有49种。其中，《广东通志》编修始于明代，有嘉靖戴璟《广东通志初稿》40卷首1卷、嘉靖黄佐《广东通志》70卷、万历郭棐《广东通志》72卷，清代有康熙金光祖《广东通志》30卷、雍正郝玉麟《广东通志》64卷、道光阮元《广东通志》334卷首1卷，此外尚有道光阮元《广东通志·前事略》8卷以及民国初年省长朱庆澜《续广东通志》（未成稿，残存19册）、民国邹鲁《广东通志稿》（未成稿，120册）。其中以道光初年阮元主修的省志卷帙最浩大，内容最丰富，水平也最高，使用也最多。

在省志之下，各府州、县也修志，基本覆盖全省，有些经济文化发达、财力雄厚的地区，研修志书不止一种，而是多种，也以清康乾盛世为多。如广州地区称为"广州府志"的在明代有永乐、成化、嘉靖三朝所修，在清代则有康熙、乾隆、光绪三朝所修。全省各县至少有一种志书，有些县有五六种之多，清代廉江有 6 种，吴川、化州各有 5 种，珠江三角洲之增城、南海各有 5 种，新会 4 种，顺德 6 种，东莞 6 种，香山 5 种，以及阳江有 4 种，都为清代广东修志之翘楚。

乡是明清时期基层行政单位，有里、保、甲之称。据顾祖禹《读史方舆纪要》载，明代广东有 3488 里，清代未详，但应不少于这个数。清代已有乡修志，保存至今的有乾隆、道光《佛山忠义乡志》，顺治《南海九江乡志》，光绪《九江儒林乡志》、《南海乡土志》，嘉庆《龙山志》、道光《龙江志略》，光绪《新会乡土志》，光绪《遂溪县乡土志》等，共 20 多种，在众多志书中可谓凤毛麟角。

在修志蔚为风气之下，一些特殊的地理实体，尤其是风景名胜，包括寺院、名山、名水、名围等也乘势修志，开修志之新风。如广州有道光《白云越秀二山合志》、乾隆《光孝寺志》、《重修白云山福林禅院志》、康熙《曹溪通志》、《鼎湖山庆云寺志》，以及咸丰德庆《悦城龙母庙志》，乾隆《西樵志》，万历、道光《厓山志》，康熙、嘉庆、道光《罗浮山志》（小志、新志），康熙清远《禺峡山志》，道光龙川《霍山志》，还有同治南海《桑园围岁修志》和少数民族专志，如康熙《连阳八排瑶风土记》、道光《连山绥瑶厅志》等。

清代全国地方志有 5518 种，其中河北、江苏各在 500 种以上，广东与浙江、四川、江西、山东、河南一样，都在 400 种以上，属修志最盛省区。而这些方志所含自然、人口、田地、赋税、古迹、城池、人物、风俗等资料，有非常重要的科学和史料价值。明清广东在这方面能名列全国各省区首列，是为一项重大文化建树，为以后修志奠定了坚实基础。①

广西和贵州修志不甘后人。元代广西修纂府县志类 11 种，今无存者；贵州修府县志类 9 种，今亦无存。明清时期，广西和贵州编写地方志跟上其他省区步伐。明代广西修省志 9 种，今存黄佐等的（嘉靖）《广西通志》、苏浚的（万历）《广西通志》2 种；有府志 29 种，今存 6 种；有州志 23 种，今存 2 种；有县志 32 种，今无存者。明代广西修方志共 93 种，今存 10 种。明代贵州修纂省志 8 种，今存 5 种，即沈庠等的（弘治）《贵州图经新志》、谢东山等的（嘉靖

---

① 司徒尚纪主编：《中国地域文化通览·广东卷》，中华书局，2014 年，第 184～185 页。

《贵州通志》、王来贤等的（万历）《贵州通志》、王士性的（万历）《黔志》和郭子章的（万历）《黔记》；有府志 19 种，今存 2 种；有州志 9 种，今存 2 种；有县志 7 种、卫志 8 种，今无存者。明代贵州修方志共 51 种，今存 9 种。清代广西有省志 6 种，除（雍正）《广西通志》已佚外，其余郝浴等纂的（康熙）《广西通志》，金鉷等纂的（雍正）《广西通志》，谢启昆等纂的（嘉庆）《广西通志》，苏宗经、羊复礼等以（嘉庆）谢志为蓝本先后辑的（道光）《粤西志辑要》、（光绪）《广西通志辑要》5 种保存至今；有府志 27 种，今存 24 种；有州志 34 种，今存 28 种；有县志 92 种，今存 75 种；还有厅志、司志、乡土志 8 种，为道光以后修纂，均存留。清代广西修方志共 167 种，今存 140 种。清代贵州有省志 5 种，除安吉士等的（乾隆）《贵州新志》佚亡外，曹申吉等的（康熙）《贵州通志》、卫既齐等的（康熙）《贵州通志》、阎新邦增补的（康熙）《新补贵州通志》、鄂尔泰等的（乾隆）《贵州通志》存留至今；另有省志类 9 种，今存田雯的（康熙）《黔书》、谢圣纶的（乾隆）《贵州志略》（《滇黔志略》中贵州部分）、爱必达的（乾隆）《黔南识略》、罗绕典的（道光）《黔南职方志略》、犹法贤的（乾隆）《黔史》、张澍的（嘉庆）《续黔书》、李宗昉的（嘉庆）《黔记》7 种；有府志 31 种，今存 16 种；有州志 38 种，今存 24 种；有县志 51 种，今存 22 种；有卫志 6 种，今存 2 种；有厅志 8 种，今存 7 种；有乡土志 1 种，今存。清代贵州方志共 149 种，今存 83 种（一说 195 种，现存 89 种）。

除地方志外，明清时编纂的史志专书也不少。例如，广西明代有王济的《日询手镜》，张鸣凤的《桂胜》、《桂故》，谢肇淛的《百粤风土记》，王士性的《桂海志续》，邝露的《赤雅》；清代有施男的《峒黎风土记》。贵州明代有王轼的《平蛮录》，郭子章的《黔中止榷记》、《黔中平播始末》，李棕的《全黔纪略》，李珍的《水西纪略》，曹学佺的《贵州名胜志》；清代有陈鼎的《滇黔土司婚礼记》、《滇黔游记》，汪森的《粤西丛载》，严如煜的《苗疆水道考》、《苗疆城堡考》、《苗疆村寨考》、《苗疆险要考》、《苗疆道路考》和《苗疆风俗考》。而明代无名氏的《土官底簿》、田汝成的《炎徼纪闻》、王士性的《广志绎》，清代毛奇龄的《蛮司合志》，内容覆盖了滇、黔、桂、川等地。这些书或为方志类中的某种专志，对各地的民族、地理、风俗、物产、人物和事件等作了记载，具有较高的史料价值。

元明清时期，云南也编纂了多部地方志。元代云南修纂志书计13种，其中通志类5种，今存李京的《云南志略》残篇、张道宗《纪古滇说原集》2种，郝天挺的《云南实录》、张立道的《云南风土记》和《六诏通记》均佚；府县志类的《（丽江路）图志》、《（丽江）旧志》、《（北胜府）旧志》、《仁德府旧志》、《（澄江路）旧志》、《（广西路）旧志》、《安宁州旧志》、《（威远）旧日志》8种已无存。明代云南修纂各类方志113种，留传至今仅10种。其中省志9种，今存王谷等的（景泰）《云南图经志书》、周季凤等的（正德）《云南志》、李元阳等的（万历）《云南通志》、谢肇淛的（万历）《滇略》、刘文征的（天启）《滇志》5种；府志类34种，今存李元阳的（嘉靖）《大理府志》残卷、张泽等的（隆庆）《楚雄府志》、王尚用等的（嘉靖）《寻甸府志》3种；州志类40种，今存艾自修等的（崇祯）《重修邓川州志》、王利宾等的（万历）《赵州志》2种；县志类18种、司甸志类12种，今无存留。清代云南修纂方志329种，今存215种。其中省志6种，除蔡毓荣的（康熙）《云南通志》仅名目见著录外，范承勋等的（康熙）《云南通志》、鄂尔泰等的（雍正）《云南通志》、阮元等的（道光）《云南通志稿》、岑毓英等的（光绪）《云南通志》、王文韶等的（光绪）《续云南通志稿》5种保存至今；另有省志类10种，今存谢圣纶的（乾隆）《滇黔志略》、师范的（嘉庆）《滇系》、张若骐的（嘉庆）《滇云纪略》、王崧的（道光）《云南志钞》、李廷辉的（道光）《滇南志略》、刘慰三的（光绪）《滇南识略》等8种；有府志61种，今存38种；有州志116种，今存74种；有县志89种，今存60种；有厅志18种，今存9种；有乡土志16种，今存13种；还有盐井志13种，今存8种。除方志外，明清两代云南还编撰不少史志专书。明代有钱古训、李思聪出使麓川、缅甸所作《百夷传》，张洪出使云南、缅甸所作《南夷书》，朱孟震随军出征云南边境撰写的《西南夷风土记》，以及诸葛元声所作《滇史》；清代有王思训的《滇乘》，冯甦的《滇考》，陈鼎的《滇黔土司婚礼记》、《滇黔游记》，倪蜕的《滇云历年传》，王凤文的《云龙纪往》，王昶的《云南铜政全书》，檀萃的《滇海虞衡志》，吴其浚的《滇南矿厂图略》，余庆远的《维西见闻记》等。这些书或为方志类中的某种专志，对各地的民族、地理、山川、风俗和物产等作了详细记载，内容与方志可互为补充。①

在海南，宋代已有方志，但仅存《琼管志》、《琼州图经》等之名，书均未流传至今。明代海南方志有29种，但也仅有正德《琼台志》、万历《琼州府志》和《儋州志》保存至今。其中前两志篇幅宏大，内容翔实，甚有价值。尤其正德《琼台志》，不仅记载海南从汉到明的户、口数量，而且还将明代汉族和黎族户、口分别统计，还记载岛上人口男女性别、男子成年与未成年、职业分工等分县统计资料，对研究分析人口、民族、性别、年龄、职业构成等非常有用，在明代全国方志中非常罕见。清代海南府、州、县志有52种，但只有48种存世。琼山明代没有修志，清代修了7次，有6种传世。② 大量修志反映地方财力和地方人士对本土文化的关注，也是地域文化发展的一个标志。不过，海南建省时间甚短，明清和民国时期修志统计已合并在广东方志中。

二、屈大均其人其书

在入清以来珠江流域各省区兴起的修志高潮中，在广东产生了一部类似地方志，但又不是地方志的百科全书式著作——屈大均的《广东新语》。作者在该书自序中说："是书则广东之外志也，不出乎广东之内，而有以见夫广东之外。虽广东之外志，而广大精微，可以范围天下而不过。"③ 该书在清代珠江文化史上独领风骚，在全国也是凤毛麟角。

在广东明清社会大动荡中，有些人在反清复明失败后，杜门不出，潜心著述，成为其时广东学术发展的一股暗流。恰如乾隆广东才子李调元在《粤风·序》中指出的，"益信深山穷谷之中，抱瑾握瑜之士犹在也"。屈大均即属其中一位代表人物，他所作《广东新语》既起到地方志史料作用，又能阐发评论，增益方志所不能，在学术思想、史学、文学、经济、科技等方面成就至巨，在珠江文化史上占有非常的重要地位。

---

① 以上参见方铁主编：《西南通史》，第784～785页，第760～761页。
② 符和积等主编：《中国地域文化通览·海南卷》，中华书局，2013年，第148～149页、第169页。
③ 屈大均：《广东新语》，中华书局，1985年，《自序》。

屈大均（1630—1696年），字翁生，又字介子，初名绍隆，号菜圃，广东番禺人，明邑诸生。清军陷广州，屈大均积极参加抗清斗争。失败后，循入空门，法号一灵，仍力图恢复明室江山。还俗后，逾岭北游，前后十年之久，足迹遍及吴越、秦晋、榆关、陇西等地，广交遗民，与顾炎武有过往来，长年累月奔走于反清复明荆棘途中。吴三桂反清，屈大均一度从军湖南。三藩之乱既平，隐居不仕，埋头著述，尤以诗名，与陈恭尹、梁佩兰并称为"岭南三大家"，有《四朝成仁录》、《广东文选》、《翁山诗外》、《翁山文外》、《翁山文钞》等十余种著作传世。晚年撰成《广东新语》，颇有借古讽今、指物喻志者。故其身后六十年，当清文字狱再起时，屈大均被控"托名胜国，妄肆狂狺，其人实不足取，其书岂可复存"。其所有著作被列为禁书并付之一炬，清廷还要发棺戮尸，只因找不到其坟墓而作罢，竟将收藏其书的屈大均的两个不识字的孙子"从宽"处斩。但有价值的著作却又是任何暴力毁灭不了的，《广东新语》等还是流传下来，这也是珠江文化史上的一件幸事。

《广东新语》凡二十八卷，按内容类别，以"语"为纲，分列天、地、山、水、石、神、人、女、事、学、文、诗、艺、食、货、器、宫、舟、坟、禽、兽、鳞、介、虫、木、香、草、怪语等，约40万字。举凡广东之天文地理、经济物产、名胜古迹、风土人情、杰出人物、学术源流、手工制作、少数民族、城镇风貌、对外贸易等，几乎无所不包，写尽广东全貌。其材料取之于《广东通志》者三，新增加者七，故曰新语。实际上该书是在《广东通志》基础上重新创作而成，很多内容是作者实地调查、考察所得。如康熙吴江人潘耒为之作序曰："于是考方舆，披志乘，验之以身经，征之以目睹。"这也决定了《广东新语》具有重要的多方面的文化价值。

按《广东新语》所列"语"之大纲，其内容大部分可归入经济、文史、地理等部门，所以说它是广东百科全书。从这个意义上说，屈大均又是一位百科全书式学者。

自然地理。新语之天、地、山、水、石语等，介绍广东气象、气候、海岸、河网、湖泊、山脉、潮汐、井泉、洞穴、岩石、动植物等，包括它们的种类、分布和变化等地理现象。例如，天语记飓风、风候、雷风、冬雷、阴雷、雷耕、云、雨、冰、露等28项，地语记南交、厓门、陈村、沙田等42项，山语记梅岭、腊岭、五岭、峡、山、岩、洞、岗等49项，水语载江、湖、井、泉等水体70项，石语载韶石、大英石、小英石、五羊石等25项，条目清楚，阐述其详，对许多现象还能正确解释其成因与规律。例如风与潮汐关系，作者指出："潮长风起，潮平风止；风与潮生，潮与风死。凡朔望越二三日，潮初起，风必大；上下弦越二三日，潮渐退，风必小。"原因是"风者水之母，水生于风者谓之阴水，潮是也"①，即风引起海水运动，符合海流运动规律。又对珠江三角洲生成，作者说是"洲岛日凝，与气俱积，流块所淤，往往沙潭渐高，植芦积土，数千百亩膏腴，可跰而待"②。这也可以说是三角洲冲积生成学说之先声。

经济物产。屈大均非常注意资源环境与民生关系，故对各地自然资源利用、畜牧水产、手工制作、交通往来、商业贸易等，无不历数其详，尽量介绍。例如食语所记谷、麦、豆、盐凡29种，货语记金、银、铜等25种，禽语记各种鸟类、家禽30种，兽语记兽24种，鳞语记鱼类等25种，虫语记昆虫等35种，香语记香料11种，草语记草本植物等73种，木语记木本植物83种，皆为可资开发利用的经济资源。对珠江三角洲由于商品经济发展引起农业区域分异，作者不仅勾划出其景观，而且总结出其因地制宜、发挥地利优势所在："番禺土瘠而民勤，其富者以稻田利薄，每以花果取饶。……南海在在膏腴，其地宜桑宜荔枝，顺德宜龙眼，新会宜蒲葵，东莞宜香宜甘蔗，连州、始兴宜茶子，阳春宜缩砂蜜，琼宜槟榔、椰，或迁其地而弗能。"③

文化风情。《广东新语》对广东方言、风俗、宗教、聚落、人物、地名等多有阐述，提供各种文化景观及其空间分布概况，且还追溯其历史，解释其由来，符合文化作为历史投影、时间积淀的特点。例如潮汕地区流行英歌舞乐俗，其前身即傩礼，也是傩文化在潮汕的变异。《广东新语·神语》指出，"此乃古礼，虽孔子不敢违也"。又如广东过去多北帝（真武）庙，原因是广东多水，经常闹水灾，作者指出北帝即黑帝，"祀黑帝者以其司水之源也"。屈大均还最先指出广东多"那"、"罗"、"多"、"扶"等为起首地名。后人研究结果，这是古越语在地名上的反映，具有重要的民族学和地名学意义，所以屈大均无愧为广东地名

---

① 屈大均：《广东新语》卷一，《天语》。
② 屈大均：《广东新语》卷二，《地语》。
③ 屈大均：《广东新语》卷二五，《木语》。

研究的先驱。

民族源流。《广东新语》对黎、瑶、畲等少数民族和海南岛风土人情均有比较详细的描述，特别对黎族，全书 28 卷中 13 卷对此有所涉及，并作专节介绍。因为康熙二十六年（1687 年）屈大均曾应定安县令张文豹邀请，到该县纂修县志，考察了大半个海南岛，取得许多第一手资料，包括黎族族源、黎区物产、经济生活、社会组织、风俗习惯、语言和地名等，其中不乏真知灼见。例如他指出，黎人源于"古越人"；过去人们把黎区所产木棉称作"吉贝"是错误的，吉贝指棉花，木棉指攀枝花，两者不一样；黎人既有刀耕火种，也有耕耘农业，种植水稻。屈大均的一系列新发现或对前人知识的总结，已为后来民族学研究结果所证实，屈大均在民族学方面确有很深造诣。

城乡聚落。《广东新语》地、水、宫、事、坟语等，夹杂有不少关于广东地方城市、圩镇的材料，对它们的起源、建筑、商业、贸易、宗教、习俗、游乐等经济文化生活有不同层次的描述，为复原城市风貌，确定城市性质、功能、分区等提供依据。例如广州，《广东新语》重新肯定前人所说起于楚庭，又指出今顺德简岸为南汉咸宁县废墟，即汉初番禺城所在。此外，对南越、南汉宫阙、各朝祠庙、书院地理分布等，都作了不同程度交代，所以《广东新语》已越来越受城市规划、设计工作者所重视。

文学资料。《广东新语》用相当篇幅，整理、保存了很多广东文学资料，并对不少有名望的作家、诗人作品作出精确评价，故在某种程度上，这是对广东文学历史的一个总结，特别是其中《文语》、《诗语》收入许多诗作，推崇它们的豪迈气慨和风格。屈大均指出："广东自汉至明千有余年，名卿巨公之辈出，醇儒逸士之蝉连，操觚染翰，多有存书。其或入告之嘉谟，或谈道之粹论，或高文典册，纪载功勋；或短章数行，昭彰懿行，其义皆系于人伦，其事多裨乎国史。"这样的名家，"大均尝臆度之，大约大家数十，名家数百，近而穗城，远而琼甸"。① 这样的名家，虽经兵火，仍能收集到一半左右。屈大均特别圈点邝露、僧祖心、零丁山人、张璪子等作品。如在"张璪子诗"条中，对张璪子死去一匹战马，屈大均吊诗云："久失飞黄马，空余血战衣。可怜横草后，不得裹

---

① 屈大均：《广东新语》卷一一，《文语》。

尸归",洋溢着无限豪迈、雄浑、悲壮气慨。屈大均不仅在诗语中,而且在各语中,都穿插有诗词、歌赋、俚语、记事记时,抒发胸臆,既不乏掷地有声之作,也有轻快吟哦,皆缘于屈大均既是学者,又是作家、诗人。可见《广东新语》作为地方百科全书,可补地方志之不足,尤其第一手资料,更难能可贵。特别是在明清笔记丛刊中许多著作条理甚为驳杂零碎,不易归纳,使用起来颇费功夫。新语以语为纲,纲举目张,便于检索,这也是该书的一大特点,较之其他笔记杂志,实胜一筹。

三、梁廷枏《粤海关志》

广东是中国对外通商最早、延续时间最长的省区,从唐置"广州市舶使院"(广州结好使),经宋元广州"市舶司"、明代"广东市舶司",直到清康熙二十四年(1685年)设立"粤海关",积累和保存了不少外贸外交史料,也有许多经验和教训。但基于各种原因,方志编纂虽不绝如缕,然皆以省府州县和个别乡镇为修志对象,罕有专门志书。像广东海关这一历史绵长、事关国计民生大事的进出口岸的专门志书,也付厥如,这在海关史上是个很大的不足。直到清道光年间,梁廷枏《粤海关志》修纂付梓,才填补中国海关志的空白,这是广东修志史也是珠江文化史上一件破天荒的大事,有非同寻常的意义。

梁廷枏(1796—1861年),字章冉,广东顺德人。学问渊博,文史兼通,且工诗善画,热心地方文献收集整理,著述累累,凡38种288卷,是一位著名的思想家、史学家、戏曲理论家和剧作家,被誉为"广东文化由古代向近代转型的重要奠基人之一"[①]。作为一位爱国知识分子,他潜心研究外国史事,关心国家和民族命运。道光十五年(1835年),邓廷桢任两广总督,梁廷枏正任广东海防书局总纂,主编《广东海防汇览》。翌年汇览编成,邓廷桢即聘请他为《粤海关志》总纂。经过三年的努力,于道光十九年(1839年)完成编纂工作。该书所载史事始于乾隆十五年(1750年),迄于道光十九年,前后达90年。全书共30卷,分列14门,计《皇朝圣训》1卷,《前代事实》3卷,《口岸》2卷,

---

① 岭南文化百科全书编纂委员会编:《岭南文化百科全书》,中国大百科全书出版社,2006年,第195页。

《设官》1卷，《税则》6卷，《奏课》2卷，《经费》1卷，《禁令》3卷，《兵卫》1卷，《贡舶》3卷，《市舶》1卷，《行商》1卷，《夷商》4卷，《杂识》1卷。

《粤海关志》有三大特点：一是重视历史沿革。对粤海关的渊源和演变，均加以详尽追述，上溯到古代广东与外国的贸易关系和友好往来，而以开关后为重点，实际上是一部粤海关通史。二是开创关志的修史新体例。它不采用纪传体或本末体，而是分门别类叙述，条目清楚，颇便检阅。三是在叙述中发表议论，如《禁令》中汇集了禁烟言论，编者加按语说：对鸦片走私要"严立规条，除恶务尽，此实海关要务"①。这些议论，反映了编者的爱国立场。在《夷商》中，对外国海盗商人的骚扰活劫，也时有揭露。

由于粤海关早期档案已散佚或缺损，给修志造成不少困难。"乾隆十三年以前案牍无存"，"乾隆十四年以前案卷霉烂"。②虽然编者从旁征引补救，仍多有纰漏。但清乾隆十五年（1750年）以后的记载则较充实。作为我国第一部地方海关志的《粤海关志》，有很高的史学价值和史料价值。

梁廷枏除了主编《粤海关志》外，尚有其他著述多种。最著名的有《夷氛闻记》5卷，是研究鸦片战争史的重要资料。此外，尚有《海国四说》14卷，介绍英美资本主义的政治制度。梁廷枏虽然注意了解外国情况，但他反对学习西方，认为"天朝"大国学习西方是"失体"的。③这又反映了其思想的保守性。这恰是从古代到近代转型时期某些知识分子的心态特征。

四、广东朴学研究初露锋芒

清朝是我国封建社会最后一个王朝，自康熙亲政以后，采取了一些安定社会、恢复发展经济的举措，广东走出"迁海"、海禁阴影，继续走上发展道路，学术和文艺也出现一时繁荣局面，成为广东传统文化成熟的一个重要标志。

朴学即汉学。在明末清初，广东朴学在全国并未居重要地位。但自清嘉庆二

---

① 梁廷枏：《粤海关志》卷一十七《禁令一》，广东人民出版社，2002年。
② 梁廷枏：《粤海关志》卷二十四，《市舶》。
③ 梁廷枏：《夷氛纪闻》卷五，中华书局，1959年，第172页。

十二年（1817年）阮元调任两广总督，驻节广州以后，对学术重视有加，成就灿然可观，成为广东学术一个新的转折点。在任期间，除了开局修志，阮元还仿浙江诂经精舍模式创办学海堂，采取一系列措施，终于扭转广东学术滞后局面，使之走上振兴道路。这包括：一是提倡实学，以经古之学课士子，注重科学知识和中国科技史策问，鼓励诸生著书立说，刻印经籍，形成考据之风。广东学风因此一变，志称："自阮文达公督粤开学海堂以古学训士，经史词章，分门课习，然后人知风向，一时经师联翩蔚起，风气始丕变焉。"① 二是奖掖一批人才，使之成为日后广东朴学运动中坚。通过修志和办学，阮元延揽、提拔了一批人才。他们学问精深，专心学业，成就斐然，包括梅州人吴兰修、李黼平，南海人谭莹、熊景星，东莞人邓淳，番禺人侯康等，皆一时之精英。他们及其弟子对树立清后期广东朴学在全国的地位贡献良多。

阮元筚路蓝缕之功，使乾嘉期间广东朴学成果颇丰。梁启超在《中国近三百年学术史》中罗列了经书笺释、史料搜补鉴别、辨伪书、校勘、文字训诂、音韵、算学、地理、金石、方志、类书编纂、丛书校刻等方面，广东都有代表人物和成果传世。

道光后期，鸦片战争首先在广东爆发，后又有太平天国、凌十八、陈开、李文茂等农民起义运动，社会陷于动荡不安，广东学术研究大受挫折，处于沉寂和低谷。迨咸同中兴，广东朴学始有复兴之象，产生以陈澧为首的东塾学派，重振广东朴学遗风。尤其是光绪十年（1884年）张之洞督粤办洋务，开广雅书局、广雅书院，拨经费，赓续阮元事业，培养了一批全国性的一流学者，使广东朴学仍能繁荣十余年。直到后来新学兴起，广东朴学才在清末划上一个句号，但其在广东学术史上的贡献和地位却不容忽视。近代广东图书馆学专家杜定友在《广东文化中心之今昔》一文中认为，广东在宋代学术中心地为罗浮山，在明代学术中心地为西樵山，在清代学术中心地则在广州。其曰："道光六年，阮文达督粤，以其浙江之诂经精舍规制，移置于广州，设学海堂，提倡经史，崇尚实学，吾粤文风，为之一变。同治时，菊坡精舍应元书院，相继而兴。其时我省文化中心，乃在粤秀山畔。至光绪十三年，张文襄之洞创广雅书院，分经史理文四科，

---

① 宣统《南海县志》卷一九。

倡中学为体，西学为用之说，规模宏大，济济有众，书院制度，更为一变。文风鼎盛，超越前代。我粤文化中心，至是移在广州西村。"① 不过这主要发生在鸦片战争之后，此不述。

五、广西学术成就

清代广西学术成就，除了修志，在文献整理、经学和小学方面也颇多建树，形成了一个学术人才群体。汪森（1653—1726年），浙江桐乡人，在广西为官多年，以10余年时间编纂成《粤西三载》（即《粤西文载》、《粤西诗载》、《粤西丛载》），是以广西文献为对象的大型典籍，凡75卷，收录清代之前关于广西的文章，含赋、制敕、奏表、表状、奏疏、表、志、祀、碑序、书、议、论、考、说、解、颂、铭、檄、牒、杂著、传、祭文等33类，以"记"类散文最多。内容庞杂广博，诸如山川地理、风物土产、习俗人情、土司制度、金石文物、历史人物、轶事轶闻等，皆广泛涉及。《四库全书总目提要》对《粤西三载》多有赞誉，称其"搜采殊见广备"，"遗文轶事，有裨考证者，悉已采辑，无遗于一方文献，亦有可藉以征言者焉"。

梁章钜（1775—1849年），福建长乐人，道光中任广西巡抚，任上组织人力编纂《三管英录集》，凡57卷，为唐代至清道光年间广西诗词大型选集，收入作品5700余首。按三管即唐代在广西分设桂、邕、容管经略使，分管广西地面。乾隆间，广西上林人张鹏展编纂《峤西诗钞》21卷，收入广西诗作2100多首，作者210多人。此外，尚有张凯嵩《杉湖十子诗钞》、侯绍瀛《粤西五家文钞》、况周颐《粤西词见》、周嵩年《桂海文澜》等，亦为广西诗词汇编类著作。

清代广西经学首推临桂人陈宏谋（1696—1771年），历官近50年，先后担任巡抚、总督，兵、工、吏部尚书及大学士，加太子太傅衔，卒谥文恭，《清史稿》有传。其治学以经世致用为旨。著述多种，汇为《榕门全集》。《清史稿》卷三〇七载："宏谋早岁刻苦自励，治宋五子之学……辑古今嘉言懿行，为《五种遗规》，尚名教，原风俗，亲切而详备。……宏谋学尤醇，所至惓惓民生风

---

① 杜定友：《广东文化中心之今昔》，许衍董总编纂：《广东文征续编》第四册，（香港）广东文征编印委员会出版，1988年，第21页。

俗，古所谓大儒之效也。"所谓《五种遗规》指规范、教化百姓、从政、树淳风除恶习、治学等著作，其中《养正遗规》2卷、《教女遗规》3卷、《从政遗规》2卷、《训俗遗规》4卷、《学仕遗规》4卷，与朱熹《朱子语类》有异曲同工之妙。在经学研究方面，陈宏谋用力尤深，有针对宋儒真德秀《大学衍义》加以精选而辑为6卷本《大学衍义辑要》；选辑明儒丘濬《大学衍义补》163卷为《大学衍义补辑要》12卷；选辑明人吕坤著作为《吕子节录》，自撰《课士直解》、《四书辑要》、《四书人物考》等；还编纂《湖南通志》174卷，以及编著、校订过《增订正史约》、《资治通鉴纲目三编》、《三通序目》等。故《清史稿》称陈宏谋为"大儒"，实至名归。

广西象州人郑献甫（1801—1872年），不仅是个文学家，也是经学家，研究成果有《愚一录》，凡十二卷，对十三经文字、典故、人物、经义等作考释。观点也颇多创意。

广西也是小学研究的一大阵地，以道光二十一年（1841年）状元龙启瑞（1814—1858年）成就至为显著。龙启瑞是广西著名文学家，先后担任翰林院修撰、通政司副使、江西布政使等。其学术研究领域颇广，著述也多。在音韵方面有《古韵通说》，经学有《尔雅经注集证》、《经籍举要》，文字学有《小学高注补正》、《字学举隅》，目录学有《经德堂书目》，史学有《是君是臣录》、《通鉴识小录》等。尤以《古韵通说》见解至为精到，陈澧在书后题辞曰："龙君以第一人及第著此书，天下之士读书，知最高之科名与最古之学问，一人可以兼之。"此外，临桂人况祥麟《六书管见》对六书（象形、会意、形声、指事、转注、假借）作了辨析；藤县人苏时学《墨子刊误》2卷也是很有功力的子书研究著作，为时人征引其观点。

清代广西科技方面，也不乏出色成果，尤以医药见长。主要有苍梧人李世瑞《集验医案》、临桂人黄元基《静耘斋集验方》，后者收集验方约3000条，为广西重要医书。壮医也颇有成效，有内服、外洗、熏贴、佩药、骨刮、角疗、针灸、席垫、刮痧等疗法，亦有疗效，反映壮族人民世代防病治病经验。[①]

---

① 参见黄现璠等编著：《壮族通史》，第633页。

六、贵州学术和沙滩文化

贵州设省后,经有明一代发展,到清代学术成果甚为丰硕,刊行学术专著数百部,涉及经、史、方志、金石、目录、小学、杂学等领域,有经学专著116部。其中学术水平高、影响大者为贵州安平人陈法(1692—1766年)《易笺》和遵义人萧光远(1803—1885年)《周易属辞》。《易笺》凡8卷,作者积数十年研究功力,得出结论是"《易》所言人事耳","其所道不外人伦日用",并没有天地、阴阳、风雷等内容。《四库全书总目提要》认为"其辨最为明晰"。而《周易属辞》凡12卷,在检索上下功夫,黔中大学者莫友芝评其"渐得凡例若干条,旁推交通,妙义环起,……专精极矣"①。对《礼》的研究,黔中学人有专著18部,以郑珍《仪礼私笺》8卷、《考工轮舆私笺》2卷和《凫氏为钟图说》1卷等至为出名。

小学是研究经学的基础,清代贵州有专著40部,学术价值较高者有10余部,以莫友芝研究《说文解字》数十年所著《说文逸字》、《说文新附考》、《汗简笺正》最有代表性。郑珍之子郑知同(1831—1890年)继承家学,醉心《说文》,造诣高深,小学成就尤甚,有专著十余种,但仅刊行《说文本经答问》、《说文浅说》二种传世。

必须重视的是,清代贵州在遵义一带有一个黎氏聚居村落沙滩,从清代后期到民国初年百年时间,黎氏、郑氏、莫氏三家结为姻亲,互为师友,切磋学术和诗文,形成一个学者文人群体,独领黔中学术风骚上百年。其所汇集文化,称为"沙滩文化",在地域上称"沙滩文化区",在珠江文化版图上独树一帜。其中黎氏文化以黎安理(1751—1819年)为"沙滩文化"创始人,下传数代。黎安理以执教为业,通《易》学,著有《锄经堂诗文集》、《梦余笔谈》、《自书年谱》、《论语口议》等。"沙滩文化"另一巨儒郑珍(1806—1864年),历经曲折,深得乾嘉汉学真传,一生执教,以"汇汉宋为一数"为治学宗旨。其经学著作30多种,文字学著作10余种,如前述。郑珍更以诗出名,所撰《巢经巢诗钞》刊

---

① 莫友芝:《周易属辞·序》,见民国《贵州通志·艺文志》,贵州人民出版社,1989年,第21页。

行后,好评如潮,曾国藩为之首肯,有人赞其诗"清代第一"、"清诗三百年,王气在夜郎"。① 与郑珍同时代的另一沙滩文化代表莫友芝(1811—1871年),幼攻经史子集,深得要领,后在京城邂逅曾国藩,其汉学见识大为曾氏赏识,叹"不意黔中有此等宿学耶"! 莫氏后在贵阳等地执教,为曾国藩幕僚,曾国藩之子曾纪泽曾向其请教。莫友芝精于文学、版本、目录、金石、训诂诸学,也工书法篆刻,有多部著作问世,如《黔诗纪略》、《宋元旧本书经眼录》、《金石题识》、《郘亭诗钞》等。

珠江在贵州河网较为密集,农业颇受重视,清代涌现了一些农田水利著作,如罗文思《堰说》、《塘说》,黎恂《农谈》,但明伦《耕织器具图说》,郑珍《樗茧谱》,莫友芝《樗茧谱注》,陈法《河干问答》,朱定远《河工便览》、《海塘纪略》,韩锞《治河要言》,严如熤《苗疆水道考》等,都在珠江水利史上留下了自己的印记。②

七、云南学术和科技

明清时期,有关云南的汉文和少数民族文字的科技著作不断问世,由此反映了当时的科技发展的水平。这些著作涉及医药学、天文学、植物学、声学和地理学等诸多方面。在明代著作中,流传至今、影响较大的有以下几种。一为《滇南本草》和《医学挈要》。作者兰茂,嵩明杨林人,一生以行医、教书为业。其著述宏富,除医药学外,还有音韵学、诗文集等方面的论著传世。《滇南本草》成书于正统时,后人亦有增补。全书记载药物约500种,对每一种药物的别名、形状、产地、性质、功用和配方等均有说明。该书比李时珍《本草纲目》早140多年,所收草药不少为《本草纲目》未收。为了本书写作,他不畏严寒酷暑,跋山涉水,尝百草、辨药性、采标本、绘图形,历数十年艰辛,对民间草药作了大量艰苦的搜集整理工作,始著成该书。《医学挈要》是兰茂及其弟子临床经验的总结。此二书医药界评价甚高,奉为"滇中至宝",被医学界竞相传抄。二为《永昌二芳记》。作者张志淳,永昌人,成化二十年(1484年)进士,历官吏部

---

① 转引自顾久主编:《中国地域文化通览·贵州卷》,第454页。
② 参见方铁主编:《西南通史》,第780页。

侍郎、太常少卿等职。晚年因病辞归。该书对永昌所产山茶花和杜鹃花的品种、形态论述精辟，为云南最早的植物学专著之一。三为《天文历志》。作者杨士云，大理喜洲人，白族，正德十二年（1517年）进士，历官工部、兵部、户部给事中。为言官40余年，后辞官归乡。杨士云对天文学、声学、数学和地学都有研究，以天文学的成就最高。《天文历志》阐述日月运行理论、日月食原理、恒星和行星观测、二十八宿分野、历法、圭表、日晷和漏刻测时等，在中国天文学史上占有重要地位。四为《徐霞客游记》。作者徐霞客，名宏祖，江苏江阴人，22岁以后外出远游，30余年间足迹遍及滇、黔、桂等广大地区，对所至地区的山川地貌、水文气候、地质生物及风俗民情等作了详细考察。并将观察所得逐日记录。在《徐霞客游记》中，西南地区所占份额最大，滇游日记即占全书的2/5，加上粤西游日记和黔游日记，约占全书的3/4。徐霞客对喀斯特地貌的研究和记载，比欧洲科学家爱士培尔的研究早150多年。①

在云南科技著作中，明代出现了用彝族文字记载的医学著作，后经译成汉文广为流传。主要有：一是《作祭献药经》。成书于嘉靖十四年（1535年），本为彝族成人死亡时巫师诵念的经文，但记载了许多疾病的名称和100余种药物的采集、加工及炮制方法。二是《双柏彝医书》。成书于嘉靖四十五年（1566年），系1979年双柏县彝族杨思有献出的彝文手抄本。该书记载病种76种、处方243个和药物275种，其中有植物药159种、动物药93种、其他类23种，内容涉及外、内、妇、儿、骨伤、五官等科，为16世纪以前彝族医药经验的系统总结，也显示少数民族文化的进步。

清代不但在汉区，而且在少数民族地区，也出现工商业比较繁荣景象，坝区人口剧增，促进云南文人阶层打开眼界，面对现实，研究新问题，出现一大批各个领域文化精英，如杨一清、杨慎、兰茂、钱沣、李含章、孙髯、许印芳等。他们的学术成就和地位，不在全国学者之下，也在珠江文化史上留下珍贵一笔。

在哲学上，当以杨慎为代表。杨慎（1488—1567年），四川新都人，自幼嗜书如命，24岁殿试第一，授翰林院修撰。后坐贬云南，写下许多著作，如《滇载记》、《滇程记》、《南诏野史》、《南中集》、《古今谚》等。在哲学方面，他认

---

① 参见夏光辅等著：《云南科学技术史稿》，云南科技出版社，1992年，第134～138页。

为气是客观存在的物质性的东西,是宇宙万物的基本起源,它不以人的意志为转移,是第一性的,而理是第二性的。"气尝辅理之美,理岂能救气之衰?""器"是客观事物,"道"是对客观事物的摹写、映象。他说"道以器寓,人与天期。"人可以认识客观事物,这是一种朴素的唯物观。他认为泾清渭浊、玉洁瓦暗、左辅右弼、善与恶等都是互相联系、互相依存的。矛盾可以对立和转化,"众胜寡,故水胜火也;精胜坚,故火胜金也;刚胜柔,故金胜木也;专胜散,故木胜土地;实胜虚,故土胜水也。"他认识到五行相生相克的关系,也是同一性和斗争性两方面作用的关系。① 这在当时也是很难得的。

清代云南的科技著作明显增多,内容涉及农业、水利、地理、矿冶、植物、天文、历史、数学、医药等诸多方面。农业方面,有娄钟的《捕蝗汇编》和杨名飏的《蚕桑简编》。水利方面,有鄂尔泰的《修浚海口六河疏》、王继文的《请修河坝疏》、黄士杰的《六河总分图说》、孙髯的《盘龙江水利图说》等。地理学方面,有段煜文的《地理心得》、董以忠的《总括天机地理发秘》、赵元祚的《滇南山水纲目》、张景蕴的《云南山川考》、檀萃的《滇南山水纲目考》、何其英的《迤江图说》、张凤孙的《金沙江志》等。矿冶方面,有余庆长的《铜政考》、王昶的《云南铜政全书》、戴瑞徵的《云南铜志》、吴其濬的《滇南矿厂工器图略》、倪慎枢的《采铜炼铜记》等。天文历法方面,有方玉润的《乾象钩元杂志》、周思濂的《太和更漏中星表》、何立中的《星象考》、李滮的《五纬考度》和《太阴行度迟速限损益捷分表》等。数学方面,有李滮的《律吕算法》和《筹算法》,宋演的《勾股一贯述》,林绍清的《合数述》等。以上著作所言基本上反映了清代云南科技的面貌。其中价值最高者首推吴其濬的《滇南矿厂工器图略》,该书由法国人翻译后更名为《云南矿产志》刊行。植物学方面有吴其濬的《植物名实图考》,全书收录1715种植物,每种植物绘有图形并附文字。该书出版后在国内外产生较大影响,有日、法、英等文字的译本。在医学方面,清代云南名医辈出,内科、妇科、儿科、眼科等科名医,仅昆明地区即有50余人;外科、皮肤科名医20余人。大理地区见于史载的名医也有50多人。同时还有多种医学著作行世。

---

① 欧鸥渤著:《滇云文化》,辽宁教育出版社,1998年,第350页。

八、阮元创办学海堂

在清代珠江学术之林中,最具有学术和管理创新,开一代风气的首推阮元创办广州学海堂,其对近代珠江文化兴起与发展的贡献,可谓筚路蓝缕,以启山林,厥功至伟。明清的书院,很多侧重于应付科举考试,士子只注重写八股文,没有真才实学。为了扭转此种局面,清道光四年(1824年),两广总督阮元在广州越秀山麓创立学海堂,实行新的教学模式。这可以说是明清广东书院的新发展,开创广东高等教育的先河。

阮元(1764—1849年)号伯元,字芸台,江苏仪征人,不但是一位精明的政治家,而且是一位乾嘉学派著名学者和教育家。清嘉庆二十二年(1817年)阮元调粤任两广总督。三年后(另有说道光元年、四年、六年),在广州创立学海堂,初址在广州城西文澜书院,阮元手书"学海堂"牌匾悬于其上。后在越秀山麓建馆舍,即今广州市二中。学海堂办学长达83年,直到清光绪二十九年(1903年)结束。学海堂一共有学长55人,招收专业课肄业生16批,共260多人。无论学长还是学生,都是晚清广东文化事业的中坚分子和积极参与者,建树累累,在广东乃至全国书院教育史上树立了一座不朽的丰碑。阮元办学海堂,一反以科举应试的八股课考为主的书院潮流,提出"此堂专勉实用"[①]的办学宗旨,旗帜鲜明地宣布要摆脱科举时事的约束,反对尚空谈学风,以实学为标榜,培养通儒式的学者和"经世致用"的政治人才。阮元为此写道:"粤中学术故不及闽,近日生于书院中立学海堂,加以经史杂课,亦略有三五佳士矣。"[②]显示阮元创办学海堂意在广东开一代新学风,也是对积习已久的以科举仕宦、死钻故纸堆、空谈性理的旧学风的一种大胆挑战!

办学宗旨既定,阮元在学海堂推行一系列创新举措,把学海堂办成广东地方学术中心,一座旧式书院向新式学堂转变的学校,既承前又启后,在全国罕有其匹。

首先,学海堂不设由官府聘任的学长,而推行公举学长,即学生导师,类今

[①] 阮元:《学海堂志·设学长》。
[②] 阮元:《至陈寿祺》,见陈寿祺《左海文集·卷首》。

学术带头人。这样弱化了官府对书院的控制，学生可以"择师而从"，有利于建立教学民主制度，因材施教，形成自由研究的学风。阮元不但主持制定学海堂章程，建立各项规章制度，而且身体力行，亲身参与授课、出题、答题等活动，前后达六年之久，实为一位教育改革活动家和实践家。初期担任学长的有吴兰修、赵均、林伯桐、曾钊、徐荣、熊景星、马福安、吴应逵，称为八大学长，继任的有侯康、仪克中、黄子高、张维屏、黄培芳、梁廷枏、陈澧、朱次琦、邹伯奇等，多为粤籍人士，也不乏鸿儒硕学。如吴兰修（1789—1839 年）为广东学界中坚人物，长于经史、治经和算学，工诗词；番禺人林伯桐（1775—1845 年）为著名经学家；番禺人侯康（1798—1837 年）精通经史，被誉为"经师"；顺德人梁廷枏（1796—1861 年）知识渊博、著作等身，为政治、文化、经济、历史学家，有人评其著作"种类之多，范围之广，实近世所仅见也"①；番禺人陈澧（1810—1882 年），精通经史，著作多达百余种，为广东一大学问家；番禺人林国赓，以"以史证经"闻名，搜集佚史八百余种，"积稿盈两箧，世服其勤博"②；番禺人陶福祥（1834—1896 年），专研经史，精于校勘，有多种著作传世；张维屏（1780—1859 年）、黄培芳（1778—1859 年）都是著名爱国诗人，其诗撼广东内外；南海人邹伯奇（1819—1869 年），精通天文、历算、舆地，为著名科学家。有这样一个全国一流学长群体作为办学骨干，学海堂办得有声有色，绝非偶然。

其次，学海堂课程设置为经、史、词章、天文、地理、算学等，不再读八股文；包括十三经、四史、文选、杜诗、韩文、朱子书等专业课，以及训诂、音韵、文字等都体现经世致用精神。康有为曾在学海堂受业，后在自编年谱中称他的老师朱次琦"其学平实较大"，"而主济人经世，不为无用之空谈高论"③。这样培养出来的人才，不再是埋首书斋的腐儒，而是一批社会实践家。例如，张维屏曾与林则徐共议禁烟大计；梁廷枏就广东海防及禁烟事宜为林则徐献计献策，还实地考察广东沿海防务，参编《广东海防汇览》，为抗御外侮作出贡献；黄培

---

① 冼玉清：《梁廷枏著述录要》，见《冼玉清文集》，中山大学出版社，1995 年，第 29 页。
② 林国赓：《北堂书钞·凡例》。
③ 李锦全：《阮元实学思想对广府学风的影响》，广东炎黄文化研究会、广州炎黄文化研究会编：《岭峤春秋——广府文化与阮元论文集》，中山大学出版社，2003 年，第 184 页。

芳在战时协理保卫省城军务，组织力量分兵设防；陈澧战前就提出加强虎门防守的建议。他们皆针对国家民族大事而作，非八股之士所能为。至朱次琦主张"济人经世"实学，对康梁影响更为深远，后来发生戊戌变法，即为学海堂"经世致用"教育的一次伟大实践和胜利。

再次，学海堂不只培养了大批时代精英，而且肩负着传播文化的任务，出版了大量经史典籍。此前广东刻书业并不发达，阮元莅粤，"立学海堂于广东以课士，士之愿学者苦不能备观各书，于是宫保（即阮元）尽出所藏，选其应刻者付之梓人，以惠士林"①。据统计，从清道光四年（1824年）至清光绪年间（1875—1908年），学海堂总共刻书31种，凡2450卷，多为经学、史学方面的典籍，包括《皇清经解》1400卷及《学海堂初集》16卷等，开启了广东大规模刻书之风气。此后广东公私刻书接踵而起，如广州菊坡精舍《十三经注疏》、《通地堂经解》，南海伍氏《粤雅堂丛书》、《岭南遗书》，番禺十三行商人潘仕诚《海山仙馆丛书》、广州冯氏《翠琅玕馆丛书》，新会陈氏《二十四史》等，相继面世，成为广东重要历史文献，也为广东近代出版业先声。

最后，学海堂作为广东书院和人才摇篮的代表，对清代广东学派的形成起了积极的推动作用。虽然对这个学派存在和形成的时间尚有歧见，但学界多持肯定态度。阮元创办学海堂，博采包容，重用了一批广东经世致用学者，无门户之见，通过设坛教授，师承薪传，形成一个关心时事、力求上进、务实致用、为国效力、好为经济之用的学者群体和建立起良好学风，被视为广东学派形成的重要标志。且这个学派能紧密结合现实，与时俱进，具有很强生命力。恰如朱次琦所说："读书者何也？读书以明理，明理以处事，先以自治其身心，随后应天下国家之用。"②陈澧则曰："惟求有益于身，有用于世，有功于古人，有裨于后人，此之谓经学也。"③哈佛大学费正清先生评价说："1820年阮元在广州创立的学海堂，是这时期另一个重要的地方学术中心"，这个中心"重点是放在'实学'上，以及搜讨事实材料和努力把经籍的原则应用在当代的问题等方面"。又说

---

① 夏修恕：《皇清经解序》。转引自《岭峤春秋——广府文化与阮元论文集》，第206页。
② 简朝亮：《朱九江先生年谱》。转引自《岭峤春秋——广府文化与阮元论文集》，第148页。
③ 陈澧：《与王峻之书》，《东塾集》卷四。

"（阮元）他们确是代表了他们那个时代中国发生的某些变化"。① 这些恰是广东学派务实和灵活变通的文化风格，仅就此而言，阮元及其创办的学海堂功不可没。

明清广东书院虽有起落，但能与广东文化发展大抵同步，尤以学术创新见长，故对广东地域文化发展贡献良多。明代陈献章、湛若水建立"学贵乎自得"、"以自然为宗"的思想体系，是为"江门学派"，对广东乃至全国学术思想发展作出重要贡献。以静坐为自得，不仅用于求学方法，也影响广东人性格。旧谓广东民风骠悍，而提倡静坐内省，以求明心见性，自惠能以来，即渐为部分人仿效，经白沙发展，更多人变得冲和平淡，这似乎与江门学派有某种联系。故明儒黄宗羲对其评价"有明之学，至白沙始入精微"②，可谓恰到好处。后人每论陈献章，常将其与同时代著名哲学家王守仁并论，实际代表了明代广东学术成就，这自然与陈献章、湛若水在广东广建书院不可分割。

入清，广东办书院蔚为风气，除了上述学海堂，各地书院不绝如缕，在广州著名的还有建于清康熙二十二年（1683年）的羊城书院、乾隆二十五年（1706年）的粤秀书院、同治六年（1867年）的菊坡精舍，光绪十三年（1887年）两广总督张之洞倡办的广雅书院，以及香山丰山书院、南雄道南书院、惠州丰湖书院、雷州书院等。这些书院吸引大批莘莘学子，自是广东人读书蔚为风气。时人谓"自是以来，学者影随云集，（丰山书院）合附课者三百二十余人。每当公余夜静，丝诵声发斋庐，侧耳东风，未尝不为之踌躇满志，及阅所课文，亦渐斐然可观矣。"在偏远的雷州地区，"由是学徒敬业乐群，士风浸昌，科第簪缨，文章气节之士，连镳接轨，与岭东南风物等矣。"南雄知州陈景埙写道："余来南雄，甫下车，课士至院中。瞻院宇之壮丽，园林之幽旷，亭池之轩豁。而生徒众多，跄跄济济，不禁喟然叹矣。"③ 由此推及，兴学读书之风，已吹遍广东城乡大地。

上述这股潮流，极大地推动了广东学术向前发展，并很快赶上中原、江浙地区先进水平。后人对此赞不绝口。有曰："岭表自学海堂成立，百余年来，文风

---

① 费正清著：《剑桥中国晚清史》上卷，中国社会科学出版社，1985年，第168～170页。
② 黄宗羲：《明儒学案·白沙学案》。
③ 以上参见李权时等主编：《岭南文化》，广东人民出版社，1993年，第340～342页。

彬蔚,作者肩望而立。"① "吾粤自阮文达以制府而躬讲学,粤士被其教泽,咸同以降,粤学之盛,度越中原。"② 这类评价,不一而足。

第六节 文坛花繁果硕

清代珠江流域商品生产和交流进一步兴旺,城镇社会生活活跃,流域继续向前发展,文学艺术也出现一时繁荣,成为珠江文化成熟的一个重要标志。

一、清初诗坛

明末清初,珠江流域历经战火蹂躏,不少诗人投身于拯救民族危亡的殊死斗争,其诗歌忠义四射、壮怀激烈、撼人心魄,在中国诗歌史上占有重要地位。前期在广东有屈大均、陈恭尹、梁佩兰,被誉为"岭南三大家"。他们以反清复明斗争为诗歌主旋律,悲壮激昂,雄阔奔放,影响深远。如屈大均《春山草堂感怀》,诗人与清统治者作殊死斗争的坚强意志,可歌可风:

> 慷慨干戈里,文章任杀身。
> 尊周存信史,讨贼托词人。
> 素发垂三楚,愁心历九春。
> 桃花风雨后,和泪共沾巾。

陈恭尹抗清,全家被害,唯其个人幸免,其国恨家仇,喷发为诗,一语千钧,掷地有声。其《拟古》之三云:

> 猛士不带剑,威武岂得申?
> 丈夫不报国,终为愚贱人。

---

① 张锡麟:《希古堂集·序》,上海古籍出版社,1995年影印光绪刻本。
② 梁志文:《三水梁太公重游泮水征诗文启》,(香港)《广东文征续编》第一册,1986年,第338页。

但当清政权建立，社会趋于稳定，他们还是顺应了历史潮流，诗人的目光转向野心勃勃的西方殖民主义者对我国领土的虎视眈眈。屈大均《澳门诗》即表现了他的远见卓识：

> 广州诸舶口，最是澳门雄。
> 外国频挑衅，西洋久伏戎。
> 兵愁蛮器巧，食望鬼方空。
> 肘腋教无事，前山一将功。

只有在海洋文化孕育下，在西风东渐背景中，屈大均才能写出这样具有高度爱国主义精神的诗篇。这也是广东近代诗派兴起前的一个新特点，也为其他地区诗歌内容所不及者。

屈大均诗歌的内容十分广泛，特别在叙事诗方面表现最为突出。屈大均在其叙事诗中善于以个别典型的事或人去反映一般。例如《猛虎行》：

> 边地不生人，所生尽奇畜。野马与骆驼，驹騄及驼鹿。羚羊千万头，人立相抵触。上天仁众兽，与以膏粱腹。变化成猛虎，食尽中土肉。哮吼一作威，士女皆穀觫。广南人最甘，肥者如黄犊。猛虎纵横行，厌饫亦逐逐。朝饮惟贪泉，暮依惟恶木。人皮作袯襫，人骨为箭镞。人血充乳茶，脂膏杂红麴。……人类日已尽，野无寡妇哭。……多谢上帝仁，猛虎享天禄。为兽莫为人，牛哀得所欲。

屈大均在此诗中记录了清顺治三年（1646年）清兵攻入广州，七年（1650年）耿继茂、尚可喜再攻陷广州时清兵屠杀广州人民的暴行。他以白描诗的手法，将清兵暴行描绘为吃人的猛虎，人皮、人骨和人血亦成为他们享用的食物。他指出，吃人的猛虎享受天禄，人类的世界将要结束。

屈大均还有很多反映社会经济发展的现实主义的诗作，也是十分逼真的。如流传极广、脍炙人口的《广州竹枝词》，描写康熙盛世广州对外贸易发达、富甲全球的诗篇：

洋船争出是官商，十字门开向二洋。
五丝八丝广缎好，银钱堆满十三行。①

屈大均对现实生活细节的描绘也很出色，如《见月有怀》一诗：

知尔城南妇，愁心欲寄难。
故将楼上镜，悬与藁砧看。
影逐天风远，光含白露寒。
何人见蟾兔，尚忍事征鞍。

屈大均在诗中描写一个深闺少妇在月下思念远戍边塞的丈夫，竟然将楼的明镜当作月亮高悬天上，使那戍边丈夫能看见此月亮而起思归之心。这位少妇形象惟妙惟肖，呼之欲出。故论者认为屈大均的诗一方面继承杜甫现实主义的优良传统，另一方面又继承李白浪漫主义的创作方法，其诗在清代诗坛中有很高的地位。与他同时代的诗人和学者如朱彝尊、毛奇龄、顾炎武等人均十分推崇他的诗格，其有"弱冠诗名动九州"的称誉。道光年间（1821—1850年）晚清思想家、爱国诗人龚自珍对屈大均评价更高：

灵均出高阳，万古两苗裔。
郁郁文祠宗，芳馨闻上帝。
奇士不可杀，杀之成天神。
奇文不可读，读之伤天民。②

他写《番禺集》时，把屈大均的诗文放在与屈原相同的地位上，这是对屈大均最高的评价。

清初"岭南三大家"另一位诗人陈恭尹（1631—1700年），字孝元，初号半峰，晚号独漉子，广东顺德龙山人，是明末抗清义士陈邦彦之子。他与屈大均是挚友，曾为抗清复明奔走，终身不仕于清朝，自称"罗浮布衣"。晚年寓居广州，以诗文为娱。其《怀古》诗十首倾动时人，诗名大起。如其中《咸阳》

---

① 屈大均：《广东新语》卷一五，《货语》。
② 龚自珍：《夜读〈番禺集〉书其尾》。

诗曰：

> 关门一夜柳条春，今古芒芒草色新。
> 龙虎有云终王汉，诗书余火竟烧秦。
> 瑶池西望犹通鸟，渭水东流不待人。
> 最是五陵游侠客，年年磨剑候风尘。

他写诗不拘泥于宗唐宋之偏见，而是兼采众长，各体俱佳，以七律为高超。他的《厓门谒三忠祠》为其七律之代表作，被《粤东诗话》高度评价为"大气磅礴，大笔淋漓，寄托遥深，卓绝千古"的诗作：

> 山木萧萧风又吹，两厓波浪至今悲。
> 一声望帝啼荒殿，十载愁人拜古祠。
> 海水有门分上下，江山无地限华夷！
> 停舟我亦艰难日，畏向苍苔读旧碑。①

清诗人张维屏高度评价此诗，认为："七律到此地步，所谓代无数人，人无数篇者也"②。

"岭南三大家"名气最大者是梁佩兰（1630—1705年），字芝五，号药亭，又号漫溪翁、紫翁、二楞居，晚号郁洲，广东南海（今广州市荔湾区）东漖镇人。顺治十四年（1657年）乡试第一，后屡试落第，于是转专于诗。康熙二十七年（1688年）考取进士，授翰林院庶吉士。但为官时间极短，次年辞官返乡，居广州西关丛桂坊，写诗著文。曾与同好共结兰湖诗社，又与屈大均、陈恭尹主持越台诗社、东皋诗社、浮丘诗社、探梅诗社等。同时在广州光孝寺重挂诃林净社大旗，全力推动广东诗歌创作，被时人推崇为"诗坛盟主"、"诗坛宗匠"。梁佩兰的诗歌反映民生疾苦，继承自张九龄至明代南园前、后五子的广东诗歌传统，气象非常雄阔，意境十分深远。其诗各体俱佳，以七言乐府为著，共写诗2万余首，在广东难有人可以比肩，代表诗作是《采珠歌》、《养马行》和《日本刀歌》等。其自称为陈邦彦私淑弟子，曾以诗表达对这位抗清名将的仰慕和悼

---

① 陈恭尹撰：《独漉堂集》，郭培忠校点，中山大学出版社，1988年，第37页。
② 张维屏：《听松庐诗话》，《国朝诗人征略》卷五，清道光刻本。

念之情：

> 大节平生事，文章复不刊。
> 墨痕犹似渍，碧血几曾干？
> 自得乾坤正，谁知事势难！
> 草堂灯一点，霸气迫人寒。
> 至今亡国泪，洒作粤江流。
> 黑夜时闻哭，悲风不待秋。
> 海填精卫恨，天坠杞人忧。
> 一片厓山月，空来照白头。①

清朝初年岭南三大家在广东崛起，同一时期的黄河徵、方殿元、廖燕、祁文友等广东诗人亦相继出现，这就标志着广东诗派走向成熟，显示了广东诗人在诗坛群英中的雄厚实力。至乾隆中年以后，广东诗坛又涌现一批新诗人，如胡亦常、刘鹤鸣、冯敏昌、黎简、宋湘、张锦芳、李黼平等，其中又以冯敏昌、黎简、宋湘三人为最杰出。他们不仅突破清初"神韵"诗的藩篱，而且摆脱了"格调"、"性灵"两大诗派的笼罩，继承了张九龄以来逐渐形成和光大的岭南诗风。

冯敏昌（1747—1806年），字伯求，号鱼山，祖籍广东番禺县人，出生于钦州（今属广西）。乾隆四十三年（1778年）考中进士，时人称之为"天下奇才"。曾任翰林院编修，参与《四库全书》修纂。先后主掌广东端溪书院、粤秀书院和越华书院，主讲河南河阳书院，在钦州创办涸澜书院，与张锦芳、胡亦常合称"岭南三子"。一生著有诗歌2000多首，其诗力健气豪，沉郁苍厚，诗名远播中原。时人称赞他的古体诗具有大家风范，近体诗又朴素自然、饱含感情。他的诗歌在创作上学韩愈、黄庭坚，并追上李白、杜甫，自成一格。著有《小罗浮草堂诗集》，其中描绘洋船经虎门鸣炮之事的《登镇海楼示季子作》一诗，尤为昌明博大：

---

① 梁佩兰：《秋夜宿陈元孝独漉堂，读其先大司马遗集感赋》。转引自陈永正主编：《岭南文学史》，广东高等教育出版社，1993年，第340页。

> 东南霸气散如烟，漫侈斯楼四百年。
> 珠海地穷城压水，虎门船到炮訇天。
> 万家生计鱼盐共，十郡人才峤岭偏。
> 莫笑长缨空有志，他年还得并筹边。

还有足不逾岭而名震中原的黎简（1747—1799年），字简民，一字未裁，号二樵，广东顺德人。乾隆五十四年（1789年）拔贡，中年多病，无意进仕，靠出卖书画自给。一生著诗词丰富，著有《五百四峰堂诗钞》、戏曲《芙蓉亭》、《药烟阁词钞》等存世。其诗峻拔清峭，刻意新颖，不随俗流，是冲破乾嘉拟古诗风的先驱者之一，是继屈大均、陈恭尹、梁佩兰三大家之后继起的佼佼者。其大量诗歌反映民生疾苦，如《夜将半南望书所见》描述了一次火灾，揭示百姓在荒年中的悲惨处境：

> 乍冷初冬密云黑，忽惊万丈曙霞红。
> 远知何处中宵火，低拜前头北海风。
> 五岭三年千里内，多时十室九家空。
> 已怜泪眼啼饥尽，更使无归作转蓬。

到了嘉庆、道光年间（1796—1850年），广东诗人不断涌现，此时驰骋诗坛者，为有"粤东三子"之称的阳春人谭敬昭、香山人黄培芳和番禺人张维屏。张维屏经常约黄培芳、谭敬昭、林伯桐等七人在广州白云山云泉山馆雅集唱吟，世称"七子诗坛"。他在北京也经常与林则徐、黄爵滋、龚自珍、魏源等名家诗人唱和，被时人翁方纲称为"诗坛大敌"。道光十六年（1836年）辞官南返，在广州花地建听松园，以诗酒自娱。曾出任广州学海堂学长。鸦片战争爆发，他写了大量反对英国侵略、赞颂抗英卫国的诗篇，《三元里》一诗被誉为中国近代文学史的开篇之诗作。诗作《听松庐诗钞》16卷，收入诗作200多首。今人编有《张南山全集》存世。

到了清朝，广西也出现许多诗人和诗作。道光年间梁章钜组织编纂的《三管英录集》57卷，收辑了唐代以来广西各地575个诗人所写的3500首诗，其中90%以上是明清时期的诗作。特别是清初开始形成的本土诗人群体，其中朱依真被誉为"粤西诗冠"。至嘉庆、道光年间（1796—1874年）出现了师承桐城派、推崇古文运动的王拯、朱琦、龙启瑞、吕璜、彭昱尧等"岭西五大家",留存《岭西五家诗文集》。如王拯的《暗香·滦阳岁晚行眺洒仙祠下有作》脍炙人口。词曰:

  乱峰翠匝,笑几人潦倒,相逢携锸。霰影四遮,雪窖冰庐气萧飒。便拟沙场卧,浑忘却、东风鸣甲。甚岁晚,绝塞人家,箫鼓也迎腊。

  闲踏,马蹄怯。叹去国路遥,夜月残阁。玉箫恨厌,回首中原黯如雾。多少飞蓬泪洒,待准备、花时蛮楂。怕恁日,春去也,绿阴梦压。①

此时还出现了诗社性质的"杉湖聚会",诗人龙启瑞、朱琦、汪运、彭昱尧、商书浚、杨继荣、曾克敬、李宗瀛、赵德湘、黄祖锡等人常在杉湖之畔吟诗作赋,被时人称为"杉湖十子",并有诗集《杉湖十子诗钞》留传。曾任广西巡抚的张凯嵩为该书作序赞曰:"粤中近数十年人文之盛,而诗其尤著也。"清代文坛名宿洪亮吉在《论诗绝句》也说:"尚有昔贤雄直气,岭南犹似胜江南。"②此外,清代一些著名的文人世家如陈宏谋及其女儿陈莹英、玄孙陈继昌,寓桂书画世家李秉礼及其弟李秉绶、其子李宗瀚等,亦留下了不少诗作。清末,在中国文学史上居重要地位的词人王鹏运、况周颐创立了"临桂词派",词风主张重、大、拙,与朱祖谋、郑文焯同列晚清四大词人,雄踞词坛主座。王鹏运著有《半塘定稿》,况周颐著有《蕙风词》、《蕙风词话》等。

到了清朝,贵州也诗人辈出,清前期有诗人200人,其著名者有"黔中诗师"之称的周渔璜,其次是遵义人罗兆甡、李专,黎平人胡学汪、胡奉衡父子,铜仁人徐闻,王屏人田榕,织金人潘淳等。

周起渭(1665—1714年),字桐埜,又字渔璜,贵阳人。少年时好诗,15岁作《灯花诗》,传诵一时。康熙三十三年(1694年)中进士,入翰林院,任京官二十年。他曾拜诗坛盟主王士禛为师,在京城与诗坛名宿查慎行、顾图河、史申义等唱和。其诗《分韵京师古迹得明成祖华严经大钟》,以朱棣争夺帝位为题,揭露皇室骨肉相残的凶狠本性,一针见血,时人谓此诗"瑰伟特此,冠于一时,由是称翰林院能诗者,必以公为举首"。其诗以咏史成就为高,次为纪

---

① 刘硕良主编:《广西地域文化要览》,广西师范大学出版社,2013年,第133页。
② 钟文典、刘硕良主编:《中国地域文化通览·广西卷》,中华书局,2013年,第190页。

游、题画诗。其七绝《泛舟西湖夜半始归》,被袁枚赞为"断句入耳,有终身不能忘者"。其写《西湖》诗:"若把西湖比明月,湖心亭似广寒宫。"天上人间汇于一处,堪为绝唱。周起渭诗对黔地影响甚大。晚清贵州诗人代表郑珍赞曰:"贵州数诗家,有明推雪鸿(指谢三秀)。国朝二百年,吾首桐埜翁。"周起谓诗作先后编为《回青山房诗集》、《稼雨轩诗集》、《燕山尘土集》,自选《桐埜诗集》,流传至今。①

乾隆、嘉庆时期(1736—1820年),贵州出现了傅玉书、唐金、刘启秀、田均晋、犹法贤等一批诗人。最有名者是傅玉书,字素馀,一字竹庄,瓮安人。乾隆三十年(1765年)举人。选安福知县,罢归,主讲贵阳正习书院。工诗能文,受当世名流钱载、法式善、吴伯华等赞赏。著有《竹庄诗文集》21卷,还辑有明、清两代诗选《黔风旧闻录》、《黔风鸣盛录》。

嘉庆以后,贵州诗人以郑珍、莫友芝为代表,还有遵义的梁光勋、黎氏诗人群及女诗人郑淑昭、周婉如、安履贞等。

清代,云南诗人和诗作较少。据现在看到的资料,知名者有师范(1751—1811年),字端人,号荔扉,又号金华山樵,赵州(今弥渡县)人。嘉庆六年(1801年)考取举人,任安徽望江县令。学识较广,著作甚丰,除作文集外,另有《金华山樵诗集》存世。嘉庆时(1796—1820年)保山人袁文典、袁文揆兄弟编辑云南诗人的诗作《滇南诗略》、《滇南文略》共八十多卷印行。云南诗僧担当和尚,其诗、画、书法一体,也堪为清代云南诗坛的代表。担当(1593—1673年),俗名唐泰,字大来,云南晋宁人。祖籍浙江淳安,明初先辈随军入滇。家学渊源深厚,曾壮游大江南北,与董其昌、徐霞客有深交。年轻时有政治抱负,但科场失意,社会不宁,遂削发为僧,仍念家国大事。永历帝遇害后,复明希望破灭,继蛰居鸡足山,泼墨挥毫,发泄胸中愤懑为诗,有《脩园集》、《橛庵草》诗集问世。其未出家前的诗作苍劲豪迈,充满忧国忧民之情。其中一首云:

怪来未老即称翁,抛却儒冠气更雄。
逃死逸于三窟外,谋生若在廿年中。

---

① 参见顾久主编:《中国地域文化通览·贵州篇》,第220~221页。

山南隐豹吞云雾，塞北神雕攫大风。

一腔热血，壮志未酬，跃然纸上。但遁入空门后，其作品冷淡绝俗，不复有当年气慨矣。如《同客游鸡山》两首，其二云：

避俗元无意，村稀山更寒。
人情思往昔，世局恼阑残。
雪是吾家物，松为何代官？
不投麟凤网，回首觉天宽。①

另外，昆明孙髯（1685—1774年），字髯翁，号颐庵，自幼以诗文著名。但其厌恶科举，终身不仕，潦倒一生，自云："白云无今古，黄金有是非。"其为昆明滇池大观楼所作长联达180个字，被称为"天下第一长联"。郭沫若曾评："长联犹在壁，巨笔信如椽"。其联在珠江文化史上留下最灿烂的一笔。其联云：

五百里滇池，奔来眼底。披襟岸帻，喜茫茫空阔无边。看：东骧神骏，西翥灵仪，北走蜿蜒，南翔缟素。高人韵士，何妨选胜登临，趁蟹屿螺洲，梳裹就风鬟雾鬓，更蘋天苇地，点缀些翠羽丹霞。莫辜负四周香稻，万顷晴沙，九夏芙蓉，三春杨柳。

数千年往事，注到心头。把酒凌虚，叹滚滚英雄何在？想：汉习楼船，唐标铁柱，宋挥玉斧，元跨革囊。伟烈丰功，费尽移山心力，尽珠帘画栋，卷不及暮雨朝云，便断碣残碑，都付与苍烟落照。只赢得几杵疏钟，半江渔火，两行秋雁，一枕清霜。

二、珠江小说

珠江流域古代文坛不以小说见称。清代以前保留下来的小说，仅有唐代韶州人刘轲的传奇小说《牛羊日历》，以"牛李党争"为背景，描述牛僧孺、杨虞卿、杨汉公兄弟谋夺李愿的宠妓真珠的故事，带有鲜明的排斥、陷害唐文宗宰相

---

① 参见欧鸥渤著：《滇云文化》，第355页。

牛僧孺的政治目的。此后近千年,珠江小说一直默默无闻,在中国文坛上没有地位。但明代以降,在岭南社会经济进入全国先进地区行列、文化丕变的背景下,感时而为、发愤而作的岭南人文精神在小说界得到继承和发展,到清代终于产生了黄岩《岭南逸史》和庾岭劳人《蜃楼志》两本暴露小说,影响远及中原北方。及至近代,广东文化已发展为时代先进文化,广东小说也乘势异军突起,涌现吴沃尧、黄小配、苏曼殊等作家群体。他们以其小说创作理论和现实主义作品,披露官场黑暗、腐朽,针砭社会丑恶,警醒世人,鼓吹革命,以达到改良社会之目的,在思想上和艺术上都达到一个新的历史高度,在全国文坛上崭露头角,令世人刮目相看。

黄岩(1751？—1830？年),字耐庵,号花溪居士,今广东梅州市桃尧镇人。医师出身,也工于诗文,辑有《花溪草堂诗文稿》,后大半散佚。晚年写成《岭南逸史》,是第一部反映广东地区少数民族斗争生活的小说,作者自云意在"阐微显幽,褒贬予夺以垂不朽"①。小说写明万历年间(1573—1619年)广东瑶民起义的故事。主人公黄逢玉与女瑶王李小鬟结婚,后又为罗旁瑶一支天马瑶(在今罗定)瑶王梅英之姊梅映雪强行招婚,引发两支瑶人起兵争斗,中间夹杂破肇庆、下三水、攻广州等情节。最后黄逢玉归顺朝廷,被封为东安侯,娶妻生子,荣登金榜,享尽荣华富贵之后,白日飞升。故事情节突破才子佳人花前月下的窠臼,将波澜壮阔的社会生活引入卷中,着力反映晚清吏治腐败,官府对瑶民盘剥欺压和瑶民的英勇反抗,塑造了瑶民梅映雪、李小鬟等英雄人物形象,既承古代白话小说顾大嫂、唐赛儿等血脉,又开太平天国洪宣娇女性英雄之先河。特别是小说反映瑶民利用崇山峻岭的复杂地形,开展游击战经验,对后世很有启发和借鉴意义。这就是事后不久屈大均在《广东新语·人语》中对此所总结的:"官有万兵,我有万山;兵来我去,兵去我还。"想见中国游击战术在明代广东已大显身手,且多有斩获。这部小说的社会意义也由此超出了文学范畴。

庾岭劳人(禺山老人)《蜃楼志》(或称《蜃楼志传奇》),署名为笔名,作者真实姓名及生平不详,但肯定为粤人。书成于清嘉庆前期,现存嘉庆九年(1804年)刻本。小说托言明朝嘉靖年间(1522—1566年)故事,旨在反映清

---

① 转引自陈永正主编:《岭南文学史》,第489页。

朝乾隆末、嘉庆初年广东沿海城乡社会生活。小说写广州十三行商总办苏万魁被粤海关新任关差赫广敲榨、凌辱，复遭盗劫，惊悸而死。而赫广贪酷无道，荒淫绝伦，因求子心切，招引假扮番僧的匪首摩剌入府。匪首拐走赫府的财物姬妾，勾结海盗袭取潮州，自封"大光王"，为祸一方。苏万魁之子苏吉士出走避祸，得业师李匠山点拨，结识义士姚广武。后姚广武因抱打不平遭官府监禁，被迫越狱率众起义，占领海陆丰，屡败官军，劫富济贫，威慑一方。最后经苏吉士持李匠山书信劝降，姚广武接受招安，反戈剿灭匪类摩剌。朝廷下令嘉奖平匪有功将士，苏吉士不愿赴京，闲居乡间，李匠山则大笑飘然而去。

故事以粤海关与十三行商的人物活动为主轴展开。主人公之一苏万魁是第一位进入中国文学视野的实力资本家，资本主义萌芽时代的代表，赫广则是黑暗腐败的清政权的人物化身，他们的矛盾，实际是新兴资本主义与没落封建主义的斗争。而苏吉士作为全书的中心人物，其很多活动又颇有资产阶级开明派风度。所以该小说是中国小说史上仅有一部描写早期洋商和海关官吏的作品，对认识中国海洋文化的历史和特质，以及中国近代史序幕拉开之前的社会状况，具有不可替代的价值。正因为如此，郑振铎在《中国文学研究》中说他20世纪20年代在巴黎国家图书馆读到这本书，"真是欣悦无已"，并喟然慨叹："《官场观形记》诸书在世上流行至广，此书则绝少有人提起，名作之显晦，真是也有幸与不幸之分的！"戴不凡《小说闻见录》更推崇有加："就我所看过的小说来说，自乾隆后期历嘉、道、咸、同以至于光绪中叶这一百多年间，的确没有一部能够超过它的。如以'九品'评之，在小说中这该是一部'中上'甚至'上下'之作。"①也只有在首受西风东渐、资本主义萌芽产生最早的广东，这样的作品才能率先破土而出，非其他省区可比拟也。

清朝贵州有长篇章回小说《玩寇新书》、短篇小说集《㖞影集》和传奇《鸳鸯镜》、《梅花缘》刊行于世。《玩寇新书》，作者佚名，但有自序及56回的篇目留世可见，附刊于韩超著《韩南溪四种》一书中。从回目看，所写故事的时间仅两年多，起于咸丰四年（1854年）八月的杨龙喜桐梓起义，终于六年（1856年）十月提督李孝顺攻克都匀府城，而且所写的都是真人真事。据《清代述异》

---

① 转引自陈永正主编：《岭南文学史》，第493页。

引述，时人劝作者"是书若成，恨汝有必多"①。为避祸，作者只好搁笔。全书对贵州当年的文武官员多有讽刺与鞭挞，属一部真实的章回小说。

《唼影集》作者范兴荣（1786—1848年），字仲华，号三一溪渔人，普安厅（今盘县）人。嘉庆十三年（1808年）举人，历官山东文登、湖北黄冈知县，武昌府同知，以"江堤罣误"去职，归隐著述，有《环溪草堂诗集》《环溪草堂文集》等。《唼影集》收录短篇小说六十多篇，多借神鬼灵怪以影射现实，鞭挞丑类。如《杜履祥》，写阴司鬼吏贪赃枉法情状，表现手法与《聊斋志异》中的《席方平》类似。《龙宫闹考》写龙宫中科举考试的舞弊现象，考官接受贿赂，录取文才平庸的官宦富家子弟，激起落第士子的愤怒，大闹考场，使贪污考官当场露丑。这正是清代科场弊端的曲折反映，有一定的现实意义。这部作品所写恶棍、淫妇、贪官、恶吏占多数，作品文笔生动，对一些鬼役、考官、狐女的形象，刻画得活灵活现。

乾隆、嘉庆年间，贵州另有傅玉书《鸳鸯镜》和任璇《梅花缘》两部传奇。前书分上下两卷，实为二十出戏曲。通过晚明忠臣杨涟、左光斗子女婚姻的曲折遭遇，反映忠臣与权奸魏忠贤及其党羽的斗争，宣扬忠孝节义的伦理观念，宣扬惩恶扬善，反映明朝政治黑暗和社会动乱，有一定的社会意义。任璇（1745—？年），字次枢，号龙溪，普安厅人，曾中举，官广东永安（今紫金）知县，有政声。中举前写《梅花缘》四卷二十九出，写秀才王廷睿与大家闺秀方素梅离奇曲折的爱情故事。故事情节深受《西厢记》、《牡丹亭》等影响。人物有个性，语言活泼，但仅为案头文学作品，难登舞台。

清代前期，广西、云南未产生重要小说，此略。

三、女作家群体

清代珠江文坛，不只是男人天下，也有不让须眉的女文人，尤其是颇为开放的广东，女性文学作品也占有一席之地。嘉庆间顺德人邱兴凡为邱掌珠的《绿窗庭课吟卷》作序云："吾粤多奇女子，而闺秀能诗者代有传人。国初诗人王蒲

---

① 顾久主编：《中国地域文化通览·贵州卷》，第224页。

衣是岭南四大家之一，其女瑶湘工诗，此又家学相承者也。"中山大学教授冼玉清撰《广东女子艺文考》，统计得书 106 种，作者凡百家，几乎全为清代人。①广东女作家为数不少，且不乏佳作。著名的有番禺王瑶湘、陶馀、张秀瑞、马雪妹、梁霭（1861—1887 年），阳春谢方瑞、梁文娴，海南感恩（今东方）王微，南海吴尚熹（1808—?），顺德丘掌珠（1799—1844 年），梅州叶璧华（1841—1915 年），琼山吴小姑（1825—1852 年）等。她们的诗词不止于闺阁之气，行云流水之自然，也不乏雄健笔锋。

例如，王瑶湘自号逍遥居士，著有《逍遥楼诗》，其一首《送人归东溪》诗曰：

> 孤雁飞残雪，梅花带雨时。
> 寒云何处断，流水结澌澌。
> 南浦回兰桨，西山绕梦思。
> 那堪湖上柳，折尽别离枝！

在渺远的黄昏送别客人，曲尽款款之情，不让唐人佳作。

梁文娴《江村夏晓》诗云：

> 奇峰云起树苍苍，雨过前村水满塘。
> 渔艇鸬鹚飞舞去，晓烟冲破藕花香。

仅寥寥数语，简洁明快而又传神地涂抹出夏日江村美景。

陶馀，家贫，尝应学海堂学课，得以养母生存。其诗为学海堂山长陈良玉赏识，著有《爱菊芦诗》，曾作画《韶州九成台秋眺图》，自题诗其上曰：

> 旧日闻韶地，千秋尚有台。
> 山川曾胜概，猿鹤至今哀。
> 北望雄关险，西瞻武水回。
> 茫茫今昔感，都入画图来。

---

① 李健明主编：《书香顺德》，人民出版社，2007 年，第 53 页。

笔力雄健，感慨深沉，全无闺阁之气。

又如吴尚熹《满江红·秋夜感怀》有曰："百岁韶华弹指过，鸿回燕去空漂泊。问襟期，原不让男儿，天生错！"这愤愤不平的呼号，恰是广东女子少受儒家礼教"女子无才便是德"约束、奋力抗争的写照。

在云南，清代出了一位光芒四射的女诗人李含章，在珠江诗坛独步古今。李含章，字兰贞，生卒年月不详，云南晋宁人。父李因培，乾隆进士，历任主考、巡抚及户、礼、兵、刑部侍郎，善诗文，名噪一时。李含章家学渊源深厚，自幼随父宦游南北，行万里路，读万卷书，勤于创作，诗作甚多，体例多样，内容丰富，声情并茂，感人肺腑，且多创见，不同凡响。

首为提出诗歌创作理论。其五言长诗《论诗》认为，"好诗如佳人，嫣然媚幽独。铅华屏不御，葆此无瑕玉。巧笑流嵯那，蛾眉腾曼绿。一顾失倾城，何必炫奇服"。诗中用形象比喻，认为形象美和艺术美是诗的两个要素。一首好诗，听后受到感染，产生共鸣，是为音韵美，美得和谐；有真情实感，连老妪都能听懂，而不在于形式华丽、无病呻吟。在中国女诗人中，能系统提出诗歌创作理论者，唯李含章一人。至其诗，既有托物言志，显示自己高洁品格，也有个人理想追求，如写松柏诗曰："孤生各有志，岂惟松柏贞。莫嗟风霜惨，中有大道仁。"有论者认为，李含章用诗歌呼吁妇女解放，为一位启蒙思想的先驱。① 倘如此，则其人其诗甚为难得。其对昭君和番，也从民族团结、国家安危的立场予以评价，作《明妃出塞图》长诗，其中有曰：

> 大抵美女如杰士，见识迥与常人殊。
> 春花不枯秋不落，要令青史夸名姝。

李含章的诗的体例也是多样化的。如《题崔宜人清如荷亭清署小照》曰：

> 烟淡淡，槐影转。
> 狻猊空，蟾蜍满。
> 花气朴朴帘不卷。
> 锦作帐，珠为屏，

---

① 欧鹍渤著：《滇云文化》，第362页。

>   红莲白莲湖中亭。
>   金盘托日朱霞明。
>   玉盏漾露冰粉轻,
>   玉人如玉心更清。
>   心更清,微吟起,
>   五铢衣,香风里。

情景交融,清新隽永,节奏明快,又凝重洒脱,读来回味再三,展示作者深厚的功力。

李含章之诗名动滇云、京华上下。清代著名文人袁枚《随园诗话》录其诗10首,称其诗"见解高超,可与(唐诗)三百篇并传矣",其人为"一代闺秀之冠";同时代童振藻编《清代名媛诗录》收录其诗46首;云南保山袁文典、文揆兄弟刻《滇南诗略》更录收其诗124首。① 这昭示李含章其人其诗具有何等不寻常的人格和艺术魅力。

---

① 欧鸥渤著:《滇云文化》,第363～364页。

第九章
近代珠江文化的蜕变与新生

第一节 第一次鸦片战争后珠江文化的震动

鸦片战争后，珠江流域首先沦为半殖民地半封建社会。西方文化随之不断地像潮水一样涌到各个角落，达到它们所能到达的一切领域。作为一种异质文化，西方文化难免与珠江文化发生对撞、摩擦，甚至冲突。但一则西方文化代表的是新兴资本主义文明，从总体上说，是一种时代先进文化，具有很高的文化势能，故能辐射其所及之处，占领那里的文化空间；二则珠江流域各民族和地域文化发展到近代，已近乎成熟、定型，它们所具有的宽广襟怀和兼容品格，不但不排斥西方文化，反而能与之和平共处，吸纳其中的有益成分，借以滋润和壮大自己。自此，开始了战后中西文化在珠江流域激烈冲突、碰撞，继而珠江文化对西方文化进行吸收、整合的历史过程。

一、西方先进器艺文化和世界史地知识传入

西方物质文化包括西洋武器、电报、船舶、机器、冶炼、摄影等器艺和技术，因其实在、直观、可直接验证、效果明显等特性而首先为珠江流域人民所欣

赏、接受和模仿，成为最早传入珠江流域的西方文化最重要的一部分。

鸦片战争期间，西洋火器的巨大威力和制胜作用使朝廷震惊，不能不使清朝一些有识之士产生了购买、仿制西洋火器的意图。禁烟首领林则徐完全改变了以前对西洋军火和火器的轻蔑态度，并开始购置、仿制西洋火器。在广州期间，林则徐奏报道光皇帝，"设法密购西洋大铜炮，及他夷精制之生铁大炮，自五千斤至八九千斤不等"①。"检查旧籍，捐资仿造两船，底用铜包，篷如洋式"②。好友魏源曾记林则徐在粤时，"日日使人刺探西事，翻译西书，……又于虎门之横档屿设铁链木筏，横亘中流。购西洋各国炮二百余位，增排两岸"；"并购旧洋船为式，使兵士演习攻首尾跃中舱之法"。③ 其时在广州的洋人曾亲眼目睹林则徐仿制的西式战船下水："1840年4月25日，两三只双桅船在广州河面下水，这些船都是按欧洲船式建造的，可能加入帝国海军了。"④ 由于林则徐的这些开先河之举，在广东先后掀起一股仿造西洋火器高潮，也是一种强有力的西方军事文化输入。著名的代表人物有粤闽籍人士潘仕成、丁拱辰、潘世荣、梁汉鹏等。如十三行商人潘仕成，史称其1841年投资造战船一艘，"仿照夷船作法，木料板片极其坚实，船底全用铜片包裹，以防虫蛀"。这只船后"调拨水师营弁兵驾驶，逐日演放大炮，……炮手已臻娴熟，轰击甚为得力"。潘仕成再后"续又造成新船一只，照旧船加长，工料亦仍旧坚固"。⑤ 此外，潘仕成还向洋人学习配火药、制造水雷。广州地方官员奏报朝廷："所制水雷一物，尤为精巧利用。奴才等曾派人在彼学习技艺，俟将来造成后，如果演试有效，该绅士自行派人赍送到京，听候阅验。"⑥ 在广州的福建人丁拱辰，精于炮术，曾向道光皇帝进献《演炮图说》一书，介绍西洋制炮技术，为朝廷重视，传旨各地"悉心核酌，按式铸造"。丁拱辰还著有《西洋制火药法》、《西洋炮台图说》、《铸造洋炮图说》等书。按其说法所造火药，"其药力竟与洋药相等，烟亦白色，见火即燃"⑦。其

---

① 林则徐：《林则徐集·奏稿》中册，中华书局，1965年，第838页。
② 林则徐：《林则徐集·奏稿》中册，第865页。
③ 姚薇元著：《鸦片战争史实考》，人民出版社，1984年，第55页。
④ 戚其章著：《晚清海军兴衰史》，人民出版社，1998年，第26页。
⑤ 《筹办夷务始末》（道光朝）（五），中华书局，1964年，第2395页。
⑥ 《筹办夷务始末》（道光朝）（五），第2470页。
⑦ 刘圣宜、宋德华著：《岭南近代对外文化交流史》，广东人民出版社，1996年，第121页。

所设计炮台建筑，仿照英国，广布于广东沿海。另一位广东士绅潘世荣，战时曾仿造小火轮一艘，在省河行驶，为时人注目。又有番禺人梁汉鹏，"善铸西洋枪炮，并合造西洋火药"；粤督祁墳指示手下所造枪支"铅丸较英吉利火药所及加远。……以示夷人，夷人惊服焉"。①

基于珠江航运方便，鸦片战争前后，西洋火器也溯江传入广西。如1849年，两广总督徐广缙为广西代购"夷炮"38门，用于镇压当地叛乱，但并没有在广西仿造，这只是西洋火器传入广东再扩散到广西的余波而已。至于深处大西南的贵州、云南，仍未受这股潮流影响，保持着对西方器物、科技文化的封闭状况。

鸦片战争后，在购置、仿效西洋火器浪潮之同时，也主要通过西方传教士和其他渠道传进西方医学、摄影术等，使人耳目一新，也为珠江文化增添了新的一笔。西医传入广东，建树最大的还有英国医生合信（Benjamin Hobson）和美国医生嘉约翰（John Glasgow Kerr）。1839年，合信先达澳门，既传教又行医，1843年转香港重操旧业。1847年，合信到广州，在西关开设惠爱医馆。其医术高明，医德高尚，深受病人欢迎，时有"合信氏之名遂遍粤东（广东）人士之口"②。合信还编译了五种西学书籍，其中四种是医书，合称《西医五种》，其中包括《全体新论》，为一部人体解剖学概要医书，对弥补中医对人体解剖之欠缺，大有启蒙作用；另有与管嗣复合译的《西医略论》、《妇婴新说》和《内科新说》三种，皆针对各科而作，既有医理又有实证，非常有用。1858年，合信将他译书时使用医学术语汇编成《医学英华字释》出版，为我国最早的英汉医学术语词典。此外，合信编译的《博物新编》，介绍许多科学常识，包括天文、鸟兽、物理、化学知识，对时人了解近代科学知识，启迪民智，开阔视野，贡献很大。

嘉约翰于1853年受美国北长老会派遣来华传教和行医，开始在澳门和香港悬壶。1855年5月来广州，接替伯驾主持广州眼科医院工作，并积极推广接种牛痘，将眼科医院改造为博济医院、培训医生，著名的维新变法六君子之一康广仁即为这所医院的学生。嘉约翰在医务之余，还努力著述，有20多种西医著作面世，内容包括基础医学和临床医学等方面，比较重要的有《化学原理》、《生

---

① 陈澧：《东塾集》卷五，《梁南溟传》。
② 颜泽贤、黄世瑞著：《岭南科学技术史》，广东人民出版社，2002年，第583页。

理学手册》、《药物学手册》、《西药略释》、《论梅毒》、《割症全书》、《各种器官疾病论说》等，这些论著对传播西医文化、保护人民健康作出重要贡献。

19世纪初，摄影术在欧洲发明，据悉最迟在1846年传入香港。自此，摄影成为中外文化交流的重要手段，也是真实、准确地反映珠江流域文化风貌最有效的形式。现存最早一张有关中国的照片是1850—1855年间拍摄的广州五层塔。有论者认为，这张照片极有可能是印度军队驻澳门医院的医生马可许（John McCosh）于1851年来广州拍摄的。① 到第二次鸦片战争时，随英法联军进入广州的摄影记者罗西尔（M. Rossier）和贝多（Felix Beato），他们拍摄了战争给广州造成的断壁残垣，英军占领的宝塔、珠宝街、妓院，以及都市其他景色，还有澳门、香港、广州的其他景观。

在清初社会大变革中，明末西方地理学传入陷于中断。直到乾隆以后，国门重开，西方地理学重新传入，广东又是首途之区，西方地理学随而更大规模地融为珠江文化的一部分。

鸦片战争前后，先进的中国人清楚地认识到，西方史地知识对了解外部世界和认识中国国情非常重要，于是在这一时期出现了一个翻译西方地理著作的高潮，成为近代中国地理学和珠江文化发展史上的重大事件，影响非常深刻和广泛，并且在战前已经形成高潮。据统计，1819—1840年西人传入中国的世界史地著译约13种，1840—1860年新增12种。②

清嘉庆二十五年（1820年）广东嘉应州（今梅县）人海员谢清高口述、同乡杨炳南笔录，在澳门撰成《海录》一书，这是我国第一部介绍世界地理概况的著作。1839年，林则徐到广东查禁鸦片，曾将此书推荐给道光皇帝。光绪《嘉应州志·艺文》说"中国人著书谈海事，远及大西洋外大西洋，自谢清高始"。1841年由林则徐主持，译员梁进德等将英国人慕瑞（Hugh Murray）1836年在伦敦出版的《世界地理大全》译成《四洲志》重版，概述了世界五大洲30多国地理、历史和政治概况，是中国近代第一部系统介绍世界史地的译作，开中国人翻译、研究西洋史地风气之先河。1841年，林则徐又委托好友魏源在《四洲志》基础上增补多种外国人所写材料，编成《海国图志》100卷，80万言，

---

① 刘圣宜、宋德华著：《岭南近代对外文化交流史》，第180页。
② 邹振环著：《晚清西方地理学在中国》，上海古籍出版社，2000年，第73～74页。

第九章 近代珠江文化的蜕变与新生

被誉为"国人谈瀛海故实开山之作",也是我国第一部介绍世界地理知识的地图集。

1830年抵达澳门的美国传教士裨治文后在新加坡和1846年在广州出版《亚美理格合省国志》,介绍美国地理概况。作者在《自序》中说:"既于粤东,领略华书数载,对与其地之文士相谈论,乃叹华人不好远游,以至我国风土人情,茫无闻见,竟不知海外更有九州也。"此书旨在使中国读者"驰观域外之土,必不方隅自封"。① 首先受其熏陶的自是广东人。该书后在上海易名《大美联邦志略》出版修订本。该书作为第一部中文美国地志,展现了这个新兴国家的概况,影响很大。梁启超在《西学书目表》中列上该书。直到20世纪初,该书仍是中国人了解美国地理、历史、文化主要的资料来源。1847年,葡萄牙人玛吉士(Machis)编撰《外国地理备考》(10卷),后收入广州士绅潘仕成的《海山仙馆丛书》,介绍各种天文、自然、地理和五大洲区域地理,为魏源《海国图志》多次引用。

在鸦片战争前后翻译西方地理学之同时,广东学者也在吸收西学的基础上,进行地理研究和绘图,颇有成就。代表人物有著名科学家邹伯奇(1819—1869年),南海人,他在天文、数学、物理、地理、光学仪器制作方面都卓有建树。他25岁时即用近代绘图法绘制了全国地图全册《皇舆全图》,其方法"故复为此图,其格纬度无盈缩,而经度渐狭。相视皆为半径与余弦之比例。横九幅,纵十一幅,合成地球滂沱四颓之形"②。结果"为总图,经纬皆作弧线,为分图,每幅皆下广上狭,合地圆之形"③。他又将西人《地球正背两面全图》用"圆周视圆法"加以改造,绘成"地球图",即世界地图,在当时也是凤毛麟角之作。他总结绘图经验说,绘地难于算天,天文可坐而推求,地理必须亲历,强调野外调查的意义,开岭南地理学派重视野外工作之先河。同治年间,他曾协助广东巡抚郭嵩焘绘广东地图,自云:"初余欣然欲教人行测,颇购诸器,又搜求番字(外文)沿海之图,有南洋至黑龙江口数十幅。又得番字行海洋历,所载日月星

---

① 转引自邹振环著:《晚清西方地理学在中国》,第82页。
② 褚可宝:《畴人传三编·邹侔奇传》,《丛书集成续编》,上海书店出版社,1994年,第36册,第163页。
③ 陈澧:《东塾集》卷三,《邹特夫地图序》。

辰行度，最为细密，可据以测定随地经纬矣。"邹伯奇无愧为我国近代地理学一位先驱者。另一位曾任职于粤海关的顺德人梁廷枏，致力于研究外国地理、历史和中外交往，写有《粤海关志》，内中涉及中外地理内容也不少。鸦片战争后，目睹国是日非，他遂将收集到的《亚美理格合省国志》一书，参考自己过去参编《广东海防汇览》以及有关报刊资料，著成《合省国说》。1845年，他又将关于英国的资料著成《兰仑偶说》。1846年，又著《粤道贡图说》，详论南海诸贡国和一些西方国家在广州通商的情况。后将以上四书（另一书为《耶稣教难入中国说》）辑成《海国四说》，殊足珍贵。

二、新式报刊出现

中国近代报刊的出现同译书高潮一样，是与西方国家的入侵和中国的半殖民化同时开始的。最先用中文出版的近代报刊及最先在我国境内出版的近代报纸，都是由外国侵略者在广东所创办。创办者的目的非常明确："为了扩张精神上的影响花一些钱，即使从物质意义上说，也能够比用别的方法收获更多。商业追随精神上的支配比追随军旗更为可靠。"[①]

近代报刊在中国的出现以19世纪西方传教士的东渐为触媒。第一家中文近代报刊是英国传教士马礼逊（1782—1834）主持创办的《察世俗每月统计传》（*Chinese Monthly Magazine*）。该刊1815年8月5日出版于马来西亚的马六甲，木版雕印，每期5页，2000余字，免费在南洋主要是广东的华侨中散发。其写作格式和编排技术成为其后传教士所办中文报刊的基本模式。因其首受者主要为广东华侨，故该报可视为珠江文化在报刊上体现的开端。

第一个在中国境内出版的近代中文报刊，是普鲁士传教士郭士立（K. F. A. Gutzlaff，1803—1851）1833年于广州创办的《东西洋考每月统记传》。此外还有1823年办于印度尼西亚的《特选撮要每月统计传》、1828年办于澳门的《依泾杂说》、1828年办于马六甲的《天下新闻》、1838年办于广州的《各国消息》。这些报纸的主人是外国人，但发行地主要在广东，影响也在广东，是当

---

① 李权时等主编：《岭南文化》，广东人民出版社，1993年，第352页。

地文化的一部分。与此同时，外文报纸也陆续在广东出现，如1822年办于澳门的葡文《蜜蜂华报》、1827年办于广州的英文《广州纪录报》、1832年办于广州的英文《中国丛报》、1834年办于澳门的葡文《澳门钞报》、1841年办于香港的英文《香港钞报》等。

由此可以看到，广东堪称中国近代报刊的滥觞之地。由于意识到近代报纸的传播功能和对社会舆论的影响作用，一批关心祖国命运的中国知识分子开始以报纸为改革社会的武器，探求强国富民之路。近代中国资产阶级的报刊就在借鉴和参考外国人所办报刊的基础上登上了历史舞台。

中国资产阶级报刊的最早萌芽依然是在广东，以后渐次向周边地区扩布，形成办报时代潮流。这些报刊包括：

1858年，《中外新报》创刊于香港，分类记事。有《羊城新闻》、《中外新闻》等栏目，是中国人自己主办的第一份近代化日报，每日一小张，两面印刷，首创报纸从书本形式中分离开来的形式。

第二次鸦片战争后，广东办报又出现高潮，这一时期报刊有：

1864年，《华字日报》创刊于香港，篇幅及栏目大致如《中外新报》。

1872年，《羊城采新实录》创刊于广州，是内地第一份中国人自己主办的近代报纸。

此外广东还有《维新日报》（1879年，香港）、《述报》（1884年，广州）、《粤报》（1884年，香港）、《广报》（1886年，广州）等，充分显示了广东在中国报刊史和中国资产阶级发展史上的地位与作用。

在广西，则有1897年《广仁报》、《粤西》，1906年《漓江潮》，1907年《广西官报》，1908年《广西新报》、《桂报》，1909年《广西教育杂志》，1910年《南风报》、《军国指南》，以及地方办的《桂林官话报》、《梧州日报》、《人钟》、《宏文丛报》、《女镜》、《宪报》、《救国晨报》等。

作为萌芽时期的中国资产阶级报刊，承担着为资产阶级的诞生和发展而呐喊的历史任务。真正胜任资产阶级政治思想讲坛的第一份报纸是《循环日报》，1874年1月5日创刊于香港。这是第一份传播资产阶级政治改良思想的报纸，也是中国报刊史上第一份以政论为主的报纸。郑观应选入《盛世危言》的不少政论文章最早都发表在《循环日报》上。这样一份颇有影响的报纸诞生在广东，除了表明资产阶级思想在广东的深厚积蕴,也表明中国报刊的发展重心曾经落在广东。① 特别是《循环日报》主笔王韬,是一位学贯中西的学者,他利用香港特殊的政治经济环境办报,宣称"凡时务之利弊,中外之机宜,皆得纵谈无所拘制",利用粤港澳三地相邻、可以自由往来之便,在报道商业经济行情、新闻、船期消息、电报、告白之同时,对介绍西方文化不遗余力,上至天文,下至地理,声光化电,无所不谈。既揭露西方列强侵略中国的野心和手段,也赞扬西方思想解放、制度优势与科技先进;既刊登中国人言论,也不时发表西方人士文章,以收取兼听则明之效。特别对西方事物报道及其所持观点,该报甚有特色。这主要是追踪西方科技新成就,力倡学习西方最新技术,迎头追赶世界先进水平。当时中国守旧派反对效法西方,不时指责洋务派。该报则对洋务运动有褒有贬,对其成绩给予肯定和赞扬,对其政策的失误也直言不讳地进行批评,并不失时机地提出建议,献其所知。例如对海运路线、架设电线、巩固海防等方面,报道过不少消息。特别是 1874 年 5 月日兵侵台事件,则从台湾土著风俗、建置沿革,尤其中日军事动态,同时发表评论,揭露日本侵台野心,痛斥清廷腐败无能,引起国人对事件的关注和重视。

因有西方史地知识的传入和新式报刊的推介,广东人视野大为扩展,思想更为活跃,渐渐以崭新的观点和西方参照物来看待、评价周边事物,由此诱发观念的异动。它们作为一种新的文化形态,渐渐融入珠江文化体系中。但这仅仅是一个开端,在第二次鸦片战争以后,中西文化交汇才出现新的高潮。

三、岭南人观念更新

鸦片战争以中国失败、割地赔款而告终。这对作为这场战争最早爆发地的广东人的思想观念产生巨大的冲击,各阶层人士纷纷对此作出反应:一是对英国殖民主义者表示极大义愤和谴责,二是总结战争失败的经验教训,三是反思对付英国侵略者的"制夷"之策。这三者的整合,在很大程度上反映战后岭南人观念文化的更新。这其中有值得肯定,也应该正视之处,构成两次鸦片战争之间珠江

---

① 参见李权时等主编:《岭南文化》,第 353～355 页。

文化在观念形态方面的时代特征。

首先是广东各界,包括知识界、士绅、商民、乡勇等痛恨英国侵略者的暴行而觉醒,唤起强烈的爱国热忱和民族、乡土深厚情怀,变为一种社会共识和价值取向。1842年11月,《南京条约》签订不久,广东士人何大庚撰《全粤义士义民公檄》,大义凛然地历数英国侵华罪行:"据我土地,戕我文武,淫我妇女,掠我资财,致使四省生民,惨罹锋镝,九重宵旰,备益焦劳。盖暴其罪状,罄竹难穷,洗我烦冤,倾海莫尽,实神人所共愤,覆载所不容。"指出"英夷不平,诚为百姓之大害。国家之大忧"。号召人们"结同仇以明大节","申天讨而快人心"。① 被誉为"岭南两大儒"的朱次琦和陈澧,在战后所作诗文中痛斥清廷投降派祸国殃民的罪行,有谓"卖国通番贼(琦善),天津起祸胎。乱离民似草,远近炮如雷。江海含冤气,烽烟逐劫灰。楼船诸将帅,何日得生回"②。著名学者梁廷枏在《夷氛闻记》中详记鸦片战争历史,认为"英夷狡焉思逞志于内地久矣",而我国之败更在于"我军之北,不尽关武备之废弛,与将帅之无谋也"。③ 热情歌颂三元里抗英斗争的诗人张维屏更加悲愤,诗作中有"汉有匈奴患,唐怀突厥忧。界虽严异域,地实接神州。渺矣鲸波远,居然兔窟谋。鲰生惟痛愤,洒涕向江流"④。诗人追溯历史,汉唐边患在陆上,现今已转为海洋,这是一种新的动向,尤应警觉,由此说明广东人的海洋国土意识越来越清晰。

其次,如果说广东知识精英们对英国殖民主义者的侵略行径的认识已深入到一个较深层次的话,那么广大群众的愤怒和觉醒则更富有广泛性和表面性。1846年,广州人在反英入城斗争中,即以"广东全省水陆乡村志士义民"名义发表公檄,指斥:"英夷生化外刁毒之乡,狼心兽面,虎视狐疑。……今公然奉示入城,不但强悍霸占、欺凌百姓,其害更有不可胜言者。是以我粤士民,虽三尺孩童,无不奋臂而起,曰:与其遵示而受野夷之荼毒,不若遗示而顾国家之旧制。今公议遵俟该夷进城、毕命之日,内则斩诛丑类,外则焚毁其巢,同心合力,尽剿根株,以彰天讨而申公愤。"⑤ 而以抗英闻名的广州郊区石井升平社学,则号

---

① 广东省文史研究馆编:《三元里人民抗英斗争史料》,中华书局,1978年,第94~95页。
② 陈永正主编:《岭南文学史》,广东高等教育出版社,1993年,第583页。
③ 梁廷枏:《夷氛闻记》,中华书局,1959年,第1页、第169~170页。
④ 陈永正主编:《岭南文学史》,第565页。
⑤ 转引自赵春晨著:《岭南近代史事与文化》,中国社会科学出版社,2003年,第224页。

召"不共戴天、誓灭英逆","惟是该逆蔑视中国,种种谬妄,罪恶滔天,断难任令贪残扰害中国。凡我各乡义勇夙著、远播声名,为此本社学倡义布告同人,有始克终,共矢义愤,力图一洗数年之羞,庶几永受无疆之福"。① 举凡这类激烈言辞,无不昭示这场战争及其惨败结果,点燃了广东人的爱国主义焰火,矛头直指英国殖民主义者,这无疑是值得肯定的。但也不容否定,这其中也不免带有对外部变化了的世界的无知或处事的偏颇,以及某些陈腐观念。如说:"乃独英吉利者,其主忽女忽男,其人若禽若兽,凶残之性,甚至虎狼,贪黩之心,不殊蛇虺。"又说:"夫英夷不过荒外一岛夷耳,其来动劳数万里,其众不满数万人,我天朝席全盛之势,灭其跋浪么魔,何啻长风扫箨"。② 这对完成产业革命,处在资本主义上升时期的英国实在是片面了解,甚至是无知,而对清王朝"皇皇天朝",为四邻"共仰共尊"观念的维护和赞颂,也过于陈腐和过分。但在特定的历史背景下,这又是不可避免的。这是这一时期珠江文化发展主流中泛起的泡沫和浪花。

最后,在鸦片战争期间,林则徐通过魏源《海国图志》一书提出了"师夷长技以制夷"的口号,目的在于学习西方先进事物,以制止西方对我国的侵略。这本是一种很有见识的主张,但实际执行却有很大困难。广东知识界不少人深受天朝大国传统观念支配,对中外力量强弱对比缺乏真实、正确的认识,鄙视西方世界的心态还牢牢统治着许多人。著名学者陈澧读了《海国图志》,对"师夷长技"不予置评,认为"内守诚固,则彼技无所施","国威已振,大患即除",③即实际上无须向西方学习其长技。甚至连办夷务著称的梁廷枏也对"师夷长技"表示质疑:"今天下非无讲求胜夷之法也,不曰以夷攻夷,即曰师夷长技。……天朝全盛之日,既资其力,又师其能,延其人而受其学,失体孰甚。彼之火炮,始自明初,大率因中国地雷飞炮之旧而推广之。夹板舟,亦郑和所图而予之者。即其算学所称东来之借根法,亦得诸中国。但能实事求是,先为不可胜,夷将如我何。不然而反求胜夷之道于夷也,古今无是理也。"④ 梁廷枏的主见实际上代

---

① 转引自赵春晨著:《岭南近代史事与文化》,第225页。
② 牟安世:《鸦片战争》(三),上海人民出版社,1957年,第353页、第354页。
③ 《东塾集》卷二,第23页。
④ 梁廷枏:《夷氛闻记》,第172页。

表了很大一部人在文化上以自我为中心的旧观念,在实际上并没有认同"师夷长技以制夷"思想,也就谈不上有多少实际行动。但不管怎样,在付出沉重代价以后,在痛苦中总结而喊出的口号,到底反映了那个时代荡漾在珠江大地上的强音,是很值得回味和纪念的。

四、洪秀全太平天国农民运动

洪秀全(1814—1864年),广东花县(今花都)官禄㘵村人,农民出身,幼年时受过传统的封建教育,参加过田间劳动,后来成为一位乡村塾师。洪秀全自小生活在贫苦农民中间,对农民疾苦和要求有深切的体验。洪秀全家乡的村民大部分为清乾隆年间迁来的客家人,客家人俗重读书。青少年时代的洪秀全在村里读完私塾后,曾四次赴广州参加府试,都落第而归。目睹清王朝的专制统治和外国资本主义入侵给中国人民带来的深重灾难,他决心放弃科举仕途,开始从事推翻清朝统治的革命活动。1843年,洪秀全最后一次科举考试失败后,研读了此前得到的后来成为中国第一个基督教牧师的梁发散发的《劝世良言》小册子,并和他1837年卧病时上天见到金发皂袍老人的幻象联系起来,加以附会,假托接受"皇上帝"的天命,下凡救世,创立了拜上帝教,自行洗礼。最初在家乡发展了李敬芳、冯云山、洪仁玕等信徒,组成拜上帝会。洪秀全带头砸毁了村中的孔子牌位,遭到村中封建势力的强烈反对,无法在乡下立足,于是在1844年转到外地继续活动。同年与冯云山到广西贵县赐谷村传教,发展拜上帝会信徒一百余人。洪秀全以宗教语言宣称,只有上帝是真神,其他一切偶像,不管是孔子、菩萨、阎罗等都是邪神;人人都是上帝的子女,而上帝是万能、同情大家的。上帝派了自己的儿子下凡来指引大家,通过斩除妖魔,建立人人都能过上平等、和睦生活的人间天国。这些简朴又充满美好理想的道理,虽为当时广大农民容易明白和接受,但到底收效甚微。这给了洪秀全很深的刺激和启示:要发动一场运动,没有理论鼓动群众是不能达到目的的。于是1844年11月,洪秀全从广西回到家乡,花了两年时间,从事神学理论的再创造,写成"三原",即《原道救世歌》、《原道醒世训》、《原道觉世训》,奠定了太平天国运动的理论基础。

洪秀全关于太平天国的理论可归结为以下几个基本方面:

第一,"均平"思想。洪秀全针对封建制度所造成的贫富不均的社会现实,提出了带有"均平"色彩的创议,借此来激发群众的热情。洪秀全在书中写道:"遐想唐虞、三代之世,有无相恤,患难相救,门不闭户,道不拾遗,男女别涂,举选上德,尧舜病博爱,何分此土彼土,……皇上帝天下凡间大共之父也。"在这里,洪秀全借三代时理想中平等和谐的社会生活来"崇拜上帝",并解释这个"皇上帝"就是世间的"大共之父"。他可以给人们带来平等,也就是洪秀全思想中最主要的一个成分,即"天下多男人,尽是兄弟之辈;天下多女子,尽是姐妹之群","天下一家,共享太平"。① 这是千百年来中国人追求的理想社会,即天下"大同"、"天下为公"等理想。这种"均平"思想成为太平天国行动纲领和最高理想。

第二,帝妖对立。"上帝"或"皇上帝"是给世人带来平等的神,而与"上帝"、"皇上帝"对立、妨碍给人平等的就是"妖",也就是封建统治者。群众只有站起来共同"诛妖",才有可能享受现实的幸福。与此同时,洪秀全也认为,"帝妖对立"这一现实矛盾也是可以改变,可以转换的,恰如光明与黑暗必然相互交替一样,即"乱极则治,暗极则光,天之道也"。这无疑给生活在水深火热中的百姓带来某种希望,鼓动他们去战胜黑暗,迎来光明。洪秀全的理论就用宗教形式,注入"诛妖"、打倒皇帝、起来革命的精髓。

第三,天国在人间。洪秀全认为天国不是在天上,而是在人间,可以实现。他曾写道:"天国是总天上地下而言,天上有天国,地下有天国。天上地下同是神父天国,勿误认单指天上天国。……天国迩来,盖来自凡间。"② 洪秀全主张在人间实现天国,更为信众接受,故能燃起他们的革命热情,掀起这场波澜壮阔的运动。

第四,暴力革命。对于怎样达到在人间建立天国的目的,洪秀全一反基督教所谓侍候上帝拯救人类说,认为"基督教过于忍耐或谦卑,殊不适用于今时,盖无足管镇邪恶之世焉"③。为达到诛妖目的,必须采用暴力,实行武装革命,

---

① 洪秀全:《原道醒世训》,中国史学会主编:《太平天国》(一),上海人民出版社,1957年,第92页。

② 洪秀全:《御批(马太福音)·天国》。转引自李锦全等编著:《岭南思想史》,广东人民出版社,1993年,第276页。

③ 洪秀全:《原道醒世训》,中国史学会主编:《太平天国》(一),第854页。

夺取政权，建立太平天国。1843年，洪秀全与同乡李敬芳各铸重数斤、长三尺的"斩妖剑"，并作《剑诗》云："手持三尺定山河，四海为家共饮和。擒尽妖邪归地网，收残奸究落天罗。东南西北敦皇极，日月星辰奏凯歌。天父天兄带做主，太平一统乐如何。"① 诗中充分表达洪秀全决心通过武装斗争，建立统一的农民革命政权的强烈信念。金田首义后，洪秀全更号召"天下豪杰"，包括"名儒学士"，"各各起义，大振旌旗，报不共戴天之仇，共立勤王之勋"。此后，武装起义铁流过五岭，克湘江，渡洞庭，下长江，捣南京，建立起震撼全国的农民革命政权，再一次继承和发展了中国历史上农民武装起义的传统，在珠江文化史上留下辉煌的一页。

洪秀全定都南京以后，由于政权内部不和，沉溺声色犬马，日渐走向衰退，结果在中外反动势力的夹攻下，这场历时14年、席卷14个省区的太平天国运动终于以失败告终。

从文化意义上来说，洪秀全建立太平天国的思想，渊源于西方宗教、传统农民革命和经书三部分内容，是近世西风东渐、中西文化交流与结合在岭南的产物。洪秀全的"太平"思想见于儒家经典《公羊传》，与历代农民起义所追求的"平等"一脉相承，两者没有本质的区别，是中国农民长期追求的愿望，也是农民运动的最高纲领；"天国"则是基督教新约里所浮现的信徒们身后要生活的天堂。洪秀全把两者糅合在一起，形成自己独特的"太平天国观"，这完全是中西文化融汇的产物。

在太平天国后期，洪秀全族弟洪仁玕及其《资政新编》力图在农民政权基础上把中国引向近代化，洪仁玕由此成为中国近代化的一个先行者。洪仁玕（1822—1864年），原名益谦，号吉甫，早年加入"拜上帝会"，太平天国起义时因各种原因未赶上起义部队，后辗转到香港投奔韩文山牧师。咸丰三年（1853年）九月在香港接受洗礼，皈依基督教。洪仁玕前后在港四年，将所见闻太平天国材料，由他口述，韩文山整理，1854年在香港出版了《太平天国起义记》（原称《洪秀全之异梦及广西乱事之始原》），成为研究太平天国运动的宝贵资料。

---

① 转引自司徒尚纪著：《珠江传》，河北大学出版社，2001年，第327页。

清咸丰九年（1859年）三月，洪仁玕历尽艰辛险阻，终于抵达"天京"，受洪秀全之命主持太平天国大政。为使太平天国成为一个"新天地、新世界"，洪仁玕在"天京"发表了太平天国后期最重要的一部文献，即著名的《资政新篇》。它不同于太平天国定鼎南京时颁布的体现农民均平思想的《天朝田亩制度》，而是旨在实现近代化，以求富致强"富民"思想为核心，力图为太平天国寻求新的出路，比《天朝田亩制度》要进步得多。

《资政新篇》最大的一个特点，是提出建设近代中国文明的创议。洪仁玕在总结魏源在鸦片战争初期在《海国图志》中指出"师夷长技以制夷"的"变器"思想，曾国藩在洋务运动中提出"师夷智以造船炮"为"今日救时第一要务"，仍不出"变器"思想的基础上，明确提出采用西方文化科学技术以达到"富民"目的。虽说魏源、曾国藩、洪仁玕在"富民"这一点上没有什么不同，但如何达到这个目的，即走什么路，采用什么方法实现中国近代化这个关键问题上，洪仁玕与他们大相径庭。洪仁玕从捍卫太平天国政权的立场出发，提出"以资为政"思想作为"立国之本"，即试图把太平天国的新政建立在变革基础上，创造性地提出在天国内进行政治、经济、文化和社会风气，以及法制方面的改革，以期使中国未来社会达到富民、富国之路，即《资政新篇》所效法的"花旗邦即米利坚，礼义富足，以其为最"①。洪仁玕把他的"立政治国之本"，归纳为办交通、兴实业、设银行、开邮政、收关税、兴士民公会等举措。这包括了从物质文化到制度文化各个层面效法西方资本主义，其目的是挽救日趋衰败的太平天国的灭亡，但却是一种时代先进的卓识远见。由于洪秀全深受封建帝王思想支配，朝天国封建化的道路越走越远，以至不能自拔，洪仁玕的正确主张得不到采纳。过了不多久，太平天国灭亡了。但《资政新篇》作为当时先进文化的代表，却在中国思想史上留下了不可磨灭的印记。

孙中山在谈到太平天国之事，赞其"为吾国民族大革命之辉煌史"②，同时严肃地指出："洪秀全之所以失败，……最大的原因，是他们那一班人到了南京之后，就互争皇帝，闭起城来自相残杀。……太平天国的势力便由此大衰。"③

---

① 洪仁玕：《资政新篇》，中国史学会主编：《太平天国》（一），第529页。
② 《孙中山全集》第一卷，中华书局，1981年，第217页。
③ 《孙中山全集》第九卷，中华书局，1986年，第268～269页。

可谓一语中的。

第二节 第二次鸦片战争后西方文化传入达到高潮

1856—1860年,第二次鸦片战争和同时兴起的洋务运动,把珠江流域首先是广东深深卷入这个时代潮流之中,西洋器物和科技文化传入再度兴起高潮,不但更多地被吸收、融合为珠江文化的一部分,而且由此培养了一批掌握西方科技文化的先进分子,对推动珠江文化走向近代化贡献匪浅。

一、近代产业兴起

广东是全国最早开展洋务运动的省区之一,而洋务运动的一个关键因素是需要外语人才,以便翻译西洋科技和政治经济等书刊。1846年7月,两广总督毛鸿宾在广州设立同文馆,地点在广州大北门内朝天街,第一任英文教习为美国人谭训(Thoes Sampson)。其中英语为主要学习科目,后来扩大至法、德、俄语。广州同文馆初时只招20人,到1905年结束,存在凡42年,为我国培养了不少洋务、外交人才。如首届毕业生左秉隆曾随曾纪泽出使英国,任英文三等秘书,后又连任三届清驻新加坡领事,做了不少有益于国家、民族之事。另两位学生杨枢、长秀合译有《各国史略》(*Outline of the World History*),对开拓国人视野、增广见闻,作用巨大。

在"中学为体,西学为用"口号下,在广州同文馆建立前后,购买、仿制西洋船炮的军事近代化活动在广东再度勃兴,并渐次扩大到广西、云南、贵州等地。首先是两广总督劳崇光出于镇压广东农民起义军的需要,成立洋枪队,一方面托人向国外采办新式枪炮,另一方面"雇募制造火器、火药之良工数人来粤,由内地选派精细工匠学习制造,并派妥员监造,务期得其真传"[①]。继劳崇光之后,督粤的晏端书、毛鸿宾等对引进新武火器也深感兴趣。潮州人丁日昌随晏端

---

① 中国史学会主编:《洋务运动》(三),上海人民出版社,1961年,第460页。

书来广州，奉命在清军中"督办火器"，并在广州市郊燕塘设立炮局，生产大小硼炮及硼炮子。丁日昌由此名噪一时，后被李鸿章调往上海主持洋炮局。在仿制轮船方面，广东巡抚郭嵩焘、蒋益澧先后向清廷提出在广东设厂仿造，虽未获允准，但广东仍从英法陆续购得7艘轮船，分别命名为绥靖、澄清、镇海、飞龙、静波、安澜、镇涛，装备广东水师，也是中国海军最早使用的一批轮船。基于各种原因，洋务运动在广东发展缓慢，成效不大。直到1884年洋务派另一位首领张之洞莅粤，出任两广总督，广东洋务运动才大有起色，并形成向珠江中上游地区扩展之势，成为西方军事和科技文化在珠江流域传播的一个转折时期。

张之洞总结中法战争中国失败是"受制于敌"的教训，认为败在"水师之无人，枪炮之不具"①，而以往"历年设厂购船，仅开其端，未畅其用"②，主张大力推进洋务运动，加速"求强"、"求富"步伐。张之洞在广东大规模开展洋务运动，在推广西方军事文化方面，主要活动和成效包括：①加速广东水师建设。张之洞经多方努力，终在广东省内筹措得资金，在广州黄埔设船局，于1885年冬制成广元、广亨、广利、广贞浅水兵舰4艘，后又续造出广戊、广己、广玉、广金兵舰4艘，再后又订购广甲、广乙、广丙、广庚兵舰4艘，悉数交付广东水师使用。到19世纪80年代末广东水师已拥有20余艘军舰、10艘小型炮舰，以及若干艘鱼雷艇，成为一支不可忽视的海上武装力量。②建立石井枪弹厂。生产新式枪械和子弹，效果显著。③在广州城西北郊石门筹办广州枪炮厂。采用德国机器、图纸和技术，建成后，"而以新式快枪专给精兵劲旅弹压边海要地，当可使水陆军容肃然改观。……不独广东军营取给不穷，并可协济各省"③。④筹办广州炼铁厂。张之洞奏清朝廷在广州设炼铁厂，向英国订购炼铁炉，向英、德聘请矿师和技工，选定今广州海珠区凤凰岗为厂址。炼铁厂虽为民营性质，但一俟有需要，即可转为军火生产。⑤创办机器铸钱局。张之洞目睹外国银元大量流入中国市场，造成利润外流，于是积极策划自己铸钱，向英国购得全部铸钱设备，在广州大东门外黄华塘（今黄华路）一带开铸铜币和银币，为我国机器铸钱的先河。⑥兴办广东水陆师学堂。1887年，张之洞在过去"博学馆"

---

① 《筹议海防要策折》，《张文襄公全集》卷十一，《奏议十一》，中国书店，1990年。
② 《筹议大治水师事宜折》，《张文襄公全集》卷十三，《奏议十三》。
③ 中国史学会主编：《洋务运动》（四），上海人民出版社，1961年，第385页。

基础上进行扩建并改名为"水陆师学堂",招收水师、陆师学生,下分管轮、驾驶专业。学堂附设管轮机器厂、铸铁厂、打铁厂等,学生出洋实习,聘洋教习,使该校初具近代军事学校雏形。张之洞推广洋务的这些举措,凝聚了西方近代军事科技成果,对珠江文化走向近代化是一个有力的促进。

在洋务运动的示范和刺激下,广东民族资本主义在珠江三角洲一带首先发展起来。据有关统计,到1894年甲午战争前夕,珠江三角洲地区机器缫丝业已有相当发展,南海、顺德、新会、三水等地兴办缫丝厂有88家,工人约4万人。① 这包括我国第一家民族资本主义工业企业——南海简村陈启沅创办的继昌隆机器缫丝厂。该厂引进外国先进设备和资本主义企业管理制度,生产效率高,工人积极性也高,为学习西方科技和制度文化的楷模。

此外,兴修铁路也为近代产业的一项重要内容。1903年,梅县松口籍南洋商人张榕轩(1851—1911年)成立潮汕铁路股份公司,着力于修筑我国第一条民族资本创办的铁路。潮汕铁路南起汕头,北至潮州,全长39公里,后延至意溪,增至42公里,在1906年11月建成通车。继潮汕铁路之后,新宁(今台山)旅美华侨陈宜禧(1846—1928年)以其丰富的筑路经验和满腔的爱国热情,于1904年回国,成立新宁铁路股份有限公司,提出"不招洋股,不借洋款,不用洋工程师"② 口号,完全由中国人自己承建。1906年动工,1911年全部工程竣工。从台城到新会北街,全长120公里,成为潭江流域的交通大动脉,有力地促进了五邑侨乡的社会经济进步,尤其昭示了中国人在铁路工程上的技术进步和强烈的民族意识。

在广西,鸦片战争后,特别是在洋务运动影响下,也出现少数官办、官督商办的新式工矿企业。甲午战争后,部分商人在"设厂自救"号召下,开办了不少商办企业,主要是矿冶业,包括1880年开办富川、贺县煤矿,1907年开办贺县、钟山西湾、连江合山煤矿,同治年间和光绪初年开办贵县天山、三岔山银矿,1905年开办南丹、河池锡矿,1909年开办富川、贺县、钟山锡矿,1906年开办天保、田阳、宾阳、河池锑矿等。

在广西,新办的还有新式交通运输业。1896年,广西提督苏元春组织军民

---

① 许涤新、吴承明主编:《中国资本主义发展史》第二卷,人民出版社,1990年,465页。
② 陈延炆:《新宁的铁路的创建与被毁》,《广州文史资料》第三辑,1961年。

修成镇南关（今友谊关）到龙州军路55公里，初走马车，后行驶汽车，是我国最早通行汽车的公路之一。1915年，广西督军陆荣廷修筑南宁至武鸣公路，长40公里。此期间另修成龙州经叫堪、罗回达水口关的龙水公路33公里，以及龙州城龙上铁桥一座，上可行汽车，是广西最早的一座新式桥梁。西江在广西水网稠密，在洋务运动刺激下，西江新式航运也应运而生。1891年，龙州商人创办邕龙车船公司，初时行驶木船，后使用小轮船，来往于龙州和南宁之间。广西商业重镇梧州，1897年开埠后为外国轮船垄断航运，往来于梧州到香港、广州、三水、南宁、贵县、柳州等地。1908年成立华资"梧州航业股份公司"，使用轮船航行，标志民族航运业在西江兴起。1907年南宁开埠后，先后成立8家华资航运公司，拥有小汽船60余艘，往来于南宁至梧州、百色、龙州等港。此外，在北海除了外轮经营沿海航运以外，到1919年，华商开始购入小轮船，加入海上航运，进一步扩大对新兴技术的需求，使广西航运逐步走上了近代发展历程。

通讯事业充分反映近代科技成果，珠江流域在这方面也最先迈出坚实步伐。1883年，两广总督张树声出于加强边防安全的需要，奏请将广州电线延至龙州，全长约800公里，同年开始施工。1884年7月，南宁至龙州、广州至龙州架线竣工，开通官商各项电报业务。1887年，梧州至桂林官办有线电报竣工，全长322.5公里，后又由桂林接通柳州。同年广西与云南电报架接成功，是为南宁经百色至云南剥隘，全长400公里。1896年全国正式开办邮政，全国划分为35个邮界，广西属总部设在广州的华南邮界。1910年，两广共设一邮区，1913年又改为每省一邮区，开办收发邮件、包裹、邮票等业务，对结束过去的驿站制，加快信息沟通，作用甚大，因而备受各界欢迎，开拓了地域和人际之间交流的一个崭新时代。

在西江上游的云贵地区，西方科技引进和近代产业兴起较中下游地区要晚。1901年，法国在云南蒙自成立滇越铁路公司，筹备兴建由越南海防到昆明的铁路，全长460公里。沿线山高谷深，烟瘴弥漫，工程十分艰巨，以云南人为主的中国劳工为此作出了巨大牺牲，终在1910年建成通车。这条铁路竣工，一方面反映在云贵高原地区修筑铁路所需技术进步，另一方面对促进中越区域开发也发挥了一定作用，同时推动了珠江文化与境外文化交流，后成为一条国际交通线。

在贵州，1887年在贵阳、毕节等地架设电线，开通电报业务，后扩大到全省一些重要商埠。1902年,贵州正式办新式邮政。1903年贵阳设邮政总局,邮路可通广州、梧州、汉口、上海等大商埠。宣统时,全省上百个府、厅、州、县、乡镇建立等级不同的邮政机构,邮路总长达万余公里,形成各地"百货腾跃,万里起居,随时经达"①的格局,充分显示近代通讯科技文化的成效。

二、两广留学运动

广东首得海外风气之先,自明末利玛窦入粤以来,不断接受西方文化,开拓了自己的视野,对外部世界的了解也日渐增多。鸦片战争期间及其后在广东首先涌现的林则徐、魏源提出"师夷长技以制夷"的"变器"思想,局限于效法西方制造一些军事和技术器具,而且离不开洋人。第二次鸦片战争和同时兴起的洋务运动,把广东深深卷入这个时代潮流中,西洋器物和科技文化传入再度兴起高潮。与此同时,以广东南海人何启、三水人胡礼垣合作撰写《新政真诠》出版为标志,从"变器"转到"变道",即不仅接受西方先进物质文明,更要学习西方政治、经济、文化、教育等,建立"民权"政治,发展资本主义经济,大力发展新式学校教育,培养新型人才。后经郑观应《盛世危言》,把"变道"思想观念提升到一个新的高度,也推动和促成洋务派领导人物曾国藩接受容闳的建议,派员出国留学,培养精通西学的人才。经奏清廷允准,清同治十一年至光绪元年(1872—1875年),我国四批留美学生120人先后赴美就读。而广东就是这场近代留学运动的发祥地。曾国藩、李鸿章奏折说,派幼童赴美留学"属中华创始之举,抑亦古来未有之事"②。发动和组织这场留学运动的即为我国第一位留美学生,后获耶鲁大学博士学位的容闳。

容闳,广东香山县南屏镇(今中山市,后划归珠海)人,少时家贫,7岁进入免交学费的澳门马礼逊学堂读书,后转学香港。清道光二十七年(1847年)赴美,几经周折,道光三十年(1850年)进入著名的耶鲁大学,成为中国第一个留美学生,也是真正了解美国和西方世界的第一人。他说留美之目的是"以

---

① 《贵州通史》编委会:《贵州通史》第3卷,当代中国出版社,2002年,第567页。
② 周一良主编:《中外文化交流史》,河南人民出版社,1987年,第654页。

西方之学灌输于中国，使中国日趋于文明富强之境"①。咸丰五年（1885年），容闳回国，目睹清政府的种种腐败和镇压人民革命的血腥罪行，先后在香港当书记、译员，在上海海关任职和经商。咸丰十年（1860年）访问天京，见到干王洪仁玕，提出涉及政治、军事、政治、实业和教育的七点建议，但在战争背景下无法实施。容闳失望地离开天京，投入曾国藩幕府，筹办国内最先进的机器工厂——江南机器制造局。后又力排众议，促使清政府于同治十一年派遣詹天佑等30名幼童赴美留学，先后派遣4批共120人赴美。他们大部分学成后归国，成为中国近代化的栋梁之材。容闳由此被誉为"中国留学生之父"②。容闳将其一生经历写成《西学东渐记》，于宣统元年（1909年）出版，为广东人开启了近代启蒙思想的先河。他在给洪仁玕建议中，提出七项改革创议：依正当的军事制度，组织一支良好军队；设立武备学校，以养成多数有学识之军官；建设海军学校；建设善良政府，聘用富有经验之人才，为各部门行政顾问；创立银行制度，及厘订度量衡标准；颁定各级学校教育制度，以耶稣圣经为主课；设立各级实业学校。

这些建议，充分表达了容闳富国强兵的先进思想，虽未被采纳，但丝毫掩盖不了它的时代光辉。他受曾国藩之托，创办东方第一家机械厂——江南机器制造局。这是为谋求中国近代化，实现"西学东渐"的第一个目标，对中国近代化的继承者有重大的启蒙作用。特别是容闳为实现教育救国，历尽艰辛派遣留学生出洋，这在当时是前无古人的事业。正因为如此，容闳及其《西学东渐记》作为中国近代史上一块碑石，备受后人赞扬，也是近代珠江文化一个特殊光荣。

为了鼓动更多幼童赴美，容闳先后奔走上海、广东等地。第一批学生于同治十年（1871）在上海招考，因报考的人很少，不足定额，容闳于是把招生的重点放在广东。曾国藩也特地委托广东商人徐润劝说广东人送子应选。广东人民思想比较开放，应征及合格者较多。

留学生中，广东人占多数，其中又以香山（中山）、番禺、南海、顺德等县为主，仅香山一县即有40人，占广东留学生的一半，故近代广东能首先接受西方先进的文化，成为近代思潮的重点地区与革命的策源地。梁启超说："广东人

---

① 容闳著：《西学东渐记》，岳麓书社，1985年，第85页。
② 珠海容闳与留美幼童研究会主编：《共同的容闳》（二），珠海出版社，2008年，第211页。

旅居国外者最多，皆见他邦国势之强，政治之美，相形见绌，义愤自生。"又说："广东言西学最早，其民习于西人游，故不恶之，亦不畏之。"① 这些留美学生就是他们的出色代表。

在四批 120 名学生中，84 人是广东籍人，其中香山籍又占了 40 人。另外，第二批有广东自费学生 7 人搭船前往②。如果按照美幼童回国后的职业分类，则有如表 9.1 所示格局。

表 9.1　中国留美幼童回国职业分布

职位	人数	职位	人数
国务总理	1 人	铁路官员	5 人
外交部长	2 人	铁路工程师	6 人
驻外公使	2 人	电报局官员	16 人
外交官员	12 人	经营商业	8 人
海军元帅	2 人	政界	3 人
海军军官	14 人	医生	3 人
军医	4 人	律师	1 人
税务司	1 人	报界	2 人
海关官员	2 人	在美病逝	3 人
教师	3 人	不详	4 人
冶矿技师	9 人	总计	120 人
铁路局长	3 人		

资料来源：孙宏安著：《中国近现代科学教育史》，辽宁教育出版社，2006 年，第 272 页。

这批中国最早的留学生，对推动中国近代化进程起了举足轻重的作用。其中包括"中国铁路之父"詹天佑，中国邮电事业的奠基者朱宝奎、黄开甲、周万鹏、唐元湛，中国第一代矿冶工程师吴仰曾、邝荣光，清华学校第一任校长唐国安，中国第一代海军将领容尚谦、蔡廷干、徐振鹏，中国第一代外交官唐绍仪、梁敦彦、梁诚等，皆为一时之俊彦，而且绝大多数为广东人，深为后人自豪。容

---

① 梁启超：《世界史上广东之位置》，《饮冰室合集》第二册，中华书局，1932 年。
② 刘圣宜、宋德华著：《岭南近代对外文化交流史》，第 280～284 页。

闳后对此倍感欣慰:"今此百十名学生,强半列身显要,名重一时。而今日政府似亦稍稍醒悟,悔昔日解散留学事务之非计,此则余所用以自慰者。"① 甲午战争以后,中国人反省失败原因和认识到日本向西方学习的成功经验,很快又掀起留学日本热潮。清光绪二十二年(1896年),第一批中国学生13人赴日留学,以后不断增多。到新中国成立前夕,中国留日学生累计达5万~6万人,② 其中有部分是广东人。广西人也不俗。首开留学先例的是桂林人马君武,先后留学日本和德国,成为中国首位获德国博士学位者。马君武后为孙中山大元帅府秘书长、广西省长、广西大学校长等。其社会科学、自然科学成就十分突出,对广西社会进步贡献良多。继马之后到清政府灭亡10年间,广西公私留学人数达377人,③ 为与外国主动进行文化交流的第一批广西人。他们多为新思想文化的传播者、改革与革命的先行者、各行各业的骨干力量,对建设近代化广西功不可没。但不管怎样,广东作为近代中国留学运动最早的策源地,将永远铭刻在中国教育和文化史册上。

三、西方宗教文化流布珠江流域

1. 基督教

鸦片战争以后,欧美各国天主教、基督教徒一批接一批地来到广东,传教活动逐渐达到高潮。基督教(新教)1807年由英国传教士马礼逊传入广州,被认为是基督教传入岭南之始。1823年,马礼逊在广州出版6卷本的《华英字典》,为我国英汉字典之嚆矢。同时问世的还有马礼逊翻译的《圣经》(取名《神天圣书》)21卷,亦为第一部中文版《圣经》。第一次鸦片战争后,基督教开始在汕头布道,很快把香港、东莞发展为传教根据地,继而扩展到粤西客家地区。第二次鸦片战争后,佛山成了基督教宣教基地,珠江三角洲被纳入其布道区域,接着向韶关、东江、西江和潮汕一带扩展,使之成为自己的势力范围。19世纪末,两阳、德庆、罗定和海南沿海被辟为宣教区,以后则在东江流域和海南一些边远

---

① 容闳:《西学东渐记》,岳麓书社,1985年,第145页。
② 孙宏安著:《中国近现代科学教育史》,第278页。
③ 钟文典、刘硕良主编:《中国地域文化通览·广西卷》,中华书局,2013年,第225~226页。

地区发展,在人口稠密的珠江三角洲和沿海一些通商口岸,几乎每个镇都有教堂,宗教文化和影响几乎达到无处不在的地步。1914年,广东全省有基督教徒48347人。到1919年全省有基督教差会43个,教堂924所,教徒62262人,占全国基督教徒总数的1/6强。教会兴办小学797所,中学37所,中小学生4万余人,另办岭南大学一所,医院39所,拥有病床2702张。① 天主教也不甘在基督教之后,1919年广东全省有天主教堂464所,教徒约10万人。翌年全国有天主教徒197.1万人,广东有12.4万人,约占6.13%。仅新会一县,1908年就有西洋教堂20所,其中10所有教徒1600多人。② 宗教生活成为一种社会风气,尤以珠江三角洲地区为甚:"礼拜之期,附近南(海)、番(禺)、东(莞)、顺(德)、新(会)、香(山)各县赴拜者接踵而至,间有外省之人,唯顺德县紫泥(今属番禺)人最多。"③《中华归主》一书也写道:"广州三角洲(即珠江三角洲)地带及人口众多、村落稠密之地区,宣教事业蒸蒸日上,几乎每镇都有教堂,并以教堂为中心向附近乡村派遣中国布道员,积极宣传福音,甚至不少地区基督教之势力及思想影响几乎达到无处不在之地步。"④ 这些数字和现象充分显示近世西洋宗教在广东的扩布是全国其他省区难以相比的。

基督教进入广西较迟。清咸丰五年(1886年)基督教才根据《中英烟台条约》有关条款首先在北海立足,渐次向广西内地传播,此为基督教传入广西之始。到1919年广西已有基督教徒4722人,教堂62座。以后基督教势力继续扩张,到新中国成立前夕,共有17个独立教会在广西传教,在今广西67个县市(约占广西县市总数的76%)设立堂点280处,有教徒5570人,开办神学院校11所、中小学等普通学校76所、医院11所,以及其他慈善机构。

基督教在珠江流域的传播可谓无所不至,除了利用各种方式进入山区以外,还特别注重利用流域内河网稠密的特点,进行水上传教。据说早在19世纪中叶,水上传播福音已经在广州疍民中开始。第一艘水上福音船是1898年在广州下水

---

① 中华续行委办会调查特委会编:《中华归主——中国基督教事业统计,1901—1920年》上册,中国社会科学出版社,1987年,第三章第十二节。
② 参见《广东文史资料》第14辑,广东人民出版社,1964年,第165页。
③ 民国《香山县续志》卷六,《海防》。
④ 中华续行委办会调查特委会编:《中华归主——中国基督教事业统计,1901—1920年》上册,第三章第十二节。

的，由一艘 200 吨"明车轮"改装而成，取名"启明"号。沙面白鹅潭一带是疍民集中之地，水上福音船不但向他们传播基督福音，吸收新教徒，而且还开办水上医疗服务以及其他救济事业。水上福音船属"中国华南水上传道会"，由美国的神召会、浸道会等差会的传教士组成。初时以广州为传道重点，以后逐渐向珠江三角洲及西江、北江流域发展，抗战前已扩展到西江中上游的梧州、南宁等地，凡疍民出没的江河几乎都有它们的身影。

1877 年，基督教传入贵州，总部首设在伦敦的英、美基督教差会组织"中华内地会"，由湖南进入贵阳建立"福音堂"，下属有安顺、赫章、独山、镇远等区域性总堂。继为 1904 年由云南昭通传入贵州威宁石门坎的英国"循道公会"。民国时期，基督教在贵州的机构有 10 个，教堂 241 所，分布在全省各地，农村教徒占 96% 以上，主要在苗族地区，2/3 的教徒集中在威宁县和赫章县。抗战时期，基督教在贵州有了新的发展，主要是由边远地区向城市传播，从原来主要在农民中传播转向在知识分子中传播，由单纯发展普通教徒转到培养牧师人员，由各派单独活动进入联合统一行动。1939 年 9 月成立了贵阳基督教团体联合会，标志着基督教在贵州有了一个核心团体，可以更有效地开展宗教活动。①

鸦片战争后之初，英国基督教势力试图从四川、贵州进入云南传教，但未能成功。1877 年，英国基督教士约翰·麦嘉底从四川巴县进入云南，后抵缅甸，沿途收集了不少云南的情报，也致力于在少数民族地区传教，成为最早在云南传播基督教的宗教活动家。1880 年和 1882 年，基督教在大理、昆明建立教堂，但入教者寥寥。直到 1904 年循道会英国传教士柏格理深入苗区，深得苗民信任，信奉者景从，基督教始在云南扎根，从少数民族地区向城镇传播。20 世纪 40 年代，云南绝大多数城镇都建立了基督教教会，拥有一批教徒和教堂；到 50 年代，全省教堂发展到 200 多所，信徒数万人。不过，基督教在云南主要分布在山区和半山区，以少数民族为主要信徒，珠江上游也不乏其人。

2. 天主教

广东是天主教传入我国最早的地区。明万历二年（1574 年）圣诞节，罗明

---

① 《贵州通史》编委会：《贵州通史》第 3 卷，第 395～396 页。

坚先来肇庆，谒见政府官员。第二年9月他才带利玛窦重来，开始传教。鸦片战争后，天主教开始大规模渗入珠江城乡。到1919年广东全省已有天主教堂464所，教徒约10万人。翌年全国天主教为197.1万人，广东有12.4万人，占6.3%，居全国第一位。①

继明末罗明坚之后，天主教真正进入广西是清咸丰四年（1854年）法国教士马赖（Chapdelaine）从贵州进入广西西林县传教。此后，天主教在广西传教事业全为法国巴黎外方传教会所垄断。到1920年，天主教已传入广西33个州县，修建教堂54所，有教徒5100多人。到1944年，扩展到48个县市，有教堂116所，教徒3.5万人，开设修道院12所、普通学校34所、医院3家和小型诊所100多处，并开办了其他一些慈善事业。

天主教在广西布道，兵分三路而进。一路从贵州取道北盘江河谷，进入桂西北的西林、西隆等州县；一路从广州经粤西进入北部湾沿海，即灵山、合浦、北海一带；一路经肇庆溯江入桂东梧州地区。这样一个传教网络覆盖广西大部分地区。天主教传入贵州，在永历政权时期。但直到鸦片战争前，由于清廷禁教甚严，天主教一直难以传播。战后，西方列强在中国取得传教特权，天主教活动由秘密变为公开。道光二十年（1846年），罗马教皇将贵州升为独立教区。翌年派法国巴黎外方传教会白斯德望为贵州第一任主教，继后以胡缚理任贵州教区主教，并在贵州各地修建天主堂、修道院、医院及学校。天主教也办慈善事业，开展收养孤儿、医治疾病等工作。贵州教区开设之初，创办医馆多达58处，咸丰年间先后建起10所孤儿院，收养孤儿千名以上。

清代，贵州建立的天主堂很多，著名的有贵阳北天主堂、南天主堂，六冲关圣母山、遵义天主堂等。其中贵阳北天主堂为贵州最大的天主堂，为中西合璧式教堂建筑，正面有高大牌坊，内有穹隆式圆顶、阁楼式钟楼和巨钟，高32米，充分反映中西建筑文化珠联璧合。

据有关资料，到民国时期，天主教在贵州设贵阳教区、安尤教区和石阡教区，有天主教徒4万多人，教堂77所。先后有外国传教士（含修女）91人，中国籍神父、修士、修女290人，教会服务人员257人。这些教区分属巴黎外方传

---

① 参见司徒尚纪著：《珠江传》，第321页。

教会和德国圣心会管辖。

贵州经济落后贫困，社会矛盾复杂，其他宗教势力单薄，给天主教的发展以可乘之机，尤其法国天主教乘虚而入，占据广大传教空间。天主教士也带来西方文化，教授拉丁文、法文、格致（物理、化学）、博物，引进西医、西药、观察气候、编写《贵州植物谱》等，有利于打开当地封闭、保守的社会风气。

在珠江上游云南也有天主教足迹。1695年法国天主教会即筹建云南教区，随后法籍教士雷勃朗任云南主教。自此，天主教深入云南腹地。

1840年，罗马教廷认为在云南设立天主教区的条件已经成熟，批准再次在云南设立教区，主教署设在盐津县龙溪，法国人袁若瑟任主教。天主教在云南活动范围渐渐扩大，教徒人数有所增加，组织也进一步发展。鸦片战争后，西方宗教深入中国内地。天主教大肆活动，很快传播至云南30多个县市，教徒3万多人，外国神职人员100多人。到1900年，仅昆明已有天主教堂17所，教徒1.2万人。

天主教非常注重在贫困落后地区的发展，靠施以小恩小惠网罗教徒，形成全家、全村入教方式。故不少村庄成为清一色的教友村。例如，北部湾涠洲岛原是一个海盗出没的荒岛，后有少数贫民入居。清同治年间闽粤交界地区发生土客械斗，大批客家人被逐，无处安身。法国神甫错士（Hasse）即以种种许愿，劝说1500人入教，并带领他们登上涠洲岛，开垦荒地，建立家园。自此，岛上居民基本上都成了天主教徒，涠洲岛也成了法国传教士的一个传教基地。在珠江三角洲，这样的教友村也不少。新中国成立前，顺德即有甘竹、龙眼、马齐、容奇、桂洲五大教友村。其中甘竹200多人，均信奉天主教，村内另建宿舍，供参加瞻礼的教徒临时住宿，圣事活动场面热烈且隆重。在汕头、汕尾，这样的教友村也不在少数。

西方宗教作为一种异质文化，与中华本土文化毕竟有很多差异，许多地方不符合我国民族传统、民族习惯和民族感情。特别是西方宗教反对教徒祭孔和祭祖先，将这种活动视为异端，这是西方宗教受到抵制的深层原因。据不完全统计，19世纪下半叶，仅广东发生焚烧和捣毁教堂、打死教士的案件就有42宗。1856—1919年，这类案件在广西也有45起。其中影响最大的教案是1856年广东籍广西西林知县张鸣凤处死罪恶累累的法国传教士马顿的"西林教案"，亦称

"马神甫事件",成为第二次鸦片战争的导火线之一。此外,广西贵县、上思、凌云、蒙山,云南浪穹、永北、路南、昆明、维西,贵州青岩等发生系列教案风波,而广东镇平(蕉岭)、河源、紫金、博罗、连州等州县也发生过不同类型的教案。汉、壮、苗各族人民反抗洋教的斗争,尽管有的斗争方式是幼稚、落后的,但这种斗争挫败了教会的种种阴谋,在一定程度上遏制了洋教的传播,在珠江近代文化史上留下壮丽的一页。

西方宗教的教义虽不足取,但伴随而来的西方近代科学技术和先进思想观念,对扩大人们的文化视野,增广见闻,打破一些地区长期封闭的局面,却不无一定的历史作用。近代已经成熟、定型了的珠江文化,由于具有明显的开放性、兼容性等文化品格,故能对外来异质文化表现出宽广襟怀和博大气魄,不但能与之和平共处,而且能从其身上汲取有益成分,以此充实、壮大、发展自己,使自己的文化品格更加多元化。例如西洋宗教建筑,体现了欧洲古典建筑文化风格。它们作为一种新文化景观在珠江各地兴起,不仅是洋教在当地立足的象征,而且也显示了中西文化的结合。据《中国文物地图集》(广东分册)统计,广东作为文物保护单位的西洋教堂就有58座,分布在35个县市,大部分在珠江三角洲和西江地区。而据《广西通志·宗教志》统计,至1992年,广西境内有西洋教堂94座,分布在大部分县市,其中有一部分属文物保护单位。其中最负盛名的是广州石室,亦称圣心大教堂,是我国现存最大的花岗石构筑的哥特式天主堂,被称为"东方巴黎圣母院"。当年修建石室时,曾分别从两地取1公斤泥块作奠基用,这也是东西方文化在广州移植、生根的一段佳话。湛江霞山天主堂外观与石室一样,但规模小得多,目前保存尚佳。其余地区的哥特式教堂都遭到不同程度的破坏。

第三节　战后珠江思想文化的辉煌成果

战后在中西文化碰撞、交融背景下,近代珠江文化不仅在物质、制度文化上吸收先进的文化元素,而且在深层思想文化上形成重大成果,表现主要在广东最早贡献了一批拯救国家民族于水火的志士仁人,他们的思想和行为,代表了这一时期珠江文化最辉煌的成就,标志着近代珠江文化发展到历史高峰,并以此彪炳于中国近代文化史册。

一、郑观应与中国近代改良主义思潮

在近代广东改良主义思想家中,郑观应是一个出色的代表人物。其人其书,极大地提升了近代珠江文化的地位。郑观应(1842—1922年),广东香山(今属珠海市)人。本名官应,字正翔,号陶,别号待鹤山人等。早年应童子试落第。后弃学从商,以买办为职业,在上海从西洋教士习外文和西学。晚年从事教育工作,培养大批航运人才。郑观应目睹清政府腐败黑暗,国家积弱,民族危机,以其强烈的爱国精神和重商思想,写就《救时揭要》、《易言》、《盛世危言》三部主要著作,直接宣传了他的改良主义思想和商战理论,成为近代广东思想文化的一个最重要的建构。

郑观应改良主义思想中,最具有时代特色、价值最高、震撼力最巨,也最能代表他改良主义思想精髓的代表作即为《盛世危言》,被誉为中国近代改良主义的纲领性文献。

第一,郑观应敢这样命名此书,是出于强烈的爱国主义精神。一是对外敌入侵之痛恨;二是清政腐败无能,直指"愤彼族之要求,惜中朝之失策",虽冒"狂戆潜起之罪"大讳,仍以"危言"警示世人,唤起国人振奋改革,挽救民族危亡,一腔热血,正义四射,野朝佩服。此书出版,一时洛阳纸贵,从初版5卷本先后增订为8卷、14卷,几年间销行10万部,在全国形成《盛世危言》热。其产生的冲击波,甚至直达封闭、保守的湘潭县韶山冲,使少年毛泽东彻夜阅读,曰"这本书我十分喜欢",以至许多章节可以倒背如流,影响他决心走出故乡去探求革命道路。

第二,郑观应改良主义具有深厚的哲学基础,充满了体用一致、互相转化的精神,对形而上学是一种突破。郑观应认为,"道器贯通,体用兼备"。这其中之"器",即具体器物;"道"即生命之原,天人之故,自然、社会规律。他指出器与道的关系是:"虚中有实,实者道也;实中有虚,虚者器也。合之则本末兼赅,分之用乃无卷无具。"在这里,道和器是统一的,即"道"不应简单归结为虚,"器"也不仅仅是实,两者的统一和转化才是事物的本质。但长期以来,流行"变器不变道"之论,甚至还有"变器卫道"论,成为维护封建专制统治的哲学基础。而郑观应的哲学思想是强调学习、引进西方器物文明与采纳、接受西方政治制度文明必须体用一致,而不是割裂分开。这个见解甚为精到。他指出:"余平日历查西人立国之本,体用兼备。育才于书院,议政于议院。君民一体,上下同心,此其体。陈兵、制器械、铁路、电线等事,此其用。中国遗其体而效其用,所以事多扞格,难臻富强。"① 郑观应一针见血地指出,清政府只简单地接受西方物质文明,而不敢触动政治制度变革,故事与愿违,难以达到富国强兵的目的。而中国要走向近代化,不仅要学习西方器物以为用,还要学其体,包括政治制度,双管齐下,才能奏效。这在深层思想结构上为改良中国社会提供了正确指南。郑观应在当时中国人才群体中也罕有其匹。

第三,商战理论。为了发展民族资本主义,必须正确处理商战和兵战的关系,郑观应在书中提出最具特色和创新见解的"商战论",成为他重商主义思想的核心。他在《盛世危言·商战篇》中指出,重兵战,而忽视发展民族工商业是近代历次战争中国失败的重要原因,也是洋务运动致命的弱点之一。他指出,无形的商战与有形的兵战的关系,应"裕无形之战固其本"。因为商务是整个社会政治、军事、工业、农业、教育等领域的根本的物质基础,能增强国家的整体国力,其曰"士无商则格致之学不宏,农无商则种植之类不广,工无商则制造之物不能销,是商贾具生财之大道而握四民之纲领也,商之义大矣哉"。商务的振兴在其中起决定性作用。相反,"我之商务一日不兴,则彼之贪谋亦一日不辍。纵令猛将如云,舟师林立,而彼族谈笑而来,鼓舞而去,称心餍欲,孰得而谁何之哉?故吾得以一言蔽之曰:习兵战,不如习商战"。郑观应认为,"兵战"仅为"有形之战",而"商战"为"无形之战",兵战治标,商战固本。假如能做到"中国所需于外洋者皆能自制,外国所需于中国者皆可运售",即"决胜于商战",中国则可转弱为强,转败为胜,亦即"能富而后可以致强,能强而后可以保富"。否则,国不富,民之素质差,"畴能驱赤身枵腹之人,而使之当

---

① 郑观应:《盛世危言·南游日记》,夏东元编:《郑观应集》上册,上海人民出版社,1982年,第967页。

前锋冒白刃战哉"?① 这种富国强兵论颇合辩证法，在当时也是凤毛麟角。

此外，郑观应《盛世危言》再次提出开设议院、办新式学校等改良主义思想。他把开议院视为"治乱之源，富强之本"。并根据其时引进的天演进化和生存竞争规律论证自己的主张，以显示政治改革也是合乎时势发展的一种必然选择。他指出："今日中国大局，列强通商势难拒绝，则不得不律以公法。欲立公法，一必先立议院，达民情，而后能张国威，御外侮"，"兴议院而民志合，民气强矣"。对于办新学，郑观应更加强调，"学校者，造就人才之地，治天下之大本也"。"富强之基，首重学问"。②他强调引进的是天地人三种学问。其中"天学"包括一切算法、历法、电学、光学等学科；"地学"是指以地舆为纲，含测量、经纬、种植、车舟、兵群等学科；"人学"以方言文字为纲，涉及政教、刑法、食货、制造、商贾、工艺等学科。这基本覆盖了自然、人文、技术和社会科学，形成一个较全面的学校科目设置。郑观应作为近代资产阶级启蒙思想家，毕生为中国近代化提出较为系统的理论创议，为社会变革提供了许多有益的启示。从文化意义来说，珠江文化的重商性自古已然，即重商作为一种文化传统，自无可置疑，但罕有将重商性与文化的其他特质作比较的。郑观应的"商战论"则将商与战相提并论，使传统商业文化注入新的内涵，更凸显其近代海洋商业文化精神，吸收更多西方商业文化成分，使之成为时代先进文化。这就是近代广东商业文化发展的一个鲜明特点。

二、康梁变法维新思想体系

近代珠江文化史上较为重大的一个事件是以康有为、梁启超为首的变法维新运动，也是中国近代史上一件重大事情。它虽以失败告终，但它掀起革命波澜，自此席卷全国。不久，以孙中山为首的革命党人武昌首义，清政权倾覆，民国成立，开一代新纪元。戊戌变法实功不可没。而变法维新运动所反映的时代先进思想文化，又是领时代潮流、敢为天下之先的，恰是珠江思想文化在近代最辉煌的一页。

---

① 郑观应：《盛世危言·商战篇》，夏东元编：《郑观应集》上册，第594页、第588页。
② 郑观应：《盛世危言·议院》，夏东元编：《郑观应集》上册，第313页、第245页。

康有为（1858—1927年），广东南海苏村人，原名祖诒，字广厦，号长素，又号更生，晚年自号天游化人，学生尊为南海先生。在清光绪二十四年（1898年），变法前30年，康有为生活在广东。早年拜朱次琦（朱九江）为师，接受系统的儒家训练；后到南粤名山之一西樵山白云洞"悟佛"，对佛教有深入理解。光绪五年（1879年）到香港考察，接受西学。光绪十七年（1891年）与二十三年（1897年）著《新学伪经考》与《孔子改制考》，则是接受达尔文等进化论思想，为"托古改制"而作的理论阐发。光绪十五年（1884年）《大同书》①，是解读孔子大同思想并与西方民约论、空想社会主义等思想糅合在一起形成的。总之，康有为为了变法维新，形成了自己的思想体系。

康有为变法维新的哲学思想，一是接受欧洲自然科学的洗礼，形成进化论思想，由此萌发变革社会的思想。

二是对所述孔子"三世"的进化与飞跃。康有为著《新学伪经考》和《孔子改制考》为武器，借助经学为"托古改制"形式，排除改革社会的各种阻力。《新学伪经考》力挺孔子作《春秋》改制精神，力争经学的正统地位，树立以孔子《春秋》托古改制的权威地位，并大力揭露刘歆的古文经《左氏春秋》之伪，认为古文经是刘歆为佐王莽篡汉而伪造出来的，二千年来迷惑大批儒生，而无一人敢于站出来揭发，甚至宋明理学亦深受其害，为"歆之余支也"②，应该加以批判。康有为复孔子微言大义，实际是要破除不变论，解放思想，为变法鸣锣开道。故他此书一出，即引起很大的社会振动，甚至被顽固保守派攻讦为"异端"而下令焚毁。

《孔子改制考》借孔子作《春秋》改制的精神，强调要同先秦诸子改制一样创立一种与社会时势变化相适应的"新制"。这种"新制"首先认同孔子所说的"三世"，即"三世之义，有拨乱（即据乱）之世，有升平之世，有太平之世，道各不同"。③ 但西汉董仲舒《春秋繁露》对"三世"的注释是"道之大原出于天，天不变道亦不变"。这个注释后被历代统治者奉为至宝，成了不可动摇的真

---

① 康有为《大同书》写作时间历有歧见，这里据宋德华《岭南人物与近代思潮》（中山大学出版社，2007年），第163页。
② 康有为：《自编年谱》，《戊戌变法》（四），中华书局，1992年，第128页。
③ 康有为：《日本书目志·序》，马洪林、卢正言编注：《康有为集》（四），珠海出版社，2006年，第51页。

理，实为阻碍社会变革的枷锁。康有为在形式上继承孔子"三世"说，但本质上要阐明达到"三世"的道路各不相同，其隐藏的目的，是为变法维新寻找"变"的理论依据。

三是借助日本明治维新的成功经验，阐发变法维新的必要性和必然性，特别是针对当时保守派的"变器不变道"理论作了有力的批判。他说："购船置械，可谓之变器，不可谓之变事；设邮便，开矿务，可谓之变事矣，未可谓之变政；改官制，变选举，可谓之变政矣，未可谓之变法。日本改定国宪，变法之全体也"。在各种变化中，只有"变法"才是"全变"。这在理论上与"变器"划清了界线。他还总结"自道、咸以来，已稍言变法，然收效莫睹，徒增丧师割地之辱者，不知全变之道"。① 只有"全变"而不是部分变才能解决民族危机和社会矛盾。

在康梁变法维新中的另一位旗手梁启超，其变法维新思想、贡献和影响实不亚于康有为，且不少地方有超越康有为之处，是近代中国思想文化史上的一位领军人物。梁启超（1873—1929年），字卓如，号任公，别号饮冰子、饮冰室主人。广东新会县茶坑村人。他12岁举秀才，被誉为"神童"，17岁中举。清光绪十六年（1890年）梁启超上京会试落第，归途中经上海，购得西学图书一批，扩大了学术视野，由此思想大变，一生投身变法维新，且积极探讨中西学术，在众多领域留下深刻痕迹和卓著成果，蜚声国内外学坛。

光绪二十四年，梁启超再度上京赴试，参加康有为发起的"公车上书"运动，列名首位，从此"康梁"并称，一直与变法维新相始终。在变法维新前，梁启超常以其锋利无比的笔端，在《时务报》上发表鼓吹变法维新的文章。他的文章极具鼓动性，"虽天下至愚之人，亦当为之蹶然奋兴，横涕集慨而不能自禁"②。用他自己的话说，一支笔等于十万杆毛瑟枪。他曾应湖南巡抚陈宝箴之邀，担任湖南时务学堂总教习，培养了蔡锷等一大批具有进步思想的三湘学子，使湖南成为近代革命的一个摇篮。戊戌变法失败，他和康有为流亡日本。在此期间，梁启超总结戊戌变法运动失败的历史教训。光绪二十八年（1902年）他创办《新民丛报》，鼓吹"新民说"，创立新理论，对封建专制造成的蒙昧主义发

---

① 康有为：《日本变政考》卷九，《按语》，故宫博物院，光绪二十四年（1898年）线装本。
② 转引自方汉奇著：《中国近代报刊史》，山西人民出版社，1981年，第83页。

起猛烈抨击，起了巨大的思想解放作用，其功至伟。在变法维新方面而言，梁启超的重要思想和贡献主要表现在三个方面。

首先是废除封建独裁，实行君主立宪，开办新式学校，发展民族工商业以及设报馆，鼓吹言论自由，鼓励研究自然科学和发明创造等。在变法维新初期，他对封建专制开展过广泛的批判。在他看来，中国数千年的历史中，思想、风俗、文学、器物等都几无进化之迹，唯独"专制政治之进化，其精巧完满，举天下万国，未有吾中国若者也。万事之进，而惟于专制政治进焉，国民之程度可想也"①。在这里，梁启超明确地指出中国专制政治源远流长、根深蒂固的特点，并明确地对专制政治史进行了清理和剖析。

梁启超认识到封建统治的"总根源"，并不在君主个人，而在于专制政体。他探讨了君主专制在不同朝代表现出来的不同制度，历举君主本人及其家属子孙遭杀戮、幽废等惨祸，说明君主个人亦难免受专制政体之"毒害"，成为专制政体的牺牲品。因此，反封建的关键并不在于去掉君主，而在于去掉专制政体。这个认识在当时中国政治思想史上有重要意义。

梁启超在戊戌变法后期论述君主立宪时，紧紧抓住"民权"这一点不放，明确地将其确定为君主立宪的核心。他在为《清议报》出版100册写的祝辞中指出："倡民权，始终指定此义，独一无二之宗旨。……百变而不离其宗，海可枯，石可烂，此义不普及于我国，吾觉拂措也。"

梁启超针对中国数千年沿袭下来的以家为国的封建王朝旧观念，明确地提出了以民为国的资产阶级新观念。而作为国民的国家，其根本标志就是要立有宪法，以宪法来保障民物，限制君权。梁启超视宪法为国家的根本大法："宪法者何物也，立万世不易之宪典，而一国之人，无论君主为官吏为人民皆共守之者也，为国家一切法度之根源。此后，无论出何令，更何法，百变而不许离其宗也。"宪法的主要作用，是将"无限权"的专制政体变为"有限权"的立宪政体，用宪法限制君权。此外，在如何限制君主立宪中君主的权限的程度，如何在宪法中体现国民的主体统治地位，以及自由权利的获得和使用，还有如何实现君主立宪，将封建专制的中国变为资产阶级的君主立宪国家等问题上，梁启超都有

---

① 梁启超：《中国专进政治进化史论》，《饮冰室合集·文集》之九，中华书局，1989年。

精辟的论述和见解,无愧为变法维新的一位伟大旗手。

其次,梁启超从中国封建专制几千年愚民政策造成的严重后果出发,指出自世界海上交通发展以后,民族之间的竞争已成为不可避免的事实。而制约国家强弱的关键,即民族竞争的成败,取决于国民的总体素质,特别是国民精神。梁启超指出:"夫列国并立,不竞争则无以自存。其所竞者,非徒在国家,而兼在个人;非在强力,而兼在德智,分途并趋,人自为战,而进化遂沛然莫之能御。"①这都制约着国民素质的发展和民族力量的发挥。历史的事实是,中国自鸦片战争以来屡战屡败,各种改良运动层出不穷,但都是半途而废而难得成功。考其原因,恰是由于国民精神中的种种痼疾和弊端。

基于此,梁启超高张批判大旗,目标直指国民大众的奴性问题。他在《论自尊》一文中认为,奴性是中国国民性的基本特征。国民不管其地位尊卑、学问深浅,都无不染有奴性:一为天行(天命)之奴隶,二为古人之奴隶,三为世俗之奴隶,四为情欲之奴隶。他指出:"自由者,天下之公理也,人生之要具,无生而不适也"。"自由"不仅是指人们心灵的自由,同时也指民族的自由,人贵自主,国贵自由,是自由的真谛。梁启超还特别阐发了个人自由与他人自由、群体自由的关系,指出:"人人有自由,而以不侵人之自由为界","团体之自由,个人自由之积也;人不能离团体而自生存,团体不保其自由,则将有他团体自外侵之、夺之,则个人之自由更何有也。"最后,梁启超得出结论:"自由"二字,实是千百年来封建专制之公敌。他告诫人们不要做上述"天命、世俗、古人、情欲"的奴隶。而要清除人们心灵中的奴隶,首先要认识到:"人之奴隶我不足畏,而莫痛于自奴隶于人;自奴隶于人尤不足畏,而莫惨于我奴隶于我。"他正确地揭示,奴隶的奴性既来自封建蒙昧者,也由于人自身觉悟不高而陷于自我奴隶;心灵中自我奴隶比他人制造奴隶于己更加可怕。故梁启超认为,人们欲获得真正的自由,消除奴性,"必自除心中之奴性始"。②梁启超对中国千百年来奴性的批判,成为新文化运动的先声,其策源地应是广东。

最后,梁启超由于笃信、赞赏进化论而传播、产生"竞争"意识,把竞争机制认作是社会进步之母,是不可抗拒的天然法则。而为了适应竞争,梁启超认

---

① 梁启超:《论进步》,《饮冰室全集》第2册,中华书局,1989年,第4页。
② 参见李锦全等编著:《岭南思想史》,广东人民出版社,1993年,第343~344页。

为要倡导进取冒险精神。他写过一篇文章《论进取冒险》，把"冒险"精神名之曰"浩然之气"。每个人都极备"希望"、"热诚"、"智慧"、"胆力"的"浩然之气"。梁启超还以哥伦布、麦哲伦环球航海为例，说明冒险才能开拓出新世界，人类应有"道天下所不敢道，为天下所不敢为"的首创精神，这恰是珠江文化所具有的文化风格。

三、康梁变法维新思想在珠江流域的传播和影响

康梁变法维新乃清代旷古未闻的大事，举国震动，影响极为深远，为全国近代文化史上的一件盛事。1888年，康有为第一次上书光绪皇帝，提出变法维新建议，虽未能达到皇帝手中，但却在爱国人士中流传，收到一定的宣传变法维新思想的作用。1891年以后，康有为在广州创设万木草堂，收徒讲学，培养变法维新人才。他们后来散布在全国各地，对传播维新变法思想、推动这个运动兴起和发展发挥了重要作用。维新变法老人张元济在追忆这场变法与万木草堂的诗中写道：

> 南洲讲学开新派，万木森森一草堂。
> 谁识书生能报国，晚清人物数康梁。

康有为曾两次亲临桂林讲学。变法维维新思想的传播，以及民族危亡的现实，给广西的官绅士人以极大的震动，社会风气由此大变，一个支持、拥护和有志于变法维新的阶层在广西社会逐步形成。桂林几大书院的山长原认为康有为离经叛道，不愿和他相见，自变法实施后转而接受康有为的影响，支持圣学会的活动。一度担任"台湾民主国总统"的唐景崧回到桂林后，赞同和支持康有为的变法维新，后来还亲自在体用学堂讲授经史课。从山东离职回桂的政界名人岑春煊，也表示拥护变法维新，而且在后来出任广东布政使时，一上任就上疏弹劾昏庸无能的粤督谭钟麟及其他贪官污吏，获得"清直"嘉名。

在广西，在变法维新风气吹拂下，还涌现一批打破封建意识桎梏、具有变法维新思想的知识分子，成为变法维新队伍的骨干。康有为桂林讲学走后，不少康门弟子回到各州府，宣传变法维新，开创了广西变法维新的新局面。北流县的陈

柱、苍梧县的陈太龙、容县的陈祖虞、桂平县的程式榖、马平县的王浚中等,都各归原籍,开展活动,卓有成效。后任广西大学校长的马君武,对康钦佩不已,对其"大同之学"更是神往,以致改名曰"马同",并以此名投稿给《广仁报》。1900年8月,八国联军政陷北京,马去新加坡,正式对康执弟子礼,请教救国大计。据有关统计,早在1895年"公车上书"时,在书上签名的16省603名举子中,就有99人是广西人,①占16%强,广西成为全国上书人数最多的一个省区。在1905年同盟会成立前,广西的知识分子大多数是变法维新的拥护者。

在珠江上游的贵州、云南,维新变法的新思想也很强劲和广泛。贵阳学古书院山长、教育家严修在贵州开展了一系列卓有成效的传播西学活动,被誉为"贵州传播西方文化第一人"。他的助手雷廷珍是光绪十四年(1888年)举人,为贵州难得的一位思想视野开阔的人,曾被严修聘为贵州官书局总董,继而主持经世学堂,亟力传播西学,且极富爱国热情,与严修交情甚笃,志同道合。1898年变法维新期间,在贵州成立近代第一个向封建陋习挑战的组织——贵州不缠足会,发起人是严修、雷廷珍的学生。戊戌变法失败后,雷廷珍仍继续与其弟子主持笔山书院,讲授资产阶级新思想、新文化,为近代贵州培养了不少时代精英,如何应钦、王伯群、李儒清、刘若遗等军、政、教育、商界名人。他们作为贵州新思潮的一支重要力量,对开黔中风气,促进西学在当地传播,贡献匪浅。

同时代贵州另一位大儒,新学在贵州传播的代表人物李端棻(1833—1907年),同治二年(1863年)进士,官至翰林院编修、云南学政、监察御史、礼部尚书。李端棻作为一位时代先驱者,对推动变法维新发挥过一定作用。光绪二十二年(1896年)他向光绪皇帝上奏《请推广学校折》,痛陈当时教育的五大病端,提出从京师到地方设学堂、设藏书楼、创仪器院、开设书局、广立报馆、选派留学生等六项措施。后为光绪皇帝采纳,引入戊戌变法内容,并在全国推广。

除了关心国是的知识分子,贵州人民群众响应变法维新的热情也很高涨。光绪二十四年六月十五日(1898年8月2日),光绪帝颁发谕旨,命大小臣工各抒说论,以备采择。谕旨颁布后,立即得到广大进步人士热烈响应,各方面的改革意见如雪片飞来。其中大定府毕节县拔贡周培棻所提呈文八条,甚有过人眼光和

---

① 李徽:《辛亥革命时期广西的知识分子》,《广西日报》1981年10月12日。

见识,为时人称赞不已。其八条是:①甄别疆臣,加强对封疆大吏的考核和甄别;②征用寓洋华人,大胆起用华侨;③任各省绅商自开铁路;④并厘税归商局;⑤各省并营合操;⑥罢科举,取才学堂;⑦停捐纳以招大学堂报效;⑧八旗宜令自为生计。特别是重用华侨为国效力,甚有见地,非有卓识远见和宽广视野者提不出此等呈文,也只有珠江文化才孕育出这种人才。

四、孙中山建立民主革命理论

毛泽东在《纪念孙中山先生》一文中说:"纪念伟大的革命先行者孙中山先生!纪念他在中国民主革命准备时期,以鲜明的中国革命民主派立场,同中国改良派作了尖锐的斗争。他在这一场斗争中是中国革命民主派的旗帜。纪念他在辛亥革命时期,领导人民推翻帝制,建立共和国的丰功伟绩。纪念他在第一次国共合作时期,把旧三民主义发展为新三民主义的丰功伟绩。"① 毛泽东对孙中山功绩的高度评价,从孙中山作为广东人民的伟大儿子的视野出发,也是对近代珠江文化的一种肯定。

孙中山(1866—1925年)名文,字德明,号日新,后改逸仙。清光绪十三年(1887年)在日本从事革命活动时曾化名"中山樵",遂以"中山"称于世。孙中山生于广东香山(今中山市)翠亨村一个农民家庭,家境贫寒。在家乡接受私塾教育后,到美国檀香山、香港、广州等地读书,接受西式教育。他逐渐认识清王朝封建专制的腐败无能和西方资本主义的进步,决心以革命手段倾覆清廷,创建资产阶级共和国。他为此开展了毕生的革命斗争,在理论和实践上为岭南文化写下最辉煌的篇章,也代表了珠江文化的最高成果。

孙中山一方面坚信人类是从动物世界中逐步进化而成;另一方面他又认为,人类社会的进化不同于动物世界,不是按照生存竞争、适者生存的原则进行,而是遵循某种互助原则,这种原则根源于人的本性。孙中山不赞成以阶级斗争的学说去理解社会进化。② 孙中山这种自然主义的进化论,成为他改革、变革社会,使之向高级阶段发展的哲学基础。

---

① 毛泽东:《纪念孙中山先生》,《新华半月刊》1956年第2号。
② 《孙中山选集》,人民出版社,1981年,第693~694页。

在理论和实践，即知和行关系上，孙中山糅合了东西方思想，提倡"行易知难"，反对"知之非难，行之惟难"观点，特别重视实践的意义，主张"不知亦能知，能知必能行"，彰显了珠江文化重实干、轻空谈的理性的文化品格和勇于在实践中探索的精神。这用于指导革命，即有百折不回的勇气，不断发动武装起义，不胜利决不罢休的精神，这已在辛亥革命前后多次武装起义中得到证实。

孙中山革命思想是有一个发展过程的，在早期"和平改良"失败后，转而进一步看清清政府的反动本质，才确立以暴力革命手段颠覆清政府的革命思想。光绪二十年（1894年），孙中山有过著名的《上李鸿章书》，希望通过汉族有权势的统治集团，支持他的社会改革方案。但李鸿章没有重视这件事，更没有将上书交给清政府。上书失败，孙中山断然回归，自知"和平之法无可复施"，决心采取"强迫"手段，倾覆清廷。是年8月，孙中山创建兴中会，首次提出："驱除鞑虏，恢复中国，创立合众政府"①。翌年2月又在香港成立兴中会总部，更明确提出"集志士以兴中，协贤豪而共济"。孙中山反清的革命目标和采用暴力起义的手段已经十分明确："中华民族必将使其四亿人民的力量奋起并永远推翻满清王朝。然后将建立共和政体"②。为了实现这一目标，以孙中山为首的兴中会（包括后来的同盟会）取得辛亥革命胜利，迫使清帝退位，成立中华民国。这是孙中山武装革命思想的胜利。从文化意义上看，这是孙中山"和平改革"思想到暴力革命思想转变过程的一个标志。

作为民主革命纲领的三民主义，是具有比较完全意义的政纲，是当时最先进、最科学的政纲。清光绪三十一年（1905年），中国同盟会在日本东京成立，以三民主义为其政纲。孙中山在《民报发刊词》中完整地阐发了"驱除鞑虏，恢复中华，建立民国，平均地权"十六字纲领，概括为三民主义，即民族主义、民权主义、民生主义。民族主义是"反满"，即推翻以满洲贵族为首的封建专制制度，避免中国被帝国主义列强瓜分、共管的厄运；民权主义是经由"国民革命"，建立共和国政治体制，是政治革命的根本；民生主义主要是"平均地权"，"节制资本"，使国家富强繁荣，并以"均富"。孙中山的《建国方略·实业计划》实为实现中国工业化、发展经济、改善民生的伟大纲领和布局，至今仍不

---

① 孙中山：《檀香山兴中会盟书》，《孙中山全集》第一卷，中华书局，1981年，第20页。
② 孙中山：《在檀香山正埠的演说》，《孙中山全集》第一卷，第227页。

失其借鉴意义。孙中山所追求的是建立美国、法国式的资产阶级共和国，比康梁的君主立宪模式又前进了一步。从制度文化意义而言，三民主义给珠江文化增添了新的内涵，使之成为当时中国最先进的文化。事实表明，孙中山是历史上一位没有做皇帝欲望的伟大思想家，并且在革命过程中不断同复辟帝制作斗争，从而使不要皇帝的思想深入民心，使任何复辟帝制的企图和行为都受到人民的唾弃。袁世凯和宣统复辟的失败，就是最好的说明。所以，民权主义像民族主义一样，不仅包容了汉、满、蒙、回、藏等民族，而且包容了全国四万万国民。对于一个政权、一个主义，它同样可以团结、利用一切积极因素，发挥它们的正面作用，为实现共同的目的而斗争。为了建设一个真正的民主共和国，孙中山晚年还设想在中国实行全民政治、"权能区分"的政治体制。他认为，政治包括"政权"和"治权"。政权指人民管理政府的大权，也称"人民权"，包括"选举、罢免、创制、复决"等权力；"治权"是指国家机器中官员的权限，也称"政府权"，包括"立法、司法、行政、选举、监察"五种权力。孙中山把西方盛行的"三权分立"体制发展为"五权分立"体制，这同样是一个创新。这里所说的是孙中山旧三民主义。1924年孙中山重新解释三民主义，注入新的内容，使之提高到一个更高层次，是谓新三民主义。

中国历次农民起义，因没有建立根据地而被称为"流寇"。孙中山吸取这个历史教训，认为革命必须建立根据地，这是一个伟大的战略思想、一种革命文化的创新，无论在理论上还是实践上都有重大意义。而孙中山认为，为了实现"驱除鞑虏，恢复中华，创立合众政府"这一宏伟纲领，必须选择广东作为革命根据地，通过武装起义，发展革命势力，进而夺取全国政权。孙中山认为广东具有远离清朝政治中心、地理区位便于运送军火、进退自如、群众基础好、与西方文化交流早、民主观念强等优势，应选择为革命根据地，并以中心城市广州为革命运动中心。孙中山的这一英明决策，已为后来的革命胜利所验证。从光绪二十一年（1895年）9月9日孙中山领导第一次广州起义开始到宣统三年（1911年）4月27日广州黄花岗起义，共10次起义，其中有6次发生在广东，2次在广西，1次在云南，1次在湘赣间浏阳、萍乡，几乎都在以广东为中心的珠江流域。特别是省城广州10余年间发生3次起义。这些起义虽然都失败了，但孙中山的决心一次比一次坚定，深信广州起义具有巨大震撼力，有全局意义。如宣统二年

(1910年)2月，广州新军起义失败后，举目前途，当时革命党人众有难色，询及将来计划，唏嘘太息，相视无言。孙中山则正确地分析形势，认为"机局已居成熟"，"一败何足馁？吾曩之失败，几为举世所弃，比之今日，其困难实百倍"。① 一年多以后即举行广州黄花岗起义，虽亦失败，但只及半年，武昌起义成功，清廷垮台，革命取得成功。事实证明，孙中山建立革命根据地的思想具有牵动革命全局的作用和意义。以革命的武装反对反革命的武装斗争是近代民主革命的根本原则。孙中山同改良派的根本区别，在于他坚持革命，反对保皇，反对自上而下的改良，因此武装起义成了孙中山坚定不移的信念，也是他胜利的法宝。从观念文化的意义上说，10次武装起义的指导思想，反映了孙中山唯物主义的世界观和立场，特别是重视人群体的作用。他说："夫聚人以为群，群之盛衰，则常视乎其群之人以为进退"②，合大群集大力。孙中山这里所说的群体内涵，伴随革命形势的发展、阶级的诞生而不断产生新的认识，从早期依靠兴中会的少数人，到注意发动会党新军，最后到接近、依靠工农群众，故孙中山武装起义的指导思想仍是重视人的问题，这是一个很重要的文化飞跃。

第四节　风云色变的珠江文学艺术

鸦片战争使中国沦为半殖民地半封建社会，也促使中国人民的觉醒，一场波澜壮阔的爱国反帝斗争首先在珠江大地掀起，继波及全国。而作为反映这场斗争的文学作品，也以讴歌珠江人民的反帝爱国斗争，赞颂那些为国捐躯的将士，为变法维新而抛头颅、洒热血的时代先驱们为主旋律，洋溢着这个时代珠江儿女的精神力量。

一、珠江三角洲人民反帝斗争的诗作

鸦片战争之初，广东军民销烟，痛斥英国殖民主义侵略暴行，歌颂广东人民

---

① 《建国方略》，《孙中山全集》第六卷，中华书局，1985年，第242页。
② 孙中山：《中国同盟会意见书》，《孙中山全集》第一卷，第578页。

抗英斗争成为珠江文学主题，由此涌现不少震撼人心的诗篇。两广总督邓廷桢为与林则徐一起坐镇虎门销烟而作《虎门雨泊呈少穆尚书》，诗曰：

> 戈船横跨海门东，苍莽坤维积气通。
> 万里潮生龙穴雨，四周山响虎门风。
> 长旗拂断垂天翼，飞炮惊回饮涧虹。
> 谁与沧溟净尘块，直从呼吸见神工。

林则徐也答诗一首，题为《和嶰筠前辈廷桢虎门即事原韵》，诗云：

> 五岭峰回东复东，烟深海国百蛮通。
> 灵旗一洗招摇焰，画舰双恬舳舻风。
> 弭节总凭心似水，联樯都负气如虹。
> 牙璋不动琛航肃，始信神谟协化工。

虎门炮台失陷，广东水师提督关天培等七百多名官兵殉国，福建龙溪人蔡若愚作诗《泊舟虎门有怀关军门天培》，对虎门之战为国捐躯的将士表示深切敬意和怀念，诗曰：

> 怒涛犹卷大江东，旧恨空淘洒半醺。
> 险阻翻成荒斥堠，英雄谁吊故将军。
> 亡羊有鉴牢须补，驱鳄无方笔欲焚。
> 倚泊夜深重太息，中流砥柱望弥殷。

1841年5月29日，英军在广州北部三元里一带抢劫并调戏妇女，被来自四面八方的三元里人民包围，双方鏖战牛栏冈。三元里人民凭着简陋武器，打败装备精良的英军。老诗人张维屏写了著名的《三元里》诗篇，世代传诵至今：

> 三元里前声若雷，千众万众同时来。
> 因义生愤愤生勇，乡民合力强徒摧。
> 家室田庐须保卫，不待鼓声群作气。
> 妇女齐心亦健儿，犁锄在手皆兵器。
> 乡分远近旗斑斓，什队百队沿溪山。

> 众夷相见忽变色,黑旗死仗难生还。
> ……
> 不解何由巨网开,枯鱼竟得攸然逝。
> ……
> 如何全盛金瓯日,却类金缯岁币谋?

战后,珠江河上飘扬着外国旗帜的军舰,甚至深入西江中上游,激起一班士人的极大愤慨。清末,肇庆府中学堂堂长陶邵学对英国军舰游弋西江,写下《登阅江楼》诗,痛斥清廷丧权辱国。诗曰:

> 楼前双峡插云开,犹记孤帆破浪来。
> 此日胡樯照江水,昔时军府满霉苔。
> 清笳落水催寒景,古屋苍山想异才。
> 闻道豺狼多在邑,登临王粲有余哀。

英国在鸦片战争中获得的最大利益是迫使中国割让香港。岭南知识分子不断地以诗歌为投枪、为匕首抨击清政府的卖国政策。诗人张维屏《越台》其一云:

> 往者蛮夷长,依然中国人。
> 背秦聊号帝,朝汉自称臣。
> 讵意重洋水,能生内地尘。
> 越台烽火息,回首一酸辛。

如果说这首诗发端于赵佗归汉,对洋人远涉重洋到来,挑起内地战火而深深叹息的话,那么诗人另一首《江海》诗,则旗帜鲜明地号召驱逐洋人,维护国家民族利益。诗云:

> 江海妖氛恶,同净疾痛深。
> 人情重迁徙,世路叹崎嵚。
> 风鹤三更梦,云鸿万里心。
> 多多与桑葚,能否息鸦音。

鸦是一种猛禽,在这里比喻英国侵略者。诗人希望广大群众支持那些爱国志士,打败外国侵略者。

一些志士仁人,也有感于香港被侵占,感愤有作。1885年,黄遵宪从美国越洋抵港,有《到香港》诗云:

水是尧时日夏时,衣冠又是汉官仪。
登楼四望真吾土,不见黄龙上大旗。

1887年,顺德学者简朝亮游历香港,登上太平山,对英国人擅改太平山为升旗山(俗称扯旗山),抒发强烈的感愤,作《有感》诗云:

太平山已易名新,云雨虽灵限海滨。
今日升旗山上望,不知谁是落旗人。

作者预言,殖民主义不可避免要走向灭亡,山上的米字旗也必将降落。这一愿望已于1997年7月1日中国政府对香港恢复行使主权而得以实现,距离作者写此诗整整过了110年。

二、诗界革命

文学的更新,始于文学理论的变革。1899年,梁启超在《夏威夷游记》中首先提出"诗界革命"的口号,在其后的《饮冰室诗话》中重提了这一口号,并把它进一步系统化和深化。《饮冰室诗话》作为梁启超诗歌创作理论方面的一部重要专著,它回顾了戊戌变法以前维新派提倡诗歌革命的状况,反映走过的革命道路,指出了"过渡时代,必有革命,然革命者,当革其精神,非革其形式",反对满纸堆积新名词为革命做法,认为"以旧风格含新境界"或"熔铸新理想以入旧风格"才正确,即旧瓶装新酒。梁启超突出了新名词与新意境的结合,对当时诗坛上三位健将谭嗣同、黄遵宪、丘逢甲的诗歌创作进行了热情的推介和高度赞扬。梁启超成为"诗界革命先驱",但直到黄遵宪"新诗派"的出现,才打开"诗界革命"的崭新局面,形成诗歌时代潮流。

黄遵宪(1848—1905年),字公度,广东嘉应州(今梅州)人,不仅是近代著名爱国诗人,也是一位出色的外交家。他一扫清末拟古不化、无病呻吟的

"同光体"的沉闷诗风,提出从思想内容到创作方法大胆革新的创作原则和方法,给时人以振聋发聩、耳目一新之感。

黄遵宪不但提出了这些理论,而且身体力行,创作了不少这类诗歌,包括《哀旅顺》、《哭威海》、《台湾行》等反映中日甲午战争的叙事诗,以及《辛丑条约》签订后的《军歌》24 首,如其中二首曰:

> 四千余岁古国古,是我完全土。
> 二十世纪谁为主?是我神明胄。
> 君看黄龙万旗舞,鼓鼓鼓!

> 一战再战曳兵遁,三战无余烬。
> 八国旗飐笳鼓竞,张拳空冒刃。
> 打破天荒决人胜,胜胜胜!

梁启超在《饮冰室诗话》中评曰:"吾中国向无军歌,其有一二,若杜工部之前后《出塞》,盖不多见,然于发扬蹈厉之气尤缺。……往见黄公度(即黄遵宪)《出军歌》四章,读之狂喜,大有'含笑看吴钩'之乐,……诗界革命之能事至斯而极矣。吾为一言以蔽之曰:读此诗而不起舞者必非男子。"黄遵宪诗作后结集成《人境庐诗草》11 卷、《日本杂事诗》2 卷刊行。近年钟贤培、管林等选注《黄遵宪诗选》,由广东人民出版社作为"岭南文库"之一种出版,获得高度评价,皆缘于黄遵宪诗歌在中国文学史上占有崇高的地位。

"诗界革命"另一位代表人物,广东蕉岭人丘逢甲(1864—1912 年)既是诗人,也是教育家,光绪进士,授工部主事,以"工悲歌"而蜚声诗坛。他主张"以新诗写新政",备受推崇,梁启超在《饮冰室诗话》中赞其为"诗界革命一巨子"。丘逢甲有《岭云海日楼诗钞》、《仓海先生丘公逢甲诗选》、《丘逢甲诗选》传世。其诗万余首,多怀念台湾,抒发爱国之情。其中《春怨》曰:

> 春愁难遣强看山,往事惊心泪欲潸。
> 四百万人同一哭,去年今日割台湾。

康有为既是维新变法首领,在"诗界革命"中也是一员悍将。他也主张诗歌要反映时代新精神,写当今世界新面目,有"意境几于无李杜,目中何处着元明","新世瑰奇异境生,更搜欧亚造新声"等见解,在珠江诗史上甚为精到。只是康有为政治声名甚炽,其诗歌成就往往不被人们注意,实有失公允。

康有为处于社会大动荡、大变革时代,其诗歌即为这个时代最强烈、最深沉的呼喊。其诗散佚甚多,今仍有千余首。维新变法前,康有为作为一个革新者,其诗作志气豪迈,意境恢宏,积极向上,鼓舞人心。如《出都留别诸公》诗之一曰:

> 天龙作骑万灵从,独立飞来缥缈峰。
> 怀抱芳馨兰一握,纵横宙合雾千重。
> 眼中战国成争鹿,海内人才孰卧龙?
> 抚剑长号归去也,千山风雨啸青峰!

在复杂的政治斗争中,诗人一再遭挫折,尽管流亡海外,仍心怀一股锐气,勇往直前,有"治安一策知难上,只是江湖心未灰"之句。在美国,他拜谒华盛顿墓,由衷赞扬华盛顿"不作帝王真盛德,万年民主记三坟",流露出康有为思想中的民主因素和感情。晚年回国后,目睹辛亥革命后社会变迁,在经常与遗老的酬唱中,表现出思想日趋颓唐,充满了没落哀伤情绪,有"逋臣廿载重归日,无限伤心烟树红",以及"孤臣白发明灯下,侧望觚棱事已非"之叹,完全失去昔日的豪气和风采了。但不管怎样,康有为仍不失为"诗界革命"的一位先锋和集大成者。

梁启超既以"诗界革命"理论彪炳中国文化史册,也以其骄人成就辉映诗坛。早年梁启超诗作跳不出传统框框,未形成个人风格。变法失败后,他流亡海外,诗风大变,字里行间洋溢着强烈的爱国精神和撼人的精神力量。如在日本所写《读陆放翁集》感怀诗,即慷慨激昂,令人扼腕而叹:

> 诗界千年靡靡风,兵魂销尽国魂空。
> 集中什九从军乐,亘古男儿一放翁。

对于个人际遇,梁启超决不向命运低头,而是努力探求真理,改造社会。当然也不乏感慨苍凉,如《自励》之一曰:

> 献身甘作万矢的,著论求为百世师。

誓起民权移旧俗，更将哲理牖新知。
十年以后当思我，举国犹狂欲语谁？
世界无穷愿无尽，海天寥廓立多时。

辛亥革命后，梁启超也和康有为一样，诗风一改当年的豪迈气概，以追求古雅、押险韵、用难字为尚，颇为清朝遗老欣赏，实际上已否定了他自己提出的"诗界革命"主张，也宣告"诗界革命"的终结。

近世岭南诗坛，受"诗界革命"深刻影响，除上述有代表性的诗人诗作以外，同时还产生了一批颇有建树、以诗风"清劲"著称的诗人，在珠江文化史上留下深刻痕迹。他们包括：

陈澧（1810—1882年），字兰甫，番禺人，长期为广州学海堂山长，精于朴学，也重诗文，写了不少关心现实的爱国主义诗篇。惜遗佚不全，后人难窥其全貌，有《东塾集》等存世。

朱次琦（1807—1882年），字稚圭，一字子襄，南海九江人，曾中进士，一度置身官场。不久南归，长期讲学于家乡，人称九江先生。其学术主张经世救民，勤于著述，有《性学源流》、《五史实征录》、《国朝逸民传》等，惜多不存，后由门人辑有《朱九江先生集》10卷、《是汝师斋遗诗》1卷刊行至今。朱次琦关注国家和民族命运，鸦片战争失败，他愤然命笔：

卖国通番贼，天津起祸胎。
乱离民似草，远近炮如雷。
江海含冤气，烽烟逐劫灰。
楼船诸将帅，何日得生回？

朱次琦诗作蜚声岭南诗坛，时人潘飞声评其"综观其诗，韵高而意远，树骨汉魏，取神初唐，顿挫沉郁，尤得杜陵真髓，独漉后一人而已"[①]。这个评价甚为中肯。

梁鼎芬（1850—1919年），字星海，号节庵，番禺人，光绪进士，官至翰林院编修，浮沉宦海数十年。在中法战争期间，他写了不少感时伤事的诗篇，如

---

① 潘飞声：《在山泉诗话》卷三。

《昌平州》诗云：

> 连营曾此拥兜鍪，向暮轻装出鼓楼。
> 官道渐稀车马迹，民间尚费稻粱谋。
> 传闻横海飞船过，寥落雄关缓辔游。
> 青鬓书生无一补，酒醒明月看吴钩。

梁鼎芬被称为"近代岭南四家"之一，其诗作被后人编成《节庵先生遗诗》6卷及续编、《节庵先生遗稿》及剩稿存世。

曾习经、黄节、罗惇曧与梁鼎芬一起被称为"近代岭南四家"。其诗学见解、创作方法、成就方面虽有不同，但在传承"诗界革命"余绪上又以清劲而相似。其中黄节（1873—1935年），顺德人，诗风雄直、清劲，博采百家又独辟蹊径，其思想艺术成就在同时代诗人中卓然独立，有《蒹葭楼诗》二卷、《诗学》、《诗律》等著作刊行于世。

"诗界革命"作为一种时代潮流，后来也扩及其他领域，甚至连写才子佳人闺阁之爱为主题的岭南俗文学《粤讴》，战后也深受新形势浸染，一改纤弱缠绵的情调，而注入新思想、新形式，成为反帝斗争、伸张正义、振奋民族精神的宣传工具。例如一讴《珠江月》，即对珠江流域政治地理形势作了精辟分析和概括，读后令人震动和鼓舞。其中有云：

> 我百粤雄图，自来都称富有，论起天时形势，就有苍梧西首，更环带着碧海东流。云贵汀漳，都连接在左右；就系长江一带，亦系天然画就嘅鸿沟。只恨无人，把乾坤来重新解构，趁呢阵群龙世界，便成就个战国春秋……

这实际是号召人们利用岭南相对独立的地理形势，要求分省自治。其锋芒毕露，反映战后资产阶级民主革命思想影响下粤讴的战斗性，是投枪，是匕首，是时代的号角。

在珠江上游云南，"诗界革命"也出现良好兆头，诗歌内容上涌现新的思想内容。其中最有煽动力和革命激情的是云南诗人杨振鸿的诗词。他写的《满庭芳》有曰：

世无，干净土，涉身此际，坐卧难安。抱满腔热血，又向谁弹。肠断鹃声啼破，伤心泪，洒遍东南。莫思量，舞刀且进，沙场死亦甘。

在闭塞的贵州，诗界革命也风起云涌。维新派健将李端棻面对贵阳少数顽固派的谩骂攻击，奋起反击，在贵阳经世学堂贴出诗作，表达了自己对顽固派的轻蔑和支持变法维新不可动摇的决心。其《应经世学堂聘》诗曰：

帖括词章误此生，敢膺重币领群英。
时贤心折谈何易，山长头衔恐是名。
糟粕陈编奚补救，萌芽新政要推行。
暮年乍拥皋比位，起点如何定太平。

贵州爱国忧时之士、革命元老张忞《我闻九月十四日》诗云：

我闻汉帜影翩翩，舒卷贵山富水边。
烂醉狂歌君莫笑，待他二十有三年。

贵州锦屏人吴蕭，字慕尧，同盟会员、南社社员，谋杀袁世凯未成，在狱中赋诗云：

慷慨挥锥搏浪沙，丹心一片照中华。
男儿一死无他恨，大千世界是吾家。

值得一提的是，晚清诗歌在全国已呈式微之势，但在贵州却反而兴盛，形成了若干个具有代表性的诗人群体。计有遵义郑珍，其人其诗，成就甚大。近代诗坛尊其诗为"有清一代冠冕"、"清诗第一"，梁启超在《巢经巢诗钞跋》中认为其"有清作者举莫及"。遵义莫友芝、黎兆勋及其堂弟黎庶蕃都是黔贵诗坛名宿。这时在省城贵阳还涌现一批后起之秀，其中杨文照、袁思韡、颜嗣徽、钱衡、洪杰和陶塿被称为"黔南六家"，皆有诗作传世，后收入《黔南六家诗选》。

在广西，深受广东时代思潮影响，涌现以桂林人王鹏运为首的宣南词社，即临桂词派，包括后来成为广西"清末四大家"的况周颐、朱祖谋、郑文焯等一批八桂学子。他们目睹甲午战争、戊戌变法、庚子事变等重大历史事件，以诗词为号角，抒发对帝国主义入侵的痛恨，鞭挞清朝政府腐败无能，也流露自己报国

无门的悲愤心情。如王鹏运对八国联军攻陷北京,两宫出走,空抚宝剑、一腔热血无处挥洒的心情,其《诉衷情》曰:

> 无边光景只供愁,衰鬓不禁秋。
> 关山今夜明月,谁唱大刀头?
> 征雁远,野烟浮,倚层楼。
> 荆高何处?
> 冷落金台,日淡幽州。

作者慨叹无处寻觅像荆轲、高渐离那样蹈死不顾的勇士,不见筑黄金台招贤士的燕昭王,此情此景,唯剩愁与悲,实际上反映了战后八桂诗坛追慕时风、高亢激越的爱国情怀。

壮族是珠江流域人数最多的少数民族,历史上也产生了自己的诗人群体。战后,壮族诗人关心国家命运、民族安危,用诗歌反映中法战争中涌现的抗法英雄,谴责帝国主义骄横、清朝官兵腐败无能。如中渡县(今鹿寨)诗人韦绣孟《甲申感事》一首云:

> 越雉不闻再入关,狼封豕突又连山。
> 中朝将帅辜恩久,异族旌旗列阵殷。
> 王翦备兵能死敌,班超投笔竟生还。
> 伏波铜柱今安在?已界烟蛮雾瘴间。

宁明壮族诗人黄焕中(1828—1907年)强烈指责清朝廷甲午出卖台湾,与日本媾和。其《远望九龙》诗曰:

> 望眼抬时怒气冲,高岗立马草葱葱。
> 重洋骇浪鲸波恶,百里惊雷雁阵雄。
> 奋翮九天翻日落,斩蛟东海卷涛洪。
> 环视宇内多英杰,龙驭乌云虎啸风。

诗作浩气薄霄,正义四射,忧愤中还寄予殷殷之期,说明壮族人民同仇敌忾,忧患满腔。他们的政治目光已不限于当地,而远及祖国宝岛台湾。

三、小说界革命

鸦片战争后,国情发生重大变化,小说描写的对象和社会主题也与往昔不同,特别是国情变化最大的珠江地区尤甚。在这个背景下,梁启超作为近代小说理论的开拓者,1897 年,他与严重和夏曾佑在天津《国闻报》发表《本馆附印说部缘起》一文,正式提出"小说界革命"口号,成为近代珠江文学新潮流之一。1898 年,梁启超在日本办起《清议报》,发表《译印政治小说序》,进一步鼓吹小说界革命,提倡以政治小说转变国人言论,以推动政治变革。1902 年,梁启超又在《新小说》创刊号上发表《论小说与群治之关系》论文,对小说的社会作用作了完整的论述,指出一般中国人"状元宰相之思想"、"佳人才子之思想"、"江湖盗贼之思想"、"妖巫狐鬼之思想"多来自旧小说,所以小说要进行革命,要弃旧图新。他还指出,"欲新一国之民,不可不先新一国之小说。故欲新道德,必新小说;欲新宗教,必新小说;欲新政治,必新小说;欲新风俗,必新小说;欲新学艺,必新小说;乃至欲新人心,欲新人格,必新小说。何以故?小说有不可思议之力支配人道故"。小说要有如此广泛而巨大的社会功能,自应大力革新,借以开启民智,改造社会。这类小说在珠江文学史上大不乏其例。清末广东佛山人吴趼人(1866—1910 年),名沃尧,字茧人,自称"我佛山人",著有小说 30 多种,包括《二十年目睹之怪现状》、《痛史》、《电术奇谈》、《九命奇冤》、《瞎骗奇闻》、《新石头记》、《糊涂世界》、《恨海》、《两晋演义》、《劫余灰》、《发财秘诀》、《活地狱》等。其中以《二十年目睹之怪现状》为其代表作,以主人公"九死一生"的经历为主线,反映自 1884 年中法战争到 1904 年前后 20 多年间的中国社会面貌,从中表达了对现实的莫大愤慨与不满。特别是作品锋芒毕露,直指官场中种种黑幕,概括了清代官场哲学。如作品借卜士仁告诫孙子卜通的话,描绘一幅买官卖官百丑图:

> 至于官,是拿钱捐来的。钱多官就大点,钱少官就小点;你要做大官小官,只要问你的钱有多少。至于说是做官的规矩,那不过是叩头、请安、站班,……这是外面的话。至于骨子里头,第一个秘诀是要巴结。只要人家巴结不到的,你巴结得到;人家做不出的,你做得出。……

你不要说这些事难为情，你须知他也有上司，他巴结起上司来，也是和你巴结他一般的，没甚难为情。……

你千万记着"不怕难为情"五个字的秘诀，做官是一定得法的。如果心中存了"难为情"三个字，那是非但不能做官，连官场的气味也闻不得一闻的了。

在吴趼人笔下，清朝整个官场已腐败得如同粪土朽木一样，使人看见这个政权的本质，非倾覆它不可。

小说界革命在广东的另一位代表人物黄小配（1872—1913年），又名世仲，番禺人，早年参加同盟会和黄花岗起义，是个创作力非常旺盛的作家，先后发表十余种章回小说，计有《洪秀全演义》、《粤东繁华梦》、《宦海升沉录》、《陈开演义》等。这些小说，大多取材于鸦片战争至辛亥革命前夕社会各界人物和事件，基本主题是抨击封建统治和倡导民主革命，其中影响深广的首推《洪秀全演义》、《陈开演义》，借洪秀全、陈开反清斗争的故事，歌颂"为种族死，为国民争"的斗争精神，为资产阶级民主革命大造舆论。此外，黄小配的时事小说《五日风声》，详细报道黄花岗起义的经过和结局，尤其写至革命党人英勇战斗、壮烈牺牲的场面，调子激烈，感情充沛，具备新闻性、文学性和政治性等特点，被学术界推为目前所知中国最早的报告文学，为珠江文学一枝独秀的作品。

四、文界革命

梁启超根据变化了的中外形势，1899年在《夏威夷游记》中，又正式提出"文界革命"的口号。其用意是把散文从当时流行的桐城派古文的禁锢下解放出来，自由地写作，不受文体限制。他提出这个革命的内容，一是提供语文合一；二是革新内容，反对空洞无物。这个革命，成为五四白话文运动的先驱。梁启超发表在《新民丛报》上一组著名的《爱国歌》，既是诗歌，又是散文，充满了自豪感和战斗力，如：

决决哉！吾中华。

最大洲中最大国，廿二行省为一家。

物产腴沃甲大地，天府雄国言非夸。

> 君不见，英、日区区三岛尚崛起，
> 况乃堂裔吾中华！
> 结我团体，振我精神，二十世纪新世界，
> 雄飞宇内畴与伦！
> 可爱哉！吾国民。可爱哉！吾国民。

清末，受"文界革命"潮流影响，与梁启超一样，主要是维新派人物以散文为工具，宣传变法思想，黄遵宪、康有为、郑观应、容闳等都是代表人物。容闳《西学东渐记》即有不少充满激情的散文式描写，表达他的热诚和忠实。如1860年冬，容闳曾访问太平天国天京，后在书中记下沿途所见："运河两岸之田，皆已荒芜，草长盈尺，满目蒿莱，绝不见有稻秧麦穗。旅行过此者，设不知其中真相，必且以是归咎于太平军之残暴。殊不知官军之残暴，实无以愈于太平军。"这段文字真实可信，澄清了一些封建文人对太平天国的歧见，既有史料价值，也有文学价值。又如郑观应，除所作《盛世危言》闻名以外，散文也以清新、隽永、亲切、细腻著称。如《训儿女书》云：

> 人之一生，其犹一岁之四时乎：春风和煦，草木萌动，一童年之活泼也；夏雨时行，草木畅茂，一壮年之发达也；经秋成实，历冬而凋，则由壮而老，由老而衰矣。然冬尽春来，循环不已，而人之年华则一去不返，老者不可复壮，壮者不可复少。语曰，"时乎，时乎，不再来。"凡我少年其识之。此勉人要惜光阴。

这段恳切的训诲感人至深，堪为散文中杰作。

以后白话散文渐渐扩散至整个珠江流域。清末民初，贵州郑珍、莫友芝，凭借他们深厚奇博的才学，将散文的形式和内容高度融合，写出黔中第一的优秀散文，对省内外散文创作产生了较大影响。后刊行的有郑珍《巢经巢遗文》5卷凡160篇，体式多样，资料翔实，论析严密，极有史料价值。而其文笔舒缓淡雅，自然天成，无刻意雕琢，写景写人皆秉笔白描。叙事抒情，娓娓道来，亲切平易，清丽感人。而莫友芝著有《邵亭遗文》8卷凡68篇，以及在《黔诗纪略》中为一些作家撰写的传记。莫氏散文深情款款，情趣盎然，极富感染力，集写景、抒情、议论于一体，深为读者欢迎。继郑、莫二人之后，清末贵州又崛起黄

彭年、黎庶昌两位散文作家。他们皆高官大吏，任职遍及大江南北，远至东洋欧洲，政声显著，学识渊博，阅历广泛。黄彭年有《陶楼文钞》，黎庶昌有《拙尊园丛稿》，作品反映深刻的思想内涵和广阔的社会生活，在珠江散文史上颇有声誉。到五四前后，更多散文在贵州开花结果。这些文章主要在《贵州公报》、《铎报》、《达德周刊》上发表，主要内容是对社会、政治时事的短评和杂感，也有一些游记。稍后，贵阳谢六逸的《谢六逸文集》，遵义人蹇先艾的《乡谈集》、《还乡集》、《踌躇集》、《城下集》等散文集先后问世。直到抗战期间，蹇先艾主编的《每周文艺》、《新垒》，谢六逸、臧克家等先后主编的《文讯》，以及应时而生的许多文艺报刊，都发表了不少散文。这些作品艺术更加成熟，样式更加多样化，也吸引更多兴趣各异的社会群体。

第五节 华侨文化形成及其对珠江文化的贡献

华侨文化是由于华侨出国、侨居异地，将中国文化与侨居国文化交流、结合的产物。华侨文化载体是华侨，他们借助于探亲、书信与家乡保持联系；有的回国办实业、教育、医院及其他福利慈善事业，影响或改变当地文化景观或结构，同时也将本土文化流布侨居地。这种由华侨兴起和传播的特殊文化，称为华侨文化。它作为一种文化类型，应是鸦片战争以后形成的。华侨这个特殊的社会群体，生活在国外，但根又在祖国。一方面，他们保留原有的语言、习俗、伦理道德和价值观念，有着深厚的本根文化基因；另一方面，他们又深受侨居地文化浸染，接受、吸收当地异质文化，加以创新，使之成为自己文化的一部分。所以华侨文化具有国内和国外两个源头，具有明显的跨文化、跨地域的特点，处于内外两种或多种地域文化边缘，是一个特殊的文化系统。华侨文化是珠江文化一个不可或缺的组成部分。

一、华侨文化形成

珠江流域的居民很早就假道海洋，移居海外，传播中华文化，同时也将海外文化带回祖国。这种双向文化交流历史从未中断。但按世界政治经济形势变化，特别是国内外移民政策的历时性差异，珠江流域主要是广东居民假道南海移居海外的历史虽然很长，且从未中断，但近代是一个高潮，也是华侨文化形成时期。

据统计，鸦片战争后，珠江流域有近600万华侨，广东籍人居其大半，广西籍人也有百万之众，[①] 云南、贵州则有少数人群，岭南海外华侨群体已经形成。西班牙、葡萄牙、荷兰等西方殖民主义者是最早进入东南亚的势力，英国则后来居上。17世纪初以后，马尼拉、马六甲、巴达维亚、新加坡、缅甸、槟榔屿等先后为这些国家征服和掠夺，急需大批劳动力开发这片殖民地。于是他们不择手段在南海周边地区诱招、绑架、截捕中国壮丁、妇女、儿童，其数量难以估计。在这种背景下，加上两广不少地区人口增加，环境恶化，耕地不足，迫使大量人口外出谋生，正应了海外劳动力市场的需求。不仅沿海地区如此，连深处广东内陆的客家人也不例外。1850年前后，以广东梅县、惠州、宝安、揭西客家人为主，约有1万人移居沙捞越。19世纪初，欧洲产业革命成功，与对东南亚原料需求增加是分不开的。这时西方国家在我国沿海地区所招劳工称"契约华工"，即华工必须做满契约期后才能获得人身自由。19世纪头三四十年间，仅每年被贩运到槟榔屿的华工就有2000～3000人。又据英国官方统计，1881—1915年，约有400万中国移民抵达新加坡[②]，主要又是广东、福建移民。特别是鸦片战争以后，国门逐渐洞开，出洋谋生成为一种社会风气，珠江各省区居民移居海外，已不限于东南亚，而广及世界各地。以侨乡台山为例，1870年到美国的就有5000人，1876年在旧金山宁阳会馆登记在册的台山人达4.6万人，到1880年在美国的台山人已达12万人。[③] 19世纪下半叶北美洲发现金矿和修建横贯美洲大陆的铁路，大批广闽劳工加入这个行列，还有不少劳工从事种植业、开发矿山、挖掘鸟粪，以及经营洗衣、餐饮业等，足迹遍及南北美洲、澳洲、非洲。这些契约华工又称"猪仔"，这种交易活动称"苦力贸易"，澳门、香港、广州、汕头、

---

① 刘权著：《广东华侨华人史》，广东人民出版社，2002年，128页。
② 饶尚东：《东马客家移民史论》，谢剑、郑赤琰主编：《国际客家学研讨会论文集》，香港中文大学，1994年，第129页。
③ 1931年《台山县政公报》。转引自张国雄等著：《五邑文化源流》，广东高等教育出版社，1998年，第56页。

海口、北海等，即为苦力贸易出口港。珠江三角洲、五邑、潮汕、梅州以及广西北海、钦州、防城，云南南部等主要在这个阶段形成珠江流域侨乡，海洋文化也成为这些地区主要的文化特质和风格。

二、华侨文化贡献

华侨分布地区包括有各个自然地带，以及不同人种、风俗、民族、语言、宗教等。通过华侨把这些地区的文化引进国内，在岭南，特别是在广东形成鲜明的侨乡各种文化风貌。

农业土地利用或作物栽培作为最基本的文化景观，也是侨乡华侨文化空间占用的最大单元。宋代首先传入广东、福建等地的占城稻、花生，明代传入的番薯、玉米、烟草、菠萝、南瓜、辣椒、甘蓝等作物，都直接或间接与华侨有关。

近代，由华侨引种于海南的热带经济作物，成为我国土地利用史上又一项破天荒的大事。19世纪末，南洋华侨从国外引进椰子新品种，果多硕大，很快取代原来的品种，出现不少万亩椰林。1902年和1908年海南的华侨先后从马来西亚引进橡胶和咖啡种植于儋州那大，1910年乐会（今琼海）人何麟书从南洋引种巴西橡胶于安定落河沟（今属琼中）获得成功。此后胶园在海南接踵而起，为海南建设成我国最大的橡胶林奠定基础，同时引进的还有油棕、海岛棉、剑麻、爪哇蔗、金鸡纳、香茅、木薯、吕宋烟等，都是一种新的文化空间占用和新的文化景观。

建筑作为一种最直观的文化符号，是一种动态的和充满时代感的文化。有赖于华侨引进西方建筑文化，两广城乡建筑景观才大放异彩，为其他省区所不及。骑楼是地中海沿岸建筑，20世纪初，广见于我国东南沿海城市。广州最早出现骑楼在20世纪20年代，据研究是由西方殖民者和华侨从东南亚同时传入的，很快由广州传播至全省各地，尤以珠江三角洲和沿海、沿江城镇为普遍。骑楼具有上楼下廊、前店后宅，与街道相连，既遮风雨挡日晒，又方便交易等特点，与广东商业文化发达相一致，故具有强大的生命力，留存至今。

碉楼是华侨文化在建筑上的另一形式，19世纪兴起于开平、新会、台山、恩平、鹤山所谓五邑侨乡。光绪《宁阳存牍》指出："自同治以来，出洋之人多获资回华。营造屋宇，焕然一新。"该县盛时有碉楼5000多座，现仅存2460座。① 其他各县也有数量不等的碉楼。这些楼主人侨居世界各地，故其建筑风格丰富多彩，包括传统屋顶式、仿意大利穹隆顶式、仿欧洲中世纪教堂式、仿中亚伊斯兰教寺院穹顶式、仿英国寨堡式、仿罗马敞廊式、哥特式、折衷式、中国近代式等，林林总总，堪称世界建筑文化博览馆。这些碉楼从用材到结构形式乃至内部的陈设，均体现了中西文化的交流和整合。开平碉楼于2001年7月被评为全国重点文物保护单位；2007年8月成功申报世界文化遗产。

在广东客家侨乡，传统客家大屋也吸收西方建筑文化养分，形成中西合璧的围龙屋，即建筑物正面外观与西方建筑相似，但内部结构和布局仍为传统形式，如梅州白宫洋湖尾村联芳楼、程江乡的万秋楼、松口镇南华又庐，即属其例。

香港时在英国殖民统治之下，英语更作为一种强势文化，牢牢扎根香港，首先向广东沿海，继而向内地传播，使广东语言融入了大量英语成分。而侨乡的人员、商贸、书信等往来十分频繁，既使用汉语方言，也使用英语和其他外语，两者交相融合，形成侨乡方言有大量外语词汇融入，主要是在口语中夹杂英语词汇的文化景观，占有侨乡文化空间。早期形成的很多口语和书面用语词汇，如摩登（modern）、摩托（motor）、玻（球，ball）、唛（商标，mark）、哈帽（cap）、畅（兑换，change）、士的（手杖，stick）、士巴拿（扳手，spanner）等反映产业革命后西方科技成就和社会生活的词汇。到清末民初，学习英语成为一种社会风气，甚至扩及普遍女性社会。据有关研究，仅广东五邑地区常用的英语外来词，包括文娱体育、食品饮料、五金工艺、日常生活等的用词，就有125个。② 如漂亮叫"好泥"（how nice）、好称"骨"（good）、好球称"骨波"（good ball）、出去称"斗晒"（outside）、男人称"缅"（man）、老太婆称"老缅婆"（old woman）、文件夹叫"快佬"（file）、自助餐称"布菲"（buffet）、清漆曰"呖架"（lacquer）、第一叫"林巴温"（number one）、小费叫"贴士"（tips）、乳罩叫"薄络"（bra）、差劲和低档曰"妾"（cheap）等，这在外来人听来可能不知所云，但在当地却是老幼妇孺皆知。新中国成立前粤方言中的英语借词有200多个，近年则有400多个。

---

① 参见《南方日报》1997年12月2日。
② 张国雄等著：《五邑文化源流》，第111页，130～134页。

华侨身在国外,须保持与家乡的联系。一种旧称为乡刊、族刊,今称为侨刊的民间刊物应运而生,流行于广东侨乡各地。举凡海内外乡亲关心之事,大到国家、市、县时事,小到生养病死、婚嫁喜庆、圩市物价等,无不在报道之列。据《广东省志·华侨志·广东侨务》载,广东最早的侨刊创始于清宣统元年(1909年),为台山《新宁杂志》。此后侨乡办刊物接踵而起,近年更多,并发行到世界各地。如著名的台山《海宴侨刊》、开平《教伦月刊》、广州《广州华声》、珠海《珠海乡音》、梅县《侨声》、潮州《潮州乡音》、海南《琼州乡音》等风行海内外。

侨乡深受西方文化浸染,思想活跃,对新鲜事物敏感,通过他们的言行举止反映西方价值观念、行为规范等,由此形成的文化景观,主要是文化氛围,在侨乡甚为突出。

梁启超说:"广东人旅居国外者最多,皆习见他邦国势之强、政治之美,相形见绌,义愤自生。"又说:"广东言西学最早,其民习于西人游,故不恶之,亦不畏之。"① 在变革现实、改造中国社会的革命运动中,华侨无不在财力、物力上鼎力支持,更有大批热血青年远涉重洋,回归祖国,参加辛亥革命、二次革命、北伐战争、抗日战争。孙中山曾发出感慨:"华侨为革命之母"。例如,1911年参加广州黄花岗起义的800名"选锋队"(敢死队)中,华侨占500人;黄花岗72烈士中,华侨烈士有30人之多。其中既有广东华侨,也有广西华侨,这说明广东华侨人才产生过巨大的社会效应。

三、华侨文化在海外历史传播

珠江流域华侨远涉南海鲸波,移居海外的同时,也带去中国的传统文化和思想意识,推动与侨居国的文化交流,产生良好的影响,广及全世界,以东南亚地区尤为明显。这种在海外传播的华侨文化,实为珠江文化在海外的延伸和空间占用,文化特质有鲜明的海洋性。

历史早期,东南亚是华侨分布最多、最广的地区,当地还处在封建农奴社

---

① 梁启超:《湖南广东情形》,《饮冰室合集》专集第一册,上海中华书局,1932年,第129页。

会，先进的中华文化得以很快在这些地区立足、生长，并在当地留下深刻影响，有些甚至成为主流文化。

鸦片战争以后，华侨散布各大洲，各种往来日益增多，珠江文化随之传播得更远、更广，在海外发扬光大，开花结果。

不过，这主要是生活习俗、文化教育和传统文化在海外的传播。因为华侨在海外常被歧视，甚至受到迫害，需要借助传统人文精神的支持，维系族群的团结以对外。粤剧是广府系华侨喜爱的剧种，19世纪中叶以后即风行东南亚和美洲，如新加坡设有戏行组织"梨园堂"和"八和会馆"，马来西亚和美国旧金山等粤剧艺人也在当地设立"八和会馆"，属下多个剧班，且有男班、女班之分，风气较内地开放。20世纪初，广州、香港和粤剧艺人也组团到南洋等地演出，为辛亥革命筹款不少，孙中山曾看过他们的表演，并写信嘉许。广州粤剧名流邝新华等侨居南洋各埠十余年，艺名远播。辛亥革命后，粤剧在海外得到更加广泛的传播，上演内容既有歌颂革命党人的，也有讥讽清王朝丑态以及袁世凯称帝的。如《民主革命之父》，就演绎了革命党人暗杀袁世凯的故事，赢得很多观众。到20世纪40年代，粤剧一直在美洲、东南亚各地上演，靓少佳、靓元亨、陈非侬、马师曾、白驹荣等名艺人，在国内外都颇有影响。新加坡、马来西亚为广府华侨众多之地，被称为"粤剧第二故乡"。

无论粤菜、客家菜还是潮州菜，都随华侨而走向世界。华侨不但一直保留原有的饮食习惯，而且把开餐馆、酒楼作为主要谋生手段之一。广府系华侨移居美国之初，不少人即在当地打鱼、种菜，或进口原料，经营饮食业，旧金山的粤菜馆就很多。光顾粤菜馆的，不只是华侨，外国人也是常客。他们对粤菜制作和烹调技艺赞不绝口。有一部1851年出版的名为《金色的梦和醒来的现实》的书，提及旧金山最好的餐馆是中国人开的风味餐馆，"小盘送上，极为可口"。不过早期粤菜馆出现在东南亚，后来转向美国、加拿大、秘鲁、圭亚那，乃至欧洲各国，在当地林立的茶楼酒肆中占有一席之地。

华侨办报、办学也使珠江文化在海外占有和获得了发展空间。19世纪70年代，仅英属南洋各地52个埠头就有华文报社68家，欧美等地更不在少数。这些报纸不但在维护华侨权益、宣扬中华文化方面发挥了重要作用，而且对推动内地革命也作出了很大贡献。康有为、梁启超先后到东南亚和北美一带，通过报刊宣传维新变法，给海外赤子以很大影响。1891年在美国旧金山的维新人士创办了近代华侨政党的第一份报纸《文兴报》，鼓吹变法主张。1898年梁启超在日本横滨创办《清议报》，1902年旅日华侨办有《新民丛报》，两报经常刊载梁启超的论战文章，拥有一大群国内外读者。1899年，在孙中山的影响下，在美国创办了民主革命的第一份报纸《华美新报》（后改《中西日报》）。此后，民主革命派办的报纸在南洋、日本等地相继兴起，皆倡导革命，反对保皇，对组织、发动辛亥革命功不可没。

华侨旅居海外，不忘桑梓。他们为延续祖国历史文化，增强民族凝聚力，十分注意华文教育。至迟到清代，华侨已在当地办私学，在越南、马来西亚、加拿大等地即率先出现了这种学校。清末，新式学堂在华侨社会中兴起，如日本横滨有大同学校，越南西贡有穗城学校，印度尼西亚有神州学校等。光绪三十二年（1906年）清廷派员赴美、加劝学，旧金山、纽约、芝加哥、西雅图和维多多利等华侨聚居较多的城市先后办起侨民学校。民国时期，华侨在海外办学蔚为风气，不仅有普通中小学校，还有女校和工商专门学校。办学层次多而门类广，不少学校以"尊孔"、"明德"、"广仁"等带有深厚儒家文化色彩的词汇命名。它们培养了一批又一批对国家民族有着深厚情怀的华侨子弟，其中一些人经过艰苦奋斗，成为杰出的政治家、企业家、种植园主和科技人才，对侨居地开发作出重要贡献，对弘扬珠江文化的优良传统，维护祖国形象，也树起了一面面不倒的旗帜。

第十章
现代珠江文化在曲折中前行

  1919年，席卷全国的反帝反封建、提倡民主和科学的五四运动爆发，标志着中国历史进入新民主主义革命时期，也同时掀起全国性的新文化运动。伴随这一时期发生在珠江流域形形色色的政治和军事斗争，把经过蜕变获得新生的珠江文化辐射到流域广大地区，迅速掀起一场波澜壮阔的新文化运动高潮，在很大程度上改变了珠江文化的性质和面貌，珠江文化进入现代发展时期。特别是马克思主义的传播和中国共产党的成立、国共合作、革命统一战线的建立，为珠江文化的更新、充实和提高提供了强大的政治保障，而这时大批革命文化人南下广州和他们卓有成就的活动，使珠江文化注入更多新鲜血液而更富有生机和活力，成为一种时代先进文化。恰如1926年郭沫若在《我来广东的志望》中说的："我们要改造中国的局面，非国民革命策源地的广东不能担当；我们要革新中国的文化，也非在国民革命的空气中所酝酿的珠江文化不能为力。"显见，珠江文化在这一时期已进入自己的第一个黄金时代，高踞全国流域文化之巅，并引领时代文化潮流，令中外人士刮目相看。以后，历经30年代短暂的南方各省自治，珠江文化有过昙花一现的"自治文化"繁荣。到抗日战争时期，珠江文化转到以抗日救亡为中心的时代主题，用血和泪谱写了这一伟大民族解放战争的历史篇章。及至中华人民共和国成立后，珠江文化虽然获得重生的背景，但由于层出不穷的政治干扰，特别是"文化大革命"的重创，而陷于畸型运动文化时代主流中，只在某些领域取得一定成就,在曲折中艰难地前行。但它积累的经验和教训,为当代珠江文化的新崛起奠定了深厚的历史基础。

第一节 马克思主义与新文化在珠江流域的传播

一、马克思主义在广东传播

广东作为中西文化交流最早的省区,对马克思主义的接触、了解及其在广东的传播也不例外。首先是广东先进分子接触马克思主义,继从广东向珠江流域其他省区作溯源传播。

中国最早接触马克思学说的,是19世纪末、20世纪初流亡海外的广东资产阶级革命派和改良派人物。伟大的革命先行者孙中山于1896年至1899年流亡欧洲时,就知道马克思、恩格斯、列宁和他们的活动。① 1903年秋,他流亡东京之际,曾与日本《共产党宣言》的译者幸德秋水就社会主义问题交换过意见。② 1905年春,孙中山又一次到欧洲,访问了设在比利时首都布鲁塞尔的第二国际书记处及其领导人,要求接纳他的组织加入第二国际。③ 1912年10月,孙中山到上海社会党总部,以《社会主义及其派别》为题,连续演讲了三天,盛赞马克思的《资本论》"发阐真理,不遗余力",把马克思的"资本公有"与美国亨利·乔治的"土地公有"相提并论,谓二者皆"实得社会主义之真髓"。1902年,梁启超在《新民丛报》第十八号上发表《进化论革命者颉德之学说》一文,提到:"麦喀士(即马克思),日耳曼(即德国)人,社会主义之泰斗也"。梁启超同是较早接触欧洲社会主义思潮的人物之一。

最早为中国人民介绍马克思的生平及其学说的,是广州的同盟会会员朱执信。他以笔名"蛰伸",在1906年《民报》第二号发表《德意志社会革命家列传》,简要介绍了马克思、恩格斯的生平及《共产党宣言》、《资本论》等著作要

---

① 《宋庆龄选集》,人民出版社,1992年,第99页。
② 广东省哲学社会科学研究所历史研究室等编:《孙中山年谱》,中华书局,1991年,第99页。
③ (美)伯纳尔:《孙中山访问第二国际书记处》,《近代史资料》1979年第3期。

点，期望我国人民对马克思的学说有所借鉴。1912年他又在《新世界》杂志第二期发表《社会主义大家马儿克之学说》，盛称马儿克（马克思）为"世界之造时势者"；《共产党宣言》"不啻二十世纪社会革命之引导线，大同太平新世界之原动力"；"吾党所宜崇拜之、景仰之"，故将其行为与学说"绍介于吾同党、吾同胞，知所信从而知所则效焉"。

1906年，另一同盟会会员、广东惠阳人廖仲恺，也先后在《民报》第七号和第九号发表译文《社会主义史大纲》和《无政府主义和社会主义》，字里行间表达了他对马克思主义的同情和对无政府主义的鄙薄。《民报》虽在日本出版，在广东却颇为流行。

五四以前，最早译介马克思学说，值得一提的，还有广州出生的赵必振（湖南武陵人）。赵早年留学日本，从1903年起，陆续翻译了日本学者福井准造的《近世社会主义》和幸德秋水的《二十世纪之怪物——帝国主义》等书；前者是我国最早译介马克思学说的译本，直到现在中山大学图书馆还保存有该书当年的版本。

马克思主义在五四运动以后才得以在中国广泛传播，这一方面是由于中国民族工业在第一次世界大战后获得了空前的发展，中国工人阶级也随之迅速成长，出现了200万人以上的产业工人队伍，从此马克思主义在中国的生根发芽有了客观的社会基础；另一方面也由于俄国十月革命的成功，引起了中国和全世界劳动人民的无限惊奇和向往，这就为马克思主义的广泛传播创造了空前有利的外部条件。俄国十月革命的第三天（1917年11月10日），孙中山革命民主派的《民国日报》，开始报道震惊世界的"俄国大政变"。接着广州《中华新报》也于11月23日刊出了十月革命胜利的消息，并于26日发表短评，预言俄国革命对中国的影响，将"较他国为尤甚"。1918年春，苏俄政府一反沙皇时代的侵略政策，宣布取消沙皇政府与各国订立的一切不平等条约。为此孙中山致电列宁，表示对俄国革命"十分钦佩，并愿中俄两党团结共同斗争"。

五四运动高潮期间，在广州的湖北籍国会议员刘伯承（后为中共早期党员）等创办《唯民》周刊，颂扬俄国十月革命的胜利。该刊第一卷第四号发表玉斋（胡祖舜）的文章《俄国波尔失维克之新写真》，记述一瑞士医生的游俄见闻，客观地报道了苏俄政府在工、农、商业、法制、文教等方面的措施。

如果说俄国十月革命的胜利使广东人民在现实世界中开始看到马克思主义破雾而出的阳光,那么,留日学生杨匏安(1896—1931年)则为广东人民带来了马克思主义这一集人类真知大成的智慧之果。

杨匏安,广东香山县北山村(现属珠海市)人,早年游学日本横滨,开始接触当时流行日本的社会主义思潮。1916年回到广州。在五四运动和新文化运动潮流的影响下,他从1919年6月至12月底止,在《广东中华新报》上,以《世界学说》为总标题,发表了40多篇译述文章,包括《唯物论》、《社会主义》、《共产主义》、《马克思主义》等文章,广泛介绍了西方美学、哲学、心理学和社会学的各种流派。其中最长也是最主要的一篇《马克斯主义(一称科学的社会主义)》,从1919年11月11日起,连登19天,与李大钊的《我的马克思主义观》下半篇,差不多同时问世。杨匏安这篇署名"匏庵"的文章,热情地歌颂了马克思创造科学社会主义的丰功伟绩,开头盛赞:"自马克斯氏出,从来之社会主义,于理论及实际上,皆顿失其光辉,所著《资本论》一书,劳动者奉为经典,而德国社会民主党,且去来查尔而归于马氏,在近世社会党中,其为最有势力者无疑矣。马氏以唯物的史观为经,以革命思想为纬,加之以在英法观察经济状态之所得,遂构成一种以经济的内容为主之世界观,此其所以称科学的社会主义也。由发表《共产党宣言》书之1848年,至刊行《资本论》第一卷之1867年,此二十年间,马克斯主义之潮流,达于最高,其学说亦以此时大成。"①

杨匏安这篇文章以主要的篇幅介绍了马克思的唯物史观、阶级斗争论和剩余价值学说。文中着重指出:生产力是一切社会的变化之"最高动因";任何社会的政治、法制和精神构造的变化,皆必随经济基础的变化而变化。如果生产力受束缚,其结果必然发生社会革命。他还指出,马克思主义哲学是以辩证唯物主义和唯物史观为基础的。唯物论和唯心论是根本对立的;唯物史观"为极有用之史学方法,又为空前的社会哲学"。②

杨匏安还指出,资本家掠夺工人的"余工余值"(剩余价值),是近代社会发生阶级冲突的根源;解决这一矛盾的"唯一方法",是工人阶级起而取得国家

---

① 杨匏安:《马克斯主义(一称科学的社会主义)》,《杨匏安文集》,中央文献出版社,1996年,第167~168页。

② 杨匏安:《马克斯主义(一称科学的社会主义)》,《杨匏安文集》,第169~170页。

权力，改一切生产工具为国有。因此，"资本家的生产方法，在社会生产方法中，乃采对敌形式之最后者"，阶级斗争亦随此生产方法的消灭而"同时告终"。①

在广东继杨匏安之后宣传马克思主义的是陈独秀和他的北大学生谭平山等。实际上，五四运动前后，陈独秀、李大钊等创办的《新青年》、《每周评论》、《星期评论》、《向导》等进步刊物，已通过不同途径大量传入广东。1920年3月，广东谭平山和他的北京大学同学陈公博、谭植棠等在上海出版《政衡》月刊，在该刊第一卷第二号署名"谭鸣谦"发表了两篇引人注目的文章：《中国政党问题及今后组织政党的方针》和《我之改造农村的主张》。他从中国国情出发，认为马克思的学说产生于欧洲工业国家，"和我国的国势情形，有些不同，故对于他学说的内容，也要从实际上略有变更，方能适应于我国"。他说中国是农业国，应为占人口大多数的农民谋幸福，认为中国建党也"当以'劳农政策'为根本政策"，因此，他主张"从根本上改造"中国农村，并说："欧美各国之所以重视劳动问题……都是因为他们是工业国之故。若劳动问题移至我国，应该以农民为主体，内容就应变更了。故于'劳工神圣'之外，可以特别标出'劳农神圣'又于劳动问题之中"。他认为农村的根本改造包括精神的和物质的改造。根本改造的第一步的办法，要先从实际调查入手。为此，他制定了一系列的调查提纲。② 一开始就牢牢抓住马克思主义要与中国国情相结合这一基本点，这就使他的思想显出耀目的光辉。我国最早的农民运动家彭湃，就是在广州参加青年团的讨论之后，回海丰开始从事农民运动的。

1920年夏秋间，谭平山等回广州，于10月创办《广东群报》，积极宣传新文化和社会改造。同年底至1923年6月，陈独秀三次南下广东，发表了《社会主义批评》、《我们相信何种社会主义》等文章，进一步宣传了科学社会主义。此前1920年末，陈独秀来广州任广东省教育行政委员会委员长（即后来的教育厅长），于1921年春重建广东共产党组织，谭平山任书记。《广东群报》成为中共地方党的机关报，自此以后，大量转载中共上海发起组建的机关刊物《共产党》的文章，成为南中国宣传马列主义的主要阵地。具体表现有：着重介绍马

---

① 杨匏安：《马克斯主义（一称科学的社会主义）》，《杨匏安文集》，第172～174页。
② 参见《谭平山文集》，人民出版社，1986年，第88～132页。

列的生平和学说以及国际共产主义运动的重要文献,报道国际、国内和本省工人运动状况,鼓动工人阶级学习苏俄工人的榜样,起来为实现共产主义而进行革命;大力批判无政府主义,从思想上纯洁党团组织。最突出的是陈独秀与无政府主义者区声白在该报上的六次通讯论战,后来又在《新青年》杂志上转载,在全国影响较大。这次论战尽管陈独秀的文章有这样那样的不足,但对帮助广大青年划清马克思主义与无政府主义的思想界线,却起了重要作用,不仅促进了马列主义的传播,也为重建广东党组织扫除了思想障碍。

二、马克思主义在广西传播

五四运动后,随着研究、宣传马克思主义在全国形成了时代潮流,马克思主义学说真正在广西传播开来。

自觉承担历史重任,为马克思主义在广西的传播起了桥梁作用的,是一部分在省外求学的广西籍先进青年。在这方面表现最为突出的是黄日葵和谭寿林等人。黄日葵,广西桂平县人。1920年,他还在北京大学读书时,就在李大钊的指导下,与邓中夏等发起成立了"北京大学马克思学说研究会",开始把介绍马克思主义的书刊寄给家乡的亲友们传阅。谭寿林,广西贵县人,五四时,他是贵县的学生运动领袖之一。1921年,他考入北京大学读书后,在黄日葵等人的帮助和影响下,成为北京大学马克思学说研究会的第二批成员。1922年暑假,他回乡筹集学费时,应贵县中学校长陈勉恕的邀请,到贵县中学和墟心街公开宣传共产主义思想。1923年,黄日葵、谭寿林在北京大学联络广西籍校友,成立"新广西期成会",创办《桂光》半月刊,公开介绍马列主义的基本理论和中国共产党的民主革命纲领,宣传无产阶级暴力革命观点,并用马克思主义的观点评论广西政局。从此,马克思主义学说在广西开始得到正确的介绍和传播。但为马克思主义在广西的传播作出特殊贡献的则是东兰县的韦拔群。1925年,他从广州第三届农民运动讲习所结业返桂从事农运工作后,在东兰武篆先后举办了三届农讲所,以马克思主义为指导,培养了数百名农运骨干。这些农运骨干返回各地,运用马克思主义的基本原理指导农运,不仅使当地的农运逐步由自发阶段上升到自觉阶段,也使马克思主义开始与广西的农民革命运动相结合起来。

经过五四运动的冲击,广西的闭塞状况有了较大改变,大量的新文化书刊涌入广西,实际上为马克思主义在广西的传播提供了有利的条件。从 1922 年起,在广西已能订阅或购买到对传播马克思主义起了较大作用的各种新文化书刊,如《新青年》、《每周评论》、《共产党》、《中国青年》等。

三、新文化运动在云贵地区风起云涌

云贵地区虽位于珠江上游,但五四运动前后发生的新文化运动潮流依然流入云贵大地的万水千山,促进这些地区民众的觉醒,使珠江文化在这些地区日渐向近代化方向前进。

在云南,不少知识分子的思想也随着辛亥革命以来斗争的深入和时局的变化而发生巨大的变化。清末在云南社会中声望最高的教育家、任过经正书院山长(校长)并一贯提倡埋头读书的陈荣昌著有《虚斋文集》、《劾兴禄疏》等篇,一变而积极反帝国主义的侵略,揭发当地丁振铎、兴禄等大官僚的卖国罪行,并且大胆支持人民群众的反洋教斗争。一批留日青年学生受到欧洲资产阶级政治、思想和文化的影响,以同盟会会员为骨干,1908 年在日本东京创办《云南杂志》,宣传民主革命思想,提出"国家是国民的国家"的口号,揭露英、法帝国主义侵略云南和清政府卖国的罪行,提倡自办实业,要求收回路矿权利。他们当中一部分人又创办《滇话》期刊。这两种刊物由日本寄回昆明秘密发行。这时,一部分在安南留学的云南青年,亲闻目睹法帝国主义在占领越南后,积极图谋侵略云南的各种阴谋活动,就编印《警告云南》的小册子,秘密运回云南散发。昆明的一部分爱国青年学生,搜集了这类反帝反封建的文章,印成《滇铎》小册子,也在暗中散发。这些刊物和小册子,一时在知识分子中争相传阅,为辛亥革命打下了思想基础。

1916 年,李大钊、陈独秀等主办的《新青年》在北京出版,一个声势蓬勃的新文化运动从此开始。少数在北京大学学习的云南学生如龚自知、袁丕钧等人,受到新文化运动的影响,回昆明后于 1917 年创办了《尚志》杂志,在 1919 年 2 月号转载了李大钊的《鲍尔什维主义之胜利》一文,但刊物不久就停刊了。1918 年,云南留日学生张天放等回国,在昆明创办《救国日刊》,用白话文撰写文章，宣传反帝爱国思想，也转载《新青年》、《每周评论》等刊物的文章，对青年学生发生过一定的影响。当时昆明有中专学校10所，学生3000多人。他们受到新文化运动的影响，羡慕西方的民主和科学，对北洋军阀的卖国行为和地方军阀的穷兵黩武，日愈不满，希望革新政治，实行民主制度。其中以省立第一中学的学生尤为激进，在比较开明的校长李春醮的支持下，学生杨兰春（即杨青田）等人组成了学生自治会，参与管理学校，团结同学，发扬民主；不久，即发展成立全省学生爱国会（杨任会长），宣传爱国主义思想，传播新思潮。当北京五四爱国学生运动爆发的消息传来后，昆明的学生首先闻风而动，公推杨兰春为全省学生联合会主席，号召全省青年，"英勇地出现于运动的先头"。同年6月4日，昆明出现了史无前例的数万群众参加的"国民大会"。从此，云南和全国一样，反帝反封建的资产阶级民主革命发展到一个新阶段。①

在贵州，新文化运动与新文学的出现是分不开的。最早传进贵州的白话诗文，出现在梁启超主编的《时务报》等报刊上，以后孙中山用口语写的《三民主义》成了普遍流行的读本。《雨丝》、《莽原》、《北斗》等杂志也先后传入贵州，对贵州新文学运动起到极大的启蒙与向导作用。1931年前后，有的学校已自编语体文选印本，收入鲁迅、郭沫若、郁达夫、胡适等人的作品。一些出外求学或工作的青年知识分子，在抗战开始前后，先后回到贵州，成为推动贵州新文学运动的主力。抗战时期，贵州新文学运动进入高潮，诗歌、小说、翻译、评论、散文都有了发展。

贵州白话新诗始于何时，现已难于查考。最早的文人创作新诗始见于20世纪一二十年代之际，有《销国货歌》（毛宅三，1916年）、《爱国歌》（佚名，1919年）、《新三字经》（廉泉，1920年）等，其特点是半文半白，字句齐整，押韵，尚未尽脱旧体诗的痕迹。再后，则见周逸群的《工农，世界主人翁》（1928年），全诗分三节，号召"工厂归工友，土地归农民，工农团结，民主共和，大功告成"。已接近现代自由诗的体裁，而以口号入诗，则多少是受到当时潮流的影响。

在诗歌创作方面，得风气之先的是一些黔籍外出的青年。1923年，蹇先艾

---

① 参见马曜主编：《云南简史》，云南人民出版社，1983年，第262～264页。

在北平《农报副刊》上发表了《二闸舟中》、《雨晨游龙潭》、《我想》、《幻想曲》等四首白描式的柔情诗。贵阳这时也有人开始写白话新诗。林青的《热血》写道："真理被道德欺骗，两种人类各在一边。"《合唱》则"用我心声的音波，传给我的母亲"，愤怒地道出："我们都是这时代教成的牢囚"。熊大瀛的《悲壮的五月》指出："牺牲多少人的头颅和赤血，造成这悲壮的五月。"王若飞的《监狱怒吼歌》作于1931年，号召："伸出拳头去斗争呀，斗争就可得自由呀！"在《告别李培之》诗中，唱出："别了，我们在红旗下聚齐，又在红旗下分手。"最后还是愉快地喊道："请你伸出双手，来迎接我们的胜利吧！"女诗人卢葆华在1932年出版的《血泪》诗集中有《桃花》、《寄雅妹》、《我的心……》、《苦痛的人生》等，她的许多作品沉痛地诉说出当时许多青年苦闷、彷徨、求索的心情。

贵州的小说创作始见于清末民初。据民国《贵州通志·艺文志》登录，在辛亥革命前夕有文言文小说4种，即《唉影集》、《平南传》、《牂牁野史》和《玩寇新书》；最早的白话小说则始见于1907年《自治学社杂志》上刊载的《越南亡国史》。

五四运动前后，贵州的小说始有了引人注目的发展。《贵州公报》、《铎报》等报纸上刊登了一些文言文小说和白话小说。它们的内容大多受五四思潮的影响，不同程度地反映出进步的思想倾向。进入二三十年代后，贵州一批出外求学或工作的青年在小说创作、译介外国文学和开展文学批评等方面，做出超乎此前的成绩。其代表者为谢六逸和蹇先艾。

谢六逸，贵阳人，名光燊，生于1898年，1917年考取公费留学日本，入早稻田大学专习政治经济科。回国后进入上海商务印书馆。1922年任上海文学研究会所办《文学旬刊》主编。次年任上海大学教授。1926年在复旦大学创设新闻学系，提倡"新闻即史"的观点，要求新闻工作者具备"史德、史识、史才"的素质。后商务印书馆出版《谢六逸文集》以及译著多种。

蹇先艾，遵义人，笔名肖然，生于1906年，1919年离乡到北京读书。1925年在北京的《语丝》、《现代评论》等刊物上发表七篇小说和十几首新诗，以后加入沈雁冰（茅盾）领导的文学研究会。鲁迅编《中国新文学大系·小说二集》，收入他的《水葬》和《到家的晚上》两篇，称赞蹇先艾与王鲁彦、许钦文、裴文中等为乡土文学作家。他与谢六逸等在贵阳报纸办副刊,后转到贵州大学任教。他在贵州文艺界也有重要的影响,有《乡谈集》、《朝雾》、《一位英雄》、《还乡集》等短篇小说集、散文集和中篇小说《古城儿女》,还与人合译了《美国短篇小说集》。

第二节 孙中山新三民主义与珠江文化新价值取向

一、孙中山新三民主义

1905年孙中山提出民族、民权、民生主义,即"三民主义",有效地指导了辛亥革命运动,并终于取得辛亥革命的胜利。但是,基于复杂的历史原因,辛亥革命的胜利果实很快落入北洋军阀头子袁世凯手中。孙中山不得不重新发动"二次革命",但许多革命斗争都失败了。孙中山在痛苦中找到中国共产党,建立国共合作,重新高举革命大旗,继续开展新的革命斗争。这就需要新的革命纲领的指导。在这种背景下,孙中山"重新来研究国家的现状,重新来解释三民主义,重新来改组国民党的全体"。经过充分准备,1924年1月20日,有中国共产党党员参加的中国国民党第一次全国代表大会在广州召开,孙中山在会上提出了"联俄、联工、扶助农工"的三大政策,完成了从旧三民主义到新三民主义的思想飞跃。从观念文化而言,这是孙中山思想文化的一次新升华,也代表珠江文化在新形势下的一种新价值取向。

孙中山深刻总结辛亥革命之所以没有彻底成功的经验教训,提出"联俄"作为新三民主义的第一个内容,即"以俄为师","学习俄国"。近代历史表明,帝国主义不断干涉中国革命,支持国内反动派镇压革命势力,从太平天国运动、戊戌变法、义和团运动到辛亥革命前后的一系列斗争,帝国主义都站在反革命一边。这使孙中山认识到"联俄"的重要性。他说:"反革命之恶势力所以存在,实由帝国主义卵翼之使然。"这是孙中山一生中的沉痛教训。因为他毕生向西方学习,为革命奔走于东西方之间,但并没有完成革命大业,反受帝国主义的压迫,四处碰壁,这促使他毅然接受俄国十月革命的经验。孙中山说他在日本时虽然想改造国民党，使之成为一个真正革命的政党，但因没有可效法的对象而未能完成。十月革命后，使他有可能借鉴"俄国的方法为模范"。孙中山在给蒋介石的一份手札中明确指出："今后之革命，非以俄为师，断无成就。"

至于俄国无产阶级革命的可用来改造中国的经验，孙中山认为，首先是借助国际无产阶级的力量来支援中国革命，以加速中国的解放。次之，是学习列宁领导十月革命关于建党、建军、建设苏维埃政权等经验，吸取俄国的建党经验来改组国民党；用俄国建立工农红军的经验来建立黄埔军校；吸收俄国依靠无产阶级夺取政权的经验来扶助农民和工人。一言以蔽之，孙中山认为，在完成摆脱军阀与帝国主义压迫的斗争中，学习俄国列宁领导的十月革命的各种经验，将是中国革命成功之道。

新三民主义的第二个内容是"联共"。这是孙中山总结辛亥革命最终未能成功的另一个经验教训。种种事项使孙中山感到，国民党正在堕落中，必须改造它，增加新的血液，所以必须联合中国共产党，容许共产党人加入国民党。他说："把国民党再来组织成一个有力量、有具体的政党"，才能把革命引向胜利。在国民党"一大"会议期间，他力排国民党内排斥共产党党员参加国民党的异议，完成了具有重大历史意义的第一次国共合作，推动了广东革命根据地的发展，同时取得了东征和北伐的胜利。国共合作是一个关键，也是国共两党顺应革命潮流，共同努力的结果。

新三民主义的第三个内容是"扶助农工"，这也是孙中山总结辛亥革命最终未能成功的第三个经验教训。孙中山从历次武装起义失败中深刻认识到，依靠农工是革命成功的基础。孙中山创议建立农民部和工人部，主办农民运动讲习所，建立农民协会，指导开展农民运动。他在第一届农民运动讲习所学员毕业典礼上演讲说："如果农民不参加革命，就是我们革命没有基础"，"如果这种基础不能巩固，我们革命便要失败"。孙中山特别强调要实行"耕者有其田"，以解决农民的根本利益，这样才能组织农民协会，发动农民来参加革命。第一届农民运动讲习所学员彭湃回到家乡海丰，掀起轰轰烈烈的农民运动，震撼全国。他组织的农民军在东征中发挥了巨大作用，树立起全国农民运动的一面旗帜。

对于工人阶级，孙中山更从当时中国近代产业发展已经造就了一批产业工人的现实出发，积极支持工人运动。他委任廖仲恺为工人部部长，指出工人将来

"可以作全国人的指导,作国民的先锋",他勉励中国工人要学习俄国经验,为革命作国家的先锋。在国共合作期间,广州工人运动风起云涌,广州各界成立的工会多达130多个,在广州沙面罢工、省港工人大罢工中,广州工人都是运动的主力和先锋,沉重地打击了帝国主义和反革命势力,在中国工人运动史上写下壮丽的篇章。广东农民和工人运动的胜利成果,完全验证了孙中山关于依靠农工思想的卓越预见性和正确性。

无论是旧三民主义还是新三民主义,都是一定历史发展阶段下形成的理论体系,都不是永恒不变的,而是随着革命形势的发展,不断作出修正补充,使之适应变化了的形势,从而使既成的理论不断发展以致至臻完善。孙中山的新三民主义,就是这样不断发展、完善的过程的产物,堪为珠江文化近代发展的一个代表。当然,孙中山的新三民主义作为理论指导,也未能完成中国近代革命的任务。这是多种复杂因素造成的,并不能否定三民主义的思想价值及其在我国、在珠江文化发展史上一块新的思想界碑的作用。有幸的是,中国共产党人继承了孙中山未竟之志,根据中国国情,找到了比三民主义更高的理论体系,即马克思主义作为革命救国的真理,并带领全党和全国人民取得了新民主主义革命的伟大胜利,建立了中华人民共和国,这是历史发展的必然结果,也是近现代珠江文化发展的伟大成就,同时再一次彰显了珠江文化多元融合、创新发展的文化风格。①

二、孙中山重建广东革命根据地的战略思想

建立革命根据地,是孙中山武装革命的一贯思想,并以此区别于历代农民起义。辛亥革命前后,孙中山选择广东作为革命根据地发动武装起义,最终推翻清王朝,建立了中华民国,显示他建立革命根据地战略思想的重大胜利。辛亥革命后,孙中山建立与中国共产党统一战线,重新建立广东革命根据地,继续开展国民革命,从而使他的革命战略思想产生新的飞跃,为珠江文化增添绚丽的一笔。

在1924年1月国民党第一次全国代表大会上,宣布第一次国共合作,孙中山重新解释三民主义,以反对帝国主义和封建军阀、实现三民主义为中心内容。

---

① 以上参见李锦全等编著:《岭南思想史》,广东人民出版社,1993年,第390～393页。

为此，孙中山采取一系列革命措施，以重建广东革命根据地，实现了他革命战略思想的又一次飞跃。这包括：①紧密依靠工人阶级。为此，在国民党中央执委会设立工人部，由廖仲恺为部长，冯菊坡为秘书，内中有9名共产党党员为干事。1924年5月1日在广州召开广州工人代表大会，孙中山亲到大会演讲，指出工人"要废除中外不平等的条约，便可以做全国人民的指导，作国民的先锋"①。"一大"以后，广州工人运动如火如荼，建立的工会最多达170个②，为全国之冠。②紧密依靠农民。孙中山十分注意发挥农民的革命作用。他说："如果农民不参加革命，就是我们的革命没有基础"，"如果这种基础不能巩固，我们的革命便要失败"。为此，他在国民党中央执委会设立农民部，由林伯渠出任部长，在广州创办农民运动讲习所，这是孙中山发动、依靠农民参加革命的一个破天荒的创举。正如他说的："今日这个农民联欢会，在中国是破天荒的第一件事。我们做这个第一件事，便要得一个很好的结果；要得一个很好的结果，就要大家去奋斗。大家能够奋斗，就可以成大功！""中国是以民为主的，我们要为人民谋幸福，便要为大多数人谋幸福"，而"农民的总数在人民里头占有百分之八九十，是占极大多数"，把农民组织起来，也是"谋自己的幸福"。③ 1924年，孙中山亲自审定和颁布《农民协会章程》，并派遣农民运动讲习所毕业生到各地发动农民建立协会，建立农民自卫军，农民运动很快在广东蓬勃发展，成为国民革命一支重要力量。③培养青年成为革命骨干。基于革命需要一支中坚力量，孙中山决定建立一武一文两所学校，以造就这样的革命干部队伍，这就是1924年成立的黄埔军校和广东大学（1925年改称为中山大学）。关于这两所学校建立过程和作用，容下述。

三、两校和农民运动讲习所成立

1924年1月24日孙中山下令成立"陆军军官学校筹备委员会"。28日，委

---

① 《孙中山全集》第10卷，中华书局，1986年，第149页。
② 罗醒：《第一次国共合作时期广州工人代表大会沿革》，《广东文史资料》第42辑，广东人民出版社，1984年。
③ 《孙中山全集》第10卷，第460～467页。

任了七名筹备委员，其中包括邓演达、王柏龄等人，蒋介石被指定为委员长。这所著名的黄埔学校，校址在广州长洲岛，也称黄埔岛，岛上有广东陆军学堂和广东海军学校旧址。中国半个世纪的战争风云，亦可以说是黄埔军校的师生在一比高下。当然，孙中山立志创建军校，正是因为自辛亥首义后，几起几落，军阀一个个都靠不住的缘故——得有一支自己的革命军队。而要有这么一支军队，就当先办自己的军校。所以，苏联大使越飞一提这个提案——提案是共产国际马林拿出来的，孙中山马上就拍板筹划了。

2月6日，在广州南堤成立了黄埔军校筹备处，分设教授、教练、管理、军需、军医等五部。3月20日，孙中山决定成立黄埔军校入学试验委员会。早在国民党"一大"期间，廖仲恺就委托各省代表回原籍后，注意物色明白本党主义，且诚实可靠、能做事的进步青年报考军校。通过国民党左派以及共产党党员和社会主义青年团团员的积极动员，大批青年踊跃报考。3月27日，各地报考青年1200多人在广东高等师范学校举行了入学考试。5月3日，孙中山正式任命蒋介石为黄埔军校校长。接着，又任命廖仲恺为国民党驻军校党代表，孙中山自任军校总理。5月5日，在各地正式录取的350名学生进校，分编为三队，开始新兵训练。10日，在广州的备取生和陆续到达广州的各方面保送的学生增编为第四队，进校参加训练。这时，全校学生达到499人。一批德才兼备的有志青年得以在黄埔军校深造。

1924年6月16日，也就是孙中山蒙难永丰舰二周年的纪念日，黄埔军校举行开学典礼。孙中山发表了演说："由于我们革命，只有革命党的奋斗，没有革命军的奋斗；因为没有革命军的奋斗，所以一般官僚军阀，便把持民国，我们的革命，便不能完全成功。""所以今天在这地开这个军官军校，独一无二的希望，就是创造革命军，来挽救中国的危亡。""我们今天要开这个学校，是有什么希望呢？就是要从今天起，把革命的事业重新来创造，要用这个学校内的学生做根本，成立革命军。诸位学生，就是将来革命军的骨干，有了这种好骨干，成立革命军，我们的革命事业便可以成功。"

胡汉民宣读了"总理训词"："三民主义，吾党所宗；以建民国，以进大同。咨尔多士，为民先锋；夙夜匪懈，主义是从。矢勤矢勇，必信必忠；一心一德，贯彻始终。"后来，这一训词成为了中华民国国歌的歌词。

军校学员来自全国各地,他们将要学习的课程都与中国的民主革命息息相关,如"三民主义浅说"、"中国国民革命运动"、"帝国主义侵略中国史"、"社会主义原理"、"中国农民运动"、"中国职工运动"、"政治工作"等。军校的军政领导和教官中也人才济济,如李济深、何应钦、陈诚、叶剑英、熊雄、恽代英、萧楚女、季方、严重、许德珩、聂荣臻……都是当时的风云人物。可以说,黄埔军校成了铸造革命青年军官的熔炉。

黄埔军校还经常邀请孙中山、廖仲恺、汪精卫、胡汉民、彭湃、邓中夏、恽代英、张太雷、萧楚女、刘少奇等国共两党的领导人以及各界知名人物到军校讲演、论述有关革命的各种问题。政治部宣传科通过编印出版《士兵之友》、《壁报》、《黄埔日刊》等刊物,以及成立"俱乐部"、"血花剧社"等团体,进行生动活泼的政治宣传活动。

在北伐之际,军校政治部还负责出版了《革命军》、《黄埔潮》、《黄埔丛刊》、《军事政治月刊》等期刊,在军队内外、军校内外,都有着广泛的影响。

国共合作办的这所军校,从1924年到1927年3月共培养2万多名干部。他们后来成为国共两党军事干部的重要成员。

20世纪上半叶,一部中国的军事史、政治文化史,大部分均是由黄埔军校的师生写成的。国民党一方,如孙中山、廖仲恺、蒋介石、李济深、邓演达、陈诚等,共产党一方则有周恩来、叶剑英、恽代英、萧楚女、聂荣臻、林彪等,都出身于黄埔军校,或与之有深厚渊源关系。黄埔军校的办校理念、学员品格、作风等,后被称为"黄埔精神",蜚声海内外。

黄埔军校的师生积极投入工人运动、农民运动当中,起了先锋和骨干作用。特别是1924年平定广州商团叛乱;1925年两次东征,肃清陈炯明势力,进剿驻粤滇军、桂军叛乱,巩固广东革命根据地;1926年北伐,以铲除北洋军阀势力、统一全国。黄埔师生立下赫赫战功,在中国民主革命、在珠江文化史上都留下最辉煌一页。

与此同时,孙中山也高度重视"文"的建设,以造就一支高层次的政治、经济建设所需的人才队伍。此即1924年2月9日,广东大学成立(1925年孙中山逝世,改称中山大学)。校址在广州文明路,邹鲁为筹办主任。6月21日,在邹鲁任广东大学校长的就职典礼上,孙中山委托胡汉民以大元帅名义向学生致训词曰:"学海汪洋,毓仁作圣。大学毕业,此其发轫。植基既固,建业立名。登峰造极,有志竟成。为社会福,为邦家光。勖哉诸君,努力自强。"① 并题校训:"博学、审问、慎思、明辨、笃行",作为办学宗旨和人才培养方向。孙中山在北伐前,每周末下午到该校作三民主义演讲,共 16 次,给学生以极大鼓舞和启迪。中山大学为国家培养大批各类人才,为革命和建设作出重大贡献,同样是珠江文化的一个摇篮。

在国共合作背景下,广东农民运动也迅速发展,而共产党的彭湃、国民党的邓演达则在推动农民运动、建设新的农业文明上,有其异乎寻常的宝贵贡献。

彭湃(1896—1929 年),乳名关泉,原名彭汉育,曾用过王子安、孟安等化名,广东省海丰县城郊桥东社人。出身于一个工商地主家庭。他是中国无产阶级革命家、中国共产党早期农民运动的主要领导人之一、海陆丰农民运动和革命根据地的创始人,被毛泽东称为"中国农民运动大王"。

1921 年,彭湃从日本回到家乡广东海丰不久,即加入了中国社会主义青年团。彭湃曾试图从教育入手去实现社会革命,却遭到失败。这使他开始把注意力转到工农方面来,决心唤醒工农,发动工农,创办了《赤心周刊》。但彭湃不久便发现,虽然一些办报的人以"工农群众的喉舌"自居,可是"背后绝无半个工农",影响极为有限,广大工农群众并没有从中得到什么启示,"绝不知我们做什么把戏"。为此,他感到要唤醒工农,发动工农,必须到工人、农民中去,尤其是要到占中国人口 80% 的农民中去进行实际工作。

当时,中国共产党人正把主要精力用在领导工人运动上,对农民运动还没有足够的重视。彭湃的想法即便在他的亲密朋友中也未引起共识。一些人认为,"农民散漫极了,不但毫无结合之可能,而且无知识,不易宣传,徒费精神罢了"。彭湃没有动摇,他自信农民一定可以团结起来,决心到农村去实践自己的想法。

彭湃以满腔热情深入农村宣传革命道理。他为了和广大农民打成一片,彻底背叛了自己的地主家庭,把父亲留给他的那份土地分给佃农,当众烧毁田契,自己和农民一样过着俭朴的生活。他用深入浅出的道理和通俗易懂的语言演说,帮

---

① 《广大毕业纪盛》,广州《民国日报》1924 年 6 月 23 日。

助农民提高政治觉悟，团结起来，为谋求解放而斗争。彭湃满腔热情地宣传农民、组织农民。这样，1923年1月，海丰县总农会成立，彭湃当选为会长。当时农会已经拥有10万会员，形成一股暴风骤雨般的力量，与土豪劣绅展开了尖锐的斗争。1924年初，彭湃转为中国共产党党员。

为适应农民运动发展需要，1924年7月3日，中国国民党中央执委会农民运动讲习所在广州越秀南路53号（现93号）正式开学，彭湃担任主任。至1926年9月，农讲所共办6届，先后由彭湃、罗绮园、阮啸仙、谭植棠、毛泽东担任过主任（所长），共培养近800名学员，对广东和全国农民运动作出积极贡献。而从政治文化层面而言，说明国共两党已认识到中国农村、农民和农业文明的革命意义，也是孙中山依靠农工思想的胜利。

孙中山创建国共合作和重建广东革命根据地的战略思想和实践，在大革命期间取得重大胜利。这表明，在孙中山身上充分反映了珠江文化的务实性。它能根据变化了的革命形势作出战略调整，依靠革命工人、农民、青年军人作为斗争主力，解放自己，谋自己的幸福。当然，这个"自己"不仅指个人，而广及整个工农阶级及革命军人，这是从为社会大多数人谋利益的现实出发而作出的战略抉择，符合中国社会实际。而在孙中山和中国共产党的努力下，实现第一次国共合作，珠江文化也缘于这种合作而使自己的包容性上升到一个新的历史高度。

第三节 五四运动后新文化运动的风潮

五四运动后，到大革命时期，在国共合作领导下，广东成了中国革命中心，也是时代先进文化的摇篮，吸引大批知识分子到来，文学、绘画等异彩纷呈，硕果累累，特别是"珠江文化"概念的提出，使珠江文化成为流域文化类型之一，迈开了向深广方向发展的步伐。

一、第一次全国文化人南下广东

在内地，北洋军阀的残酷统治，令文化人的生存受到严重的威胁，连著名文化人梁实秋也叹息道:"这时节北方还在所谓'军阀'的统治之下,北平的国立八校经常在闹'索薪'风潮,教员的薪俸积欠经年,在请愿、坐索、呼吁之下每个月也只能领到三几成薪水,一般人生活非常狼狈,学校情形亦不正常,有些人开始逃荒"①。大多数作家都在学校任职,学校发不出薪水;还有北洋军阀在文化上的专制压迫,新文学作品和刊物都遭到查禁。陈独秀、李大钊、鲁迅的作品被列为禁书,而周作人的《自己的园地》这类小品也难免遭殃。北京的主要刊物,如胡适的《读书杂志》,孙伏园的《语丝》、《京报》,徐志摩、闻一多的《晨报》以及北新书局等,先后被查封。

而军阀割据,民不聊生,甚至迫害、屠杀文化人及进步学生的事情亦屡有发生。鲁迅在《纪念刘和珍君》中,就控告这"弥天的黑暗"。所以,文化人也不得不作出选择,无论为革命,还是为生存,唯有南下。于是,有一大批作家南下广州。他们是茅盾、郭沫若、鲁迅、成仿吾、郁达夫、郑伯奇、张资平、孙伏园、冯乃超、李初梨、王独清、穆木天等。②

1926年2月,郭沫若由瞿秋白等人引荐,被广东大学(后很快改名为中山大学)聘请为文科学长。与他一同来应聘的还有郁达夫、王独清,以及后来的穆木天、郑伯奇。创造社的主力成员几乎整体南迁。他们迅速在广州、汕头成立了创造社的分部。一时间,创造社已成一方气候,剧本上演,《洪水》、《创造月刊》在广州出版,广州这个革命策源地给了他们一展身手的机会。

郭沫若来广州后不久,便发表了《我来广东的志望》一文,称:"我们要改造中国的局面,非国民革命策源地的广东不能担当;我们要革新中国的文化,也非在国民革命的空气中所酝酿的珠江文化不能为力。"他坚定地认为,在中国,广东是"希望所寄系着的唯一地方"。③

在这里,郭沫若不仅高度地评价了"珠江文化"——显然,这是与黄河文化、长江文化相提并论的,而且极为深刻地概括了珠江文化的特质:这便是在"革命的空气中所酝酿的",是能担负"革新中国的文化"重任的。也就是说,珠江文化是中国文化具有的唯一的革新因素。他对珠江文化抱有极大的期望,在

---

① 梁实秋:《忆〈新月〉》,《梁实秋文学回忆录》,岳麓书社,1989年,第106页。
② 相关内容参见张振金著:《岭南现代文学史》,广东高等教育出版社,1989年,第57~67页。
③ 郭沫若:《我来广东的志望》,《革命生活》(旬刊)1926年第5期。

《革命春秋》一书中更对广州岁月有着精彩的描绘:"在未到广东之前,我自己虽然也在干着别的事情,但自己的生活和意识是以创造社为中心的,到广东以后,这种情况便逐渐改变了。"成仿吾也说:"沫若近来忙着讲演,声如破罐。"广州当时流行一种论调:"革命和文学是冰炭不相容的,这两个东西根本不能并立。"主张这个意见的人,一种认为文学是"度越流俗"、"超然物外"的东西;另一种认为文学"只是小姑娘的消遣品,只是堕落青年在讲堂懒爱听讲的时候所偷食的禁果罢了"。郭沫若写了《革命与文学》一文,指出:"文学是社会上的一种产物,它的产生不能违背社会的基本而生存,它的发展也不能违背社会的进化而发展。"在革命的时代,若你是革命人,那你作出来的文学或者你所欣赏的文学,自然是革命的文学;反之,则是反革命的文学。前者与革命是一致的,后者当然与革命势不两立。而我们现在时代所需要的是革命的文学,是"表同情于无产阶级的社会主义的写实主义的文学"。文章的结尾,郭沫若呼唤青年,"你们不为文学家则已,你们既要矢志为文学家,那你们赶快要把神经的弦索扣紧起来,赶快把时代的精神提着。我希望你们成为一个革命的文学家,不希望你们成为一个时代的落伍者。"为创造时代需要的革命文学,"你们要把自己的生活坚实起来,你们要把文艺的主潮认定!你们应该到兵间去,民间去,工厂间去,革命的漩涡中去"。①

成仿吾在广州写了不少论文。在《革命文学与它的永远性》中,他认为,文学是要反映人生的,"但革命文学不因为有革命二字,便必要革命这种现象为题材,要紧的是所传的感情是不是革命的。一个作品纵然由革命这种事实取材,但它们可以不是革命的,更可以不成文学。反之,纵然它的材料不曾由革命取来,不怕它就是一件琐碎的小事,只要他所传的感情是革命的,能在人类的死寂的心里,唤起对于革命的信仰与热情,这种作品便不能不说是革命的。"成仿吾还写了《完成我们的文学革命》、《打倒低级趣味》等。其见解是很精到的。

郁达夫却说自己"到了革命策源地的广州,在那里本想改变旧习,把满腔热情,满怀悲愤,都投向革命中去的,谁知鬼蜮弄旌旗,在那儿所见到,又只是些阴谋诡计,卑鄙污浊",所以没有写什么文章。但他根据自己在广州革命政府

---

① 郭沫若:《革命与文学》,《创造月刊》一卷三期,1926年。

所见到的黑幕，写了一篇《广州事情》，发表在《洪水》1927年1月出版的3卷25期上。成仿吾在广州读了之后，写了《读〈广州事情〉》，发表在《洪水》28期上。郭沫若对此很是不满，写信批评了郁达夫。他们认为，事情不管怎样，总不同于北洋政府。这样会易为反动派所利用，对革命不利。但郁达夫说的倒是实话，他在文章中说的，"总之这一次的革命，仍复是去我们的理想甚远"。不久，广州"四一五"反革命大屠杀就发生了，证实了郁达夫的远见。

创造社的张资平不曾到广州，而是回了家乡梅县。张资平先在蕉岭羊子山矿山任职，并写出了不少小说以支持《创造季刊》等。后张资平出任学艺中学校长，他当年是充满反帝反封建的激情的。这也是他为家乡人民办的一件好事，不宜否定。

当轰轰烈烈的北伐战争开始后，张资平便同郭沫若一道，投笔从戎，到北伐军政部任职。当时，邓演达是政治部主任，郭沫若是副主任，张资平是总政治部国际编译局少校编译，随大军北上，也历经战火。1927年，蒋介石制造"四一二"惨案，邓演达在武汉待不住，出走苏联；郭沫若大骂蒋独裁后，也远去日本。张资平则应成仿吾之约，到上海创造社出版部工作。

然而，在文学而言，南下之际，真正潜心创作并卓有成就者，张资平是其中之一。尤其是他在1925年发表的小说《梅岭之春》，成为这个时期炙烩人口的名作，并入选20世纪文学经典中。书中所写的女性追求自由、追求爱情上的勇敢大方，令人感佩。这种追求，包含个性解放中的觉醒，对于20世纪30年代而言，无疑是积极的、进步的，具有很大的冲击力。故张资平小说甚为畅销，极受欢迎，因它说出了被压抑、被剥夺的中国女性追求自由与解放的心声。

1927年元月，鲁迅也来到了广州，他是应中山大学所聘而来，出任中文系主任兼教务主任，开讲"中国文学史"、"中国小说史"与"文艺论"。

1927年3月1日，在中山大学开学典礼上，鲁迅作了《读书与革命》的演说。他来到广东之后，觉得地方上是新瓶装旧酒，思想还是旧的，不曾改革。对于军阀，已有黄埔军校的学生去攻击它了，"但对于一切旧制度、宗法社会的旧社会的旧习惯、封建社会的旧思想，还没有人向他们开火"。因此，他期盼青年"读书不忘革命"，"要担负几千年积下来的责任"，"把革命的伟业扩大！"

2月18日，鲁迅受到香港青年会的邀请，在香港作了两次讲演。一次是在

18 日，讲题是《无声的中国》；一次是在 19 日夜间，讲题是《老调子已经唱完》。辛亥革命后，一批晚清遗老遗少，不满国民政府，避居香港，鼓吹尊孔复古，反对新文化运动；香港当局为了巩固自己的殖民统治，利用他们，借保存"国粹"，进行奴化教育。鲁迅在《无声的中国》的讲演中，抨击了帝国主义和封建主义的愚民政策。他说，中国虽然有文字，但大家用的是难懂的古文，讲的是陈旧的意思，所有的声音都是过去的，大多数的人不懂得，结果等于无声。所以，"我们要说现代的、自己的话；用活着的白话，将自己的思想、感情直白地说出来"，"忘掉了一切利害，推开了古人，将自己的真心的话发表出来"，才能感动中国的人和世界的人，也才能把无声的中国变成有声的中国。鲁迅的第二次演讲《老调子已经唱完》，以古喻今，指出自宋代以后，那些读书人"讲道学、讲理学、尊孔子，千篇一律"，这就是"老调子"，他们的老调子没有唱完，而国家已经灭亡了。鲁迅尖锐地指出，现在别国人在尊重中国的旧文化不过是利用！一方面抨击了封建复古主义者倡存"国粹"的危害，另一方面又揭露了帝国主义者利用"国粹"奴役中国人民的用心。港英当局对鲁迅的演说非常害怕，先是索取入场券，收藏起来，使别人不能去听；后来又不许将讲稿登报，经交涉的结果，是削去和改窜了许多内容。鲁迅的讲演鞭辟入里，振聋发聩，在香港无疑是一把烈火。

4 月 8 日，鲁迅应邀到黄埔军校作了《革命时代的文学》的讲演，着重分析文学与革命的关系。他认为，中国的大革命虽在进行之中，但它"对社会没有多大的改变，对于守旧的人没有多大的影响"，"广东报纸所讲的文学，都是旧的，新的很少，也可以证明广东社会没受革命影响；没有对新的讴歌，也没有对旧的挽歌，广东仍然是十年前的广东"。为了建立革命文学，鲁迅强调作家必须具有革命的立场，要做"革命人"，"革命人做出东西来，才是革命文学"。鲁迅针对广东文坛的复杂情况，写了《革命文学》一文，告诫人们识别那些挂着"革命文学"的招牌的反革命文学。1927 年春，广州一些共产党的叛徒与反动文人，组织了一个"革命文学社"，创办了文学旬刊《这样做》，与中山大学毕磊的《做什么》唱反调，他们嚷嚷什么"提倡革命文学，努力革命文化的宣传"，以"从事本党的革命运动为宗旨"。甚至在刊物的封面上，画着一个少年军人拿着旗子骑在马上，嘴里叫嚣着："严办！严办！"鲁迅一针见血地指出，这种所谓"革命文学",是在一方的"指挥刀的掩护之下,斥骂他的敌手的",是"视指挥刀的指挥转移的",这种"文学革命家"不过是"从指挥刀下骂出去,从裁判席上骂下去,从官营的报上骂开去",他们虽然"真是伟哉一世之雄",可惜这种文学"并非对于强暴者的革命,而是对于失败者的革命"。另一种文学,是纸上写着许多"打、打"、"杀、杀"或者"血、血"之类的东西。鲁迅告诫人们:"如果这是'革命文学',则做'革命文学家',实在是最痛快而安全的事。"鲁迅在这篇文章里,严厉批判了某些小资产阶级脱离社会实际,空谈"革命"口号的错误倾向。鲁迅还明确地指出:"我们的根本问题是在作者可是一个'革命人',倘是的,则无论写的是什么事件,用的是什么材料,即都是'革命文学'。从喷泉里出来的都是水,从血管里出来的都是血。"①

当北伐军攻克上海、南京,人们在欢呼胜利的时候,鲁迅于1927年4月10日在广州《国民新闻》副刊《新出路》上撰文《庆祝沪宁克复的那一边》,分析形势,清醒预示革命可能遇到危险,大声疾呼不可因胜利"便陶醉于凯歌中","忘却进击",应"永远进击",将革命进行到底,表现了鲁迅彻底革命的精神。果不出鲁迅所料,两天后,即发生蒋介石发动"四一二"反革命叛变。

鲁迅以他犀利的文笔,指出"黑暗的区域里,反革命者的工作也在默默地进行",警惕敌人的"乘隙而起"。由于他深刻的洞察力,很多事均被他不幸而言中了:"四一五"广州大屠杀,他看好的中山大学毕磊等青年均"失踪",而他自称历来信奉的"进化论"也由此轰毁了。

从1927年元月至当年的9月28日,鲁迅南下广州有8个月又10天之久,经历了大革命高潮到低潮的裂变,对他思想走向成熟起到了重要作用。

现代中国文学的另一巨匠茅盾,不仅第一次南下粤海,第二次也来了。第一次,他是在郭沫若之后一年即1926年1月,作为国共合作的国民党上海特别市党部执委的代表,来广州参加国民党的"二大"。会后,他留在毛泽东担任代理部长的国民党中央宣传部任秘书,并接手毛泽东已编了四期的国民党中央机关报《政治周报》。

《政治周报》有个专评专栏叫"反攻",一直由编辑自己写。茅盾便写了三

---

① 鲁迅:《革命文学》,《而已集》,人民文学出版社,1991年,第544页。

篇文章，发表在《政治周报》第五期。第一篇是《国家主义者"左排"与"右排"》，挖苦国民党右派打着"左派"的旗号来反对真正的"左派"。他们的右派面目本已被揭穿，又死不认账，非说自己是"中"派，还巧妙地编出蛊惑人心的警句："举起左手来打倒赤化的'左派'，举起右手来打倒反革命的右派"。茅盾这篇文章以其行攻其言，通过他们当时的活动来揭露他们的反动面目。第二篇为《国家主义——帝国主义最新的工具》，驳斥国民党右派对广东革命政府和工人运动的谩骂。第三篇是《国家主义与假革命不革命》，指出一部分消极的知识分子，觉得反对革命是背时的了，但又没有革命的思想，没有革命的勇气，为了继续在社会上混，便祭起国家主义这一"又彻底、又圆滑、又时髦、又不过激的好东西"。

同年3月中旬，文学研究会广州分会办的《广州文学》旬刊邀请茅盾写文章，分会同仁开会欢迎他，请他吃饭。会见之后，茅盾才知道分会的人有刘思慕、梁宗岱、叶启芳、汤澄波，都是分会的主要负责人。茅盾在会上作了简要发言。会后刘思慕写了一篇《访问沈雁冰记》，登在他们的刊物上。

不久，茅盾又应邀对广州市的中学生作了一次讲演，因会议主持者介绍他是一位文学家，令他放弃了原来想讲的一套党八股，改讲和文学有关的内容。他讲述了希腊神话中从天上盗火给人间的普罗米修斯的故事，火是人类文明的起源，火给人类带来了光明。茅盾进而说：伟大的孙中山先生，就是普罗米修斯，革命的三民主义就是火。

二、岭南画派崛起

岭南绘画历史源远流长，从各地出土的新石器时代几何印纹陶、珠江口以珠海高栏岛为代表的岩壁画、广州南越王墓羽人船图像，到唐代画家张询《三时山》、僧徽画龙以及宋代白玉蟾画梅、竹，何裕夫画鱼等，都代有其作。但从唐到元，这些画家的作品都没有保存下来。及至明清，广东才出现画家辈出、画作万紫千红的繁荣景象。举凡山水画、人物画、花鸟画、鞍马画、道释画等无一不备，或摹古，或创新，诸般技法都尽显其风彩，作品具有浓烈的乡土气息。故屈大均《广东新语·艺语》设《诸家画品》专条，总结到明末清初的广东画坛：

"李子长画猫,梁市南、陈全人白描佛相人物,袁道生山水,……皆粤东之所贵也。尹伯阳花鸟,能曲尽其情状,稍惜笔重耳。凡写生必须博物,久之自可通神。又曰:"粤东以翎毛名者颇众,若吕纪、林良、张穆之皆神气生动,不堪着意,设色如生,故可贵。"在屈大均以后,广东画家接踵而起,嘉庆间广东画家黄培芳说:"吾粤近来工此事者颇多,即顺德一邑,斐然成章者指不胜屈。"① 其中成就较大、影响深远的有擅长山水画的顺德黎简,广东人物画中最有名的顺德苏六朋,古朴高逸、工人物画和山水画、自成一家的顺德苏长青,以及蜚声国内画坛的南海谢兰生、文斗和文恐庸父子,顺德张锦芳、黄丹书、张如芝,番禺汪后来、陈世堂、张维屏、居巢、居廉,新会甘天宠,鹤山易景陶,潮阳黄璧(一说为澄阳人),香山黄培芳等,皆卓然成家。他们的成就为近代岭南画派的产生奠定了坚实的历史基础。

岭南画派指20世纪初崛起于广东的一个美术流派,以高剑父、高奇峰、陈树人为创始人,提出"折衷中西,融会古今"的创作原则,以建立现代化、民族化、大众化的国画体系。

我国传统国画发展到清后期,已走入陈陈相因、抄袭模仿成风的道路。岭南画派的创始人都有过追随孙中山参加革命活动和在日本留学的经历,深受民主革命思想浸染和日本明治维新后美术革新的影响,锐意革新中国画,在理论上创造性地提出融中国传统水墨画没骨法、撞水撞粉法、写生法和日本绘画善于渲染、富于质感、色彩亮丽的特点,以及西方的透视学、光影法、比例学、解剖学知识等于一体的主张;在构图上引入具有严密体系的西画构图法则,以自然为依归;并结合我国民族审美心理特点,提出"不拘一格"的构图法则,丰富充实了中国画"置陈布势"方法,打破"三段分疆"、"宾主相让"等传统定式;在画技上采用笔墨与色彩并重,兼工带写,既继承宋代画院的写生设色、随类赋彩的传统,又博采西洋画家的重光重色重环境气氛的渲染之长。这样,他们对古今中外绘画艺术理论和技法精髓,都尽可能吸纳、效法,在此基础上作了提升和创新,形成自己独特的理论建构、画风和重要贡献,蜚声中国画坛。

高剑父(1879—1951年),广东番禺人,名崙,字剑父,后以字行。早年师

---

① 黄培芳:《致盛大士书》。转引自蒋祖缘、方志钦主编:《简明广东史》,广东人民出版社,1993年,第402页。

从居廉学画，后在澳门、日本东京学素描和研究东西方绘画和制版印刷技术。回国后，专心钻研绘画技术，1915年与高奇峰、陈树人合作出版《新画选》，开创中西合璧、形神兼备的岭南画派，其三人被誉为"岭南三杰"。高剑父先后创办春睡画院、南中美术专科学校、广州市立美术专科学校，并担任中山大学、南京中央大学教授，培养一大批美术人才，如方人定、赵崇正、黎雄才、关山月、何磊等。他对人物、山水、花鸟画有很深造诣，笔墨苍劲奔放，沉雄伟奇，且诗书俱佳，在国内外享有盛誉。他还是最早将西方科技文明飞机、坦克、汽车、公路等绘入中国画的画家之一，突破传统美术题材。主要文稿有《绘画发微》、《蛙声集》、《印度艺术》、《谈艺杂录》、《春睡艺谈》、《我的现代绘画观》等，皆为经典之作。代表画作有《昆仑雨后》、《雷峰夕照》、《山村晓雨》、《烟雨江山》等，其中《江关萧瑟》、《绝代名姝》1931年在比利时万国博览会上获最优等奖，《松风水月图》为德国政府收藏。今在广州盘福路建有高剑父纪念馆，为画界人士常履之地。

高奇峰（1889—1933年），名嵡，字奇峰，后以字行，是高剑父之弟。具家学渊源，幼时在高剑父指导下研习绘画。1907年和1913年两次赴日本学习日本京都派大师竹内栖凤、桥本关雪的作品，以及制版印刷技术。回国后专心钻研画艺，成就斐然，为"岭南三杰"之一。1918年任广东甲种工业学校美术及制版系主任。1925年任岭南大学名誉教授，并在广州开设美术馆，培养一批美术巨子，如黄少强、赵少昂、叶少秉、容漱石、何漆园、周一峰等，被称为"天风（楼）六子"。高奇峰高度重视师法自然，坚持写生；强调东西画法的结合，以融会和发展中国画传统；主张艺术为人生服务，提倡用美术唤醒国民，冲破旧意识束缚。在表现手法上，他以翎毛画走兽、花卉、山水，尤喜画鹰、狮子、老虎，显示自己昂首激烈的革命情怀，所画花鸟小品则清丽脱俗，另具一格；其长于用色和水墨渲染，使其作品倘佯于雄健与俊美之间，到晚年，则为粗犷豪迈的写意之作。高奇峰工诗，每以画相配而得彰。代表画作有《雄狮》、《虎啸》、《孤猿啼雪》、《秋江白马》等。后出版有《奇峰画集》（7集）、《高奇峰先生遗画集》传世。

陈树人（1884—1948年），广东番禺人，名韶，字树人，以字行。16岁从居廉学画，后留学日本，毕业于日本京都美术学校，回国后与高剑父、潘达微创办《时事画报》，积极宣传民主革命思想。民国初肇，一边在政府任职，一边坚持钻研艺术，曾撰文《新画法》，介绍西洋美术史和绘画技法。作为岭南画派的创始人之一，陈树人工诗善画，尤长于花鸟、山水画，熔画、诗、书于一炉。对岭南山水情有独钟，作画多达千幅以上。其艺术风格独特，既融会中西，更注重创新。在构图上，山水画脱离传统三叠式，着重从大自然吸取养分，构成不同画面，布局有势；花鸟画则采用均衡、对称、照应等手法，使虚实相生、互为补充；在色彩上，注重色、形、势相互关系，主张色彩调和悦目，尤善用绿色作为调色；对线条笔墨也很讲究，能以简洁清新的线条表达对象的形体、质感，线条纵横穿插画中，收到强烈的节奏感和韵律感效果。所作《岭南春色》、《木棉图》1931年获比利时万国博览会最优等奖。还有不少作品为印度、法国、苏联等国博物馆收藏。陈树人画作甚多，先后出版《陈树人画集》、《桂林山水写生集》、《陈树人近作》、《陈树人中国画选集》等。另外，陈树人还是一位诗人，有《春光堂诗集》、《寒绿吟草》、《专爱集》，《自然美讴歌》、《战尘集》，以及《村铁匠》、《燕去》等译诗。绘画与作诗的成就相得益彰，使陈树人在近代中国艺坛上享有很高的声誉。今广州东山署前路有陈树人纪念馆，具有很大的吸引力和感召力。

岭南画派创立以后，代有其人，卓然成家者有肇庆黎雄才（1910—2001年）、阳江关山月（1912—2000年）等，皆有名作传世，如黎雄才《潇湘夜雨图》、《珠江帆影》、《森林》、《武汉防汛图卷》，关山月《漓江百里图》、《塞外驼铃》以及与傅抱石合作的《江山如此多娇》、《绿色长城》等。

第四节 各自为政背景下地方文化放异彩

20世纪30年代初到抗战前夕，在经过大革命前后的社会动荡后，珠江流域相对平静，广东主政为陈济棠，广西主政为新桂系李宗仁、黄绍竑、白崇禧，都在各自统治地盘内采取了一些统一政务，整顿吏治，发展经济、教育和文化的措施，颇有建树，珠江文化赢得短暂发展的机缘，一时间出现异彩纷呈的局面。

一、陈济棠治理下的广东文化

陈济棠，广东防城（今属广西）人，1890 年出生，其父为私塾先生。陈济棠 17 岁考入钦廉警察讲习所，后考入黄埔陆军小学，秘密加入同盟会。1913 年，自广东陆军学校毕业，先后参加过孙中山领导的护国、护法和讨伐陈炯明的战争，从排长升到团长。国民政府在广州建立后，李济深任国民革命军第四军军长，陈济棠任十一师师长。后李济深控制广东，陈升任第四军军长。

1929 年 1 月，陈济棠在国民党元老胡汉民、古应芬推荐下当选为中央执行委员，掌握广东军权，并从此维持广东半独立的局面。

为了摆脱世界经济危机给广东带来的困境，扩大实力，同南京蒋介石政府抗衡，陈济棠高度重视广东经济建设。在他主政期间，大量引进国外先进技术、设备，制定了一系列保护工商业的法规。他的政策是，对工商业轻税薄赋，对烟、赌、娼则重征赋税，使广东物质文化建设出现一派兴旺景象。

1932 年 9 月 27 日，陈济棠在广泛征求各方面意见的基础上，提出《广东省三年施政计划提议书》并经西南政务委员会通过，提出建设"模范新广东"口号。提议书明确指出："国民革命事业，策源于百粤。二十年来，百粤人民自献其生命财力，以效忠勤于革命运动者踵趾相接，其有造于党国，确为不可磨之事实。"如果今日仍"若非预先步骤，严厉方策，各本其牺牲奋斗之精神，一致努力，则所谓革命建设，人民权益，无所寄托，甚非本党革命建设之本旨"。① 陈济棠希望通过经济建设以增强政治生机，"做成三民主义新广东"②。提议书内容涉及政治、财政、乡村、城市、教育、交通等方面，其中与广州城市相关者，提出"乡村建设、城市建设，须平衡发展，不宜偏重城市建设"，"物质建设、精神建设，须平衡发展，不宜偏重物质建设"，"为收容失业人员，在乡村应发展农业矿业，在城市应发展工业"；另对城市教育，提出广设职工补习学校，扩充平民学校，增设职业课程，教育职业化，学生劳动化，扩充大学文、法、政、经

---

① 陈济棠：《广东省三年施政计划提议书》（1932 年 9 月 27 日）。转引自钟卓安著：《陈济棠》，广东省地图出版社、暨南大学出版社，1999 年，第 157 页。

② 陈济棠：《三年施政计划是准备建设新广东的计划》。转引自钟卓安著：《陈济棠》，第 157 页。

等学科，以及农、矿、工、商等应用门类；在救济事业方面，提出多设平民医院，广设养老院、托婴所，收容乞丐，设义仓、公共饭堂、平民宿舍，设立公共坟场等；在交通方面，提出建设省道，整顿水运，经营航空业、长途电话，以及修筑江门至钦廉、广州至潮梅铁路，以及三水至梧州铁路等。[①] 在实施这个施政计划过程中，陈济棠作过多次检查，并发表相应讲话。如1933年《三年施政计划是准备建设新广东的计划》，5月30日《关于扶植商务以吸引侨商投资实业提案》；1934年2月4日《党员应切实协助政府实施三年施政计划》，7月《唤起民众协助政府推行三年计划》、《整理广州市政要抓人和法两要点》，同年8月《三年来本省施政状况》；1936年3月《绥靖、整理警卫队与三年计划执行情况的回顾》。这些讲话，清楚地说明陈济棠在统治广东期间，确实为改变广东政治、社会、经济面貌做出了不懈努力，并产生了积极效果，在广州城市建设方面更不例外。

陈济棠建设"模范新广东"最重要的一项内容，即致力于使广州进入近现代化城市之列。他1934年7月23日在市府纪念周的讲话中指出："广州是革命策源地，中外观瞻所系，办理广州市政，不独应为全省政治的模范，而且应进而建立全国的模范，所以我们必须努力前进，实施三年计划。"他强调"整理广州市政要抓人和法两要点"。对于前者，陈氏指出，政治人格"必须操守好，态度好，养成廉洁的态度，亲民的态度。一切工作都为人民着想，事事设身处地，明白人情，才能熟揣人民利害，关切人民痛痒，替人民做兴利除弊的事情"。"第二是法的问题，政治制度不是死板的，如制度有未臻完善，自然要设法改良，总以便民为依归。比方办理自来水电力的，必须注意供求适应，对于用户请求安装水管或电表，应迅速办理，不敷供应的时候，应设法补救。他如土地局对市民声请登记，及工务局对于市民请领执照，均须设法迅速办理，使市民感觉快意便利。又如公用局对于发给司机执照等事项，应要慎重与敏捷，以免市民生命危险，及领照者有久候的麻烦。总而言之，政府和人民间一切办事的手续，如有不便利于人民的，都要使到便利于人民为止，否则令到市民失望，便失了为人民谋福利的宗旨。"[②] 即使从文字上看，陈氏对广州市政府公务员的操守要求、对市

---

① 广东省档案馆：《陈济棠研究史料（1928—1936）》，广东档案馆，1985年，第139～141页。
② 广东省档案馆：《陈济棠研究史料（1928—1936）》，第274～275页。

政设施的建设和运作等事无巨细,都了如指掌,由此可窥见在其治理之下广州城市物质文化之进步。这主要反映在如下方面。

1. 制定广州城市建设计划

1918年广州市政公所成立,即开始大规模拆城筑路,历时三年,完成了这项巨大工程,开辟了城内主要马路,广州开始迈向近现代化城市。但一座近现代化城市不能没有科学合理的城市发展建设规划,故1929年,也就是陈济棠主政广东第一年,广州市政府即公布了《广州市施政计划书》,可视为广州第一个城市规划方案雏形,虽然它还有很多不完善之处。1930年,由广州市工务局局长程天固编制《广州工务之实施计划》,提出了广州城市建设计划,比前一个计划书更全面、详细地阐明了广州的地志、旧城改造和新区建设,以及道路、港口、城市公共设施建设等内容。1932年8月,广州市政府公布了《广州市城市设计概要草案》,这是广州城市规划的第一部正规设计文件,包括了广州功能区划分,市区道路干线,粤汉、广三铁路在广州桥梁、车站,以及机场、水厂、电厂、黄埔外港、白鹅潭内港、轮渡码头、仓库等的选址、布局等。1932年11月又公布广州市道路系统图,确定道路系统为棋盘式,由此奠定了广州城市的基本格局,并为后来继承至今。

2. 扩宽或新开辟主要街道

广州完成拆城墙后,即开展拓宽取直街道工作。结果是路网结构合理,街道宽阔,交通方便,全市面貌焕然一新,近现代广州街景得以形成。据悉,1929—1936年拓宽或新辟街道有湛塘路、东华东路、寺右新马路、达道路、农林上路、法政路、长庚路(今人民北路)、大新路、十九路军坟场路等,凡42条,① 约占清末广州92条街道的46%。据统计,到1936年,广州修建马路总长度达134公里。而同期广州全市内街道有6000多条,皆纡曲狭隘,房屋极不整齐,有碍消防、交通和卫生。1930年开始整顿,规定最窄是2.2米,最宽是11米,先后完成整治、拓宽内街1350条。② 这是一项巨大的城市建设工程,为此付出的资金、

---

① 陈代光著:《广州城市发展史》,暨南大学出版社,1996年,第133～140页。
② 丘传英主编:《广州近代经济史》,广东人民出版社,1998年,第309页。

技术和劳动难以估量。

这些街道建成后,广州城区范围进一步扩大。作为城区扩大最明显的标志是骑楼马路分布的变化。按骑楼为地中海式建筑,由欧洲人传入南洋,继在广州拆城时传入广州,因适合广州的气候和商业环境,很快获得推广,成为广州标志性的建筑,也是岭南建筑文化最有特色的一部分。其主要分布在民初拆城改建马路,如中山四路、中山五路、中山六路、东华路、西华路、龙津路、上下九路、恩宁路和六二三路、解放北路、小北路,以及河南的南华路、同福路、洪德路等,今已成为广州城市名片。另外,这时竣工的中山纪念堂、中山图书馆、广州市府大楼、海珠桥等,都是广州著名建筑,今已成为各级文物保护单位。这与陈氏和一批城市规划专家大胆吸收海外先进文化是分不开的。

3. 广州近现代产业兴起

陈济棠时代,广州制造业和商业贸易成为广州经济支柱,是广州城市走向近现代化的基础和标志,也是陈氏主粤最灿烂的一笔。

在工业方面,广州新兴行业和产品如雨后春笋,不断涌现。据有关统计,到抗战前夕,广州新建工业部门就有非金属加工、燃料加工、有色金属冶炼、金属加工、化学加工、建材、玻璃、陶瓷、橡胶、木材加工、纺织、缝纫、皮革皮毛加工、油脂加工,食品、食盐、印刷、文教艺术等159个部门,产品有数十种。比较著名有西村水泥厂、广州泥城发电厂、增埗自来水厂、广州硫酸厂、协同和机器厂、市头糖厂、新造糖厂、冯强胶厂、西村肥田料厂、河南纺织厂、省营造纸厂(南石头造纸厂)等,皆达当时先进技术水平,形成旧中国广州发展的高峰时期。很多工厂保存到新中国成立后,成为广州工业更新改造的基础。

商贸是广州城市的基本活动。陈氏利用1929年资本主义世界经济危机给这些国家带来冲击的机会,积极开拓海外市场,发展对外贸易,刺激了广州工商业发展。据统计,1928—1932年广州口岸对外贸易约占全国进出口总值的5%左右,多数年份入超,且平稳地发展。①

外贸与商业相互促进,广州市场一片繁荣兴旺。1933年,广州民营商业银

---

① 丘传英主编:《广州近代经济史》,第290页。

号达498家，分早、午、晚三市交易，其兴旺的景象超过了香港。至茶楼酒肆、商业网点、旅馆、戏院等遍布全市。1933年广州各行商店达2.2万余家，平均每50人一家。仅旅馆一项，1933年达291家，广州成为中外商旅云集之地。1929年广州人口为81.17万，1932年增长到112.26万人，三年间增加了38.3%。广州跻进百万人口城市之列，成为大城市。时有评论说："外人初到广州游览，常叹广州近年物质之进步。盖高楼大厦、车水马龙，颇足眩人耳目。"梁漱溟也大加称赞："民国十六七年，兄弟曾到广州，现已隔七八年。现在之广州，与以前之广州又不同，码头增多，市面扩大，建筑物、汽车都日有增加。"①1934年，广州已有长途汽车线路15条，长途汽车公司15家，营运汽车121辆；市内公交线14条，总长124公里，客车532辆，脚踏车9380辆。广州呈现一派近现代城市景观，令外地人刮目相看。

陈济棠在戎马倥偬生涯中，深知交通运输的作用，故十分重视广州交通网络建设。他说："建设之要首重交通，欲觇地方经济之盈虚，文化之隆替，民生之丰歉，莫不以交通之便否为衡。"1928年，广东公路总长仅3850公里，到1934年已上升到1.34万公里，增长2.48倍，无论总长度和密度，都居全国第一，超过交通发达的山东和江苏。这个公路网络，以广州为中心，其中东路分第一、第二、第三干线，打通汕头、潮州、梅州、惠州等地交通；南路第一干线和琼崖环岛公路，使广州湾（今湛江）、茂名、徐闻、合浦、钦州等地公路增多，海口至三亚公路畅通；西路则建成三（水）四（会）公路、三（水）高（要）公路、高（要）德（庆）公路与德（庆）封（开）等公路；北路则修筑南（雄）韶（关）公路、韶（关）坪（石）公路、韶定（南）公路、韶（龙）南公路等。到1937年，广东省内有17条主干公路，326条支线，总长2.21万公里，联结福建、江西、湖南、广西，广州成为省际公路总枢纽。铁路交通也日益发展。1936年，粤汉铁路全线通车，并与广九、广三铁路联网。加上已投入使用的潮汕、新宁铁路，广州在华南铁路网上处枢纽地位。

内河航运向为广州主要的交通方式，无论长行渡或是横水渡都辐辏广州。1932年广州港务局成立，改善河道管理。1933年建成连接广州珠江南北的海珠

---

① 转引自肖自力著：《陈济棠》，广东人民出版社，2002年，第343页。

桥。到 1935 年，省内各江通航里程达 3000 多公里。广州是最大的航运中心，通西江、北江、东江和三角洲网河各埠，全省有 17640 艘民船日夜穿梭于各水系河道，加速城乡物资交流。

航空运输兴起较晚，但一起步，即呈良好的势头。1932 年，陈氏成立民用航空公司，次年成立广东民用航空公司，后联合广西发起西南航空公司，开通广州至海口、梧州、南宁、桂林、柳州、龙州、北海等国内航线，以及广州至河内国际航线，促进各地物资和商务往来。

4. 奠定广州现代教育基础

陈济棠作为一位军政人物，同样致力于教育事业。他说："教育是立国张本，是永久的事业"，"是我中华民族的生死问题"。① 又说："世界上没有教育不发达的国家，能够进步的。"在他制定的"三年施政计划"中即体现了这一教育思路。这包括：一是推广义务教育，拟三年内解决 200 万失学儿童复学问题。二是扩充中等教育，在广东增设省立中学，各县也增加中学班数。三是发展职业教育，提高就业素质，解决就业问题。四是推广师范教育，培养各类师资。五是增加高等教育，"以造就专门人才"。除在广州东郊新建中山大学校园外，决定设立广东勷勤大学的工学院、师范学院、商学院，筹办省立农业专科学校、水产专科学校、美术专科学校、音乐院和编译馆；补助私立大学；选派优秀学生出国留学；等等。六是推行社会教育，提高人民知识、道德水平，补学校教育之不足。这些教育政策和措施很快见效。在陈氏主政期内，全省普通小学由 18964 间增加到 22754 间，增长 20%，学生人数由 1098965 人增至 1469406 人，增长 34%；中学由 205 间增加到 299 间，增长 46%，学生人数由 4.5 万人增到 6.14 万人，增长 36%；高校学生从 4000 人增加到 5000 人，也有 25% 的增长。此期间广州即有中山大学、广东法科学院、岭南大学、国民大学、广州法学院、广州大学、光华医学院、夏葛医科学院，以及美术、铁路、中医等专科学校，广州成为南中国一个教育重镇，在近现代中国教育史上占有重要一席之地。

---

① 陈济棠：《要把整个教育事业进行整顿》（1932 年 10 月 1 日）。转引自肖自力著：《陈济棠》，第 345 页。

5. 延揽人才，保障广州社会经济发展

一个近现代化城市，必须人才荟萃、各显身手，才能推动城市各项事业前进。在陈济棠时代，广州即汇集了一大批各个领域的时代精英，他们充分发挥自己的聪明才干，对建设广州大城市功不可没。

陈济棠面对广州建设的各项难题，除筹措资金、技术以外，同时十分重视人才，果断地采取一系列有力措施，延揽、重用知识分子，使之有职有权，并获得优厚的生活待遇，从而保障他建设广东的三年施政计划落实在坚实的智力基础上。而从实际效果看，陈氏的这种理念和决策，他的前任主粤者无一人出于其右。恰如留英美硕士、博士学位获得者，时任韶关飞机厂副厂长兼总工程师，新中国成立后任华南工学院院长的罗明燏说，陈氏"治粤期间，很重视知识分子，只要是专家或有一技之长者便提拔重用"，让他们"掌握工业中各部门的经营管理大权，使他有职有权，充分发挥才干"，"并在生活上给予优厚的待遇"。[①] 在这些政策吸引下，大批留学生远涉重洋，回归广东效力。例如，留美的谢吴明，为广州硫酸厂、饮料厂、新造糖厂技术骨干；留法建筑师林克明，担任设计中山图书馆、广州市政府大楼、中山大学石牌校区多座教学大楼以及中山纪念堂建设委员会顾问、海珠桥设计监理等；从美国学成归来的林士祥，不依靠外国技术人员建成广州电解厂。另有石井兵工厂副厂长邓演存，南石头造纸厂总工程师陈丕扬，水泥厂工程师黄肇翔、邓鸿仪、刘鞠可、林业，硫酸厂黄炳芳，肥田料厂陈宗南、方宁赞，饮料厂陈国机、余骐，无烟药厂梁卓严、司徒灼，纺织厂王福卫，造纸厂刘宝琛、赵帝森，以及省建设厅、市公用事业局、省农业局等都有一批这样的技术精英，支撑着这些新兴企业事业的建设和发展。特别是番禺黄埔村人冯锐，在内地多所大学毕业，留学美国获农业经济学博士学位，在陈氏时期出长广东省农林局，在发展广东甘蔗种植、加工等方面甚有建树，为陈氏赏识和重用。也因为如此，在陈济棠倒台后，冯锐为蒋介石下令捕杀，成为蒋陈政治斗争的牺牲品。

此外，陈济棠还巧妙地利用世界经济危机的机会，大量引进外国工业设备和

[①] 罗明燏：《我所认识的陈济棠将军》。转引自钟卓安著：《陈济棠》，第173页。

原材料，装备这些落成企业，使之很快投产，效果斐然。例如陈氏从菲律宾、爪哇、台湾引进多个优良甘蔗品种，广种于广东，甘蔗和糖产量大幅度增加，民受其惠。陈氏又引进机器榨糖，时属创举，以后使用不辍。

6. 尊重传统文化，提倡尊孔读经

陈济棠也十分尊重传统文化，认为"中国有数千年的历史，有独立的文字，重和平，崇仁让，有历来相传的美德"[①]。在行动上，大力提倡尊孔读经，掀起"广东复古运动"，社会各界对此毁誉参半，抵制行为也不在少数，故这一运动并未达到预期效果。与此同时，陈氏又积极支持"国有文化"研究，在广州成立学术研究机构"明德社"，以阐扬国粹，改造人心。为此，办报刊、开演讲、设研究班、出版各类丛书等，轰动一时。不管其目的如何，这对梳理、保存传统文化，总有它积极意义的一面。当然，陈氏在这一运动中，还以文化判官面孔，干预妇女服饰和涉及男女公共活动，批评工农商学政军界的病态心理，以达到改造心理之目的。这在某种意义上说，也不无进步意义。这对活跃广州等城市文化氛围，也是有促进作用的。陈氏也深知利用广播来达到教化、宣传和娱乐目的。广州自1927年起筹备广播电台，1929年5月6日正式播音。1934年8月广州广播电台工作人员多达348人，每天播音6小时，使用广州话、国话和英语播音，这在全国城市应不多见。这也标志着广州不仅在物质文化上，而且在精神文化各方面，正一步步地向近现代化大城市迈进。

陈济棠治理广东的文化建树得到后人的肯定和高度评价。1980年9月10日，邓小平在接见陈济棠之子、美籍学者陈树柏时指出："令尊治粤八年，确有建树，有些老一辈的广东人还怀念他。"[②] 故陈济棠无愧为一位对现代珠江文化有贡献的人物。

二、新桂系治下的广西文化

1925年，以李宗仁、黄绍竑、白崇禧为代表的新桂系统一了广西，开始了

[①] 陈济棠：《本党成功必须的几个要素》。转引自肖自力著：《陈济棠》，第366页。
[②] 这段话公开于《羊城晚报》1982年9月22日。

广西政治、经济革新，迎来了广西文化发展新局面，并与广东相呼应，促进两广联合，推动珠江文化振兴。

在国共两党共同努力下，1926年1月1日至15日，国民党广西第一次全省代表大会在南宁召开，大会发表宣言，表示拥护广州国民政府的领导，奉行孙中山的新三民主义，同时通过有关政治、军事、党务、农运等报告，标志国共合作在广西正式形成。但这一局面维持到1927年"四一二"政变以后即结束，继而发生新桂系与蒋介石势力的争斗，战乱再起。直到1931年，粤桂联合，广西省政府成立，新桂系上台，实行"自卫"、"自治"、"自给"三自政策，颁布《广西建设纲领》，广西社会、经济文化建设走上正轨，珠江文化在广西才取得进步和兴旺。

首先，新桂系十分注重吏治建设，在人事制度上淘汰旧官吏，任用有知识、有能力、拥护新政权的中青年为各级官员，1926年8月即成立"广西课吏馆"，负责全省县知事（县长）考核事务，"规定县知事人选，要回避本籍，非万不得已，不用本县人"①。这是一项很高明的用人举措。后又继续完成辛亥革命以来的"改土归流"政策，改置若干个土司为县，使全省建置划一为县。

接着在金融、税收等方面进行整顿，建立起全省统一的货币和税收制度，有效地稳定金融、保障税收和财政来源。新桂系在此基础上，致力于交通、工业、农林各业等物质文化建设，恢复和发展教育事业和其他社会公共事业，某些方面走在全国首列，树立了广西新形象。

新桂系很重视交通建设，1926年开始五大公路干线建设计划。到1929年，全省建成公路24段，加上原有公路，累计长达2165公里，形成五大干线：北横干线，由西林东下怀集（今属广东）；南横干线，由龙州，西接安南，东达梧州；西纵干线，由南丹直达钦州，出北海；中纵干线，由三江经长安，南下至陆川；东纵干线，自黄沙河经全州至梧州。另有特别线，起自与云南接壤的田南道边界，经百色、恩隆、平马、那马至思恩接西纵干线。到1937年，广西公路又增至5700公里。整治西江河道，全年可通航轮渡船1522公里，有电船、轮船200余艘，民船万余艘，成为省内主要交通工具。

---

① 广西文史研究馆编：《黄绍竑回忆录》，广西人民出版社，1991年，136页。

新桂系积极策划发展地方近代工业,包括硫酸、机械、酒精、制革、水泥、造纸、制糖、纺织、炼油、电池、桐油、采矿等。也很重视农林事业,建立柳江农林试验场、柳州造林事务所、南宁农林试验场和农林讲习所、梧州实习研究院等进行农业改革、试验,推广良种,特别是大力推广油桐、油茶种植,1937年桐油输出居全省出口物资首位。

对于发展教育,新桂系也不遗余力。1926年起,颁布各种恢复和发展教育法令,加强人员培训,加大经费投入。1928年全省有大学1所,省立专门学校2所,省立、县立师范40所,以及省立、县立中学和职业学校一批。另外选派留学生。至1933年,留学生已达900多人。蒋桂战争结束,新桂系进一步推动教育事业发展。1931年建广西大学,由著名政治家、文化人马君武任校长,后又收并了广西省立师专、广西省立医学院,从省外聘请一些进步教授,使广西大学成为南方高等教育的一个重镇。此外,新桂系在新闻、体育和卫生事业上也采取一些措施,如创办《广西日报》、《桂林日报》、《南方杂志》、《新广西》,建立南宁、桂林广播电台,以及开展体育竞赛、设立各级医院等,都把广西推上近现代教育社会文化发展轨道。[①] 广西被视为全国的"模范省"。

三、两广中西合璧建筑接踵而起

建筑作为一种最直观的文化符号,是一种动态和充满时代感的文化。有赖于华侨引进西方建筑文化,两广城乡建筑景观才大放异彩,为其他省区所不及。而这主要是20世纪30年代达到建设高潮。

骑楼是地中海沿岸建筑,20世纪初,广见于我国东南沿海城市。广州最早出现骑楼在20世纪20年代,据研究是由西方殖民者和华侨从东南亚同时传入的,很快由广州传播至全省各地,尤以珠江三角洲和沿海、沿江城镇为普遍。据林琳博士统计分析,广东现今21个地级市,拥有骑楼城镇密度最高的是汕头和潮州(0.7座/千平方公里),次为佛山、广州、江门、汕尾、中山、揭阳、东莞、云浮、深圳等,为0.4～0.7座/千平方公里;再次为东莞、肇庆、梅州、

---

① 参见覃延欢、廖国一主编:《广西史稿》,广西师范大学出版社,1998年,第318～324页、409～415页。

韶关、茂名、湛江，为 0.3～0.4 座/千平方公里；最低为河源、惠州、清远、阳江（<0.3 座/千平方公里）。这与广东华侨祖籍分布格局有某种相似之处，亦即两者成正比。潮汕、五邑和海南文昌、广西北海为华侨集中地，拥有骑楼的城镇密度最大，粤西、粤北山区则较少。① 骑楼具有上楼下廊、前店后宅，与街道相连，既遮风雨日晒，又方便交易等特点，与广东商业文化发达相一致，故具有强大生命力，留存至今。由于华侨数量、区域商品经济水平差异，侨乡骑楼平面类型多，有单开间、双开间和多开间等。如台山开平、广西北海城镇骑楼多为双开间并联组合而成，沿河或沿路摆布，风格多样，既有中国传统式屋顶，更多的是仿文艺复兴式、仿巴洛克式、仿古典式、南洋式等，规模大、空间阔，立面雄伟气派，异彩纷呈，突出中西文化结合特色。而内地非侨乡如粤北、西江、桂北一带骑楼，数量少、类型单调、规模小，屋顶多为中国宫殿或居民式。如在广西贺州镇，骑楼通道宽不过 1.5 米，仅容 2 人通过，说明传统文化在当地占优势。

碉楼是中西建筑结合的另一形式，清末民初大量兴起于开平、新会、台山、恩平、鹤山所谓五邑侨乡。实际上，在沿海许多地区，如东莞凤岗，亦有不少类似的碉楼，后称为"排屋楼"，也是华侨引进，主要是 20 世纪初兴建的。这些碉楼的主人侨居世界各地，故其建筑风格丰富多彩，堪为世界建筑文化博览馆。关于碉楼文化已见前述，此略。

四、文学艺术创作复苏

珠江的文学艺术，虽说有过一段低潮，但随着一批文化人的坚守与抗争，到 20 世纪 30 年代也渐渐有所复苏。

欧阳予倩（1889—1962 年），中国现代戏剧史上著名的戏剧艺术家。他在 1928 年 12 月应广东当局李济深、陈铭枢的邀请，来到广州，并于 1929 年 2 月 16 日创办了广东戏剧研究所。

欧阳予倩在广东的三年时间里，担任戏剧研究所所长，团结戏剧界同人，坚定、积极地进行了各种改革。他在研究所附设了戏剧学校和音乐学校，并亲自授

---

① 林琳著：《港澳与珠江三角洲地域建筑——广东骑楼》，科学出版社，2006 年，第 70 页。

课、排戏，举行了数十次演出，培养了一批戏剧和音乐人才。他还创办了《戏剧》杂志和《戏剧》周刊，宣传戏剧改革的主张，介绍外国进步的戏剧理论，推动我国戏剧改革运动。他批评了当时广东出现的认为作家是"超越了社会的人，著作是个人的著作，享乐是个人的享乐"，作家只是"为满足自己的美欲而创作的"，"所谓效果，是艺术以外的事"之类的"为艺术而艺术"的错误理论，强调"戏剧本是社会的反映，有什么社会，便有什么戏剧"，"现代的戏剧，始终离不开现实，非现实的戏剧不是现代民众所需要"，"我们的戏剧尤其要注重现实"，"我们所迫切的要求能直接表现人生的戏剧"。① 他在广东创作的剧本、鲜明地表现了这个主题。这包括《车夫之家》、《小英姑娘》、《买卖》、《同住三家人》、《不要忘了》等，都紧扣时代题材，在观众中引起强烈共鸣，取得良好效果。

九一八事变，激起广州学生极大愤慨，爆发抗日反蒋等怒潮。广东左翼文艺运动随而达到高潮。1933年3月，中国左翼文化总同盟广州分盟成立，由何干之、温盛刚、谭国标、欧阳山等七人为常务理事，负责各自工作，开展活动。由此涌现和锻炼一批优秀作家，如欧阳山、丘东平、草明、洪灵菲、张资平等，都各有突出成就，他们都是用鲜血写出了那个时代的辉煌篇章。

洪灵菲（1902—1934年），潮汕人，在上海期间（即1927—1930年间），发表了"流亡三部曲"（即《流亡》、《前线》、《转变》这三部长篇小说），反映国共关系由合作到破裂的血腥一页。他于1930年当选为"左联"七名常委之一。1933年由于叛徒告密，他不幸被捕。次年初遭杀害。

冯铿（1907—1931年），女，潮州人，著名"左联"五烈士之一。鲁迅在《为了忘却的纪念》中有记："我疑心她有点罗曼谛克，……她的体质是弱的，也并不美丽。"因为被捕后受疟，"面目都浮肿了"。她著有长篇小说《最后的出路》，写一位青年女子在新旧交替的动乱年代最终选择革命道路的艰苦历程。她被誉为"中国新诞生的最出色的和最有希望的妇女作家之一"。

此外，太阳社戴平万、冯宪章都以革命斗争为题材，以小说、诗歌为武器，唤醒群众，奋起抗争。

抗战军兴，珠江诗人以诗歌为投枪、为匕首、为号角，参加这场伟大的民族

---

① 欧阳予倩：《今日之写实主义》，《戏剧》一卷二期，1929年7月。

解放斗争。代表诗人蒲风（1911—1942 年），广东梅县人，出身贫苦，备受生活折磨。1928 年曾到南洋谋生，在当地出版《狂风》刊物，发表不少宣传革命的诗作。1930 年回国，1932 年参加"左联"，是诗歌组的骨干成员，相继发表《茫茫夜》、《我迎着风狂和雨暴》、《祖国复兴在雷雨声中》等诗作，并创办《诗歌》、《诗歌生活》、《广州诗坛》等刊物。1938 年加入中国共产党，同年投身抗日军队，积极宣传抗日。1940 年投奔新四军，直接战斗在抗日最前线。1942 年病逝于安徽天长县。新中国成立后，被追认为革命烈士。

蒲风诗歌直接面对残酷现实，讴歌人民抗日斗争，语言辛辣、格调高昂、通俗易懂，充满了战斗性、震撼性，每一章，每一句，都跳动着时代脉博。如代表作《六月流火》长诗的结尾，诗人高唱：

> 六月流火！
> 六月流火！
> 火在天空，
> 火在地上！
> 火燃烧了王庄！
> 火蔓延在各村落上！
>
> 六月流火！
> 六月流火！
> 火在天空，
> 火在地上！
> 火照耀着稻珠金黄！
> 火将烧出了新生命的辉煌，
> 辉煌！①

这一时期，还有两位作家在中国文学史上留下深刻痕迹，一位是现代象征派诗歌开山者、奠基人李金发，另一位是客籍作家张资平。

李金发（1900—1976 年），广东梅县人，1919 年留学法国，1920 年开始写诗。其时西方象征派诗歌正在兴起，李金发得其精髓，在《莽原》上乘兴而发，

---

① 罗可群著：《现代广东客家文学史》，广东人民出版社，2008 年，第 104 页。

其成名作《弃妇》，描写一位被遗弃妇女的悲惨命运。另出版《微雨》、《为革命而歌》、《食客与凶年》等诗作，都为中国象征诗歌树起的丰碑。我国著名学者、散文家朱自清评价李金发诗歌是当时突起的"一支异军"，并说"象征派诗要表现的是微妙的情境，比喻是他们的生命"，"虽用文字，却朦胧了文字的意义。用暗示来表现情调"。而李金发是"第一个介绍"法国象征派诗到中国诗坛上的诗人，对中国诗歌流派和风格的创新贡献匪浅。如其写第一次世界大战的《有感》诗曰：

如残叶溅
血在我们
　　脚上
生命便是
死神唇边
　　的笑。

把生命视为死亡唇边的笑，这一灿烂又凄惨的意象，可以说是李金发的一个绝唱。李金发还编有《岭南恋歌》，收入客家情歌545首。抗战期间写有《异国情调》、《飞剪号带来的英勇》、《一个少女的三部曲》三篇小说。前两篇写华侨支持抗战，后一篇披露、控诉农村封建陋习对妇女的残害。三篇小说1942年收入《异国情调》一书，由商务印书馆出版。

张资平（1893—1959年），广东梅县人，1918年留学日本，回国后积极投身于新文学运动，创办《乐群》、《中日文化》等杂志，曾在大学任教。其仕途坎坷，曾以汉奸罪被国民党政府逮捕，新中国成立后又被以汉奸罪判处有期徒刑20年，后死于劳改农场。后查明，其罪名不成立，但损失已无可挽回。

张资平是一位高产作家，在文学上颇多创新，甚有贡献。其早期文学活动已见前述。他一生创作长篇小说24部，短篇小说50余篇，译作6部。内容上可分两类：一类是描写市民知识分子的爱欲与文明压抑之间的矛盾、市民阶层精神幻想的情爱小说；另一类是描写小市民生存空间的非情爱小说，从物质和精神层面关注市民生存状态。前者如《双曲线与渐近线》、《回归线上》、《圣诞节前夜》、《性的屈服者》、《性的等分线》、《苔莉》、《飞絮》、《最后的幸福》等，不少作品一版再版，备受欢迎，代表了他情爱小说的最高水平。在五四运动冲击下，个性解放、婚姻自主、冲破封建伦理罗网已渐渐成为时代的一股潮流，张资平的情爱小说，即使有不少性描写，也属自然主义，有惊世骇俗的积极意义，其进步作用不可抹杀。特别是其情爱小说一反"男求女"传统模式，有不少情节是女方主动、勇敢地追求男方。这种叛逆的女性行为，对封建伦理学是一种大胆挑战。在张氏作品中大不乏这样的角色，作者的勇气和胆识也是不同寻常的。

此外，张资平有不少作品描写社会底层人士的悲惨生活，如《木马》、《雪的除夕》、《小兄妹》、《兵荒》、《军用票》等；也有描写军阀横行和官吏贪婪无耻的，如长篇小说《公债委员》。其作为客家人，描写客家妇女悲惨命运的小说也不在少数，如《冲积期化石》、《性的屈服者》、《梅岭之春》、《最后的幸福》、《三七晚上》等。

张资平还收集了不少客家山歌，嵌入其作品中。例如一首客家情歌就很动人：

蓬辣滩头水满堤，迷娘山下草萋萋。
暂时分手何珍重，岂谓离鸾竟不归。
共住梅江一水间，下滩容易上滩难。
东风若肯如郎意，一日来时一日还。

过去对张资平的评价，多离开特定的历史研究，被强加"毒害了不少青年"、"诲淫诲盗"、"色情"、"多角"、"低级趣味"等不实之辞，不是无知、偏见就是偏激，应重新审视、重新评价其人其书，还一个真正的张资平面目。

五、学术研究的建树

在这一相对平静的期间，随着教育事业的发展，珠江流域的学术研究获得一个良机，在人文社会科学和自然科学方面，取得不少开拓性成果，为后来的研究奠定坚实基础。

1. 王力语言学

王力（1900—1986年），中国语言学家、诗人，字了一，广西博白县人。

1924 年入上海南方大学学习，次年转入上海国民大学。1926 年考进清华大学国学研究院。1927 年赴法国留学，1931 年获巴黎大学文学博士学位。1932 年回国，历任清华大学、燕京大学教授。1937 年南下，任教于湖南长沙临时大学、广西大学、昆明西南联大。1939 年至 1940 年在越南研究东方语言。1946 年任中山大学教授兼文学院院长，创办语言学系。1948 年任岭南大学教授兼文学院院长。1952 年任中山大学教授，兼任语言学系主任。1954 年调北京大学任教授，曾兼任国家语言文字工作委员会顾问、中国语言学会名誉会长、中国音韵学研究会名誉会长。

60 年来，王力一直从事语言科学的教学和研究工作，为发展中国语言科学、培养语言学专门人才作出了重要的贡献。1936 年发表《中国文法学初探》一文，对中国语法学界自《马氏文通》以来因袭英语语法研究的状况提出批评，同时对汉语语法的特点和研究方法做了初步探讨。1937 年发表的《中国文法中的系词》，指出系词在古代汉语里不是必要的，汉语的句子也不一定都要有动词，这揭示了汉语不同于印欧语言的一个突出特点。他的《中国现代语法》（1943年）、《中国语法理论》（1944 年）以及《中国语法纲要》（1946 年）等著作，以《红楼梦》为主要研究对象，建立了自己的汉语语法体系。在 40 年代，王力的语法著作和吕叔湘的《中国文法要略》都对汉语语法研究起了重要的影响。

王力在音韵学方面用力最勤。早年在法国专攻实验语音学，著有《博白方音实验录》（1931 年）。他的《中国音韵学》（1936 年，1955 年再版时改名为《汉语音韵学》）一书用现代语音学理论解释传统音韵学的概念，叙述了传统的今音学（《广韵》音系）、古音学等韵学的基本内容。此外，王力还发表了一系列研究音韵的论文，例如《南北朝诗人用韵考》（1936 年）、《上古韵母系统研究》（1937 年）、《汉越语研究》（1948 年）等。新中国成立后，还有更多音韵学成果问世。

王力自 20 世纪 40 年代开始从事汉语词汇的研究，先后发表《古语的死亡、残留和转生》（1941 年）、《新字义的产生》（1942 年）、《理想的字典》（1945年）等文，着重探讨汉语词义演变的特点和规律。《新训诂学》（1947 年）和《训诂学上的一些问题》（1962 年）两篇论文对中国传统的训诂学作了认真的总结与批判。他还主张用历史发展的观点建立新的汉语语义学，他的《同源字典》

（1982 年）是在词汇学方面贯彻自己主张的代表著作。

王力对汉语的语音、语法、词汇所作的描写和历史的研究，集中在《汉语史稿》（上、中、下，1957—1958 年）一书中。70 年代末开始修订重写，分为《汉语语音史》（1985 年）、《汉语语法史》和《汉语词汇史》三书。他的《中国语言学史》（1981 年）对中国 2000 多年来的语文研究和语言学遗产作了比较全面的叙述和初步的总结。他主编的《古代汉语》教材（1962—1964 年，共 4 册，后多次修订）体系新颖、内容丰富，在国内外都获得好评。

王力重视语言文字的应用。他在文字改革、汉语规范化和推广普通话方面做了大量的研究和普及工作。早在 30 年代他就提倡文字改革，主张用罗马字拼音。1940 年出版的专著《汉字改革》，分析了现行汉字的优缺点及改革的可能性，提出了改革方案。1949 年后参加汉字简化、汉语拼音方案的制订、推广普通话以及汉语规范化的研究工作，发表了多篇论文。

王力又是诗律学家。他的《汉语诗律学》（1958 年）对中国古代诗词的格律和语言特点作了精到的研究。王力又是诗人，著有《龙虫并雕斋诗集》（1984 年）。

王力在语言学方面的专著有 40 多种，论文近 200 篇，共 1000 万余字，内容几乎涉及语言学各个领域，有许多且具有开创性。这些论著后汇编为《王力文集》20 卷，1985 年已出版前 3 卷。王力捐献这部书的稿费，设立"北京大学王力语言学奖金"，自 1986 年开始评选、颁发。

王力先生写的有关粤方言的著作有：《博白方音实验录》（1932 年）、《广州话浅说》（1957 年）。另外写了不少论文：《两粤音说》（《清华学报》1928 年）、《东莞方音》（《岭南学报》1949 年）、《珠江三角洲方音总论》（合著，《岭南学报》1950 年）、《台山方音》（合著，1950 年）。

王力先生为方言区推广普通话做了很多工作，写了《广东人学习国语法》（1951 年）、《广东人怎样学习普通话》（1955 年）等学习手册，写了《谈谈广东人学习普通话》（《南方日报》1956 年）、《粤方言与普通话》（香港《语文杂志》1981 年第 7 期）等文章，对岭南方言研究作出重要贡献，无愧是一位语言学大师。

2. 罗香林与他的客家学

罗香林（1906—1978年），字元一，号乙堂。1906年生于广东省兴宁县宁新镇。

1924年夏，罗香林在本县兴民中学毕业后，即到上海就读承天英文学校。1926年夏，他从上海政治大学考入北京国立清华大学史学系，兼修社会人类学，从游梁启超、王国维诸名宿。1930年夏，清华大学毕业后，即升母校研究院，专治唐史与百越源流问题，兼肄业燕京大学研究院。1932年2月，他获哈佛燕京学社奖学金，到华南考察民族问题。接着赴广东考察客家文化与社会组织。10月任中山大学校长室秘书兼广东通志馆纂修。后任副教授，讲授方志研究，兼编学校《中文研究》月刊。

1939年春，全家抵重庆。不久他赴云南澄江任中山大学教授兼研究院指导教授。翌年，中山大学由滇迁返粤北，他抵桂林考察文物古迹，于西山观音峰发现唐代摩崖佛像及有关石刻。此发现对他后来研究佛教从印度循海道传入越南与两粤发展，提供了重要资料，著成《唐代之光孝寺》与《桂林摩崖佛像》。1941年，于紫金忠霸孙桂香家索阅《孙氏族谱》，经研究此乃与孙中山上代有关的唯一族谱，编撰《国父家世源流考》。

1945年日本投降后，他出任广东省政府委员兼省立文理学院院长。

1949年，他全家移居香港。1966年，他用英文发表《中国族谱研究》演讲，开启当代学术研究新课题之先河。

1969年起直至1978年逝世，任香港私立珠海书院院长、中国文史研究所所长、基督教崇基会副会长、国际笔会香港中国笔会会长。

罗香林学识渊博，治学严谨，承先启后，著作等身，尤以开创族谱学，继甲骨学、敦煌学、简牍学之后，开启当代学术之新潮流；又以《客家研究导论》、《客家源流考》、《客家史料汇编》等开创性著作，为客家研究之学奠定根基。他无愧为一代通儒、史学宗师、客家研究之权威。

客家学（Hakkaology）是一门方兴未艾的学科，是一门运用科学的观点和方法去研究客家民系的历史、现状和未来，并揭示其发生、发展的学问。研究对象是客家民系和客家文化现象，包括客家民系的形成史、客家民系独特的文化现象以及表现出来的客家精神、客家民系的现状和未来。客家学涉及多个领域的综合性学科,研究范围除了客家民系的形成历史外,还包括客家的语言、文化、艺术、建筑等多个方面;它又是一门边缘学科,涉及历史学、地理学、社会学、民族学、人类学、语言学、民俗学、建筑学、艺术美学、社会心理学、文化学、华侨史学等多个学科领域。而客家学的摇篮就在珠江流域,特别是在客家第一大省广东。客家学研究成果则是近现代珠江文化一个最辉煌的组成部分。

罗香林先生于1933年11月出版了《客家研究导论》,1950年出版了《客家源流考》,这两部经典著作可以说是1950年前对客家研究诸说的综述与个人观点的结论。罗先生说:"这篇《导论》只是报告了一点关于个人研究客家问题的短短经过而已,其中不能解决的问题,还不知究有多少……"[①] 该著作奠定了客家学研究的基础,对客家的源流、客家民系形成的年代与血缘、分布及自然环境、语言、文教、民系特征等作了全面的研究。其中,关于客家源流问题,他提出了三支五期说。三支即永嘉之乱后,汉人南迁,形成三大支派,播迁于洞庭湖流域、鄱阳湖流域及赣江而至今日赣南及闽边诸地,以及今日浙江及福建的北部等地。五期即东晋至隋唐为第一期;唐末黄巢起义促成第二期;宋室南渡、元人入侵,闽赣粤交界的客民流入粤东、粤北为第三期;清初粤赣客家随"湖广填四川"移民浪潮入川,惠、韶、嘉及赣州诸属之客民向粤省广肇诸属迁移,嘉应各属客家向台湾迁移,此为第四期;咸丰六年至同治六年(1856—1867年)之土客大械斗,客家南入高、雷、钦、廉诸州,远至海南岛崖县、定安等地,为第五期。该书提出客家是汉族里头一个系统分明的支派,客家先民因为受到中国边疆部族侵扰的影响,才逐渐从中原辗转迁徙到南方的。

罗香林教授认为,兼顾各业、并蓄人才、妇女能力与地位的广泛提高、好动而且具有野心、富有冒险和进取精神、简朴质直、刚愎自用等代表了客家民系的特征。

罗香林教授1950年在《香港崇正总会三十周年纪念刊》上发表《客家源流考》,对客家源流、系统、迁徙、分布、语言、文化、精神,以及五次迁徙的原因和路线等等,作了较为系统的论述和详细的考证,将客家民系的迁徙和系统的

[①] 罗香林著:《客家研究导论》,(台北)众文图书股份有限公司,1981年,第24页。

形成，置于中华民族发展的历史长河中进行考察，从而成为海内外研究客家最具有权威的著作之一。

3. 徐松石与民族学

徐松石（1900—1999年）又名徐仲石，广西容县人。早年留学美国，回国后执教于上海大学、中学，1957—1974年在香港任大学教授，1975年定居美国。对中国民族问题甚感兴趣，尤其对岭南、西南和东南亚民族渊源及其相互关系深有研究，且多创见，是一位资深的民族学家。

1927年、1935年和1940年，徐松石多次深入西南边陲瑶寨壮乡，访问古俗契而不舍。经多年潜心研究，先后出版蜚声学界的《粤江流域人民史》、《泰族僮族粤族考》、《东南亚民族的中国血缘》、《日本民族的渊源》、《百粤雄风·岭南铜鼓》、《华人发现美洲考》、《禹迹华踪·美洲怀古》等。上述前五种，由广东人民出版社1993年以《徐松石民族学研究著作五种》为书名出版。徐松石在族源识别、族属分布和音义探源等方面，提出新见解，首创"盘古伏羲同一说"，被誉为研究岭南民族历史文化的一位先驱。徐松石从古籍、风俗、考据等入手，揭示汉、苗、瑶、壮等的民族渊源、相互关系、分布和迁移，特别是解读壮语地名，复原壮族历史分布。这些壮语地名汉译，显示岭南地区自然地理和人文地理特点及其分布空间格局，具有重要的科学意义。按其举隅，古越人以洞（峒、垌）、罗、六（禄、菉）、黎、陇、弄表示山谷、山野、山冲等意义，以南（湳）、濑、塘、潭表示水文，并且分布有一定的地域性，以广西至为集中，在广东分布在西南部和中部，次则北部，其他地区很少，甚至几乎绝迹。表示人文地理的地名也不少，以"那"字最多，表示水田，说明稻作文化发达。有研究指出，那字地名90%在北纬21°—24°①，大多数又在河谷平原，广西最多，部分在广东西南、云南南部，以及缅甸、越南、老挝、泰国北部等地。此外，"古"、"都"、"恩"、"云"地名表示村落，也广见于两广，尤以广西、广东西江地区常见。还有"大"字地名表示"地"，"良"表示壮族一支，黄色之意，如顺德大良，意为黄族居地，而不能望文生义，将"良"字理解为"良好"之意。这

---

① 游汝杰：《从语言地理学和历史语言学试论亚洲栽培稻的起源》，《中央民族学院学报》1980年第3期。

些壮语地名至今仍存留不少，为复原古代民族分布和迁移提供有力佐证。又徐松石的语言考古学研究成果显示，史前时期，西南太平洋地带、中国台湾和岭南地区应广泛使用南岛语族；百越先民是南岛语族一个不可分割的组成部分。只是秦汉以后，基于各种原因，南岛语被汉藏语族覆盖而退出历史舞台，但仍以文化积淀方式留存在岭南和台湾壮侗语族方言中，成为南岛语遗存，并与汉语有对应关系。如女婿叫阿郎、尊者称都老、船曰须虑、盐叫几鲁、死亡称马歹、头称乌颅等。① 这些成果，对复原史前时期我国南方与西南太平洋民族分布具有开拓性意义。故徐松石的创见深为民族学、历史学界折服和推崇，其以上著作被列为案头必备之作，在珠江学术史上可谓独树一帜。

第五节　抗战期间救亡文化高涨

1937 年"七七"事变，掀起全国抗日战争序幕。国共再度合作，抗日民族统一战线的建立，使位于抗日前线的珠江流域大部分地区，深深卷入这场事关民族生死存亡的大搏斗中。珠江儿女表现了高度的爱国主义精神、不屈不挠的民族气节，涌现许多感人的英雄事迹。这包括了抗战双城桂林、香港，抗战大后方昆明，流亡大西南的中原北方文化精英，为抗日鼓与呼的文学艺术，在艰难中坚持办学的西南联大和中山大学。

一、救亡文化重镇桂林和香港

自古以来，桂林便是中原文化南下进入两广的要冲，民国时期则成了广西的省会。由于地处中国大西南，这个当时仅有 7 万人口的省城，就成了连接西南、华南、华东以及港澳的交通枢纽。随着上海、南京、武汉、广州的相继沦陷，它成为了抗日的大后方，有着无可替代的作用。

由于地缘的关系，日本侵略者用兵集中在中国的东部与中部、南部。抗战

---

① 徐松石著：《徐松石民族学研究著作五种》，广东人民出版社，1993 年，第 923～925 页。

初、中期，虽然日机没少轰炸桂林，但尚未派兵入侵。及至后期，由于侵占东南亚的日军陷入困境，为了打通中国大陆通往东南亚的交通线，日军进攻桂林，1944年11月10日桂林方告沦陷。此前，数以千计的爱国文化人，不甘当亡国奴，不愿在日寇铁蹄下苟且偷生，转移到了这里，在桂林开辟了一个文化战场，留下了不朽的文化杰作。

同样，香港当时为英国所占，而日本尚未向美、英、法、苏等国宣战，香港一度是没有炮火的绿洲，大批文化人从北平、上海、天津、南京、武汉聚集到此。桂林在遭遇文化寒流时，大多数文化人也一度撤往香港，从而使这个寂寞的文化孤岛掀起了一波又一波的文化高潮。这样，香港也继武汉、广州失陷，桂林落寞之际，成为又一个重要的文化中心，成为中国文化史上一个特别的亮点。

其时桂系即以李宗仁、白崇禧为首的广西省当局，其政治上较国民党中央所在地的重庆要开明一些，对文化人也要宽容、宽松一些，当然，这是与中共周恩来的耐心说服工作分不开的。这就给桂林形成一个文化中心以积极的影响，进步文化人能聚集到此，也是对这样一种政治环境的认可。

而港英当局是另一种情况。中国政府与英国当局有着密切的关系，他们一方面力求避开日方侵略锋芒，缓和其矛盾，不敢太刺激日本侵略者；另一方面，对"七七"事变后席卷全港的救亡运动，也还是采取了一定的宽容态度。由于香港居民中绝大多数是华人，港英当局深知对其抗日救亡运动是难以阻止的，同时，日军在华南的军事侵略，也严重影响到英国作为"宗主国"在华的传统利益以及在远东的地位。基于这些原因，香港当时的文化生态，多多少少有利于一批进步文化人的生存与创作。较之澳葡当局宣称中立，明令禁止澳门人民公开进行抗日救亡活动要好得多。

桂林在广州等地沦陷后，成为与香港最接近的内地城市，二者也就作为国统区与海外联络的主要交通枢纽，双方也发生了互动。桂林由抗战初期的7万人，迅速猛增到20万人，到1944年夏桂林大疏散前，更高达50万人。香港仅"七七"事变至广州沦陷前一年，人口便增加了25万，广州沦陷后人口激增到160万人，有的资料更称达到200万人。人口的增加更给文化的兴盛提供了机会，特别是来到桂林、香港的文化人，都是中国顶尖级的人物，他们的文化辐射力很强，这就深刻地改变了两地的文化格局。

桂林文化城是在血与火中诞生的。1938年的11月、12月，夏衍、郭沫若等一批著名文化人先后抵达桂林，在敌机的轰炸中，紧锣密鼓地筹办各种抗日救亡报刊。就在轰炸得最惨烈的12月24日，著名音乐家张曙成了第一位殉难者，他和他的小女儿达真就被炸死在后院里。这位不足30岁的音乐家，已写过不少名曲。到达桂林后，他先写了一首难民歌《我们要报仇》，牺牲前夜还写了最后一首战歌《负伤战士歌》，疾呼："谁不爱国？谁不爱家？谁没有热血？谁愿意做牛马？我们要报仇，我们忍不下。带了花又算什么？鬼子兵，谁怕他，……弟兄们，伤好了再去打"！

郭沫若写了两副挽联，其中一副概括了张曙的历史影响与功绩：

黄自死于病，聂耳死于海，张曙死于敌机轰炸，重责寄我辈肩头，风云继起！

《抗战》歌在前，《大路》歌在后，《洪波》歌在圣战时期，壮声破敌奴肝胆，豪杰其兴！①

1939年1月10日，《救亡日报》复刊，成为桂林的第一面进步文化旗帜，而这与周恩来、郭沫若、廖承志、夏衍以及参与复刊的周钢鸣、林林、华嘉、易巩等一批文化名人的努力是分不开的。

还在1938年11月，李克农负责的八路军桂林办事处设立，郭沫若所属的第三厅一部分文艺骨干也转移到桂林，周恩来也曾三下桂林，上千名著名的作家、艺术家、学者荟萃桂林，令桂林成为抗战中名闻遐迩的文化城。其时，周恩来、叶剑英、徐特立、郭沫若均发表了慷慨激昂的演讲，推动了抗日救亡的文化浪潮。一大批刊物在这里创办或复刊，各种文化救亡活动搞得轰轰烈烈。例如，夏衍主持复办《救亡日报》；黄宁婴与陈残云、陈芦荻、征军、周钢鸣、李育中等复刊《中国诗坛》，李育中为执行主编；司马文森创办了《文艺生活》；陈芦荻主编《广西日报》的文艺副刊《滴水》，楼栖、紫风亦在那里当编辑与记者；林林主编《救亡日报》副刊《文化岗位》；黄新波、廖冰兄主编《漫画与木刻》。

战时文艺工作者联谊社也在1938年12月27日成立，由李文钊、艾芜、阳

---

① 马玉成著：《抗战旌旗汇桂林》，中央文献出版社，2006年，第11页。

太阳、黄药眠、欧阳凡海、林林、周钢鸣 7 人当选联谊会理事。到 1939 年 10 月，以此为基础，成立了中华全国文艺界抗敌协会桂林分会，胡愈之、夏衍、王鲁彦、焦菊隐、艾芜、黄药眠、欧阳予倩、司马文森、周钢鸣、孟超、黄新波等 25 人为理事，陈芦荻、华嘉等 15 人为后补理事。后又确定了 9 名常务理事。

作为桂林文化城的第一时期，戏剧的上演无疑为一大重头戏，田汉、欧阳予倩全都立下了汗马功劳。

田汉创作的《新雁门关》、欧阳予倩把《梁红玉》改编为桂剧剧本，都在古装戏中融入更强烈的爱国主义、抗击外侮的成分，在桂林产生强烈反响。而夏衍的《一年间》在重庆公演，在香港遭禁后，更在桂林上演，盛况空前。田汉率评剧宣传队，连续在桂林上演他创作的《岳飞》、《江汉渔歌》、《新儿女英雄传》、《双忠记》等爱国历史剧；欧阳予倩在桂林创作和导演了《梁红玉》，还有《青纱帐里》等抗战剧作，同时新编历史剧《忠王李秀成》；剧作家夏衍在《一年间》后，创作了话剧《心防》，表现了坚持抗日的革命文化战士的斗争意志和精神风貌。

巴金也于 1938 年 11 月由广州来到桂林，写下了《在广州》、《桂林的受难》、《桂林的微雨》、《先死者》等一批散文，描写他亲历的"生命的毁灭、房屋的焚烧、人民的受苦"的场面，刚毅地宣誓："我们是不会投降的。而且不达到我们的目的，我们永不会停止抗战。"他此时的作品"全和抗战有关"。在桂林，巴金还写完了他的长篇小说"抗战三部曲"《火》的第二部。

著名诗人艾青最著名的抒情短章《我爱这土地》和长诗《吹号者》、《他死在第二次》、《火把》，也是在桂林写作和酝酿而成的。诗中，他倾吐了对祖国土地的深厚的爱：

假如我是一只鸟，
我也应该用嘶哑的喉咙歌唱：
这被暴风雨所打击着的土地．
这永远汹涌着我们的悲愤的河流，
这无止息地吹刮着的激怒的风
和那来自林间的无比温柔的黎明……
——然后我死了，

连羽毛也腐烂在土地里面。

为什么我的眼里常含泪水？

因为我对这土地爱得深沉,……

著名画家徐悲鸿，在桂林创作了《漓江春雨》、《鸡鸣不已》、《马》、《青崖渡》等一批名作。在《鸡鸣不已》画上，他题写了"风雨如晦，鸡鸣不已"的词句，以报晓的雄鸡，象征着苦难的祖国对光明沥血的呼唤。

1941年皖南事变发生之后，八路军驻桂林办事处被撤销，《救亡日报》也被封杀，夏衍等一批文化人被迫撤往香港。桂林救亡活动陷入低潮，但斗争没有停止。

1940年10月，桂林举行第四届戏剧节，田汉导演的《大地回春》在历尽艰辛后终于上演，演出此剧的新中国剧社也渡过了难关。

田汉更顺势推出了名剧《秋声赋》，表达了没有国就没有家，国家与民族的利益高于一切，知识分子应把个人前途与国家命运结合在一起，这才不会在秋天感伤落叶哀蝉。剧中歌词有"秋风吹起了愤怒的火，秋虫唱起了复仇的歌，……扫荡敌寇像秋风扫落叶飘随在洞庭波……

欧阳予倩更完成了历史话剧《忠王李秀成》，写的是李秀成率将士支撑危局，浴血苦战，而天王府里却花天酒地、钩心斗角，大发国难财。这无疑是讽刺重庆腐败政府的。此剧发表在《大公报》上，后在韶关演出了100多场，场场爆满，震动了整个华南。后来，史评家把《忠王李秀成》、《秋声赋》及1941年底为郭沫若、冯玉祥祝寿的活动，视为这一年桂林文学艺术活动的三大亮点，甚为难能可贵。

即使在重压之下，一批作家仍坚持完成了众多有分量的作品。如司马文森的第一部长篇小说《雨季》，秦似守住了《野草》这个阵地，连佛教运动领导人巨赞法师也办起了杂志《狮子吼》，陈残云写出日记体小说《风砂的城》，还有夏衍的长篇小说《春寒》、李育中的诗集《凯旋的拱门》、陈芦荻的诗集《远讯》、黄宁婴的诗集《荔枝红》等，都昭示桂林仍在顽强地抗争，救亡中心地位没有褪色。

太平洋战争前，香港仍能给国内社会名流文化人士提供一个避居所，同时也是战斗的阵地。一如著名出版家邹韬奋所说："我们到香港不是为了逃难而来的，而是为了坚持抗战，反对投降；坚持团结，反对分裂；坚持进步，反对倒退，创办民主报刊而继续战斗的。"

因此，桂林与香港同作为"文化双城"的互动，从抗战爆发便开始了。香港学者关礼雄称此时香港"人物荟萃，一时无两"，并写道：

"七七事变"和"八一三战役"以后，香港在国际上的地位，大大的超越了上海租界，因为后者已经给日人包围，而前者依旧四通八达。故此，香港的过客，包括了屈指难数的风云人物，和名公巨卿。形势也就更加错综复杂。

国府的顶尖人物如宋庆龄、孙科、宋子文、孔祥熙和宋霭龄夫妇等，都有别业在香港。1940 年 2 月，宋美龄因健康理由来到香港，宋氏三姊妹又高高兴兴的聚在一起闲话家常，偶尔亦在公共场所露面，成为记者追访的对象。宋庆龄到重庆一个月，作了向美国呼吁的广播后，重回香港继续她"保卫中国大同盟"的工作。

单看一则在 1941 年 10 月中在香港报章刊登、邀约在港党国名人观剧的启事，便可以略窥那冠盖满京华的场面了。其中包括了上述那几位，另加上党国元老何香凝、李石曾、马超俊、王云五等；外交界颜惠庆、王正廷、许世英、董显光等；军事领袖如陈济棠、陈策、许崇智等；政要如叶恭绰、吴铁城、俞鸿钧、郑洪年等；财经界如陈光甫、虞洽卿等；社会闲人如杜月笙、王晓籁等；教育耆宿如钟荣光、李应林等。这也只是部分而已。①

这些政界名流中亦有不少杰出的文化人士。宋庆龄更在香港主办《中国大同盟》的英文半月刊，一直坚持到日寇开始进攻香港的最后一刻。1941 年 12 月 9 日深夜，她与宋霭龄一道，乘船渡海，到达启德机场，上了最后一班飞机离去。她的大智大勇，令人感佩。

1939 年 3 月 26 日，中华全国文艺界抗敌协会香港分会宣告成立。担任干事的有楼适夷、许地山、欧阳予倩、戴望舒、叶灵凤、刘思慕、蔡楚生、陈哲衡、陆丹林等 9 人，"全体会员……誓愿在全国统一组织领导之下，策励精进，奠国民文艺之基，齐一步骤，赴抗日建国之路"。时隔半年之后，1939 年 9 月 17 日，

---

① 关礼雄著：《日占时期的香港》，（香港）三联书店，1993 年，第 8～9 页。

中国文化协进会在香港成立。据有关人士称，它是一个联合文化界各部门工作人员共同的大规模的组织，但其更重要的特点是同国民党政府关系密切，较有权有势，历届理事中有广东省主席吴铁城的秘书、国民党机关报的社长、编辑、广东省教育厅厅长、广东省部分高校的校长等。这两个协会在当时国共合作共同抗日的大气候下，积极开展抗日文化活动，都为香港文化事业的发展作出贡献。

内地文化人士到港后，或主编报刊，或创办杂志，或辛勤写作，大量进步的文艺作品在香港发行，一扫曾充斥香港文坛的风花雪月、铁掌袖剑之类。如《大公报》的文艺副刊《文艺》由萧乾和杨刚主编，在1938年8月至1941年12月3年多时间里，发表了大量宣传抗日、鼓舞人民斗志的作品，其中有来自延安的作品150多篇，陈毅、刘白羽、丁玲、萧军、何其芳等的作品都曾在《文艺》同读者见面。由戴望舒主编的《星岛日报》的文艺副刊《星座》也成为当时抗日文艺的重要阵地。内地与广东的许多进步作家，如郭沫若、郁达夫、萧乾、萧军、萧红、艾青、袁水拍、沙汀、陈残云、叶灵凤、欧阳山等都曾在此发表过作品。此外，茅盾的名著《腐蚀》、艾芜的《故乡》等长篇小说也都是此时期在香港发表的。《雾重庆》、《希特勒的杰作》和《北京人》等名剧也在香港上演。其中《雾重庆》是一出揭露国民党统治区内那些官僚资本家、军阀、投机商人利用抗战大发国难财，政治倾向很强烈的话剧，受到香港观众的好评。

抗日战争开始，内地几份影响较大的几份报纸先后在香港出版。1938年3月1日，原在上海的《申报》出版"香港版"；4月，原创办于上海的《立报》在香港复刊，并选出茅盾主持副刊《言林》；8月13日，原在天津出版的《大公报》出版"香港版"，11月15日又加出"晚报"。此外，华侨巨子胡文虎兄弟《星岛日报》于同年8月1日创刊，11月增出《星岛晚报》。该报曾聘请国际问题专家金仲华为总编辑，并有杨潮（羊枣）等进步报人参加编辑。

1941年1月，国民党顽固派掀起第二次反共高潮，大批文化、新闻界人士陆续从重庆、桂林撤退到香港。在廖承志的主持下，以范长江为社长、胡仲持为总编辑的《华商报》于4月8日正式出版，就国内外问题发表了许多重要言论。

这时期在香港出版的还有：宋庆龄主办的《中国大同盟》英文半月刊，邹韬奋、茅盾、夏衍等主编的《大众生活》，茅盾主编的《笔谈》半月刊和《文艺阵地》，金仲华为总编辑的《光明报》，"救国会"同人主办的《救国月刊》，张铁生主编的《青年知识》,金仲华主编的《时代文学》,郁达夫主编的《国讯》旬刊等。

香港原来的出版事业较为落后,抗战开始后迅速发展,书店达40多家。国内规模最大的出版机构如商务印书馆、中华书局、世界书局等在香港设立了分店。上海沦陷后,商务印书馆在北角设立工厂,有千余工人,每月出版新书20种以上,期刊有《东方杂志》、《少年画报》、《儿童世界》、《教育杂志》、《学生杂志》和《健与力》等6种。中华书局的工厂在九龙城,每月出版书籍十余种。世界书局主要经营课本和参考书。除上述3家以处,还有星群、大公、时代、公文堂、布星等出版社。

双城,是爱国主义者的集结地,是爱国主义作品的诞生地,是爱国主义思想的传播地。仅以桂林而言,从7万人口、毫无文化地位的小城,竟转眼成为具有50万人口、上百家报刊社、上千文化人聚集的重要文化城。曾任全国人大常委会副委员长的文化名人胡愈之1978年在回忆抗战初期的文化形势时说:"山明水秀的桂林,本来是文化的沙漠,不到几个月时间(指1938年10月到1939年上半年)竟成为国民党统治下的大后方的唯一抗日文化中心了。"

文艺评论家周钢鸣更概括桂林当年是"文人荟萃,书店林立,新作叠出,好戏连台",并称赞为"繁花竞秀,盛极一时"。当时先后在桂林活动的作家、艺术家和学者有1000多人,许多重要的作品在这里创作而出,许多重要的剧作在这里首次上演和发表,出版和发行的书刊在全国堪称第一。著名出版家赵家璧曾说:抗战时期国统区的书刊,有80%是桂林出版的。

而短短几年,曾被视为"文化沙漠"的香港,也同样成为东西方瞩目的反法西斯的文化前沿阵地。香港无论是文学还是电影的黄金时期,都最先发生在这个时期。而闻名中外的抢救文化人的伟大历史壮举,也发生在这里,屈辱的殖民地的历史就因此闪出夺目的光彩。而香港当年汇聚的还不仅仅是文化人,更有宋庆龄、何香凝及"保卫中国大同盟"的成员。这固然托庇于港英当局"自由港"的定位,但更在于危及中华民族的伟大觉醒。

但香港抗日救亡文化中心的地位不久被太平洋战争打破。1941年12月8日,日军进攻九龙,很快占领整个香港地区,实行法西斯统治,大批栖居香港的爱国进步文化人士面临极大危险。在这紧急关头,中共在粤港组织开展了一场

"抢救文化人"的壮举。从 1942 年元旦开始，在党中央、周恩来指挥下，以廖承志为首的东江抗日游击队（后为东江纵队）等抗日武装参加，在短短几天内，从香港抢救出近千名文化人，包括撤退到香港的国民党军政人员和家属、外国友人等。他们分成东线水陆并用进入惠阳，西线步行或乘车抵东江游击区，海路从香港偷渡澳门后进入四邑，第四线从香港乘船抵汕尾，最后辗转抵达桂林，完成了一次"秘密大营救"。这些人士包括何香凝、柳亚子、邹韬奋、茅盾、夏衍、胡绳、乔冠华、蔡楚生、司徒慧敏、郁达夫、梁漱溟等，还有国民党第七战区司令长官余汉谋夫人上官德贤，南京市长马超俊夫人，著名电影明星胡蝶，以及英、美、印度等国际友人近百人。

这次大营救成功，除了中共领导指挥得力、抗日武装配合外，深层原因还在于中华民族强大的凝聚力，对中华文化的认同和文化自重、自觉而产生对日本法西斯的抵制、抗争，才使之成为一项自觉的文化行动，并最终获得成功。

茅盾高度评价这次大营救，"是抗战以来（简直是有史以来）最伟大的抢救行动"。邹韬奋也专为曾生司令员题词曰："保卫祖国，为民先锋。"

虽然皖南事变后的桂林形势不及以前，桂系军阀转向反共，但他们与重庆蒋氏当局有矛盾，撤回桂林的文化人仍可利用这座山城，继续开展救亡文化活动。他们继续写作、演艺，成就可圈可点。如柳亚子回桂林后写了三四百首诗，其一首曰：

骂贼誓追文信国，偷生肯恋顾横波？
无端广柳来相迓，留命桑田意若何？

胡风、茅盾、张友渔、欧阳予倩、田汉、黄宁婴、夏衍、端木蕻良、聂绀弩、黄药眠等都有新作问世，留迹 20 世纪文坛。

1944 年 2 月至 5 月，在桂林举办"西南第一届戏剧展览会"，西南八省的 28 个剧团参加演出，剧种十分丰富，共演 175 场。抗日救国、团结奋战为主题，备受各界欢迎，震动海内外，为中国戏剧史上的空前壮举。田汉为此次剧展呕心沥血，其间有诗一首，道出剧展声望。其曰：

壮绝神州戏剧兵，浩歌声里请长缨。
耻随竖子争肥瘦，堪与吾民共死生。

>　　肝脑几人涂战野，旌旗同日会名城。
>　　鸡啼直似鹃啼苦，只为东方未易明。

1944年6月长沙失守，日军为打通中缅交通线，大举南侵。8月28日攻陷衡阳，旋进逼桂林。8月下旬，日军尚未到桂林，国民党第十六集团军总司令夏威借口"扫清射界"为名，下令放火，桂林一片火海，生命财产损失惨重。11月11日日军进攻桂林，敌我双方发生惨烈争夺战。11日桂林失守，日军对桂林又大肆破坏。覆巢之下无完卵，桂林抗日救亡文化中心地位至此结束。

二、抗战中的西南联大

西南联大于1937年成立于长沙，由北京大学、清华大学、南开大学三校合并而成；1938年由长沙迁到昆明，称国立西南联合大学；1946年，抗战胜利后，三校复员北迁，留下师范学院在昆明继续办学，更名为"国立昆明师范学院"。

卢沟桥事变之后，平津战事日渐吃紧。7月28日，北平沦陷；两天后，天津失守。7月29日，日军即以飞机大炮对无丝毫军事抵抗能力的南开大学展开狂轰滥炸，后又冲进校园四处抢劫放火，致使大批珍贵图书资料被掠走，整个学校大部分被毁，被洗劫一空的校园沦为日军医院和军马牧场。8月25日，日本宪兵进入北京大学，丰富的藏书全部陷入敌手，红楼一度被改成日军宪兵指挥部，地下室则被用作监狱。清华大学则于7月29日即遭日军侵扰，至8月中旬，日军将清华大学未及运走的图书20余万册和贵重仪器等用汽车装载而去后，将校园改为兵营，新体育馆则改为厨房，图书馆更改为厕所。

随着战事不断恶化，华北及沿海等政治、经济、文化较发达地区首先沦为前线。为了保存和发展中国政治、经济、文化事业，中国政府决定将部分政府机关、工厂、文化教育机构内迁大西南，珠江中上游地区成为主要迁入地。1937—1938年形成规模空前的高校大迁移，迁移的高校多达60多所，有些学校一迁再迁，四川、云南、贵州、广西、陕西、甘肃等省为主要驻足地，成都、昆明、贵阳、桂林为内迁高校集中城市，而昆明区位偏远，政治环境较为宽松，成为内迁高校一个首选之地。

1937年11月1日，西南联大（时称国立长沙临时大学）正式上课。这一天,后来定为西南联大的校庆日。1938年2月,西南联大迁往昆明。

校训:刚毅坚卓。

校歌:万里长征,辞却了五朝宫阙,暂驻足衡山湘水,又成别离,绝徼移栽桢干质,九州遍洒黎元血。尽笳吹弦诵在山城,情弥切。千秋耻,终当雪。中兴业,须人杰。便一成三户,壮怀难折。多难殷忧新国运,动心忍性希前哲。待驱除仇寇复神京,还燕碣。

校风:民主自由,严谨求实,活泼创新,团结实干。

校行政有两个机构,一个是校务委员会,一个是教授会。

校务委员会是权力管理机构,校务委员会委员由教授会民主推荐,校长批准任命,校长为校务委员会当然主席。校务委员会通过民主讨论和决议,全面主管全校重大事务。西南联大有三位校长担任校务委员会主席:张伯苓、蒋梦麟、梅贻琦。前两位老教育家为了支持校长负责制一元化领导,公推年青的梅贻琦校长主持校务,他们二位退居二线,留守重庆,从国民政府教育部方面谋求对西南联大的实力支持。所以西南联大自始至终都是由梅贻琦校长主政,实行了"校长负责制"。各职能部门的领导人,包括常设的校务委员会秘书长、教务长、总务长、训导长、建设长等,全部由教授担任,由教授会民主推荐,校务委员会讨论通过,报校长批准任命。

教授会是一个校务咨询机构,虽不是权力机构,但很有威望,成员包括全校教授,经常工作由全校教授推选常委会负责。教授会是校长的得力参谋,也是办学校务得力骨干的资源库。各学院有院教授会,学系有系教授会。院教授会主席后来改称为院长,系教授会主席后改称为系主任,由相应的院、系教授会民主推选,校务委员会讨论备案,报校长批准任命。各院系的教学及管理业务统由教授会评议,由院长、系主任执行实施。所以院、系教授会实际上是院长、系主任领导下的民主办学权力机构。

西南联大下设文、法、理、工、师范5个学院26个系,两个专修科,一个先修班。全校约有3000人。学校虽物质匮乏、校舍简陋、图书资料不足,但坚持正常开展教学与科学研究。学生来自全国各地,经过统一考试择优录取。学校荟集了大批全国一流学者。他们既有浓厚的中国传统文化的根底,也有许多人在国外留学取得巨大的成就。教授中,不仅多数是本学科的专家,而且有不少是海内外闻名的学术大师。如哲学系有冯友兰、汤用彤、金岳霖等,中文系有闻一多、朱自清、沈从文、王力等,历史系有历史学家陈寅恪、雷海宗、吴晗、郑天挺等,外文系有冯至、闻家驷、钱钟书等,数学系有华罗庚、江泽涵、陈省身等,物理系有吴有训、周培源、吴大猷等,化学系有杨石先、曾昭抡等,政治系有张奚若、钱端升等,经济系有陈岱孙等,社会学系有潘光旦、费孝通等,真可谓阵容强大。一所学校集中如此密集的人才,是空前的,难怪美国弗吉尼亚大学历史系教授约翰·依色雷尔在对西南联大进行十多年研究后说:"中国北方知识分子的精英的荟萃,使联大顿时成为一所超级大学。"众多的名师和整齐强大的教师阵容,为西南联大造就高质量人才打下了坚实的基础。

西南联大技高一筹的地方,还在于它提出的"通才教育"的培养目标。当时,国民政府教育部提出了"大学教育应为研究高深学术,培养能治学治事治人创业之通才与专才之教育"。主持日常校务的梅贻琦则提出,"大学期内,通专虽应兼顾,而重心所寄,应在通而不在专"。西南联大的"通才教育",主要是在教学方面提倡培养基础科学扎实、知识面广博、综合适应能力较强的人才。因此,西南联大的基础课一般都由学术水平高、教学经验丰富的教授担任。"通才教育"使其学生受益匪浅,渊博而坚实的学科理论知识和较强的应变能力,为以后西南联大学生英才辈出,不少人成为第一流的专家学者奠定了良好的基础。杨振宁曾回忆说:"西南联大的教学风气是非常认真的。我们那时候所念的课,一般老师都准备得很好,学生习题做得很多。所以在大学的四年和后来的两年研究院期间,我学了很多东西。"精诚团结,民主办校,严谨治学,培养通才,加上众多的名师,使西南联大培养了一大批驰誉中外的专家学者和一大批出色的社会活动家。如中国最早获得诺贝尔奖的两位学者杨振宁、李政道,新中国制造原子弹、氢弹的元勋邓稼先,中国科学院主席团主席、创立享誉中外的吴氏叶轮机械三元流动通用理论的吴仲华,都出自西南联大。在中国科学院473名学部委员中,共有西南联大师生118人,占24.94%。另据《学府纪闻·国立西南联合大学》记载,台湾"国科会"主任曾说,台湾拥有8位国际第一流的工程师,其中7位是西南联大毕业的。西南联大学生的足迹遍布海内外,不管在过去的战争年代还是中华人民共和国成立以来,对祖国的革命和建设事业,以及对人类进步及和平事业,都作出了重要的贡献。国外亦有学者称:西南联大的历史将为举世学术界追忆与推崇，西南联大的传统也已成为中国乃至世界可继承的一宗遗产。

正如当年的北京大学一样，西南联大也同样成为民主阵地。西南联大里的很多学生，并不是关起门来两耳不闻窗外事的苦读书生，而是时刻关心中国抗日战争的局势，并随时准备为国效力、为国捐躯的。在抗日战争的8年时间里，西南联大学生曾发起过三次较大规模的参军活动。据"国立西南联合大学抗战以来从军学生题名"所载，在西南联大先后就学的8000多学生中，校方列有姓名可查的参军人数为834人（而实际数字远不止这个数），长沙临时大学时期，校方记录参加抗战离校的学生有295人，两者相加共1129人。这个数字，已是西南联大毕业生的1/3，约占学生总数的14%。也就是说，每100个学生中，就有14人曾经为了保卫祖国而投笔从戎，投身战场，其中还有牺牲的烈士。一所全国一流的高等学府，有那么多的学生从军抗日，这在当时是罕见的。

开展抗日救亡和民主运动，是西南联大师生爱国主义精神的又一表现。校园中，除了弥漫着浓郁的勤奋学习、刻苦钻研的气氛外，还散发着浓厚的爱国热情。其一，西南联大经常举办时事讲座，请有关教授、专家作国际形势、抗战形势和前途以及八路军抗日情况的报告，往往座无虚席，还吸引外校的学生乃至市民前来旁听。其二，西南联大著名的"民主墙"十分抢眼。这些壁报不仅内容丰富、思想性强，而且形式多样、生动活泼，对师生都有极大的影响。其三，在中国共产党地下组织领导下的各种公开合法的进步社团，积极展开民主活动。1938年后在中共领导下的"群社"、"冬青社"相继成立，到1945年社团已达27个之多。其四，各种集会不断。在抗日战争如火如荼激烈交战之际，西南联大进步师生旗帜鲜明，积极宣传"联合抗日"、"抗日救国"的精神，反对当局危害抗战的言行和倒行逆施，在爱国民主运动中发挥的作用越来越大。

多年之后，陈岱孙先生在一次讲话中强调：

> 这个草创的新大学有一个传统，那就是民主与科学的传统。在那强敌深入、风雨如晦的日子里，弦歌不辍确是一回事。但更重要的是精神境界……追求民主与科学确是当时我们的共同认识和信念。

西南联大成为抗战大后方一座坚不可摧的"民主堡垒"，直到抗战胜利，

1946 年回迁北平，这座名校才宣告结束。西南联大不仅扬名中外，而且在珠江文化史上也留下最辉煌的一笔。

三、中山大学在迁徙流离中坚持办学

继西南联大之后，中山大学也于 1938 年 10 月 19 日开始分批离开广州，迁往云南澄江办学。这次内迁分两路前往：一路走内地，乘火车到衡阳，转湘桂线到贵州独山，经都匀到贵阳，由贵阳转汽车抵昆明，再乘火车到呈贡，再骑马到澄江；另一路从广州、汕头、澳门等地到香港，继从香港乘船到越南海防，转乘滇越铁路经河内、老街到昆明。从 1939 年 1 月 30 日至 2 月 28 日，全校共组织 15 批 750 人搬迁到澄江。另有几百名学生从广州北撤至连县，继分散结伴从连江西行，徒步赴滇，经粤、湘、桂、黔、滇五省，始抵澄江。沿途搬迁，颠沛流离，不但人员极度疲劳，图书仪器也损失不少。

全校 7 个学院的教职工 245 人、学生 1736 人分散在澄江县城附近的庙宇、祠堂、民房等，营造一个相对安静的环境，在动乱中得以弦歌再续。

时澄江办学条件甚差，疟疾流行，严重威胁师生健康，教学、研究也有诸多不便。但中山大学师生精诚团结，共赴国难，体验时难，坚持正常的教学和研究，同样大有收获。以中山大学的名气和感召力，有不少著名学者应聘来校任教，如古生物学家、后为中国科学院学部委员（今院士）的杨遵仪教授，测绘学家、后为中国科学院学部委员的王之卓教授，著名天文学家穆木天教授等。学校经常举行学术讲座，各学院按学科安排，如文学院历史系朱谦之讲《哥伦布前一千年中国僧人发现美洲学说》，听众甚感兴趣和振奋。此说至今拥有越来越多的信众。另有该系罗香林教授讲《五十年来中国之史学》，文学院长吴康作《康德哲学提要》等。学校还根据形势变化开设新课程，如地理系吕逸卿教授开"战争地理"，吸引许多热血青年前来听课。

艰苦的生活未能阻挡中山大学师生的科研步伐。地质系师生多次到野外实习，采到大量岩石、古生物标本，能满足教学实验的需要。地理系师生在吴尚时教授带领下，足迹遍及澄江、晋宁、蒙自、个旧、曲溪、通海、江川、阳宗海、玉溪等地，考察那里的地形、水文、植物、土壤和人文经济，写成报告，刊登在于澄江复刊的《地理与旅行》杂志上。吴尚时以澄江为基地，研究附近地形，写出《云南澄江盆地之地形》、《云南中部地形》、《四川地形之商讨》等论文，提出不少开拓性见解。如对滇池成因，西南联大一些教授认为是地表侵蚀而成，吴尚时认为是受新构造运动影响，大断层陷落形成，这个见解后得到公认。

1940年8月，以远离广东根据地，不利于培养广东所需人才等原因，中山大学奉令迁回广东乐昌坪石，继续办学。临走前，许崇清校长写了《告别澄江民众书》，代表全校师生员工向澄江人民道谢告别，还有不少教授撰写诗文，编成《骊歌》出版，今已成为珍贵历史文物。

中山大学迁回坪石，分散在粤湘交界各地，利用庙宇和新建房舍办学，教学秩序日渐正常。1942年学生人数从迁回之初的1736人增加到4197人。对学生而言，迁到坪石后，"的确是读书了，宿舍里、教室里、图书馆都有人看书"，"研究的空气和写作的空气都相当浓厚，……研究会、讨论会、演讲会，普遍的建立起来，刊物亦如雨后春笋。这些集体活动，都说明中大学生的读书空气和生活态度"。①

许崇清校长特别注重师资队伍建设，聘请一批著名学者来校任教，他们是李达、王亚南、洪深、梅龚彬、石兆棠、许幸之、胡世华、卢鹤绂等，无论文理工农师范各学院都有这样的著名学者从教和开展学术研究，取得成果更不在少数。如历史系朱谦之教授的《历史哲学大纲》、《文化哲学》、《历史学派经济学》等，人类学杨成志教授的《罗罗经典及文字》、《云南民族调查报告》等，法学院黄文山教授的《文化学论文集》、《西洋知识发展纲要》和译作《当代社会学学说》等。至地质系、地理系师生，分别在系主任杨遵仪、吴尚时带领下，踏遍粤北、湘南的山山水水，考察地层、构造、古生物、地形、河流水文，撰写了不少论著和调查报告，具有重要的学术和实用价值，为中山大学成为地学在我国的一个重镇奠定了坚实的基础。

1944年底至1945年初，日军进犯粤北，国民党守军不敌，粤汉铁路失陷，坪石处于被敌包围之势。迫于形势，中山大学再次仓促迁校，一部分走粤东，定于梅县；一部分突围，抵连县；还有一部分散布在仁化，在极端困难中继续

---

① 《读书空气与生活态度》，《中大向导》，学术新潮出版社编印，1941年。

办学。①

1945年8月15日,日本帝国主义宣布无条件投降,抗战取得胜利。中山大学师生于10月陆续回广州复校,结束了7年的流离办学历史。这期间经历的苦难、精神折磨和提升,人才培养和学术成果,都大有可书特书之处,永远铭刻于珠江文化史册。

四、中国音乐双璧及其他

在珠江流域中,现代出了两位堪可称之为伟大的人民音乐家的历史人物,他们一位出生在珠江源近侧的云南昆明,一位出生在珠江入海口近侧的番禺。他们不仅在中国现代音乐史上双星闪耀,无人敢出其右,其音乐上的成就举世公认,而且在民族危亡之际,他们的音乐创作更成为了整个民族奋发的号角,在一部中国现代史上留下永不可磨灭的光辉印记。

这珠江上的"乐坛双星",便是聂耳与冼星海。聂耳的《义勇军进行曲》、冼星海的《黄河大合唱》是20世纪中国文化难能可贵的双璧。

聂耳,1912年2月14日诞生于昆明,原名聂守信,字子义。由于音乐感特强,擅长模仿不同声音以及各种腔调,加上他的姓"聂"又是三耳叠立,被同行戏称"耳朵先生",他干脆再加上一个"耳"字,把艺名改为"聂耳"。

聂耳幼年丧父,幸好有一位仁厚的母亲,不仅教她的子女读书识字,而且教他们做有骨气的人。贫困的生活磨砺了聂耳的意志,他自小好动、乐观,与人为善,且早早显示出了不凡的音乐天赋。小学时,他便指挥过全校的音乐演奏会。年仅10岁,便已学会多种民族乐器,如二胡、三弦、胡琴等。后来,又学会了西洋乐器,如小提琴、钢琴等。他在中学期间就参加学校的话剧演出。

1927年,聂耳中学毕业后,进入云南省立师范高级部外国语组学习,在那里,他接触到了很多进步思想。1930年,他因积极参加反对军阀残害百姓的"七一一"青年救济团活动,被当局侦缉,只好告别慈母,借道越南去上海。

1931年,他凭借高超的小提琴演奏,进入了上海著名的歌舞剧团"明月歌

---

① 参见黄义祥编著:《中山大学史稿(1924—1949)》第五章,中山大学出版社,1999年。

剧社"。在那里，他结识了我国著名的剧作家田汉，两人一见如故，一人作词，一人作曲，成为艺坛佳话。1932年8月，聂耳曾赴京报考北京大学艺术系，未果。又于11月重返上海，进入联华影片公司工作，从此投身于民族救亡的惊涛骇浪中。从1932年至1935年短短三年间，他创作了大量的歌曲，充满了昂扬的斗志与时代精神，如《前进歌》、《大路歌》、《开路先锋》、《毕业歌》、《新女性》、《卖报歌》等，一时间传遍了大江南北，振奋了国人的抗战信念。

1934年春，在上海成立了由左翼影人（包括夏衍）主持的电通影业公司。应其邀请，田汉完成了一个以抗日救亡为主题的文学剧本和主题歌的歌词，交给夏衍后就被国民党当局逮捕入狱。夏衍接手改编为电影剧本《风云儿女》。田汉所作的主题歌便是《义勇军进行曲》，歌词中"中华民族到了最危险的时候，每个人被迫着发出最后的吼声"等名句，让聂耳热血沸腾。他不顾田汉被捕后自己的处境堪虞，马上去找夏衍，要求为主题谱曲。于是，一首彪炳千秋的伟大歌曲脱颖而出，成了中华民族团结一心、奋勇抗敌的战斗呼号。中华人民共和国成立后，《义勇军进行曲》被确定为国歌，代表了整个中国的伟大形象！

1935年，聂耳取道日本前往苏联学习音乐，于日本神奈川县鹄沼海游泳时，不幸溺水身亡，年仅24岁。

与此同时，另一位大音乐家冼星海，则是在珠江之尾出现的。

冼星海（1905—1945年），生于澳门，原籍番禺。1918年随母由新加坡迁入广州，1920年进入岭南大学附中学习。1925年，由于对音乐的热爱，他只身上了北京。1926年春，在萧友梅领导的北京国立艺术专门学校音乐系进修小提琴，半工半读以维持生活。1927年冬，国立音乐院在上海成立。1928年冼星海获准免试进入了国立音乐院。1929年冬，他自费赴法国留学，一直到1935年归国。回国后，他积极参加与"左联"的文化活动，创作了大量电影歌舞，如广州流传的《救国军歌》、《只怕不抵抗》等，以及《夜半歌声》中的《热血》、《黄河之恋》等。抗日战争爆发后，更追随进步人士组成的"战时移动演剧队"，辗转各地，写下了大批抗战歌曲，如《太行山上》、《到敌人后方去》等。

1938年底，他到达延安，翌年任鲁迅艺术学院音乐系主任。也就是在那里，他写了千古绝唱《黄河大合唱》及其他著名作品，如《九一八大合唱》、《牺盟大合唱》等。

1940年，他到了莫斯科，完成了他的第一交响乐《民族解放》、第二交响乐《神圣之战》等。1945年因病去世，年仅40岁。

冼星海在短短一生中创作了200多首群众歌曲、4部大合唱、2部歌剧、2部交响乐、4部交响组曲、1部交响诗、1部管弦乐狂想曲以及许多器乐独奏、重奏曲（不少是民间音乐改编曲）和大量艺术歌曲。他毕生为追求中国民族风格、富于时代特色、反映群众革命斗争的新音乐而奋斗。他的作品，是中国音乐史上的丰碑。

冼星海在岭南大学的同学、挚友何安东（1907—1994年），广东江门人。后来他接任冼星海为乐队指挥。"九一八"事变后，他愤慨奋笔，谱出《奋起救国》等著名歌曲。抗日战争开始后，他更写出了《保卫中华》、《全国总动员》、《大众的歌手》等一系列著名歌曲，在全国广为流传。广州沦陷，他随岭南大学迁至香港；香港沦陷，因他写了大量抗日救亡歌曲，被日寇投入监狱，施以酷刑，险遭杀害。后返回广州，继续创作。新中国成立后，创作有小提琴独奏曲《解放组曲》、钢琴独奏曲《醒狮》，并致力于培养其子何东，使之成为我国著名的小提琴独奏家。

我国现代著名小提琴家、作曲家马思聪（1912—1987年），广东海丰县人，也是岭南音乐的杰出代表。在长达半个多世纪的音乐生涯中，他创作了大量各种题材和体裁的音乐艺术作品，在国内外享有盛誉。

马思聪仅11岁便到了法国攻读音乐，并如愿以偿考进了欧洲著名的巴黎音乐学院，且与冼星海结下了深厚的友谊。1930年回国后，即受聘于欧阳予倩创立的广东戏剧研究所附设的音乐学校。第二年，他创立私立广州音乐学院，出任院长，后又受聘于国民政府教育部，并于沪、宁、穗、港多次举行独奏音乐会，开始了室内乐创作。抗战时，写了不少抗日歌曲。抗战胜利后，又创作了《民主大合唱》。新中国成立后，即出任中央音乐学院院长。后在"文化大革命"中被迫出走，客死异国。马思聪始终坚持从民间音乐中寻找创作灵感，追求艺术创作的个性，力求以新鲜的和现代的音乐语言来构成开放性的民族风格，这与岭南文化给予他的影响是分不开的。他曾说过，"要拥抱的是整个世界"。

著名的音乐理论家李凌（1913—2003年），广东台山人。他少年时酷爱粤曲，抗日战争后到了延安，考进了鲁迅艺术学院。1940年在桂林创办《新音乐》

月刊。抗战后在上海创建中华星期音乐院并任院长,1947年又同马思聪等于香港创办中华音乐院,任副院长。新中国成立后,任中央音乐学院教务长、中央乐团团长。他从事音乐工作50多年,出版了《音乐札记》、《音乐美学》等20多部著作,还创作了管弦乐曲《南国组曲》、民族器乐组曲《乡音》等作品,主张中国音乐应有自己的民族特点,中外交流和向外国音乐学习的目的是为了促进中国民族音乐现代化的发展。

第六节 珠江三角洲存在的科学论证和珠江开发

珠江作为母亲河,历史上对其认识甚为肤浅,直到20世纪30年代,在中外学者调查、勘测基础上,才有了较为清楚的了解和初步开发利用,特别是珠江三角洲存在的科学论证和确立,为珠江流域尤其是三角洲经济发展提供了科学依据。直至后来珠江三角洲经济腾飞和珠江三角洲经济区以及泛珠江三角洲经济区的扩展,都离不开对三角洲科学研究的重大成果。

一、珠江三角洲存在的科学论证

20世纪初以来,中外地质、地理、水文、水利工程学界对珠江河口是否存在三角洲问题众说纷纭,莫衷一是,但持否定说占了上风。例如1915年瑞典水利专家柯维廉(G. W. Olivecrona)一行考察今珠江三角洲地区后,认为今广州至澳门一带平原原来是海湾,后被西江、北江和东江泥沙堆积成三角洲,称为"广州三角洲"。1929年美国休伯特(G. D. Hubbard)教授访问岭南大学,考察了香港和广州之间的河口湾和三角洲,著文直称"珠江三角洲"。然而1929—1930年,在中山大学地质系任教的瑞士籍教授德罗菲斯(Drofice)和哈安姆,考察了广州附近的地质,宣称没有珠江三角洲,所见的堆积平原很薄,仅1～2米,不足以称为三角洲,仅为一个第三纪准平原而已。1934年3月,后来成为著名构造地质学家的中山大学地质系陈国达也认为珠江三角洲实非一三角洲,只是冲积平原与山岳的组合而已。当时国内一些书斋式地理学者,只知编写地理教科书，很少作野外考察，每每盲从附会，人云亦云，故珠江河口无三角洲说为不少人相信，拥有一批支持者。

中山大学地理系教授吴尚时（1904—1947年）对以上诸说不以为然。他经过细心深入的野外考察和研究，并结合地貌学和水力学原理，否定珠江河口无三角洲的结论，证实珠江三角洲为客观存在，毋庸置疑。他提出"珠江三角洲溺谷生成学说"，即"珠江三角洲至少为湾头三角洲之一种"，系由西江、北江和东江三角洲复合而成，可分为三角洲本部、附近平原及边缘丘陵三大部分。以三水至广州一线为其北界，再往东南延至石龙，这一范围属于三角洲本部，其东西长度与南北相仿，面积约6000平方公里。这是对珠江三角洲实体的明确肯定及对珠江三角洲分布区域和界线最早的划分。吴氏同时指出，珠江三角洲地区实际上可分东江三角洲与西江、北江三角洲两部分，其中东江三角洲附近平原，又分为石龙至惠阳间一段和增江平原另一段；西江、北江三角洲附近之平原，则分为西江附近平原、北江附近平原（含四会三水间平原、清远平原、广花平原）和潭江平原等。对每个平原的形状、大小、沉积物组成、河川水文，乃至土地利用、聚落等人文地理景观也作概略介绍；又对孤立突起于三角洲内部之山岭，指出它们本为海上一系列岛屿，对三角洲发育起很大的促进作用。沉积的结果，使它们与三角洲陆地联在一起，但其地理景观又有别于三角洲平原。正是这些山岭的存在，极大地提高了珠江三角洲的地理科学和开发利用价值。可是当时一些持相反意见的人，恰以这些山岭作为珠江三角洲不存在的理由之一。吴氏批评这种片面观点"是不啻言麻脸子不是人之见解"。此外，吴氏对这些山岭分布与地质构造走向的关系，也作了科学的阐述。

吴尚时关于珠江三角洲的这一整套见解，对其以前30多年来环绕珠江三角洲问题所开展的一系列争论作了初步总结。自此以后，持否定意见者渐渐少了。经过吴尚时高足曾昭璇、何大章以及中山大学同行们的进一步工作，关于珠江三角洲的学说终于建立和巩固起来。当然，这也是一个不断深化的认识过程。1935年吴氏与罗开富考察羚羊峡和羚羊旱峡，已认为旱峡淤塞与海水有关。同年他在流溪河平原考察，也指出海水曾到达附近，潮水顶托河水滞留而在沟谷堆积了细粒交错层和泥炭层。1937年吴氏在广州河南发现七星岗海蚀地形以及附近赤沙滘东面海蚀地形、古沙堤、古潟潮等冲积地形，都是他建立三角洲学说的工作成果积累和前奏。1941年吴氏为《广东年鉴》撰述"广东地形篇"时，简明扼要地指出珠江三角洲的存在、成因和其他一些特征，特别首次提出"广花平原"名称及其与三角洲平原的差异和关系，这可谓吴氏珠江三角洲学说之嚆矢。直到1947年他与曾昭璇联名在《岭南学报》发表《珠江三角洲》一文，重申了"广花平原"概念，并对该平原的特征作了进一步论述，也丰富了关于三角洲的科学内涵。这标志着吴、曾氏珠江三角洲学说的定型和成熟。《珠江三角洲》一文是首次以"珠江三角洲"为命题的三角洲区域地貌论文，为开珠江三角洲研究先河之著作，并为地理、地质、水文水利界等广泛认可和引用，成为研究珠江三角洲一切有关问题的基础，也是吴、曾氏在地貌学上最重要的贡献之一。

自此以后，珠江三角洲研究也大大向前推进，取得不少重要成果，但它们并没有动摇和改变吴、曾氏关于珠江三角洲的一系列基本科学论断，倒更加证明这些论断的正确性。例如吴、曾氏首创"广花平原"概念，就为后人观察研究同样地形树立了典范。人们无论走到哪里，只要看到类似的沉积地貌现象，就会自觉或不自觉地联想起"广花平原"，并与之相比较来确定它们的地貌类型。1985年在我国南方某地举行的一次全国性地貌学术讨论会上，一些代表在江苏金坛县五叶乡（长荡湖边）考察那里的人工剖面，发现有次生黄土沉积及其出土有蓝蚬介壳，在四周平坦的黄土质平原中存在明显的切割破坏现象，平原上阶地外貌及被切割谷地中的淤积充填现象都与"广花平原"（还有车陂河阶地）所见属同一类型。由此，一些代表产生了苏南平原的地形结构自东北往西南方向具有从古岗身到泛滥平原到湖荡洼地，再到晚更新世堆积阶地和平原变化这样深刻的概念和印象。今天，"广花平原"已成为晚更新世堆积阶地平原的代名词，其有如同地层学中"标准地层"一样的"标准地形"意义。吴氏、曾氏作为建立这一科学概念的先驱者，功不可没。

吴尚时和曾昭璇力排众议，以充分有力的证据，证明珠江三角洲的存在。这不仅需要渊博的知识和深入细致的调查考察，而且也要有胆识和勇气。因为持反对意见者，既有外国地学专家，也有国内同行，甚至把这种相反意见写进教科书中，广为流传，影响极为深远。他们没有躺在现成的结论上讨生活，而是在科学调查中发现现有结论的疑点和错误，大胆修正，从而取得这项开创性成果。后来他们总结这段科学历程，在《珠江三角洲》这篇著名论文中，一针见血地指出这些人"少作野外考察，每以盲从附会"，故不明真相，人云亦云；只要他们肯到野外考察一番，"则不致有坐井观天之叹"。他们还警示世人："未作野外工作而据下断语之房中地理学者，实贻误后学。"又"近时若干知名之士，仍纷纷以标奇立异以自显，危言耸听！孟子曰：'吾岂好辩哉！不得已也。'"这段淋漓痛快的文字，至今读之，犹有很深的启示作用。

海岸地貌是地貌学中一个很活跃的研究领域，特别是海岸升降问题，向为中外地貌学家所注目。华南海岸升降问题也一样，众说纷纭，难以论定。其争论焦点之一，是珠江三角洲地壳运动和海平面变化是上升还是下降，这个问题与珠江河口有无三角洲又是紧密联在一起的。20世纪20—30年代，许多学者都参加了这场争论。其中，主张珠江口或华南海岸下沉的有中山大学地质系冯景兰、张茗会（1928年），乐森璕（1929年），美国休伯特和中国李庆远（1935年）等。而持相反意见的则有亨利（C. H. Heanly，1928年）、安哈姆（1929年）和希尔斯瑟（J. L. Shellshea，1932年）等。但以德国学者李希霍芬（Ferdinand von Richthofen，1833—1905年）1912年在华考察后得出的结论影响最大。他提出中国海岸以杭州湾口舟山群岛为界，其北属上升海岸，其南属下沉海岸。在中国海岸地貌研究发展初期，欧美地貌学在中国占了统治地位，这一结论被许多人奉为经典。而上列那些人争来争去，写了不少论文和报告，都由于缺乏有力证据，只能各执一词，谁也说服不了谁，可就是没有人对李希霍芬的结论提出质疑。历史选择了吴尚时，他在实地考察中发现奇迹，推翻外国人的论断，指出李希霍芬的错误在于将复杂的问题简单化，并得出与之相反的结论。这就是广州河南七星岗古海岸遗址的发现，它与吴尚时的名字一起，已被载入中国地貌学的史册。

善于静观密察的吴尚时非常注意这场学术争论，对各种不同观点作了认真的分析比较。1935年，他带领学生到番禺县进行野外实习时，了解到市桥台地东南边缘平原上的村落是宋代以来建立的，这意味着珠江口狮子洋西侧平原是宋朝以来逐渐淤积出露的。同年他与罗开富考察羚羊峡和流溪河平原，亦收集了不少海陆变迁资料。直到1937年5月14日在广州七星岗发现海蚀平台地形，才为吴氏关于华南海岸上升的科学论断找到最有力的证据。这一发现以《十公尺海蚀台地之发现》（*La d'couverte d'uue ancienne plate-forme d'abrasion marine*）为题，以中法两种文字发表在5月20日《中山大学日报》上，并附有海蚀洞表面示意图。吴氏明确指出，海蚀地形由海蚀台地、悬岸和岩洞组成，"海蚀与台地相交之处，高出今日之海面约10公尺（根据广州市1:1万地图），是乃当时海面之高度"（笔者按：当时地形图基面比现在地形图基面低几米，七星岗遗址高程，一说为2.5～2.8米。），首次肯定这是古海岸遗址。同年7月，吴氏在《广州附近地形之研究》一文中，还首次报道在石榴岗赤沙滘东面小丘麓有4个海蚀洞；在南海松岗附近也发现一条长400米、宽100米的海成沙堤，沙堤与山岗之间为古潟湖。

吴氏的这一连串发现，在当时都是空前的。因为在他之前，国内外很多学者虽然对广州地区作了许多研究，写过不少论文和报告，但都没有提到这一现象。这包括国外地质地理学者科格斯迈尔（T. W. Kurgsmill，1868年）、内肯（G. Nacken，1878年）、赫克（F. Hirk，1873年）、阿几斯茨（A. K. Agaisiz，1891年）、利奥特（R. A. Lieut）、怀阿特（Quiet，1862年）、威廉斯（S. W. Williams，1928年）、安哈姆（1929年）、克勒脱纳（W. Credner，1932年）、卞沙（W. Panzer，1934年）等。七星岗古海岸遗址，事后经著名地质学者陈国达、地理学者曾昭璇等证实，并为中外地学界一致公认。例如陈国达在1948年发表题为《广州附近之上升浪蚀台地》论文，即用这个古海岸遗址作为说明地壳最近上升的证据。1951年陈国达仍在《中国海岸线问题》一文中继续使用这个例子来阐明华南海岸线属"复式海岸"。此后，关于华南海岸的升降问题，在地质学、地理学、地貌学、海洋学、水文学等科学领域里争论很活跃。虽然一时难以论定孰是孰非，但争论是科学进步的一种必然现象，而引发这种争论和推动这些学科进步之首功者，当然是吴尚时教授。

当时人们并不一定都清楚吴氏这一发现的意义，但随着时间推移和研究深入，证明这在当时是华南地貌研究一个重大的、破天荒的发现，即使在今天也不失其科学的光辉。特别是在科学落后的旧中国，地学上的新发现一般都以外国学者的观点为标准，外国学者论断过或外国教科书上写下的结论，国内许多学者把它们奉为经典，谁也不持异议。吴氏却不予苟同上述结论，以自己的重大发现，突破这种是非界限，时年仅30岁。

其一，动摇了上述李希霍芬关于中国海岸升降地段划分的观点，使争论已久的华南海岸升降问题有一个比较明确的结论，即趋于上升这个总的趋势被越来越多的人所接受。当然,由于不同地域的地壳构造运动性质的差异,海岸升降运动也是很复杂的,不能一概而论。吴尚时也意识到这一点,所以到1941年撰写《广东年鉴》"地形章"时,即根据在香港和广州附近所见到的海蚀平台等证据,指出广东海岸阳江以东最近为微上升区,阳江以西最近为微下降区。这一修正,使他的海岸运动学说更为详备周密和符合实际。后来很多学者都很赞同吴氏的见解。另外,七星岗古海岸遗址也被用作说明全新世地壳上升的见证。因为这个遗址比现在珠江三角洲平原要高1米左右。也有一些学者用它来说明古代海平面比现在要高。据1993年7月19日《羊城晚报》报道,有人预言,100年以后,上海、香港、东京、曼谷、亚历山大、里约热内卢等十余座世界上最大的沿海城市将被海水淹没。原因是全球性气候变暖引起海平面上升,以及大量抽取地下水等。这绝不是危言耸听,结合古海岸遗址所提供的佐证,这也是有道理的,值得人们警觉。

其二,复原了广州沧海桑田的历史。这个古海岸遗址,形成时间距今五六千年。其时广州这一带为海岸边缘,南面则一片汪洋。现今海岸线已经推移至100公里以外的珠海市一带。它同样可以说明珠江三角洲存在和形成的年代。因为它处在珠江三角洲北缘,即珠江三角洲形成晚于这个遗址年代。几千年沧海桑田,造就了富饶美丽的珠江三角洲平原。这个遗址俨然是这段自然历史的"见证人",为研究广州乃至珠江三角洲的历史地貌提供了必不可少的参考。

其三,这种足以证明地表"沧海桑田"巨大变化的遗址,在广州地区除了七星岗,还有市区内惠福路五仙观里的"仙人拇迹"(俗称仙人脚印),也是研究我国古海岸和古河岸的重要地点和良好例子。特别是七星岗古海岸遗址在世界上是少见的,它比著名的意大利古海岸还要深入大陆,达100多公里,而后者的海蚀迹地离海岸只不过50公里左右。所以,七星岗古海岸遗址具有国际意义。1956年,苏联莫斯科大学地质系戈尔什科夫教授两次到此参观,初次认为遗址是河成的,第二次同意是海成的。当时在北京大学工作的苏联地貌专家列别捷夫也有类似看法。波兰地理研究所地貌专家杜曼诺斯基考察后也认为是海蚀地貌。随着国际科学文化交流的发展,七星岗古海岸遗址这一自然历史遗产将成为全人类的财富。

其四,为以后地貌学者调查研究华南海岸遗址和海蚀平台建立了一个标准地貌剖面。新中国建立后,七星岗古海岸遗址剖面已被引用到多种地质和地貌学教材,在国内外广泛流传。这一地点也被广州等地区大专院校确定为地质、地理等课程实习的一个基地。

其五,七星岗古海岸遗址也是广州一个罕有的科学旅游景点。这类景点在世界上往往具有很大的吸引力。例如意大利那不勒斯海岸的罗马塞拉比斯古庙建于公元前2世纪,历经沧桑,其遗址至今仍在水下250厘米,吸引大批游客,为意大利带来可观的外汇收入。1956年在吴尚时的弟子曾昭璇教授建议下,七星岗古海岸遗址已被列为广州市重点文物保护单位,前来参观的游人不少。十年动乱期间,遗址受到严重破坏。1982年9月,广州市人民政府重新确定其为市级重点文物保护单位,并由广东省地理学会和广州市文物管理委员会联合在该处重建围墙、纪念亭和纪念碑,构成一组科学文物景观。其碑文全文是:

古海岸遗址

七星岗古海岸遗址,距海约一百公里,是我国著名地理学家吴尚时教授于一九三七年五月十四日发现的。历经有关专家研究,确认是古海岸地貌,约形成于距今五六千年。这对于研究海面变化、陆地升降、沧桑变迁等都很有价值。一九八二年由广州市人民政府列为重点文物保护单位。

广东省地理学会
广州市文物管理委员会 立石
一九八二年九月

"古海遗址"碑,镌于碑亭外墙,由已故中山大学教授、我国著名金石家商承祚先生篆。碑文则由已故著名书法家秦咢生先生用小爨字体书写,精美绝伦,很有文物价值。曾昭璇教授说,此"书法介乎隶楷之间,开唐宋以来百家"之一。这都为古海岸遗址增色不少,因而此举得到遗址所在地区新滘镇人民政府和驻军的大力支持和协助,尤为广大地学工作者和热心发展旅游事业的各界人士欢迎和感谢。遗址得以抹去历史灰尘,重放其科学和旅游光华。①

---

① 参见司徒尚纪著:《吴尚时》,广东人民出版社,1995年,第29~40页。

二、近现代珠江治理开发

自古以来,珠江大地笼罩着种种神秘莫测的面纱。尽管像明末徐霞客那样伟大的探险家和旅行家,对云南、广西、贵州各种自然景观做了深入考察和记述,达到当时我国最高科学水平,但其成果对近代珠江开发来说毕竟是不够的。所以沿河地区的水文、气象、地质、测量、制图等基础性工作不可或缺。鸦片战争以后,这些工作相继开展,既有外国的,也有我国的科技人员在这些领域里留下深深的足迹,有的是为帝国主义侵略服务的,但更多的是为珠江流域人民谋福利。这些工作在实际上反映了西方近代科技文化在珠江大地的移植和生根,并被融合为珠江文化的一部分。

珠江流域测绘历史甚早,英人李约瑟《中国科学技术史》说秦代已对江河开始测量。1974年灵渠出土石质水准测量支架,即为两千年前这一地区地形测量的证据。1973年出土的长沙马王堆《地形图》和《驻军图》,其上有岭南"桂阳"和"封中"两个地名,包括连江和贺江流域,说明汉初珠江流域的测量范围大为扩展。据考证,《地形图》比例尺大部分为18万分之一,精度相当高,与这一地区现代地图基本上可以重合,达到了很高的科学水平。此后这种测量代有其作。到清康熙年间,外国传教士和中国人参加使用经纬网格和投影制图已在珠江流域广泛开展,测得经纬度在云南有30处,贵州25处,广西28处,广东37处,全流域共120处。鸦片战争以后,珠江水系测量深入腹地。1856年开始,英国海军派出测量船只,测量珠江三角洲主要水道——西江、北江和东江各河段水道,并先后出版了珠江三角洲,北江三水河口至曲江,南海九江至广西梧州,梧州至龙州的浔江、郁江、左江等不同比例的水道图,后为美国海军复制,供船只航行、停泊使用。清末光绪年间,各省先后设"舆图局",以我国科技人员为主实施测量。1914年在广州成立"督办广东治河事宜处"(简称广东治河处),聘任瑞典上校柯维廉为工程师,开展河道测量以及地形测量与制图工作。1937年广东治河处改为珠江水利局,后来其业务范围广及整个珠江流域。自此珠江水系作为一个完整的地域系统,有了一个统一的治理机构。1939年以后,统一采用正轴等角圆锥投影测绘1:5万地形图(即军用地图),但直到新中国成立前夕，珠江流域只有部分地区完成了1:5万地形测绘工作。珠江流域这些地图的测绘完成，不仅是引入近代西方测绘技术的成就，也是我国实施对珠江流域主权管理的象征和手段。

河流的治理和开发必须掌握充分的水文资料。珠江流域自宋代起历代都有关于洪水的记录，有些地方还留下某次洪水水位的写画或刻记，红水河、左江、桂江、西江等有多处这样的水位记载。如广西东兰县板文村红水河一石壁刻即有道光十一年（1831年）以来九次洪水水位，其位置最高高出江面枯水期水位40米以上。这个数字意味着红水河暴涨具有何等骇人的排山倒海之势。光绪二十二年（1896年）广西龙州海关在左江边立尺观测水位，是为近代珠江水文工作之始。广东治河处成立伊始，先后在珠江下游堤防区设立水位站，观测有关数据。20世纪30年代，水位站由珠江下游向中、上游扩展，在南盘江和西江各干支流设立了一批水位站。到1937年全流域水位站已达223个，为1911年21个的10倍多。它们所提供的水位、流量、输沙量、降水量、蒸发量等数据成为整治珠江的科学依据。

珠江诞生以后，历经千年万劫，在地层里保存了无数信息，但从未有人揭示其秘奥。1869年著名德国地质地理学者李希霍芬抵达广州，经三水溯北江上韶关，再沿武水河谷经乐昌、坪石下湖南，对珠江流域进行了最早的地质调查。他指出，华南海岸是下沉的里亚斯（Rias）式海岸，这对海港选址和建设具有重要的意义。后来的研究显示，这一论断基本上是正确的。李希霍芬还提出广东境内大片红色砂砾岩、页岩属地质史上第三纪沉积物，并首次命名为"红色岩系"，它遍覆于粤北古地层上，北江即为发育于红色岩系上的"遗传河"。民国初年我国地质学家丁文江对滇东作地质调查，足迹抵达南、北盘江上游地区，后在《曲靖河谷及其邻近高原》论文中指出，"尧林山脉"和"马龙高原"是长江、珠江两大水系的分水岭地带，自此，这两大流域在云南的分界得以确定。从1927年开始，两广地质调查所的科学家对东江、北江、西江以及珠江三角洲做了基础地质调查和勘测，积累了许多关于地层、古生物、岩矿等资料，为复原珠江流域古地理环境和认识各干支流发生发育规律提供了坚实的科学依据。在旧中国，地质调查是很艰苦的事情，这些地质学的先辈们都是从漫山遍野的荆棘丛中走过来，解开珠江许多旷古未闻的科学之谜的。

基于这些开创性的工作成果的支持，自民国时期开始，珠江水利事业渐渐能够从整个河流流域出发做综合考虑并付诸实施，这是一个历史性的进步。就在这个时期，才正式将西江、东江、北江以及它们汇集的珠江三角洲的蜘蛛网般的河道统称为珠江水系和珠江流域，并以此为框架规划和实施各项水利事业。

清末以来，珠江下游和三角洲人口增长很快，迫切需要扩大耕地面积，许多堤围应运而生。据有关统计，民国时期修筑的堤围，在西江约 200 公里，北江约 100 公里，东江约 80 公里，保护着近 100 万亩农田、300 万人口的著名北江大堤就是清末民初以来逐渐修成的。在广东采用近代技术兴建的灌溉工程广见于东江、西江、北江和珠江三角洲各地。如 1924 年竣工的北江三水县芦苞水闸，全长 107 米，分 7 孔，安装 6 扇英国进口闸门，耗资 107 万元，以近代广州 1915 年大洪水为防御目标，规定限制闸流量 1100 立方米/秒，为珠江流域最大的一座水闸，它有效地减轻了北江洪水对广州市的威胁。

清末，近代机动船舶开始使用于珠江航运，拉开了从传统木帆船向机动船转变的帷幕。据民国时期《邕宁县志》载，光绪二十六年（1900 年）有英国兵轮一艘，借夏季水涨，从梧州驶入邕江，"遂为邕河通行轮船之始"。1902 年英国渣甸洋行在梧州设立分行，经营湾泊和代理梧州至香港、梧州至广州以及西江上下游各航线的航运业务。其他外商先后仿效，很快控制了西江航运业务，在榨取高额利润之同时，对我国民族工商业和旅客采取苛刻的和侮辱性措施，引起两广人民极大义愤，掀起谴责清政府出卖西江警察权、驱逐英舰出西江的斗争。1908 年梧州商人成立西江航业公司，营运西江各航线业务，提出了"中国人搭中国船，自货自运，不受外国人欺侮"的口号，极力与外商抗争。到 1938 年西江航运已完全为我国人民经营。但西江各航道险滩甚多，如梧州至南宁的西江航运干线，有险滩 62 处，桂林至梧州桂江有险滩 184 处，平均不到 2 公里就有一处。1930 年开始在左江及水口河、平而河两条通广西龙州、作为中越边界的重要航道炸滩 38 处，使之成为坦途，也是西江中、上游第一项近代疏河工程。1936—1937 年桂江也得到疏浚，大部分河段由半年通航改善为全年通航。

广州是珠江水系的航运中心。清同治四年（1865 年），英商创办省港澳轮船公司，使用"香江"、"珠江"两轮来往于香港和广州之间。光绪十三年（1887 年），广州富商苏惠农以巨资从香港购置火轮，组建"平安轮船公司"，为珠内河第一家民营轮船公司，开始在珠江三角洲各航线上运输。光绪三十四年（1908年），珠江水系两广地区开始使用花尾渡客货驳轮。这种木制客轮由拖轮在前牵引，无噪音及震动之苦，航行平稳，还有各种风味饮食供应以及文娱消遣，故很受旅客欢迎。因船体结构新颖，彩绘鲜艳，船尾高翘，故曰花尾渡，风格别致，为全国其他河流所无，是珠江近代航运的一道靓丽风景线。上至南宁、柳州、梧州、肇庆，下及珠江三角洲各大城镇，都可见花尾渡的倩影。直到20世纪80年代，花尾渡才从珠江各航线上渐渐消失。至于北江，由于五岭南北旧式运输衰落，直到光绪二十五年（1899年）才开辟广州至清远小轮航线，后延伸至英德。东江则在宣统二年（1910年）始有小轮航行于广州至惠州、河源之间，使深处山区的居民也看到了此前被人描写为"中立铜柱，空其腹，设机焚煤，火激轮走，其快如风"的火轮船。中华民国成立后，珠江各航线外资垄断权被取消，内河航运可以自由发展。1914年在广州东塱创办广东船坞，开始自己造船，最大一艘"北合号"达1800吨，航行于珠江各内河和我国沿海及越南等港口。1918年粤海航运公司成立，开始使用柴油内燃机作为船舶驱动力，俗称这种轮船为电船。1920年出版的《续羊城竹枝词》已有"人力终输机器力，电船今已遍珠江"之句，珠江航运时代已大踏步向前了。尤为广州城市增添风采的是历时三年、耗资白银103万两的海珠大桥于1933年2月15日落成。这座横跨珠江的大桥从清光绪年间即开始动议修建，几经起落，后采用美商慎昌洋行设计，马克敦公司承包建筑，前后近半个世纪才成为现实。通车典礼之日，盛况空前，各界头面人物和市民都怀着自豪、惊叹、陶醉的心情瞻仰这座外形庄严显赫、构造穷工极巧、电控开合、可容大型轮船通过的珠江南北两岸唯一的大桥。可惜这个工业时代的艺术品、珠江河上的彩虹在1949广州解放前夕被国民党军队炸毁，在珠江历史上留下罪恶的一页。但新中国成立后仅用一年时间，就使海珠大桥修复通车，不过桥面已不能开合，而成为现在这个风格了。

鸦片战争后，珠江水系先后开辟了广州、三水、江门、梧州、南宁、龙州、蒙自等多处港口。其中以广州珠江口内黄埔港历史最悠久，也最负盛名。孙中山先生于1919年在《建国方略》中即提出在黄埔建设南方大港的主张，但好事多磨，直到1936年才最后敲定开埠计划，翌年获得建港资金，开始施工，包括一座可泊万吨货轮的码头。1938年广州沦陷，部分竣工的港区为日军侵华服务。

抗战胜利后国民党政府对黄埔港做了一些恢复和扩建工作,虽始终未能实现孙中山建设南方大港的计划,但黄埔港作为旧中国珠江水系最大的内河港和海港,在珠江历史上树起了一块从近代航运走向现代航运的里程碑。

珠江水系巨大的落差,蕴藏着取之无穷、用之不竭的动力资源。它们在沉睡亿万年以后,到19世纪40年代开始苏醒,出现了水力发电的萌芽。这时期珠江水利局先后对西江水系的北盘江、都柳江以及北江水系的滃江、杨溪江、白沙水、田头水等做过水力发电资源的勘查,做过引入德、美技术和装备的开发计划;全国经济委员会和清华大学联合调查过南盘江、金沙江、怒江等水电资源;广西当局也进行过类似工作。但鉴于时局,这些调查成果和开发计划大都束之高阁,实际建成的水力发电工程寥寥可数。1942年竣工的南盘江云南开远水电厂,聘请德国工程师设计建成,装机容量为2690马力,为当时珠江流域最大的水电厂。抗战以前,广东建成的有东江博罗县浮山水电厂和北江乳源县汤盆水及韶关城郊水电厂,装机容量仅20～30马力而已。另外广西于1943年在贺江支流建成的光明水电厂,年发电量50万～60万度。电力这种划时代的新能源,在使西方世界面貌发生翻天覆地的变化之时,在东方的珠江大地仅初露头角,但它毕竟如林中的响箭,宣示了珠江电力开发时代的到来。①

只有中华人民共和国成立以后,在社会主义制度之下,珠江才真正作为一个完整水系,在查明其资源环境情况的基础上,获得科学合理和卓有远见的开发利用,在防洪防汛、灌溉、供水、发电、航运、渔业、旅游等方面取得巨大成就,谱写了珠江历史上最壮丽的篇章。

1956年底,国务院批准设立珠江水利委员会,翌年春又设立珠江流域规划办公室。自此珠江流域的治理和规划建设有了一个统一的协调和职能机构,结束了过去各省区在这些方面各自为政、条块分割,甚至以邻为壑的混乱局面,能够按照流域的最高利益和长远利益来描绘未来的蓝图,实施各项治理和建设珠江的政策和工程措施,这是一个历史性的转变。

旧中国留给珠江大地的是累累伤痕和洪灾过后的溃墙败瓦。所以新中国成立之初,防治水患、恢复和发展农业生产就成为治理开发珠江的当务之急。1951

---

① 参见司徒尚纪著:《珠江传》,河北大学出版社,2009年,第298～303页。

年政务院规定珠江的建设方针和任务是:"以巩固东江、北江、西江堤防,保证普通洪水位不成灾为目标。汛期中,争取有记录以来最高洪水位不致成灾。"根据这一方针,广东境内建成西江、北江金安、新江、清西等较大联围,疏炸珠江三角洲的陈村、沥滘、甘竹滩等航道,恢复芦苞水闸,建成桑园围华南首座水船闸;在贵州境内完成红河支流涟江引水工程,流域内溃决堤围也得到修复。在此基础上,到第一个五年计划期间,建成捍卫广州地区的北江大堤和珠江三角洲的樵北大堤、中顺大堤以及北江西南水闸、西江广东境内当时最大的下泰和围排灌站等;在西江广西境内,建成贵县三渌水库、石榴沙和渌水江万亩以上灌区;在南盘江云南境内修成麦子河水库;在北盘江贵州境内建成兴西湖水库;等等。这些工程都达到了预定目标,为医治旧时创伤、稳定社会作出了贡献。

1958年在我国历史上被称为"大跃进"年代,到处都翻滚着火一般的劳动热潮。水利事业更首当其冲,出现了前所未有的全国全民大办水利的局面。在广东,出勤人数最多时每天达800多万人,约占同年广东总人口的23%、劳动力的43%。这支以农民为主,包括部队官兵、工人、机关干部、城镇居民、学生在内的劳动大军,散布在珠江水系各河流两岸和流域内的丛山峻岭中,展开了日夜猛攻"水利关"的群众运动。人民喊出了那个时代庄严的战斗口号:

> 冬天变春天,雨天变晴天。
> 黑夜变白天,老年变少年。
> 苦战三个月,幸福千万年。

在这种改天换地的精神鼓舞下,1958年至1965年国民经济调整时期,在西、北、东江和珠江三角洲各水系的干支流上,建成了大批大中型骨干水利水电工程以及数以万计的小型蓄水、引水工程。最著名的有1962年竣工的东江支流新丰江水库,库容量达139亿立方米,是珠江流域规模最大的水库;同时建成的新丰江水电站,装机容量达29.25万千瓦,是珠江流域第一座大型水电站,年平均发电量8.23亿度。1964年在郁江干流建成的西津水库,库容量30亿立方米,装机容量23.44万千瓦,是珠江流域第一个低水头河床式发电站;其船闸可通航1000吨级船队,是当时国内最大的船闸。1960年在南盘江支流建成的六郎洞水电站,装机容量虽只有2.5万千瓦,却是我国第一座利用地下水能的电站。特别是向香港供水是东江水利事业的一项千秋功业。香港地狭人稠，没有河流湖泊，淡水来源极为困难，原仅靠几个天然水塘收集雨水和淡化海水以供需求，但远不能满足城市日益增长的人口和产业对水的需要，严重制约了香港的发展。中国政府对香港用水问题十分关心。1960年深圳水库落成，即开始向香港供水。1964年开始兴建东江—深圳供水工程，翌年4月竣工。工程全长83公里，从东江在东莞的支流石马河开始，将东江水位提高46米，注入雁田水库，跨过分水岭而流入深圳水库，最后通过管道输送到九龙、香港。以后随着香港城市发展，该项工程不断扩大和完善，对香港经济繁荣和稳定作出了重大贡献。香港同胞称它为"食水保险公司"。港九工联一位负责人说："我们饮到甘露般的东江水，甜在心头，每一滴水都充满了祖国同胞的深情厚谊，要永远感谢祖国的关怀。"这项工程还对东莞、宝安、深圳供水，有力地支持了新兴特区建设。当然，"大跃进"期间匆匆上马的如此庞大的水利工程，难免有调查和设计欠周详、布局不合理、工程质量差、效益低、后遗症多等问题，但这都在后来得到补救和克服。例如新丰江水库蓄水以后，由于水体渗入基岩，改变了岩石的物理性质，加上水体负荷产生了附加应力场，诱发了地下断裂带的活动，水库建成不久即持续发生地震。1962年3月19日4时18分大坝附近发生了6.1级强烈地震，成为世界上第一宗因水库诱发的破坏性地震，引起国内外地震和水利工作者的高度关注。值得庆幸的是，由于有关部门率先预测到这种潜在危险，及时采取抗震防震措施，使水库大坝经受了多次地震考验，避免了溃决和水灾。大坝仍昂然屹立，吸引国内外地震专家纷至沓来，从事考察和研究。教训必须牢记，但水库建设者的创造精神和伟业是值得讴歌的。

"文化大革命"期间，珠江水利事业也因社会动乱而蒙受损失。水利机构一度被撤销，人员被下放，部分技术资料档案散失、损毁，基建程序和技术规范被更改或废弃，管理上极其混乱，以致出现了历史上最多的垮坝事故和其他失误。如1967年7月21日广西郁江合江水库的大坝和溢洪道被挖开，1000多万立方米蓄水白白流失，几万公斤鱼被冲走。1970年10月，原广东省革命委员会主要负责人武断地认为北江大堤加高是一个方向性错误，指令挖河防洪。顺德县为此动员劳力4万人，苦战60天疏挖潭洲水道。人可以藐视人，却不可藐视自然规律。一年后来了一场洪水，泥沙又回淤如初。这类事件说明，那个荒唐的岁月虽会在历史发展的潮流上泛起一些沉渣，但水利与国计民生的关系太重要了，所以不管当时局势怎样混乱，还是续建和新建了西江广西右江支流澄碧河，桂江青狮潭，贺江龟石和合面狮，柳江支流龙江河的拉浪、洛东和支流融江麻石，北江广东支流星子河南水、连江潭岭、潖江长湖、东江干流枫树坝等一大批大中型水库、电站，以及连江渠化航运梯级和东江引水等工程。它们对保障农业收成、纾缓陷于崩溃边缘的国民经济发挥了一定作用。这一期间也继续新中国成立以来的航道整治工作，右江、柳江、黔江、红水河、北江、东江、陈村水道等通航条件都普遍有所改善和提高。其中坡陡水急，有"六潭"、"十峡"之称的连江航道渠化工程至为雄伟。这项工程从连县至英德全长133公里，包括11座以航运为主，结合发电、灌溉的梯级工程，前后历时16年，于1975年完成。连江自此成为我国第一条以通航为主的山区渠化河流，50吨钢质船可全年通航，航程时间也大为缩短，彻底改变了昔日连江纤夫的悲惨命运。至今江边崖岩上尚存一道道深深的纤痕，成为这条河流变迁的见证。有赖于这项工程，连江两岸开发出大片良田，夏秋时节稻花飘香，一片丰收景象。宋杨万里《出真阳峡》诗中所说"未必阳山天下穷，英州穷到骨中空"，已成为历史的陈迹。

　　1978年改革开放以来，珠江转到强调按流域水系的综合治理开发方面来。为此，1979年8月重设了流域机构——水利部珠江水利委员会（简称珠委），肩负起"统一规划，综合开发，加强管理"的重任。此期间珠委在广泛调查和科学论证基础上，编制了全面系统的《珠江流域综合利用规划报告》，使流域的治理和水资源开发、工程建设有了科学的依据。以水电为主，对水能蕴藏量巨大的红水河进行了大规模的梯级开发，建成或在建恶滩、大化、岩滩、龙滩、天生桥等大型水电站。其中龙滩水电站是红水河上最大的水电站，是我国仅次于长江三峡电站的大型水电工程，成为红水河10个梯级电站的龙头，同时兼具防洪、航运、灌溉、水产等综合效益。建成后总库容量为273亿立方米，水库面积达537平方公里，装机容量为500万千瓦。它将把广西、广东的电网联成一体，不仅能充分满足两地区生产、生活用电，而且可以供应香港地区一部分强电力。近年落成的北江下游飞来峡水利枢纽工程，控制集水面积4097平方公里，占北江集水面积的8.8%，库容量达13.36亿立方米，防洪堤分级加固，保卫广州的北江大堤提高到300年一遇的防洪标准。飞来峡电站装机容量达7.5万千瓦，年发电量

3.15 亿度,供应广州和珠江三角洲。此外,还建成广东流溪河上游装机容量居世界同类电站第二的广州抽水蓄能电站。该站厂房深藏地下 100 多米,用于广东电网的填谷调峰和保证大亚湾核电站均衡安全的运行。

西江航行干线是沟通两广的大动脉,从 1964 年开始即纳入国家航道治理规划。但由于"文化大革命"的影响而未能实施,直到 1981 年才重新获得批复,1985 年正式动工。整治重点是广州至南宁 854 公里的航道,包括疏浚、炸礁、筑坝、裁弯取直、护岸等。竣工后可通行 1000～1200 吨位的船舶,贵州的煤炭、云南的磷矿石、广西的锡石、广东云浮的硫铁矿、珠江三角洲的工业品等将通过这条黄金水道往返运输,实现西江上下游之间区域优势互补,推动流域经济起飞,以及泛珠江三角洲区域经济联合。另外,广州黄埔港原有港区因不能适应广州经济发展需要,乃于 1978 年后在东江口以南距离老港区 15 公里处扩建新沙港区,共建成 10 个 3.5 万吨级的泊位码头,竣工后新增年通过能力 1000 多万吨。1992 年以来,在全国政协原副主席霍英东先生的努力下,正在广州南沙兴建一座海滨花园城市和一个新的海上丝绸之路始发港,并配置汽车、钢铁、造船、石化等临港工业,这样南沙将成为综合性国际物流基地、珠江三角洲最大的石化码头(现钢铁、石化已移往湛江)。这对提高广州作为海港的城市地位将是一个有力举措。

第七节　建国后运动文化中坚挺的脊梁

中华人民共和国成立后到 1978 年改革开放前,中国一直处于连续不断的政治运动之中,强调马列主义意识形态的纯洁性,清除一切非无产阶级思想,建立社会主义、无产阶级思想体系,成为文化建设的中心任务。为此目的而发生的各种政治运动,从文化视野出发,被称为"运动文化"。这一系列政治运动,虽然有过成功和挫折的经验教训,但在特定的历史背景下,仍有其一定的必要性和合理性,在付出相当大的代价之同时,在好些方面也取得不少成果,构成珠江文化的一种主要潮流。这包括一个出色的作家群体及其作品,反映时代风云的影视、戏剧、绘画,坚持思想、教育阵地的文化精英,以及创新的学术见解都验证了在江海孕育、成长起来的珠江文化具有不屈的坚韧性和超前的创新性,不仅在全国树立榜样,也为后来改革开放奠定了深厚的思想和社会基础。

一、出色的作家群体及其作品

岭南作家群体,建国前多有过参加抗日和民主运动的经历,建国后在新社会背景下,被保障以充分的创作和生活条件,贴近社会生活,卷入各种运动,深入城乡,创作出大量无愧于时代的文学艺术作品,成为珠江文化发展的一股主流。这个作家群体在广东的代表性人物有黄谷柳、欧阳山、草明、刘思慕、黄秋耘、萧殷、周钢鸣、秦牧、陈残云、吴有恒、黄庆云、黄宁婴、陈芦荻、李育中、雷石榆、黄药眠、温流、任钧等,至于广西、贵州、云南珠江中上游省区,这样的作家群体也大不乏人,限于篇幅,此略。

黄谷柳(1908—1977年),广东梅县人,出生于越南海防市,少年时期在云南受教育。1927年到香港谋生,当过苦力、当过兵。1941年重回香港,撰稿为生。1947年在香港出版《虾球传》,用传奇笔调描写华侨子弟虾球从一个流浪少年成长为革命战士的曲折历程,表现主人公勇敢正直的性格,歌颂其对新生活的追求,联系个人抗争和社会环境,表现城市生活强烈的时代气息。小说情节曲折,语言质朴,在报上连载用广州方言,更具浓厚的广府地域文化特色,加之通俗易懂、悬念迭出,十分吸引人。剧作家夏衍评其"既有时代的特征又有鲜明的地方特色,特别是文字朴素、语言精炼"。茅盾更赞"这在南方真是从未有过的事"。后由日本作家译成日文,名为《虾球物语》,以后又译成英文、南斯拉夫文,并在国内改编为话剧、电视连续剧等。

欧阳山(1908—2000年),湖北荆州人,原名杨凤岐,自小随养父流浪,童年到了广州。16岁读初二,即发表处女作《那一夜》。1926年在其主编的《广州文学》上连载爱情悲剧小说《玫瑰花残了》。1928年到上海,连续推出《桃君的情人》、《爱之奔流》、《密斯红》等长篇小说,成为一名职业作家。1931年以后,他把创作视角传向工农,写了不少反映城市贫民、农民悲惨生活的小说,如《竹尺和铁锤》、《鬼巢》等。抗战时,欧阳山积极参加抗日文化运动,先后创作《三水两农民》、《爸爸打仗去了》和长篇小说《战果》。1941年与夫人作家草明到了延安，受到毛泽东接见。后深入当地农村，写成陕北边区合作化小说《高干大》，塑造了一个农民共产党员的典型形象，获很高的评价，后译成多种外文，在国外出版。建国后，欧阳山一直生活在广州，先后写出中篇小说《英雄三生》、《前途似锦》、《红花岗畔》，以及若干短篇小说、散文、特写等。其中最成功的长篇小说《一代风流》凡五卷，即首卷《三家巷》，二卷《苦斗》，三卷《柳暗花明》，四卷《圣地》，五卷《万年春》，共150万字，从1957年动笔，写到1985年，跨度28年，为反映广东革命斗争的第一部杰作。小说再现了大革命时代省港大罢工、沙基惨案、广州起义等历史事件，塑造了周炳、周金、区桃等革命者，以及革命先烈张太雷、苏兆征等光辉形象。出版后好评如潮，中山大学黄伟宗教授为此写了《欧阳山创作论》、《欧阳山评传》。《一代风流》后获广东"鲁迅文艺奖"，也是珠江文学的一项殊荣。

草明（1913—2002年），顺德人，原名吴绚文，为有数的女作家。自小生活在蚕桑之乡顺德，1928年入读广东女子师范学校，开始写缫丝女小说。1933年到上海，加入"左联"，在《文艺》上发表《倾跌》、《大涌围的农妇》、《绝地》等中短篇小说，多以缫丝女的不幸命运为题材，颇有现实意义，抗战时与欧阳山同上延安，参加延安文艺座谈会。抗战胜利，草明到了东北，长期生活在工人中，创作以战后恢复生产为主题的长篇小说《原动力》，后被译成10多种文字。作为出身于珠江三角洲的女作家，她对故乡有特殊的感情，作品中缫丝女的形象及其自强不息的精神，折射了珠江文化风格。

刘思慕（1904—1985年），广东新会人，岭南大学毕业生，笃好文艺。1932年游学欧洲，翌年归国，发表游记文集《欧游漫忆》，以清丽潇洒的笔调著称。后相继有《野菊集》、《樱花和梅雨》等散文集问世，极富现实和美学价值，其文章风彩倾倒文艺批评家。北京大学王瑶教授说他的"这些作品在中国现代散文的发展史上是有它的历史地位的"。

黄秋耘（1918—2001年），原籍广东顺德，生于香港。20世纪30年代积极投身抗日救亡运动，发表不少散文、诗歌、小说。建国后，为中国作协《文艺学习》常务编委，后到《文艺报》工作，受到不公平待遇，历尽坎坷。"文革"中回到广东，笔耕不辍。代表作有《锈损了灵魂的悲剧》、《丁香花下》、《往事并不如烟》等，以及若干散文集、评论集、自选集等。其作品针砭时弊，反映现实,感情丰富,笔锋尖锐辛辣,直指人心,因而毁誉参半。1951 年出版的《控诉》即为一例,字字看来皆是血,不乏对丑恶现象的有力控诉,引起不少读者共鸣。

秦牧(1919—1992 年),原籍广东澄海,出生于香港,在新加坡长大。抗战时在广州参加抗日救亡运动,1943 年开始发表散文。后进入东江解放区从事革命宣传工作。建国后在高校、传媒从事文化教育工作,曾任《羊城晚报》副总编辑。以散文著称,不少作品入选中学、大学课本。主要有《花城》、《潮汐和船》、《星下集》、《贝壳集》、《翡翠路》、《长街灯语》、《艺海拾贝》,长篇小说《愤怒的海》等,为一代散文大师。

陈芦荻(1912—1994 年),原名陈培迪,广东南海人。早年写诗,诗风充满伤感、朦胧、晦涩。抗战救亡风潮涌起,其诗风大变。1937 年出版处女诗集《桑野》,表现百姓疾苦与抗争,高呼"这世界太荒芜了,需要人工开辟!",宣布要"在血泊中孕育,在炮火中成长"。后又相继出版《驱驰集》、《远讯》等,将个人哀愁融合于民族命运,宣称"大地还未睡醒,人心,却亮着一盏灯"。

黄药眠(1903—1987 年),广东梅县客家人,与黄遵宪人境庐为邻,既是诗人,又是文艺理论家。1944 年在桂林出版《论诗》,后易名《战斗者的诗人》,彰显作者的战士情怀。1944 年 11 月,桂林沦陷,黄药眠发表长诗《桂林底撤退》,为其诗人生涯的代表作之一。全诗长达 1850 行、29 节,既为抗战史诗,又是抒情佳作,给人以巨大的冲击力:

> 啊,桂林的火
> 把桂林都烧红啦,
> 桂林的烟
> 把云都熏黑啦,
> 烟球在大街上,
> 打着盘旋,
> 窗子里,
> 吐出了火舌。
> 唉,这是多么恐怖的日子哟!
> 他们炸的,烧哟!

陈残云（1914—2002 年），广州郊区人，抗战时步入文坛。1938 年出版第一部诗集《铁蹄下的歌手》，为抗战而呼唤，属新浪漫主义诗作，后又有《以守夜卫》、《野火》、《母亲的诗》等名作问世，开始崭露诗坛。建国后，转向小说，以电影剧本《珠江泪》闻名一时。20 世纪 60 年代出版长篇小说《香飘四季》，描写珠江三角洲水乡风情，不乏男女之爱，充满广府地方文化风格，其粤方言韵味很受读者欢迎。还与他人合作电影剧本《南海潮》，饮誉一时。后又有长篇小说《热带惊涛录》付梓。身后有《陈残云文集》10 卷本存世。

吴有恒（1913—1994 年），广东恩平人，长期在广东从事地下工作。1940 年到延安，曾任粤桂边区部队司令员、粤中纵队司令员。建国后任广州市委书记、《羊城晚报》总编辑等。《山乡风云录》为其代表作，1962 年由广东人民出版社出版。小说取材于解放战争时期华南山区游击战争，成功塑造了一位智勇双全、屡屡出奇制胜的女英雄刘琴。文字清丽秀逸、情节生动，不乏民情风俗，构成动人的艺术画面。此外，还有长篇小说《北山记》、历史小说《香港地生死恩仇》，话剧本《山乡恩仇记》等。

钟敬文（1903—2002 年），广东海丰人。1927 年到中山大学任教，参建民俗学会，编辑《民间文艺》、《民俗》周刊及民俗丛书。1934 年留学日本，继续研究民间文艺和民俗。1940 年起在中山大学任教。1947 年赴香港，任教于达德学院文学系。建国后执教于北京师范大学文学系，仍致力于民间文学研究和创作，并任多个民间文学刊物编委，是中国民俗学和民间文艺学的创始者和奠基人之一，有"中国民俗学之父"之称，在国际上享有盛誉。代表作有《钟敬文民间文学论集》（上、下册）、《新的驿程》、《民间文艺学及其历史》、《钟敬文民俗学论集》等。

建国后到"文革"之前，珠江少数民族文化也取得不少艺术成就。广西韦其麟长诗《百鸟衣》、壮族彩调歌剧《刘三姐》、云南彝族撒尼人传说及其电影《阿诗玛》、云南边境民族电影《山间铃响马帮来》、白桦故事长诗《孔雀》、海南岛革命题材小说及梁信电影《红色娘子军》、蔡楚生和陈残云等取材广东渔民斗争生活拍摄的电影《南海潮》等，都是享有崇高声誉的珠江文化代表作品。作品中撒尼人姑娘阿诗玛、壮族歌仙刘三姐的形象至今仍家喻户晓，甚至反角莫老爷也给人留下深刻印象。这些经典之作虽在"文革"中受到批判，作者受到迫害，但风雨过后，它们仍重放光明，更显示其为珠江文学百花园中一块块璀璨的瑰宝。

二、陈寅恪的最后二十年

陈寅恪（1890—1969年），祖籍江西修水，生于湖南长沙，历史学家、古典文学研究家、语言学家，诗人。

陈寅恪是清末著名进步政治家陈宝箴之孙，爱国诗人陈三立之次子。幼随父迁往南京，在家塾广泛阅读典籍，为日后的研究工作打下了深厚基础。1902年10月赴日本，就读于东京巢鸭弘文学院高中，次年秋回国，后入上海吴淞复旦公学。1910年赴欧洲，先后在德国柏林大学和瑞士苏黎世大学学习语言文学，次年回国。1913年入巴黎高等政治学校社会经济部，肄业一年，因欧战爆发，1914年底返国。曾一度任蔡锷秘书，参加讨袁之役。1918年冬获得江西省官费的资助，再度出国游学。这时他已开始集中精力研究古文字学和佛经，先在美国哈佛大学随蓝曼学梵文和巴利文，1921年又转往柏林大学梵文研究所攻读东方古文字学。多年的艰苦学习，使他具备了运用藏、满、蒙、巴利、波斯、突厥、日、英、法、德、拉丁、希腊等十几种语言的能力。1925年3月归国，应清华学校之聘，与王国维、梁启超、赵元任同为国学研究院导师。该院一共办了4年，培养了一批后来颇有成就的学者，是当时文史学的最高学府，至今仍被人称道。1928年清华改制后，他应聘为中文、历史二系教授，并在北京大学兼课。在此期间主要讲授佛经翻译文学、两晋南北朝隋唐史料和蒙古史料研究等课程。1930年以后，还兼任中央研究院理事、历史语言研究所研究员及第一组（历史）主任、故宫博物院理事、清代档案编委会委员等职。"七七"事变后离京转津南行，经香港至云南蒙自，任教西南联大，主要讲两晋南北朝史、隋唐史专题和元白诗研究等。1939年，英国牛津大学聘请他为中国史教授。次年9月，他离昆明赴香港，准备转英国，由于战争的关系，抵港后未能成行。旋任香港大学客座教授，后接任中国文学系主任。1941年底香港沦陷，他闭门治学，拒绝日军笼络。次年7月到桂林，从事著述，并任教广西大学。1943年12月到成都，执教燕京大学。他患视网膜脱落症，治疗无效。恰值牛津大学重申聘约，他想顺便去英国治眼病，遂于1945年秋抵伦敦。然而英国名医也无能为力，断言失明已成定局。他便辞去牛津聘约，于1946年6月取道大西洋经美国回国。在上海养息数月，10月重返清华园，继续讲学及著述。1948年冬，北平面临解放，他应胡适邀请，随之赴上海，复至广州，岭南大学校长聘他担任讲席。1949年10月，解放大军南下，国民党政府派人劝诱他逃离。他经过慎重考虑，终于受爱国心驱使，毅然留下。1952年，他由岭南大学转为中山大学教授，为历史系、中文系讲授两晋南北朝史、唐史、唐代乐府等三门课程。

1953年他接到了中国科学院的邀请，让他北上任职，他在答复时，提出了一个原则、两个条件。一个原则是："我认为研究学术，最主要的是要具有自由的意志和独立的精神。……独立精神和自由意志是必须争的，且须以生死力争。……我决不反对现在政权，在宣统三年时就在瑞士读过《资本论》原文。但我认为不能先存马列主义的见解，再研究学术。我要请的人，要带的徒弟都要有自由思想、独立精神。不是这样，即不是我的学生。"两个条件为：一"不宗奉马列主义，不学习政治"，以免"先有马列主义的见解，再研究学术"；二是要求"二公"（指毛泽东、刘少奇）的承诺与保证。① 这些要求并没有得到答复，他也没有北上。1960年担任中央文史研究馆副馆长。

鉴于他的身体状况，组织上专门安排了两名助手帮他著述和整理旧稿。1950年后，他发表了数十篇论文，对佛、道二教在社会政治上的影响以及对唐初的统治集团，都有精辟的论述。此外，还完成了《论〈再生缘〉》和《柳如是别传》。后者达70余万言，耗时十余年，是他一生中规模最大的一部著作。当时他已失明，而《柳如是别传》引书达数十百种，他虽在早年博览群书，但此次引用的资料仍有不少是他以前不曾寓目的，只能靠助手念给他听，他经过构思组织，一字一句口述，再由助手记录，其困难可以想见。加之他晚年经常生病，右腿又在1962年跌断，有时精神上还受到干扰，若非有极为深厚的功底、惊人的记忆和百折不挠的精神，决不可能完成这样一部巨著。

十年浩劫期间，陈寅恪被戴上"资产阶级反动学术权威"的帽子，他的著作也成了批判的对象。经此冲击，他的身体更见虚弱。临终前，他嘱咐把他在广

---

① 陆健东著：《陈寅恪的最后20年》，生活·读书·新知三联书店，2013年，第96页。

州的藏书全数赠送给中山大学图书馆。1969年10月7日，这位一代宗师与世长辞，享年79岁。

陈寅恪继承了中国文化的优良传统，又吸收了欧洲近代学术的精华，融会贯通，不断开拓出新的领域。他一生致力于魏晋南北朝史和隋唐史的研究，把这一学科推进到一个新的阶段。他是我国以敦煌资料补史证史的创始人之一，又能将佛教经典文书和世俗文书准确地用于各方面的研究，为后学树立了楷模。他对佛教史有许多精辟的论述，为中外学者所称道，并在蒙古研究上澄清了一些使学术界困惑不解的问题。他摒弃了把突厥史当作隋唐史附属品的陈旧观念，证明突厥在当时实为东亚之霸主。他还是我国藏学的一位开拓者。他与其兄、绘画艺术家衡恪均工诗，但与其父散原老人的风格不同。其夫人唐筼系爱国人士、台湾巡抚唐景崧的孙女，亦工诗。他是我国现代出国系统讲学之第一人，又是我国通晓海内外十几种文字的唯一学者。他的学术成就在新中国成立前即深受梁启超、胡适、傅斯年、徐旭生、吴宓、刘文典等的推重，近年来，以季羡林教授为代表的一些年长学者，都认为他是我国现代文化史上一座矗立的丰碑。

陈寅恪一生著作颇多，主要有《陈寅恪魏晋南北朝史讲演录》、《隋唐制度渊源略论稿》、《唐代政治史述论稿》、《元白诗笺证稿》、《论〈再生缘〉》、《柳如是别传》、《金明馆丛稿初编》、《寒柳堂集》、《陈寅恪学术文化随笔》、《陈寅恪文集》、《陈寅恪集》等。

陈寅恪在数十年的动荡生涯中仍坚持学术研究，成果累累。在这时期他仍完成了他的晚年力作《柳如是别传》等巨著，并与中山大学岑仲勉教授倡导"南学"，以他们的国学著作和影响，在全国国学和史学界取得公认的领先地位。

近年陈寅恪学术研究成为风气，各种著作不绝如缕，以陆健东《陈寅恪的最后20年》（三联书店，1996年）拥有最多读者，自1996年初版，已多次重印、再版，为了解陈寅恪生平、业绩和影响最受欢迎的著作。

三、卓炯"商品万岁论"

卓炯（1908—1987年），湖南慈利人，曾用名孟晋。1931年考入中山大学社会学系，专攻政治经济学，毕业后入广东学海书院攻读研究生。1941年到中山大学任教,先后任讲师、副教授。建国后,先后在南方大学、中共中央华南分局、广州市委、广东省委党校、广东省哲学社会科学研究所等工作,并兼职为华南师范大学、中山大学教授。从20世纪50年代末到60年代初开始,他从事社会主义商品经济理论研究,建立了自己的学说。

在"大跃进"、三年经济困难时期,被视为中国最大的马克思主义理论权威的陈伯达,鼓吹要取消商品生产,取消商品交换,产品调拨,非现金结算,进而在中国消灭货币——"取消人民币"。康生则指责不赞同他们观点的人只是"马克思主义的同路人"。张春桥还不失时机地发表了《破除资产阶级法权思想》的大块文章,鼓吹"供给制"。

卓炯目睹这时期中国经济遭受的巨大破坏,哀民生之多难。时卓炯为广东省委党校的教授,凭他作为湖南人的血气与广东人的敏锐,不顾那些"大人物"的巨大压力,针对"大跃进"、"共产风"取消商品的错误思潮,挺身而出,振臂疾呼:"商品万岁!"一直到1990年,他提出的"商品万岁论"仍被扣上"资产阶级自由化在经济理论领域中的表现",不过这是后话了。

提出这一理论的时间正是1959年。这一年,他随着广东省委党校的工作队下到了肇庆地区。他亲眼目睹了关闭市场、取消商品对现阶段生产的可怕的破坏。他在与同行曾牧野谈起所见所闻时,痛心疾首,涕泗横流。他尖锐地指出:

> 社会分工决定了商品生产和存在的普遍性,商品经济将会长期存在,价值规律是普遍存在并不可逾越的。哪怕到共产主义,也会有商品经济。分工愈细密,流通就愈大,就会成为商品。

1961年,他终于在"缝隙"之中找到了机会,于沿海的《厦门大学学报》上发表了他的长篇论文《再论社会主义制度下的商品》,正式提出了他的社会主义经济是"计划商品经济"的理论。论文针对几年的惨重教训提出:

> 现在的事实很明显,在公有制下,不管全民所有制的产品也好,集体所有制的产品也好,只要有社会主义分工存在,产品就要进入交换过程,就要成为商品,……
>
> 这种商品经济的特点,就是计划商品经济。

直到23年之后的1984年10月,中共十二届三中全会作出了《关于经济体制改革的决定》,才明确指出:社会主义计划经济是公有制基础上的有计划的商品经济。

在这20多年里,卓炯为了他这一理论,又遭到了多少批判、斗争以至九死一生!这些,已非笔墨所能诉诸的了。

1987年6月24日,卓炯去世——他未能等到"理论彻底"的一天。那是他去世后六年,国家才正式宣布"我国经济体制改革的目标,确定为建立社会主义市场经济体制"。这是1993年10月。

卓炯当年也算是从饶彰风主办的《华商报》出来的。这一报纸,出了一批有思想、有胆识的文化人、学者、作家。卓炯作为一位佼佼者,其超前思想、胆识、勇气是何等撼人,但这是建立在科学思维基础上的,反映了珠江文化创新、领潮的风格。卓炯著作有《论社会主义商品经济》、《政治经济学新探》、《再论社会主义商品经济》等。

四、"文革"高压下的"干校文化"

1966年开始了持续10年的"文化大革命",实为中国历史上一场空前浩劫,给中国政治、经济、社会,特别是文化带来无穷灾难,导致历史大倒退,其影响至今尚未完全消除。这期间,许多学校关闭、停课,继而知青下乡,干部下放,文学艺术创作停顿,仅剩8个所谓"革命样板戏",整个文化事业一片萧条,珠江文化也不例外。到20世纪70年代初,出现所谓"五七干校",实为大批教师、文艺工作、各类干部等,集中进行思想改造和强制性劳动的场所,是"文革"后期的一种重要表现形式。在这里发生的文化事件被称为"干校文化",遍及全中国。在这里,仅以广东设在英德的"五七干校"为代表,反映这种所谓干校的文化实质。

广东省英德县委书记江惠生、中山大学教授黄伟宗主编的《英州夜话》,则对那个非常时代的"五七干校"文化作了形象、深刻的的揭示。一如序言中所说的:

……在作家们的笔下:在那"无花无果的岁月"(沈仁康),这些共和国的文化人,许多早已心灵破碎,留下的是"无月无日的日记"(郭正元);往事如烟,"风雨送华年"(苊菲),在20多年后的今天,确实有不少同志"久久不愿打开这些尘封的记忆"(吴国钦)。然而,人间自有真情在。且不说英德的甘甜泉水如何使我们同志的枯干心田的一角重新长出一片绿草;且不说农村的老大娘如何像生怕孩子摔跤一样,用慈母般的眼光默默注视着"五七战士"们背负一两百斤重的树木趔趄着走下山、把削尖的木棍递给战士们用以支撑沉重的身躯;且不说农民弟兄如何静悄悄地从农贸市场买来食品、包好后又无声无息地从窗口扔进阴暗潮湿的战士宿舍,让战士们在那个半饥饿的日子增加一点点营养……所有这些,使战士们感到了"辛酸的温馨"(杨奇),露出"带泪的微笑"(韦丘)。就战士自己来说吧,有的同志虽然蒙冤,被隔离,但他们相信前途是光明灿烂的。正像作家秦牧与其夫人紫风,虽同在干校而不能见面,但他们频频给对方写信,以当时能够采用的方式,彼此默默地相互鼓励,"咫尺天涯两地书"(紫风)表达了他们的信念、信心。他们在艰苦的生活和劳动中,哼起了"茶的咏叹调"(林彬),在"牛栏"中写诗(谭子艺),绘下《茶山夕照》的画(黄渭渔),创作了《山乡春早》这样的历史不衰的曲子……这些珍贵的精神和文化财富,不是值得永远铭记、永远珍藏的么?在这些篇页里,还写到吴有恒、周钢鸣、陈残云、欧阳山、关山月、黄秋耘、秦牧、红线女、岑桑、李士非、王起、楼栖、梁宗岱等早已闻名的作家、表演艺术家、专家、教授,他们本身在干校经历及其记述,将同他们当年的作品一样,深刻地影响千秋万代。[①]

秦牧留下的两首旧体诗,当是那个年代的清醒记录:
《赠紫风》:

> 荷花香际忆华年,廿八载来共苦甜。
> 涉水攀山黔桂道,观鱼赏瀑西湖边。
> 互怜白发秋光里,同励丹心晚步间。
> 老去诚知终化蝶,情丝好吐在生前。

---

① 江惠生、黄伟宗主编:《英州夜话》,花城出版社,1999年,序第3~4页。

《无题》：

> 天愁地惨日昏斜，阵阵黑风催落花；
> 沉默十年观世变，看它大地走龙蛇。①

而关振东为丁明写下的悼亡诗，令人肝肠寸断。其诗云：

> 风雨纵横故国愁，繁英零落几荒丘?!
> 诗魂今夜匆匆去，上帝新成白玉楼？②

黄伟宗在后记中亦作了必要的概括与追述：

使我对此感悟尤深的是思及"文化大革命"的灾难岁月。当时我所在的《羊城晚报》被"四人帮"诬为"造谣放毒"而被封闭，后与《南方日报》、《广州日报》合并，大部分人员连同广东电台和电视台、党校、出版社和社科所等新闻出版界共约"八百秀才"下放"五七干校"，地点在英东的黄陂畜牧场；广东文艺界和中山大学的"五七干校"则设在刚从劳改场改成的英德茶场，也有近两千人。当时几乎所有岭南第一流的著名作家、名艺术家、名教授、名学者、名编辑、名记者都被作为"走资派"或"反动学术权威"而下放干校劳动，一时使英德成为聚集岭南英才最多的地方。这也许与英德过去有甚多的文人流放至此的历史有关吧？然而照我看来，这时期被下放至此的文人数量，不仅大大超过历代流放英德文人数之总和，也不知超出整个岭南自古以来流放文人总和的多少倍，而且生活环境和劳动条件也艰苦得多。在黄陂畜牧场住的是马房、牛棚、猪栏，在茶场住的是不久前关押囚犯的牢房。我曾亲见老报人黄文俞、杨奇、丁希凌在北风呼啸中挑泥锄土，延安新华社第一代女播音员田蔚在冷雨中种菜，散文大师秦牧扶着眼镜追赶着他负责养的一大群牛，名编辑黄秋耘、岑桑像往时编稿那样严谨地做木工，名作家林遐、周敏手抱冷冰冰的泥浆打泥砖，比往时写稿（划四方格）还认真，名记者许实（微音）等人半夜抬送刚病逝的老报人陈洁

---

① 江惠生、黄伟宗主编：《英州夜话》，第12~13页。
② 江惠生、黄伟宗主编：《英州夜话》，第66页。

的尸体，老学者陈健、孙儒带病摘花生……在茶场，我还见到名作家欧阳山、陈残云、周钢鸣、吴有恒，名演员红线女、林小群、罗品超、罗家宝，名画家关山月、余本、杨纳维，名电影家陶金、王为一，名音乐家周国瑾、陆仲任、施明新，中山大学的名教授蒲蛰龙、张宏达、端木正、容庚、王季思等等的劳动身影……我在深切的痛苦辛酸之余，还从这些在逆境中仍然顽强生活的名家身上，看到一股硬骨正气。迄今想来，这与眼前所见的英德山水及其内涵的人文历史精神，不正是一脉相承的英骨英气么？[1]

由于资料有限，这里仅以"五七干校"文化为例，不再涉及其他类型。但这也已颇具典型性了。从抗日战争胜利，经内战和中华人民共和国成立，至1976年的"文革"结束仅仅30年，但所经历的曲折、所呈示的惨烈引发的思索，对中华民族来说都是意义非凡的。但没有这些曲折引发的整个民族的历史反思，中国就不会最终选择后来的改革开放，虽说代价实在是太大了。时代，最终选择了南中国，选择了珠江流域，选择了珠江的入海口，选择了深圳、珠海作为改变中国的改革开放的前沿阵地，这实在是有太深刻、太沉重的大背景的！

---

[1] 江惠生、黄伟宗主编：《英州夜话》，第332～333页。

第十一章
当代珠江文化成为时代先进文化

1978年中国实行改革开放,这一历史性的伟大转变,一方面给珠江文化带来了无限生机和活力,使它得到复苏和振兴;另一方面又使它面临着种种挑战和考验,珠江文化现在恰处在这样一个新旧文化形态的转折点上,揭开了当代发展史上新的一页。

第一节 改革开放政策首在珠江三角洲实施及其效应

珠江三角洲以其优越的地理区位、海洋商业文化为主体的厚重历史文化积淀、毗邻港澳、华侨众多、经济较发达、民性重商、开拓、进取等而被首先定为实施改革政策之地,并取得突破性效果,不但崛起为中国一个经济高峰区,而且深刻改变了原有文化特点和风貌,成为当代珠江先进文化的核心和代表而为举世瞩目。

一、改革开放成为珠江文化转折点

1976年10月6日,以华国锋为首的党中央一举粉碎江青、王洪文、张春桥、姚文元反革命"四人帮",结束了惨无人道、扼杀、毁灭文化的"文化大革命",中国开始了社会主义建设新时期。1978年中国共产党举行十一届三中全会,确立了改革开放的方针、政策,中国由此进入改革开放时期。中央确定广东"先走一步",更使广东首先实行改革开放,珠江文化也随而首先在这一背景下进入开放文化状态。由此发生一系列重大革新,首先在珠江三角洲出现。

30多年来,商品经济在珠江流域沿海得到充分发展,这已成为一股不可逆转的时代潮流,正猛烈冲击着与其相悖的一切旧的文化形态。与此同时,又以前所未有的规模和速度,引进和吸收现代西方文化的精华,包括先进的科技、信息、管理制度、人才和其他文化资源。内地科技文化和人才也纷纷南下,使广东再度成为兼容南北、涵摄中外的文化荟萃之区,并掀起一次又一次的文化更新、替代热潮,不断改变文化风貌和地域分布,把珠江文化推向了空前发展的高度,这在中国各大流域文化中堪为翘楚。这在珠江三角洲地区表现最为明显,成效也最显著,珠江三角洲成为珠江文化最大的一个转折点。这首先在物质文化形态上鲜明地表现出来。以珠江三角洲和沿江一些大城镇郊区常见的农业土地利用类型、作物构成和布局而言,它们无一不被市场供求关系所左右。珠江三角洲沙田是水稻的重要产区,著名作家陈残云在《沙田水秀》一文中写道:

> 沙田的景色是迷人的。丰收后一望无际的田野,显得特别宽广和美丽,纵横交错的小河涌,小艇穿梭如织,一排排翠绿的蕉林相映着乌黑的牛群。这仿佛是一幅色彩鲜明的织锦画。

它所展示的沙田景色是那样的自然和秀美,是一幅最触目的农业文化景观。但随着农民洗脚上田,大办工业和第三产业,大量耕地被工业、城镇建设占用,水稻面积在珠江三角洲大量减少,以致粮食不足,不得不进口"洋米"。名扬天下的珠江三角洲桑基鱼塘也由于同样的原因,桑基面积大幅度减少,为草基、花基或杂基等取代。它们的生态效益虽不及桑基,但却发展起了以出口创汇或供应大城市高级酒楼、宾馆的鲜活产品为目的的精细农业,开发出许多高、精、尖、特、优农产品,满足国内外市场需要,即为传统基塘农业文化内涵向深层发展的一个范例。如顺德陈村是有名的花卉之乡,"花前花后皆人家,家家种花如桑麻"。近年来还采用电脑控制花卉生产线,实行花卉生产工厂化,所种世界名花销往海内外，收入不菲。这些所谓"朝阳产业"替代传统产业实质就是文化的进步。珠江三角洲文化景观从农业景观向工业和城镇景观转变，成为中国最早实现区域文化转型的地区。

建筑作为历史进程的一种标记，也是最直观的一种文化现象。近年城乡建设日新月异，迅速改变着各类聚落传统景观和建筑风貌。在经济突飞猛进的珠江三角洲，居住被视为消费之首，住房从讲究实用转向雅致美观，追求多方面的文化享受。在沿河大中城市，20世纪80年代以来，许多住宅建筑吸取欧美特色，结合岭南地理环境的特点，布局争取良好风向，灵活而不呆板，庭园与住宅小区相结合，扩大各种辅助性建筑设施，如厕、台、浴室建筑等。而一大批设计别致、造型新颖、风格独特的公共建筑更体现了城市建筑文化的时代感。广州、深圳、珠海、佛山、中山、东莞、桂林、南宁、昆明、贵阳等城市成为这些建筑的荟萃之地。它们象征城市财力强大，生气勃勃，反映着不同的文化内涵。楼高391米、80层的广州天河中信广场大厦为亚洲最高的钢筋混凝土结构建筑物；而楼高81层、总高度383.95米的深圳地王大厦为雄居亚洲第一的超高层钢结构建筑物，在世界上也仅次于美国芝加哥的席尔斯大厦（110层，443米）和纽约的世界贸易中心姊妹楼（110层，417米，2001年9月11日被恐怖分子炸毁，现已重建）；2010年竣工开放的广州塔，俗称"小蛮腰"，塔身主体高450米，总高度600米，是中国第一、世界第四高塔（至2014年）。它们被认为是外来文化与岭南传统文化相结合的产物，也是高技术时代的产物。兴建游乐城一度成为城市建筑的一个潮流，且与旅游业结合在一起发展，将文娱与科学技术结合在一起，以跳跃运动为主旋律，充满了活力和进取精神，如称盛一时的广州东方乐园、南湖游乐场、深圳香蜜湖等，皆为改革开放时代的产物。加之各种新型建材和造型，如大玻璃、原檐口、平屋顶、遮阳板、横线条等大量使用和出现，更使城市建筑锦上添花。入夜时霓虹灯五彩缤纷，百业喧嚣，歌坛舞榭，通宵达旦。这也从一个侧面展示了城市文化生活发生的巨大变化。

物质文化的丰富与提高，有赖于制度文化的建设和完善。在改革开放过程中，珠江流域的经济制度首先日趋商品化和市场化，即在保持社会主义公有制的同时，容许和支持发展其他形式的集体或个体所有制经济，并对国有经济进行改革，引入竞争机制，扩大企业自主权，实行多种形式的承包经营责任制，缩小指令性计划，放开商品市场价格等，使价值规律的作用得以充分发挥，从而保障了社会主义市场经济体制的建立和顺利运作。这虽然不是珠江流域独有的制度文化模式，但至少在改革开放最早的前沿地带广东，要比其他省区先行一步，取得的成就也是举世公认的。以广州市为例，据1990年统计，全市工业总产值中，全民所有制企业占58.22%，集体占15.87%，个体、私营、"三资"及其他联合经济占25.91%。这个结构所反映的生产关系的重大变革，是过去难以想象和无法接受的，但正如人们所看到的那样，它却在现实生活中取得了节节胜利。现在，后两种经济成分所占比重更大幅度上升，已成为国民经济的主体之一。经济制度的变革离不开政治制度的民主化和科学化，流域各省区党政机关都有一整套配合这种变革的制度和措施，并不断强化群众参政议政的意识，从而营造了一个良好的政府决策氛围。如自1983年开始，广州市政府为制定广州经济、文化、科技三个发展战略纲要，曾召开了30多场大型研讨会，开展100多项专题研究，与有关专家学者对话，广泛听取各方面意见，在此基础上才作出决定。政治的民主化和科学化需要一个宽松的文化环境，为此必须破除文化事业由政府部门独家经营的局面，而代之以社会各方面办文化娱乐事业。广东一马当先，其后各省区纷纷效法，各部门、各行业兴办的娱乐场、音乐茶座、歌舞厅、桌球室、图书室、展览会、业余艺校、各类培训班等如雨后春笋一般出现于城市、农村，出现于机关、企业，形成了前所未有的文化多元化、平民化、商品化局面。而为适应群众文化需要而产生的所谓企业文化、街道文化（即市井文化）、校园文化、特区文化已风靡广大城乡。这些改革开放后出现的新名词，如同珠江源头的报春花，开过后即迎来百花齐放、万紫千红的春天。

  制度文化的变革，又必然带来观念文化的更新。一系列与现代社会相适应的文化观念应运而生，首先在广东发源，继而扩展到全流域乃至全国各地，形成了一个自南向北扩散的冲击波，广东甚至成为全国某些文化领域的领导力量，这是继近代珠江文化崛起的另一个发展高朝。

  商品生产需要竞争。本来就赋有重商品格的珠江文化因社会引入竞争机制而得以重现雄风。首先是深圳人敢于采用美国人在百多年前就家喻户晓的"时间就是金钱，效率就是生命"的口号，很快风靡全国。由此衍生的效益意识、时间意识渗入各个领域、各个阶层，并化为他们的自觉行动，产生了巨大的经济效益和社会效益。过去"读书无用论"盛行，许多青年人不求上进，虚度年华。当竞争的潮流伴随商品生产席卷而来时，他们很快投入其中，成为新时代的弄潮儿。许多人纷纷参加各种形式的进修班，甚至去职回炉，重新学习，目的在于"充电"，先退谷，后登山。精明的顺德人感知春天的气息，很快调整自己的产业结构，大力引进专业技术人才，以乡镇企业为龙头，发展高、精、尖产业，不出数年，工农业总产值翻了几番，由一个传统农业县跃居为全国工农业和社会总产值前十强的县市之一。顺德的家电产品饮誉国内外市场，几乎无人不知顺德的电风扇和冰箱品牌。恰如顺德人自己总结的那样，破除过去狭隘、保守的思想，更新观念，树立一套适合商品经济发展的思想观念和价值观念来指导经济建设，从而走出一条具有地方特色的成功之路（有人称之为"顺德模式"），成为珠江文化实现从传统向当代转变的典范。

深受西方文化影响而形成的追求个性、实现自我价值的珠江文化风格也在新时代向高层次发展。改革开放之初，岭南人多在服装、发型、个人兴趣、职业选择、文化娱乐等方面以港澳为时尚，力求符合和张扬自己的个性，于是牛仔服、墨镜、染发、的士高风行一时。但随着改革开放的深入，各方面竞争的加剧，人们在满足温饱型的生活之后，不仅追求物质生活的高标准，而且更追求高尚的情操和格调，追求完美人生，追求知识和身心健康，于是"读书热"、"文凭热"、"留学热"扑面而来，很多青年人不再留恋歌舞之乡，把主要精力放在读书看报、自学考试、参加各种进修班上。广州天河购书中心，每逢节假日人头攒动，广州中山图书馆座无虚席，许多高等院校的教室夜里也是灯火通明。近20年网络兴起，成为年青一代不可或缺的伴侣，上网风靡广大城乡。这一道道风景线表明珠江文化价值观正在向新的高度升华。

诚然，珠江文化的娱乐性、消遣性方面也在新条件下被强化和扩展。近年来，随着群众生活水平的提高，一些人的注意力转向感官的愉悦享受和情感的宣泄；在商品生产、投机、炒股等活动中败北者，也需要安抚心灵的浮躁和烦恼；事业成功者，在紧张工作、努力拼搏之余，同样需要放松和消闲；近30年来，在广东集中了约3000万外来人口，他们的文化消费也是感觉型和消遣型的。这就决定了通俗文化在各个社会群体里都有广阔的市场。明星、偶像崇拜大行其道，所谓"两头"即拳头（武侠）和枕头（色情）文学拥有很大一部分读者，高雅和专业性强的文化艺术时常受到冷落,但在近年又呈复兴态势。在繁荣的通俗文化背后,也会有一些腐朽或被扭曲了的文化现象,甚至还有一些文化沉渣泛起的角落,例如对神灵、权力、金钱的崇拜以及屡清不掉的"黄赌毒"等。这都说明,在改革开放中成长的珠江文化,尚有许多不成熟和不完善之处,需要给予正确的引导和精心培育。唯其如此,才有可能在发扬珠江文化优势的基础上,使之成为中国流域文化发展的一个典范。

二、珠江三角洲文化腾飞

河流通常都有三角洲。而珠江三角洲不仅以其特殊的地貌形态蜚声地理、地质等学界,而且更以其经济奇迹名扬天下。不过,前者是指自然地理上的珠江三角洲,面积约为1万平方公里,俗称"小三角洲";后者已扩展为珠江三角洲经济区,俗称"大三角洲"。范围最大时东到惠东,西迄肇庆,北抵清远,按1989年行政区划含28个县市,面积约4.78万平方公里,人口2680万,港澳也包括在这个范围之内。2003年广东省委省政府根据变化了的经济形势,提出泛珠江三角洲经济区概念。其面积约200万平方公里,约占中国陆上国土的21%,2002年人口4.536亿人,占中国的33.67%,① 大部分在珠江流域。它包括粤、桂、黔、滇、川、湘、赣、闽、琼,以及港、澳11个省区,即所谓"9+2"区域概念。实际上,此前中山大学黄伟宗教授已就建设广东文化大省,提出用珠江文化来扩大岭南文化的内涵和优势,并在给广东省有关领导的报告中重申珠江文化概念,建议应充分发挥其优势来建设广东文化大省。这一报告得到充分肯定。而珠江文化的覆盖范围与泛珠江三角洲经济区基本一致,珠江文化成为泛珠江三角洲经济区的文化支柱。现在,泛珠江三角洲经济区作为实现这些省区经济联合的一种方式,正节节推进。不过,这里所述主要为小三角洲。

珠江文化最早的源头虽然不在珠江三角洲,但它首得海外风气之先,所以近世珠江文化至为先进发达,成为时代思潮的重点和中国革命的策源地。但新中国成立以后,由于特殊的国际环境,中国不得不奉行闭关锁国政策,珠江三角洲对

---

① 统计数字见许桂灵著:《中国泛珠江三角洲区域的历史地理回归》,科学出版社,2006年,第21页。

外开放的历史优势得不到发挥。1976年"四人帮"覆灭,天空放晴,冰河解冻。但在长期绝缘封闭和僵死的计划经济体制束缚之下,珠江三角洲也和全国一样,经济落后,物资奇缺,市面萧条,民生困苦。而相邻的香港已步入亚洲"四小龙"之列,经济繁荣,一片兴旺。这种反差,诱发了珠江三角洲不止一次的逃港高潮。据有关资料披露,建国后30年间,从内地逃亡到香港的人数约100万人,①比偷渡"柏林墙"、朝鲜"三八线"的人数多得无可比拟。也是这次持续时间最长、规模最大、情况最惨烈的大逃亡,促使当政者反省和思考自己的政策,最终导致改革开放这一重大转变。直到1978年我国实行改革开放(后被誉为"第二次革命"),珠江三角洲才脱颖而出,以解放思想、实事求是的务实作风和背水一战、敢为天下先的气概,一马当先,披荆斩棘,闯出了一条大力发展商品经济的道路,并使之成为一块光芒四射的风水宝地,被世人称为"东方的神话",在珠江历史上留下最辉煌的画卷。

  珠江三角洲的人太了解工业化的历史和它的魅力了。中国最早的民族工业——陈启沅创办的继昌隆机器缫丝厂就诞生在珠江三角洲。只有完成工业化,才能达到富足、强盛、文明。当坚冰已被打破、航路已经开通的春天来临时,很多精明的三角洲人纷纷洗脚上田,从农村工业化入手,通过"筑巢引凤"、"借鸡下蛋"等方式引进外资和技术发展工业。这股不同于往昔由国家集中统一措办的新工业化浪潮席卷三角洲大地,国有、集体、"三资"、股份、个体各种经济成分的企业一齐上,形成东莞的"三资"企业、南海的个体经济、顺德的乡镇企业、中山的股份合作制企业等发展模式,皆为当地新工业化的主力军。仅经过十多年努力,新工业化即在珠江三角洲获得成功,取得了过去几十年从未有过的成就。三角洲(指大珠江三角洲)面积只占广东全省陆地面积的23.4%,1993年人口占全省总人口的31.2%,但同年三角洲国内生产总值达2314.3亿元,占全省的72%以上,人均国内生产总值为11017元,为全省这个指标(4918元)的2.2倍。2005年,三角洲在面积、人口占全省比例基本不变的背景下,国内生产总值占全省76%,财政收入占87%,人均国内生产总值达77270元,为1993年的7倍。三角洲成为广东经济之巅。近年又提高到一个更高水平。有人

---

① 陈秉安著:《大逃港》,广东人民出版社,2014年,第348页。

作过比较，英国实现工业化花了 100 多年，美国花了 80 多年，而三角洲只用了 15 年即完成工业化的历史使命，故西方传媒称三角洲为"一块充满神奇的土地"。在这块土地上，涌现了经济实力最为雄厚的顺德、南海、东莞、中山所谓广东"四小虎"，以类比于香港、台湾、新加坡、韩国亚洲"四小龙"。它们作为珠江三角洲经济起飞的代表，一再验证了邓小平所说"只有改革开放才有出路"的伟大真理。

现代科技突飞猛进，新产品层出不穷。珠江三角洲在完成工业化以后，并没有就此止步，而是始终保持对新技术、新产品的狂热追求，力图使自己在激烈的市场竞争中立于不败之地。为此，从 20 世纪 90 年代开始，即着手于产业转换升级和产业结构的优化。原来以粮食、甘蔗、塘鱼等种养为主的小型传统农业，很快转变为以种养与加工相结合、多种经营、专业化、集约化为特征的大农业，以及科技含量甚高的精细农业。农业的机械化、电气化和化学化极大地减轻了人们的体力劳动，使千百万人从祖祖辈辈"面朝泥水背朝天"的繁重劳动中解放出来而笑逐颜开。改革开放初期，三角洲很多工业是劳动密集型的，繁重的手工劳动仍是主要劳动方式，如东莞即为这种产业模式在三角洲的发祥地。市场竞争的作用力很快使传统的手工业和陈旧的工业部门完成自己的历史使命，新兴的家用电器、电子、化纤、精细化工、石油化工以及经过改造的机械、建筑材料、食品等工业已成为三角洲工业的支柱工业，大中型企业逐渐成为行业骨干，到处展现着三角洲工业化的宏伟气派和勃勃生机。据有关统计，三角洲工业总产值从 1980 年的 152 亿元增加到 1993 年的 3450 亿元，年均递增 24.6%，近几年这个速度又有所上升，这不仅在中国，甚至在世界工业史上也是罕见的。有一本专述广东发展的书《闪光的轨迹》，介绍了这个改革时代造就的明星企业家、明星企业、明星产品等。这些名牌产品"远看似洋货，近看是广东货"，还有"广东粮"，甚至"珠江水"也成为名牌，饮誉国内外市场。

京广铁路粤北一侧有一处红色砂岩形成的风景名胜金鸡岭。这只金鸡头向湖南，湖南人说它吃的是湖南米，下的蛋却落在广东。这个比喻形象地说明了广东主要是珠江三角洲的发展所需原（燃）料和劳动力很大一部分依赖于外地。千万劳工下珠江自不必说，即使是普通的工业原料或初级产品，也是从市场获得，一经深度加工，即增值数倍，大获其利。所以三角洲的工业化，完全突破了工业布局要接近原（燃）料产地和消费市场的陈旧模式，它依托的是全国性甚至是世界性的大市场，参与超越地域界限的国际市场竞争，符合经济全球化和空间一体化的时代潮流。近年三角洲又通过多种渠道，着力于引进国外资金、人才、技术，不断壮大自己的经济实力和文化软实力，现正向超级世界经济区道路迈进。许多产品在三角洲生产，销售却在国外。如东莞电脑元件、惠州 TCL 电话和电视机、广州汽车等产品走遍天下。这显示三角洲工业化是一种大开放、大市场、大气派的文化格局，是传统小生产望尘莫及的。但同样的政策，同样的机遇，在不同的地区却有不同的效应，其深层原因还在于人文精神的区域差异。珠江三角洲是近代文化精英荟萃之地和康有为、梁启超、孙中山、容闳等革命家、思想家、实业家的故乡。在他们身上体现的珠江文化优秀的基因和传统，影响了一代又一代的岭南人。早在 1881 年英国人 N. Shore 在评论容闳及其《西学东渐记》时就写道："一个能产生这样人物的国家，就能够做成伟大的事业。这个国家的前途不会是卑贱的。"现在珠江三角洲工业化的辉煌成就证明，这位英国人是有远见卓识的。

长期以来，在人们的潜意识中，农村代表着贫困、落后，城市则为富裕、先进的标志，此即所谓中国社会的二元结构。乡下人进城，最要紧的是刻意打扮一番，免遭城里人奚落。这个城乡分离的壁垒现已随着工业化浪潮的高涨而被冲破。在珠江三角洲，大量农村人口离开土地，或离土不离乡，涌入城镇务工务商。这个以人口地域转移为主要标志的城乡一体化或称农村城市化的浪潮，开创了中国城市化的新纪元，也是文化流动的一种方式。珠江三角洲是它最早的发源地之一。它使资金、技术、人才、信息等资源在城乡之间合理地流动和配置使用，形成良性循环，以谋取最大的经济、社会和生态效益。这是被世界先进工业国证明了的农村脱贫致富的必由之路。据有关统计，1990 年广东全省城镇人口约占总人口的 37%，这个速度比全国平均速度快 1 倍左右。近年来广东更是突飞猛进，把全国平均水平远远抛在后面。而珠江三角洲更处在城市化的浪尖上，1980 年城市化水平为 28%，1994 年上升为 44%，接近世界城市化的平均水平。珠江三角洲近几年经济持续增长，2011 年城市化水平已超过 80%，达到中等发达国家水平。

珠江三角洲纵横交错的河网，营造了 1000 多个渡口，近 30 年来兴建了 100

多座桥梁,汽车轮渡成为历史陈迹,在全国树起一面"以桥养桥"的旗帜,先后为其他省区所仿效。近年三角洲撤县设市已经完成,形成清一色的城市型政区。建制镇也大量增加,总共有城镇近600座,平均每80平方公里即有一座,其密度之高在全国也是屈指可数的。这些城镇很多和渡口相结合,沿河分布,在改革大潮中不断发展壮大,成为人口和产业集聚中心,即区域发展的生长极,有力地促进了当地经济的腾飞。据统计,1993年广东社会总产值在1亿元以上的乡镇共718个,其中分布在珠江三角洲的为405个,占总数的56%。正是这些亿元乡镇,构筑起三角洲经济的脊梁。近年,专业镇异军突起。2011年,经广东省认定的专业镇已发展到326个,总产值达1.5万亿元,占全省生产总值的28.3%。[①] 这些城镇有些是县市驻地,有些是百年古镇,有些是新兴工业卫星镇,皆以经济实力强大、基础设施和服务设施完善而雄踞一方。这些城镇多以某一专业功能著称,如南海西樵镇布匹市场、大沥镇摩托车市场、番禺大石镇家具市场,增城新塘镇家电市场,顺德陈村镇花卉市场等,皆闻名遐迩。入市时人头攒动,车辆频频往返,热闹喧腾。公私建筑豪华气派,装修非常讲究,不亚于大城市商务中心。许多城镇兴起商业一条街、饮食一条街、服务业一条街,甚至发廊一条街等。入夜后灯火通明,茶楼酒馆和形形色色的娱乐场所,顾客盈门,夜生活往往延至深夜方休。这种建立在珠江三角洲经济被西方传媒报道为"爆炸性持续繁荣"基础上的城镇,完全改变了过去政治型城镇的功能和景观,是珠江历史上一个划时代的突破。现在,随着珠江三角洲新工业化的不断发展和深化,这块热土上的城镇化之风越演越烈,正朝着各个城镇"各显神通,各具个性,各得其所,各扬所长,各展风采"的方向发展,汇奏着中国城市发展历史上最雄壮的乐章。

古语曰"流水不腐,户枢不蠹"。改革开放的大潮,不仅使珠江三角洲崛起为我国经济高峰区,而且冲决妨碍它发展的一切罗网,掀起了一个思想大解放运动,深刻改变着珠江三角洲人的精神面貌。它的意义远远超过近代岭南思想启蒙运动。如今,珠江三角洲的人已彻底摈弃一切束缚商品经济发展的陈旧、僵死的教条,重商观念、竞争观念已牢牢地深入人心,并成为他们发展生产、进军市场

---

① 《南方农村》2012年第3期。

的锐利思想武器。顺德容奇科龙集团，即凭借竞争和拼搏精神从一个作坊式的小机修厂发展壮大为一个以生产家用电器闻名海内外的大型企业。过去人们耻言利，不敢谈享受。现在先富起来的三角洲人，在创造巨大社会财富的同时，理直气壮地要求得到社会的回报、承认和尊重，实现个人的价值，勇于自立自强，开创自己的事业和追求美好幸福的生活。"既要付出，又要报酬"已经成了三角洲人的信念。广州市有学者对2000人做问卷调查，其中在今天商品经济时代"讲钱、讲利，不等于就是唯利是图"这一项，作肯定回答的占99%；这显示个人价值和社会价值辩证统一的关系已在三角洲得到普遍的认同。三角洲人也和香港人一样，在紧张、高效的工作之余，也尽情地消费，舍得花钱花时间去旅游、娱乐，享受美好的人生。但也绝不是把人与人的关系化为简单的金钱关系，扶贫、赈灾、尊老爱幼、匡扶正义和各种慈善事业，三角洲人无不慷慨解囊，处处体现着中华民族的传统美德和社会主义精神文明。也许是三角洲人早就洞悉珠江的自然规律，所以过去宣传"大河有水小河满，大河无水小河干"的说教现在被人们颠倒过来。因为大河之水是由上游许多涓涓小溪汇流而成，小河干涸了，大河之水何来！珠江三角洲人恰是这样摆平个人价值与社会价值的关系，从而创造了光辉灿烂的社会主义物质文明和精神文明，使珠江三角洲成为中国改革开放的一个最成功的典范。

三、特区文化在江边崛起

大潮起珠江，改革开放的航船最先是从珠江口起锚，溯向珠江各河，继而远及沿海及内地省区各港口的。这艘新时代航船的始发港即为珠江口伶仃洋两岸的经济特区城市深圳和珠海。这两座近30多年来崛起的新兴城市，成了我国改革开放政策成功的象征、世界瞩目的焦点，无人不为她们的光辉业绩和迷人风采倾倒、赞叹，在压倒一次又一次的对经济特区的瓦釜之鸣以后，终于在珠江口的上空响起了黄钟大吕的历史最强音：改革开放才是中国的唯一出路。

深圳原为宝安县城，一个人口不到万人的边境小镇。在新中国成立后的封闭时代，粤港两地的往来就在这里以深圳河为分隔带，对面是资本主义加殖民主义的香港，这边是社会主义的中国内地。两地鸡犬相闻，除了过境的列车和少数跨境耕作的农民,相互很少往来。为了保持内地社会主义意识形态的纯洁性,获准进入深圳的旅客,连一盒虎牌商标的"万金油"也要留在边境线外,因为它打上了资本主义的印记。但香港的繁荣毕竟是很有诱惑力的,所以那时内地的偷渡者,多以深圳海边的丛林为掩护,选择鲨鱼涌这当年东江纵队北撤烟台的登舰口岸,泅渡大鹏湾,亡命香港。不少人葬身鱼腹,因为鲨鱼涌即取名于大鹏湾这个鲨鱼的渊薮。而深圳作为边防重地,封闭宛如罐头,很少有外地人到来。城区面积不到 3 平方公里,街道简陋、狭窄,最高一幢楼也不过五层。城内只有少数机修、食品等手工业,主街解放路商业很冷落,城外甚至常有野猪出没。生活在当地的主要是客家人,他们偶尔也放下手中的锄头,注视那从 20 世纪初就开通的广九铁路上远去的列车。

这就是历史的深圳!

1979 年初春,天气乍暖还寒,中共广东省委负责人首先向中央提出,利用临近港澳的有利条件,在广东建立一个出口加工区。这是一个参照国外和亚洲"四小龙"成功经验提出来的建议,在当时简直是一声炸雷,弄得朝野沸沸扬扬。但它得到改革开放的总设计师邓小平的坚决支持。邓小平说:

> 就叫特区嘛,过去陕甘宁就是特区。中央没有钱,可以给些政策,你们自己搞,杀出一条血路来!①

同年 3 月撤销宝安县和珠海县,以原地分别成立深圳市和珠海市;7 月在两地各划出一块地域试办"出口特区"。1980 年 3 月,"出口特区"改名为"经济特区"。至此,"特区"一词成为我国经济生活中的新词汇。

经济特区的建制、体制确定以后,即开始了热火朝天的建设高潮。来自全国各地的干部、工人、知识分子和解放军官兵,组成浩浩荡荡的劳动大军,筚路蓝缕,以启山林,进行了艰苦的创业。其中有一支重建 1976 年大地震后新唐山的两万名工程兵部队被调到深圳,他们以特别能吃苦耐劳著称,成为基建工程的中坚力量。1983 年他们作为我国裁军的对象之一,脱下军装,留在深圳,成为普通工人或市民,至今仍活跃在特区的各条战线上。由于有了良好的城市规划,以

---

① 政协广东省委员会办公厅等:《广东经济特区的创立和发展》,中共党史出版社,2007 年,前言。

及充分利用各地城市建筑、施工等方面所积累的经验，深圳城市建设突飞猛进。大抵到90年代初，一座近百万人口的现代化大城市神话般地出现在深圳河畔，与隔河相望的香港新界城市景观互相辉映。在荒滩野岭上建设的这座新城，像在白纸上好写最美的文字一样，城市分工明确，道路规整，绿树成荫，环境优美，各项基础设施和服务设施十分完善，既有高楼林立、车水马龙的商业大街，也不乏幽雅舒适的住宅小区，以及极富南国风情的游憩场所，如闻名遐迩的香蜜湖度假村、锦绣中华、中国民俗文化村等。生活在深圳的居民不仅比内地住得舒适，而且人均居住面积也大得多，许多设施并不比香港逊色。人们发现深圳城市竟如此美丽，很多年轻人都选择她为理想的生活环境，深圳成了令人神往的地方，以致近年不少香港人也选择在深圳定居。为了昭示特区建设者们艰苦创业的精神，深圳市政府特在市政府大楼前树起孺子牛雕像，吸引游人驻足，肃然起敬。

珠海经济特区所在地原是个小渔村，面临广东最大的渔场之一万山渔场。新中国成立之初曾设渔民县，捕捞鱼货主要供应港澳。珠海与澳门陆地相连，澳门因以赌彩业闻名，昔被视为腐朽、堕落和罪恶的渊薮，内地避之如洪水猛兽，拱北关闸也几乎成了一道不可逾越的鸿沟，把珠海与澳门隔离成两个世界。珠海经济特区成立后，她的规划者看中了珠海有美丽的山丘和宜人的海景，自然就立足于此来描绘城市的蓝图，以发展旅游业来赚取外汇。特别是珠江口外众多的岛屿，是开展海上旅游的天堂，所以旅游被定位为城市的主要性质和支柱产业。经30多年努力，一座花园式海滨新城已具规模。不过，珠海没有像深圳那样盖那么多的摩天大厦，而是以低层建筑为主，布局比较分散，更注重建筑风格，住宅面积也很大，使整座城市显得格外宽敞、安静，在蓝天、白云、海水的映衬下别有风韵。众多的旅游度假胜地，如石景山旅游中心、九洲城、海滨公园、圆明新园等魅力四射，来游者络绎不绝。

为配合城市的发展，深圳兴建了黄田国际机场、广深高速公路和广九准高速铁路，广州至深圳陆路交通缩短为一个多小时。珠海也兴建了三灶国际机场、九洲港深水码头，广珠高速公路和广珠铁路也在建设之中。而横跨珠江口的伶仃洋大桥经过论证、设计阶段现正在施工，这座跨度和净空高度在亚洲有数的桥梁，将把深圳、珠海和港澳连成一体，真正实现"天堑变通途"的理想。这些前人从未想过的巨大工程正接二连三地在落成，无处不在显示经济特区建设的磅礴气势和辉煌成就。

设置经济特区的目的,不仅在于建设一座新的城市,更主要的是特区是个窗口,是技术的、管理的、知识的,也是对外政策的窗口。这是邓小平关于特区建设的指导思想。在深圳、珠海城市兴建过程中,这几个窗口的建设虽然也有过起落,但始终在推向前进,不断取得胜利。至1985年底,深圳全市引进的技术设备共3万多套(台),属当时国际先进水平的约占13%,属先进技术的占70%。近年引进的技术项目,先进水平的比例有了更大幅度的提高。这些技术项目,通过消化、吸收和创新,不仅促进了特区的技术进步和经济发展,而且一些先进技术、设备和管理经验也转移、扩散到内地。如深圳在高层建筑方面向香港学习,兴建了数以百计的摩天大厦,成为特区最醒目的形象,吸引内地和世界许多国家的建筑师和规划师前来观摩学习,把深圳的经验再带回去。这样大规模地、直接地利用国外资金、技术和管理方法来建设社会主义,在我国还是第一次。它在深圳的成功,很快为珠海和珠江三角洲其他地区效法,成为我国建设社会主义的一条重要途径。深圳原有的社会生产力非常单薄,未走出传统的农业社会。特区成立后,发展工业成为经济活动的轴心,工业总产值从1980年的0.94亿元上升到1994年的716.97亿元,增长了762倍。1994年深圳国内生产总值全省排名第二,仅次于广州,此后一直保持这个排位;但自1981年以来年均递增速度为38.1%,居全省之冠。这个发展势头,显示特区具有无限的生机和活力,故"深圳速度"曾轰动中国,成为美谈,余波至今仍在荡漾。当然,这也是伴随着对原来体制进行大刀阔斧的改革而实现的。在深圳,市场经济代替了计划经济,实行价格放开,多渠道流通,财政包干,搞活金融,扩大企业自主权,层层承包,党政分开,政企分开,公开招聘干部,浮动工资制,等等。这些过去认为不可思议的改革都首先在深圳做了试验,并获得成功,为内地提供了有益的借鉴。内地人从这个窗口看到许多新鲜事物,看到了改革开放带来的锦绣前程。各国客商、港澳台同胞、海外华侨华人等,也从这个窗口看到中国政治稳定,经济逐步走向繁荣,人民生活日益改善,加强了对中国的信任和投资内地的信心。特区成立前那种大批人员外流现象不复存在;相反,深圳宽松、优美的生活环境吸引许多香港人前来购置产业、度假、旅游、定居。每逢节假日,但见香港人大批过关,大包小包带回去的是深圳市场上的商品。人言香港是"购物天堂",今日深圳已大有与之平分秋色之势。从深圳目前在中国沿海城市中的地位、功能，以及城市已具备的基础设施和服务设施的水平来看，深圳正向国际大都市的方向发展。

珠海经济特区发展的模式与深圳既相似又有其特色，以建设外向型工业、创汇农业为主，兼营商贸、旅游等多种行业的综合性经济为目标。珠海的改革基本上仿效深圳的改革，并在实践中加以修正，减少走弯路，进展也颇顺利。由于珠海人口规模适度，没有广州、香港等城市那样拥挤、喧嚣，营造了一个宽松、平和的城市氛围，加上良好的自然环境和以人为本的城市建筑风格，处处体现她的风韵和魅力，所以休闲、度假成了珠海"主题城市"的特征。她与澳门刺激、紧张的赌彩旅游业互补，正在珠江口西侧形成一个珠澳大旅游区。近年珠海还成功地举办了国际航天航空展、各式国际赛车、电影节等，显示她正向国际旅游城市的目标迈进。

特区是一件新生事物，也像珠江潮水一样，几经起落，但最终能取得成功，越办越好，不仅是改革开放政策的胜利，也是珠江文化在现代中国的一项重要成果。在特区建设过程中，对它不理解，乃至怀疑者大有人在，甚至有人认为，特区除了那面飘扬的五星红旗是社会主义的以外，其他的一切都是资本主义的。传闻有人从深圳回来痛哭流涕，说革命几十年，浴血奋战取得的胜利成果就这样断送了。特区成了全国上下注目的焦点。在这关键时刻，1984年1月至2月，邓小平到深圳、珠海、厦门三个特区考察，给予了充分肯定，并分别为三个特区题词：

> 深圳的发展和经验证明，我们建立经济特区的政策是正确的。
> 珠海经济特区好。
> 把经济特区办得更快些更好些。[①]

这对稳定特区、拨正特区航向起了决定性作用。1992年春，邓小平又以88岁高龄南巡，针对社会上掀起的特区是姓"社"还是姓"资"的争论，旗帜鲜明地指出：

---

① 《邓小平文选》第三卷，人民出版社，1993年，第51页。

> 对办特区,从一开始就有不同意见,担心是不是搞资本主义。深圳的建设成就,明确回答了那些有这样那样担心的人。特区姓"社"不姓"资"。从深圳的情况看,公有制是主体,外商投资只占四分之一,就是外资部分,我们还可以从税收、劳务等方面得到益处嘛!多搞点"三资"企业,不要怕。只要我们头脑清醒,就不怕。①

邓小平这次南方谈话震动全国,驱散了笼罩在特区航船上空的阴霾,使之继续乘风破浪,加速前进。1995年秋天,社会上又流行否定中央的特区政策,鼓吹"特区不特",甚至取消特区的论调。但这些奇谈怪论并未能动摇中央办经济特区的决心和政策,也无损于特区的发展。因为经过近20年的惨淡经营,深圳、珠海经济特区已经脱羽、成熟,展翅翱翔,这是中国甚至全世界看到和公认的事实,达到了当初办特区的目的。

从文化的意义上说,特区的创办和建设,形成了我国改革开放潮流中最先进的特区文化。它以现代商品经济的形式,将由高度文化凝聚而成的人类文明的重要成果荟萃于特区,不但重新培育出更加发达的物质文明,而且在制度文化和精神文化各个层面上造就了新的文化成果,为珠江文化注入新的血液,影响广及全国。如果说珠江文化已升华为时代先进文化,那么特区文化是起了催化作用的。由此,使人想起邓小平1992年在南方谈话中另一段精辟的论断:

> 社会主义要赢得与资本主义相比较的优势,就必须大胆吸收和借鉴人类社会创造的一切文明成果,吸收和借鉴当今世界各国包括资本主义发达国家的一切反映现代社会化生产规律的先进经营方式、管理方法。②

近代珠江文化发展的轨迹,也昭示了先进的中国人试图向西方先进国家学习的思想,但只有在改革开放以后,这才在深圳、珠海等经济特区首先得以变为光辉的现实,验证了邓小平改革开放思想的无比正确,也为珠江文化增添了最瑰丽的新篇章。

---

① 《邓小平文选》第三卷,第372~373页。
② 《邓小平文选》第三卷,第373页。

四、珠江三角洲和特区文化新精神

1984年、1992年邓小平两次南巡，鼓励广东人民勇于改革开放，勇于创新，"杀出一条血路"，更通俗、更准确、更形象地诠释了珠江三角洲和特区文化的重要特质和精髓，即珠江文化新精神，使改革开放沿着正确的方向迅猛发展，在全国起到引领的作用。

有学者归纳新时期珠江文化新精神如下：

1. 敢为天下先精神

这是一种勇于拼搏，勇于创新，勇于走前人没有走过的路的大无畏精神。邓小平说"杀出一条血路"，这表明敢为天下先，开拓正确之路一定要付出血的代价。要求改革开放，解放生产力，发展经济，改变落后面貌，是珠江人的迫切愿望。这种新理念首先由广东人创造并付诸实践，这也是历史赋予珠江人的历史使命。如近代史上，洪秀全领导的太平天国农民运动、康梁发动的变法维新运动、孙中山先生领导的民主革命等都是率先进行的伟大运动。现代的广东人以其敢为天下先的精神，担当起中国改革开放的先锋。如创办了第一个经济特区，率先开辟了"集资引资建设路桥"的新途径，率先废除各种日用品供给"票证"，率先建立起社会主义市场经济的基本框架，率先探索各种股份制形式，组建了全国的第一家报业集团，建立了第一个省级精神文明学会，第一个探索建立"行政三分"的政治制度等，从而也使广东省在2002年率先突破两个"万亿"大关，即全省国内生产总值达11674亿元，城乡居民本外币储蓄存款达13368亿元。凤凰网发表《广东人敢为天下先不怕变刺猬》一文说，广东人敢于第一个吃螃蟹。改革开放以后，广东是最先在农村实行联产责任制、专业承包联产计酬责任制的地区之一。广东还有许许多多的第一：第一个在国营宾馆中试行经营管理责任制，第一家商业银行向外发行股票，开办中国第一家超级商场，第一家中外合资的旅游酒店，第一家合资医院，生产中国第一盒立体声录音带，开通第一台模拟移动电话，在中国实行了50多年的专业作家体制首先在广东被打破；"个体户"、"万元户"这些一度在中国人心中魅力无穷的名词，也都是从广东这个新世界的摇篮里诞生的。曾几何时,"创新"几乎成了珠江三角洲的同义语、成了深圳的同义词、成了特区的同义词、成了广东的同义词。市场观念、法制观念、竞争观念、人才观念、效益观念,都在这里得到全面更新。

2. 求真务实精神

这种求真务实精神,本质上就是实事求是的精神,就是多实干少张扬、求实效图实际、办实事讲信用的精神。徐南铁在《求真务实是新时期广东人精神的核心》中说:求真务实是新时期广东人精神的核心。敢为人先、开放兼容等文化特征都与求真务实有密切关系,甚至是由求真务实派生而来。广东人这种求真务实的人文精神令人瞩目地张扬于市场经济社会,张扬于改革开放的新时代。

求真务实精神在广东大体经历了三个阶段:

一是承认事实,敢于探索。先前广东的经济落后于全国水平。广东人看到这种落后并承认落后。因毗邻港澳,对比之下,港澳自由经济、商品经济胜于计划经济,于是出现大规模"逃港潮"。当内地实行改革开放,经济好转,广东人感到有希望,不但"逃港潮"平息,逃出的人又回来,老老实实地走改革开放之路。

二是扎实开步,不断求变。30多年来,广东始终坚持把党中央各个时期的路线、方针、政策与广东的实际结合起来,不断解放思想,实事求是,创造性地开展工作。每一项重大举措的出台和实施,都是以解放思想、实事求是的思想路线开辟道路的。广东把中央的"特殊政策、灵活措施"具体化为"对外更加开放,对内更加搞活,对下更加放权",创造了诸如对外经济合作中的"三来一补"(来料加工、来样加工、来件装配、补偿贸易)、"两头在外"、"借船出海",价格改革中的"突破中间、带动两头",激励机制中的"财政包干",以及基建筹资中的"以路养路、以电养电"等鲜活经验。对各地的改革试验,只要符合"三个有利于"标准的,就大胆地闯,看准了就赶快做,错了就马上改。宽松的环境提供了改革创新的良好氛围,也使中央各项试验性的政策在广东结出了丰硕成果。

三是步步突进,不断壮大。求真求变精神无疑是中国人的普遍精神。现代广东人更加突显了这种精神,并使它更具有了新时代色彩。

3. 开放、吸纳、兼容精神

珠江和岭南地区处于一个开放、吸纳的地理位置上，既继承中华民族文化的传统，也拥抱着海洋文化和西方文化，东西方文化在这里碰撞、融合，故最先渴望开放、渴望强国，也学会了吸纳和兼容。

我国的改革开放选择了广东深圳作为试验场所，而广东的改革开放又成功地推动了全国的改革开放进程。

珠江文化历来就处于与不同文化相互碰撞、沟通和融合的状态，不存在严重冲突和对抗的局面。生活在这方水土的广东人，有着开放兼容精神、求大同存小异的品格。在改革开放的新时期，现代广东人的这种精神表现得更为突出。在"排污不排外"的方针指导下，批判、改造和汲取其他域外文化的精华，结合广东改革开放的伟大实践，形成和发展了适应社会主义市场经济内在要求的一系列新的思想观念，有力地推进了广东物质文明、政治文明和精神文明建设的发展。广东人形成了一种思维方式：只要自己赚钱，不怕别人赚大钱。

广东人明白自己的科学技术水平与自己的宏大理想之间存在很大反差，明白广东的发展需要千千万万外来工的智慧和汗水，需要广泛吸纳一切可以利用的力量。广东对新移民的吸纳机制主要体现在以下几个方面：

一是建立庞大的人才交流网络。广东在全国最早成立人才市场，开始只是以一种集市的形式出现，渐渐走向常规化、规范化。

二是营造移民的归属感。广东省人大常委会制定的《广东省流动人员管理条例》规定：流动人员连续暂住7年以上、有固定住所等条件的，可以申请常住户口。深圳规定：在深圳工作两年以上的本科毕业生可以将户口迁入深圳。2000年深圳又规定：自4月1日起，凡具本科以上学历者等三类专业技术人员，迁入深圳时免收城市基础设施增容费。这些人的配偶迁入深圳时，如果没有达到所要求的学历或专业技术等级，亦可减半征收增容费。对那些表现突出的外来工"奖励户口"，也成为广东各地的普遍做法。至1999年，共青团广州市委和广州市劳动局已经举办四届"十佳百优"外来青工评选活动。每届的"十佳"都获得免城市增容费入户广州的奖励。另外，广东对于户籍制度的改革和蓝印户口的推行也表现出很大的热情。1999年10月1日，广州正式施行《广州市蓝印户口管理规定》，将申报蓝印户口的资格由买房入户扩大到私人投资或外地单位投资入户、驻穗办事机构人员入户、出国留学人员家属入户和人才劳动力入户，并调低城市增容费。同时规定，蓝印户口可在五年之后申请转为正式户口。

　　三是尽力抹平移民与当地百姓的不同。广州专为外来工的孩子办了一所不收赞助费的"金雁学校"，以解决流动人口的后顾之忧；广州市人事局于1998年12月颁布了《广州市流动人员申报专业技术资格暂行办法》，以免除知识分子的流动顾忌；番禺建了个"金雁生活区"，商业、食堂、医疗、娱乐、绿地一应俱全，以方便外来工的生活；顺德的一些企业规定：有一年以上工龄的外来工可以享受探亲假，还可以根据不同职位报销部分路费，资深者甚至可以报销飞机票；广州一家汽车公司每年都派人到内地慰问外来工的家属，并由公司出面，请优秀外来工的亲属来广州做客；一个从四川来深圳的打工妹被公司送去美国培训；佛山市和中山市，已经有外来工当上了市政协委员。这些举措，都传达着挽留的信息，不但为外来工解决了一些实际问题，更使他们感到自己也是这块土地的主人。[①]

　　广东除了张开双臂欢迎南来的移民，而且主动出击，将招揽人才之手伸到了内地，甚至伸向国外。1998年，广州举办了首届中国留学人员科技交流会，引进了14个高新技术项目。1999年，广州市留学人员来穗工作条例实行新规定：留学人员的高新技术成果可以优先进入市级高新技术孵化基地，并可获10万元以上资助。至于技术入股，新条例规定，科技成果作价占注册资本的比例不设任何上限。[②] 2008年，广东省政府公布《广东省加快吸引培养高层次人才的实施意见》，珠海有200万元人民币重奖有贡献科技人才的政策。中山市对进创业园的博士或博导，一次性发放安家费10万～30万元；另每月补贴1000～3000元，子女入学、就业、家属安置等另有优惠。即使对外来民工，也执行"积分入户"政策。2011年，广东已有10.36万户农民工入户广东；同年开始，每年资助万名新生代农民工接受本科或专科网络教育，即所谓"圆梦计划"。如今，吸纳人才和技术已经成为岭南文化兼容性的一种展现。在珠江三角洲，这已经成为一种氛围和一种社会风气。

[①] 参见徐南铁、娅子著：《他乡成功路》，广州出版社，1998年。
[②] 《羊城晚报》1999年1月15日。

4. 科学理性精神

珠江文化的开放兼容特质，加上毗邻港澳，使珠江人能长期与其他域外文化进行交流，学习他人的进步文化，逐步完善科学理性精神，在改革开放的浪潮中先行一步，不断积累社会主义市场经济的实践经验，更加尊重市场经济的客观规律，树立尊重知识、尊重人才、尊重科学等一系列新的思想观念。

广东作为全国改革开放的试验区，每前进一步都离不开党中央的亲切关怀，坚定不移学习实践中国特色社会主义理论，坚定不移贯彻党的路线、方针、政策。1992年春，邓小平同志视察南方发表重要讲话，要求广东"力争用二十年的时间赶上亚洲'四小龙'"。2000年春，江泽民同志视察广东，提出了"三个代表"重要思想，要求广东"增创新优势"，更上一层楼，率先基本实现社会主义现代化。2003年春，胡锦涛总书记视察广东，提出了科学发展观的思想，要求广东抓住机遇，加快发展、率先发展、协调发展，在全面建设小康社会、加快推进社会主义现代化进程中更好地发挥排头兵作用。广东时刻牢记中央的重托，始终坚持以邓小平理论、"三个代表"重要思想为指导，深入贯彻落实科学发展观，坚定不移地用党的创新理论武装头脑、指导实践、推动工作，结合广东实际创造性地贯彻落实中央的路线、方针、政策，努力为全国的改革开放探索道路、积累经验、作出贡献。① 2012年12月11日，习近平总书记到广东深圳、珠海、佛山、广州等地视察，提出全党全国各族人民要坚定不移走改革开放的强国之路，做到改革不停顿，开放不让步。②

党和国家领导人对广东改革发展的这些指示，实际上已融为珠江精神文化的一部分，卓有成效地指引广东踏上新的发展高度。

5. 讲究效率观念

20世纪80年代初期，深圳特区蛇口工业区的袁庚和管委会一班人，为激励人们建设蛇口的热情，在1982年初，树起"时间就是金钱，效率就是生命"的标语牌。这是一百多年前就流行于美国的口号，以前国人不敢用，倒是深圳人敢

---

① 参见汪洋：《广东改革开放30年研究丛书·总序》，广东人民出版社，2008年。
② http://news.xinhuanet.com/politics/2012-12/11/c_113991112.htm.

于首先使用这个口号。这个首先使用权属于蛇口工业区的负责人袁庚。这句口号，本质上反映了对一种新型价值观的肯定，是改革创新的时代精神标志。

邓小平于1984年视察深圳时及时肯定并高度评价了这一新的文化理念。这是中国改革开放历史上最鼓舞人们去奋斗的理念之一。它受到国内外的广泛瞩目。这个口号很快就响遍了大江南北，成为改革开放、自主创新、效率优先的典型性口号。

李宗桂等著的《文化精神烛照下的广东——广东文化发展30年》一书这样写道：从文化精神和文化价值的角度看，"时间就是金钱，效率就是生命"这个口号，是对传统价值观的颠覆，是对新型价值观的勇敢倡导和大胆实践。此后，效率观念逐渐深入人心，由此而生发开来的竞争意识也逐渐增强。人们现在耳熟能详的当年的"深圳速度"、"蛇口模式"，就是实践这个口号及其所引领的价值观的证明。有人说，这个口号是中国走向市场经济的重要标志；也有人说，这个口号体现了普世价值；还有人说，这个口号反映了广东敢为人先、务实进取的精神。我们认为，对于这个口号及其背后蕴藏的先进文化价值理念，无论给予多高的评价，都不为过。从最根本的一点上说，这个口号反映和实践了以改革创新为核心的时代精神。

6. 变通文化意识

新时期以来，尤其是邓小平两次南巡前后，中央给予广东一系列优惠政策和灵活措施，使广东进一步解放思想，解放生产力。广东人崇尚变通意识，所谓"马死落地行"、"别在一棵树上吊死"、"扛树要懂得换肩"、"打工仔不打东家打西家"等，与邓小平"不管白猫黑猫，捉住老鼠就是好猫"是同一观念。新时期，珠江文化的变通意识很强烈，积累的经验也很丰富、新鲜。

新时期前的广东，曾一度受极左思潮影响，人们的思想受禁锢而多守旧，多见彷徨、压抑、等待、观望。中央给广东以特殊政策、灵活措施和办特区一个大政策的思路，最大限度地解放了生产力，使广东人民敢于放开手脚去大干。广东人的思想解放以后，更积极地贯彻落实中央的特殊政策、灵活措施，并具体化为"对外更加开放，对内更加搞活，对下更加放权"，由此创造了更多新的理念和经验。如广东企业产权制度改革就有许多点子："多个轮子一起转"、"遇到红灯绕道走"、"放权让利"、"靓女先嫁"、"搞得活管得住"等等。对"洗脚上田"的农民开始经营的小工业或私营工业企业，当地政府采取"三不"（即不歧视、不限制、不取缔）政策，鼓励"第一个吃螃蟹"等观念和做法，都很普遍。传统岭南社会流行着"任凭风浪起，稳坐钓鱼船"、"田可耕不可置，书可读不可仕"的观念。新时期，在改革大潮的猛烈冲击下，广东人的观念有所改变。富裕的经济特区和珠江三角洲其他地区，富则思变，富求更富，富做善事，蔚然成风。一些社区注意引导年轻人努力读书、艰苦创业，消除只求享受、迷于吃喝玩乐的心态，并出台新措施支持年轻人去办企业或从事商业活动。贫困的粤北、粤西，重视教育，鼓励读书，靠后辈由乡村进城市，努力缩小和消灭城乡差别。

先行一步的广东最早获得变通意识的觉醒，而改革开放特殊政策又鼓励并启动了变通意识。有了变通意识，就能更好地运用政策去发展经济，推动改革开放，也为改革开放提供了丰富多彩的文化资源。

原广东省委书记任仲夷说，"变通"就是"一计不成再生一计"，而后一任的省委书记林若也认为"变通"就是"随机应变进行变革，把按常规旧制和一般方法办不成的事办成"。学者分析说，变通不仅与珠江文化的内在逻辑一脉相承，而且也是当时当地出于规避左倾政治信条的一种办法。突破烦琐的清规戒律，或绕过种种障碍，使中央的政策及早落到实处，发挥更大效益。这是广东"变通"二字的作用，也是实事求是的灵活体现。"杀出一条血路来"不是蛮干，而是巧干、善干，获得高速高效。20世纪70年代末，广东人抓住了"先行一步"的历史性机遇，利用港澳这样好的地缘、人缘、血缘、史缘关系，较早地开辟一条可靠的粤港"黄金通道"，发挥粤港两地经济极强的互补性，使之成为经济合作的黄金拍档，双方都有生存与发展的良好时机和环境，获得"双赢"。

广东的变通经验，还在于用足、用好政策。1979年7月，中共中央、国务院决定对广东实行八项特殊政策、灵活措施。时任中共广东省委书记的任仲夷据此精神，将其概括为"对外更加开放，对内更加放宽，对下更加放权"，提出在试办特区过程中"要把视野放宽一些，想得更远一些，步子迈得更大一些"。这种策略或技巧就是用足、用好政策，避开左倾政治信条的计划控制和"管"、"卡"、"压"，最大限度地解放生产力。

20世纪80年代初，"上有政策，下有对策"已经在广东的改革中出现。所谓"对策"是指领导人在精通政策、明辨政治的前提下，巧妙地以变通手段寻找到的对策，从而有效地节省了改革的交易成本，及时地推进了改革，在经济建设上创造奇迹。当时广东省领导人明确提出"用好用足用活政策"的"变通"策略，以增强广东的"政治承受能力"，指示全省各地领导遇到如下三种情况时应该变通处理：第一，政策规定有许多条，为了办成于国于民都有利的事情，要多方查阅各种规定，这一条不行就用那一条，要积极找根据把好事办成，而不要到处找根据去卡，使好事多磨；第二，政策规定本身有幅度，允许灵活的，则应向有利于生产发展和搞活经济的方面去灵活执行，而不应相反；第三，确实利国利民的改革，如果从现有文件中找不到根据，还可以试点，在试点中允许突破现有规定。在1984年11月召开的广东省委常委扩大会议上，省委还进一步强调要开拓奋进，"陆路不通走水路，水路不通走山路，没有路披荆斩棘走出一条新路来"，呼吁全省干部必须"想一步，看一步，跑一步"，"不要等着看，要想着干"。总之，只要不正面驳火，"地道战"、"迂回战"、"游击战"都可以上。有人说广东"只会生孩子，不会取名字"，也就是说广东人不会张扬。其实广东人实实在在，崇尚"只干不说"、"先干后说"、"多干少说"的美德。广东人不取名字，与邓小平后来说的"不争论"，实质上是一致的，也与广东韬光养晦的变通策略相吻合。正是在不起名字、不争论的不知不觉中，广东发生了举世惊叹的变化。

此外，利益驱动与变通紧密相关也是一种新文化精神。

改革开放后，广东各市县的经济领域屡有奇招，归根结底，也是变通精神的结果。这包括多个方面：

集资办大事。改革开放以来，珠江三角洲发生了翻天覆地的变化。这些变化突出表现在交通、通信上。广东人发明了"集资"，把桥、路作为商品，形成"以桥养桥"、"以路养路"、"谁集资谁所有谁受益"的办法，突破了计划经济的框框，在短短十多年时间，使整个珠江三角洲形成发达的陆路交通网。

化整为零。按计划经济体制的规定审批工程，会拖延阻碍珠江三角洲的发展。各地普遍运用"化整为零"的策略，把一宗大的工程分解为多个小项目，或分期分阶段发展，这样就避免了把时间浪费在呈报审批的烦琐手续上，加快了投产速度。

分离所有权和使用权。20 世纪 80 年代，深圳为了筹集资金在一片荒芜的土地上建设现代化城市，一方面采取了收土地使用费的方法，将土地成片划拨给房地产开发公司，分散建设经营；另一方面，又以土地作价入股与外商合资合作经营或以有偿用地的办法让外商独资经营。这些做法开创了我国土地有偿使用的先例，对特区现代化城市的形成和投资环境的完善发挥了重要作用。1987 年 7 月 1 日，在借鉴香港经验的基础上，深圳市提出了土地所有权和使用权分离的土地改革方案，明确将土地使用权作为商品，通过公开拍卖、招标、协议等方式进入流通领域，允许转让、租赁、买卖土地使用权。

合作联营。珠江三角洲农村中的个体或私营经济发展起来后，在扩大再生产时大都遇到了场地、资金等方面的困难。珠江三角洲人便想方设法用活政策，积极发展个体、私营企业与集体联营，使合作经济迅速发展起来。通过合作联营，不仅集体和个体都充分发挥各自优势，摆脱各自在发展中的困难，而且有利于引导个体或私营经济向集体靠拢，以促进生产力的发展。

最后是变通与制度创新相结合，提升了变通文化的品位。[①]

其一，文化上的"广东制造"。

广东的改革探索和变通做法开始时往往受到批评，到头来又得到肯定乃至全国推广。这事实上是制度创新的过程。

为了防止通货膨胀，保持社会稳定，广东的改革者一开始就决心在物价改革上作勇猛冲刺，首先从农副产品价格改革入手。1979 年大幅提高了粮食等主要农产品的计划购销价格，同时恢复了部分产品的议购销价格和集市贸易价格。1980 年至 1981 年冬季，部分农副产品价格飞涨，超过了居民的承受能力，有人写信向中央告状，震动了中南海，广东受到严厉批评。但广东的改革者不为所动，一方面给予受薪工人以特殊补贴，帮助消费者渡过难关；另一方面加大价格改革力度。随着价格上升，农副产品产量大幅增多，市场价格随之稳定、趋平，终于闯过了物价改革这一推行市场经济的"瓶颈"。在 1987 年 10 月召开的党的十三大上，中央决定在全国范围内放开物价。

广东率先在全国发起的物价改革是局部性的变通行为导致全面的制度创新的

---

① 参见刘江华：《"先行先试"需弘扬"变通精神"》，《广州日报》2009 年 4 月 20 日。

一个成功例子。此外,如集资建桥修路、允许人才在市场流通、企业承包经营、土地使用权的拍卖等莫不如此。

广东人巧妙地在"不起名字"、"不争论"的情况下,在左倾政治信条依然故我的情况下,采取改革行动,取得逐步的制度变迁,使经济体制发生部分变化,通过"试点"、"特区",绕过了修改基本规则的难题。

"打擦边球"或"钻政策的空子",迫于无奈。这也是"广东制造"的文化产品,彪炳于中国文化史册。

其二,各得其利。

广东的改革过程,也是中央与地方、地方(省)与基层(市县、镇)的利益再分配的过程。1979年中央给广东的"特殊政策、灵活措施"中的重要一条,就是"财政体制实行'划分收支,定额上交,5年不变'的办法",即在完成财政包干基数任务的前提下,广东可以自主支配自己的财力。广东随之实行财政包干办法,省对中央,市(地)对省,县对市(地),区镇对县实行层层财政大包干或递增包干的财政管理体制,让省、市(地)、县乃至镇都建立起既有自我激励又有自我约束的机制,以实现各自利益的最大化。要做到更好地"相互兼容",绝不是给"大鱼"吃"小鱼"提供方便,而是在承认每个人都具有追求自身利益最大化的天然合理性的前提下,鼓励人们通过相互合作取得利益的共同增进。这在实践中各方都获得利益,最后达到共同富裕。这为许多省区所不及,是制造创新的又一成效。

广东在改革中,让上下各方各就其位,灵机应变,勇敢搏击,各得其利。这正是邓小平说的"杀出一条血路来"的目标所在,也是广东在新时期文化变通意识的一个特点和亮点,有异于寻常的理论和应用意义。

第二节 港澳回归和粤港澳文化交流

香港、澳门是我国最早丧失的领土,虽然在英国和葡萄牙的治理之下,后来发展为巨大的经济中心和国际性城市,但它们作为我国固有的领土,中国人民尤其是珠江儿女从来没有停止过为收回港澳主权而进行的不懈斗争。这种斗争在珠江历史上具有特殊的意义,直至1997年和1999年港澳回归、中国政府对港澳恢复行使主权,这种斗争才划上一个圆满的句号。但在文化上,港澳文化一直都是岭南文化的一部分,最具海洋文化性质。历史上粤港澳文化交流从未中断,对形成三地文化的共同性产生深刻影响。改革开放以来,这种交流更达到一个新的高度,最终形成粤港澳区域文化综合体,凸现于珠江文化版图。

一、港澳回归

在英国武力强占香港之初,《南京条约》签订前夕,1842年6月广东绅民曾计划收复香港,后因两广总督祁顷压制而未果。1942年香港还在日军占领下,中英两国政府在签订有关两国间"平等新约"的谈判中,中方提出中国一向将租界与租借地一体看待,故收回租界也包括香港"新界"租借地在内,但因英方反对而未能实现。1943年1月11日中英签订《关于取消英国在华治外法权及其相关特权条约》中,虽无英国归还"新界"租借地的条文,但中国政府已表示了将保留日后再提"新界"问题的权利。1945年8月15日日本战败,宣布投降,但谁到香港接收日军投降,中英两国在受降权问题上发生争执。根据盟军最高统帅部的划分,香港包括在中国广东战区之内,应由中国军队前往受降。国民党第二方面军司令长官张发奎将军即接到了负责接受广东战区包括香港在内日军投降的命令。但因英国害怕中国军队进入香港会造成中国收回香港的事实而采取种种对抗行动,结果日军向英军投降。新中国成立后,鉴于香港的特殊地位和作用,中央政府决定维持其现状。香港在许多事件中扮演了富有传奇色彩的角色。如朝鲜战争期间,香港是以美国为首的"联合国军"在亚洲的一个中转站,许多军事人员和作战物资经香港转运到朝鲜战场,而中国也从香港获得汽油、橡胶、汽车、医疗用品等战略物资,供应中朝部队对"联合国军"作战。中国也需通过香港进行外交活动和获得各种国际资讯,并作为一个扩大自己影响的国际舞台。所以,尽管几十年来国内外风云变幻,香港一直维持其现状,并按其特定的方式在发展。

至于澳门,早在明万历时,广东总督张鸣岗就一针见血地指出,"粤之有澳夷,犹疽之在背也"。不少人主张以暴力驱逐葡人,收回澳门。可是明政府始终未采取强硬措施,而让葡人长期占领下去。入清以后,中国人民反对葡萄牙殖民统治的斗争也没有止息。道光二十九年(1849年),澳门总督亚玛勒因驱逐中国驻澳官员,极力扩张地盘,而被激于民族义愤的澳门爱国青年沈士亮等斩杀,表达了中国人民反抗澳葡当局侵略扩张的意志。清末武昌起义前夕,广东民众曾强烈谴责澳葡当局制造大批中国村民惨遭杀害的"路环血案"罪行,大声疾呼"收回澳门"。1945年8月抗战胜利,闻一多先生所写的爱国主义诗篇《七子之歌澳门》又再次回荡在澳门上空:

> 你可知"ma-cau"不是我的真名姓?
> 我离开你的襁褓太久了,母亲!
> 但是他们掳去的是我的肉体,
> 你依然保管着我内心的灵魂。
> 三百年来梦寐不忘的生母啊!
> 请叫儿的乳名,叫我一声"澳门"!
> 母亲!我要回来,母亲!

中国人民利用这个有利时机,再次掀起要求恢复对澳门行使主权的运动。同年9月,国民政府外交部曾向葡萄牙政府表明了中国收回澳门的意见。10月,中山县县长张惠长和当地驻军159师师长刘绍武秉承在广州接受日军投降的张发奎将军旨意,提出收回澳门口号,得到中山、澳门各界人士支持。中山县人民还组织代表团入澳门请愿,表达我国人民收复澳门的决心。1947年,南京政府参议会通过《及早收复澳门》议案,广东省政府组织了"广东民众收回澳门活动促进会",研究收回澳门的具体事宜。该会还组织过一次民意测验,在约127万张问卷中,有70%的人回答赞成以武力收回澳门。但这个愿望因各种历史原因未能实现。

新中国成立后,中国政府多次阐明对港澳问题的立场,指出香港、澳门是中国领土,中国不受过去英国政府和葡萄牙政府同清政府签订的不平等条约的约束,中国将在条件成熟时恢复对整个香港和澳门地区行使主权。但它们主权问题的最后解决,还是中英、中葡相关联合声明的发表和香港、澳门两个特别行政区的成立。这不仅标志着中国人民一洗百年耻辱,反对外国殖民主义斗争的伟大胜利，而且"一国两制"在港澳的实施，在珠江文化史上也有着划时代的意义。

20世纪70年代中后期，我国国际地位空前提高；国内实行改革开放以来，经济形势明显好转，综合国力大大增强；深圳、珠海经济特区的创立成功，也为港澳提供了我国改革开放政策的范例，增强了港澳各界人士对内地的信心和回归祖国、实现统一大业的愿望。在这种新形势下，以邓小平为首的中国领导人，集中了我国人民的智慧和力量，从解决台湾和港澳问题的历史现实出发，逐步形成了"和平统一、一国两制"的创造性构想。这一伟大构想首先运用于指导1982—1984年中英两国政府就香港问题的谈判，使历史遗留下来的复杂的香港问题迎刃而解。

1984年12月19日，中英两国政府正式签署《中英关于香港问题的联合声明》，中国政府向全世界宣布，中国政府决定于1997年7月1日对香港恢复行使主权；英国政府则声明于1997年7月1日将香港交还给中国。香港是英国在鸦片战争中得到的最大利益，也是中国最大的耻辱，故在中英就香港问题长达两年的艰苦谈判中，香港主权问题成为英方关注的焦点。1982年9月24日邓小平以气壮山河的声音告诉对方：

> 关于主权问题，中国在这个问题上没有回旋余地。坦率地讲，主权问题不是一个可以讨论的问题。现在时机已经成熟了，应该明确肯定：一九九七年中国将收回香港。就是说，中国要收回的不仅是新界，而且包括香港岛、九龙。……如果不收回，就意味着中国政府是晚清政府，中国领导人是李鸿章！[1]

邓小平的讲话充分反映了中国政府和中国人民的无比坚强和自信，终使谈判达成协议，双方发表联合声明。1990年4月4日，第七届全国人大第三次会议通过了《关于设立香港特别行政区的决定》和《中华人民共和国香港特别行政区基本法》，以法律形式规定在香港继续实行资本主义制度，五十年不变；港人治港，高度自治，原有生活方式不变等，即与内地的社会主义制度在一国之内长期并存，和平共处，互不伤害，互助互利，共同发展。这就是邓小平"一国两制"

---

[1] 《邓小平文选》第三卷，第12页。

思想的主要内涵。在目前的条件和国际形势下，由于现代科学技术的发展和自我调节能力的增强，现代资本主义还具有颇强的生命力。香港恰好利用这种条件，创造了闻名世界的经济奇迹，被誉为"香港现象"。而实行社会主义制度的内地也需要吸收、利用资本主义创造的文明成果，加速自己的发展。这种文明区域互补关系对于与港澳空间本为一体的广东更为重要和有利。

1997年6月30日，中英两国政府在香港顺利完成香港政权交接。中国政府从7月1日起对香港恢复行使主权；香港特别行政区政府也同时成立，首任特别行政区行政长官董建华宣誓就职。中国国家主席江泽民、总理李鹏等出席政权交接仪式，中国人民解放军陆海空三军也同时进驻香港，作为恢复对香港行使主权的主要标志和象征，并承担特区的防务任务。自此，在香港上空飘扬了一百五十六年的英国米字旗被降下，中国国旗和香港特别行政区区旗在香港冉冉升起；香港政府总部（原布政司署）大门上的英王皇冠徽号被取下，换上了中国国徽和香港特别行政区的紫荆花徽号；中国外交部驻港特派员公署正式开始启用。这都标志着英国在香港殖民统治的结束，香港回到祖国的怀抱，"一国两制"、"港人治港"、"高度自治"的基本方针在香港正式实施，香港进入历史的新纪元。因为香港是从广东割让出去的，香港同胞大部分是广东人，鸦片战争祸及广东最烈，广东人民抗英斗争最坚决，付出的牺牲也最大。当骨肉分离时代结束时，珠江母亲怎能不热泪滂沱，拥抱归来的儿女。为欢庆这历史性时刻，广州、香港同时在珠江江面和维多利亚港举行盛大的焰火晚会，让满天喜雨和人们的欢声笑语代替了当年的硝烟和隆隆炮声。香港诗人王一桃为欢庆回归，欣然命笔作诗：

> 满天的喜雨哟，满眶的泪花，
> 满心的璀璨哟，满地的光芒。
> 看欢庆的焰火在香江升起，
> 香港火凤凰在烈火中飞翔！

香港回归以来的事实证明，香港作为世界贸易中心、航运中心、旅游中心、金融中心和信息中心的地位没有改变，"一国两制"和《基本法》得到坚决保障和执行。香港经济繁荣，社会稳定，人民安居乐业。香港与内地特别是与珠江三角洲的关系正走向经济的和空间的一体化，推动了两地的发展，处处在显示

"一国两制"思想的胜利和香港的锦绣前程。

继香港回归启动以后,澳门回归也提到中葡两国议事日程上来。澳门回归基本上是按香港回归模式进行的,但遇到的困难和阻力却少得多。1987年4月13日,中葡两国政府签署《中葡关于澳门问题的联合声明》,双方共同宣布:中国政府将于1999年12月20日对澳门恢复行使主权。1993年3月31日,第八届全国人大第一次会议通过了《关于设立澳门特别行政区的决定》和《中华人民共和国澳门特别行政区基本法》两个历史性文件,体现了"一国两制"和"澳人治澳"、高度自治的方针政策。

1999年12月20日,珠江口上的澳门月明风清,波平如镜。中葡两国政府在这里举行了庄严的澳门政权交接仪式,宣告中国政府对澳门恢复行使主权。中国国家主席江泽民、总理朱镕基等出席政权交接仪式。在澳门飘扬了一个半世纪的葡萄牙国旗从总督府、关闸、大炮台等地徐徐降下,同时,中国国旗和澳门特别行政区区旗冉冉升起。最后一任澳督韦奇立接过葡萄牙国旗捧在胸前,与前来参加政权交接仪式的葡萄牙总统桑帕约和总理古特雷斯一起离开澳门。近万名观众观看了澳督府降旗仪式。澳门特别行政区政府也于同时成立,首任特别行政区行政长官何厚铧宣誓就职。政权交接仪式结束后,约500名中国人民解放军驻澳部队官兵在20多万珠海人民夹道欢送下进驻澳门,担负起这块神圣国土的防务任务。同香港回归一样,澳门回归牵动着12亿中华儿女的心,举国上下到处都是欢乐的海洋,人们以最热烈、最隆重的方式庆祝这世纪大典。澳门万人空巷庆回归,许多市民表示"我成了真正的中国人"。

邓小平提出"一国两制"的伟大构想,不仅是一项卓有远见的英明决策,而且也是制度文化的空前创新。从这个意义上说,"一国两制"已融合为珠江文化的一部分,进一步使之以崭新的面貌和装束,跻身全国先进流域文化之林。

二、粤港澳文化交流和互动

粤港澳本为一个区域文化综合体,在内地闭关锁国的背景下,各朝着独立的方向发展。首先是港澳文化不断自我更新、完善,形成自己的文化风格,积累了很高的文化势能,形成对内地辐射之势。

20世纪50—60年代以来，香港经济迅速起飞，崛起为亚洲"四小龙"之一，同时变成一个法治社会，形成中西文化并存、传统文化与现代文化并存、殖民文化与本土文化并存、商业文化与非商业文化并存的多元文化，及其共荣共生，并对全世界文化开放的格局。这种格局的深层根源在于香港人主流的现代化意识、法治观念和讲效率、讲功利观念，从而促进了生产力快速发展，也保障了社会稳定和繁荣，这完全符合文化创新的内涵。

而介于广东文化和香港文化之间生长的澳门文化，善于从多元文化中吸取养分，形成最具特色的开放性、兼容性和和谐性文化风格。有人对此总结出："澳门的确是在中国文化所有的'创造性调整'力量支配下使触及它的生活模式的一切东西都发生变异，使在澳门长久定居下来的葡萄牙人的'民族性'，甚至语言表达方式都发生了变异。同样令人感到惊奇的是，作为海洋民族的葡萄牙人一旦在澳门这块中国的土地上'定居'下来以后，竟然失去了冒险精神。混在一起的时空与人在澳门产生一种非欧洲、非亚洲的与众不同的生活模式，存在一种特有的不同于其他民族风俗习惯的葡萄牙人生存方式，一种共存的能力，一种力图入乡随俗而又不干涉他人的方式，和一种在世界各种生活方式中求和平的渴望。"① 在多元文化冲融中能保持自己个性的澳门文化，也源于自身强大的文化适应性和创新能力。

1978年中国开始改革开放，不但在经济上，而且在文化上打破了长期封闭的樊篱，粤港澳文化交汇创新达到空前鼎盛时期。首先是香港文化观念涌入广东，包括经济意识、市场观念、价值观念、行为规范、生活方式等，促进了广东文化革新。如深圳人敢于第一次在国内引用"时间就是金钱，效率就是生命"的口号，重商观念、竞争观念、消费观念深入人心，经济特区的创办就是一种文化创新。这类事例实在难以尽列。而港澳在1997年和1999年先后回归祖国以后，也经历了空前的文化创新，"一国两制"在港澳实施，即为我国制度文化的一项创举。普通话在港澳推行，一些学校使用普通话教学，更多的港澳青少年回广东上学，参加夏令营、军训营和歌唱、舞蹈、体育比赛，以及观光旅游等，以及内地访港澳人数不断增加等，都扩大和加快了港澳文化创新的内容和进程。

---

① 刘月莲、黄晓峰：《澳门：从历史失语症看跨世纪文化整合》，吴志良主编：《东西文化交流》，澳门基金会，1994年。

特别是价值文化方面,粤港澳各有自己的价值观念和体系。香港人的一切讲究实际利益的文化功利性、香港人群中多种价值观并存的文化多元性、处在中西文化价值观之间的香港文化边缘性等,成为香港价值文化的特质。这与英国对香港百年殖民统治所带来的西方文化,以及中国传统文化根深蒂固的双重影响是分不开的。澳门则因经济地位低微、葡国文化势力弱小等而形成澳门人传统与现代相融合的文化协调性、恪守中庸之道的文化中度性、随时代变迁较小的文化稳固性等。至于广东人所具有的对外来文化宽容的文化开放性、处世或判断的理性和兼容性等,又是广东价值文化的特质。这三地价值文化有差异,因此制约文化传播的政治、经济地位也有高下,故三地价值文化相互影响和空间交流也势所必然。直到20世纪50年代初,当广州经济胜过香港时,不少港人流回广州;在50年代后和改革开放之初,内地不少人被香港经济繁荣所吸引,掀起一次又一次合法和非法入境香港风潮。特别是20世纪80年代初,香港文化价值观首为广东人崇尚,其时装、流行歌曲、影视作品、口头用语、社交礼仪、明星崇拜等大举进入广州,继而风靡内地。但进入90年代以后,珠江三角洲经济崛起,粤港澳经济差距缩小,这种风潮很快减弱。文化互动关系表现为两地优势互补和双向流动。如港人休息日大批进入深圳、广州等城市采购各种商品;内地更多人进入港澳观光旅游、探亲访友、学术和民间交流,这显然是缘于粤港澳独特的历史文化和割不断的亲缘、史缘、族缘等关系。而这种交往的结果,一方面是广东价值观发生改变,金钱、功利、娱乐、消费等观念和行为越来越向港澳看齐,由此而形成的文化景观在广州、深圳等城市甚为触目,仅各种名目的桑拿、按摩场所之多,即不亚于港澳;另一方面,普通话在港澳越来越流行,广州、深圳等地高校接受港澳公务员培训,人民币也在港澳市面流通,这同是港澳文化景观的一种变化,由此改变港澳人对内地的价值观。有人在90年代初对广州大学生作婚前发生性行为的问卷调查,回答可以理解的占32.4%,而四川大学生同样的问答只占21%,显然较广州大学生为低。[①] 这显示广东比内地更富有开放性价值观,这与港澳文化价值观十分相似。

从家庭结构来看,在婚恋、生育、家庭规模、男女在家庭地位等方面也反映

---

① 许锡挥、李萍主编:《粤港澳文化关系》,中山大学出版社,2000年,第200页。

三地价值取向的共同性及相互影响。有研究显示，三地青少年都选择自由恋爱、视感情为婚姻基础，在家庭内强调成员间自由平等，男主外、女主内分工。在商业经济高度发达背景下，男女独身在三地日见流行，离婚率、再婚率在上升，小家庭观念深入人心，三地是"婚外恋"、"地下情"的集中地区。① 广东人对金钱、物质的崇拜和占有欲越来越向香港人看齐，说明香港文化处于强势，广东人随而更多地崇尚、追随香港的价值观念。但近年广东经济崛起，加上港澳回归，不管是否存在港澳文化回归问题，反正港澳与广东文化价值观的共同性在增加，差异在进一步缩窄。而从表面上看，港澳主要在行为、消费、大众文化上扩散到广东，而广东则在政治制度、意识形态上影响港澳。前者扩散容易，而后者较困难，说明价值文化扩散不是对等的。

改革开放以来，英语更大量渗入广东，变成日常用语。据有关统计，1949年前，广州话中英语借词有160多个，现有400多个。② 英语和汉语在香港整合成特殊的"港式中文"，与标准汉语有较大差异，常用"有"作常态动词，如曰"当局证实至少有找到62具尸体"③、"今日睇真D"、"我唔 like it"等。这种偏离标准中文的"港式中文"现今已流行广东城乡。

民初、抗战及内战时期，大批上海人来港，吴语渗入香港，"大闸蟹"、"交关"等成为香港粤语成分，后又传入广东的城市，至今已被广泛使用。这些创新语言，早期从广州向港澳输出，后来随着香港经济社会现代化而从香港传入广州，继而扩散广东省内城乡乃至全国大中城市，至今被普遍使用，但许多人不知其来源。

风俗是较为稳定、世代传承的一个文化层面，但在中西文化冲融中，在粤港澳也不乏文化创新，且扩散得非常迅速，被认为是三地文化互动的一个晴雨表。

中西风俗混合首先源于港澳，继而扩及广东内地。岁时节日，在港澳完全是中西合璧。内地传统节日与西方节假日同等欢度，春节、复活节、圣诞节一样热闹非凡，西方情人节、母亲节、愚人节等在青年人中尤有市场。春节期间港澳数以百万计的居民浩浩荡荡涌入内地探亲旅游，为世界上罕见的风俗活动。

---

① 李伟民主编：《粤港社会关系》，中山大学出版社，2001年，第40～43页、第50页。
② 许桂灵、司徒尚纪：《英语在岭南传播的历史影响》，《岭南文史》2003年第4期，第49页。
③ 香港《星岛日报》2000年9月28日A4版。

经过变异的港澳风俗,伴随港澳经济崛起而在改革开放后以高屋建瓴之势传入广东。西方节日在广州、深圳等大城市大行其道,先生、老爷、太太、阿太、小姐等广东旧有称谓重新由香港传入,并很快取代同志、服务员、工友等。中国古代和国外已婚女性名字前面冠以夫姓,这种土洋结合的习惯在港澳流行多年又传入广东,出现所谓"新复姓",但尚未能成为风尚。

香港在现代化进程中,西方快餐大量涌入,"快餐文化"有很高占有率,大有与中餐平分秋色之势。后来又迅速进军广东和内地市场。肯德基、麦当劳、必胜客、大快活、"港式粤菜"、"香港名厨主理"等招牌至为触目,是当地未有过的文化景观。而港澳"开 party(派对)"、"穿 nike(耐克)"等流行语在广东青少年中扩散,香港舞台设计、广告创意等无不在广东城镇传播。香港大众传媒、娱乐文化也无不为广东仿效。香港人消费风尚与时俱进,世界各种名牌、珍品等,每年每季每月都会在香港市场出现,为港人首先使用,再扩散到内地,首先是广州、深圳等城市,同样是一种前所未有的文化现象。

文艺作为社会生活的反映,粤港澳既因文化本底同源,社会经济制度有异,以及频繁的社会往来而出现创新和互动的不断变化局面。民国初期,港澳文艺主要受广东影响,从广州流向港澳。如粤剧名伶在三地交替演出。20 世纪 30 年代,粤剧在香港得到创新,即一方面吸收北派功夫、京剧武术、梅派花式、电影表情、西剧置景和内容,另一方面《茶花女》、《罗密欧与朱丽叶》等也被编成粤剧,甚至还有英语粤剧①,饮誉一时。

20 世纪 50—70 年代在粤港澳独立发展背景下,大众文艺或曰通俗文艺在港澳崛起,包括通俗小说、流行歌曲、电影、电视连续剧等,因迎合港澳观众商业性、娱乐性、功利性等心态,而获得很大发展。金庸、梁羽生武侠小说就风靡一时,后来又传入内地,赢得大批读者。这些文艺形式的产生不在港澳,而源自西方国家,但经过港澳文艺工作者的创新,如运用西方现代小说、电影手法把传统武侠小说改造成新派武侠小说,在流行歌曲中以普通话为基础,又大量使用粤语;内容上既有中国传统观念,又注入西方生活方式。这些内容和形式深刻地反映了港澳社会变迁和市民心态、理想和追求,不但在港澳占有广大市场,而且传

---

① 许锡挥、李萍主编:《粤港澳文化关系》,第 119 页。

遍海外华人社会,甚至外国人社会,并成为他们了解中国文化的一个途径。

20世纪80年代以后,港澳文艺大量传入广东,包括电影、电视、流行歌曲等,并很快占领广东各个角落。香港无疑是最大的产品制作中心,而广东也从当初模仿达到创新,形成自己的地域风格。1979年广东电视台与香港无线电视台合作在广州举行"欢乐今宵"春节联欢晚会,获得轰动效应,也开创了广东广播电视业向娱乐性、商业性发展的序幕。香港曾以独创的功夫片打进欧美电影市场,这也推动了广东电影业的发展,如20世纪80年代以后产生了《孙中山》、《周恩来》、《洪秀全》、《黄土地》、《情满珠江》、《雅马哈鱼档》等一大批优秀电影、电视片。电影、电视与流行歌曲三者结合是香港文艺发展的一种模式,也是一种创新。20世纪80年代广东电台设立全国第一个流行乐坛,电视台则先后举行流行歌曲、歌手大赛,培养了一批饮誉全国的歌手和词曲作家,这离不开香港文艺模式的移植和发展。

第三节　珠江文化大交流

改革开放以来,广东崛起为经济强省,也带动了珠江流域其他省区的经济发展。凝聚了现代科技文明成果的岭南文化又重振雄风,当之无愧地成为当代中国最强势的地域文化,宛如珠江狂澜,继续向外倾泻,有人称之为"广东文化世纪末的新北伐"。一首颇为流行的新民谣道出了中国文化中心"三十年河东,三十年河西"的历史变迁:"要看中国的两千年,请到西安;要看中国的五百年,请到北京;要看中国的一百年,请到上海;要看中国的近十年,请到广东。"这话不无一定道理,但不全对。广东作为全国经济首富之区,它对外的经济辐射自然伴随着各个层次的文化辐射,不但接受外来文化的进入,而且更以其崭新的时代先进文化向外辐射,广及海内外,令世人刮目相看,为珠江文化史上未有过的盛事,也是中国文化史所罕见的。

一、千万劳工下广东

改革开放以来,广东一下子由新中国成立以来长期默默无闻的边陲省区变为一块沸腾的"热土"。这倒不是因为它地处热带和亚热带，而在于它的经济异军突起，令世人刮目相看。由于广东集聚了巨大的生产力和财富，当前正成为世界产业转移的一个重点地区。于是一句民谣流行全国："东西南北中，发财到广东。"广东变成全国淘金之地，就像当年美国开发西部、苏联开发远东一样，一批又一批带着各种梦想的人，像东江、西江、北江汇流广州那样，浩浩荡荡，从全国各省区云集广东，掀起了中国旷古未闻的源地最广泛、规模最巨大、场面最壮阔的人口流动大潮。据广东省有关部门统计，1994年广东省外来劳工达650万，国家统计局估计则逾1000万，至今仍无止息迹象，最保守估计约在3000万。每年春节前后，广州火车站和汽车站人头攒动，肩摩毂击，输送旅客1500万人次，相当于广东全省半数适龄劳动人口外出旅行一次。

这支庞大的南下大军，除了相当大一部分是为谋生而来的民工以外，有很多是发展型人才，即为了实现自身价值、理想和追求而南下广东的。这个时代大潮，有人称之为震撼全国的"人才风暴"。这个巨大的人才群体无准确的数字可稽，当不下百万之众。他们中既有工程师、农艺师、会计师、经济师，也有教师、医生、记者、画家、作家、诗人，但更多的是大专院校毕业生。这是全国人民对广东建设的有力支持，广东一直在敞开大门，欢迎这些来自五湖四海的有志之士。他们需要广东，广东更需要他们。因为广东为他们提供了用武之地和发展空间，而他们作为文化载体，不仅带来广东建设所需要的科学和技术，而且带来了他们生活地区的语言、生活方式、风土人情等，在各个层面上改变着珠江文化的结构和风貌，使之具有更高的科技含量和靓丽色彩。这个新时代的移民潮效应，是珠江历史上任何一次移民都无法企及的。

改革开放以前，广东和全国一样，长期在一个封闭的环境里开展经济文化建设。一方面广东不是国家重点投资建设地区，未能吸引来较多人才；另一方面，原有人才的使用也不尽合理，结果造成人才缓慢发展和相对过剩的矛盾状况。从实质上说，此乃封闭的制度文化所致。事实表明，只有开放的社会系统，才能在竞争、协同的对立统一中组成所谓的"耗散结构"，并使之渐渐趋于有序。而竞争又是以成果多少、贡献大小来衡量、评价一个人的价值、地位和利益的。反观一个封闭社会，则在平均主义与相互妒忌、反对冒尖中内耗，导致这个社会"熵"值增大。结果是派别之争、门户之见、官场角逐、权力崇拜等盛行，知识成果与个人利益难以挂钩,人才缺乏归属感,严重挫伤了人才社会行为的积极性,形成万马齐喑的局面。全国如此,广东更不例外。

30多年来,广东作为我国改革开放的前沿地区,区域社会经济发展呼唤着更多人才为它贡献力量,人才的理想和追求事业的需要与区域发展相互感应,终于迎来了广东人才鼎盛的春天。据1990年统计,全省大学文化程度人数已达92.2万人,为1982年的3.25倍。近年广东劳动力市场十分兴旺,更有大批科技人员南下,被誉为"孔雀东南飞",从海外学成归来的留学人员则被称为"海归派",广东外来人才已难以估算。他们正为广东社会经济发展发挥自己的聪明才智。在这里,他们的自主权、经济利益、工作的积极性和创造性不但与广东区域发展相联系,而且受到业已形成的制度文化和观念文化的保障,这就有可能使他们的理想和追求与区域发展融为一体,建立起一种持久、稳定、和谐的人际关系,并由此处处展现出生机勃发的文化风貌。这也是30多年来广东改革开放所体现出的区域文化的个性所在。

相对于大众文化或通俗文化,外来人才所体现的精英文化,更能反映珠江历史发展的时代特点。德国法兰克福学派的代表人物马尔库塞(Herben Marcuse)指出,一个守着电视连续剧而不会欣赏莎士比亚戏剧的民族,无论如何是在退化。精英文化并不排斥对功利的追求,相反,它的创新贡献,在为社会创造巨大物质和精神财富的同时,自身素质也得到提升,文化精英们当然得到社会丰厚的回报,这就是精英文化功利的一面。广东有很多企业、集团或公司,正是借助于外来人员的聪明才智,研制出许多名牌产品,在国内外市场上立于不败之地。著名的顺德科龙集团,即为各路文化精英荟萃之地,深圳、珠海、东莞、广州等许多城市的经济技术开发区、科技园等也属人才的云集中心。当然,精英文化也秉承儒家文化传统在广东寻找自己的位置,在广东开放、宽松的环境下得到滋润和扶持,结出的丰硕之果也是有目共睹的。如广州的星海音乐厅、广东美术馆、广州大剧院、红线女艺术中心、广州粤剧艺术博物馆等为高雅艺术提供了活动的舞台,广东人民出版社不惜重金编纂出版"岭南文库"丛书,抢救和整理了一大批古籍。历时十年编纂完成的《广州大典》,达520册,为迄今为止最为全面的广州历史文化史料著作集成,2008年开始陆续出版发行,为继清末广雅书局大量刻印文化典籍后又一盛举。而反映一个民系文化的《广府文化大典》也于

2013年问世,属文化创新之作。这些典籍的编著者并不是清一色的岭南人,而广及外地或南来的文化精英。精英文化的介入,无疑提高了珠江文化的层次,它与大众文化并驾齐驱,成为珠江文化发展的一个时代潮流。

外来工即普通劳动力无疑是南下广东人潮的主流,他们被称为"打工族"或"打工仔"、"打工妹"。他们散布在广东各地,但集中在珠江三角洲。据有关调查,1994年,东莞有外来人口139万,近年则达1000万,远远超过当地人口。他们来自全国各个省、市、自治区,其中湖南、四川、重庆、广西、江西人数最多。这些打工族,即时兴所称"蓝领阶层",主要从事工业、建筑、商业、服务业及种养业等,包括当地人不愿意干的种种低下、粗重、脏累的工作。此外,还有一个修鞋补靴、捡破烂、做黑市买卖甚至做皮肉生意的庞大族群也云集广东。广东流行一句反映时代变迁的话:"北方人50年代南下土改,80年代南下改土。"意思是说新中国成立初大批北方干部来广东帮助土地改革,改革开放以来,南来人员已主要从事修路、建筑、开山挖土等工种了。他们辛勤劳动的汗水浇灌在广东土地上,带来巨大的经济效益,同时他们也从广东汇走大量款项和带回开放的观念,以及新潮的生活方式,促进了当地经济发展和文化更新。当然,他们在适应广东文化社会环境的过程中,也把他们家乡的地方文化带进广东,为珠江文化增添异彩。如新疆烤羊肉串、四川火锅、湖南臭豆腐、贵州酸辣鱼等风味饮食即风行一时,广东各主干公路两旁的湘菜馆、川菜馆招牌至为触目,光顾者大部分是广东人。而奔忙于城镇里巷、发廊、酒楼、饭馆里的外来打工妹,也给当地展示了一道青春美的风景线。外来工多在城乡结合部自成社区,形成"都市村庄"。一般情况是来自同一个地域的人群集结成一个社区。在广州则有"四川村"、"新疆村"、"湖南村"等。这是他们工作之余的生活空间,是认结乡情、进行各种交往的场所。那里空间狭窄,挤拥不堪,环境恶劣,与周边耸立的高楼大厦形成鲜明的对照。在广东外来工集中的城镇,这类"都市村庄"非常普遍,因为无规划,自发形成,故给城市交通、治安、环保、计划生育等造成很多困难,是城市管理中一个颇为棘手的问题,亟待有关方面妥善解决。在那里可以闻见各种陌生的方言和不同源地民工的脾气、习俗、生活百态以及很活跃的"超生游击队"等。如在"湖南村",可见到勇武、坚忍、嗜辣的湖南人;在"四川村",则是一群性格倔犟、特别能吃苦耐劳、只怕不辣的四川人;在"新疆村"，映入眼帘的是身材高大，头戴方角小帽，多以贩买葡萄干、皮货、布匹为业的维吾尔族人。这些"都市村庄"无异于不同地域文化在广东的微缩景区，或许是人口城镇化过程中不可避免的产物。不管怎样，它们都是城市发展中的掠影，终归会被纳入城市规范、有序管理的轨道。但从文化传播角度而言，这千百万外来工确实是一支强大的文化大军，把各个地域、不同族群的文化带进广东，使之更具多元性、开放性和包容性，这对珠江文化同是一个重要的贡献。

二、珠江文化北伐与南传

改革开放以来，珠江文化已经脱羽、成熟为一种时代先进文化。伴随着广东经济崛起，珠江文化也开始文化北伐，迅速传播到中国各个省区、各个角落，出现前所未有的文化空间占用现象。这首先是以日用品为文化载体开始的。

20世纪80年代，以珠江水为原料的饮料健力宝、珠江啤酒、蓝带啤酒、可口可乐、百事可乐、太阳神等风行一时，以流行文化为主要内容的岭南音像制品更在全国独领风骚。这些器物文化随着新一代粤商以及其他省区商人传遍天下。北京的经济学家把"广货"这种咄咄逼人的销售攻势，戏称为"经济北伐"。这支新时代"北伐军"的排头兵就是岭南商业广告，它也是一种商业文化产业。90年代初，广州已有广告公司1000多家，现在更难以历数。一些跨国广告公司也在广州设点。这些广告设计新颖、制作技巧精湛、富有创意，企业家又不惜工本，肯在这方面花钱，同时借助传媒的力量，迅速覆盖全国主要城市。为"广货"占领市场而冲锋陷阵的这支广告大军，广泛使用粤语、歌曲等，处处展示着岭南文化风采。如"金利来领呔（带），男人的世界"；"熊猫衬衫，你着最啱（合适）"；"饮珠江啤酒，超值享受"；"白云山（药品），爱心满人间"；"美的空调，美的夏天"等，都极富乡土气息和艺术感染力。又如蓝带啤酒的广告词是：

炒螺，芋头，沙田柚，
蓝带，中秋，天长地久。

迎合岭南岁时风俗，充满人情味，自然受消费者欢迎。广东每年新的轻工产品达

2000 种以上，极需要广告来推介，所以广告文化长盛不衰，已成为近年兴起的公关文化的一支劲旅。

商品经济的大潮也把岭南影视文化推向全国。它包括电视、电影、广播、报刊、图书、唱片、VCD、DVD、MP4 等宣传文化产业。20 世纪 80 年代初以台湾邓丽君甜润的歌声经香港进入广东为嚆矢，岭南影视在制作方面仿效港台，掀起一个又一个指向内地的冲击波，很快风靡全国。当时手携进口、走私或在广东改装的收录机招摇过市被视为时髦。后广东由模仿、改造走上独立发展道路，岭南影视产品不仅占有内地大部分市场，而且影视作为一种文化消费方式也向内地大举进攻，攻克一个又一个阵地。广州音像出版单位之多在全国数一数二。太平洋、新时代、白天鹅、广东音像、中唱广州公司等几十家音像出版公司，常年为受拥戴的歌星、影后（帝）、词曲作家等灌制发行数以十万计的盒带、影碟、唱片，流布全国。广东省属珠江音乐台、珠江经济台开设的"音乐冲击波"、"岭南新歌榜"、"金曲推介"等栏目，以及广东电视台等现场直播各种社会活动、电视连续剧等收视率极高。电视连续剧《霍元甲》插曲《万里长城永不倒》和汪明荃《万水千山总是情》等粤语歌曲，风靡全国；"音乐茶座"在广东开风气之先以后，已北上成为一种很普遍的消遣娱乐方式。粤版图书也异军突起，仅广州就有各类图书出版社近 20 家。广东人民出版社《邓小平理论与广东实践研究丛书》在全国独树一帜，另一套被誉为地方百科全书的"岭南文库"丛书也备受海内外关注。这两套丛书同时获得 1997 年国家图书奖。

改革开放以后，粤语也由于广东经济起飞而变得身价百倍，并作为仅次于普通话的时髦方言，以居高临下之势向外传播，形成席卷全国的"粤语热"。其涉及人口群体之大、地域之广、社会生活层面之多可谓绝无仅有。首先是"千万民工下广东"、"广货"骎骎北上而将粤语语汇带到它们所到之处，并替代当地一些方言词汇。如北方人认为"理发店"名称太土，于是以粤语"美发厅"、"发廊"、"发型屋"取代。同样，粤语"煲"指煮，80 年代初，电饭煲首先在广东兴起，后风行全国，"锅"几乎被"煲"取代。诸如"家具"换成"家私"、"胸罩"变成"文胸"、"冰箱"说成"雪柜"、"出租车"改说"的士"等实不胜枚举。粤语中许多英语词汇也随"广货"和各种社会往来扩散异地，如"波"（球）、BB 机（传呼机）、call（呼叫）、拜拜（byebye，再见）等。特别是粤语作为传媒工具,更将许多新的观念文化传播到全国各地,如"炒更"(兼职)、埋单(付账)、"跳槽"(另谋职业)、"老细"(老板)、"炒鱿鱼"(辞退)、"发烧友"(狂热者)、"追星族"(盲目崇拜)、"劲"(威猛、刺激)、"爆棚"(客满)、"白领"(管理阶层)、"蓝领"(劳动者阶层)、"非礼"(耍流氓)、"玩股"(炒股票,试试)等已为北方人接受。甚至连北京、上海这样的全国文化和经济中心也被粤语打入,在那里办起粤语学习班或速成班,显然是为方便与粤港商人和旅客打交道而开设的。上海的报纸不止一次使用"靓(漂亮)女"、"炒更"、"睇(看)"等粤语词汇作为新闻报道标题。各地城乡商店柜台上播放粤语流行歌曲以招睐顾客,影视厅、录像室播放香港粤语影视片等也蔚为风气。外地年轻人对流行文化情有独钟,虽然他们对粤语或许半懂不通,但对粤语歌词却能倒背如流。有一首叶振棠唱的《霍元甲》主题歌,其中曰:"万里长城永不倒,千里黄河水滔滔,江山秀丽,叠彩峰岭,问我国家哪像染病。冲开血路,挥手上吧,要致力国家中兴。岂容国土再遭践踏,个个负起使命。……这睡狮渐已醒。"反映了商品大潮下新一代的家国情怀和复兴中华的价值取向。这首歌在流行音乐中使用频率甚高,从这一侧面也展示粤语大举北上的磅礴气势。

  粤菜作为我国一大菜系虽然驰名天下,但过去主要影响华侨社会,内地人对粤人的一些饮食习惯仍难以接受。近年在商品经济大潮裹挟之下,粤菜也作为一个"独立方面军"挺进内地,占有广大的市场。饮茶在岭南的意义不仅在饮食,而主要是一种社交活动,此风现在已吹遍岭南大小城镇,其前锋已越过五岭到达长沙、武汉、北京、上海,甚至东北、西北等地大城市也有粤式茶馆,与当地茶馆平分秋色,显示出岭南茶文化的魅力。令外地人退避三舍的蛇类,在岭南被炮制为美味佳肴,近年也随着粤菜北上,走进许多酒家宾馆,使素来厌恶吃蛇的北方人也禁不住一试,甚至有不少在当地工作的外国人也慕名前来领略这道岭南风味。粤人嗜食海鲜,海鲜酒家招牌至为煽情,生意也最旺。鲜活水产品已成为内地城市饮食的招牌菜,加上粤式"生猛海鲜"、"香港名厨主理"、"广州名厨主理"广告牌以及门口的水产养殖箱,更增加了海鲜饮食的吸引力。

  恰恰是许许多多破先例、开风气的文化活动,汇成珠江文化在改革开放新时代全方位、多层面向北倾泻的巨流,不但自身在这一历史进程中得到充实和完善,而且也为内地文化发展和提升作出杰出贡献,令世人刮目相看,在全国地域文化发展潮流中遥遥领先。

珠江八口出海，与海外文化交流在改革开放以后踏上一个新台阶。珠江文化除了与港澳文化交流以外，华侨也是一个不可或缺的载体，历史上华侨文化交流的事例和作用不可胜数。广东时下有华侨华人约2000万，加上广西、海南、云南三省区华侨占全国大多数。改革开放以来，广东华侨、港澳同胞捐赠内地资金折合人民币约360亿元，占全国70%左右；捐建道路、桥梁、学校、医院、图书馆、体育馆等逾2.4万项；设立各种公益基金会近3000个。全省有侨资（含港澳）企业3.68万家，约占广东全省外资企业总数的63%；华侨华人、港澳同胞投资额达965亿美元，约占全省累计利用外资总额的64%[1]，还引进大量人才、先进科技、管理理念，网络遍及全球五大洲，是最庞大的一个文化交流平台。

文化交流是双向的，且囊括各个文化层面。广东通过中国南海而走向世界的对外文化交流活动十分活跃。20世纪80年代以来，广东派出的文化访问、演出、展览、讲学、考察的文化艺术团体逐年增加，如广州杂技团就先后为也门、肯尼亚、斯里兰卡、澳大利亚等国家培训几十名杂技演员，至广东有关博物馆、美术馆、演艺团体等外出交流不胜枚举。据有关统计，"九五"期间，广东各类文化团体双向交流活动共736批、8568人次，居全国之冠；"十五"期间，广东这些方面在全国仍独占鳌头；2000年以来，这种交流更向提高文化品位方向发展，广东文艺单位积极参与"中国文化年"、"中国文化周"等活动，遍及世界各个角落。这些活动，对推介岭南文化、吸收海外文化精华，作用匪浅。[2]

更为重要的还在于，改革开放以后，外出留学成为社会风气，其人数之多、涉及地域范围之大、学科之广，超过任何一个历史时期，由此引进的海外先进理论、技术、信息和管理经验等，在自然科学、社会科学、技术科学，以及人们日常生活等领域发挥巨大作用，深刻改变人们的思想观念、生产和生活方式，产生了重要的经济效应、社会效应和生态效应，充分显示对外文化交流是建设社会主义强大国家不可或缺的，而珠江水道和中国南海无论过去、现在还是将来，都是

---

[1] 黄伟宗、司徒尚纪主编：《中国珠江文化史》，广东教育出版社，2010年，第1963页。
[2] 李宗桂等著：《文化精神烛照下的广东——广东文化发展30年》，广东人民出版社，2008年，第52～53页。

这种交流的强大通道和工作平台。

第四节 珠江文学艺术和学术研究花繁果硕

珠江是一条有灵性的河流，珠江水不仅有它的自然属性，为物质文化的生产提供原料和环境，而且还有它的人文属性。社会学中地理学派的代表之一梅契尼柯夫说："水不仅仅是自然界中的活动的因素，而且是历史的真正的动力……水都是刺激文化发展，刺激文化从江河系统地区向内海沿岸并从内海向大洋过渡的力量。"① 珠江出海口江海一体，更具有这样的人文品格，故历史上不断从海外传入新文化，引起社会异动，发生过许多变革社会、推动历史前进的事件。一部中国近现代史，珠江充当了一个重要角色。改革开放以来，珠江备受文学家、艺术家注意，以其为题材或背景，产生了许多优秀作品；学术界也从不同学科和视角，解读珠江文化的众多方面，也取得辉煌成果。两者集聚，呈现珠江文化近30 多年洋洋大观和"历史的真正动力"所在。

一、文学艺术创作大观

在小说方面，2004 年出齐刘斯奋的长篇历史小说《白门柳》三部曲。第一部《夕阳芳草》，集中描写了大明王朝覆灭的前夕，江南地区的文人组织"复社"和"阉党"余孽之间的激烈斗争；第二部《秋露危城》，以明末动荡复杂的局势为背景，再现了南明弘光王朝的建立及其迅速崩溃的过程；第三部《鸡鸣风雨》，描写明朝残余势力在弘光王朝覆灭后，退守浙东地区，继续坚持抗清及其最终灭亡的过程。这部历史小说揭示了正义与邪恶、卑鄙与崇高、野心与情欲、征服与反抗、腐朽与新生等种种人性，使人从"士"即知识分子阶层作为文化守护者的职责和命运中，获得更深的感悟和思考。

2004 年朱崇山的多卷长篇小说"深港澳三部曲"首部《南方的风》，以描

---

① （苏）康士坦丁诺夫著：《社会物质生活的条件》，人民出版社，1952 年，第 9 页。

绘改革开放初期创办深圳特区的窗口,体现了珠江文化的海洋性、开放性的历史和地理优势及其所引起世人瞩目的震动;缩影香港百年沧桑的《风中灯》和澳门数百年苦难史的《十字门》,以生动的艺术形象体现了珠江文化在香港、澳门与西方海洋文化对撞交汇的历程,在充分体现珠江文化海洋性的同时,显现了独特的、属于珠江文化一部分的港澳文化形态。这种文化形态的体现和提出,在文艺创作和学术上是有首创性的。

2003年谭元亨的"客家魂三部曲"(《世纪之旅》、《客家女》、《千年圣火》),选取上千年来自北南迁定居的客家民系的艺术形象,将珠江文化的这一组成部分从大陆性到海洋性、从传统性到开放性的历程和走向,淋漓尽致地表现出来。

2008年洪三泰的"风流时代三部曲"(《野情》、《野性》、《又见风花雪月》),以20世纪80年代广东改革开放前沿的南方都市与人们观念在改革开放中的高速而巨大的发展变化为背景,生动、活泼而典型地反映了珠江文化"天时、地利、人和"的巨大开放热能和芸芸众生经历大浪淘沙的惊险场面,成功地塑造了以敢为天下先精神勇闯改革开放浪潮的英雄形象。小说把众多人物的人性和独特个性表现得十分细腻生动。小说重印多版,被喻为描写改革开放的翘楚之作。洪三泰的4500行抗震救灾长诗《神州魂》,于2008年5月12日我国汶川大地震后一个月内创作并出版。这部长诗充分而深刻地弘扬了中华民族的伟大精神,被认为"是这场伟大的抗震救灾斗争中的首部史诗性的民族英雄颂歌"(黄伟宗语),"是中国地震文学史上的一座丰碑"(蒋述卓语)。《神州魂》荣获第二届中华优秀出版物暨抗震救灾特别奖(图书)。另外,钱石昌、欧伟雄小说《商界》,章以武、黄锦鸿电影《雅马哈鱼档》,洪三泰报告文学《中国高第街》,林骥剧本《特区人》等作品也不同凡响,在新时期珠江文学中占有一席之地。

云南老作家彭荆风耗费半个多世纪完成的长篇报告文学《挥戈落日》,2005年出版,受到广大读者的好评。这部描写抗日战争中国远征军浴血奋战的作品,被列入中国作家协会重点扶持项目,也是云南省文学创作的优秀作品之一,展示了云南文学创作雄厚的实力。云南省老中青几代作家一起努力,深入生活,创作热情空前高涨,一大批作家走向了全国,成为中国文坛一支不容忽视的生力军。

1985年，面对改革开放的大潮，广西文学界一批不甘寂寞、勇于探索的中青年文艺家在平静寂寞与焦虑困惑之中对广西文坛发展现状进行反思和讨论，连续推出了"百越境界"的创作成果，如小说《黑水河》、《纤魂》、《沼泽地里的蛇》、《岩葬》等，以整体性的面目发起进军全国文坛的第一次集体冲锋。但由于种种原因，广西文学当时并未能在全国文坛产生广泛的影响。近年，"文学桂军"异军突起，先后有"当代作家丛书"、"同代人丛书"等问世，出现一批优秀长篇小说、中短篇小说，以及散文、诗歌等，成就斐然。包括黄佩华《生生长流》、冯艺《朱红色的沉思》、于雷《蓝莲花》、映川《为你而来》、锦璐《美丽嘉年华》、李约热《火里的影子》、谭纯武《盘石脚》、朱山坡《中国银行》等，获各项奖励。这支文学新生力量极大地改变了广西作为文学边缘和弱省区的地位，令人刮目相看。

　　贵州文学中，何士光赢得全国声誉。他于1980年、1982年、1985年先后在《人民文学》上发表的《乡场上》、《种包谷的老人》和《远行》等乡土小说，使他三次荣获全国优秀短篇小说奖。贵州文坛还活跃着以龙志毅、伍略、苏晓星等为代表的一大批少数民族作家、诗人。民族文学新秀彝族作家陇山出版了长篇小说《九层岩》，彝族女诗人禄琴创作出版了诗集《面向阳光》、《三色梦境》。

　　海南文学方面，建省以前产生了吴之、朱逸辉、王春煜、罗德贞、云逢鹤、冯麟煌、龙敏、李挺奋、孔见、陈剑晖等有一定知名度与影响力的作家、诗人和评论家。建省之后，来自五湖四海的作家学者壮大了海南作家的队伍和实力。如韩少功、叶蔚林、蒋子丹、多多、王小妮、耿占春等已经在全国文坛产生广泛的影响。

　　珠江流域的诗歌创作在不断发展中。新时期以来，依然活跃着一批老诗人，代表人物是韦丘、晓雪、野曼、周良沛、柯原、张永枚、叶知秋、郭光豹、向明、韦其麟、包玉堂等。野曼等于1985年创办《华夏诗报》，20多年来，广泛联系海内外诗人，诗作和批评文章在海内外影响深远。

　　中青年诗人崛起于改革开放前后，代表人物是洪三泰、李发模、蔡宗周、桂汉标、冯麟煌等。李发模的诗，反映贵州人民的生活风貌和精神世界，有独到之处。洪三泰的诗题材宽广，反映海南岛、雷州半岛、大西南、珠江流域、大西北的诗作有全国影响。

年轻诗人也不断涌现,代表人物是唐德亮、张慧谋、黄礼孩、郑小琼等。新时期以来,中国新诗获得了空前的发展与繁荣。而少数民族诗歌也与诗坛同步,冒出了一批又一批在全国有影响的诗人。"岭南的唐德亮是中国瑶族诗人的一个突出代表。"(吉狄马加:《独特地域语境中的独特抒写》)唐德亮的诗"在诗情中体现诗想"、"在平凡中开掘诗意"、"在现实中超越现实"(龙彼德:《对深处的切入与表现》)。朱先树说唐德亮的诗"讲究构思,诗意深邃,耐人沉味","是中国农村的缩影"。

新时期以来,珠江流域和周边涌现数以百计的新旧体诗社,其中最有影响的青年诗社是湛江的"红土诗社"和韶关的"五月诗社"。"红土诗社"由洪三泰于1980年组建,首届社长是诗人温斌,第二届社长是朱海湛。先后有30多位诗人参加活动,自筹资金创办了《红土诗报》,发表具有强烈的雷州半岛红土地特色的诗作,同时以深厚的海洋文化为底色书写蓝海洋诗篇,引起诗坛的注意,上海《文学报》曾以整版作了介绍。该社先后有十多名诗人加入中国作协和广东省作协。"五月诗社"1982年5月在粤北韶关成立,社长桂汉标,出版社刊《五月诗笺》(月报,后改季刊),至今已出版181期。作者覆盖面遍及粤赣湘边的红三角地区。90年代中期,在著名诗人韦丘鼎力相助下,五月诗社以自身不俗的创作实绩,赢得香港霍英东基金会、铭源基金会的文化扶贫资金的资助。

20世纪90年代,在对外开放和市场经济"先走一步"的广东,伴随着"百万移民下珠江"的大潮,"打工文学"迅速崛起,涌现了林坚、张伟明、安子、周崇贤、黎志扬、黄秀萍、谭伟文、郭海鸿、海珠、罗迪、缪勇等大批打工作家,他们的作品推进了打工文学的发展,也开始引起传媒与影视界的关注。

改革开放也极大地刺激、推动了民间文化活动的开展,有关成果源源而出。编纂中国民间文艺集成志书是一项重大工程。该书是国家艺术科研重点项目。广东省文联组织广东当代文艺研究所、省曲艺家协会编纂其中的《中国民族器乐曲集成·广东卷》、《中国民间歌曲集成·广东卷》、《中国曲艺音乐集成·广东卷》、《中国曲艺志·广东卷》。历时十数个寒暑,终于完成此项艰巨任务。该书的出版使广东民间文艺许多珍贵的历史资料和艺术档案得到抢救,广东民间器乐、民间歌曲和曲艺的历史全貌得到全面、客观的反映。

《雷州歌大典》(何希春主编,中国文联出版社出版)、《雷歌大全》(中共雷州市委宣传部主编,中国戏剧出版社出版)、《中国田园村雷歌集》(符马活主编,花城出版社出版)的编纂、出版,是雷州一件很有意义的文化盛事。这意味着雷歌这一独特的传统文艺形式,将摆脱过去口口相传的传承方式,有了与时俱进的载体。雷歌将会迎来更多的歌者,唱出更强更亮的时代歌声。

湛江市雷州市纪家镇有个田园村,不过30多户人家,约200号人,竟有超半数成年人会唱雷歌,更会唱"姑娘歌"。为传承这一优秀文化传统,2008年初起,符马活、符骐骅诗人兄弟出钱、出力,编纂出版《中国田园村雷歌集》,建设中国雷歌馆,包括雷歌墙、姑娘歌纪念馆、雷歌广场等,国学大师饶宗颐还为之题写馆名。

粤剧作为岭南艺术瑰宝,经"文革"重创后得到复兴和提高。30多年来,思想和艺术质量较高、经得起时间考验的传统粤剧剧目有《平贵别窑》、《罗成写书》等。新编的历史题材和现代题材粤剧剧目中,影响较大的有《搜书院》、《关汉卿》。移植改编的粤剧剧目所占比重最大,其中较好的有《柳毅传书》、《宝莲灯》等。颇负盛名的广东粤剧团和湛江粤剧团经常到外地演出,赢得很高声誉。著名粤剧表演艺术家红线女即为其中的佼佼者。

珠江流域民族众多,少数民族文化在新时期也得到整理、保护和开发利用,广西、贵州、云南纷纷启动"民族文化工程",作为发展民族文化的战略和品牌。在广西有《刘三姐》,云南有歌舞剧《丽水金沙》、《云南映象》、《蝴蝶之梦》和电影《花腰新娘》,贵州有大型民族歌舞诗《多彩贵州风》等,都以各自丰富的内涵、感人的艺术魅力和精湛的演艺手段赢得观众好评,不但为内地演出市场看好,有的还走出国门,到海外演出,如广西《刘三姐》即参与"走进东盟"活动,载誉而归。

二、文化产业勃兴

改革开放30多年来,文化产业在广东崛起,后扩散其他省区。这是指为社会提供文化、娱乐产品和服务的活动及相关联的活动集合。这个"朝阳产业",在广东经历了从无到有,由小到大,由弱到强,至今进入全面发展时期,既是珠江文化的一个新组分,也是促进珠江文化发展的一种动力。

改革开放初期,一些文化单位以有偿服务方式,一种文化服务于另一种文化,称为"以文补文",文化市场逐步出现,为文化产业之嚆矢。这除了图书馆、游艺室、地方戏团和电影队等组建以外,其活动收取服务费,以改善工程和扩大文化产品再生产。这种初始的文化产业随着广东经济振兴不断成长壮大。1979年广州东方宾馆出现中国第一支轻音乐队和第一个音乐茶座,广州由此成为中国文化市场的摇篮。此后,歌舞厅、录像厅等接踵而起。广州以毗邻港澳的优势,不断引入香港流行音乐,流行歌手云集广州。广东流行音乐强势辐射全国,到处荡漾着粤语歌声。广东传媒业也乘势而起,《羊城晚报》、《广州日报》和各地大小报刊一哄而上,按照市场化方式运作,形成了万紫千红的办报局面。

1992年,颁布了《中共中央国务院关于加快发展第三产业的决定》,同年又出版国务院办公厅综合司编《重大战略决策——加快发展第三产业》一书,第一次使用"文化产业"一词,后被写入各种规划和计划之中,文化产业自此进入社会视野。在广东,政府扶持和单位自我筹措资金相结合,文化产业迅速升温,阔步前进。到2000年,广东文化产业机构达1.75万个,从业人员12.56万人,总产出52亿元,增加值29亿元,[①]已形成一个包括演艺、娱乐、电影、音像、文化旅游、文化信息、文艺培训、文艺、艺术品经营等在内的文化产业体系。尤其传媒业,通过文化市场整合和结构调整,形成广州日报、南方日报、羊城晚报等报业集团,以及广东出版集团,广东新华发行集团等。广东文化娱乐市场更异军突起,1995年营业收入30亿元,从业人员40万人,居全国各省区同类指标之冠,分别占全国总数的15%~20%,[②]广东音像产品几占全国半数,随着网络技术进步,动漫也步入文化市场,且呈后来居上之势。以后随着建设广东文化大省、文化强省等规划出台,广东文化产业获得更强有力支持,发展为一个新的经济增长点和一个支柱产业。

广东文化产业包括造纸、印刷、音像制品、玩具、文化贸易、文化产业博览会、书香节、广播影视、文化艺术演出、报刊出版、网络文化等,在多个领域居全国前列,并涌现许多先进典型。如音像方面有中国唱片公司广州盒式节目带厂、太平洋影音公司光盘厂;艺术方面有深圳大芬村油画,大芬村从一个不见经

---

① 李宗桂等著:《文化精神烛照下的广东——广东文化发展30年》,第73页。
② 李宗桂等著:《文化精神烛照下的广东——广东文化发展30年》,第72页。

传的小村一跃为"中国油画第一村";文化会展方面有深圳国际文化产业博览会、中国国际音像博览会、南国书香节;报刊出版方面有《家庭》、《家庭医生》、《花城》、《少男少女》等。这些文化产业多落户文化产业园,如广州"珠江两岸文化创意园"、"佛山创意园"等,并以自己的创新精神、品牌意识饮誉全国,牢牢地支撑起文化产业大厦,为建设广东文化大省、文化强省作出巨大贡献。这也有力地回应了改革开放初鼓噪一时的广东"文化沙漠"论。广东不仅不是"文化沙漠",而是"文化广东",且以高位文化势能、崭新的姿态和装束,发起"文化北伐",取得一个又一个胜利。

广东如此,珠江流域其他省区也一样,在建立自己的文化产业基地,打造自己的文化品牌,形成向外拓展的态势。在广西有"中国—东盟文化产业论坛"、南宁民歌艺术节、接力出版社、广西电影制片厂、广西广电网络股份有限公司、广西师范大学出版社等著名文化产业单位。在云南文化产业花繁果硕,演艺方面有《云南映象》、《丽水金山》、《印象·丽江》,杂技《雨林童话》,电影《中国远征军》、《香格里拉》;会展方面有昆明泛亚国际石博览会、云南民族服装服饰文化节、昆明世界园艺博览会,以及影视拍摄基地、音乐舞蹈基地等,都大面积开花结果,被称为"云南现象"。在贵州,在"多彩贵州"之下,有京剧《巾帼红玉》、《范仲淹》、"中国·贵州黄果树瀑布节"、都匀市"苗山节拍"歌舞及《花溪》、《青果》杂志等,都饮誉一时。文化产业极大地丰富了珠江文化内涵和创新了珠江文化表现形式,在中国流域文化史上起了先锋和引领潮流作用。

三、珠江文化学术研究新发现

"珠江文化"概念自1926年由郭沫若提出以后,极少有人作深入研究,即使偶有提及,也浅尝即止,基本上处于尘封状态。改革开放以后,水文化、江河文化、海洋文化得到重视,也开展相应研究。珠江文化既是江河文化,又具海洋文化特征,尤其广东经济崛起,亟须文化软实力支持,除了岭南文化,珠江文化不可或缺,都是广东经济奇迹的深层根源,于是珠江文化再次受到重视,进入江河文化研究领域。1991年中山大学黄伟宗教授在《开放时代》发表《论珠江文化及其典型代表——陈残云》,首次重新提出珠江文化概念,并引起学界关注,此后陆续有一些成果面世。但形成研究规模和气候则始于2000年6月28日，成立以黄伟宗为首的"广东省珠江文化研究会"。这个由历史、地理、人类、文学、考古、文物、方志、风俗、语言、科技、书画、传媒等学科专家学者组成的研究群体，15年来，他们既读书，又走路，不断地钩沉历史文献，不停顿地开展野外考察，取得许多新成果，包括：重新肯定汉代徐闻港为海上丝路起点，广信为历史早期岭南文化中心，新会良溪为后珠玑巷；论证舜帝为珠江文化的始祖，惠能为珠江文化的哲圣，贺州古道、西京古道、大庾岭道都是海陆丝绸之路的对接线，潮汕也是海上丝绸之路重要港口，在阳江海域出水的南宋沉船"南海Ⅰ号"定位为"海上敦煌"；在珠江原有东江、北江和西江之外，重新肯定南江也是珠江的一条支流，提出珠江由东、西、南、北四条江组成的对称格局，同时论证南江文化是古百越文化的一个类型；创造性地提出东莞凤岗客侨文化、台山广侨文化、云浮石都文化等概念，呼吁应深入研究；就西江文化走廊、北江文化走廊、两江禅佛风俗文化带概念进行科学论证和开发利用建议。这些研究取得不少开拓性成就，为学界认同和地方满意，影响远达海内外。

近年来，广东省珠江文化研究会的丰硕著作，也反映了珠江文化在新时期的成就：

2001—2005年已出版著作：《开海》（洪三泰、谭元亨、戴胜德著）、《千年国门》（谭元亨、洪三泰、戴胜德、刘慕白著）、《中国古代海上丝绸之路诗选》（陈永正编注）、《广府海韵——珠江文化与海上丝绸之路》（谭元亨著）、《交融与辉映——中国学者论海上丝绸之路》（黄鹤、秦柯编）、《东方的发现——外国学者谈海上丝路与中国》（徐肖南、施军、唐笑之编译）、《广东海上丝绸之路史》（黄启臣等编著）、《珠江文化与史地研究》（司徒尚纪著）、《祝福珠江》（洪三泰、谭元亨著）、《通天之路》（洪三泰主编）、《珠江文化论》（黄伟宗著）、长篇小说《女海盗》（洪三泰著）、《封开—广信：岭南文化古都论》（谭元亨主编）、《岭南状元传及诗文选注》（仇江、曾燕闻、李福标编注）等。

2005—2006年出版《珠江文化丛书》十家文谭专辑，包括：《珠江文化系论》（黄伟宗著）、《珠江文化的历史定位》（朱崇山编）、《海上丝路的研究开发》（周义编）、《泛珠江三角洲与珠江文化》（司徒尚纪著）、《海上丝路与广东古港》（黄启臣著）、《粤语与珠江文化》（罗康宁著）、《岭南文化珠江来》（张镇洪著)、《珠江诗雨》(洪三泰著)、《珠江远眺》(谭元亨著)、《珠江流韵》(戴胜德著)。

2007—2008年出版的著作:《宝安百年》(洪三泰、谭元亨、戴胜德著)、《良溪——"后珠玑巷"》(黄伟宗、周惠红主编)、《南江文化纵横》(张富文著)、《郁南:南江文化论坛》(黄伟宗、金繁丰主编)、《珠江文踪》(黄伟宗著)等。

黄伟宗以《创作方法论》为代表的创作方法理论,以《欧阳山创作论》为代表的对当代华南以至全国作家的研究评论,以《当代中国文艺思潮论》为代表的当代中国文学论,以《文艺辩证学》为代表的文学、美学、哲学、文化的综合辩证论,以《珠江文化论》为代表的现代水文化理论等,都标志着黄伟宗半个世纪以来在文学、文化学领域取得的丰硕成果。

2001年初版、2009年再版司徒尚纪的《珠江传》,与《黄河传》、《长江传》、《塔里木河传》、《淮河传》同时诞生,它全面、深刻、生动地写出珠江深厚的文化渊源、独特的个性和在人类历史中的特殊地位;《珠江文化与史地研究》,则是作者长期研究珠江文化及珠江流域历史地理的成果,也是香港中国评论学术出版社出版的第一部内地学术著作,拥有众多专业读者。

黄启臣主编的《广东海上丝绸之路史》,真实详尽地介绍了我国古代最早的南海海上丝绸之路,及最早始发港之一徐闻港,是一部填补历史空白的著作。

黎向群的《岭南历代书法名家》,是"岭南文库"丛书之一。作者对具有鲜明地方特色的111位岭南书法名家的思想、艺术特色进行详尽的分析,展现了多姿多彩的岭南历代书法艺术,是一部具有宝贵学术价值的专著。

随着地域文化研究的深入和扩大,近年珠江文化新成果又集中反映在2008年开始由中央文史研究馆牵头组织的《中国地域文化通览》各卷编写中。这套丛书已于2014年由中华书局出齐,在珠江文化范畴内,计有司徒尚纪主编广东卷,钟文典、刘硕良主编广西卷,顾久主编贵州卷,林超民主编云南卷,符和积等主编海南卷,吴志良、郑德华主编澳门卷,王国华主编香港卷,都从纵横两个维度上再现了这些省区文化历史、特点和亮点,具有学术性、现实性和可读性兼具等特点。它们的集合,在很大程度上反映了珠江文化历史过程、文化特质和风格,是珠江文化集大成之作,目前受到各界推崇,正在彰显它的巨大作用力和深远影响,是珠江文化史上的一件盛事。此外,各省区都陆续有一些涉及珠江文化的著作问世,如 1998 年以来辽宁教育出版社出版袁钟仁《岭南文化》、盘福东《八桂文化》、欧鹍渤《滇云文化》、黄涤明《黔贵文化》、关万雄《琼州文化》,以及其他地域文化著作,如广西关于桂东北、红水河、桂南、北部湾地域文化的著作,以及蓝勇《西南历史文化地理》(1997 年)、云南丹增《文化产业发展论》(2005 年)等,都展现了珠江地域文化特色和风采。

基于江海一体的地理格局,海洋文化是珠江文化的一个重要组成部分。2010 年以来,以广东省珠江文化研究会黄伟宗教授为首的专家学者群体,又相继推出一系列海洋文化著作。主要有《海上丝路的辉煌》(黄伟宗、薛桂荣主编)、《湛江海上丝绸之路史》(陈立新编著)、《凤岗:客侨文化论坛》(黄伟宗、朱国和主编)、《客家文化史》、《广东客家史》、《客家文化大典》、《十三行新论》(均为谭元亨著)、《海上敦煌在阳江》(黄伟宗、谭忠健主编)、《雷州文化研究论集》(蔡平主编)、《开洋》(谭元亨著)、《岭海名胜记校注》(王元林校注)、《内联外接的商贸经济:岭南港口与腹地、海外交通关系研究》(王元林著)等。

惠能作为中国禅宗南宗创始人、珠江文化哲圣,2013 年以此为一题材出版《中国禅都文化丛书》(黄伟宗、吴伟鹏主编)六种:《出生圆寂地》(罗康宁著)、《顿悟开承地》(戴胜德著)、《坛经形成地》(郑佩瑗著)、《农禅丛林地》(谭元亨著)、《报恩般若地》(洪三泰著)、《禅意当下地》(冯家广著)。以南海海洋文化为主题,则有《中国南海文化研究丛书》(黄伟宗主编)六种,分别为《中国南海海洋文化论》(谭元亨著)、《中国南海海洋文化史》(司徒尚纪著)、《中国南海海洋文化传》(戴胜德著)、《中国南海古人类文化考》(张镇洪、邱立诚著)、《中国南海商贸文化志》(潘义勇著)、《中国南海民俗风情文化辨》(蒋明智著)。

随着广东省广府人珠玑巷后裔海外联谊会的成立,开展卓有成效的工作,一批相关著作应运而生,计有《广府文化大典》(谭元亨主编,陈其光、郑佩瑗副主编)、《广府寻根 祖地珠玑》(黄伟宗等主编)、《广侨文化论》(黄伟宗、邝俊杰主编)、《十三行习俗与商业禁忌》(谭元亨著)、《东莞历史名人》(王元林等主编)。

自中国政府提出建设丝绸之路经济带和 21 世纪海上丝绸之路战略决策以来,

研究蜂起，成果不绝如缕。2014年出版有《海上丝绸之路研究书系》第一辑"开拓篇"（黄伟宗总主编），包括四种：《海上丝绸之路的研究开发》（周义主编）、《海上丝绸之路与海洋文化纵横论》（黄伟宗著）、《广东海上丝绸之路史》（黄启臣主编，修订本）、《中国古代海上丝绸之路诗选》（陈永正编注，重版）。另有《海上丝绸之路画集》（谢鼎铭著）、《雷州文化概论》（司徒尚纪著）、《海国商道》、《广府人史纲》、《城市晨韵》（均为谭元亨著）等。2015年问世的有《海上丝绸之路研究书系》第二辑"星座篇"（黄伟宗总主编），包括十种：《徐闻古港——海上丝绸之路第一港》（刘正刚著）、《南海港群——广东海上丝绸之路古港》（王潞、周鑫著）、《海陆古道——海陆丝绸之路对接通道》（王元林著）、《海上敦煌——南海Ⅰ号及其他海上文物》（崔勇、肖顺达著）、《沧海航灯——岭南宗教信仰文化传播之路》（郑佩瑗著）、《十三行——明清300年的曲折外贸之路》（谭元亨著）、《侨乡"三楼"——华侨华人之路的丰碑》（司徒尚纪著）、《古锦今丝——广东丝绸业的"前世今生"》（刘永连、谢汝校著）、《香茶陶珠——特产及其文化交流之路》（冯海波著）、《广交会——海上丝绸之路的新生和发展》（陈韩晖、吴哲、黄颖川著）。

此外，广东省珠江文化研究会于2015年将隆重推出以下四种新著，作为该会成立15周年献礼，包括：《中国珠江文化简史》（司徒尚纪编著）、《珠江文痕》（黄伟宗著）、《珠江文化之旅》（谭元亨著）、《珠江粤语与文化探索》（郑佩瑗著）。

以上这些论著，在珠江文化史上是空前的，在中国江河文化史上也是罕见的。它们表明当代珠江文化已发展到历史高峰。为有这些瑰丽篇章，珠江文化将引起更多专家学者的高度关注、全面和深入研究，其效果当可预期。

参考文献

班固. 汉书［M］. 北京：中华书局，1962

蔡鸿生. 广州与海洋文明［M］. 广州：中山大学出版社，2001

陈代光. 广州城市发展史［M］. 广州：暨南大学出版社，1996

陈香白. 潮州三阳志辑稿［M］. 广州：中山大学出版社，1989

陈永正. 岭南文学史［M］. 广州：广东高等教育出版社，1993

樊绰. 蛮书校注［M］. 向达，校注. 北京：中华书局，1962

范成大. 桂海虞衡志校注［M］. 严沛，校注. 南宁：广西人民出版社，1986

方铁. 西南通史［M］. 郑州：中州古籍出版社，2003

方铁，方慧. 中国西南边疆开发史［M］. 昆明：云南人民出版社，1997

佛山地区革命委员会. 珠江三角洲农业志［M］. 佛山：1976

符和积，等. 中国地域文化通览：海南卷［M］. 北京：中华书局，2014

顾久. 中国地域文化通览：贵州卷［M］. 北京：中华书局，2014

贵州通史编委会. 贵州通史［M］. 北京：当代中国出版社，2002

侯绍庄，史继忠，翁家烈. 贵州古代民族关系史［M］. 贵阳：贵州民族出版社，1991

黄慈博. 珠玑巷民族南迁记［M］. 南雄：南雄县地方志编委会，1985

黄涤明. 黔贵文化［M］. 沈阳：辽宁教育出版社，1998

黄国信，黄启臣. 货殖华洋的粤商［M］. 杭州：浙江人民出版社，1991

黄启臣，等. 广东海上丝绸之路史［M］. 广州：广东经济出版社，2003

黄现璠，等. 壮族通史［M］. 南宁：广西人民出版社，1988

黄佐. 广东通志［M］. 海口：海南出版社，2006

江惠生，黄伟宗. 英州夜话［M］. 广州：花城出版社，1999

梁嘉彬. 广东十三行考［M］. 广州：广东人民出版社，1999

梁启超. 中国近三百年学术史［M］. 上海：上海三联书店，2006

梁廷枏. 粤海关志［M］. 广州：广东人民出版社，2002

李炳东，戈德华. 广西农业经济史稿［M］. 南宁：广西民族出版社，1985

李吉甫. 元和郡县图志［M］. 北京：中华书局，1983

李锦全，等. 岭南思想史［M］. 广州：广东人民出版社，1993

李新魁. 广东的方言［M］. 广州：广东人民出版社，1996

李绪柏. 清代广东朴学研究［M］. 广州：广东省地图出版社，2001

李燕. 港澳与珠江三角洲文化透析［M］. 北京：中央编译出版社，2003

李宗桂，等. 文化精神烛照下的广东——广东文化发展30年［M］. 广州：广东人民出版社，2008

利玛窦，金尼阁. 利玛窦中国札记［M］. 何高济，译. 北京：中华书局，1990

林超民. 中国地域文化通览：云南卷［M］. 北京：中华书局，2014

岭南文化百科全书编委会编. 岭南文化百科全书［M］. 北京：中国大百科全书出版社，2006

刘权. 广东华侨华人史［M］. 广州：广东人民出版社，2002

刘圣宜，宋德华. 岭南近代对外文化交流史［M］. 广州：广东人民出版社，1996

刘显世，谷正伦. 贵州通志［M］. 贵阳：贵阳书局，1948

刘恂. 岭表录异［M］. 广州：广东人民出版社，2006

刘正刚. 广东会馆论稿［M］. 上海：上海古籍出版社，2006

陆健东. 陈寅恪的最后20年［M］. 北京：生活·读书·新知三联书店，2013

罗香林. 客家研究导论［M］. 上海：上海文艺出版社，1992

吕余生. 桂北文化研究［M］. 南宁：广西人民出版社，1999

马曜. 云南简史［M］. 昆明：云南人民出版社，1982

欧鹍渤. 滇云文化［M］. 沈阳：辽宁教育出版社，1998

盘福东. 八桂文化［M］. 沈阳：辽宁教育出版社，1998

覃召文. 岭南禅文化［M］. 广州：广东人民出版社，1956

覃延欢，廖国一. 广西史稿［M］. 桂林：广西师范大学出版社，1998

容观夐. 容观夐人类学民族学文集［M］. 北京：民族出版社，2003

容闳. 西学东渐记［M］. 长沙：岳麓书社，1985

阮元. 广东通志［M］. 广州：广东省地方志办公室，2003

屈大均. 广东新语［M］. 北京：中华书局，1985

水利部珠江水利委员会《珠江志》编纂委员会. 珠江志［M］. 广州：广东科技出版社，1994

司马迁. 史记［M］. 北京：中华书局，1959

司徒尚纪. 吴尚时［M］. 广州：广东人民出版社，1993

司徒尚纪. 广东历史地图集［M］. 广州：广东省地图出版社，1995

司徒尚纪. 岭南历史人文地理——广府、客家、福佬民系比较研究［M］. 广州：中山大学出版社，2001

司徒尚纪. 珠江传［M］. 保定：河北大学出版社，2001

司徒尚纪. 珠江文化与史地研究［M］. 香港：中国评论文化有限公司，2003

司徒尚纪. 泛珠江三角洲与珠江文化［M］. 香港：中国评论学术出版社，2006

司徒尚纪. 广东文化地理［M］. 广州：广东人民出版社，2013

司徒尚纪. 中国地域文化通览：广东卷［M］. 北京：中华书局，2014

司徒尚纪. 雷州文化概论［M］. 广州：广东人民出版社，2014

唐胄. 正德琼台志［M］. 海口：海南出版社，2006

王国华. 中国地域文化通览：香港卷［M］. 北京：中华书局，2014

王经国. 中国江河［M］. 北京：中国科学技术出版社，2000

王士性. 广志绎 [M]. 北京：中华书局，1981

威廉·C 亨特. 广州"番鬼"录 [M]. 冯铁，译. 广州：广东人民出版社，1993

吴松弟. 中国移民史：第三卷 [M]. 福州：福建人民出版社，1997

吴志强，郑德华. 中国地域文化通览：澳门卷 [M]. 北京：中华书局，2014

小叶田淳. 海南岛史 [M]. 台北：学海出版社，1979

徐弘祖. 徐霞客游记校注 [M]. 朱惠荣，校注. 昆明：云南人民出版社，1985

徐松. 宋会要辑稿 [M]. 北京：中华书局，1957

徐松石. 徐松石民族学研究著作五种 [M]. 广州：广东人民出版社，1993

许桂灵. 中国泛珠江三角洲区域的历史地理回归 [M]. 北京：科学出版社，2006

许锡挥，李萍. 粤港澳文化关系 [M]. 广州：中山大学出版社，2001

阎广林. 海南历史文化：第一卷 [M]. 海口：南方出版社，2011

阎广林. 海南历史文化：第二卷 [M]. 北京：社会科学文献出版社，2012

颜泽贤，黄世瑞. 岭南科学技术史 [M]. 广州：广东人民出版社，2002

杨式挺. 岭南文物考古论集 [M]. 广州：广东省地图出版社，1998

印光任，张汝霖. 澳门纪略 [M]. 广州：广东高等教育出版社，1988

尤中. 云南民族史 [M]. 昆明：云南大学出版社，1994

余天炽. 古南越国史 [M]. 南宁：广西人民出版社，1988

袁钟仁. 岭南文化 [M]. 沈阳：辽宁教育出版社，1998

曾昭璇. 广州历史地理 [M]. 广州：广东人民出版社，1997

张国雄，等. 五邑文化源流 [M]. 广州：广东高等教育出版社，2003

张荣芳. 秦汉史与岭南文化论稿 [M]. 北京：中华书局，2005

张星烺. 中西交通史料汇编 [M]. 北京：中华书局，1930

赵汝适. 诸蕃志 [M]. 北京：中华书局，1996

真人元开. 唐大和上东征传 [M]. 汪向荣，译. 北京：中华书局，2000

郑观应. 盛世危言 [M]. 上海：上海人民出版社，1982

中国史学会. 太平天国［M］. 上海：上海人民出版社，1957

中国史学会. 洋务运动［M］. 上海：上海人民出版社，1961

中华续行委办会调查特委会. 中华归主——中国基督教事业统计（1901—1920）［M］. 北京：中国社会科学出版社，1987

钟文典. 广西近代墟镇研究［M］. 桂林：广西师范大学出版社，1998

钟文典. 桂林通史［M］. 桂林：广西师范大学出版社，2008

钟文典，刘硕良. 中国地域文化通览：广西卷［M］. 北京：中华书局，2013

钟卓安. 陈济棠［M］. 广州：广东省地图出版社，2000

周春元. 贵州古代史［M］. 贵阳：贵州人民出版社，1987

周春元. 贵州近代史［M］. 贵阳：贵州人民出版社，1987

周去非. 岭外代答［M］. 上海：上海远东出版社，1996

朱彧. 萍洲可谈［M］. 北京：中华书局，2006

珠江水利委员会《珠江水利简史》编纂委员会. 珠江水利简史［M］. 广州：中山大学出版社，2004

邹振环. 明清西方地理学在中国［M］. 上海：上海古籍出版社，2000

后　　记

在中国文化多元一体、多元互补、多源同归的文化格局中，珠江流域同黄河流域、长江流域等一样，是中国文化的发祥地之一；同样地，珠江文化也与黄河文化、长江文化等一起，对促进中国文明的进步和繁荣，对加强中华民族的凝聚力，对推动中国历史前进，作出了重要贡献而载入中国文化史册。基于此，以中山大学黄伟宗教授为首的广东省珠江文化研究会一批专家学者，经多年研究和积累，于2010年由广东教育出版社出版了《中国珠江文化史》上下两册，洋洋洒洒，近300万言，堪为鸿篇巨制。该著面世后，好评如潮，正日渐彰显其重要学术地位和对社会经济发展提供的文化软实力支持，达到该著写作的初衷，非常值得重视。

问题在于，该著卷帙浩繁，内容庞大，携带困难，也有一些不尽人意之处，甚有必要再作进一步加工，删繁就简，为广大读者提供一个简要读本。

本着这一旨趣，笔者在原著基础上，在保持其基本内容、结构、体例和风格前提下，进行改编和撰写，即一方面既要维持原著整体风貌，又要根据需要，对一些章节合并或分拆，剪除枝蔓，同时改写或增加一些内容，力求做到结构更加严谨，内容更加紧凑，条理更加清楚，学术性、现实性、可读性相统一的目标。当然，能否达到目的，要由读者评判。

本书作为原著浓缩本和改编本，在编撰过程中，大量使用原著内容和文字，未能一一注明相应来源，希见谅。原著作者，除本人以外，还有周义、黄伟宗、张镇洪、曾骐、黄淼章、罗康宁、戴胜德、黄启臣、谭元亨、洪三泰，以及朱崇山、关向明、邓小群等，在此谨向他们致感谢之忱。实际上，原著和本书可交替对照使用，要详尽了解珠江文化历史进程可看原著，粗略一点可看本简史，可按读者需要选择。

基于本人学识所限，时间匆忙，本书不一定能保持原著精华、特色和风格，相信也存在错漏、可议之处，敬请读者批评指正。

原著主编之一，广东省珠江文化研究会会长黄伟宗教授对本书编撰，提了不少宝贵意见；中山大学出版社李海东编辑，一丝不苟地负责本书编辑工作。在此向他们深表谢意。

司徒尚纪

2015 年 5 月 8 日

于中山大学望江斋